教育部哲学社会科学研究重大课题攻关项目资助

法律文化研究

第三辑 (2007)

U0727899

曾宪义 主编

FA LÜ WENHUA YANJIU

中国人民大学出版社

其微顯闡幽裁成義類者

皆據舊例而發義指行事

以正褒貶

曾憲義書晉杜預句

从传统中寻找力量

——《法律文化研究》(年刊)卷首语

曾宪义

　　出版发行《法律文化研究》(年刊)酝酿已久，我们办刊的宗旨当然与如今许多已经面世的法学学术刊物是一致的，这就是繁荣法学的教育和研究、为现实中的法治实践提供历史的借鉴和理论的依据。说到"宗旨"两字，我想借用晋人杜预《春秋左氏传序》中的一段话来说明："**其微显阐幽，裁成义类者，皆据旧例而发义，指行事以正褒贬。**"即通过对历史上"旧例"、"行事"的考察，阐明社会发展的道理、端正人生的态度；记述历史、研究传统的宗旨就在于彰显复杂的历史表象背后所蕴涵的深刻的"大义"。就法律文化研究而言，这个"大义"就是发掘、弘扬传统法文化的优秀精神，并代代相传。

　　然而，一部学术著作和学术刊物的生命力和影响力并不只决定于它的宗旨，在很大程度上，它是需要特色来立足的，需要用自身的特色力争最好地体现出宗旨。我们将本书定名为《法律文化研究》(年刊)有这样几点考虑：第一，我们研究的对象是宽阔的，不只局限于"法律史"，从文化的角度，我们要探讨的甚至也不仅仅是"法"或"法律"。我们的研究对象包括法的本身与产生出不同模式的法的社会环境两个方面。因此，我们在考察法律的同时，要通过法律观察社会；在考察社会时，要体悟出不同国家和地区的法律特色之所在，以及这些特色形成的"所以然"。第二，在人类的历史长河中，传统文化的传承、不同文化间的交流与融合，构成了人类文明不断发展的主旋律。一个民族和国家的传统往往是文化的标志，"法律文化"研究的重点是研究不同民族和国家的不同法律传统及这些传统的传承；研究不同法律文化间的相同、相通、相异之处，以及法律文化的融合、发展规律。

因此，我们的特色在于发掘传统，利导传统，从传统中寻找力量。

在此，我们不能不对近代以来人们对中国传统法律文化的误解作一辩白。

与其他学科相比，法学界在传统文化方面的研究显得比较薄弱，其原因是复杂的。

首先，近代以来，学界在比较中西法律文化传统时对中国传统法律文化基本持否定的态度，"发明西人法律之学，以文明我中国"是当时学界的主流观点。对传统法律文化的反思、批判，一方面促进了中国法律的近代化进程，另一方面也造成了人们的误解，使许多人认为中国古代是"只有刑，没有法"的社会。

其次，近代以来人们习惯了以国力强弱为标准来评价文化的所谓"优劣"。有一些学者将西方的法律模式作为"文明"、"进步"的标尺，来评判不同国家和地区的法律。这种理论上的偏见，不仅阻碍了不同法律文化间的沟通与融合，而且造成了不同法律文化间的对抗和相互毁坏。在抛弃了中国古代法律制度体系后，人们对中国传统法律的理念也产生了史无前例的怀疑和否定。

最后，受社会思潮的影响，一些人过分注重法学研究的所谓"现实"性，而忽视研究的理论意义和学术价值，导致传统法律文化虚无主义的泛滥。

对一个民族和国家来说，历史和传统是不能抹掉的印记，更是不能被中断或被抛弃的标志。如果不带有偏见，我们可以发现中国传统法律文化中凝聚着人类共同的精神追求，凝聚着有利于人类发展的巨大智慧，因此在现实中我们不难寻找到传统法律文化与现代法律文明的契合点，也不难发现传统法律文化对我们的积极影响。

就法的理念而言，中西传统是不谋而合的。东西方法治文明都承认"正义"是法律的灵魂，"公正"是法律追求的目标。只不过古今中外不同的文化对正义、公正的理解以及实现正义和公正的途径不尽相同。法国启蒙思想家伏尔泰说:"在别的国家法律用以治罪,而在中国其作用更大,用以褒奖善行。"西方文化传统侧重于强调法律对人之"恶性"的遏制,强调通过完善的制度设计和运行来实现社会公正与和谐。中国传统法律文化的主流更侧重于强调人们"善性"的弘扬、自觉的修养和在团体中的谦让,通过自律达到和谐的境界。在和谐中,正义、公正不只是理想,而成为可望也可及的现实。

就法律制度而言,中国古代法律制度所体现出的一些符合人类社会发展、符合现代法治原则的精华也应该引起我们的关注。比如,尊老恤弱精神是传统法律的一个优秀之处。历代法律强调官府对穷苦民众的冤屈要格外关心,为他们"做主"。自汉文帝时开始,中国古代"养老"(或敬老)制度逐渐完善,国家对达到一定岁数的老者给予税役减免,官衙还赐予米、布、肉以示敬重。竞争中以强凌弱、以众暴寡在中国传统文化中被视为大恶,也是法律严惩的对象。这种对困难群体的体恤和关怀,不仅有利于社会矛盾的缓和,而且体现了法律的公正精神,与现代法律文明完全一致。再比如,中国古代法律中对环境开发利用的限制也值得我们借鉴。《礼记》中记载,人们应顺应季节的变化从事不同的工作和劳动,春天不得入山狩猎,不得下湖捕捞,不得进山林砍伐,以免毁坏山林和影响动植物生长。这一思想在"秦简"和其他王朝的法律典籍中被制度化、法律化。这种保护自然、保护环境的法律法规,反映的是"天人合一"的观念、对自然"敬畏"的观念及保护和善待一切生命的理念等等,而这些观念与现代法治中的环境保护、可持续发展精神也是吻合的。

在现代法治的形成过程中,从理念到制度,我们并不缺乏可利用的本土资源,我们理应对中国源远流长的传统法律文化充满信心。我们进行研究的目的,也是希望能够充分发掘传统法律文化的价值,从中找到发展现代法治文明的内在力量。

我们也应该切忌将研究和弘扬传统法律文化理解为固守传统。任何一种传统的更新都不可能在故步自封中完成。只有在与现实社会相联系的淘汰与吸收中,传统才能充满活力,完成转型。传统法律文化也是如此,古今中外,概莫能外。

就中国法律而言,现代社会已经大不同于古代社会,我们的政治、经济环境和生活方式已经发生了巨大的变化,古代的一些法律制度和理念在确立和形成的当时虽然有其合理性，但随着时代的变迁，这些制度和理念有些已经失去了效用，有些甚至走向发展的反面，成为制约社会进步的阻力。在对传统法律文化进行改造和更新时，我们要注意积极地、有意识地淘汰这样的制度和理念，注意学习和引进外国的一些先进的法律文化，并不断总结引进外国法律文化的经验教训。近代以来，我们在引进和学习西方法律文化方面有过成功，也有过失败。比如，罪刑法定主义的确立就值得肯定。1764年，意大利法学家贝卡利亚发表了《论犯罪与刑罚》一书，对欧洲封建刑事法律制度的野蛮性和随意性提出了谴责，从理论上提出了一些进步的刑法学说，其中罪刑法定的原则影响最大。罪刑法定，即犯罪和刑罚应由法律明文规定，不能类推适用。近代以来，这一原则逐渐为各国刑法承认和贯彻。1948年联合国通过的《世界人权宣言》和1966年的《公民权利和政治权利国际公约》都规定了罪刑法定原则。罪刑法定主义的学说在清末传入中国，此后，在颁行的一些刑法中也得到原则上的承认。然而，由于种种原因，这一原则在司法实践中，或难以贯彻实行，或类推适用一直被允许。直到1997年修订刑法时，我国才明确规定了"法律明文规定为犯罪行为的，依照法律定罪处刑；法律没有明文规定为犯罪行为的，不得定罪处罚"。类推适用在立法上被彻底废止，司法实践则在努力的贯彻之中。罪刑法定原则的确立，对促进中国法律的发展和提升中国的国际形象有着重要的意义。

世界文明兴衰史雄辩地证明，一个民族、一种文明文化唯有在保持其文化的主体性的同时，以开放的胸襟吸收其他文明的优秀成果，不断吐故纳新，方能保持其旺盛的生命力，保持其永续发展的势头，并创造出更辉煌的文明成果。其实，近代西方法律传统转型时也经历过一个反思传统——淘汰旧制——融合东西——形成新的传统并加以弘扬的过程。在许多启蒙思想家的法学经典著作中，我们可以看到西方法学家对中国法律的赞扬和批判、分析和评价。孟德斯鸠《论法的精神》、伏尔泰《风俗论》、魁奈《中华帝国的专制制度》、梅因《古代法》、黑格尔《历史哲学》等等都对中国的法律有着精湛的论述。即使现代，西方的法治传统仍然处在变化"扩容"之中，中国的一些理念不断地融入到西方法治中。一些现代欧美法学家或研究者更是将中国法律制度作为专门的领域精心地进行研究，比如费正清《中国：传统与变迁》、C. 布迪等《中华帝国的法律》、高道蕴《中国早期的法律思想》，以及欧中坦《千方百计上京城：清朝的京控》、史景迁《王氏之死》等等。一些中国传统法律的理念，比如顺应而不是"征服"自然，弱者应该得到或享有社会公正，以和睦而不是对立为最终目标的调解等等在吸纳现代社会气息的基础上，在西方法治体系中被光大。如同历史上的佛教在印度本土式微而在中国的文化中被发扬一样，这些具有价值的思想和理念在中国却常常因为其是"传统"而受到漠视或批判。

因此，我们应该发扬兼容并蓄、与时俱进的精神，在融合中西、博采古今中改造和更新传统法律文化，完成传统法律文化的现代转型。

近代以来，中国传统法律文化的断裂是一个不争的事实，但是，另外一个不争的事实是，近年以来，中国传统文化越来越受到社会的广泛重视。不仅政府致力于保护各种文化遗产，学界也从哲学、史学、社会学等各个方面对传统文化进行研究。中国人民大学首创全国第一所具有教学、科研实体性质的"国学院"，招收了本科学生和硕士研究生、博士研究生，受到国人的广泛关注；此前，武汉大学在哲学院建立了"国学班"，其后，北京大学建立了"国学研究院"和"国学教室"，中山大学设立了"国学研修班"，国家图书馆开办了"部级干部历史文化讲座"。鉴于各国人民对中国传统文化的热爱和兴趣，我国在世界许多国家和地区设立了近百所"孔子学院"。2005年年底，教育部哲学社会科学重大攻关项目《中国传统法律文化研究》（十卷）正式启动，这个项目也得到国家新闻出版总署的重视，批准该项目为国家重大图书出版项目，从而为传统法律文化的研究工作注入了新的推动力。我作为项目的首席专家深感责任重大。孔子曾言："人能弘道，非道弘人。"我们希望能从传统中寻找到力量，在异质文化中汲取到法治营养，并为《中国传统法律文化研究》（十卷）这个项目的顺利进行营造学术环境，努力将这一项目做成不负时代的学术精品。

《法律文化研究》是学术年刊，每年出版一辑，每辑约50万字，这是我们献给学人的一块学术园地，祈望得到方家与广大读者的关爱和赐教。

Zeng Xianyi

Looking for Strength from Traditions
——Preface of "Studies on Legal Culture"

We have brewed the publication and emission of "Studies on Legal Culture" for a long time. Our aims of originating this publication is to prosper legal education and study and supply history reference and theory basis for law practice in true-life, which is certainly consistent with many other academic publications issued. However, the life and force of one academic composition and publication is determined not only by his aims. In a great extent, it needs to base itself upon its feature and endeavor to embody its aims best by the feature.

Naming this publication "Studies on Legal Culture" mainly base on accounts hereinafter. Firstly, our object of study is broad and not confined to "legal history". From the point of view of culture, what we want to discuss is not limited to "law" or "statute". The object of our study contains law itself and the society circumstances which produce law of different modes. Therefore, while we review the law, we should observe the society through the law. And while observing the society, we should perceive the legal features of different countries and regions and the reasons why the features formed. Secondly, in the long river of the history of human being, the communication and amalgamation of different civilizations and cultures make up the main stream of the unceasing development of the civilization of human being. The tradition of one people or one country is always the symbol of its civilization. Study of "Legal Culture" lays a strong emphasis on the study of different legal traditions of different peoples and nations and the transfer among them, the study of the similarity, connection and dissimilarity of them and the rule of legal cultures' amalgamation and development.

So, exploiting and channeling of traditions and looking for strength from traditions is our feature.

Hereon, we have to plead against misapprehensions of Chinese traditional legal culture since latter-days.

Compared with other subjects, the legal academic circle's study on traditional culture seems relatively weak. The reason is complicated.

Firstly, since latter-days, the academic circle basically holds negative attitudes to Chinese traditional legal culture, "Carrying forwards the western jurisprudence to civilize our China" is the prevailing view of the academic circle of that time. Rethinking and criticizing of the traditional legal culture accelerate the course of modernization of law of China on one side, and causing the misapprehension of people, made them think that there are "only penalty" but law in ancient China.

Secondly, in latter-days, peoples used to evaluating the cultures by the standards of state power, some scholars set the western mode of law as the standard to evaluate the laws of different countries and districts to see whether or not they are "civilized" or "advanced". The prejudice in academy not only prevents the communication and amalgamation of different legal cultures, but also causes the antagonizing and demolishing situation between different legal cultures. People hold a unprecedented suspicion and disbelief towards the Chinese traditional legal ideas after abandoning the legal system of ancient China.

Thirdly, affecting by the ethos, some scholars pay too much attention to the "reality" of the jurisprudential study and ignore the theoretical significance and academic value of their researches, and this lead to the prevailing of the nihilism of the traditional legal culture.

For any nation and country, history and tradition are the signs can't be erased, and can not be suspended or abandoned even more, if without bias, we can see that there are collective immaterial aspiration of human beings and huge amounts of wisdoms that is good for the development of human beings which agglomerated in Chinese traditional legal culture, so it is not hard for us to find the jointing point between traditional legal culture and modern legal civilization, and also it is not hard for us to find the positive affection of traditional legal culture on us.

Regarding the ideas of the law, eastern tradition and western tradition happened to have the same view, both the eastern and western civilization of law recognize "justice" as the soul and the aim of the law, but the different cultures of China and the foreign countries comprehend justice, fairness and the way to realize justice and fairness differently. Faute, French enlightening idealist said that, "Law was used to punish penalties, but it played a greater role in China by praising and honoring the good deeds". Western cultural traditions pay more attentions to controlling "bad merits" of people, and emphasize realizing social justice and harmony by perfect system designing and function. The prevailing aspect of the Chinese traditional legal culture lies in that it pay more attention to carrying forwarding "goodwill" of people, cultivating consciousness and the humility in organizations, achieve harmony by self-discipline. In harmony, justice and fairness are not only the ideal but the reality which can be imagined and realized.

Concerning legal system, the distillates in Chinese traditional legal system, which accord with the development of human society and the principles of modern rule of law should call attention from us. For example, one of the distillates of traditional law is respecting the aged and protecting the weak. Laws in differently dynasties emphasizing the feudal officials pay special attention to the grievances of the civilians and "find justice" for them. "Providing for the aged" (or respecting the aged) system have been becoming perfect gradually since Emperor Wen of Han, the state decrease or exempt their duty of tax and service, the government organ grant rice, cloth and meat to the aged to show their respecting. Riding roughshod over the weak by the strong and riding over the minority by the majority was treated as flagrant crime and are the objects the law punished rigorously. The solicitude and care for the disadvantaged groups is not only good for alleviating the social conflicts but also reflects the justice spirit of the law, and is in accord with modern legal civilization. Another example, which is worthy of our studies, is the limitation of exploitation of the environments in Chinese ancient law. It is recorded in the ⟨Liji (Book of Rites)⟩ that people should engage in different kinds of works according to the variation of seasons, going into the mountains for hunting, going to the lakes for fishing and going to the forests for cutting are prohibited during spring in order not to affecting the mountains, the forests and the growing of the plants. This idea had been institutionalized and codified in "bamboo slips used in the Qin Dynasty" and ancient books and records in other dynasties, this legal provisions to protect the nature and the environment reflect the "God and man are one" idea of the legal philosophy, the "reverence of the nature" idea in etiquette and custom, and the idea of protecting and being kind to all lives, etc. And such ideas are in accordance with the environment protecting and sustainable development in modern rule of law.

During the forming course of the modern rule of law, we do not lack local resources which can be used by us from ideas to systems, we should have confidence of China's long-living traditional legal culture. The aim of our study also hopes for exploiting fully the value of the traditional legal culture and finding the inside impetus for developing modern civilization of rule of law.

Of course, we should avoid from apprehending the study and carrying forward traditional legal culture as keeping to traditions. Renovation of any tradition can not be accomplished in isolation, only in eliminating through selection and absorbing connected with real-life could the tradition throb and accomplish the renovation. Without exception, traditional legal culture is in the same way at all times and in all over the world.

For Chinese law, the modern society is already much different from the ancient society, our political and economic circumstances and life style also have changed hugely. Some ancient legal systems and ideas had rationality in times they were established and formed, but with the vicissitude of times, some of them have lost their usefulness and even gone to the contrary side of development, which became resistance to the progress of society. While the traditional legal culture is altering and renovating, we should regard eliminating such system and idea, learning and importing some western advanced legal culture and summarizing the social effect, experience and lesson after the importation of western legal culture. In latter-days, we have both success and defeat in the aspect of importing and learning western legal culture. For example, the establishment of the principle of Criminal and Punishments are all Stipulated by Law is worthy of affirmation. In 1764, Beccaria, an Italy jurist, published the book of *On Crimes and Penalties* which condemned the wildness and arbitrariness of European feudal penal legal system. This book brought forward some advanced penal theory, thereinto, the principle of Criminal and Punishments are all Stipulated by Law had the most influence. Criminal and Punishments are all Stipulated by Law, that is, crimes and punishments all should be stipulated in writing by the law and can not be applied by analogy. Later on, this principle has been acknowledged and carried out. This principle was written into both the "World Declaration of Human Rights" passed by U. N. in 1948 and the "International Covenant on the Civil and Political Rights" passed in 1966. Theory of Criminal and Punishments are all Stipulated by Law was introduced into China at the end of Qing Dynasty, and after this, was acknowledged by many editions of criminal law in principle. However, for various reasons, this principle was difficult to be implemented, or application of analogy was always permitted. "One behavior should be given sentence and punishment according to the law only when the law stipulates it as a crime definitely; otherwise, it should not be given sentence and punishment" had not been stipulated definitely in law until 1997 when Criminal Law was amended. Thus, application of analogy was abolished thoroughly by legislation and judicial practice also strived to carry it out. Establishment of this principle attached great significance to promoting the development of Chinese law and advancing Chinese international image.

History of prosperity and decline of the world civilization proved eloquently that a people or a civilization could hold its hearty life, keep the tendency of perpetual development only if it absorbs excellent fruits of other civilizations and get rid of stale and take in the fresh unceasingly while keeping subjective initiative of itself civilization.

In fact, the eastern legal culture and the western legal culture both experienced a process of rethinking of traditions—eliminating old systems—amalgamation of the eastern and the western -forming and carrying forward new traditions. From many legal classical works written by enlightening thinkers, we can find praise, animadverting, analysis and evaluation of Chinese law made by western jurists. There is splendid discussion about Chinese law in *The Spirit of Laws* written by Montesquieu, *On the Custom* by Faute, *The Autocratic System of Chinese Empire* written by Quesnay, *The Ancient Law* written by Mein, *Philosophy of History* written by Hegel and so on. Even in latter-days, western legal traditions are still changing and the content is still enlarging, and some Chinese ideas are being melted into western laws continually. Some occident jurists and investigators even regard Chinese legal system as special field and study earnestly, for instance, *China: Traditions and Vicissitude* written by Fei Zhengqing, *The Law of China Empire* written by C. Buddy, etc., *Legal Thoughts of Early China* written by Gao Daoyun, *Leave No Stone Unturned to Go to Beijing: the Accusation in the Capital in Qing Dynasty* written by Ou Zhongtan, *The Death of Wang* written by Shi Jingqian. Taking in breath of modern times, some Chinese traditional legal ideas such as the idea of not "conquering" the nature but acclimation, the idea of the feeble deserving and taking social justness, the intermediation which aims at harmony rather than opposition and so on are carried forward western legal system. However, like Buddhism which declines in India but is carried forward in Chinese culture, these valuable thoughts and ideas are often disregarded and animadverted because they are "traditions".

So, we should develop the spirit of incorporating things of diverse nature and advancing with times, rebuild and renovate traditional legal culture in not only the amalgamation of Chinese culture but also western culture and the blend of ancient culture and modern culture, and accomplish the modern transfer of traditional legal culture.

In recent years , the rupture of Chinese traditional legal culture is a fact without doubt. But another fact is that Chinese traditional culture has been calling for more and more attention from different areas of society in recent years. Not only the government set their mind on protecting all kinds of cultural heritages, the academe also pay their attention to researching on the cultural heritages from philosophic, historical and sociological aspects. Renmin University of China established its "Guoxue School", and Peking University and Zhongshan University established "Guoxue Schoolroom" and "Guoxue researching and cultivating class" . Nowadays, the central government set up "history culture lectures for ministerial officials" . And many "Confucius College" have been established in many foreign countries by our state. By the end of 2005, "Research on Chinese Traditional Legal Culture" (ten volumes), which is the "project of states' key book publication" of the ministry of communication of the Central Committee of the Communist Party of China together with the General Administration of Press and Publication, also "the important project to tackle the key problems of philosophy social science" of the ministry of education, formally started, and this inject new impetus to the researching work of traditional legal culture.

As the chief expert of this project, I realize the magnitude of responsibility deeply. Confucius ever said: "The human can carry forward the rule, other than the rule can carry forward the human. " It is expected to find strength from traditions and absorb legal nutrition from heterogeneous culture. We also hope we could build academic atmosphere for the project of "Research on Chinese Traditional Legal Culture" to go on wheels and strive out academic extract through this project. We set up the "Studies on Legal Culture" in order to offer an academic garden plot to academicians and look forward to concern and instruction from academicians and readers.

目　录

明德法律文化论坛

中国法律史专题研究

外国法律史专题研究

海外学者论中国传统法律

地方法律史专题研究

罗马法专题研究

学位论文摘选

学子园地

法史资料发掘与研究

学者访谈

书　评

民国法史研究论著整理

Contents

Ming De Legal Culture Forum

Studies on Legal History of China

Studies on Foreign Legal History

Foreign Scholars Study on Chinese Traditional Law

Studies on Regional Legal History

Studies on Roman Law

Abstracts of Dissertation

Students' Garden Plot

Excavation and Research of Legal History Materials

Interviews of Scholar

Book review

Packing up of Legal History Treatises of the Republic of China

法律文化研究 第三辑（2007）

明德法律文化论坛

中国人民大学法律文化研究中心
曾宪义法学教育与法律文化基金会

西南少数民族法律生活*

一、讲座部分

　　陈金全教授：很高兴来人大和同学们对一对话，讲一讲故事。我读本科的时候在北大哲学系，我是 1967 年毕业的。我们那时候是五年制，我 1967 年毕业 1968 年才走，在北京待了 6 年。那时候我也有同学在人大念书，所以经常来人大。"文化大革命"那时北京分"天派"、"地派"，各种组织都有广播台为自己宣传，我记得当时有一个同学在人大做播音员，声音非常好，超过中央电台，听说后来这个同学真的去了中央电台。我高考志愿还填了人大，后来被北大录取。人民大学和西南政法大学的关系很密切，应该说人大是新中国法学的一个策源地，西政有很多老一辈学者都是人大毕业的。像我们法史的林向荣教授，跟你们学校的林榕年教授是同学，都是刘新老师的学生，刘新老师现在都 82 岁了。林向荣老师是人大最早的一批法学研究生，懂英语、日语、俄语三门外语。我们知道贺卫方、梁治平都是在西政读的本科，他们只要回重庆，再忙也会去看望林向荣老师。人大的曾宪义教授也给予西政很多帮助，对法史学贡献也很大。我们都知道法史能

---

　　* 2006 年 9 月 18 日在中国人民大学"明德法律文化论坛"上的讲座，根据录音整理，已经作者审阅。

成为司法考试的内容跟曾老师分不开，所以说人大在法学界贡献很大，跟西政的关系也很好。

每次来北京事情也比较多，上午我陪台湾"中央"研究院的张伟仁教授一起去社科院法研所。我有一个提议，你们可以邀请张教授来座谈。张教授学贯中西，今年 71 岁了，从小读了 10 年私塾，台大研究生毕业后到美国深造，再读了十来年，后来长期执教美国耶鲁、哈佛。张先生是哈佛大学的知名校友，哈佛大学法学院的安寿年就是他的学生。哈佛大学用他的名义设立了奖学金，用来奖励华人法学学者，你们人大一位知识产权法的老师就享受过这个奖学金。我今年 3 月份请张老师到西政讲学，后来又陪他到西北走了一趟。他在讲演中批评了贺卫方在一本书里提到中国司法是卡迪司法的论断：卡迪司法是韦伯提出来的，本来是阿拉伯伊斯兰法中的一种司法制度，是指不讲规则的、没有实质的一种正义，而西方则是形式的、有逻辑的、理性的司法。贺卫方还引了滋贺秀三的一个观点，滋贺秀三说一谈到法学只能言欧美，谈到中国的法制几乎是无话可说。张伟仁老师看到这段话很生气，他说他在国外几十年，没听到过这种说法。他曾跟滋贺秀三辩论过，滋贺秀三是日本研究中国法的泰斗。这次我们参加一个会议，一个日本学生讲："滋贺秀三是日本研究中国法的第一，也是全世界研究中国法的第一。"这我就有想法了，我想滋贺秀三研究中国法肯定不如张伟仁先生。张伟仁老师做过一个很艰巨的工作，就是对故宫档案的整理。当年故宫的档案被宫里的人偷出来卖给造纸厂，傅斯年、蔡元培得知后就去抢救。一共是八千麻袋，大概是故宫档案的五分之一，蔡元培等人花了一部分钱把档案赎回来，但是八千麻袋档案都已经泡在了水里。造纸厂的水又不是清水，所以三千麻袋档案已经毁掉了，余下的五千麻袋被拉回来放在天安门午门整理，后来整理出来的能够辨认的有三十余万件。当时中国内战不断，这些档案颠沛流离，几经磨难，从北京转到重庆，又从重庆运到了台湾。台湾的气候潮湿，对这些档案破坏很大，又没有人愿意去研究。傅斯年当时也去了台湾，就想办法组织人来研究，可是没有人愿意参加。张伟仁从美国留学回来了，就参加了这次研究。他为什么要参加呢？这其中也是有故事的。他在美国留学的时候，美国一个很有名的教授给他们讲中国法，讲中华法系，讲到中国的死刑。我们中国历代对死刑实际上是很慎重的，今天刑法学界在这里吵吵闹闹要废除死刑，但他们一点都不去看一下我们的传统。西政的一个博士生就写了一篇关于死刑的博士论文，一点都没提传统。实际上中国历史上有很多限制死刑、尽量少用死刑的方法制度。当时这个美国老师讲到了一个问题，就是皇帝如何进行勾决。三十多个国家的学生一个个地被提问什么叫做勾决，没有人能答得出来，张伟仁老师也没能答出来。这次经历对张老师刺激很大。他是学国际法的，不是学法律史的，从此他就动了念头，要了解我们的传统，便转向了法律史的研究。到台湾以后，他在整理档案过程中，才搞清楚什么是勾决。同学们有人知道勾决是怎么回事吗？当年美国教授所讲的是，在犯人的名单上画一个圈，凡是名字沾到这个圈的就被处死。你们说是这样的吗？当然不是。如果是这样的话就不叫慎刑了，杀人也太随意了。张老师在整理档案过程中发现勾决是把名单交皇帝审查以后，皇帝在名字上打一个引号，相当于繁体文的书名号，从姓的右上角，到名的左下角，一个一个地勾。后来他就把这个档案寄给他的老师，他的老师马上给张伟仁回信，说自己误了几代人，向他道歉承认自己的错误，感激得不得了。张老师在美国长期用英语讲四书五经，讲中国的法理学，而且每年香港法院都邀请他去处理法律实务。我们知道香港适用英国法，但香港的新界民事方面仍适用清朝的法律。清朝的法律很多法官都不懂，所以就要请权威来解决。张伟仁先生整理清代档案整理了二十年，多达三十余万件档案文件，其中有很多的司法档案，很多的案卷，甚至包括顺治皇帝下位的《罪己诏》，一条条都写得很清楚。我们现在很多研究法理学、法史学的，不去看档案，自己在那里高谈阔论，讲的天马行空、形而上，有什么用呢，讲半天回过头来看很可能是错的。我们研究历史就必须尊重历史资料。张老师整理的档案编成了一套书，可以装很大一屋子，捐献给了北大图书馆。张老师在我们学校讲课，每个研究生送一本书，大家排队领书，场面非常感人。张老师对学生也非常好，十分谦虚。真正学问做得好的人，都是非常谦虚的。就像比尔·盖茨这种很有钱的人，我估计也是如此。现在学界有一些所谓的名师大家，没读过多少书，我觉得像张伟仁先生这样的学者，才是真正的名师名家。

这是我的一段开场白，下面我想跟大家聊一下西南少数民族法律生活问题。

实际上在西南少数民族，比如凉山，当时还处于奴隶社会，但我们所说的"奴隶社会"，情况并不像教科书那样僵化教条。我们为什么要关注西南少数民族法律文化呢？因为我们要根据自身的条件去做。我们本身就处在少数民族地区，我们要去哪个寨子，一天就可以到，你们要去的话就不方便了，而且花钱也比我们多。所以我们是有天时地利的，而且我们西南老一辈从 20 世纪 80 年代中期就开始做这个工作，出了一些书，一直没有中断。但是当时的研究不敢批判法学的阶级性，首先必须强调阶级性，必须从这个方向去研究，所以现在来看我们有许多问题也需要重新去研究。我们中国的少数民族有 55 个，55 个民族大概有一亿多人口，但是他们聚居的地盘很大，占到国土的三分之二。你说这么大的一个群体，这么大的一个空间，我们能够对它无视吗？五十五个民族基本上西南都有，当然主要的民族有三十多个，人口可能占少数民族人口的一半，有好几千万。我从北大毕业以后先到部队去劳动，到洞庭湖种田，然后分到广西一个瑶族公社里面。那时候我就对少数民族生活很感兴趣，但那时没有太多的想法和思路，就像一处丰富的矿藏你却看不出来一样。

我在基层工作 11 年，1981 年才到西政教书。后来我们参加了中国政法大学张晋藩教授主持的《中国少数民族法制通史》的写作，55 个民族都要写。现在我们已经完成了苗族、瑶族、羌族、彝族、仫佬族、毛南族六个民族的法制史，大约一百四十万字。我参加的是彝族，还有仫佬族、毛南族两个小民族，因为我在当地工作过。很快你们会看到这本书，里面有很多的资料。我想我的工作主要是为年轻人提供一些资料、一些事实，让更高明的人来研究它。我自己还有一本《彝族习惯法研究》，收集了两百多个案例，大概有四百多法条，其中还有竹简上的习惯法规定。你们读了这些资料，你们就可以继续作研究。因为不可能每个人都到那个地方去，人类学田野调查有时候是要冒着生命危险的。当然这并不是说少数民族很可怕，他们是很善良的，待人非常友好。我们西南少数民族人口有几千万，现在中央提出新农村建设，新农村建设也不单单是指经济方面，法治建设也是必不可少的，所以我们首先要了解他们的法律生活。

在了解的过程中，我们会产生很多想法，回过头来更好的审视我们现有的法律制度。农民是穷人，少数民族的农民更穷，温总理不是讲要研究穷人经济学吗，我想是不是可以研究一下穷人的法学，穷人更讲降低成本。凉山都是深山老林，你说打官司跑法院要花多少钱，请律师就更请不起。所以像在凉山这种地方，他们不去法院也不请律师，而是自己解决纠纷。凉山有一个布拖县，这个县法院每年受理的刑事案件就是100件吧，民事案件还不到100件。你们可以去问一下海淀区法院一年受理多少案件，再到广东去看看，去年我们一个学生到广东番禺法院当法官都快累死了。布拖县的情况是很典型的，长征时有一个红军，走路掉了队出不来了，当了娃子，娃子就是奴隶。我们不要一说奴隶就想到罗马奴隶，不是那个样子。后来他学会了彝语，在那里安家娶妻生子。他老家是江西的，家里人还以为他牺牲了，给他立了块碑，写上"××革命烈士永垂不朽"。解放后他知道了此事，又回到家乡。还有一个美国飞行员，飞机失事落到凉山，走不出去。当地人看到他黄头发蓝眼睛还以为是像山羊一样的动物，给他喂草（笑声），后来还是通过外交的方式才送出去。这些地方很封闭、很偏僻，经济发展很慢，社会制度变迁也很慢，好多地方从来就没有受过国家政权干预，政府权力渗透不到这些地方，国家法对它没有影响，所以一旦产生纠纷主要靠民间调解。

彝族调解制度中的调解人称为德古，德古是平等的意思。你如果现在去四川凉山一些县里的街头或法院门口，会发现一群人坐成一个圆圈，他们在做什么？在办案。他们在产生纠纷以后，不是一个人出面，而是家族出面，叫做家支，两个家支协商不是面对面，而是背靠背。如果面对面说不好就要打起来，彝族人是很尚武的，身上有刀枪，所以是背靠背。我们曾全过程拍摄一个案件，是一个债权纠纷，张三借了李四的钱，彝族人借钱没有写借条的习惯，很诚信。就像你们老同学向你借一百块钱，你不可能打借条的。到期要还钱的时候张三不还了，赖账了说没有借。当然彝族这种情况很少有，但是不还怎么办啊，李四就很生气，就去盗张三家的马，盗马的时候被发现了。这个纠纷怎么解决呢？这个案件发生在冬天，冬天河也干枯了，两家分别住在河的两岸。调解人就两面奔跑，传递意见。中间人也是很公正的，不会受贿，有人暗中监督的。这些德古都是很有学问的，而且相貌堂堂。凉山的德古很多是家传的，一家五六代人都是德古。他们解决纠纷不像我们的法官审理案件。他们不是简单的搜集习惯法条文，而是把很零散的条文整理起来，一条条经过老人讨论再反复修改。德古所采用的习惯法条文很细，比如说打掉门牙多少钱，打掉大牙多少钱，都有不同的规定。再比如说伤害耳朵，顶端、中部、下部的赔偿数额是不同的。下部赔偿数额最大，因为彝族人包括男子在内要吊耳环。但是他又不完全靠这么细的规则，他还要讲历史，讲寓言，讲哲学道理和故事，化解当事人内心的矛盾。

张伟仁老师到香港解决纠纷，他今年就解决了一个遗产纠纷。新界有一块地方，是宋代一个驸马的御赐坟地。这块坟地现在价值三十几亿，发展要用这块地，因为继承的家族成员众多，所以产生了纠纷。这类案件大多数都是靠调解来解决纠纷，所以张老师就去给他们讲道理，讲清律的一些规定和中国的传统法律文化，以及儒家的一些道理。家族的坟产是不可以分的，但这三十多亿所生的利息是可以分的。后来就达成妥协，三十多亿存在银行，大家分利息，老人们都接受。通过讲道理而不是生搬条文，这个纠纷得到了很好的解决。我们常常狭隘地把法律理解为几个条文，其实法律不仅仅是几个条文，而且主要不是条文，它包含法理、天理、情理。凉山彝族的中间人做调解也是这样，他们在调解过程中就讲很多的道理。他们彝族的语言很优美，我们听不懂就请翻译，他们有很多格言非常有力量，一听到就打动人心。很多少数民族都有这种格言，像藏族、苗族，他往往一句话打动你，然后再讲一些故事，两边就认可了。比如像刚才那个案例，马没有盗走，没有构成既定的事实，欠债还钱也是理所应当，但又没有足够的证据，所以解决的方式是赔一半欠款。如果最后不赔，就搞一个神明裁判仪式，打死一只鸡，如果借了钱谎称没借的话就会像这只鸡一样死去。彝族人信仰这个，他们不敢撒谎。彝族像美姑县，是熊猫之乡、美女之乡、毕摩之乡。毕摩是彝族的宗教职业者，美姑县有十万人，其中一万多人是毕摩。我曾经请过一个毕摩到西政去，他会历法，还会看相、算命。毕摩也调解纠纷。所以你去看少数民族，完全是一块活化石，你会产生很多想法，可以唤起你对古代和现代法律学的思考。凉山有一个很有名的德古叫海来，是一个盲人，但是他记得很多彝族习惯法条，而且记得很多故事。他解决了很多纠纷，这个盗马案就是他解决的，而且很多政府解决不了或解决不彻底的纠纷，他都能解决得很好。德古解决的案件95%的人都不会反悔，和解率非常高。所以我们通过彝族这种围坐一圈平等解决纠纷的方式，可以看到一种原始的民主精神，也可以看到一种宽容、妥协。这种精神在少数民族法律生活里体现得非常鲜明。他们创造的这种和解制度，在今天的法制建设中有很多值得我们吸收和借鉴。

我还想给大家讲一个例子，就是浙江省诸暨市，被誉为"珍珠之乡"，世界上70%

的珍珠产在诸暨,它的价格波动直接影响世界珍珠市场,特别是影响香港。诸暨人都很富裕,有的村子每家都有一栋洋楼。这些村子收购垃圾,整个浙江的垃圾都被他们包了,六十多家的年产值是八千多万。诸暨市有个枫桥镇,"枫桥经验"本来是 1963 年时处理敌我矛盾的一种经验和方法,四十多年后发展成为了一种解决民间纠纷的机制。枫桥镇的墙上就写着"辨清法理、道理、情理"。中国社会要讲法理、道理、情理,有的人说我就不讲情理,批判枫桥经验是人治。但是,如果一个人、一种制度都不讲情理,没有常情、常理,这还是人类制度吗?所以在这个大标语的后面,还有一句是"珍惜亲情、友情、乡情"。他们通过这种方式解决了很多矛盾,也得到了中央的肯定。胡锦涛同志接见他们的时候问这种方式能解决多少社会矛盾,他们说可以化解 97％的纠纷,胡锦涛同志说要是全国都这样就好了。现在西北政法学院在那里设了一个点,和他们一起联合研究一个课题叫做《枫桥经验和法制建设》。如果按照我们所说的依法严格处理,不知道要造成多少家庭悲剧,造成多少人之间的仇恨。所以这个经验在浙江省全部推广,就是靠调解。

原来很多人觉得调解适合于农业社会,即所谓的熟人社会,但是像诸暨这种经济发达的地方,基本上已经没有什么农民了,为什么像凉山一样的调解制度在这里也同样适用呢?这个问题值得我们思考。所以今天我主要是跟大家讲一些事实,我们共同去思考、去体会。凉山的研究我们还要深入做下去。你们人大有个人类学者庄孔韶,他的一个学生在云南小凉山彝族地区用习惯法禁毒、戒毒,戒毒率达到 90％。他们在北京开会交流戒毒经验,很多国家的代表对这个结果都大吃一惊。他们就是用家支的习惯法规定来戒毒的,取得了很好的效果。我认为少数民族习惯法也是中华法系的一部分,它还有生命力。不仅是精神值得我们借鉴,制度方面的一些东西也是值得我们借鉴的。我们不能照搬,但是我们可以思考,比如调解制度在诸暨开展得很好,但他们并不知道凉山彝族地区也有这种调解制度,所以他们也提议开一个调解制度比较研讨会来探讨,并互相吸收借鉴。

我再讲一个少数民族的例子,就是居住在云南靠近缅甸的佤族。佤族的女子被称为"黑珍珠",皮肤很黑头发很长,男子也是很黑,长得很帅,是一个很豪放的民族。佤族一直到 1958 年都是原始部落,他们有一种仪式就是砍人头,不是砍本部落的人而是砍外部落的人。要选择比较彪悍的男子,胡子比较多、眉毛比较浓的那种,这样的男子的头就很危险了,砍下来以后装到一个筐里面,用一个很长的竹竿撑起来祭祖。他们认为人头腐烂以后落在土里,那个土也是很珍贵的,洒到四处可以带来五谷丰收。1958 年佤族派代表到北京参观,毛主席接见他们的时候,说不要砍人头了,会造成部落间的仇恨,应该维护少数民族地区的团结安定,从此以后才没有砍人头了。他们砍人头依据的是"阿佤理","阿佤理"就是他们的习惯法。我去过西盟,现在佤族很多人都在缅甸那边，缅甸境内很多佤族人是种鸦片的，还是原始部落的状态。他们原始部落是有制度的，五个领袖，有政治领袖，还有军事领袖，称为"英雄"，甚至还有管音乐舞蹈的，也称为"英雄"。少数民族都很崇尚音乐舞蹈，所谓"饭能养身，歌能养心"。另外还有管宗教的。部落的重大事项由这五大领袖开会研究决定，他有自己的一套制度，像这种原始部落的制度，马克思晚年想做这方面的研究，后来因为没有机会了不得已放弃。

他们有很多很好的制度，比如说他们虽然是刀耕火种，但是不毁林开荒。我们一直说原始人是毁林开荒，他们不承认的。我去访谈的时候，几个部落王子跟我说他们每年烧哪块山地都是有计划的，要考虑到环境的保护问题。而且一块地种一年就不种了，让它重新长树，选择另外一块地来耕种，耕种的面积也是有比例有限额的，而不是说一把火把山烧了进行耕种。原始部落的人也很聪明，比如说他们的婚姻制度，同姓不婚，两个人恋爱结婚，首先就要背姓，因为他们没有名字，只能背姓。只有背到第八代不是一个姓，才能够结婚。光这样还不行，结婚之前还要"梦卜"，就是男女睡在一个床上，各做各的梦，看梦的是什么情况。如果是梦见两个人打架，就不能结婚；如果是梦见结了很多的芭蕉啊，芝麻开花啊，就可以结婚了。你说我们撒谎不就行了吗？人家是不撒谎的，我们不能用现代人的心理去揣测别人。我认识一个部落王子，他就是这样结婚的，而且找了一个特别漂亮的妻子。他们执行习惯法也是很严格的，我们去看了一棵大青树，几百年了，他们给我讲述说很多年前一个父亲把儿子捆在树上活活打死了，为什么呢，因为他的儿子偷了东西，偷东西是要打死的。当然现在看起来很残忍，但是细细品味，其中也有一些道理，这种习惯法是很严格的。我去过两次了，都是带学生去，我们中国研究原始部落法就必须去这个地方。我们都读过霍贝尔的《原始人的法》，我们中国人没有这类书，但实际上我们中国人的资料比他多。你们去看那本书，他引用的资料主要是有关印第安人的。所以西盟佤族我们还要继续去研究，他们有权威和领袖，有制度和法规，而且习惯法的实施也有很好的效果。佤族的老人总是回忆58年以前，那时各方面可能比现在还好，现在这些原始部落被整个破坏了，社会制度被强行变化，人为地制造了很多矛盾。所以原始社会也不是像我们所想象的那样，像摩尔根所描述的那样，他们的婚姻也不混乱，是很有规则的。

刚才讲了原始部落，另外我在贵州黔东南苗族地方的一个村子里发现了一万份契约，清朝的契约。这个地方附近的村子估计有十万份契约。人民出版社正在排版，我们马上就要出来第一本契约。这个村子靠近湖南，是很偏僻的地方，但明清的时候并不偏僻，是当时我们国家南方的一个木材交易的大市场。北京故宫建造时所用的木材很多都是在那里购买的，采购的商人称为"皇木商"。他们把木材采购来以后，用斧头上的印把每一块木头敲一下，就盖上印了，称为"斧印"，然后搭乘木排顺着清水江运到湖南的沅江，沅江再流到洞庭湖，洞庭湖再抄运河到北京。每年的成交额大概有几百万两银子，所以全国的商人纷纷到那里购买木材，这就形成了很大一个市场。那时候当地人的生活是很好的，可能比现在要好。那个地方当时经济是很繁荣的，特别是清代嘉庆、道光年间，发展得很好。这样一种经济秩序它是怎么来维系的呢？研究法制的人就会发现契约起了很大的作用。它吸引了很多没有土地的农民到这里去，向地主租一块山地，签订合同，然后种树。这个地方的土地特别适合长树，长树成龄一般要15年到20年，成林之前树木之间可以种粮食。这些粮食归谁所有呢？归佃户所有。所以湖南的很多灾民来到这里，种上树苗以后种粮食，就可以养活自己，有的后来成了地主。所以我们可以去研究经济史，农民到底是怎样变成地主的，不是像书上理论分析说得那样，当然这可能是个案，但是从中也可以发现很多有价值的东西。这些农民往往会租很大一块山地，但是他又种不完，他就再租出去，就像现在的一包、二包、三包。这样的话第三人又来和他签合同，他怎样来处理这个关系呢？一般都是四六分成，这个比例应该说还是可以的。还有就是对半分成。女儿出嫁，不用带财产，带一张契约就够了。明天就要出嫁了，妈妈把女儿叫到跟前，说明天就要走了，妈妈没什么可以送你的，就送一份契约给你吧。这块土地是你的了，到时候你要需要什么家用你就可以转让出卖它，也可以出租。我们经常听到搞民法的人说中华法系不讲权利只讲义务。出嫁的时候妈妈给你一份契约，这不是权利是什么呢？然后又分析权利用英文是怎么写的，中国有没有这个字，中国的权利是怎么写的，把我们也搞得很糊涂，但是我们看这个事实是这样的啊。所以这样一来，这里的老百姓都非常珍视这个契约，一直到现在每年的旧历六月六，太阳很大，城里的人都要晒晒衣物，他们晒什么啊？晒契。你们暑假有机会可以去那个地方看一下，那里是人类学的天堂，也是法律人的天堂。我都是那个村的村民了，村长给我发了一个荣誉村民证书。（笑声）

他们如果出现纠纷，也要打官司，有的是到政府里面去，有的就是由本族的寨老进行调解。现在贵州苗族地方有些"苗王"，"苗王"就是党支部书记，他不愿你叫他书记，你叫他苗王他很高兴。也是小伙子，不像我们想象中的那种形象。我现在手里有五千多份契约，我把它出完一套书你来看，你说我们中国民事立法有没有资源呢？我们中国人讲不讲权利呢？你看过了这些契约再去思考我们学界今天讨论的一些问题，可能就会有新的想法。我就想起这么一个作用，整理这些材料。另外我们还收集到一些当年打官司的诉状，有的是原件，有的是手抄件。我们去了好多天，住在村民家里，不能洗澡，但是生活挺好的，比你们在人大读书好，吃的东西都是最新鲜的。我们设想如果能把这十万份契约都收集起来，让外国人来看看，让滋贺秀三来看看，他老说我们中国没有法学，张伟仁先生说下次还要和他辩论。我觉得我们是有民法的，是有民事规则的，如果没有，这个地方当时的经济不可能发展得这么好。他们很讲规则，他们自己搞的一些改革，比如说不许包办婚姻，降低彩礼规格，定了规则以后立块碑，自己立法自己遵守。我们现在的村民自治也不是汉族发明的，也是一个少数民族地区，广西合寨村1980年创造了民选村长制度，是我国村民自治第一村。我们可以思考一下中国基层的民主宪政应该怎么搞。我们现在很多搞宪政的学者批这个批那个，讲美国怎么怎么样。西方的经验可以借鉴，但是我们还是应该注重中国的国情，我觉得中国要发展，还是要把农村的问题解决好。他们村里面还有一个婚姻改革碑，保护环境有环境森林保护碑，他们对环境保护也有很多规定，而且执行得非常好。

我去过西藏三次，感觉到藏族人非常善良，为什么呢？可能是因为有佛教的影响。你去了解西藏的话你会惊人的发现，它是一个"天下无贼"的社会，也是一个无讼的社会。没有纠纷，甚至连吵架都没有。他们有很多格言，劝解人息讼，和解纠纷。我举个例子，比如劝解人家不离婚，有一句格言叫做"和好一个家庭胜造一座佛塔"。佛塔在藏族人心目中是很神圣的，但是他说和好一个家庭比造一座塔还要重要，用藏语讲出来很打动人。我曾经访问过日喀则班禅东宫里的一个主管，他跟我讲他亲自促成过一对离婚了的夫妇和好。我说你用什么方法，他说他就用这句格言做武器，"和好一个家庭胜造一座佛塔"，把这句话跟当事人讲他们都接受，家喻户晓。还有比如"两只豹子打架不撕破皮"，"别人家的牛死了我哀悼三天"，用藏语讲出来非常有意思，别人家的牛死了你还不能幸灾乐祸，电视机、收音机声音要调得很小。一些汉民开车去跑业务，车出了问题藏民就主动去帮他们搬，在汉地要是帮你搬了的话就不让你走了，是要掏钱的。

我参加过一座寺庙的佛诞展佛仪式，它周边是几万人，有的人半夜就去了，有很多是身上背着帐篷一步步跪拜，行长跪礼走了几个月来到这里。佛展结束的时候，周围的山头没有一张废报纸，干干净净，没有警察没有暴力强制他。所以我们想一个社会如果单单靠法律、靠暴力，这种社会也不是理想的社会。藏族人守法的心理跟佛教有关，我们采访过一些村民，他们每个村子都有寺庙，寺庙都有法会。西藏有很多节日，像法会啊，望果节啊，展佛啊，我们来解读，实际上都是法制教育。法会要讲佛，就是藏传佛教，不能偷盗、不能杀伤人、不能奸淫，这些规定跟村规民约差不多，跟我们现在的法律规定也很相近。每年跟他们讲这些，就使藏民心中有了一个尺度，就知道该怎么做。西藏有一个桑日市，有藏传佛教的第一所寺庙，法会的规模很大，但从来没出过事。从这里我们就可以思考了，一个社会需不需要宗教，法律和宗教的关系。如果你光去读书，逻辑推论法律和宗教的关系，得出的结论总是有限的。2004年我去西藏一个市，一年大约有五千多案件，90%的靠调解解决。我这次到最高法院去，法院系统也深刻感受到，我们中国的法制建设特别是立法如果丢掉了传统，不可能很好地完成任务。我举一个例子，就是农村婚姻收彩礼的问题。人家送了彩礼后来没结成婚，这个彩礼该不该退。法院这个问题争得很激烈，有人就说这个彩礼是封建的东西，意思就是说不该退。有一个我们西政毕业的领导就坚决主张要退，说不能简单地把彩礼看作是封建制度的产物。我们总喜欢讲封建的、专制的啊，一提到过去的历史就这样讲。这是好多年形成的传统，人家把女儿嫁给你，人家付出了多少，嫁到你家给你们家当劳动力，婚还没有结，女儿还没有嫁，人家出了彩礼，所以最后的结论是应该退的，我在少数民族就注意到彩礼是要退的。我在贵州黔东南发现一块碑，康熙年间的，碑文就记载了一个退婚的事。订了婚女方发现男方不行，人家不愿意嫁给你，就退婚嘛，当时收了什么钱什么东西都是要退的，口说无凭写下来刻在一块碑上。

我们通过调查发现，少数民族地区的法律生活，很多在我们汉族地区已经不存在了，但是在他们那里还存在。现在西南整个少数民族地区国家法发挥的作用是不同的，有些汉化程度比较高的、交通比较方便的地区，是以国家法为主、习惯法为辅的，有些地方可能是对半，有的地方则可能完全是习惯法。比如凉山布拖县，主要是习惯法，什么宪法、刑法老百姓也不懂，也不去理会。凉山有一年出了人命案，杀了人以后跑了找不到，找不到不要紧，两个家支来解决问题。多年以后犯罪嫌疑人被抓住了，国家法院又来解决。国家怎么解决他不管，家支的解决主要是民事赔偿。我们有很多教训，很多民族地区，杀了人以后不进行经济赔偿，被杀的人的家族成员就要反过来杀人，搞的社会矛盾很复杂。少数民族习惯法有一个程序就是要进行经济赔偿。今后你们看我那个书里有一个表，像父母金、姊妹金、舅舅金等有好多项目，都得一一赔偿才能摆得平，青海那边也有这种制度。

当然我们现在研究少数民族法制，不是说我们立法要照搬它们的东西，要按他们的规定做，而是我们首先要了解，了解历史上有哪些制度，现在还在发挥作用的有哪些。很多地区民族改革以后，一直取缔习惯法，很多法院领导现在还这样看，认为应该打击取消，但是取缔不了啊，他晚上办案，他十二点钟一点钟来办。我就见到凉山唯一的一个土司后代，叫杨武三，好多外国人去采访他，他也会调解案件。老百姓都是半夜来找他，偷偷地来解决纠纷。后来环境逐渐宽松，习惯法又复兴起来，政府实际上也容忍了，因为它解决了很多实际问题。所以西南少数民族有几千万人实际上还是生活在适用习惯法的状况下。当然这些习惯法里有很多是愚昧的、落后的，甚至是残忍的，但总体来说几千年来习惯法在他们民族的发展过程中还是起了很大的作用。刚才我说的那个有十万份契约的地方，实际上可以看作是一个法治社会，做什么事都要签约，借钱也要签约，不像彝族人那样。现在都还有人在写契约，当然已经很少了，他们有这种传统。所以他们的法律生活里很多制度很有意思也很有趣，不光是南方，北方也有，像达斡尔族，前些年还是游猎民族，解放军给他们盖上房子他们不愿住，深山老林才是家，走到一个地方搭个帐篷烧一堆火，自得其乐，我们城里人觉得没有电怎么过，他们不受这个影响。我们在贵州发现一个侗族村寨，计划生育八百年，我们还没搞计划生育法的时候他们就有计划生育法了。一家只能生两个，不是生一个，一男一女，从宋朝到现在人口一直是这么多，他们说我们的资源有限，不能无限发展，这不是科学发展观吗？（笑声）很多人去采访，询问他们的方法，问怎么才能只生一男一女呢，说是有一种药，不外传。而且村里的人智商都比较高，没有弱智。我在北京山区工作过，村子里痴呆多得很，近亲繁殖嘛。他们那个村子人也不多，范围不大，却没有痴呆现象，也是优生优育，你怎么解释啊。所以有时候我想这个法还是老百姓创造的，它要形成一种习俗习惯，然后才有一些社会知识、经济知识去总结它、提升它，所以现在在我们在找源头。

我们现在很多人写论文，主要是比赛外文，谁的外文好、资料多，谁就写得好。写出来有什么用，你也不知道，老师也不知道。很多人在讨论中国法学向何处去，你出去走一走，可能就会有一些感觉，怎么去研究问题，怎么走出书斋。所以我主张不但要读万卷书，而且要行万里路，这样可以把学问做得好一些，光是闭门造车不行的，我的学生每年我都要带他们去调查。2008年的中法史年会由我们来办，我就想讨论一下中国传统司法的问题，但是要去研究档案和案例，不要空对空，不要形而上，要搞一些事实研究。而且我要送大家一批西南民族法律文化的书，至少有五本吧。西北政法学院在做一个《紫阳档案》，他们想跟我们一起合办这个会，我说你首先在大会上每人赠送一本《紫阳档案》行不行。一千六百多个案例啊，而且不光是判决书，很多卷宗都有，你就会看出一件案子前前后后是怎么办理的。不是卡迪司法啊，我也不懂卡迪司法，但是我觉得不能叫卡迪司法，他也是依据法条反复适用，一审、二审都很认真。最高人民法院在筹备建设一个中华法系传统法律文化的档案馆，他们认为现在离开传统不行了，实际上任何一个国家的法制建设都不可能离开自己的传统，欧美国家都很重视自己的传统。可能是因为很多人觉得去研究传统的制度很麻烦，抄别人的很容易，所以不愿去做。安全法就是我的一个学生起草的，我问他怎么写的，他说就是找很多资料把门一关，就写出来了。可能很多立法都是这样，或者是组一个代表团出国考察，带一大堆资料回来。

2002年北大开了一个百年民法回顾研讨会，很多名家在会上公开反对调查，说没有必要调查，传统有什么，传统只有两条，就是抚养、赡养，其他没有了。包括诚信都说成不是我们的传统，是基督教的。你说是中国文化讲诚信比西方高还是低呢？我们从来没有欺负过别人，也从来没到其他国家去抢东西。我们去看基督教的历史，其实也是很血腥的，我觉得佛教反而宽容一些。我们的一个研究生读到最后说中国没有法律文化，我一听心都凉了（笑声），这不说明法学教育失败了吗，一个民族没有法律文化我们还怎么前进啊。我今天来讲这些故事就是跟大家做一个交流，我觉得我们应该重视社会调查，应该尊重事实。我不是反对理论，我本身是学哲学出身，冯友兰、张岱年都是我的老师，我不反对形而上地去思考和分析问题，但是我觉得我们应该先了解我们的传统，看看传统里有没有值得我们借鉴的经验。我今天的讲座就到这里，谢谢大家。（掌声）

二、问答部分

问：陈教授您好，我想问一下，刚才您讲八代之内同姓不婚，这个同姓是按照母姓还是父姓呢？

答：这个还是按照父姓，他们是背父姓，背姓的时候就可以判断是否有血缘关系，如果八代之内有血缘关系就不能通婚。

问：陈教授您刚才讲的调解制度，举了两个例子。我觉得这是两个非常典型的例子，而实际上调解的成本可能是高的。比如像凉山彝族，他们觉得诉讼费用很高，所以愿意采用成本更低的调解制度，但是我觉得成本不应该只考虑诉讼费用，还应包括人力、物力和时间的投入；至于像枫桥镇，因为他们的经济状况很好，所以他们不在乎调解的成本投入。而对于中国大部分地区来说，调解的方式还不能像这两个地方一样发展。

答：我刚才说凉山彝族考虑诉讼成本，当然也不是完全考虑成本，主要还是一个传统习惯的问题，他们不找政府，喜欢自己解决。但是有些地方很偏远，如果到县里去告状，要走很远，吃、住、行都要花现钱的。而大家坐下来一块谈，最多喝点水、喝点酒，我觉得成本来讲还是就地解决比较低一些。枫桥搞调解倒不是怕花钱，他是觉得调解更有利于缓和关系，不伤害人心，我听他们讲的一个案例，两家是亲戚，因为分家打架了，有一家的孩子刚刚考上大学，怕因为打官司影响这个孩子正常学习，两家就靠调解来解决，赔礼道歉赔医药费，结果两家人都很乐意。如果非要到法院，就会留下历史矛盾。

问：我想问陈教授一个问题，凉山彝族地区所有案件都是调解解决吗？那像杀人这类严重刑事案件怎么解决呢？

答：少数民族地区基本上是调解，但是杀人现在国家要管了，国家管的这一块是由国家对违法行为进行处理，但是违法处理后他们自己按照传统还有一块民事赔偿。杀人可能被枪毙，但国家法并没有规定还有民事赔偿，习惯法却有，如果没有这块民事赔偿可能会造成复仇，而作出赔偿后就会和解了。

问：陈教授刚才所讲的德古，是暂时的调解员，还是一种专门从事的具有长期性的职业？调解的地域范围有多大？他们调解所依据的书面的东西多吗？

答：德古具有长期性，是自然形成的。比如你是德古，可能你的父亲、爷爷都是德古。这种家传不是说你18岁就可以办案，成人后还要见习，起码见习两三年，是很严格的，也没有谁来封你，就是大家看到你有这方面的能力就找你来办案子，如果办得不好就被淘汰掉。他们是参与生产的，不脱产，基本上没有报酬，就是给点路费或者给点小钱，比如说给几十块钱，请你吃饭。德古的调解范围很大的，方圆几百里甚至上千里都可以。大小凉山很大的，有的骑马要骑三天。书面的东西是很少的，是去找老人收集案例，一些很经典的案例已经无法收集了，所以我们现在是在抢救，能留下来的已经很少了。过去两个家支打仗，手里都有枪，德古是冒着枪林弹雨去调解纠纷，而且首先是保护妇女儿童。有很多故事很精彩，你们感兴趣可以看我们的书。

问：陈教授您好，国家法和习惯法对于同一个案件的解决方法往往是不同的，比如说杀人，习惯法往往是侧重于赔偿，那么面对国家法和习惯法的这些冲突我们应该怎么来解决？习惯法都是在少数民族地区适用，那么随着社会的发展，习惯法会不会发生变化，它的生存空间到底有多大，会不会逐渐被国家法所代替？

答：冲突是肯定有的，按照习惯法杀伤人必须赔偿，如果不赔偿他就要报仇，所以最后还是要赔偿，而且像藏区那边需要通过活佛来做这个工作。活佛解决很多纠纷，威信很高，相当于彝族地区的毕摩，但比毕摩的地位还要高。汉化程度比较高的，像苗族地区，就没有赔偿。彝族楚雄那边汉化程度也很高。现在彝族习惯法保存得比较完整的还就是大小凉山，不赔偿的话复起仇来是很凶的。还有一个就是习惯法肯定会变化，我觉得还是让它自然的变化，不要去强制。像西藏现在火车也通了，进去的人很多，出来的也很多，变化是必然的，但是不可能马上就变。我有一个学生是彝族的女孩，彝族分黑彝白彝，黑彝地位很高，她父亲是民大毕业的，给她规定了不准嫁给汉人，不准嫁给洋人，也不准嫁给身份比自己低的人。实际上这个身份已经不存在了，但是传统观念里还是有这个身份的差别。我都问他你受过高等教育怎么还这么保守，他说如果女儿嫁给汉人或者身份比自己低的人，我这个做父亲的就没法活了，家族的人要打他、吐他口水。他也是一个学者啊，所以说习惯在那种环境里还是很难改变的。当然这种习惯肯定逐渐会改变的，但是有一个过程，以前我们用行政手段简单地去消灭它、制止它，这种方法在我看来是不可取的，会给我们社会造成很大伤害，很多好东西也随之被摧毁了。我觉得应该让它自然而然地去演变。现在凉山彝族有些德古也成为了国家的调解员，他实际上是具有双重身份，他们也在学习国家法，调解过程中有时候也用国家法，也不是一点不用。但是完全按照国家法也不行，也要结合传统、结合习惯法。

赵晓耕教授：鉴于时间原因，虽然大家意犹未尽，但我希望各位可以在私底下和陈教授交流。我们今天讲座就到此告一段落。再次感谢陈教授的精彩讲座！（掌声）同时也希望大家继续关注我们的法律文化论坛。谢谢大家。

（整理人：晁宝栋）

［日］水林彪

东亚共通法的继受与创造*

一、讲座部分

此次我是作为访问学者来到人民大学法学院的，两个多月的访问交流期间已经在中国作了两次演讲。第一次是在社会科学院法学所就日本土地制度所作的演讲，与二十几位中国学者进行了交流。昨天，是在清华大学法学院就日本民法、民法的历史与到会的三十几位学者进行了交流。可是今天，没想到会有这么多的学者教授和学生到场，我感到非常荣幸，但也有深深的不安，不知道能否让大家满意。

今天我要做的报告是《中、日、韩三国共通研究项目：东亚共通法的继受与创造》。我是在日本国立一桥大学法学院研究日本法制史。正如刚才曾老师所介绍的，日本在7世纪到8世纪长达一个世纪的时间里，全面吸收了当时的中国唐朝以律令制度为主干的整个法律以及其他的文化体系。所以对于日本、特别是研究法制史的学者来讲，中国是一个非常特殊的存在，我也一直希望有机会能到中国进行访问。终于，有机会得到日本

＊ 2006年9月23日在中国人民大学"明德法律文化论坛"上的讲座，根据录音整理，已经作者审阅，现场翻译为中国人民大学法学院杨东老师。

文部科学省（教育部）的研究经费的资助，加上来自人民大学法学院的盛情邀请，才得以实现多年来访问中国的夙愿。

这次，我作为中国人民大学的访问学者，目的之一是亲自对一直以来很感兴趣的中国历史、法律文化进行一些考察研究。首先，我是希望到中国一些比较具有历史意义的古都，如西安、洛阳进行考察。今年的八九月份，我就与日本和中国的有关历史与考古方面的学者两次去西安、洛阳进行了调研。同时，也是希望能够通过我这次的访问，能够促进和加强一桥大学法学院与中国人民大学法学院的交流与合作。

目前，我们日本一桥大学法学院联合中国人民大学法学院，还有韩国釜山大学法学院正在向日本文部科学省申报日本国家级研究课题，即有关"东亚地区法的继受与创造——为了实现东亚地区共通法的基础形成"的课题。

所以，我今天的演讲，一方面向诸位介绍一下这个课题的研究情况；同时，也试着从法制史的角度来谈谈有关东亚地区法的继受与创造的问题。

首先，请允许我就"东亚地区法的继受与创造——为了实现东亚地区共通法的基础形成"这一项目的情况做一简单的介绍。日本的学术振兴会——也是日本文部科学省的一个主要部门，有一个关于亚洲研究教育国家重点基地的项目。日本一桥大学法学院准备以"东亚地区法的继受与创造——为了实现东亚地区共通法的基础形成"为题目，申请下一个五年期（从明年度开始为期五年）国家级研究基地的课题。我很早就已经知道中国人民大学法学院是中国最好的法学院。另外，我今天早上刚刚得到一个从一桥大学法学院发来的好消息。大家知道，日本在两年之前刚刚进行了司法制度改革，导入了美国 Law School（法学院）的构造，学生首先在法科大学院学习两年，而后通过司法考试再从事律师或者法官等工作。在今年进行的首次司法考试中，一桥大学法学院的合格率是全国最高的，而且是远远超过第二名。所以说我们是非常希望和人民大学法学院就今后进一步的法学交流开展合作。而一桥大学也是一所只有文科没有理工科的学校，就这点而言，是与人民大学非常相似的，因此，我认为两个学校的交流应该是非常合适的。今天担任翻译的杨东先生，也是一桥大学的毕业生，听到这个司法考试的消息，我想应该也是非常高兴的。（笑）

回到我们的研究课题。东亚地区——中、日、韩三个国家，在古代，以中国法为中心，和受到中国法影响的日本、韩国形成了东亚地区所谓的东洋法这样一个区域法体系。近代以后，以日本明治维新为起点，也形成了一个以吸收欧洲法为特征的东亚地区的法律体系。但是第二次世界大战之后，日本受到美国法的较大影响，同时经历了二三十年的经济高速增长。紧接着，韩国也进行了经济改革，经济上也获得了快速增长。而在近二三十年中国也进行了一系列的改革开放的措施，法律制度方面更是不断地吸收欧美的先进制度。可以说，目前在借鉴欧洲法、美国法等其他国家地区的法律制度的基础之上，又开始形成一个新的东亚地区的共通法这样一个法律体系或者说法律交流的历史体系。

随着中、日、韩之间经济贸易活动的加强，东亚地区在将来形成一个类似欧盟的共同体也将成为可能。针对这样一个新的经济发展趋势，我们选择了这样一个三国联合研究的课题，作为对东亚法的过去、现在以及将来东亚地区一体化共通法的实现可能性以及如何实现等进行全方位的整体研究。我想，这样一个课题的研究，对于东亚地区经济的发展和地区的和平稳定是有着重大意义的。

这个课题的第一个目的，是研究东亚三国的法律的现状，它们具有哪些共通点、不同点，根据不同的法律部门进行比较分析研究。同时根据各国固有的风俗习惯、文化、经济情况，与法律文化的关系，以及如何借鉴吸收西洋法这一过程具有哪些共通点与不同点，进行法律不同部门的划分、分析与研究。在此基础之上，探讨是否可以在将来形成一个东亚地区的共通法这样一种可能性，或者至少可以在理论上研究其实现的可能性，这种可能性具体是如何达到，为此我们须采用何种研究进路等等进行考察。同时我们也非常关注在东亚地区如何借鉴吸收欧洲法、美国法。在此基础之上，我们也要从东亚法与欧洲法、东亚法与美国法的比较角度进行研究以促进在全球一体化的大背景下对东亚共通法的形成基础问题的探讨。

我们的第二个目的，是在法学学术交流和教育方面，促进东亚三国学者、学生甚至包括法律实务工作者之间的交流。当然，也要促进非东亚地区的学者与我们之间的交流合作，以更好的开展对东亚共通法的研究，同时促进世界对于东亚共通法的理解。

下面，就从法制史的角度对以下几个主要课题进行探讨。

中国、日本、韩国三国之间在法律制度、法律文化、法律意识方面存在共通性与不同点，从它们与欧美法的比较角度进行研究，特别是从各国社会历史文化的角度进行分析。下面，我简要介绍一下在7、8世纪日本吸收借鉴唐朝律令制度的情况。提到日本学习中国法，正如刚才曾老师所讲到的，在7、8世纪，日本一直在向当时的唐朝学习政治制度，特别是其中的法律制度。可以说当时日本对唐朝的学习对此后日本社会历史的发展产生了深远的影响。从法制史的角度，我们可以从以下几点展开分析。

首先，是当时唐朝的政治体系与法的历史。如果从世界历史的大背景来分析的话，比较有意义的是，在日本有一位著名的研究中国法制史的学者，即滋贺秀三博士，在他的论著中有如下论述：中国在其悠久的历史当中，可以说有两次最主要的社会体系的根本变革。以这两次变革为标志，可以把中国历史分为三个时代。第一个时代即大家所说的从封建制到郡县制的改革，也就是以"邑"为单位的宗族制度体系发展到官僚制度体系最后形成一个统一的帝国。第二个时期与第三个时期的分界点，是中国历史上最后一个封建王朝——清朝的灭亡。我们把春秋以前的时代，称为上古；民国以后，称为近代；民国之前，春秋之后的阶段，因为很难找到一个合适的字眼，暂且称其为"帝政时代"。因为时间关系，今天对此就不进行进一步的展开了。根据滋贺博士的分析，唐朝的政治制度，可以说近似于官僚体制。当然，从不同的角度，对这一制度可以有不同的理解和研究。但是，如果仅从官僚体制的角度进行分析的话，与西欧近代国家的政治体制，本质上是没有多大区别的。滋贺博士认为，中国的这样一种从封建制向郡县制的体制转变，是与西欧中世纪从身份制——或者说封建社会——向近代主权国家官僚体制的变革相类似的。以上观点，我也是深表赞同的。但这种看法，在日本还未形成通说。我个人认为，如果不能正确理解中国历史上的这种体制变革的话，要理解古代中国国家与政治历史是非常困难的。另外一个我们非常需要知道的是，当时日本在接受唐朝律令制度之前，是处于"大化革新"的阶段，而当时的具体政治体制又是怎样的呢？按照滋贺博士的论述，是以邑为单位的独立的宗族制度体系，一种近似于封建制的体系。从法律的角度，封建制就是一种王与臣下之间形成的具有身份性质的契约、盟约，这与皇帝直接单方面向臣民下达命令的郡县制度的有很大区别的。可以说，封建制相对于郡县制，皇帝的权力集中度是比较小的。"大化革新"之后，日本学习唐朝建立了类似的国家制度。作为中国的基本制度，律令制度在日本也得到了很大的发展。也就是说，在当时唐朝已经形成了一个比较成熟的郡县制度。而在这种郡县制度之上形成的以律令为基础的庞大的法典体系，被整个的移植到了当时还尚未完全具有郡县制度社会基础的日本。相对而言，当时的中国唐朝是一个郡县制完全成熟的国家，而日本却还处未开化阶段。在这种背景之下，正如刚才曾教授所提到的，当时就有很多的日本留学生到中国学习。我这次到西安，也到了当时留学生所住的地方，感触良多。当时有一个叫阿倍仲麻吕的日本留学生甚至通过了科举考试。

我这里要强调的是，虽然当时日本整个移植了唐朝的政治法律制度，却没有从根本上改变日本的政治体制，而只是在表面形态上对国家政治体系进行了改革。因此，也还不能说日本因为接受了唐朝的律令制度就完成了从封建制向郡县制的转变。下面，我再详细做介绍。

具体来讲，中国从封建制向郡县制转变时其封建商品经济已经很发达了，以邑为基础的宗族制开始解体，土地等都可以成为商品自由流通，从而也可以说就具有了原始市场经济的某些特性。正是因为这种经济的发展才决定了国家政治体制的转变。可以说这也说明了儒家"士、农、工、商"的思想，社会的分工，士人、农民，手工业者，商人作为各自独立的阶层的出现与成长。正是在此基础之上，促成了官僚体制的产生与建立。就是说，中国从封建制向郡县制的制度转变，也是一个宗族共同体经济向商品经济发展的转换过程。但是，在当时的日本，商品经济的发展还远未成熟。在日本，"士、农、工、商"这种儒家的社会阶层划分，在很长一段时间是仅停留在纸面上的，现实社会中直到17世纪的"江户时代"才真正出现。也就是说，直至17世纪日本社会才实现农业与手工业的社会分工，商人作为独立的阶层也才开始出现。有一点需要补充的是，虽然当时商人已经出现，商品经济也得到一定程度的发展，但是土地还是没有成为可以广泛自由流通的商品。也就是说，即使在 17 世纪的日本"江户时代"，商品经济的发展还是很不充分的。所以可以说日本真正的像中国那样从封建制向郡县制的转变，是在近代才完成的。

总结一点就是，虽然 7、8 世纪日本学习接受了唐朝的政治法律制度，但是日本并没有在真正意义上实现封建制向郡县制的过渡。但这绝不是说唐朝律令制度在日本没有产生影响，实际上，律令制度的继受对其后日本政治制度体制的发展是产生了非常深远的影响的。比方说到目前为止，日本还仍旧保留的天皇制度。如果没有当时对律令的继受，很难想象直到今天日本还能存在这种制度。因为时间关系，今天无法对此课题进行进一步的分析探讨。希望今后能与人民大学法学院在"东亚共通法的继受与创造"这一课题中进行进一步的探究和研究。

下面，我们转入今天的第三个议题——19 世纪末到 20 世纪初法律继受与创造。

这一时期，我们知道，东亚各国都面临着对西欧法继受与否、如何继受的问题。关于日本在这一时期是如何继受西欧法，法制史方面的有关研究成果已经是非常之多的。但同时，还是有相当多的——理论方面与实证方面——课题有待进一步的研究与探索。关于中国、朝鲜在这一时期的对西欧法的继受，研究还是相对较少的，本人在这方面的研究也比较少。在日本有一位著名的中国法研究者高见泽磨，在其论著《近代经验与体制转化》中提到，在日本，研究中国法，中国法制史，多偏重其与苏联法的结合，而对近代法的研究相对还较缺乏。我们知道，中国从上世纪 70 年代末开始改革开放，实行诸如吸引外资，加入 WTO 等的一系列经济改革举措，可以说，市场经济浪潮在中国的影响已经越来越大了。同时，如何吸收借鉴西欧大陆法、英美法也越来越成为大家关注的焦点。在日本的中国法研究学者当中，认为现阶段法律制度的变革，与清末、民国时期中国近代法的完善，在某些方面是非常类似。也就是说，对中国近三十年来经济、政治、法律体制改革的研究，需要比较结合近代中国的曾经发生的历史，于是提出了"近代经验与体制转化"这一命题。所谓近代经验，主要是指清末到民国这一时期近代法完善的经验；所谓体制转化，是指当下中国在全球化的大背景下如何实现从计划经济向市场经济的体制转化。也就是说，现在的研究者，已经开始把当下中国正在进行的对西洋法的学习，与中国近代对西欧法的借鉴进行比较研究。这是目前日本研究中国法的现状。根据高见泽磨先生的介绍，中国自 20 世纪 80 年代以来，也已经开始了对近代法的研究，现在对该领域的研究也已经取得了丰硕的成果。代表性的成果，有北京大学李贵连教授编辑的《20 世纪中国法学》。对于中国近代法的研究，我相信中国的学者一定能够做得更好，当然，我也希望中、日两国能加强这方面交流，以促进研究的进一步深入。由于时间关系，下面就对今天的讲演做一总结。

如上面介绍的，对将在明年正式启动的"中、日、韩三国共通研究东亚共通法的继受与创造"这一课题，我衷心地希望能与中方教授展开认真的交流。我们准备在2008年即这一项目实施的第二年度，就所谓的"近代经验"进行具体的考察与研究。就中国清末民国时期法律的近代化过程中有哪些类型，采取了哪些方式、方法，为什么要采取这些方式方法进行充分的考察与研究。总的来说，我认为我们共同进行的这一课题将会是非常有意义的，单是这种通过三国研究者之间的紧密合作对各国存在的法律制度、法律文化、法律意识的共通性与不同点进行考察的研究方式本身，就是非常有意义的。不仅如此，通过这个项目的研究，对于东亚各国经济、政治的交流，也是非常有意义的。我们知道，现在东亚地区的经济贸易交流已经变得越来越紧密了，我们的这一研究，也是希望能够有企业界、实业界参与其中，这也是有利于他们在经济贸易投资中的相互理解，是互惠互利的。当然，如果能够通过我们的研究促进东亚地区的相互理解与相互交流，在此基础之上促进东亚地区的稳定，对于世界的和平发展也是具有重大意义的。至于我们这个课题如何具体实施，希望能在今后与人民大学法学院、釜山大学法学院展开进一步的交流，以促进合作项目的顺利进行。也欢迎在座的老师、同学积极参与我们的合作课题，谢谢大家！

马小红：听过教授的报告，我是感触良多，下面就先和大家交流一下。

首先呢，是教授的研究方法和抱负。方法呢，是"读万卷书，行万里路"，要"板凳坐得十年冷"，要会走路，要会调查研究，要翻阅大量的书籍资料，这是一个最基本的研究方法。抱负呢，在座的我想也深有体会。那就是，在全球化的背景下，中华文化的合理因素如何走向世界。教授通过读书走路，对东方文化的共通点以及它是否可以形成一个独立的体系，答案已经是明确的，而且也是令人信服的。这就是世界文明的模式应该是多元的，继受的目的不是抹杀自己而是提升自己和完善自己，日本学习唐朝的成果也正说明了这一点。

在刚才教授的讲座中，还有一个令人兴奋之处呢，就是日本一些史学者对于中国法律的分期问题。唐朝的官僚制，其中蕴涵了很多近代的因素。在教授的报告中，我们也能听到这样的观点。实际上史学的分期问题在中国也一直是学界的热点。也有很多的学者把唐后期到宋这一段时期认为说是具有近代气象的社会，虽然这一观点在学界并非主流观点。所谓英雄所见略同，不仅如此，个人认为教授对此的看法甚至是略有超前的。

通过这个讲座，我们也获取了大量的日本学界的研究信息。比如，滋贺秀三先生、高见泽磨先生对中国法的研究和观点。对于演讲或者学术观点，总是仁者见仁、智者见智。我从演讲当中得到的收获是，以中华法律文化为主体的东亚法律有着开放的体系，有着融合的能力。对文化来说，继受是创造的前提。在教授的演讲当中，我们体会到了日本继受的特长，日本确实是一个善于学习的民族。我们现在更希望听到教授有关创造的高见，因为那是我们的目的所在。我的点评就到在，谢谢！

王云霞：谢谢教授的讲座，今天我觉得也是大受启发，听到了很多新信息。由于事先不知道教授讲座的主题，没有相关的准备，在这里，也就没有办法进行一些很有针对性的点评。

听了教授的讲座，对刚才马小红教授所说"英雄所见略同"也是深有体会，虽然所说的具体内容有些差异。十二年前，我所选的博士论文题目就是"东方国家的法律改革"。当时我关注的领域就涉及中、日、韩，尤其是中、日自近代以来是如何的学习和借鉴西方的法律文化，以及如何在现代进行相应的改革，这个问题我觉得是和今天教授所讲的主题是有点接近的，但教授还是给了我很大的启发。因为在我的论文里面很少涉及创新的问题，而更多关注的是历史，即如何从历史中借鉴的问题。而教授关注的是如何在我们共通的传统的基础之上如何进行创新，这对于我来说是非常有启发的，我也相信对在座的各位也是非常有启发的。我们对于欧盟的法律关注是比较久的，但很少想到今后我们也可能走相同的路，我们只是把欧盟当作特例来对待，觉得欧盟这一超国家的国际组织的存在是很奇特的，因为在那样的体制之下，各个国家的法律体制是发生了很大的变化的，对各个国家法制的发展也是存在着一定的制约的。那么，如何在我们中、日、韩这样的具有共通传统，但却又有不同的国情、不同的需要解决的问题的国家里面对新的发展形势，是值得我们每一个人深思的。在刚才听讲和思考的过程，有一些问题还是理解得不够透彻，在此我想请教教授一些问题。

一个问题是，从封建制向郡县制的过渡，教授认为是与商品经济有关的，并且进一步认为日本"大化改新"之后，虽然继受了唐朝的法律，但是并没有建立起郡县制度。那么，我所感兴趣的是，日本虽然接受了唐朝的法律，但是并没有形成郡县制，那么这是不是意味着，唐朝的法律在日本并没有得到很好的传播和接受？这对于日本社会的发展产生了怎样的影响呢？这和12世纪之后日本幕府制度的建立有什么样的联系吗？

另一个问题，是关于东亚各个国家在近代化的过程中所遇到的一些问题，今天可能由于时间的关系，教授对此未能展开讨论。很关键的一个问题就是，我们在学习西方法律的过程当中，如何处理从西方传来的法律制度与我们的传统之间的关系，是否意味着近代化的过程就是单纯的学习西方的法律制度。而另一方面，传统对今天的影响又是巨大的，我们如何处理这个矛盾？在比较中、日近代化过程中的不同点时，中国学者普遍认为，日本在学习外来法律文化时更彻底，而我们中国却有很多的这样、那样的阻力。我想请教的是，日本学者对此观点是怎样看的，在日本的近代化过程中是否也遇到这样大的阻力，现在日本的学者是如何评价在近代化过程中的西方化问题？谢谢！

二、问答部分

问：听了教授的问题很受启发。教授在演讲中提到"东亚共通法"这个概念，从这一概念可以衍生很多问题。我有一些困惑，也想请教授解答一下。首先是这个概念本身，内涵是什么？它的性质是什么？它的形成发展动力是什么？形成之后是否在中、日、韩之间存在谁为主导的问题？这一概念与中国传统的儒学思想有什么关系？它与和谐世界这一理念又有无可能嫁接之处？还有就是教授您认为这一东亚共通法的形成，大概需要多长时间？谢谢！

问：教授的讲座，给了我很大的启发。我有两个问题请教教授。第一个是，我们应当如何看待继受法与固有法之间的关系，实践中存在着这样一种理论和事实。理论如孟德斯鸠在《论法的精神》中所说的那样，"为一个国家制定的法律，应该是非常适应于这个国家的，而如果这个国家的法律又适合于另外一个国家的话，那是非常凑巧的事情。"那么，如果说一个国家的法律是非常适合于一个国家的话，在这个前提下该如何继受外国的法律呢？至于事实的方面，我看过一篇文章，它写道："东亚开发银行做过一项调查，时间从1960年到1995年之间，像中国、日本，以及东亚、东南亚其他国家，它们在继受法律的过程当中，大量移植西方法律，但这些移植的法律却常常成为纸上的法律，而没有成为经济发展的动力，而事实上促使这些国家发展的不是法律却是国家的政策。"第二个问题是，我们在构建东方法这一过程当中，如何面对传统尤其是中国的传统。因为，我们知道，民法所谓的帝王条款，是指诚实信用。一般的观点，多认为这是来源于西方、继受自西方。但在传统的中国中，却也是对诚信大为推崇的。如《中庸》说："唯天下至诚为能尽其性，能尽其性则能尽人之性，能尽人之性则能尽物之性，能尽物之性则可以赞天地之化育，可以赞天地化育则可以与天地参矣。"中国古人已经把诚放在一个可与天地参的位置，可见对诚的推崇。信也是如此，"五常"——仁、义、礼、智、信，就把"信"列为其中。那么，我们在构建东方法过程当中，应该怎么样发掘传统，使传统成为我们东方法、或者说现代法的一个有力支撑呢？谢谢！

问：在这里呢，我也有两个问题需要请教教授。一是有关东亚法的问题。2004年第五届东亚法年会在北海道大学举行，会上来自中国大陆、中国台湾地区、韩国、日本的学者对东亚法也有热烈的讨论。但是时主要的焦点，一是东亚法受儒家法律思想影响较深，再一就是很多共通的语言、文字，包括法律术语这些方面。那么我想请问教授的就是，建立这一东亚法背后的价值取向是什么。另一问题就是，刚才教授您提到日本法制发展的三个重要阶段，即"大化革新"、"明治维新"以及战后日本学习美国的法律，那么在这三次法制建设当中，日本的固有的法律文化对继受外来法律文化起了什么样的作用？谢谢！

　　问： 感谢教授的演讲，我这里也有两个问题。如教授在讲演中所阐述的，日本和韩国都曾经继受过中国唐朝的法律。那么，我想问的是，为什么在这一时期（即7、8世纪），日本和韩国能继受中国的法律？继受的基础又是什么？据我的理解，是不是在于它们有一个共通的因素，即当时的中国、日本、韩国都是以家庭机构所支撑的社会体系。教授对我的这一理解是什么看法，请教授给予指教，这是第一个问题。第二个问题是，刚才教授提到了一个很美好的愿望，即"东亚法律共通体"，那么，它的形成基础是什么，社会结构基础是什么，换句话说，它在将来得以形成的根本价值元素是什么？我们知道，7、8世纪，在唐朝的法律当中有两个价值元素，即孔子所提倡的"忠"和"孝"，而到今天我们已不能再提这个，那么它会形成什么样的新的价值元素？谢谢教授！

　　问： 我在此请教教授两个问题，一是中国的科举制度在日本的历史上曾经发生过影响没有，简单表述一下就可以。第二个问题是日本的学者如何看待中国调解制度。谢谢教授！

　　问： 众所周知，1895年至1945年的50年间，中国台湾地区遭受日本的殖民统治，达51年之久，在这一过程当中，日本第一次把西方的法律引进了台湾。那么，台湾作为未来东亚法律共通体之中的重要的一环，我想请问教授的是，您如何评价日本法对台湾法的影响；第二个问题是，日本在统治台湾期间，颁布了民事诉讼法、刑事诉讼法，但是始终没有颁布行政法和行政诉讼法，这是出于什么样的考虑呢？谢谢！

　　水林彪教授： 非常感谢大家提出了这么多很好的问题，可我不知道该如何回答。总体来说，可以把大家的问题分为两大类，一类是我今天所提到的日本法在7、8世纪吸收借鉴唐朝的律令制度、从封建制到郡县制的转向过程中的一些看法。另外一个是关于形成"东亚共通法"的一些相关问题。

　　正如刚才有老师提到的，正因为日本没有自己独立的法律文明体系，所以它在接受其他国家的制度的时候就非常快、非常容易。而中国正因为有一个自己庞大的体系，所以在接受其他国家的文明和制度的时候就比较慢，这可能就是两国的一个根本区别。比方说刚才有位教授提到科举制度，当然在7、8世纪日本在学习唐朝的律令制度时也导入了科举制度，但这一制度在日本并没有得到很大的发展。像这一科举制度是中国人的发明创造，是一个非常独特的。即注重能力主义，即使是高官如果其子女没有经过考试也不能得到很好的发展。我在法国留学的时候，法国学者就对中国古代就具有这样的制度感到敬佩。但是在日本科举制度没有得到很好的发展，和日本家庭制度这一纵向的体系和严格的身份制度有很大的关系。

　　有教授提到日本从封建制向郡县制的过渡是商品经济发展的结果、战争的结果。当然战争是很重要的，在日本、中国历史上都曾发生过很多很多的战争。但是有了战争就发生社会体制的转变，我想是不一定的。因为，这还是要综合考虑整个社会体制的基础，特别是它的经济基础，商品经济的发展也是非常重要的，从经济科学的角度去分析商品经济的发展对整个社会体制的影响，当然，也须综合考虑战争的结果，从这一综合性的角度，而不是单纯认为是战争造成社会体制的变更。

刚才王老师也提到了日本虽然吸收了律令制度以后，并没有实现它整个从封建制转到郡县制的国家政治体制的过渡。但是，我也提出了，这种律令制度的借鉴对于此后的日本历史还是发生了很大的影响。举个例子，就是，欧洲的封建制和日本的封建制在很大程度上是类似的，这点是没有疑问的。但它们最大的区别就在于，欧洲的封建制的王和豪族之间身份契约制最后形成议会契约制，这是欧洲的特点；日本在"大化革新"吸收律令制度之前，王和贵族之间也有相类似性质的身份契约的存在，但在吸收律令制度之后，日本的封建制度长期就都是官僚制的，王和贵族之间并没有形成与欧洲相类似的议会契约制度，而是形成和中国相类似的官僚体制。比方说日本现在还有天皇体制，我想这是与7、8世纪日本吸收唐朝的律令制度有关系的，就是说把律令制作为一种象征、一种形式上的导入，但是日本社会可能并没有根本性的改变，这和天皇体制是有相类似之处的。天皇在日本也是一种象征性的没有实质性作用的。这种天皇制度的模式，我想是受到了当时引进律令制度的影响的。这段时间我在写一本有关日本天皇制的书，不久将在日本的岩波书店出版，也已经有中国的学者说要翻译出版。在这本书里，我就论述了天皇制的存在是和当时借鉴唐朝的律令体制有很大关系的。希望能有机会在书出版之后与中国学者再就此做些交流探讨。

刚才提到7、8世纪的时候为什么日本借鉴唐朝的律令制度，从结论来说，当时几乎不存在吸收接受律令制度的社会基础，像当时中国那样的社会基础可以说根本没有，最主要的可以说是当时日本的外交危机、对外政策的原因使然。当时日本与中国关系比较紧张，史料记载，中国军队曾经在白春江与日本军队交战过，日本被打败了。同时中国在朝鲜扩张，许多小国家被中国消灭。在这种对外危机的状况下，日本觉得须要建立一个强有力的国家，同时也要向中国学习。

第二个大的问题，就是东亚共通法的课题。首先，我要说明的就是，我虽然是研究法制史的，但是对于今后东亚法的走向，虽然也很是关心，但是并不敢保证就会有一个很深的研究。

首先讲为什么有可能形成东亚共通法。我想最主要的还是现实社会中，中、日、韩之间的经济贸易投资交流已经非常广泛，像欧盟一样，从经济、投资贸易发展而成为一个共通体，这是完全有可能的。因为各国不同的法律的存在对于相互之间经济贸易发展过程中出现的问题的解决是很不方便的，而如果有共通的法律，对于问题的解决肯定会有相当的助益。所以我觉得最主要的还是东亚各国间贸易投资的发展。

刚才有老师问到在形成东亚共通法这一过程当中，谁来主导的问题。从结论来说，我觉得与其由国家主导，不如由民间来主导。就像刚才提到的经济贸易的不断发展，民间企业之间就会有这种需求，同时我们学术研究人员之间进行不间断的学术交流、共同对这些问题进行研究，从而形成基础。在这种基础之上，我想国家肯定是会适应、迎合民间的这种需求，不管是企业界还是学术界需求。所以说我还是觉得，比起国家来，民间的力量可能更为强大。只要各国特别是学术界、法学界能不断的加强交流沟通，我想肯定能促进东亚经济的一体化与法学共通体的形成。如果真有这样的气候，我想国家也肯定会大力的支持这些研究、促进这种形势的发展，包括像我们今天这样一个课题今天的这样交流。

当然，我自己也感受到要实现这个目标是非常困难的，可能比欧盟一体化、欧盟法的形成更为困难。与欧盟相比，虽然如法国、德国都有各自的法律体系，但是它们毕竟有"西洋法"这样一个大的体系、有罗马法这样的共通基础，而我们东亚的这种基础相对而言就要弱些。我们东亚如果是在律令制度之下建立共通法，我想是非常容易的，但是以经济发展为前提的现代法律制度体系的建立，或许还是不得不学习、吸收欧洲的那种以经济发展为先导的法律体系，诸如民法、商法等制度，这或许也是世界的一个潮流。所以说，在这个时候，传统的东西反而可能成为障碍。那么是不是可以通过儒学这一共通文化来形成统一体呢？刚才也有教授提到2004年在北海道大学举行的东亚法律一体化与儒学的关系这样一个议题。但是，有学者也提出异议。如有些学者认为儒学在日本影响并不是非常大；还有更多学者认为，儒学传播到韩国、日本以后，发生了很大的变异。欲以这样的儒学文化圈形成统一体是存在困难的。但是现实生活中，东亚地区却是存在着很强烈的建立这种东亚共通法的需求。随着企业界经济贸易交流水平的不断提高，各国间的贸易投资越来越频繁，以经济为基础形成的东亚共通法将会是现实的需求。我想我们学者也会加强这方面的研究。但是我们现在也应该反省这种西方国家所传来的单纯追求经济效益而忽略社会伦理价值的模式体系。所以说在这样的一个历史时期，如何从传统的文化体系特别是儒学体系当中吸收一些到东亚共通法的建设过程当中，我想这也是我们学者今后努力的方向。而如果我们能够很好地解决这个课题的话，无疑对目标的达致会是有相当大的助益的。正如刚才会场上的有学者提出的我们当如何吸收传统文化中如诚实信用等与近现代的原则相通的思想，在日本现在也有学者开始研究中国古代一些比如审判方式、调停方式等制度，思考应当如何借鉴并将其与近代的相关制度进行比较。

有教授提问说东亚共通法什么时候能够实现，确实，这是未来的事，我们也不好妄下结论。但是，我想，最主要的是我们民间的力量——企业界也好，学术界也好——努力作出仔细具体的工作。

有教授提到台湾法在东亚共通法中所起的作用的问题。首先，我对日本长达 50 年对台湾的殖民统治以及由于日本在近代化过程当中所犯的错误而给亚洲人民造成的伤害深表歉意。刚才教授所提到的在台湾有刑事诉讼法、民事诉讼法，但却没有形成行政诉讼法。这个，我想，不仅是台湾，这也是日本整个的近代化过程当中的一个特点。因为日本要在快速近代化过程中吸收资本主义的经验，特别是资本主义经济发展的模式，国家就起了主导的作用。在这一过程当中，对于国家权力本身进行规制、进行防范，这个理念一直没有很好地确立，因为当时是以经济发展为优先考虑的对象的，而推动经济快速发展最主要的正是国家权力。所以说，当时的日本其本身就一直不重视对国家权力进行限制、进行规制的包括行政诉讼在内的法律体系的建设。

因为问题实在太多，我也没有办法一一作出回答，只能就大的方面作出一些介绍，如果还有其他问题，有机会我们可以再和老师同学交流。

最后，再一次向曾教授以及各位在座的老师同学表示衷心的感谢！

（整理：游传满；审校：杨　东）

田 涛

中国人的契约精神*

——诚信与平衡

一、讲座部分

　　谢谢曾院长，谢谢马小红、谢谢赵晓耕、王云霞教授以及在座的全体老师们、同学们、朋友们。前不久我在这儿作过一次讲座，内容是关于《国学在法学中的运用》，那是我第一次在公共的场合谈论文字学、训诂学、音韵学、考据学在法学中的使用，后来在这儿的讲座，据我所知，被国内五六个杂志转载了，而且很多网页都有报道，大部分都是全文，一个美国学者还把它翻译成了英文，台湾学者也把它引入到了台湾，它的名字就叫做"国学在法学中的运用——一种尝试与探讨"。前几天我在政法大学举办了另外一个讲演，它的名称叫做"风从西边来"，并且已经将其整理成了文字交给北京大学出版社，很快将以《接触·碰撞——风从西边来》的一部专门作品奉献给诸位学人。

　　我在 20 世纪 90 年代初期的时候（80 年代在日本，90 年代在美国，90 年代后期在法国）非常意外地发现了一批西方人所描述的关于中国法律的史料，大部分是图画，我们采集回来的大概是两百多幅照片，主要是铜版画，水粉画，油画，石板画，以及刺绣，

---

　　* 2006 年 12 月 8 日在中国人民大学"明德法律文化论坛"上的讲座，根据录音整理，已经作者审阅。

陶瓷上的画片，玻璃画和灯草画，这些画片中记录的全部是中国的司法场面，以及大量西方人士对于中国法律的看法和评价，涉及的文字有法文、西班牙文、德文、葡萄牙文、意大利文及拉丁文。因为需要借助八国文字进行翻译，所以我们请了很多在华的律师和使馆工作人员，终于把这本书完成了，名字叫做《中西法律文化交流史》，实事求是地说，它填补了中国法律文化研究中的一个重要的空白，它是中国所有现在的学者都没有接触过的内容。这本书的上限是 1517 年，最早的葡萄牙的船只"费尔兰多号"来到中国，费尔兰多是当时葡萄牙的国王。最初当西班牙发现了美洲的新大陆的时候，他们误会了，以为自己见到了印度，所以就命名为东印度群岛，他们在海岸上放炮，哥伦布还宣布：我代表西班牙国王宣布，从此这片陆地就属于西班牙国王所有。1517 年葡萄牙人到了中国的时候也做了一次这样的宣布，也扛着国旗走下了船，但是在他们面前不是拿着长矛盾牌，头上插着鸡毛的印第安人，而是一个有着五千年文化传统的中华帝国，你们想知道当时发生了什么吗？当时明朝的军队把这条船全部包围，把船上七十多个人全部投进了监狱，杀死了其中的 22 人，理由是这 22 个人的身体实在是太臭了（笑声），因为经过十个多月的航行，葡萄牙人的头发和胡子变得很长，海上又没有淡水，无法洗澡，长期的海上生活使他们的身体散发出难闻的气味，从此在中国的词典中又多了一个词汇，叫做"红夷长毛"。这些"红夷长毛"有一半被押解到了北京，接受中国法庭的审判，就是这批人，他们以"葡囚来信"的形式记录下对中国法律、司法审讯、刑罚、法庭、监狱的大量资料。至于后来的事情，我相信如果 2007 年 4 月份这本书出版时，大家一定会找到答案。我希望院长和在座的几位老师给我个机会，我就在这里做这本书的首发式。（掌声）

现在开始我们今天的讲座，这次讲座应当说是一个很有趣的、启发式的讲座，那就是在我们长期的研究中，经常会听到一种说法，特别是最近几年这种说法又比较多，曾经引起了前不久爆发的在法律史学界、西方法律史学界，法律思想史和台湾学者以及中国学者之间的冲突，这就是你们已经知道的，张伟仁教授和国内一些知名学者之间就中国人是否具有契约精神的分歧。这一分歧的来源非常久远，它产生于 C·C·菲利普·黄，黄宗智先生和日本的一些学者之间，涉及西方学者从不同的角度对中国民法的看法。我们今天的讲座就与这个题目有关，我们讲这个题目的目的不是参与到这些辩论中去，尽管我和张伟仁先生是二十多年的老朋友，但我仍然认为张伟仁先生和国内的其他学者之间的冲突，主要原因在于他们所处的立场不同，特别是他们对于问题审视的视角不同。

我小的时候有这样一个故事，当作今天的开场白。北京有一个城门叫宣武门，那个时候的宣武门有一个非常漂亮的城楼，大概的形象是这样的（在黑板上画一个中国式的城楼和一个西方式的教堂），在宣武门的对面有一个天主教的教堂，这个教堂的学名叫做"圣无玷玛利亚大教堂",它的建设者是利玛窦,这个教堂模仿巴洛克式的风格。现在来到宣武门,依然可以看到。这个教堂的原址是东林党人的书社,你们还记得有一首对联,叫"风声雨声读书声,声声入耳;家事国事天下事,事事关心",就是出自这个书社,后来明万历时期在东林书社的旧址上建立了这个教堂,据说在当时有人建议这个教堂绝对不能比宣武门高,不然就会压倒中国人的某些好运气。我小的时候在宣武门外上学,上学的时候,我从教堂方向望去,觉得宣武门的城楼高,放学的时候,我从城楼方向望去,又觉得西方的大教堂比较高,到底谁高啊?我不知道,因为我没有标准,也就不知道谁高。后来到了"文化大革命",我碰到的第一件事,是比我大一些的红卫兵,他们首先把教堂上的十字架拆了,于是这个教堂的穹顶就像一口灰黑色的铁锅一样扣在上面,莫名其妙。从此我得出的结论是中国的城楼比它高。后来我上山下乡了,几年以后从乡下回来,我又去看到底谁高,不过一件遗憾的事情发生了,宣武门的城楼被拆了,只剩下西方的大教堂光秃秃的立在那儿,我的心里便从此失去了标准。又过了几年,教堂顶上的十字架安上了,但是在我的心里,却失去了标准。

在这个世界上,如果没有一种标准,就一定得不出结论,哪怕作出这种判断的人不断的声张自己手中握有真理。后来我去了日本,在日本的东京大学,以后去了美国的加州大学、法国的法兰西学院,在我所能够去的大半个世界的很多高等学府,我看到很多不同形式的教堂,遗憾的是,在它们旁边再没出现过宣武门这样中国式的城楼,我也就从此失去了标准。我们能不能用这种方法来衡量张伟仁教授和其他几位学者之间争论的区别呢?我想完全有可能,如果你站在这边看,你一定会觉得西方的大教堂高,如果你站在另一边看,你会觉得西方的教堂其实并不高,不同的角度对同一事物一定会得出不同的结论来。人是一种很有意思的动物,人之所以伟大,是因为人的两只眼睛长在身体的正面,所以人这种动物就习惯朝前看,因此人就必然有一个弱点,不太愿意回顾自己的历史,哪怕是法律的历史。除非有一天这些人的眼睛长在脑后,他往前走而眼睛往后看,他可能有一天会突然警觉下来,我们应该不能健忘,如果我们再把这两种思想结合起来,在寻寻觅觅的基础上,或许会得出一个不称之为结论的结论,那就是:在人类的历史上,不同的地域,不同的民族,不同的社会环境和不同的经济条件,有可能发展为完全不同的法律文化和法律体系。我在美国曾经看到过一本书,这本书的名字是用英文写的,英文的名字是《West is West,East is East》,翻译成中文就是《西是西,东是东》,任何一个有一定英文知识和历史知识的人就能得出这本书的大概内容,但是你把它翻译成中文,但又想让人一望便知你这本书的内容可能是很困难的,翻译成什么呢?"西是西,东是东"?或者通俗一点,"西是西来,东是东"?如果你在一个英语的国家,你很快就会作出判断这是一本关于中西文化交流的作品,但是在中国的语境下,你得不出这部作品的名称来,而且到目前为止,我找不出一个恰当的翻译能准确地表达出这部作品的英文意思。因为，不在一个文化背景下，就得不到同一种文化思维。

如果我们用这样的观点来衡量传统的民事契约，我们会得出另外一种非常有趣的东西，按照西方人对契约的标准，则中国无契约也，因为中国人的契约没有西方式的权利意思的表达，没有独立的人格倾向，当然就没有契约，更何况这些契约是走向身份的自由及正义原则的表述。但是如果按照中国人对契约的理解，则西方人无契约也，为什么呢？因为标准不同。在这里，我们看一下什么是中国人的契约精神。今天我送给大家的这套书《田涛所藏契约文书萃编》，是几年前中华书局出版的，一共有三卷，共计收录了从明朝永乐年间到 1969 年"文化大革命"为止 1 000 个契约，从东北黑龙江到海南岛，从山东到甘肃，囊括了中国 250 个县，630 个村庄。其内容有买卖、赠与、典当、租赁、婚书、休书、绍书、分书等，从形式上又分成红契和白契。如果说中国没有契约，那这本书中的内容是什么呢？这是当时结婚的婚书、婚单以及离婚的各种手续和办法。（展示）女士们、先生们，我不知道在座的哪位是研究中国法制史的，我在这里冒昧的说一句，这部书改变了中国史学界对中国法史学界的看法，史学界不认为中国法史学界的人可以出一部二十多斤重，长达 160 万字的史料性的研究著作。今天我把这本书介绍给大家，但是这本书实在是太小了，只有八开三大册，会场有近三百人，因此想要了解中国契约的形式到内容，只有短短的一个多小时，大家是肯定不够看的。那么下面把这些契约发下去（裱糊好的契约），大概每三个人就可以得到一份契约，大家一边看，一边听我讲。（分发契约）

我现在重复一下关于契约的原理的介绍（上次讲座时已讲过），中国式的契约的形成和历史。我现在手里有一张纸，大家把它当作木板，我们在这里画上木头的纹路，我们在这块木板上面刻上字，刻上三个横道，我们用一把刀从中间把它拉开，你一半他一半，但是如果我们把它对在一起的话，我们发现它们原来是一份，我们管这个动作叫做勘合。再看这个，我们有一块木板，我们在木板上刻了一些道，我们用刀从中间拉开，重要的大事我们才举行这样的仪式。那么请问这个字念什么呢？（板书"契"字）这就是"契"字，所以《淮南子》中所记录的"上古之民，刻木为信"是可靠的。这就是中国的契字的由来，它丝毫不神秘，只不过我们把它忘了，不是我们健忘，而是在正常情况下，人们最容易忘记的很可能是最熟悉的，当然不包括人民币。（笑声）

好，"契"字问题我们解决了，当然"契"的问题很复杂，我们暂时解决到这里。我们来解决"约"，解决这边这个字。古代所有的纤维之物都用一个烂绞丝。比如绵，丝，这个大家同意吧。（黑板上板书绞丝旁）我手里有一个绳索，这个就代表我黑板上的绞丝旁，我在这上面打了一个结，看到么？打了一个结，我把它放在这里，这个字念什么呢？这个字就念"约"。我们所能见过的甲骨文中的"约"就是这么写的。所以《淮南子》中说"上古之民，刻木为信"正确，"上古之民，结绳记事"也是对的。系了一个扣，约了什么事，那就要问他们约定的人了。"月上柳梢头，人约黄昏后"，一摸两个扣，二更天见面，四个结，四更天见面，系了五个扣，不能去了，五更天天亮了明天再说。这个扣所表达的内涵和它的真正意义，只有当事人知道，但是我们可以得出这样的结论，这种形式在中国恐怕有几千年的历史，我们刚才说不同的民族在不同的社会环境和不同的经济条件下，很可能创造出完全不同的法律文化和它的法律体系。所以中国人就在这种情况下创造出自己的契约精神，这就是"刻木为信，结绳记事"。

后来有一个东西产生了，那么在座的谁能告诉我"贝"字是什么意思呢？有人说是钱。法学院的学生，叫钱么？对，应该叫货币，叫钱是小名。"货币"的"货"最有意思，不是原来的贝，是用铜跟其他东西化作的贝，所以"货币"的"货"就代表今日的钱。当它产生了，人类社会所产生的和贝有关的字就特别多，上次我们的讲座就专门讲了和贝有关的字，比如，"买卖"，如果我们把贝都分了就"贫"了，这个贪字呢，很有意思，贝上面是个令，看来当了令，不管是牧令还是县令，当了官就能贪，是古已有之的。

我们在这里特别介绍的一个字是"质"字，现在完全进入我们今天的讲座，"质"的出现使中国契约的简单表达趋于复杂，上面那个"斤"是什么意思？斧头啊，是不是？斤就是斧头，一把斧头。斧头和贝合在一起呢，抵押，在今天的担保法中叫质押。担保法的概念是把可以移动的财产或者财产权利留置给对方而进行的一种担保行为。当然不能够移动的财产或财产权利，那就是抵押。把人抵押到那里叫什么啊？叫人质。把玉器一些珍贵的东西抵押到人家那里叫物质。据说秦始皇的父亲就做过人质。秦始皇的父亲被抵押到哪去了呢？很对，赵国。有一个词汇，不知大家学过没有，叫质剂，质剂就是最早的抵押担保契约，"剂"这个字很有意思。（黑板上板书"齐"字）"剂"，齐也。你给我的和我取得的应该是相等和平衡的，这就是我们今天讲座的中心内容，中国人的契约精神是诚信，是"结绳记事、刻木为信"的开始，并且走向了平衡，中国人的契约没有像西方那样走向身份，走向民主，走向人格，而是走向了平衡，其走向平衡的结果势必要走向权威。

下面我们开始讲中国契约的两个大分类。中国的契约从形式上分类，可以分为两个大部分，第一部分，红契，第二部分是白契，今天我带来的契约中就两种，一半是红契，一半是白契。这个就是红契（展示），为什么是红契呢？那是因为在这张契约上面我们可以看到几枚红红的印章，哪位同学手里还有红契，请举高一点，对，这张红契上面有多少红色的印章呢？我们数一数，七个，其中有两个是半个的，这两个半个的就叫做骑马章，就是刚才我说的契约的契字，是通过图章把它分开的，你拿一半我拿一半，你拿的一半在政府里作为存根，以辨别这张契约未来的真伪，如果引起诉讼，怎么能证明你这张契约是真的呢？就拿你手中的半个和官方手中的存根进行对照，进行"勘合"。

我们讲了一个很有意思的词汇，叫勘合。

女士们，先生们，请看黑板，这个字念什么呢？（手书"合"字）张着嘴的人，这就念"合"，二人一口就是"合"，我又问大家这个字念什么呢？（手书"同"字）这个字念"同"，不知道大家看到了没有，"合"、"同"这两个字在中国古代根本没有区别，事实上这两字在篆书中是这么写的（板书古代"合同"同体字），后来这个字又进一步发展了，上边这个呢拐了个弯，你们说这个字念合还是同啊，它又朝这边拐了个弯，你们说这个念合还是同啊，这个字是个双音字，就念合同。问题最讨厌的是，在很多法律词典中说合同这个词是从日本传来的，这不是开玩笑么？日本人从哪学的，是从中国学的，这个词早在甲骨文时期就存在，上个世纪 80 年代在河南的安阳发现。和我刚才所说的一样，我们可能太熟悉了，所以没有注意到，其实它非常简单，就是一个形成过程，如果我们拿这作为一个尺度的话，我们可以大胆的宣布，西方人没有创造出这两个字，所以西方没有契约。我想这一定会遭人笑话，但是我们已经不能得出中国古代没有合同这个词汇，我们已经不能得出中国古代没有契约这个概念，反而我们能得出的结论是中国古代的契约或者说中国古代的合同观和当今的西方合同观、契约观有着很大的区别，它甚至于不同源。

如果我们承认这种说法，承认中国古代的契约制度和西方的契约制度是不同源的，那么我们就应该接受不同的契约标准，就像接受黄种人是人，白种人同样是人一样。中国古代的裤子是免裆穿的，西方人的裤子是吊带的，到底是西方人先发明了裤子呢，还是中国人先发明了裤子呢？我觉得这种争论意义似乎并不大，我们得出的结论是当人这种动物进化到他的文明需要穿裤子的时候，无论西方人还是东方人都自动穿起了裤子，虽然这种裤子在形式上或者源头上有区别，但它都是裤子，它和裙子的最大区别就是有两条腿，而裙子只有一条腿，是这样的吧？五条腿？那是手套。（笑声）凡是有两条腿的我们都可以叫裤子，好了，我们得出的结论是：满足并且记录和反映了当事人之间合意表达的法律文书，就都是契约，尽管这种契约在形式上或者源头上有着很多区别，但是，我们除了把它叫做契约以外，我们不能把它称做别的，因为从它产生之日起，就起着契约的功能，这就是我的回答，这样一个很浅显的回答却足以让中国的法史学界争论了五十多年。我们习惯于在马克思·韦伯或者哈耶克那里寻找答案，但是无论如何马克思·韦伯或者哈耶克都没有穿过中式的那种免裆裤，我们不能指望穿西式裤子的人能体会出中式裤子的宽松和透气度的良好。（笑声）因此，就此而言，我的老朋友张伟仁先生和我的新朋友北大、清华的一些教授在这些问题上的争论本身就显得意义不大，我们应该做的是耐下心来，系统的对中国契约做一番了解，到底什么是中国契约，在不同的历史时期，在唐代、宋代，在元明清时期它都应该是什么形态，比如契约是否存在南北的不同或者东西的差别，这才是值得我们研究的，我们上来就否定或者肯定，或者直接进入一种令人迷茫的比较法学中（这种比较法学属不属于真正意义的比较法学尚且值得研究，很值得研究），一些中国人看不懂，西方人也看不懂的非要横在东西方之间的一种自我。

我曾经在美国 UCLA 讲授中国的合同，我不是个合同法的专家，我为什么能够讲合同法呢？因为我需要谋生，讲别的人家不要，我另外一个朋友在美国讲什么呢？讲唐朝的法律，他可以讲两个小时的杨贵妃，所有的美国人听的云里雾里，他回国了，你们知道他讲什么吗？他讲美国的法律，所有的中国人听的云山雾罩，中国这样的"海归派"为数不少，我也去很多国家，在美国的 UCLA，在法国法兰西学院，这都是世界上很著名的研究机构，能不能算一个老海归，不好说，壳子不够硬。但是，令我感到奇怪的是，为什么长久以来我们就搞不懂这样一个问题，这个问题早在一百多年前，有一个叫萨拉·康格（Sarach Pike Conger）的人，她是美国驻华使节的太太，她写过一本书叫《北京的来信》，她写了很多信，从她坐船到天津大沽开始，每个月都给她在美国的亲属写一封信，一直到她的丈夫离任。这些通信详细地介绍了她对中国法律的见闻，特别是她说"这是一个以打屁股治世的国家"，让她百思不得其解的是，任何一个官吏都可以打人，而且被打的人在挨打之后，都必须直起身来说"谢谢父母官，您打得好，您教育了我"，她不理解为什么中国人会这么做，这是她在中国的第二封通信，在她离开中国的最后一封信中是这样写的："我跟我的先生在中国待了十年，我将告别这个美丽而又肮脏，富强而又混乱的国家的时候，我想告诉全世界的人，中国的事情应该留给中国人自己来做。"在一封信中，她写道：

> 每种外国思想都会与不相协调的中国思想相碰撞。当这种碰撞抛起杂音时，人们需要时间和细心的聆听才能捕捉到二者的共鸣……中国属于她的人民，她的人民必须励精图治，站起来保护家园。他们可以风光体面地完成这项任务。天生的优雅加上不懈的努力，他们的这种长处肯定唤醒他们身上沉睡已久的力量。每个国家在自己的土壤内都播下了一粒思想的种子，然后她培育这粒种子，为它浇灌，为它指引生长方向，自始至终小心呵护着它，一旦其他国家踏入她的领土，多此一举地替她再浇水，在不必要的地方修枝剪叶，然后——如果有果实的话——再把果实攫为己有，她就会反抗斗争。为什么不能让中国自己去种植、培育、浇灌、修剪，然后获取自己的丰收成果呢？[①]

还有一个人，我想这是大家熟悉的，就是《风俗论》的作者，法国启蒙运动的创始人伏尔泰，他写过一篇叫做《狂热的赞歌》的诗歌：

---

① ［美］萨拉·康格（Sarach Pike Conger）：《北京信札——特别是关于慈禧太后和中国妇女》（Letters from China），沈春蕾等译，308 页，南京，南京出版社，2006。

在辽阔无垠的中华帝国，
有一个文人荟萃的民族。
他们以其天神般的特征，
反对罪恶的逆行。
啊！你们从我们的半球上，
为东方这些徒有虚名的圣贤，
带去了永福的火炬。
请问，在我们西方的伪君子中，
能有更多的正义、坦率
和更少的邪恶吗？

　　女士们，先生们，我非常奇怪和百思不得其解的是中国的学者，特别是今天中国的青年学者对西方的了解实在是太少。我想问大家一个问题，哪位同学可以告诉我，世界上收藏中国家谱和族谱最多的地方是哪儿？有同学回答日本，理由是日本有一本很重要的书《中国家族谱系研究》，还有同学有不同见解么？她说得对么？不对，你们万万没有想到是在哪儿，在美国的盐湖城，那儿有一个宗教的教堂，叫做"Mormon Church"摩门教堂，那儿到底收藏了多少中国的族谱，难以统计。像一个巨大的宝库一样，走进盐湖城的摩门教堂，你可以看见保存的数以万部计的，像书的海洋一样的中国族谱，因为按照摩门的理解，如果一个人皈依了这个宗教，只要把族谱放在那里祭祀，全家都可以得到主的恩惠。既然如此，我在参加法律史年会时，不断地遇到让我们感到困惑的新词汇，比如前几年盛行的"理路"，沿着这个思想的理路进行的研究，还有"范式"，"在那个独特的而又被众人所接受的唯一的范式的研究中，我们将看到那个架构在基本层面上的一种理路及因这之理路而产生的思维"，中国人听不懂，洋人也听不懂。三年前，我们看过两个学者在大会上发表论文，主张马克思·韦伯所提倡的近百年来对中国的研究，尤其是关于中国法律文化的研究至高无上，他们认为国内学者超过马克思·韦伯见解的尚无法遇到；最近某些人又想起了哈耶克，提出以哈耶克的方法研究中国的法律文化，才是正确可行的方向。我在这里可以断言，理路也好，范式也好，韦伯也好，哈耶克也好，在中国法律的研究中必将是短命的。什么东西才能在中国最后站住脚，才能真正揭示出对中国文化，包括法律文化研究的出路呢？那必须是在母语的文化及其在这种母语的文化中所派生出来的所有的、客观的、能够如实地反映出这一社会的真实记录，只有沿着这一思路前进，我们才能够最终在研究中国的问题上找到答案。

　　我们下面来说一下白契，什么叫白契呢，有同学说白契就是没有经过官方印章的契约，如果我跟你之间达成了一种契约，而且这种契约必须得到官方的、行政机构的备案，在中国就形成了一种红契，关于土地买卖的，在今天的土地交易中，被称为登记。

习惯的说法是红契和白契的区别是红契盖了章而白契没有盖章，这种说法是很表面的，这是 2001 年以前中国人对契约的认知，现在看来这种说法有点落后，我们得出的结论是，白契这个称呼是不恰当的，当你把它叫做白契的时候，它只能有一个解释：没盖章，不是红颜色的。当你称呼为颜色的时候，你不得不按照颜色去解释，白的是什么，白的不是红的，红的是什么，红的是盖了红色章的，幸亏那章不是绿的。所以白契这个称呼有问题，我们认为应该叫它私约更为恰当，即这些契约是不经过或者回避官方管理的契约，不管官方的章是什么颜色，我这张契约是在当事人之间私定并且生效的。诸位能听明白么？所以我们给它一个新的命名，就叫"私约"。有一个叫田涛的，最近就写了这本书，叫《徽州私约及徽州民商事习惯调查》，一开始就专门考证了中国的私约是怎么形成的，为什么叫它"私约"。我现在拿到的这个就是一张私约，我们看看这个私约上说的是什么，它说立分单人，什么叫分单呢？请你们在纸上写一个字，写个分开的八，中间加个刀，所以这种契约我们又叫它"判书契约"。（板书"判"字）这又是一个左右完全同形的字，用刀把他拉开，现在的写法仍然左右同形。这样的契约形式就叫做判书契约，你拿一半我拿一半，判离了，"判决"的"判"至今如此，某男和某女结婚，后来又离了，法院判离了，听说过这个词吧？判决书，判词都是这个"判"，所以说中国人的契约完全是沿着"刻木为信"的道路发展的，这张契约上说，"分单"，分单大家听懂了吧？拿刀给切开。这家祖父叫叶子槐，父亲叫叶家福，有三子，依次是正坤、正培、正凯，曾祖留下房屋、田地、家具、家伙等凭族亲品（拼）搭三股，阄分。"阄分"是什么意思呢？现在的法学术语叫随机分配，做成三个阄，三人随意选择，关于老大是否可以先挑呢，在中国古代有一种"让长制"，老大可以先挑，但是老大必须为家族生了长孙，才有此权利。三人按照阄中所说的得到自己的一份，这就是中国早期的神明选择，我们可以叫做随机分配。请的分单人是谁呢？请了祖父，伯父，表叔，族长（宗族的戚亲族长）进行监督，这就证明了这张私约有效，如果引起分配财产不公平，我们现在的民法中叫"析产"，关于这个，我们做了一次社会调查，美国民间的基金会支持了这个项目，这项研究目前已经进入了收官阶段，我们首先进行的是黄岩民商事习惯调查（已经出版，上下两册），随后又进行了徽州调查，调查的内容将在 2007 年出版、发行，到时候我会赠送给大家。（掌声）

做一个小插曲，给大家解释一下为什么会有徽商和晋商，大家看黑板（在黑板上板书中国地图，画了长江和黄河），当西方人没有到达中国之前，我们的经济是一种陆缘经济，如果我们把山西和安徽作为原点建立一个直角坐标系，也就是一个笛卡儿，我们从山西沿黄河向下可以到山东、河南、河北，向上可以到宁夏、广西。那么我们再从安徽沿长江向下可以到江西、江苏、浙江然后入海，向上可以到湖北、四川、青海、西藏。所以中国人就在这两条河的中部，分别找了两个陆缘文化的中转站即皖南和晋中。

这是必然的，如果再有一条河，也会产生相似的地方，于是，陆缘文化就在这两个地方生存并发展起来，一直到另外一种文化对它产生了冲击，这种文化我们称作"海缘文化"，是西方人通过海上贸易发展起来的一种新生文化，当这两种文化交锋的时候，陆缘文化变得不堪一击。我们统计的结果是，山西的一些老民宅、民居，在海缘文化的冲击下，几十年之间全部变成了废墟。皖南的徽商和晋中的钱庄票号，在海洋贸易的冲击下迅速解体，海缘文化所带来的新的经济方式、新的银行结算方法以及所产生的贸易结果，直接冲击了陆缘经济。这是我们的徽州调查所得出的另外一个结果，所以我号召大家的眼界应该非常开阔，特别是研究法制史的，继续沿着我们老师设定的道路，可能会越走越窄，教条主义的东西是没有出路的。

中国人有"五大发明"。什么是第五个呢？是镜子，镜子是造纸、印刷术、火药、指南针之外的第五个大发明。中国人在商周时期就发明了镜子，一个铜盆就可以看见自己。后来又发明了铜镜，水银沉淀法生产的镜子是进入近代社会以后由英国人发明的。那么，女士们，先生们，中国人发明铜镜已经有两三千年的历史了。发明镜子的民族势必要造成一种文化现象，那就是自恋。每一个照镜子的人都在自恋。我那天开玩笑跟他们说，就连像田涛那样的人，在镜子面前，都照出了自己无限的——妩媚。（笑声）你每次在镜子前面照的时候，梳理啊等等，其中有相当多的时间是在进行自我欣赏。你不信？今天回去照照试试。是这样的吧。发明了镜子的国家，就势必自恋。总而言之，我告诉大家，研究中国法制史应该走这样的道路，应该走出去寻寻觅觅，去探索、去发现、去搜集、去整理，去占领新的材料，提出新的观点，找出新的方法，解决新的问题，继续沿着那种新民主主义、那种教条主义的道路绝无出路，绝对没有出路。

我们回过头来说，看这张契约（内容略）。这就是我今天解释的最后一个题目，契约的三面言定和瑕疵声明。首先我们讲区别和异同。我们将讲到的一个题目是"中国人契约中的平衡观念"。什么是中国人契约的平衡观念？中国人的契约中，私约中有一个独特的观念，就是平衡观，也叫做衡平观念。在中国人的契约中，都可以找到这样的一个人物——中人。在中国的契约里，要有中人参加，要三面言定。它显示了契约当事人之间的人格的不独立。这是第一。第二，就是由中人参与的见证现象。而最关键的是，"中人"在中国人的契约精神中的作用，衡平观念。除了中人以外还有一种人，叫什么啊，媒人。媒人过去的写法是这么写，某人。某，这个字也念 mei。它是甘在木上，木上有甘甜，树的上面有甜的东西才招来蜜蜂啊，树上有臭的东西，谁来啊。新闻媒介也是如此。所以中国的中介和"媒"字是非常巧妙的。"媒妁之言"，这个"妁"字，就是一个"女"字边，加上结绳记事那个"勺"字。这个就是婚书、婚约，古代的婚约就叫做"妁"。再看媒人，我们不能用现代人的观点来理解媒人的作用，我不赞成今天的中国人把古代的一个文献随便称之为古代的某某法——那是中国古代的行政法，那是古代的经济法，那是古代的军事法，我对此深恶痛绝。很多很多奇怪的名称，还有人说，那是中国古代体育法，中国古代卫生法，我觉得这些都是瞎胡闹。特别是中国古代行政法这个词汇，我无论如何不敢苟同。因为行政和行政法这个概念是近代法学的一种称呼。我们如何来判断古代的一个法典，不能取决于今天的人对它的定义和称呼，而只能取决于当时立法者的立法意图，当时的皇帝或者大臣要立个什么法就是什么法，不可能在唐朝的时候有个大臣对皇帝说，咱们立一部行政法典吧，所以我们不要对古人的东西给予太多的曲解。我们只有回到那个历史年代里，才能得出结论。在中国古代社会中，没有媒人的婚约是不可以想象的。父母之命，加媒妁之言，等于合法的婚姻。这样看来，中人也好，媒人也好，还有一个叫见证人，还有一个在汉代的时候叫旁人——是立于一方之人，不是毫不相干的人，是在当地有资质信义的人。你以为是个人就能当媒人，你以为是个人就能当中人？能当中人的人在村里得有一定的信义，一定权威，一定"有资质"，一定是大家信得过的人。所以我们得出的结论是，我们不能要求建立契约的双方当事人，在政治地位、经济地位、社会地位上完全平等，我们得不出这样的结论。我们也不能要求出租的一方和承租的一方的社会地位完全平等，我们也不能要求卖方跟买方的地位完全平等，我们更不能要求男女双方都必须完全平等。但是，同学们，契约是必须建立在平等的法律环境之下的，否则就不能叫民事契约。如果你把中国的契约也叫做契约的话，它就必须满足契约制度中的平等观念，法的平等观念，法的正义观念，所以就出现了一个中人。正是中人能够将建立契约的双方在局部的、暂时的契约状态下，架构在一种法律环境中，这是中国契约的一个独特所在。在中国社会中，无论谁和谁之间，都不可能存在真正意义上的平等，但是契约要求平等。怎么办？所以中国就产生了中人。将双方暂时、局部的架构在一种契约平等环境中，从而形成了中国契约的平衡观。这些马克思·韦伯和哈耶克都没有发现。

　　刚才我们看到的契约中最后一句是说，我把这个土地卖给你，如果亲族人等前来追索，该由谁承担啊，由卖方承担，不干买人之事。这是什么意思？这是说明中国古代的契约跟西方的契约具有共性。我们讲到了中人有个性化的所在，那是中国契约区别于西方契约的。但是我们也可以在中国契约中找到与西方契约相同的内容。比如说，"自卖之后，有亲族人来追索，概由卖方一人承担，不涉买人之事"。唐朝的契约里还有，"卖牛卖什么东西，保证不系窃盗而来"，大家都听说过吧，看到过这种字眼吧。这叫什么？这叫瑕疵的声明与瑕疵的告知。这是卖方的一种告知义务。显性瑕疵，它表示标的物在物理状态上的缺陷，另外权利状态的缺陷也称为隐性瑕疵。权利瑕疵的定义非常简单——权利人行使该权利的障碍。所以中国的买卖契约中，我们从汉朝的契约里就发现了瑕疵声明。我卖你这块土地，保证没有问题，保证是我祖辈上传来的，保证是合法得来的，我卖给你以后，保证不会有人向你追讨。这表明权利无瑕疵的声明，按照现在的意义，则称为买卖合同中对买受人的瑕疵告知，并因此形成在抗辩中的免责条款。这是西方契约中的基本精神。中国契约也有，也包括了权利的瑕疵和物质的瑕疵。这不是巧合，中国契约里那种显性的或者隐性的瑕疵告知，每张契约里都能够找到。这和西方的契约精神完全一致。我们不认为两千年以前就有这种可能的沟通或者继受，我们认为它不是一种传播的结果。回过头来，我们可以说这是"裤子主义"的最好解释。即在人类的法律的共同发育中，人类的契约的共同发育中，它必然呈现出一种法理学上的平衡和趋同。女士们，先生们，就此而言，我们可以得出一个简单的结论：中国人有着中国自己契约的历史，它大体上是从"刻木为信、结绳记事"开始的，经历了中国契约的不断发展并最终分为红契和私约两种不同的形式。中国契约有中国自己独特的内在的因素和规律，同样，中国契约也满足了作为法律共有的正义性原则。你们在哪个书上见过？你们哪个曾经在马克思•韦伯、哈耶克的论述上见过这个？都没有。这是中国人自己所得出的结论。女士们，先生们，我们不知道哪位同学愿意继续参加我们的山西调查和华北调查，我们的调查不会结束，我们要在中国的土地上不断地去寻寻觅觅，去寻找，去发现。外面的世界很精彩。只要你走出去，去寻找，你把那些所有的教条主义的东西抛弃，按照一种全新的思路去思考，朋友们，你们必然会对中国的契约和契约精神有更多的发现。谢谢诸位听我讲话。（鼓掌）

谢谢大家，我们有十个问题的时间。

二、问答部分

马小红教授：今天讲座把深奥的问题深入浅出地呈现给大家，我想这需要有很深的功力。这个讲座的好处我就不多说了。我想学术交流更需要一种探讨和交流的精神。这里有两点请教，第一点，你对中国传统法律和法律史学的态度好像有矛盾之处。我想问，现在我们对中国传统法研究的态度是更自恋一点好呢，还是更他恋一点比较好，这是一个问题；另外前两天给博士生讲课，我发现拆字法有点问题在里面。首先我很赞赏你从一个个字意当中解说出我们想象不到的一些东西，我觉得能够给大家很深的启发。比如说"货"字，我很信服。但是不是有依据？比如这个"贪"字，我也觉得可能值得探讨。现在在法律史研究当中我注意到一个现象，就是把一个字阐述出很多很多的含义，但是缺少史料的证据。比如说儒学的"儒"，大家说是人之需，可以这样解释吗？"滑"字可以说是水之骨，还有说"波"是水之皮，所以我问这样的解释在多大的程度上可以运用？首先我对您给我们这么精彩的演讲表示感谢，但既然是学术，我就请教这样的两个问题。

田涛教授：女士们，先生们，这是两种不同的方式对文字进行解释。在几千年以来的文字解释中，共计形成了六种解释的方法，我们就叫它"六书"。因为中国字有象形、会意、指代、假借、形声等不同方法。比如说这个"滑"字和"波"字，都是用声音和形式形成的形声字。儒字，不能说是人之需也，而是这半边这个字（需）就读做儒，在古代就念 ru。比如说糯米的"糯"也念 ru，它表示软的意思，不是这就变成米之需了，这还了得。现在有些南方人说话，讲到很软的东西时仍然会说，很糯的。是不是这样？所以儒字不能按照人之需去理解，"需"是它的声音部分。这是说一个人的行为（指儒）。这是米的软（糯），这是人的软（儒），所以人的软表示一种礼让，最初它讲的是一种退让，不是没有根据，是有原因的。至于"滑"字，不能解释成水之骨，滑在古代就念骨 gu，这个字的读音在古代不念 hua，不是水之骨也，在古代就念 gu。"类东方生，滑 gu 稽之流"。《汉书》里有东方朔的传记，就把东方朔称为滑稽，《滑稽列传》，它的正确读音叫滑 gu 稽列传。所以这个字的读音读作 gu。至于这个"波"字，念 pi。如果波是水之皮，那（皮）加提手（披），不就是扒了皮了（笑）。这样的字都是形声字，如皮是读音，可以组织成波、披、破、坡等等。将形声字和象形字相互混淆，说明对一门叫训诂学的学科的知识没有过关。这在训诂学中的错误叫做以诂代训了。诂是用来解释声音的，训是来解释意思的，以声音来解释意思是不合理的。所以，马老师的说法，早在东汉许慎的《说文解字》中就分成了两种，一个是形声，一个是会意，一个是象形。比如说这个字（贱），念 jian，这个就不能按照我们刚才说的买卖去理解。这部分（戋）是声音，如果加个金字，这个字就念 qian（钱）；加个水字，念 qian（浅），加个贝字，念 jian（贱），这半部分（戋）表示它的读音，叫做形和声的合成字。

马小红教授： 我补充一下，如果解释字义，可以看许慎的《说文解字》。关于拆字，我想可能还是会有一点问题。这种研究方式可以作为一种佐证，一种观点。很感谢。那么下面，我们请在座的各位提问。

王云霞教授： 我先问一个问题可以吗？我最近对中国法制史也比较感兴趣，看了有关红契和白契的一些书。我想问田先生，关于红契是不是有一些固定的规定，比如说哪些东西必须到官府去登记，哪些东西可以私底下成约了就行了，是不是有些固定的规定？如果没有的话，为什么要有这种红契呢？

田涛教授： 红契是一种制度化的东西。目前所知道的红契制度的上限是从西晋开始的。东西两晋的时候，晋书里记载的非常清楚，说晋自过江来，也就是说晋朝迁都以后，做了一个重大的调整，凡民间买卖，都要纳税，由国家在纳税上面做一个标志。这个标志采用的方式是"押"。我们有理由认为中国的红契制度从此就开始了。这儿有一个特殊条件，就是在"刻木为信、结绳记事"时期，这种官方的管理——红契制度是不可能出现的。因为在介质和材料上是不能支持的。"刻木为信、结绳记事"时期，或者在早期，契约可能刻在铜器上，刻在竹简、木简上，官方的红契都不可能完成。只有一种东西产生了，红契才可能产生，那就是纸产生了。如果一天不产生纸，就一天不会出现红契。因为盖章只能盖纸上，盖在竹简上不可能，盖在铜器上一烧就找不着了。所以只有纸的产生才能产生红契。因此，我们认为纸产生以后的晋朝的记录是可信的。就现在所知，唐宋以后，官方规定的土地的买卖必须报经官方。但北宋时期，为了防止少数民族掠夺城墙内的汉人，曾经一度对于买卖人口也要求红契。到了明以后，只要求土地的买卖进行红契。但土地的买卖在中国历史上是有两种买卖形式的。值得我们深思，也是中国所特有的，土地的所有权跟地上的耕作权可能是分离的。地下的土地所有权被称作地骨权，地上的耕作权又称为地皮权，实际上两个都是物权。前者是物权的所有权形式，后者表示用益物权的物权的一种形态，两者都可以买卖。买卖土地所有权的契约必须是红契，而对于土地权利的转让当事人可以自行协商。所以前者卖土地所有权被称作大卖，卖地上耕作权的叫小卖。这在中国古代叫做田骨、田皮制度，非常有趣。值得注意的是，中国的红契有一次飞跃，它的准确时间是在上海开埠以后，英国人在上海建立租借地，向当时的松江守备道提出申请，出现的这种新型契约名称叫做"道契"。道契是一种特殊的契约，这面写的是中文，完全按照中国的契约，权利意思表达中人等等；反面按照英国人的契约，英国人写的，按照英国法律写的一种中西法律的洋泾浜式的契约，只有在上海使用了一段时间。但是，它是中国传统契约走向近代契约的一个分水岭。

王云霞教授：这个契约的标的额什么也是土地的……

田涛教授：租赁权，租借地的租赁权。租赁权在国际上被称为"葡萄牙模式"。由于葡萄牙发现中国以后，没有能够向西班牙一样取得土地的领地权，所以葡萄牙取得了一个租赁的地方，这个地方叫做"MACAU"，澳门。葡萄牙对于这个租赁的地方没有主权，主权还是中国的。但是，它却具有行政权跟管辖权，所以这个就叫做"葡萄牙模式"，后来各个国家的租借地都是沿着这个模式出现的。遗憾的是，葡萄牙的契约和香港的契约是按照中国式的契约一直使用到现在。只有上海才出现了殖民地的契约状态中一半英国的，一半中国的模式。所以我们有理由认为红契制度的结束时间是上海道契的产生。这个问题现在只能够简单地回答，详细的回答还需要进一步交流。中国契约的研究目前还处于一种起步阶段，对道契的研究也刚刚开始。

问：我是福建师范大学到人民大学的访问学者，我有一个问题要请教您。我们中国的契约应该是源远流长，在西周的时期就有了契约制度，有了私约这种官职，并且对于违反契约的形式有了严格的制裁制度。我想问，为什么这种制度非常戏剧化的在唐朝时期形成了"官有正法、人无私契"的这种模式，也就是官府将违反契约的这种形式，变成了对小民信誓的一种管理，因此导致中国古代没有对于契约的违反形成一种比较强有力的维权体制呢？

答：女士们、先生们，我曾经做过一篇这个题目的论文，对于你的说法，有一部分是正确的，还有一部分我并不完全同意你的见解。因为前一部分你把它设定成金文契约大体上得自于早期胡留元先生的研究，你说到的这部分契约他们认为受到了西方罗马契约的影响等等。这是中国早期契约发达史上的研究。他们研究的结论我个人是不同意的。我们认为这其中有一些误解。因为西周的政体跟典型的唐朝的封建社会的政体是有区别的。西周契约的鉴证人"三公"跟契约的民间当事人之间还是有一些区别。还有一个重要的问题，西周有权订立契约的人是贵族以上，能够铸做铜器的那一些人。我再说一遍，西周时期能够在铜器的底部刻上契约的那一部分人，是有资格有权利享受"鼎"这一级待遇的人。而到了唐朝，契约成了市民阶层的一种合意行为，所以管理上就有了区别。好了，当事人的身份发生了巨大的变化，这点你应该警惕。

问：刚刚我看了发下来的契约，底下画了两个十字。我以前也看了欧美国家的契约，也是这样画了十字。我猜想欧美国家画十字可能是跟基督教有关系。因为我看得是《盎格鲁撒克逊编年史》上有份契约，是英国国王把他名下的土地转给了一个修道院。它（契约）跟这个是一模一样的，也有见证人，他（国王）自己不写名字，只画了一个十字，再加上受让人，也是底下有十字，还有见证人、皇后啊，包括肯特大主教这些人……

答：好，我插一句，节约时间。女士们、先生们，我去过欧洲的不少国家，也看过不少这些国家的契约，也包括你说的这个时期的契约，就是中世纪的契约，他们画十字跟中国人画十字表面上看是一样的。但是请注意这里有一个法律上的特殊概念，它叫做当事人亲自认同，也就是本人认同。北京大学的张传玺教授，他是我的老师，还有其他很多学者，社会科学院经济所的，社会科学院近代史所的，他们都整理过契约，他们整理的契约我们拿过来都不能直接使用。为什么不能直接使用呢？并不是他们的水平不够，他们恰恰把当事人签字画押这一现象给"略"掉了。他们认为这不重要，只要把正文留下来就行了。而我们是法学家，契约在我们眼里是法律文书，法律文书和其他一般文书的区别就是法律文书更具有完整性，否则就不是法律文书了。所以法律文书就不能把后面签字画押当事人等去掉。而当事人的签字画押就表示了当事人的亲自认同。它是一种制度，这是我写的中国契约史中的第四章。一个特殊的问题就是当事人的确立以及当事人的认同。假如你在民事审判中被审理，都得签字画押，按手印。唐朝就得按手印。还有摁脚印，买卖人口还要摁脚印的。这都是当事人的自我认同。有人得出一个结论，看，中国人在公元7世纪、8世纪发明指纹了。我不这样认为。中国这个摁手印就是这个人不会写字，签不了田涛的名就摁个手印，摁手印表示亲自认同。宋代时期是画指节，把手指头搁在这，上头画一个，底下画一个，中间的关节也画一竖，叫"画指节"。这种亲自认同在明代时期形成了一种画押制度，写的字就是"鬼画符"，跟外国人在支票上签的字一样。请注意，画一个十字，两个十字，三个十字，画点，画圆圈，都是亲自认同，最典型的，就是鲁迅笔下的阿Q。小说里是这么写的：只见阿Q拿着那支笔，显得那支笔格外的重。他在纸上画了一圈，笑了笑说，"咦，画得不圆。"还有印象吗？所以这也是当事人的亲自认同。我在契约里总结出来，一共有十九种这样的形式，最常见的就是画十字。对于画十字，中国20世纪30年代有学者认为受到佛教的影响。其实不对，它受到宋代画指节的遗传，和宗教中的"哈里路亚"是没有关系的。在西方契约中，对于宗教人士的契约的建立也要求封泥制度，火漆的封泥制度，西方契约上的十字架是用在带有十字的标志嵌印的，这种标志可以刻画在戒指上，项链上，甚至是国王的权杖上。

问：西方人画的十字跟宗教没有关系吗？

答：没有关系，也是认同。日本人也画十字。不要看十字就以为是十字架，没有联系，唐朝以后，西方的宗教传进中国，其中有一个被称作景教的，源于西方的天主教，也采用画十字的方法，并且有佩戴铜质十字标志的习惯，民间也被称作十字教。

问：我是2006级法律硕士。我有一个问题。有学者认为法院作出的生效判决也是一种合同。您认为法院的生效判决是合同吗？从中国契约和西方契约的精神来说，有没有可能得出不同的结论？

答：很复杂的问题，跟我们今天说的不一样。首先在契约论里，出现过另外一种契约称呼叫行政契约。对行政契约的研究国内也已经走上了一条健全的道路，对行政契约的基本看法大体上已经形成了。我们今天所说的合同指的是平等状态下的，当事人的平等权利在平等状态下的合意表述。而审判者和被审判者的关系不能认为是架构在一种平等的民事行为中。所以，我个人不认为审判的判决书能够等同于平等状态下的民事合同。主张这种观点的人是有根据的，因为他们引用的是早期德国方面的叫做日耳曼法系中的"独逸"法律中的解说，认为法庭和被审判者之间也应该是平等的。所以那种判决书，如果是平等之间也应该建立在合同关系的基础上。但这种观点在西方也是很狭隘的，没有得到普遍的认识。我个人肯定地告诉你说，我们研究的契约是指向具有平等的民事关系之中的合同关系。那种不平等之间的问题能不能用平等的民事间行为来解释，我个人现在还是不赞成的。因为这两种正义观不一样。合同中的正义观是契约正义，平等的正义观是程序正义。

问：我是法史的2006级的博士生。今天您说的题目是中国人的契约正义——诚信与平衡。如果说中国人的契约精神是诚信与平衡，那么西方人的契约中也有诚实信用、人格平等、等价有偿之类的精神。那么您认为中国人契约精神中的诚信与平衡与西方契约中的平等、诚实信用是不一样的概念吗？

答：对不起，我刚才说的中国人的契约精神跟西方人的契约精神的区别是一种狭义表述而不是广义表述，是在当时画了一个城墙、天主教教堂的环境下，同时又讲到我们现在在法学中的争论，比如张伟仁先生跟其他一些学者的争论。这些争论如果过分强调西方的东西，那中国的东西就确实找不到；如果过分强调中国的东西，那西方的也找不到。我们倡导的是强调个性、同时不抹杀共性。强调个性的时候，我提到中国有很多中人、媒婆；强调共性的时候，我讲到中国契约中也有不少权利义务的责任，比如瑕疵担保啊、瑕疵声明啊等，非常非常多。还有很多契约当中的其他一些因素。比如中国契约中与西方契约中有个重要的分水岭是完全不同的，这个区别是理由。几乎所有中国契约都要写一个理由。田涛为什么要买这块土地，因为家贫，无力纳税等等，都要找一个理由才能建立契约。在西方正常的商业经济情况下，这些理由是不存在或者无须存在的。造成这种情况的根本因素是中国这个社会视商为末和限制土地交易。中国的官方不主张交易或者不鼓励交易，这是中国契约中的大背景。中国人以商为末，不鼓励商，甚至在中国唐朝的法律中规定，擅自买卖土地的有罪，所以限制住这些了。但是《唐律疏议》中说：擅卖口分田者要治罪；可是下边疏议曰，找了个理由：家贫、父死无力茔葬则不在此列。大家就自动地走向了规避。这是中国跟西方契约的区别。我想告诉你的结论是，中国跟西方的契约是分离发展起来的，各自发展起来的。但是之中巧合的是有共性，也有个性。不应该单纯拿西方的制度作为制度，不能够单纯拿中国的制度作为制度，而应该以更广泛的一种东西来看待。谢谢，送你一本书。你喜欢吗？叫《我说我想我自由》，一个游学者东拉西扯的东西。

问：我是一年级的法理学博士。我想问这样一个问题。古代经济法学似乎隐藏着这样一个逻辑：如果有书面契约就好像表示中国有一种契约精神。这个逻辑我觉得是不能够成立的，有契约不等于有契约逻辑。另外一个是没有契约难道就没有契约精神了吗，或者有契约，合同欺诈与合同不平等也是普遍存在的，就能够证明有契约精神了吗？我觉得至少这里面应该加入这样一个环节，就是证明有合同而且合同的履约率到底怎么样。

答：如果用这种方法来理解的话，那不仅是中国的契约，西方的契约也无法进行契约精神的解释。因为在任何一个国家中，只要建立契约，就会因为有契约的存在而出现对契约的违约。女士们先生们，违约是一种行为，违约行为是因为有约定而违背了约定而产生的，不能因为有违约行为否定了原有的约定行为的建立。违约正是因为有约定或者按照这个约定去操作而存在。反之不能因为有违约就说这个约不能成立。"月上柳梢头，人约黄昏后"，我没去不等于这个约不存在。在这点上，我不认为是我的逻辑错误，而恰恰是你在这个问题上对契约正义跟违约行为之间的责任观念发生了混淆所致。违约现象，中国有，外国也有。理由是只要有契约，就会有违约。谢谢你。

问：田老师，我是公共管理学院的硕士。无标准无判断，我想问中国契约的标准跟西方契约的标准有什么本质的区别。

答：非常棒。这个问题我一时回答不出来。关于本质的区别我要告诉你的是我能回答的不太多，我更多注意的是对不同契约的形式上的分类和研究。对于本质的研究，可能将来在大量的形式研究之后会陆续作出。如果我们一上来就说一个本质的区别，现在我还没有这个能力，也不具备定义这种条件。我诚恳地告诉你，现在中国的学者，包括我在内，实事求是地说，我们有个小组叫中国契约研究小组，是由日本学者、美国学者跟中国学者组成的，我任年度的组长。那么这个研究小组目前代表了全世界中国契约研究中的最高水平。我们现在尚不能准确说出这两者之间的区别，目前尚停留在对于双方形式上的区别的研究。我今天所说的更多的是两者在表现形态上的或是形式上的区别。本质的区别也有，我们也找到了一些，最主要的还是权利表达。最主要的可能会归结到一个问题，就是中国这个国家，不具备发达的民法产生的社会条件，没有独立存在的人格权。所以，中国的契约，跟有发达的市民社会、发达的民事法典的国家在这个方面会有所不同。目前我们只能够回答这么说。

王云霞教授：田先生，我插一句。我对外国法制史了解得稍微多一点。我的感觉是，如果说到区别，我的粗浅的理解是缺乏自由的精神。

答：小伙子，我想告诉你，我要写一本《中国契约论》，它的书名也叫做《走向权威》。我们研究中国契约，研究来研究去，最后发现中国契约的精神导致中国人不断地走向权威。在家庭里有家族的权威，在社会里有社会的权威，最终就围着一个人转，哪怕这个人叫不叫皇上不重要，最终是要走向权威的。这种契约精神就创造了他们的皇帝。走向权威的结果是悲哀的。在走向权威的国度中，不可能出现发达的民事法律，因为人格权被淡化了。

问：我想问的问题是，西方的契约是不是伴随着近现代民权自由精神的提出而产生的，因为它发展的历史并不像中国这么长久。另一个问题是，我的理解是，中国的契约主要是私人之间的交易，那西方的契约是不是人与国家、人与社会之间的合意呢？

答：你这个问题是先有结论，然后把你的结论作为问题，不是一种好的研究方法。不知道你读过《社会契约论》这部作品没有，还有另一个作品《国富论》。如果你读过，会感觉到一个有趣的现象。中国人特别压制人的欲望，压制欲望的结果是使独立的人格屈从于己欲，屈从于群欲。每一个人出去的时候会想，我今天穿得出去吗，就没有一个人会想一想，我这样挺好。其结果是己欲对群欲的不断地服从，最后就不断地反过来制约。我刚才提到的这两本书里面有个重要的解说，就是主张并鼓励商人去营利，公开地倡导这种营利是正义的，是好的。你经商你就去营利，每一个人去营利都有规则，其结果是社会就在这种富有的状态下前进，去寻找一种新的广义的社会契约精神。而中国不是，不能追求利润，心都黑了，你想赚人钱。赚钱怎么了。为什么法官现在纷纷落马，法官跟权力、权力跟商业进行了沟通呢？这就是这两个界线始终被我们模糊了。作为一个官，他追求的是刚才那个戴眼镜的小伙子问我的那种正义。一个官的正义，是社会状态下、群欲状态下、程序下的正义。一个经商者追求利润，这也不错，追求利润难道不对吗？反之，现在一个主张程序正义的人，一个官员去追求商业利益，这就错了。所以这在制度设计上就出了问题。

问：田老师您好，我是 2006 级法制史博士，我想问您两个问题。一个是明清时期，红契出现了明显的格式化倾向，我想知道出现这种倾向的原因是什么。还有您刚才说契约有一个中人，您说的是两个不平等的主体，处于一个暂时的局部的平等的环境之中。但中人还有一个明显的作用就是证明作用，还有立约的两个主体未必是不平等的。那么是否可以说中人的存在是为了增加契约本身的公信力从而达到一种定纷止争的目的。谢谢。

答：我先回答后一个问题。我刚才所说的平衡作用是我们不能要求建立契约的所有当事人都平等。在契约中，平等的可能性是多的，但是不平等的可能性也是存在的。我们不能人为地设定你们俩是平等的，你们俩不需要中人；你们俩是不平等的，你们俩有中人。所以由于惯性的因素，最终形成的趋同结果，是不管当事人之间是不是平等的，都可能假设在不平等状态下。你所说的绝对平等是不能成立的，平等也是相对的。这是中人的作用。另外，中人的见证作用是非常重要的。在中国的诉讼状态下契约和反契约的现象，当出现诉讼的时候，中人有连带责任。这个有兴趣的同学可以记下来，叫做"追中"，要求追诉中人的连带责任，所以中人是有连带责任的。因为中人有连带责任，所以反过来可以推理为，中人在其中的见证作用是成立的。光有这种衡平作用、见证作用还不够，中人还有另外一个作用。在中国，中介作用非常大，而且中介原则也非常有意思，成为中人的人本身不能成为该行为的对立人，中介原则也体现得非常清楚。你们可以看看李祝环老师写的《中人在契约中的作用》，中人在中国契约中一共分离出来六个作用。

另一个问题，关于明清契约的制度化问题，那是毫无疑问的。红契在明清两代已经发展的非常成熟，形成了连三契，三张连在一起、两张连在一起的格式化。你们看这些契约的样子都差不多，都已经格式化了，格式化就是已经变成稳定状态下的了。甚至于每个印在哪，当事人要盖印，买卖的价钱要盖印，标的物的声明上也要盖印，所以每张契约要盖八个印张，印章盖在哪已经格式化了。没有问题。你问的后面这个问题是很正确的，很对的。我只想说明中人的作用不只是这样，时间问题，我不再重复了。

问：田老师，我想问一个问题，问题可能很简单。在中国古代，契约和凭证是一个意思吗？

答：不一样。前者叫契约，后者叫证照，在中国古代属于一种行政许可的范围，在今天也是这样的。你领一个汽车执照，一个房产证，汽车本，等等，跟汽车买卖合同不是一回事。中国古代有没有证照呢，有，今天没带。有很多证照。像我们以前说过的鱼鳞册，土地丈量登记的定号，还有柳条册，等等，那些都属于土地的证照范围，不属于契约。发给你的土地证也不是契约。但日本有的学者认为属于行政契约，我们不这样认为。

问：刚才说到在契约上要画押、画十字等，我想这对签约人的诚信要求是很高的，因为我觉得这些形式要造假或者要伪造是很容易的。我想在熟人社会中，契约造假或者契约上的违法行为是比较困难的，因为他会受到道德谴责或者受到小组式的制约。我想了解在古代有没有契约犯罪。

答：这个问题是我今天回答的最后一个问题，也许今天很多同学会对它感兴趣。我在浙江一带去过相当多的村庄和县，目的是搜集契约。我甚至搜集到了中国各种各样的诉讼状纸，从明朝到清朝的状纸原件七百多通。我是队长，带着十几个人住在山里面。在一个没有陌生人的社会，对它的内部环境我们缺少理解，所以才看出费孝通先生江村调查的重要性。我们不理解的原因是我们不在那个社会生活中存在，只有存在才决定意识。这是第一个问题。第二个，我想告诉你。签字画押在中国古代纯朴的民风当中，只要自己签字画了押就认，特别是有中人在其中的牵制，应该是没有问题的。但是就目前掌握的民事诉讼案件上，对于契约的反悔即违约行为也有，假造契约的现象也有。主要假造契约的现象反映在哪两个问题上比较多呢？第一个，是抵押物，买卖物非常少见。第二种，是坟山，没有契约。荒地的取得。双方都说是自己的，最后造出一个契约来，说我是买来的。这种现象在中国古代诉讼中，我们管它叫户婚田土之争，是中国古代民事纠纷中的主要内容。在民事诉讼过程中，明清两代规定，如果是户婚田土中的田土，如果拿的是白契，官方通常是不予支持的，要拿红契。但如果是继承分家、典当抵押，白契是有效的。

好的，同学们，契约的问题非常复杂，三个小时内能不能把这个问题研究清楚，回答是不能。这说明了我们中国人在中国法制研究史中对于有关古代的民事规范问题，对中国古代契约的研究，是非常薄弱的，从而也激发了我们对于这一领域不断进行深入研究的决心。女士们，先生们，我结束我发言的时候，我想说的还是那句话，建议你们大家跟我走吧，天亮就出发。只要你善于走出去，你必然会有所发现。

谢谢你们听我讲话。再见。（鼓掌）

（整理人：张　明　李　莉）

法律文化研究 第三辑（2007）

中国法律史专题研究

中国人民大学法律文化研究中心
曾宪义法学教育与法律文化基金会

马志冰 王 琛

略论中国传统法律意识中的和谐观

中国古代传统社会主张"礼之用，和为贵"①。"和"亦即和谐作为中华民族普遍追求的一种社会秩序或崇高理想，也是中国传统法律意识中最为重要的思想观念之一。中国古代传统的天道观、政治观、家庭观及社会观，始终凝结着一种"一以贯之"的和谐观。而在中国古代传统法律文化中，和谐也是一个亘古不变的历史主题和实现目标。和谐观已经成为中国古代传统法律文化的一项重要内容，几乎每一位探讨社会政治问题和法律问题的思想家都不能回避它。无论在官方的正统法律意识中，还是诸如先秦诸子学说、两汉经学、魏晋玄学、隋唐佛学、宋明理学、清代实学等各家各派的法律意识中，都蕴涵着丰富的和谐观念。纵观中国古代传统法律意识中和谐观的发展历史，尽管不同时代或不同学派有着不同的内涵，但最终着眼点不外乎天道和谐、政治和谐、社会和谐等三个方面。

20 世纪 80 年代以来，国内学者曾从中国传统法律文化的角度，对和谐问题进行过

---

① 《论语·学而》。参见杨伯峻译注：《论语译注》，北京，中华书局，1980。

一些研究探讨。梁治平《寻求自然秩序中的和谐：中国传统法律文化研究》① 一书可视为这方面研究的较为系统的代表。其后，学术界从法律文化的角度对和谐问题的专门性研究并不多见。近年来，法学界又对这一问题进行了新的探讨，研究范围更加广泛，开始向多视角发展：有从法哲学、法理学方面予以剖析的，如龙大轩《和谐思想与中国传统法律的价值选择》②；有从法文化角度进行论述的，如徐燕斌《礼·秩序·和谐——礼的法文化思考》③，陶钟灵《论中国古代和谐社会的法律控制机制》④，李晓燕《中国传统法律文化和谐观念的反思》⑤；也有探讨具体思想、观点、制度之于和谐的意义的，如梁聪《孔子的"无讼"论对构建和谐社会的意义》⑥，连宏《儒家的和谐观与中国传统调解制度》⑦，李文玲《中国古代的"无讼"理念与现代"和谐"社会》⑧，陆自荣《儒家礼制中的和谐追求》⑨，刘德福、朱文瑜《论中华法系和谐社会思想与当代法律的发展》⑩；等等。本文拟从天人关系、政治关系、家庭及社会关系等三个方面，对中国传统法律意识中的和谐观略作讨论。

一、"天人合一"的天道和谐观

在人类社会的早期文明时代，"天"作为一种自然神的最高代表，是具有至高无上的绝对权威的，它与人们的日常生产、生活等各种社会活动也是息息相关的。"天人合一"、"天道和谐"是那个时代意识形态领域的基本认识与核心观念。上古时代的"圣贤"们也是以"天命"、"神意"奉为自己的行动准则的，因而得到了"天"的认可和佑助。例如：传说黄帝在西泰山"大合鬼神"时，即是"驾象车而六蛟龙，毕方并辖，蚩尤居前，风伯进扫，雨师洒道，虎狼在前，鬼神在后，腾蛇伏地，凤皇覆上，大和鬼神，作为清角"⑪。这样的各种祥瑞与黄帝同行，正是"天"与人和谐融洽的象征。又如：传说帝舜时代，"舜德大明。于是夔行乐，祖考至，群后相让，鸟兽翔舞，箫韶九

---

① 参见梁治平：《寻求自然秩序中的和谐：中国传统法律文化研究》，上海，上海人民出版社，1991。
② 参见龙大轩：《和谐思想与中国传统法律的价值选择》，载《现代法学》，2005 (6)。
③ 参见徐燕斌：《礼·秩序·和谐——礼的法文化思考》，载《兰州学刊》，2006 (12)。
④ 参见陶钟灵：《论中国古代和谐社会的法律控制机制》，载《贵州民族研究》，2006 (6)。
⑤ 参见李晓燕：《中国传统法律文化和谐观念的反思》，载《山西大学学报》（哲学社会科学版），2006 (4)。
⑥ 参见梁聪：《孔子的"无讼"论对构建和谐社会的意义》，载《西南民族大学学报》（人文社科版），2005 (10)。
⑦ 参见连宏：《儒家的和谐观与中国传统调解制度》，载《长春理工大学学报》（社会科学版），2005 (2)。
⑧ 参见李文玲：《中国古代的"无讼"理念与现代"和谐"社会》，载《甘肃社会科学》，2006 (5)。
⑨ 参见陆自荣：《儒家礼制中的和谐追求》，载《北京理工大学学报》，2006 (1)。
⑩ 参见刘德福、朱文瑜：《论中华法系和谐社会思想与当代法律的发展》，载《求索》，2006 (10)。
⑪ 《韩非子》卷三《十过》。参见陈奇猷：《韩非子集解》，北京，中华书局，1962。

成，凤皇来仪，百兽率舞，百官信谐"①。这种景象也是"天"与人和谐共处的结果。后人之所以始终津津乐道于上古时代的这一盛况，实际是对天道和谐关系的倾心推崇，因而将其视为后世效法的典范。

天道和谐是中国古代传统法律意识中最早产生的和谐观念，神权法时代就是这种和谐观念的产物。由于"天"始终能动地左右着人类的各种社会生活，也直接影响着人间的立法、执法与司法活动，因而那个时代实现天道和谐的首要途径，只能是消极被动地领受"天"的旨意。神权法时代的立法、执法与司法大多托言秉承天意，所谓"德刑之设，著自神道"②；"圣人因天秩而制五礼，因天讨而作五刑"③，并且进而"行天之罚"④，"致天之罚"⑤，即是这种天道和谐观的具体反映，也是当时的人们的一种无奈的选择。

夏商两代天道和谐观的基本内容，就是"服天命"，"受天命"。"致孝于鬼神"⑥。殷商人进一步将"天"所代表的自然神人格化为形象的"帝"，与自己所信仰、崇拜的祖先神合为一体，通过祭祀、占卜等宗教仪式交通于"天"，从而形成了"殷人尊神，率民以事神，先鬼而后礼，先罚而后赏"⑦ 的传统。然而，夏商两代的统治者始终未能真正认识到，天道和谐观的真谛其实并不仅仅在于消极被动地接受"天命"或尊奉"神意"，而是要积极营造并致力于实现天人关系的和谐。否则，就会像夏桀和殷纣王那样，最终落得个"命不于常"⑧、"乃早坠厥命"⑨ 的覆亡命运。

周人正是在有意识地"监于二代"⑩ 败亡教训的基础上，重新领悟并构建自己的天道和谐观的。其最大的进步就是大胆揭露了"天命靡常"⑪、"天不可信"⑫ 的秘密，寻找到一条通向天人之间和谐关系的实现途径。他们从"天视自我民视，天听自我民听"⑬；"天惟时求民主"⑭；"民之所欲，天必从之"⑮ 的认识出发，聪明地发现了"皇天

---

① 《史记》卷二《夏本纪》，北京，中华书局，1982。
② 《魏书》卷一百一十一《刑罚志》，北京，中华书局，1974。
③ 《汉书》卷二十三《刑法志》，北京，中华书局，1962。
④ 《尚书·甘誓》。参见 [清] 阮元校刻：《十三经注疏》，北京，中华书局，1980。
⑤ 《尚书·汤誓》。
⑥ 《史记》卷二《夏本纪》。
⑦ 《礼记·表记》。参见 [清] 阮元校刻：《十三经注疏》，北京，中华书局，1980。
⑧ 《尚书·康诰》。
⑨ 《尚书·召诰》。
⑩ 《论语·八佾》。
⑪ 《诗·大雅·文王》。参见 [清] 阮元校刻：《十三经注疏》，北京，中华书局，1980。
⑫ 《尚书·君奭》。
⑬ 《尚书·泰誓》。
⑭ 《尚书·多方》。
⑮ 《左传》襄公三十一年引《泰誓》。参见 [清] 阮元校刻：《十三经注疏》，北京，中华书局，1980。

无亲，惟德是辅"① 这一天道观的本质，继而由单纯依赖"受天明命"② 的盲目崇信进化到"以德配天"、"敬天保民"的道德人伦思想，由简单地宣扬"行天之罚"③ 发展为"明德慎罚"④ 的政治法律思想，为"天人合一"的天道和谐观赋予了一种崭新意义。显而易见，"天"对周人的影响力已远逊于夏商两代。周人用自己的认识、诠释及实践，丰富和更新了神权法时代的天道和谐观。这种"尊礼尚施，事鬼敬神而远之，近人而忠焉"⑤ 的天道观，对后世产生了重要的影响。

进入春秋战国时代，"天"对人的影响力进一步下降，天道和谐观的天平进一步向道德人伦社会倾斜。一些有识之士甚至提出了"夫民，神之主也"⑥；"国将兴，听于民；将亡，听于神"⑦；"天道远，人道迩，非所及也"⑧ 之类的大胆挑战，不仅将神与人的关系颠倒过来，而且把天道与人道分属两界，重新构筑了天道和谐观的理论。正如学者所言："天命鬼神，盛行于上古，至周际而中衰。观墨子致意于天志明鬼，可知其早不为王公大人所信奉。"⑨ 值得注意的是，在春秋战国时代的百家争鸣中，出现了许多关于"天"的争议。"天"是否具有控制人世的权威和神性？人间的政治与法律是否取决于"天"的意志？天人之间究竟如何实现和谐关系？这些思想意识方面的理论命题成为诸子百家竞相探讨的重要内容。随着讨论和认识的深入，人们对"天"的含义产生了多元化的解释。基于各种不同的解释，"天人合一"关系的实现，呈现出各种不同的途径；天道和谐观的发展，也出现了一些新的变化。这些观点大体可以归纳为两类：

第一种观点，也是对后世影响最大的观点，是主张"天"有意志的天人感应说，以汉代董仲舒的理论为典型代表。他认为，"人受命于天"⑩，"天地之生万物也以养人"⑪；人既然为"天"所生，又得到"天地"的恩养，自然应当敬"天"，其一切活动也必须顺应天时，否则就会破坏天人之间的和谐。为此，他继承并发展周代以来的"司法时令说"，系统地提出了"庆为春，赏为夏，罚为秋，刑为冬"，"庆赏罚刑与春夏秋冬以类相应"；"庆赏罚刑，当其处不可不发"；"各有正处"，"不可以相干"，"不可以易处"⑫

---

① 《左传·僖公五年》，引《周书》。
② 《史记》卷四《周本纪》。
③ 《尚书·牧誓》。
④ 《尚书·康诰》。
⑤ 《礼记·表记》。
⑥ 《左传·桓公六年》。
⑦ 《左传·庄公三十二年》。
⑧ 《左传·昭公十八年》。
⑨ 萧公权：《中国政治思想史》，273 页，沈阳，辽宁教育出版社，1998。
⑩ 《汉书》卷五十六《董仲舒传》。
⑪ 《春秋繁露·制服象》。参见钟肇鹏：《春秋繁露校释》，石家庄，河北人民出版社，2005。
⑫ 《春秋繁露·四时之副》。

的理论。按照这一理论，人世间的"庆赏罚刑"，必须遵循时令季节，才能实现天道和谐，达到"天人合一"的境界。这一理论不仅得到统治者的认可并采纳，正式确立为国家的春夏颁赏、秋冬行刑制度，而且这种天人感应观念也深入于普通民众心目之中，以至于王莽代汉改制时，"春夏斩人都市，百姓震惧，道路以目"①，被后人斥之为"王莽悖暴，盛夏斩人，此天亡之时也"②。汉代以降，这一基于天人感应理论的"庆赏罚刑"制度被历代统治者继承下来，成为一种国家定制。

除了"庆赏罚刑"的时令理论之外，董仲舒的天人感应说及天道和谐观还体现在天道与王权之间的关系中。按照这一理论，天道对王权具有惩戒和监督两大作用。自古以来的"有道"讨伐"无道"，都是上天的意志；祸乱灾害的出现也并非毫无意义，而是上天的一种警示或告诫，必须给予充分的重视和敬畏。"天地人主一也"③，"王者承天意以从事"④。在人世与上天的交通之中，君主有着不可替代的重要作用。因为君主是由上天选择并授命的，只有他们才能代表人世，与上天沟通。所以，寻求天人和谐，首先要从君主入手。在董仲舒看来，天道与人间的和谐，首先就表现为上天与君权的和谐。君主作为上天在人世间的代理人及代言者，既然号为"天子"，就要事天如父，"省天谴而畏天威，内动于心志，外见于事情，修身审己，明善心以反道"⑤。所谓"王正，则元气和顺，风雨时，景星现，黄龙下。王不正，则上变天，贼气并见"⑥。可见，君主顺应天道，君权才能畅行无阻，天意才能贯彻实施，"天人合一"的天道和谐关系才能实现。

董仲舒的天人感应说及天道和谐观神化了君主的专制权威，自然受到历代君主的欢迎和赞赏，因而对后世的影响极其深远。汉代以后，赞同天人感应说的士大夫们大多没有脱离他的理论范畴。不过，也有一部分人通过对天命的反思和一次次的质疑，使得神秘的天人感应说愈来愈捉襟见肘，其理论体系的发展空间也越来越狭隘。至宋明时期，与其说它是一种探讨天人之间和谐关系的理论或方法，不如说它已经沦为一种消极被动的人生观。司马光就曾谈到："违天之命者，天得而刑之；顺天之命者，天得而赏之"；"天使汝穷而汝强通之，天使汝愚而汝强智之，若是者必得天刑"⑦。按照他的看法，"天"对人实施刑赏的目的，在于让人逆来顺受，而并非伸张道义。到了二程那里，天人感应被进一步异化为极端的"天人合一"，变得更加玄妙而不切实际了。此时，那种

---

① 《汉书》卷九十九《王莽传》。
② 《后汉书》卷十五《邓晨传》，北京，中华书局，1965。
③ 《春秋繁露·王道通》。
④ 《汉书》卷五十六《董仲舒传》。
⑤ 《春秋繁露·二端》。
⑥ 《春秋繁露·王道》。
⑦ ［宋］司马光：《司马温文公集·迂书·士则》，上海，商务印书馆，1936。

把"天"作为一个有意志的主体，而认为它能够决定人间事务的观念，基本上已趋于没落，士大夫们也不再热衷于探讨人世应该如何与这样的"天"去实现和谐。

第二种观点，是与天人感应说有所不同的另一种天道和谐观，即将"天"等同于自然界，认为协调人与自然的关系，就是协调人与"天"的关系。这种学说与天人感应说所不同的是，它也主张和认可人们对自然的尊重，但在主张和认可的同时，却否定"天"有意志，抛开了"天"的神性，使天人和谐成为纯粹的人与自然的和谐。持这种观点的代表人物首推荀子。作为儒家学派的学者，孔孟二人都尊重和效法天命，而荀子却旗帜鲜明地提出："日月星辰瑞历，是禹、桀之所同也，禹以治，桀以乱，治乱非天也"；"得地则生，失地则死，是又禹、桀之所同也，禹以治，桀以乱，治乱非地也"①。明主、昏君生活在同一个"天"、"地"之中，"天"、"地"并不因其德行好坏而有所不同。因此，社会治乱的根源在人，而不在"天"或"地"。从这种天道观出发，荀子也不认为国家和法律的产生来自于上天的授权。君主、等级及各种社会分工都是在人类与"天"、"地"自然进行抗争的过程中产生的，而抗争的结果则是"人定胜天"。所以，与其"从天而颂之，孰与制天命而用之！望时而待之，孰与应时而使之"。与其顶礼膜拜"天"，不如利用自然界的客观规律为人服务。"天有其时，地有其财，人有其治，夫是之谓能参。"②善于利用天时、地利、人和进行有效治理，"人"就能与"天"、"地"并立，与自然存在的天道和谐共处。荀子理想中的圣王之制，就是一种尊重自然、人与自然和谐相处的社会："草木荣华滋硕之时，则斧斤不入山林，不夭其生，不绝其长也。鼋鼍鱼鳖鳅鳝孕别之时，罔罟毒药不入泽，不夭其生，不绝其长也。春耕、夏耘、秋收、冬藏，四者不失时，故五谷不绝，而百姓有余食也。污池渊沼川泽，谨其时禁，故鱼鳖优多，而百姓有余用也。斩伐养长不失其时，故山林不童，而百姓有余材也。"③这种人与自然和谐相处的观念，反映了荀子的天道和谐观。而这种天人和谐关系的重要内容，则是国家得到良好的治理。

荀子之后，很多重视人与自然和谐相处的思想家，也与荀子的思想相去不远。他们大都本着尊重天道自然的精神，积极倡导人与自然的和谐相处。但值得注意的是，他们大多十分重视人的治理在人与自然和谐相处关系中的作用。如刘禹锡有云："天之能，人固不能也；人之能，天亦有所不能也。"④"天"与"人"各有其长短能否，二者之间是一种"天与人交相胜"的关系；以此之长，补彼之短；援上之能，济下之否，就能实现天人关系的和谐。随着这种思想意识及理论学说的发展，天道和谐观逐渐跳出"天人

① 《荀子·天论》。参见高长山：《荀子译注》，哈尔滨，黑龙江人民出版社，2003。
② 《荀子·天论》。
③ 《荀子·王制》。
④ 〔唐〕刘禹锡：《天论》。参见赵娟：《刘禹锡集》，太原，山西古籍出版社，2004。

感应"的神秘渊薮，成为一种天道自然与人类社会之间的客观现实关系。

综上所述，从天道和谐观的思想意识与理论学说来看，无论将"天"视为有意志还是无意志的，古人都是非常注意人与自然界的和谐关系的。即使是在人们将"天"神化、迷信而加以崇拜的时代，因破坏自然而引起的灾变也被视为天怒、天怨或天谴。因此，重视保护自然，维持人与自然的和谐关系，始终是中国古代天道和谐观的本质。人与"天"的和谐关系，主要是通过进行神秘的宗教祭祀礼仪和强化自身的伦理道德修养来实现的；而人类社会与自然的和谐关系，则主要是通过遵循习惯与禁忌、推行德礼教化、颁布法律政令等强行约束手段来实现的。譬如：《吕氏春秋》春、夏、秋、冬十二纪所载顺应季节时令的活动，即倾向于以神秘的禁忌规范来规制人们的行为。根据有关的禁忌规定，在不同的季节时令，天子要引领全国按照符合该季节时令的习惯行事，否则就会受到上天的惩罚。以孟春之月的规定为例："乃修祭典，命祀山林川泽，牺牲无用牝，禁止伐木；无覆巢，无杀孩虫、胎夭、飞鸟，无麛无卵；无聚大众，无置城郭，掩骼霾髊。是月也，不可以称兵，称兵必有天殃。兵戎不起，不可以从我始。无变天之道，无绝地之理，无乱人之纪。孟春行夏令，则风雨不时，草木早槁，国乃有恐；行秋令，则民大疫，疾风暴雨数至，藜莠蓬蒿并兴；行冬令，则水潦为败，霜雪大挚，首种不入。"[①] 这种类似习惯法的内容及其观念，虽然还带有很强的迷信色彩，但已经可以从中看出古人所追求的人与天地四时和谐相处的自然秩序。

1975 年出土的云梦睡虎地秦简《田律》，已有依据季节时令安排田猎的法律规定，是目前发现的以国家法律硬性规定保护自然环境的典型例证："春二月，毋敢伐材木山林及雍（壅）隄水。不夏月，毋敢夜草为灰，取生荔、麛鷇（卵）鷇，毋□□□□□□毒鱼鳖，置穽罔（网），到七月而纵之。唯不幸死而伐绾（棺）享（椁）者，是不用时。邑之紵（近）皂及它禁苑者，麛时毋敢将犬以之田。百姓犬入禁苑中而不追兽及捕兽者，勿敢杀；其追兽及捕兽者，杀之。河（呵）禁所杀犬，皆完入公；其他禁苑杀者，食其肉而入皮。"[②] 另据 1989 年出土的云梦龙岗秦简，也有类似的法律规定，惟其简牍保存状况欠佳，造成残断严重，内容已不完整。[③] 这些明确而具体的法律内容，也反映出古人追求人与自然和谐相处的精神。

二、"政通人和"的政治和谐观

在中国古代传统社会中，政治与法律的关系密不可分，探讨政治问题者往往无法回

---

① 王利器主编：《吕氏春秋注疏》卷一《孟春纪》，成都，巴蜀书社，2002。
② 睡虎地秦墓竹简整理小组编：《睡虎地秦墓竹简》，北京，文物出版社，1990。
③ 参见中国文物研究所、湖北省文物考古研究所编：《龙岗秦简》，北京，中华书局，2001。

避法律问题，他们或多或少地总要涉及立法、司法、执法或守法之类的问题。而探讨法律问题的最终目的，正是为了寻求政治上的和谐稳定。因此，在中国古代传统法律意识中，蕴涵着人们对于实现政治和谐的不懈追求，进而形成了"政通人和"的政治和谐观。这种政治和谐观，主要包括君臣之间的和谐与官民之间的和谐两方面内容。前者属于统治集团内部关系的和谐，后者属于统治者与被统治者之间的和谐。中国历史上出现的由政治"失和"引起的政局动荡，无非两种表现形式：一种是自上而下的乱，另一种是自下而上的乱。前者产生于统治集团内部，多数源自于君臣关系的"失和"；后者产生于广大民众，多数源自于官民关系的"失和"。无论任何时代，统治集团内部或者统治者与被统治者之间的关系"失和"，都会使统治险象环生，政权岌岌可危，社会动荡不宁。所以，中国古代传统法律意识中的政治和谐观一向认为，只有实现"政通人和"，即最低限度地保障君臣之间与官民之间的两种和谐关系，才能维护国家的安定和社会的稳定。为了保障这两种和谐关系，古人往往通过礼刑并用之类的道德教化与法制手段加以规制。而如何协调礼与刑亦即道德教化与法制手段的关系，最终实现"政通人和"的政治和谐目标，则是中国古代传统法律意识不断思考和探索的重要问题。

（一）政治和谐观中的理想君主

春秋战国以后，随着"天"对人类社会影响力的不断减弱，身为"天子"的君主对于现实生活的影响力却在不断加强，皇权的力量日趋一日地呈现出高于一切的态势。对于国家大事最终作出具体决定的已不是"天"，而是执掌皇权的君主。尽管君主决策在某些时候受到文臣武将或门阀势力的掣肘，并不一定能够完全按照他本人的意愿贯彻实施，但在人们的心目中，君主及其皇权始终是至高无上的。"朕即国家"，"法自君出"，君主之言关乎国家治乱兴衰。这也就是为什么古人主张"有乱君，无乱国；有治人，无治法"①，并且不断以昏君暴主误国为戒，期待明君贤主降临的重要原因。从中国古代传统法律意识及其政治和谐观的角度来看，理想的君主是实现"政通人和"的政治和谐社会的关键，君臣之间与官民之间的两大和谐关系都离不开君主。基于君主及其皇权的特殊地位，古代思想家及士大夫们都对君主寄予厚望，甚至将理想中的君主视为"圣人"。

首先，理想的君主应当具有良好的道德人伦修养，这是他们必须具备的基本素质。儒家反复强调："大学之道，在明明德，在亲民，在止于至善"；"古之欲明明德于天下者，先治其国；欲治其国者，先齐其家；欲齐其家者，先修其身；欲修其身者，先正其

---

① 《荀子·君道》。

心";"自天子以至于庶人,壹是皆以修身为本"①。所谓"为政在人,取人以身,修身以道,修道以仁"② 等道德人伦修养方面的要求,不仅适用于各级官员臣下,也是同样适用于君主的。

其次,理想的君主应当具有协调和处理各种政治事务的能力,这是他们必须具备的基本职责。汉代荀悦把对君主的这方面要求概括为六项:"惟先哲王之政,一曰承天,二曰正身,三曰任贤,四曰恤民,五曰明制,六曰立业。"③ 这六项要求大体涵盖了君主应当具备的基本素质和执政能力。与这六项要求相对的则是君主的"四患":"一曰伪,二曰私,三曰放,四曰奢。伪乱俗,私坏法,放越轨,奢败制。四者不除,则政末由行矣。俗乱则道荒,虽天地不得保其性矣。法坏则世倾,虽人主不得守其度矣。轨越则礼亡,虽圣人不得全其道矣。制败则欲肆,虽四表不能充其求矣。"④ 显而易见,这"四患"是直接影响政治和谐的四种不良品质。

再次,理想的君主还应当以身作则,严格自律,给臣下树立良好的示范,成为人们效法的楷模。这也是他们理应具有的人格风范。唐太宗曾经形象生动地阐释过君主的示范作用:"若安天下,必须先正其身,未有身正而影曲,上治而下乱者。"⑤ 要做到这一点,就需要君主适度克制自己的某些欲望。因为"人之于上,不从其令,从其所好,故人主不可不慎所好"⑥。正所谓"修身治人,先正其心"⑦;倘若"有所好乐,则不得其正"⑧。而君主克制个人欲望的最好表现,莫过于带头崇尚节俭。古人有"君之奢俭,为人贫富之源"⑨;"以欲从人者昌,以人乐己者亡"⑩ 的说法;认为"俭者,均食之道也。食均则仁义生,仁义生则礼乐序,礼乐序则民不怨,民不怨则神不怒,太平之业也"⑪;"君俭则臣知足,臣俭则士知足,士俭则民知足,民俭则天下知足。天下知足,所以无贪财,无竞名,无奸蠹,无欺罔,无矫佞。是故礼义自生,刑政自宁,沟垒自平,甲兵自停,游荡自耕,所以三皇之化行"⑫。君主带头崇尚节俭,减轻民众赋税负担,缓和社会矛盾,是实现政治和谐的重要途径。可见,理想的君主是实现政治和谐的

---

① 《礼记·大学》。

② 《礼记·中庸》。

③ [汉]荀悦:《申鉴·政体》,成都,巴蜀书社,1991。

④ [汉]荀悦:《申鉴·政体》。

⑤ [唐]吴兢:《贞观政要》卷一《君道》,上海,上海古籍出版社,1978。

⑥ 《尚书·君陈》。

⑦ 《全晋文》卷四十八《傅子·正心》,北京,商务印书馆,1999。

⑧ 《礼记·大学》。

⑨ 《全唐文》卷六百七十《策林二》,北京,中华书局,1983。

⑩ [唐]吴兢:《贞观政要》卷六《俭约》。

⑪ [五代]谭峭:《化书·俭化·太平》,北京,北京图书馆出版社,2003。

⑫ [五代]谭峭:《化书·俭化·三皇》。

首要前提。

（二）政治和谐观中的君臣关系

在中国古代传统法律意识及其政治和谐观中，理想的君主固然是实现政治和谐的首要前提，但只有理想的君主还远远不够，还必须在统治集团内部保持一种和谐有序的君臣关系。所谓"君君，臣臣"①，就是对这种君臣关系的高度概括。至于如何做到"君君，臣臣"，进而实现统治集团内部的政治和谐，古人的认识并不完全相同。

以孔孟为代表的先秦儒家，对于君臣关系是持较为开放的理性态度的。如孔子认为："所谓大臣者，以道事君，不可则止。"② 臣下固然有辅助君主执政的义务，但并非对君主个人的绝对服从，而是要辅之以"道"，即协助君主实行仁政；一旦君主"无道"，臣下就没有义务再为他尽忠，否则就成了助纣为虐的行为。在孔孟看来，君臣之间的关系是一种相对或双向的，"君使臣以礼，臣事君以忠"③；倘若"君之视臣如手足，则臣视君如腹心；君之视臣如犬马，则臣视君如国人；君之视臣如土芥，则臣事君如寇仇"④。孟子还进一步告诫君主："为政不难，不得罪于巨室。"⑤ 要求君主尊重臣下，特别是那些作为道德楷模、引领时代风尚的贤良贵族，以保证君臣之间的政治和谐关系。

以孔孟为代表的先秦儒家所主张的这种比较开放的君臣关系，并不一定能够得到其他学派的赞同或支持。韩非作为集先秦法家思想之大成者，就针锋相对地反驳了孟子的主张。他认为："君子所以欲有贤臣者，国乱则治之，主卑则尊之。"⑥ 君主设立臣下的目的就是忠实地为其效劳，协助君主维护和稳定国家的统治秩序。如果臣下不为君上绝对尽忠，对君主来说是非常危险的："有贤臣而不为君，则君之处位也危。然则父有贤子，君有贤臣，适足以为害耳，岂得利焉哉？"⑦ 在韩非看来，这样的臣下有百害而无一利。所以，要想保证君臣之间的政治和谐，首先必须树立君主的绝对权威，由专制君主运用法、术、势牢牢地掌控臣下。以这种君臣关系为基础的政治和谐观，不仅是秦始皇建立大一统专制集权帝国的指导思想，而且亦为两汉时代的官方正统法律意识所吸收，最终发展成自上而下的"君为臣纲"。从此以后，君臣之间完全变为一种单向的支配与服从的关系，君主的权威神圣不可侵犯，而臣下必须也只能绝对服从和服侍于

---

① 《论语·颜渊》。
② 《论语·先进》。
③ 《论语·八佾》。
④ 《孟子·离娄下》。参见杨伯峻译注：《孟子译注》，北京，中华书局，1960。
⑤ 《孟子·离娄上》。
⑥ 《韩非子》卷二十《忠孝》。
⑦ 《韩非子》卷二十《忠孝》。

君主。

为了维护"君为臣纲"的政治关系，历代君主还通过礼刑并用的各种手段，不断强化君主专制集权，严厉遏止、削弱和彻底禁绝各种威胁君主安全、权威、尊严的违法犯罪行为。例如：汉代专门制定"事国人过律"及"阿党附益法"等，以遏制那些诸侯王为代表的地方分裂割据势力的发展，严惩宗王臣下结党营私及各种僭越逾制行为，严厉打击反叛、大不敬、大逆不道等政治性犯罪。不过，在现实的社会政治生活中，臣下毕竟属于统治集团内部不可或缺的成员，其中的一部分人还要参与君主的重要决策。因此，他们身份和地位又与普通民众有所不同。从这种意义上说，他们对于政局稳定及政治和谐的影响也是不可小觑的。为了协调统治集团内部的正常秩序，保障君臣之间的政治和谐关系，君主对臣下也不能只是一味地强行驱使，必须同时适当地给予一些特殊的礼遇优待，提供各种优厚的经济利益和法律特权，以满足他们的各种物质的与精神的需求。以中华法系的代表作《唐律疏义》所规定的各级官僚贵族的等级特权法制度为例，即可看出："其优礼臣下，可谓无微不至矣。"① 这种礼刑并用、刚柔相济的御臣之道，也是有效地维系君臣之间政治和谐关系的重要手段。

当然，按照中国古代传统法律意识及其政治和谐观的要求，君臣之间的相辅相成、相互联系与沟通也是十分必要的。首先，作为理想的君主，应该具有敏锐的政治洞察力与人才识鉴力，知人善任，举贤才、选良吏、亲忠臣、远小人，同时善于以开明的态度虚心纳谏，而不应偏听偏信、宠任奸佞。唐太宗就曾指出："为人君虽无道，受谏则圣"②；"若昏暴于上，忠谏不从，虽百里奚、伍子胥之在虞、吴，不救其祸，败亡亦继"③。与此相应，作为称职的臣子，也要敢于直言极谏："君所谓可，而有否焉，臣献其否，以成其可。君所谓否，而有可焉，臣献其可，以去其否。是以政平而不干，民无争心。"④ 臣子只要发现问题，就应及时指出或向君主汇报，协助君主完善国家的法律、法令及政策。正像孔子所说的："天子有争臣七人，虽无道，不失其天下。"⑤ 因此，凡是有理想、有抱负的净臣良相，都是善于并且敢于向君主提出意见和发表主张的。事实上，中国历史上出现的"太平盛世"，都与君臣之间达成的政治和谐不无关系。无论汉初的"文景之治"，还是唐朝的"贞观之治"，抑或清朝的"康乾盛世"，几乎都有一个内部凝聚力较强的统治集团，形成了一种君臣上下协同一心的政治和谐局面。

---

① ［清］薛允升：《唐明律合编》。参见怀效锋、李鸣点校：《唐明律合编》，北京，法律出版社，1999。
② ［唐］吴兢：《贞观政要》卷四《教戒太子诸王》。
③ ［唐］吴兢：《贞观政要》卷一《政体》。
④ 《左传·昭公二十年》。
⑤ 《孝经·谏诤》。参见［清］阮元校刻：《十三经注疏》，北京，中华书局，1980。

（三）政治和谐观中的官民关系

保障统治集团内部的政治和谐固然非常重要，但实现政治和谐的社会基础，归根结蒂还在于"治人"者与"治于人"者之间的和谐关系。相对于君臣之间的和谐关系而言，官民之间的和谐关系是更为重要的。而在官民关系之中，君主的地位和作用又是至关重要的。在中国历史上，大凡开明的成功统治者，都深知"舟所以比人君，水所以比黎庶，水能载舟，亦能覆舟"①；"天子者，有道则人推而为主，无道则人弃而不用，诚可畏也"②的道理。他们大都十分关注官民关系，注意了解民情民意，特别重视民心向背。如以周公为代表的西周政治家，很早就将民情民意及民心向背看作是"为政"之镜鉴，曾经反复告诫臣下："人无于水监，当于民监。"③唐太宗则更加明确而形象地提出："为君之道，必须先存百姓，若损百姓以奉其身，犹割股以啖腹，腹饱而身毙。"④所谓"先存百姓"，首先即要保障广大民众生产、生活的基本物质条件。古人清醒地意识到："民有三患，饥者不得食，寒者不得衣，劳者不得息。三者，民之巨患也"⑤；"民富则安，贫则危"⑥；"贫困思奸而多罪"⑦。一旦民众最基本的生产、生活条件失去物质保障，他们往往被迫铤而走险，甚至揭竿而起。对于统治者来说，这种威胁往往导致灭顶之灾。因此，要维护社会秩序的安定，就必须不断消除统治危机，以"民之所好好之，民之所恶恶之"⑧，"宽赋役"，"劝农桑"，"实仓廪"，"备灾害"⑨，"务求兴天下之利，除天下之害"⑩，保障人民生产、生活的基本物质条件。这也就是孔子所说的："道千乘之国，敬事而信，节用而爱人，使民以时。"⑪

另外，作为"治人"的统治者，还必须正确处理德与刑的关系，坚持"省刑罚"的刑事原则，使社会秩序始终处于良性的规制体系之下。孔子基于"道之以政，齐之以刑，民免而无耻；道之以德，齐之以礼，有耻且格"的伦理道德教化学说，率先提出了"为政以德"⑫的"德治"思想。孟子进而把孔子提出的"仁"发展为"施仁政于民，

① ［唐］吴兢：《贞观政要》卷四《教戒太子诸王》。
② ［唐］吴兢：《贞观政要》卷一《政体》。
③ 《尚书·酒诰》。
④ ［唐］吴兢：《贞观政要》卷一《君道》。
⑤ 《墨子·非乐上》。参见吴毓江：《墨子校注》，北京，中华书局，2006。
⑥ 《全晋文》卷四十八《傅子·安民》。
⑦ 《全唐文》卷六百七十一《策林四》，北京，中华书局，1983。
⑧ 《礼记·大学》。
⑨ ［宋］程颐、程颢：《二程集·河南程氏文集》卷五《为家君应诏上英宗皇帝书》，北京，中华书局，2004。
⑩ 《墨子·兼爱中》。参见吴毓江：《墨子校注》，北京，中华书局，2006。
⑪ 《论语·学而》。
⑫ 《论语·为政》。

省刑罚，薄税敛"的"仁政"思想，主张"推恩于民"，认为"推恩足以保四海，不推恩无以保妻子"①，强调"以德服人"，反对"以力服人"②，公开声讨专制暴君滥施重刑、滥杀无辜。此后，"夫从政者，以庇民也"③，成为中国古代传统政治哲学的出发点。历代开明君主与有识之士，无不将爱民"如保赤子"④ 奉为治国理政的前提和确保政权稳定的基础。他们机警地意识到："政之所兴，在顺民心。政之所废，在逆民心。"⑤ 只有深入了解民情，顺应民意，重视民心向背，才能维护社会的稳定与国家的安定，从而实现官民关系的政治和谐。基于这样的清醒认识和统治需要，在继承和发展西周"明德慎罚"⑥ 及"刑罚世轻世重"⑦ 的法律思想的基础上，汉代以降形成了的"德主刑辅"亦即"德礼为政教之本，刑罚为政教之用"⑧ 的官方正统法律观。尽管人们对于"礼让不足以禁邪，而刑法可以止暴"⑨ 的道理有着充分的认识，但愈来愈多的统治者也深深懂得："法令者，治恶之具也，而非至治之风也。"⑩ 仅仅依靠严刑峻法"止暴"，是不可能从根本上消灭犯罪的。要想巩固专制集权统治，维护社会秩序的稳定，实现官民关系的政治和谐，首要任务是以道德礼义教化民众，以伦理纲常约束民众，防患于未然。否则，"礼乐不兴，则刑罚不中；刑罚不中，则民无措手足"⑪。所以，正确处理德与刑的关系，坚持"省刑罚"的刑事原则，是实现官民关系的政治和谐的重要保障。

当然，在中国古代传统政治体制中，"生法者君也，守法者臣也"⑫，是基本的政治运转规则。国家的大政方针及具体的政策、法律、制度毕竟都是通过各级官吏自上而下地贯彻实施的，各种民情民意也是通过他们自下而上地传达给最高决策者的，因而各级官吏在官民关系中的地位和作用也是不容忽视的。各级官吏作为官民关系中的两方主体之一，倘若贪赃枉法或鱼肉百姓，必然激化社会矛盾，严重时还会激起民变，引发大规模的起义或反抗活动，从而破坏官民之间的政治和谐关系。因此，注重吏治建设，加强官僚队伍的教育引导与管理控制，有效地监督、约束、规范、考课各级官吏的行政活

---

① 《孟子·梁惠王上》。
② 《孟子·公孙丑上》。
③ 《国语·楚语》，济南，齐鲁书社，2005。
④ 《尚书·康诰》。
⑤ 《管子·牧民》。参见刘柯：《管子译注》，哈尔滨，黑龙江人民出版社，2003。
⑥ 《尚书·康诰》。
⑦ 《尚书·吕刑》。
⑧ 刘俊文点校：《唐律疏议》卷一《名例》，北京，法律出版社，1999。
⑨ 《盐铁论》卷十《诏圣》，上海，上海古籍出版社，1990。
⑩ 《盐铁论》卷九《论菑》。
⑪ 《论语·子路》。
⑫ 《管子·任法》。

动，是保障官民关系实现政治和谐的首要前提。"临官莫如平，临财莫如廉，廉平之守，不可攻也。"① 清正、廉洁、公平、尽职是对各级官吏的基本要求，也是历代法律考课官吏的重要内容。唐代《考课令》所规定的"四善二十七最"中，"四善"即涵盖了"德义有闻"、"清慎明著"、"公平可称"、"恪勤匪懈"② 等四项官吏考核的基本标准。于是，"清官"成为广大民众心目中理想官吏的化身，好像"有了清官，'王法'才能惩恶扬善，而不冤枉无辜；有了清官，一方百姓才能受到'王法'的保护，脱离滥刑之苦"③。对于那些欺压百姓特别是激起民愤的官吏，历代法律都视其情节轻重，给予严厉的打击或者不同程度的制裁。以唐律为例，其《职制》律关于"监主受财枉法"、"事后受财"、"受所监临财物"、"因使受送遗"、"贷所监临财物"、"役使所监临"、"监临受供馈"、"率敛所监临财物"、"监临之官家人乞借"、"去官受旧官属士庶馈与"、"挟势乞索"等罪名的量刑规定，《户婚》律关于"在官侵夺私田"、"里正授田课农桑违法"、"应复除不给"、"差科赋役违法"、"监临娶所监临女"等罪名的量刑规定，《擅兴》律关于"丁夫差遣不平"罪的量刑规定等等，即是对直接侵害民众利益的违法犯罪行为作出的相应处罚。④ 及至明朝推行重典治吏原则，不仅继承、发展了唐律的这一立法精神，甚至对"激变良民"的失职、渎职行为作出了"凡牧民之官，失于抚字，非法行事，激变良民，因而聚众反叛，失陷城池者，斩"⑤ 的加重处罚规定，足见其对各级官吏在官民关系中所居地位之重视。

三、"家和万事兴"的社会和谐观

人是最名副其实的政治动物，不仅是一种合群的动物，而且是只有在社会中才能独立的动物。⑥ 在中国古代传统社会里，人是构成家庭的个体细胞，家庭是构成社会的基本单元，家庭和谐是社会和谐的基础，社会和谐是保障国家安定与天下太平的先决条件。"家和万事兴"，"一家仁，一国兴仁；一家让，一国兴让"。所以，儒家反复强调："欲治其国者，先齐其家"；"治国必先齐其家"⑦。中国传统的社会和谐观，是以家庭和谐为起点的。

---

① ［汉］刘向：《说苑·政理》，上海，上海古籍出版社，1990。
② 《唐六典》卷二《尚书吏部》，北京，中华书局，1992。
③ 马小红：《礼与法：法的历史连接》，279 页，北京，北京大学出版社，2004。
④ 参见刘俊文点校《唐律疏议》。
⑤ 怀效锋点校：《大明律》卷十四《兵律二·军政·激变良民》，北京，法律出版社，1999。
⑥ 参见《马克思恩格斯选集》，2 版，第 2 卷，2 页，北京，人民出版社，1995。
⑦ 《礼记·大学》。

（一）"长幼有差"的家庭和谐观

中国古代传统的家庭和谐观倡导"父慈子孝，兄爱弟敬，夫和妻柔，姑慈妇听"①。但它是以"长幼有差"②为前提的。由于这种"长幼有差"的核心是"亲亲父为首"③，其本质旨在维护父权支配下的家庭和谐关系，故这种家庭和谐观的基本道德伦理基础是"孝悌"。孔子曾经指出："孝弟也者，其为仁之本欤"；"弟子，入则孝，出则悌，谨而信，泛爱众，而亲仁"④。"孝悌"，亦即孝顺父母、尊敬兄长，不仅是"为仁"继而实现家庭和谐的基础，同时也是推而广之博爱大众进而实现社会和谐的起点。因此，儒家一向认为："教民亲爱，莫善于孝；教民礼顺，莫善于悌"⑤；"教以孝，所以敬天下之为人父者也；教以悌，所以敬天下之为人兄者也"⑥。这就是费孝通先生所说的："社会范围是从'己'推出去的，而推的过程里有各种路线，最基本的是亲属：亲子和同胞，相配的道德要素是孝和悌。"⑦

与"孝悌"相反，不孝不悌则是破坏家庭和谐乃至社会和谐的严重犯罪。所谓"五刑之属三千，而罪莫大于不孝。要君者无上，非圣人者无法，非孝者无亲，此大乱之道也"⑧。值得注意的是，这里涉及的"孝"，已不仅仅局限于家庭内部，其内涵已扩及"遵承圣教，以孝事亲，以忠事君"⑨ 三方面内容。"不忠于君，不法于圣，不爱于亲，此皆为不孝，乃是罪恶之极。"⑩ 因为"君子之事亲孝，故忠可移于君；事兄悌，故顺可移于长；居家理，故治可移于官"。也就是说，"以孝事君则忠"，"以敬事长则顺"⑪。可见，孝亲是孝的基本表现，在于维护家庭秩序及其和谐关系；忠君才是孝的终极目的，在于维护社会秩序及其和谐关系。由孝悌父兄而"家理"，到忠君敬上而"国治"，即可由家庭和谐达致社会和谐。而不孝不悌之类影响家庭和谐的道德伦理行为，自然也就成为破坏社会和谐的严重犯罪。

为了维护"孝悌"精神以及由此形成的家庭和谐关系，对于尊卑相犯案件的处理，

① 《左传·昭公二十六年》。

② 《荀子·国富》。

③ 《史记》卷一百三十《太史公自序》司马贞《索隐》。

④ 《论语·学而》。

⑤ 《孝经·广要道》。

⑥ 《孝经·广至德》。

⑦ 费孝通：《乡土中国》，33 页，北京，北京大学出版社，1998。

⑧ 《孝经·五刑》。

⑨ 《孝经·五刑》疏。

⑩ 《孝经·五刑》。

⑪ 《孝经·广扬名》及注。

传统法律采取"峻礼教之防，准五服以制罪"① 的适用原则。凡是卑幼侵犯尊长的行为，只要违背"孝悌"精神，一律严加惩处，从不姑息。以致古代著名的"清官"典型海瑞也直言不讳地宣称："凡讼之可疑者，与其屈兄，宁屈其弟；与其屈叔伯，宁屈其侄。"② 不仅如此，中国传统法律还规定了"亲亲首匿"、"同居相隐"及"存留养亲"等制度，并将违反"孝悌"精神之类的"恶逆"、"不孝"、"不睦"、"内乱"等涉及家庭伦理道德方面的罪名列入"十恶"，以国家刑法手段予以严厉打击。凡此种种，正是出于维护家庭乃至社会和谐的需要。

在个体家庭之上，广泛存在着同宗同姓的家族、宗族组织。他们往往人数众多，聚族而居。基于以"长幼有差"为前提、以"孝悌"精神为基础的家庭和谐观，这些家族、宗族组织大都非常重视对其成员的教育和管理，并且借助一套系统规范的家训、家法及族规，维护家族、宗族内部的和谐关系。例如：五代以来的《上虞雁埠章氏家训》即有"忠君上"、"孝父母"、"友兄弟"、"别夫妇"、"睦亲族"、"教子孙"、"敦谦让"、"戒争讼"③ 等方面的规定；元代以来的温州《盘谷高氏新七公家训》也有"敦伦理"、"立人品"、"肃家规"、"戒争讼"、"礼高年"、"笃宗谊"④ 等各项规定；明朝以来的《寿州龙氏家规》中的《家训劝善十二条》也有"敬祖先"、"孝父母"、"宜兄弟"、"正闺阃"、"睦宗族"、"重节孝"等内容，《家规惩恶十二条》则有"戒忤逆"、"戒争讼"⑤ 等戒条。对于那些"法制所不能约束，禁令所不能使"⑥ 的内部纠纷，人们往往首选调解、和解之类不伤和气的方式进行处理，反对以诉讼的方式将纠纷争讼诉之于官府。例如：《上虞雁埠章氏家训》的"戒争讼"一节强调："好争非君子之道。争之不已，则必致讼，讼岂必胜哉？且讼者之辞，多鲜实情，最足坏人心术。费财破家，何益之有？凡事宜忍宜让，不必争讼。"⑦《盘谷高氏新七公家训》的"戒争讼"一节规定："聚族而居，偶有嫌隙，即当禀白族正，公辨是非。勿得蓄怒构怨，健讼公庭。若因人有隙，从中唆使，是为小人之尤。违者，重惩不贷。"⑧《寿州龙氏家规》的"戒争讼"一节明确指出："是非有定论，何必到公廷。不管输，不管赢，银钱虚费先忧闷。忍了暂时气，免得破家门。若凭健讼以为能，结仇种怨多遗恨。"并且为此明确规定："凡我族人，有

① 《晋书》卷三十《刑法志》，北京，中华书局，1974。
② ［明］海瑞：《海瑞集·兴革条例》，北京，中华书局，1962。
③ 《上虞雁埠章氏宗谱》卷十四《家训二十四则》。转引自费成康：《中国的家法族规》，"附录"，230～236页，上海，上海社会科学院出版社，1998。
④ 《盘谷高氏贵六房谱·盘谷新七公家训》。转引自费成康：《中国的家法族规》，"附录"，248～252页。
⑤ 《寿州龙氏宗谱》卷一《家规》，转引自费成康：《中国的家法族规》，"附录"，319～327页。
⑥ 《孝友堂家规》。转引自《中国家训史》，675页，西安，陕西人民出版社，2003。
⑦ 转引自费成康：《中国的家法族规》，"附录"，234页。
⑧ 转引自费成康：《中国的家法族规》，"附录"，250页。

好为兴讼、出入公廷者，乃健讼之徒。若与本族构讼，凭户长分别责惩。其与外人争讼，除万不得已外，依恃刀笔代人作词者，户长指名，送官究治。"① 这类家训、家规的制定，就是为了消除家族、宗族内部的纠纷争讼，维护家庭、家族、宗族乃至整个社会的和谐关系。

（二）"亲仁善邻"的乡土和谐观

家庭、家族、宗族和谐是社会和谐的基础，维护家庭、家族、宗族和谐的目的是实现社会和谐。由家庭、家族、宗族和谐向外推衍，是一个由乡党里邻关系构成的基层乡土社会的和谐。古人向往的理想是一种"人不独亲其亲，不独子其子；使老有所终，壮有所用，幼有所长，矜寡孤独废疾者皆有所养"② 的"大同"社会。由邻里关系的和谐推衍到乡里关系的和谐，进而实现基层乡土社会的和谐，始终是人们致力于追求的目标。孔子有云："吾观于乡，而知王道之易易也。"③ 基层乡土社会的乡邻关系，是观察和反映"王道"教化及社会秩序的风向标；维护基层乡土社会的和谐，是实现更大范围的社会和谐及国家安定的重要前提。所以，古人认为："亲仁善邻，国之宝也。"④ 在中国古代传统法律意识中，这种"亲仁善邻"的思想，即反映了人们普遍存在的社会和谐观。它告诫人们："心要平恕，毋得轻意忿争。事要含忍，毋得辄兴词讼。见善互相劝勉，有恶互相惩戒。务兴礼让之风，以成敦厚之俗。"⑤ 这也是实现"亲仁善邻"的乡土和谐观最基本的要求。

费孝通先生曾经指出："乡土社会秩序的维持，有很多方面和现代社会秩序的维持是不相同的。可是所不同的并不是说乡土社会是'无法无天'，或者说'无需规律'"；"我们可以说这是个'无法'的社会，假如我们把法律限于以国家权力所维持的规则；但是'无法'并不影响这社会的秩序，因为乡土社会是'礼治'的社会。"⑥ 这种"礼治"社会的形成，即是以"亲仁善邻"的乡土和谐观为基础的。它以"无讼"为社会目标，以"贱讼"为价值取向，以"息讼"即内部调解与和解为调处方式，反对将纠纷争讼诉之于官府。以明朝《南赣乡约》为例，即有同约人遇到危难，由约长集全约之力予以救助；若发生打架斗殴纠纷或危害社会治安现象，由约长出面处理；如不听约长裁决及同约人规劝，或私自复仇而酿成大患，则由约长率同全约人禀报官府等方面的规

① 转引自费成康：《中国的家法族规》，"附录"，326 页。
② 《礼记·礼运》。
③ 《礼记·乡饮酒义》。
④ 《左传·隐公六年》。
⑤ ［明］王守仁：《王阳明全集》卷十六《十家牌法告谕各府父老子弟》，上海，上海古籍出版社，1992。
⑥ 费孝通：《乡土中国》，49 页，北京，北京大学出版社，1998。

定。① 而制定这些民间乡约的目的，主要也是教导和约束约民，"小心以奉官法，勤谨以办国课，恭俭以守家业，谦和以处乡里"②，以期维系基层乡土社会的和谐，并进而实现更大范围的整个社会的和谐。

综上所述，中国古代传统法律意识中的和谐观，大体包含天道和谐、政治和谐、社会和谐等三个基本范畴。其中，"天人合一"的天道和谐观探究的是人与自然界以及自然界本身的和谐，"政通人和"的政治和谐观寻求的是统治集团内部以及统治者与被统治者之间的政治和谐，而"家和万事兴"的社会和谐观追求的是以家庭、家族、宗族及乡里关系为基础的社会和谐。尽管随着中国近代以来的社会转型，这种传统和谐观的内涵开始发生了一些相应的变化，但时至今日，它们对现实社会的潜移默化的影响仍是长期存在的。这是我们今天提倡建设和谐社会的过程中必须认真研究和严肃对待的，而并非简单地用一个精华或糟粕的二分法所能轻易处理的。

（作者单位：中国政法大学法学院）

---

① 参见［明］王守仁：《王阳明全集》卷十七《南赣乡约》。
② ［明］王守仁：《王阳明全集》卷十六《十家牌法告谕各府父老子弟》。

周子良 张朝晖

论清代的比附生例

在清代的法制实践中，律是居于主导地位的法源，但律的条文简约、涵盖性不强，司法实践中必然产生"律无正条"的情况。为此，清人通过比附律条，适当增减刑罚来求得妥当的量刑，这就是所谓的"比附"方法。比附判决产生的成案，均为律文未备的情形，其中一些代表性的案例著为条例，辅律而行。清代在重大案件的比附判决和成案著为条例方面实现了规范化和程序化，形成独具特色的"比附生例"制度。

一、比附的缘起

在中国古代的法律体系中，律被奉为"常经"，占据着主导地位。律一经确定，即成为祖制，不得更动一字，即便世易时移、社会变迁，旧法确已不适时宜，变法仍需要面临着巨大的阻力和风险。这种传统几乎贯穿整个中国古代。西周时就严格规定：

析言破律，乱名改作，执左道以乱政，杀。作淫声、异服、奇技、奇器以疑众，杀。行伪而坚，言伪而辩，学非而博，顺非而泽以疑众，杀。假于鬼神、时日、卜筮以疑众，杀。此四诛者，不以听。凡执禁以齐众，不赦过。①

直到明清时期，对律"群臣有稍议更改，即坐以变乱祖制之罪"②，律被神圣化了。由于律的稳定性，导致律难以适应社会生活的需求，因此需要其他法律来变通，比附有了产生的可能性。

瞿同祖先生指出："古人认为罚必当罪，各种情况，各种身份，特别是服制，必须加以区别，而定罪名，力求确切不移，情罪相当，以便执法者依律例判罪，不致有出入分歧，不采取概括主义，而采取列举主义。"③ 古代的律多采取列举主义立法技术，这必然导致所谓"断罪无正条"的现象，以至影响到律的适用。中村茂夫先生认为："旧律的法规范本身不是抽象的，而是具有详细区分的构成要件，对犯罪所适用的刑罚的种类、分量都具有法官没有任何酌量余地的法定的、绝对性法定刑的法律构造。不论构成要件区分的多么详细，也无法囊括所有事件。这就产生比附的必然性。"④

唐律已经认识到"五刑之属，条有三千，犯状既多，故通比附"⑤，因此规定"诸断罪而无正条，其应出罪者，则举重以明轻；其应入罪者，则举轻以明重"⑥。《宋刑统·名例律》对唐律比附的规定照录原文。《大明律》与《大清律例》在名例律中列有"犯罪无正条"的条文，规定"凡律令该载不尽事理，若断罪无正条者，引律比附，应加应减，定拟罪名"。

律文的列举主义导致"断罪无正条"的现象，而"断罪无正条"又导致比附的广泛使用。简言之，由于律采用列举主义的立法技术，比附有了产生的必要性。

二、清代比附生例的程序

清代对比附产生条例进一步规范化、制度化，形成一系列程序。主要有比附科断、著为条例两步。

（一）比附科断

清律正文规定：

---

① 《礼记·王制》。
② 《明史》卷九十三，《刑法志一》。
③ 瞿同祖：《瞿同祖法学论著集》，422页，北京，中国政法大学出版社，1998。
④ ［日］中村茂夫：《比附的功能》，载杨一凡主编：《中国法制史考证丙编第四卷：日本学者考证中国法制史重要成果选译——明清卷》，282～283页，北京，中国社会科学出版社，2003。
⑤ 《唐律疏议·贼盗律》。
⑥ 《唐律疏议·名例律》。

凡律令该载，不尽事理，若断罪无正条者，（援）引（他）律比附，应加应减，定拟罪名，（申该上司），议定奏闻。若辄断决，致罪有出入，以故失论。①

在律文所附的条例下有进一步详细的规定：

其律例内无可引用，援引别例比附者，刑部会同三法司，公同议定罪名，于疏内声明"律无正条，今比照某律、某例科断，或比照某律、某例，加一等、减一等科断"详细奏明，恭候谕旨遵行。②

从上述规定中，可以归纳出适用比附的条件：

1. 案情比较重大，需要上级复核的案件；

2. 须律例无正条的案件；

3. 须刑部、三法司等会同议定的案件；

4. 须上疏皇帝奏明议定比附的理由的案件；

5. 须皇帝最终定夺的案件。

为了方便官员领会和掌握比附的技术，清律在律文的最后列举 30 条"比引律条"③。这 30 条"比引律条"在一定程度上确实体现了比附的内在规律，官吏断案因此有了一个参考的依据，但是比附科断的最后决定权仍然掌握在皇帝手里。

（二）著为条例

一般来说，案情比较重大的案件经过比附科断，最后经皇帝批准之后就定为成案。实践中，每年都会产生若干经比附科断的成案，刑部律例馆的一批司官、部吏们会对新出现的案例进行研究比较，为新一轮的修例做准备。部分案件在经过斟酌后，以《刑部通行条例》的名义颁行，这些"通行"虽然有一定的法律效力，但还不是正式的条例。④

刑部官吏在对成案进行分析研究之后，认为有必要对案件中涉及的新情况编纂为条例的，会拟定专门的文件上奏皇帝，经皇帝批准颁行之后，案例正式升格为条例，这类条例一般先以《纂修条例》的抄本整理，在一定时间后（乾隆时先是定为三年，不久后改为五年一小修，十年一大修）就以《续纂条例》的刊本颁行天下。⑤

清代比附产生条例实质上是"因案生例"，中间经历了一定的程序，我们可以划出

① 《大清律例》卷五，名例，断罪无正条。
② 《大清律例》卷五，名例，断罪无正条，附律条例。
③ 详见《大清律例》卷四十，比引律条。
④ 参见郑秦：《乾隆五年律考——律例定型与运行中的律例》，载郑秦：《清代法律制度研究》，63～64 页，北京，中国政法大学出版社，2000。
⑤ 参见郑秦：《乾隆五年律考——律例定型与运行中的律例》，载郑秦：《清代法律制度研究》，58～59 页，北京，中国政法大学出版社，2000。

一个条例产生的线索来说明这一系列程序：

判决/奏准生效   奏准

↓   ↓

案件————→成案————→通行————→条例

从上述的程序来看，成案著为条例仍然需要皇帝最后的批准，因此条例的产生完全受到皇权的控制。

三、清代比附生例的实践

清代比附生例是在司法实践中进行的立法活动，这既是清代产生条例的最主要途径，也是清代法制具有活力的表现。通过以下案例分析，可探寻到清代比附生例的端倪。

案例一：李潮敦案。据《光绪朝钦定大清会典事例》卷八百六"历年事例"嘉庆二十年（公元 1815 年）谕记载：

> 刑部具题：四川民人李潮敦比照"因事威逼人致死一家二命"例拟发近边充军一本。朕详加酌核：章有富之妻章王氏，向李潮敦地内寻割猪草，彼此争闹，李潮敦以秽言向辱，章王氏哭泣回家，气忿自缢；伊夫章有富痛妻忧忿，旋亦投缳。此案李潮敦秽语邶辱，致章王氏气忿轻生，按例罪止满流；惟章有富自尽，亦由痛妻所致，是因该犯一言，使伊夫妇二人先后殒命，其情罪较重，该部比照威逼人致死一家二命例，问拟充军，所拟尚轻，李潮敦著照手足勾引例，改为绞监候，归入秋审缓决。嗣后遇有情节相同之案，俱照此办理。著刑部载入则例。①

此案李潮敦与章王氏因为一点琐事而发生争吵，章王氏因不能忍受李的秽语侮辱，回家"气忿轻生"。如果事情发展至此，李潮敦"按例罪止满流"②，但章王氏的丈夫章有富"痛妻忧忿"，也自缢身死。"是因该犯一言，使伊夫妇二人先后殒命，其情罪较重"，刑部比照"威逼人致死一家二命例"③，问拟充军。但是皇帝在复核该案时认为刑部所拟仍然太轻，最终"李潮敦著照手足勾引例，改为绞监候，归入秋审缓决"。

这个判决在今天看来令人费解，一方面，刑部的拟议严格依照既有律例的相关规

---

① 《光绪朝钦定大清会典事例》卷八百六，刑部人命，威逼人致死条，历年事例。

② 《大清律例》卷二十六，人命，威逼人致死，附律条例："凡村野愚民，本无图奸之心又无手足勾引、挟制、窘辱情状，不过出语亵狎，本妇一闻秽语，即便轻生，照强奸未成本妇羞忿自尽例减一等，杖一百，流三千里。"

③ 《大清律例》卷二十六，人命，威逼人致死，附律条例："凡因事威逼人致死一家二命，及非一家但至三命以上者，发近边充军。仍依律各追给埋葬银两。"

定，却被皇帝驳正；另一方面，李潮敦对章王氏只是言语上的侮辱，李并没有任何"手足勾引"的行为，最终却被援照"手足勾引例"拟以绞监候，其缘由何在呢？

我们认为皇帝的判决是权衡了李潮敦的行为后果与刑部对他拟议的处罚后所作出的判决。李潮敦的一句话断送了两条人命，对此依律例规定只拟以充军，可谓"法轻情重"、过于轻纵，于情理上也不符合"一命一抵"的常理，这就产生所谓"断罪无正条"的情况。为了使"断罪无正条"的情况获得一个最妥当的判决，就不得不用"比附"的技术，即通过适当加减刑罚求得一个"情罪平允"的结果。正如中村茂夫所说："比附是广泛发生于情理，合乎情理，而且以获得对该罪行最妥当的刑罚的法条为依据，可以说这也正是比附的目的。"①

比附的广泛适用是传统法律采取列举主义立法技术的必然结果。比附的作用主要是求得一个妥当的、合乎情理的判决结果。本案中皇帝在谕旨的最后要求"嗣后遇有情节相同之案，俱照此办理，著刑部载入则例"。这使李潮敦案具有了"通行"的效力，可以在其他案件中重复适用。同时因李潮敦案在"威逼人致死"条下产生新的条例。《大清律例》卷二十六"人命"之"威逼人致死"条例载："因事与妇人口角，秽语村辱，以致本妇气忿轻生，又致其夫痛妻自尽者，拟绞监候，入于秋审缓决"。此条例于嘉庆二十年（公元1815年）正式制定颁行。

案例二：赵芳、胡约案。翻检清代历朝的《律例》、《会典》、《会典事例》，比附断案而产生的条例并不鲜见，例如嘉庆九年（公元1804年）刑部呈进河南省秋审情实册内"赵芳因强奸胡向氏不从，主使本夫胡约将胡向氏殴伤身死"一案：

> 此案赵芳与胡约之母赵氏通奸，又因见胡约之妻向氏少艾，起意强奸不从，该犯因胡约向伊取（借）钱，即主使将向氏殴逼，向氏仍不依允。该犯喝令胡约殴伤致毙，实属乱人伦纪，淫凶不法，问拟斩候，入于情实，尚觉罪浮于法。至胡约一犯，先经赵芳与伊母赵氏通奸，因利其资助，并未阻止，已属丧良蔑理。迨赵芳见伊妻向氏少艾，欲图奸宿，嘱令劝诱，向氏坚执不从，正为胡约谨守闺门，乃该犯辄令赵芳至房，乘向氏睡卧在床，自行按住，令赵芳强奸，无耻已极。嗣该犯又因向赵芳收取钱应用，遂听从主使殴逼向氏与赵芳奸宿。向氏仍不依允，该犯顺拾木桌腿，殴伤其左右胳肘，复经赵芳喝令，殴伤其左耳根，以致殒命。②

依清律相关规定，"若因（行）奸（为）盗而威逼人至死者斩（监候）（奸不论已成与未成，盗不论得财与不得财）"，"其夫殴妻……至死者绞（监候）"。此案中，河南巡

---

① ［日］中村茂夫：《比附的功能》，载杨一凡主编：《中国法制史考证丙编第四卷：日本学者考证中国法制史重要成果选译——明清卷》，282页，北京，中国社会科学出版社，2003。

② 《嘉庆朝钦定大清会典事例》卷六百三十，刑部人命，威逼人致死，历年事例。

抚对强奸胡向氏的赵芳"问拟斩监候，入于秋审情实册内"，对帮助赵芳逼奸并殴打妻子致死的胡约则"援照凡人共殴，为从减等问拟流罪"。对赵芳的判决符合清律的相关条款，但对胡约的判决却没有依据律例中有关丈夫殴死妻子的条款拟定，是何原因也没有说明。我们认为巡抚对胡约的判决可能是考虑到胡约虽然动手殴妻，却不是殴妻的主使，而是"听从"赵芳的"喝令"进行，胡向氏之死不是胡约一人所为，而是赵芳、胡约两人所致；另外，胡约殴打妻子向氏是以尊犯卑，因此，比照凡人共殴减等拟流。案件上报至刑部，刑部也"照议核覆"。

不过该案最终在皇帝审核时被驳令改正。至于改正的原因，在嘉庆朝的《会典事例》中只有"逼奸故杀，实非人类"几字。不过姚雨芗编纂的《大清律例会通新纂》对驳正此案的原因作了更为详细的记载：

> 试思寻常故杀妻之案，尚当问拟绞候，其或有因卖奸等项别情起衅者，秋谳时无不予勾。今胡约一犯，该抚援照凡人共殴，为从减等例问拟流罪，殊属轻纵。刑部照议核覆，实属非是。夫明刑所以弼教，而教化首重伦常，朕钦慎庶狱，凡遇救亲情切致毙人命者，往往原情宽宥，不予勾决，正所以扶植人伦；至背弃伦理之案，犹当严示惩创。今此案情节于风化攸关，若仅照原议办理，是寡廉鲜耻之徒罔知儆畏，何以明罚敕法。①

古代法律的价值导向是"明刑弼教"，而"教化首重伦常"，传统伦常之一是要求"妇听"、"夫义"。巡抚和刑部的拟议只强调了"妇听"，忽视了与之相对应的"夫义"。本案中胡约为了蝇头小利听任其母与赵芳通奸已是"丧良篾理"，其逼迫妻子与赵奸宿并殴妻致死的行为更是"灭绝人性"，更不用提所谓的"夫义"了。可怜的向氏坚决抗拒丈夫的兽行，似乎与"妇听"不符，但是考虑到胡约的行为，他与妻子向氏之间的夫妻之分也就"恩义已绝，当以凡论"。

此案最终判决"赵芳著即行处斩，胡约现在流徙何处，著行知该省地方，即将该犯于配所绞决"②。另外，此案初审、解审以及刑部复核中拟断不当的官员也受到处分："所有原拟罪名错误之巡抚臬司，著该部查取职名议处，其率行核覆之刑部堂官，并著查明察议。"③

嘉庆上谕最后要求"嗣后问刑衙门遇有似此案件，即将本夫问拟绞候，不得仍照凡人同谋共殴律，分别首从定拟，以昭平允，而维风教。"本案因而具有了"通行"的效力。嘉庆十六年（公元1811年），《大清律例》"威逼致死人"条增加了对应的条例：

---

① 姚雨芗：《大清律例会通新纂》卷二十五，人命。
② 《嘉庆朝钦定大清会典事例》卷六百三十，刑部人命，威逼人致死，历年事例。
③ 姚雨芗：《大清律例会通新纂》卷二十五，人命。

"强奸不从，主使本夫将本妇殴死，主使之人拟斩立决，本夫拟绞监候。"

案例三：潘春芳案。嘉庆二十一年（公元1816年）的潘春芳案：

> 嘉庆二十一年谕：先福奏审拟"残伤父尸，图赖人命之民人潘春芳一案"，因例无专条，比照"诬告他人谋害，致父母尸身经官蒸检者，斩监候例"，拟斩监候，请旨即行正法。残伤父母尸身，图陷害人，比之诬告人致父母尸身经官蒸检者，情罪较重。嗣后，著刑部定为专条：凡将父母尸身装点伤痕，图赖他人，无论金刃、手足、他物成伤者，俱斩立决。此案潘春芳一犯，即照此例，即行正法。①

对潘春芳的行为律无专条，只有"诬告他人谋害，致父母尸身经官蒸检者，斩监候"与之勉强对应，因此初审依此例对潘拟以斩监候。但是潘春芳的行为有主动地"残伤、装点父亲尸身"的情节，而初审时所依据的律例只是规定了诬告他人导致父母尸身被动地经官蒸检，并没有潘的主动作为的相关规定，两相比较，潘的"情罪较重"，因此将潘春芳的量刑由斩监候加重为斩立决。皇帝对此案所下的谕旨中的关键之处是："嗣后，著刑部定为专条……即行正法"一节，经皇帝批准，潘春芳一案成了一个"通行"成案，同时针对此案情节，新增一条例："将父母尸身装点伤痕，图赖他人，无论金刃、手足、他物成伤者，俱拟斩立决"②。

以上列举了几个案例著为条例的例子，需要注意的是并非所有的案件都能经过上述程序上升为条例。那么，什么样的案件能产生条例呢？我们认为，可以生例的案件主要有三类：

第一，案件中当事人的情节为律文所不载。如潘春芳案，该案中潘氏的行为似乎符合清律中的相关律条，但仔细分析不难发现，潘氏的行为是主动"残伤、装点父亲尸身"，这是律条所没有的重要情节，因此，该案是"断罪无正条"。

第二，案件中各个当事人的情节在律文中分别都有规定，但案件中各种因素之间的复杂关系超出了律文的规定。如上述赵芳、胡约案中，赵芳的强奸行为、胡约的殴打妻子致死行为等在律文中分别都有规定，但是赵芳与胡约之间的金钱关系越出了律文的规定，而赵芳逼迫妻子的行为显然与这金钱关系共同构成一种交易。也正是基于这一点，加重了赵芳、胡约行为的恶性，由此导致"断罪无正条"。

第三，案件情节在律文中均有规定，但是皇帝认为律文规定的处罚不符合罪情相符的中道精神，因此不按照律条定拟刑罚。上文所述李潮敦案即属于此类案件。该案情节在律文中有明确规定，依律拟断，顺理成章。李潮敦与邻居妇人之间只有轻微口角，皇帝最终对案件的驳覆却援引"手足勾引"例予以重罚，完全出人意料。此案体现了皇权对司法权的控制。

---

① 《光绪朝钦定大清会典事例》卷八百五，刑部人命，杀子孙及奴婢图赖他人，历年事例。
② 《光绪朝钦定大清会典事例》卷八百五，刑部人命，杀子孙及奴婢图赖他人，附律条例。

总结上述案例，可以概括为五个字："断罪无正条"，这是由律条采用列举主义、缺乏抽象概括的立法特点所致。

四、清代比附生例的特点

（一）辅助性

清代比附生例多数都是对律文规定的补充和完善，体现了"例以辅律"的宗旨。比附产生条例的辅助性可以归结为以下两类：第一，条例补律文之未备。例如潘春芳案所产生的条例对律文的补充就属于此类情形。清律的"杀子孙及奴婢图赖他人"条下，对于以父母尸首诬告陷害他人律条正文只有"子孙将已死祖父母、父母尸身图赖人者，杖一百，徒三年"的规定，已有条例中也只有"诬告他人谋害，致父母尸身经官蒸检者，斩监候"的相关规定，上述律例的规定中罪犯都只是单纯地诬告陷害他人。潘春芳案所产生的条例"将父母尸身装点伤痕，图赖他人，无论金刃、手足、他物成伤者，俱拟斩立决"，把主动残伤父母尸身的行为也补充进去，进一步填补了律所未备的情节。清律所附的条例有很大一部分都是补充律所未备而增加的。第二，条例对律文作进一步的诠释。上文李潮敦案所产生的条例对律文的具体化的解释就是此类情形。清律"威逼人致死"律文正条规定："凡因事（户婚、田土、钱债之类）威逼人致（自尽）死者，（审犯人必有可畏之威）杖一百。"① 已有的附律条例规定："凡因事威逼人致死一家二命，及非一家但至三命以上者，发近边充军。仍依律各追给埋葬银两。"② 律文正条的规定过于简略，对逼死人命的事由也只有寥寥的三种情形的说明，显然难以涵盖实践中种种变化。李潮敦案产生的条例"因事与妇人口角，秽语邺辱，以致本妇气忿轻生，又致其夫痛妻自尽者，拟绞监候，入于秋审缓决"，是对逼死人命的事由的进一步的诠释，这种解释性的条例，有助于实现简约的律文与实践中复杂多变的具体情况之间的沟通。

（二）具体性

比附生例，使律典的调整能力加强了，但是条例往往因事而生，带有案件的痕迹。如果拿单独一条律文与单独一条条例比较，条例比律文更具体，更具有针对性，这也导致条例更不容易得到反复适用。

上文所说的李潮敦案，经皇帝批准于嘉庆二十一年（公元 1816 年）著为条例，理

---

① 《大清律例》卷二十六，人命，威逼人致死。
② 《大清律例》卷二十六，人命，威逼人致死，附律条例。

应成为以后办案的依据，但是，实践中办案者宁愿反复的援引李潮敦案比附，也不愿直接援引比附所生的条例。在查阅清代文献时，我们发现了嘉庆二十二年（公元 1817 年）河南发生的一起案件：

> 河南司，嘉庆二十三年，河抚题：卢二妮行窃乔典家，并未得财。迨事隔多日，彼此口角，致被殴打。嗣因伤处溃烂疼痛，致乔典门首嚷骂，并以图奸乔典媳妇女儿未成，不该如此重打，信口秽言，致乔典之媳胡氏、女文姐，气忿投缳殒命。将卢二妮援引二十二年三月四川李潮敦案内谕旨，照手足勾引例拟绞监候。①

卢二妮案发之时，李潮敦案比附判决所生的条例早已经编为条例，同样是因为彼此口角，对妇女的秽语辱骂导致两条人命自尽，但卢二妮案并没有援引条例，而援引了李潮敦案内的谕旨，再次比附"手足勾引"例作出了判决。为什么呢？笔者认为有以下两个原因：其一，李潮敦案比附所产生的条例只限于"本妇气忿轻生，又致其夫痛妻自尽"的情形，而卢二妮案中自尽的两条人命是母女二人。由此可见，因案件比附判决所生条例的规定往往强调了针对性，其内容难免具体狭窄，不便于在其他案件中重复适用；其二，成案当中的皇帝谕旨不仅是提供一个判决结果，而且会对案情和相关法律进行详细分析、权衡，体现了皇帝的价值取向，便于各级官吏把握"朝廷好恶"，作出更符合上司口味的判决，减少驳案。

卢二妮案后，嘉庆二十四年（公元 1819 年）对山西的"贼犯柴长发向李氏之夫秽詈，致李氏等母女四人同时自尽"一案②、嘉庆二十五年对事发在两年前的江苏"姜惠行向王绍坤秽言戏谑，致人夫妻自尽二命"一案③、嘉庆二十五年对江苏"时奎护弟秽詈，致人姑嫂二命自尽"一案④ 的处理都不约而同地援引了李潮敦案。由此可见，条例的具体性也限制了条例的广泛适用。

（三）灵活性

清代条例的灵活性表现在两个方面：首先是清代的条例随社会的发展适时而变。清代律文自乾隆之后一成不变，固然体现了皇权的威严，但也导致了律的保守僵化，不能适应时势的变化。比附所生的条例直接来自司法实践，体现了社会的变化，正好弥补了律的僵化的缺点。清代自《大清律》定型后，就不断地续修条例，并将修例活动制度化。乾隆十一年（公元 1746 年），将三年一修例的制度改为五年一小修、十年一大修，并成为定制。自乾隆五年（公元 1740 年）开始，有记载的修例活动计 23 次，最后一次

---

① 许槤、熊莪：《刑部比照加减成案》卷一六，刑律人命，威逼人致死。
② 参见祝庆祺：《刑案汇览》卷三六，威逼人致死。
③ 参见上书。
④ 参见上书。

是在同治九年（公元 1870 年）。① 其次，通过制定大量的例来适应实践中的"情伪万端"。上文论及李潮敦案比附判决所产生的条例时已经谈到，条例的内容往往强调了针对性，其内容具体狭窄，不便于重复适用。如果单独拿一条条例与一条律文相比，条例更缺乏概括性。条例的灵活性是通过其庞大的数量来体现的，只有数量达到一定程度，条例才有可能覆盖现实生活的大部分的"情伪万端"。反映在清代的修例活动中，条例的数量逐年增多：雍正三年（公元 1725 年）时条例有 825 条，乾隆五年（公元 1740 年）修例时已经增加到 1 049 条，同治九年（公元 1870 年）时达到 1 892 条。

一般认为，条例增多导致"以例破律"的现象："有例不用律，律既多成虚文，而例遂愈滋繁碎。其间前后牴触，或律外加重，或因例破律，或一事设一例，或一省一地方专一例，甚且因此例而生彼例，不惟与他部则例参差，即一例分载各门者，亦不无歧异。展转纠纷，易滋高下。"② 有人甚至认为条例是腐败产生的根源："任吏挟例以谋利，而天下大乱，于乎尽之也。"③ 我们以为，清代比附产生条例的实践遵循了一定的制度，比附所产生的条例体现了律的精神，官吏"以例破律"与条例数量的多寡没有直接关系。事实上即便没有例的产生，官吏照样能够利用律的漏洞大肆贪腐。如果不考虑实践中官员对法制的败坏，那么相对于立法简约且一成不变的律而言，一定数量的条例能使古代法制适应社会生活的变化。

五、清代比附生例的基本精神

通过上文分析，我们已经能够透过现象认识到清代比附产生条例的基本精神。

显然，上述所有的案例中，皇帝的批复几乎都围绕情罪与刑罚的轻重权衡来展开，例如李潮敦案中"是因该犯一言，使伊夫妇二人先后殒命，其情罪较重，该部比照威逼人致死一家二命例，问拟充军，所拟尚轻"的表述；又如赵芳、胡约案中的"该抚援照凡人共殴，为从减等例问拟流罪，殊属轻纵"的表述；再如潘春芳案中的"残伤父母尸身，图陷害人，比之诬告人致父母尸身经官蒸检者，情罪较重"的表述等等。这些轻重权衡使我们注意到清人无论是对具体案件的拟断，还是对条例的制定，都在追求一个目标，即所谓"允协执中，情罪相当"的"中刑"思想。

两千多年前，孔子就曾经指出："刑罚不中，则民无所措手足。"④ 此后法律的宽严适中、刑罚的妥当允协为历代所推重。清代姚文然对中刑思想有一番形象的阐述：

---

① 参见《光绪朝钦定大清会典事例》卷七百四十。
② 《清史稿》卷一百四十二，志一百十七，刑法一。
③ 冯桂芬：《校邠庐抗议·省则例议》。
④ 《论语·子路》。

凡讲论律令，须明律意兼体作律者之心。律意者，其定律时斟酌其应轻应重之宜也。如秤锤然，有物一斤在此，置以十五两九钱则锤昂，置之十六两一钱则锤沉，置之恰当，则不昂不沉。锤适居其中央，故曰刑罚中。中者，中也，不轻不重之谓也。此律意也。①

清代法律体系中，律居于主导地位，条例依附律而产生，但是仅仅依靠一部简单朴素的律来实现"允协执中，情罪相当"，显然是不可能的。实践中的"情伪万端"必然蕴涵着诸多"律无正条"的情形，因此比附应运而生，进而由比附产生出更多的条例来辅助律文实现"中刑"的目标。条例直接由具体的案例衍生出来，比律文更加具体，数量众多的条例能够涵盖律文所未能满足现实中的"情伪万端"，结果是条例辅助律文共同达到最后用刑的妥当。

另外，我们也必须注意到，无论是具体案件的比附科断，还是成案的著为条例，最终都必须经过皇帝的批准。在追求"中刑"目标的所有立法和司法环节中，皇帝的权力贯彻始终，比附产生条例实质上是皇权控制的产物。当然，也应当看到的是，皇帝在作出决定时，也不是完全随心所欲的，情理是皇帝作出决断的重要依据之一。另外，清代法制中，皇权与律之间具有复杂的关系，律的存在本身就是为皇权服务，因此律的权威不可动摇，但是律的稳定性与实践中皇权因时而行的变动性之间隐含着一种张力，而比附产生的条例正是皇权与律之间的润滑剂。可以说清代比附产生的条例是"立法活动司法化、司法活动行政化"的体现。

结　语

比附是清代条例产生的重要途径，清代的比附产生条例制度打破了清律的保守僵化，使清代法律能够适应社会生活；清代的比附生例弥补了清律采取列举主义立法技术导致的"律无正条"的漏洞，完善了清代法制。条例本身存在过于具体、难以普遍适用的缺陷，但是数量较多的例能够部分满足现实中"情伪万端"的需要。清代"以例破律"与其说是一个法律问题，不如说是一个政治问题，其实质是官僚阶层的腐败和对法制的破坏。

清代比附生例的制度，集中体现了古代法制的"中刑"思想，而在追求"中刑"的所有环节中，皇权的控制贯穿始终。比附生例是传统法制"立法活动司法化，司法活动行政化"的产物，在今天已经失去存在的价值，但是这种传统对今天的影响不可忽视。

（作者单位：周子良，山西大学法学院　中国人民大学法学院；
张朝晖，山西大学法学院）

---

① 姚文然：《律意律心说》，载《皇朝经世文编》卷九十一。

周少元

晚清律学的困境与嬗变

晚清中国社会开始由传统向近代转型。通过清末的法律制度改革，传统的中华法系解体，近代法律制度诞生。传统的法律学术也面临着前所未有的挑战，经过痛苦的蜕变，传承数千年的律学开始被近代法学所取代，法律学术获得了升华。

一、晚清律学步入困境

经济结构的转型改变了传统律学存在的社会土壤。鸦片战争后，在外国资本主义的影响和刺激下，中国开始走上了工业化道路。19 世纪 60 年代出现的官办军用工业就是晚清近代工业之发轫。从 1861 年起，晚清洋务派先后建立了江南制造局、福州船政局、天津机器局、金陵机器局等一批军工企业。它们使用机器生产，规模大、分工细，内部结构复杂，如设于上海的江南制造总局拥有工作母机 662 台，大小蒸汽动力机 361 台，大小汽炉 31 座，各厂职工人数 2 913 人。局下设立了枪厂、炮厂、轮船厂、火药厂等 13 个专业工厂，局部还设立了公务厅、报销处、支应处、议价处等管理机构。①

---

① 参见上海社会科学院经济所编：《江南造船厂厂史》，30 页，南京，江苏人民出版社，1983。

福州船政局、天津机器局等情况与江南制造局相仿。19 世纪 70 年代官办民间工业、民办工业也相继建立，晚清工业化正式拉开帷幕。从 1872 年到 1894 年的 20 年间，在缫丝、纺织、面粉、碾米、造纸、火柴、采煤等行业建立了一百多个企业。① 著名的有广东南海继昌隆缫丝厂、宁波通久源轧花厂、天津贻来牟机器磨坊等。到 19 世纪 90 年代末 20 世纪初，形成了工业化的第一次高潮。从 1904 年起，民办企业数量明显增加，到 1911 年，各地出现了民办企业 347 家。② 1903 年到 1907 年，各省建立了 16 家民办铁路公司。③ 1911 年，民办小型火轮公司达 561 家。④ 1908 年，全国设立了 560 家电报局。⑤ 1911 年，现代邮电局所多达 6 201 处。⑥ 到清末，全国共有大小官办银行约 17 家。⑦ 虽然晚清的工业化程度还不高，商品经济还不是主要的经济成分，但是传统的单一的自然经济的格局已被打破。传统律学是中国农业文明中的法律学术，传统律学的内涵及其发展规律的特殊性，是由传统的中国国情决定的。⑧ 经济结构的转型要求法律学术作出适应性的调整。

政体文明的演进改变了传统律学的服务对象。鸦片战争以后的半个多世纪，中国朝野面临列强的威逼，清朝政府也一次次的思索着应变方略。从加固海防到学习西洋技术，再到宪政运动，经历了一个由表及里的艰难而痛苦的探索历程。1904 年日俄战争的爆发使宪政问题成为国人注目的焦点。人们普遍认为"此非日俄之战，而立宪专制二政体之战也。"⑨ "自海陆交绥以来，日无不胜，俄无不败，至于今，不独俄民群起而为立宪之争也，即吾国士夫，亦知其事不容已，是以立宪之议，主者愈多。"⑩ 在立宪党人的大规模请愿运动的敦促及革命党的革命浪潮冲击之下，清王朝于 1908 年 8 月颁布了中国历史上第一部宪法性文献——《钦定宪法大纲》。此前已进行多年的废除科举改革官制的种种新政举措业已从制度层面局部地改变了传统的政治体制。晚清政治体制改革是出于"皇位永固"动机被动进行的，改革也是不彻底的，但其改革面之广，改革力度之大，在中国当属史无前例。中国传统律学是为封建中央集权立法司法服务的法律解释学体系，它已无法满足君主立宪政体的需要。

---

① 参见孙毓棠：《中国近代工业史资料》，第一辑，下册，北京，中华书局，1962。
② 参见陈真、姚洛：《中国近代工业史资料》，第一辑，28～53 页，北京，三联书店，1957。
③ 参见密汝成：《中国近代铁路史资料》，第三册，1147～1148 页，北京，中华书局，1963。
④ 参见樊百川：《中国轮船航运业的兴起》，580～589 页，成都，四川人民出版社，1985。
⑤ 参见《中国近代史》编辑主编：《中国近代邮电史》，87 页，北京，人民邮电出版社，1984。
⑥ 参见《中国近代史》编辑主编：《中国近代邮电史》，84 页，北京，人民邮电出版社，1984。
⑦ 参见《光绪朝东华录》（五），总第 5392 页。
⑧ 参见张晋藩：《清代的律学及其转型》，载《中国法学》，1995（3）、（4）。
⑨ 《东方杂志》第三年临时增刊。
⑩ 《东方杂志》第二年，第一、二期。

中华法系的解体改变了传统律学的制度载体。清末法律制度的变革，取法大陆法系，传统律学的制度载体中华法系已不复存在。以刑法注释为中心的传统律学无法满足近代法律体系的要求。诸如宪法、公司法、海商法、票据法、保险法、破产法、著作权法、国际法等不断出现的新的部门法已远远超过了传统律学的研究范围。新的法律体系和新的法系模式呼唤与之相适应的法律学术。

"西学东渐"改变了传统律学的文化氛围。鸦片战争以后，随着开放口岸的增加，西方的商人、传教士源源来华，他们翻译、撰写介绍西方历史、地理、政治、法律学说的著作，并创办《教会新报》、《万国公报》、《上海新报》、《申报》等中文报纸，报道西方国家的时政、议会选举、总统竞选等外国政治法律情况。进入19世纪的七八十年代，中国政府向外派遣留学生和驻外使节，对于西方的政治法律制度有了更为具体和深入的了解，并著书立说，向国人介绍他们的感受，如郭嵩焘、马建忠、薛福成、宋育仁、黄遵宪等皆是，并在当时造成了较大的影响，开阔了中国人的视野，凡此种种，无疑都推动了西方法文化在中国的传播。西方法治学说在中国的传播，使得维新人物看到了中国政治改良的希望，并且把法治主义看成拯救中国的唯一主义。鼓吹变法维新，法律因时变革；反对君主专制，主张开国会、设议院、立宪法；改革旧律，以"公意"立法等主张代表了国门被打开后的中国思想领域的主流意识和中国未来的发展方向。

以儒家思想为正统的专制文化到了晚清逐渐被多元文化所取代，深受儒家思想影响的传统律学面对晚清中西文化的冲突，颇感无所适从。

二、律学法学之嬗变

西方法学的输入和清末修律实践促使传统法律学术向近代转型。

（一）法律学术的指导思想由传统纲常礼教转向西学

以"三纲五常"为核心的儒家思想是汉以后封建王朝立法、司法的正统指导思想，也是传统律学的指导思想。在指导思想方面，《唐律疏议》实现了先前律学家的夙愿，完成了中国封建法律儒家化的过程，使"德礼为政教之本，刑罚为政教之用"的德刑基本关系法律化，并兼容他家思想，丰富了正统律学世界观。

儒家思想自汉武帝时便标明为正统的指导思想。从那时起，儒家的道德伦理关系逐步向法律制度渗透，由此出现了汉代法律内容和原则的诸多变化。但就整体情况而言，汉代的法律制度还是法家思想支配下的秦代的法律制度的延续。在"罢黜百家、独尊儒术"之后，法律制度与正统的指导思想产生了矛盾。统治者既不能严格按法家的法律制度办事，又无法在短期内把儒家的指导思想较多地贯彻到法律规范中去，因而出现了

"以经决狱"这一特殊的司法形式。通过"以经决狱"既规避了法律制度中有悖儒家思想的法律规定，又在司法领域弘扬了新的治国指导思想，"以经决狱"活跃了东汉的"经义解律"活动。到了晋朝，张斐、杜预兼汉世律家诸说之长，为晋律作注，进入了以经释律阶段。尽管有些儒家伦理思想已变成了法律条文和原则，如"八议""官当"入律、"准五服以制罪"原则的确立等。但这一时期尚未见法律内容中直接宣称儒家思想为立法指导思想。真正标明旗帜的，就目前资料所见，首推《唐律疏议》。

《名例》篇①明确提出："德礼为政教之本，刑罚为政教之用，犹昏晓阳秋相须而成者也。"此言俨然如董仲舒"德主刑辅"思想法典化，孔子"道之以德，齐之以礼，有耻且格"思想法律注释。"论者谓唐律一准乎礼，以为出入得古今之平"。② 李光灿认为，《唐律疏议》几乎把一切伦理纲常、礼节仪式全部囊入注文之中。作为道德规范的"礼"与国家法律已经完全融为一体，"三纲五常"、"忠孝观念、尊卑等级、宗法家族等一切原本属于道德伦理范畴的因素，都成了法律的基本原则。"③ 儒家正统指导思想到唐代正式法典化，同时也完成了封建法律"以经决狱"、"以经注律"和"以经立法"的儒家化全过程。唐代律学家通过"疏议"对儒家思想的指导地位和统治者的立法动机进行了详细说明。作为中华法系的楷模唐律对后世封建立法产生深远的影响。唐代所确立的律学指导思想也成了以后历代法律学术的指导思想。

鸦片战争以后，西方法治学说在中国传播。思想领域出现了多元的趋势，儒家思想一统天下的局面被打破。资产阶级改良派宣扬"天赋人权"和"社会契约论"；传播三权分立的法治学说；介绍西方法律体系。在"西学东渐"的大背景之下，"三纲五常"这些数千年相传之国粹，立国之大本，面临前所未有的挑战。传统律学的指导思想悄悄地发生着变化，体现自由、平等、公正等精神的西方法治学说渐渐被国人所接受，也越来越深刻地影响着法律学术的指导思想。

(二) 法律学术的风格由封闭转向开放

传统律学是中国自然经济土壤中生成的特有的法律学术表现形式，反映了农业文明的封闭性。古老的中华文明为律学的生成和发展提供了丰厚的文化营养，使得律学的兴起与发展很少受到外来法律文化的影响。律学的变化体现为纵向的因袭，而不是横向的比较与借鉴。缺乏不同质法文化之间的碰撞与交流就难以取得认识上的升华，传统律学的独立性也表现为封闭性。晚清当局介于列强之间，迫于交通之势，不得不参考列邦之

---

① 以下所引《唐律疏议》内容只引篇名，均出自刘俊文点校：《唐律疏议》，北京，中华书局，1983。
② 《四库全书总目》。
③ 曹漫之：《唐律疏议译注》，长春，吉林人民出版社，1989。

制度修订法律，以期中外通行。中国的法律学人第一次把目光投向了全世界。国外丰富多彩的法律制度和流派纷呈的法律学术，无疑开阔了人们的视野。本着酌法准情折中至当的原则，法律学术开始了博采众长，为我所用的新时代。

（三）法律学术研究的范围大为拓展

民刑不分、以刑为主、诸法合体是中国封建法典的传统编纂形式。通常意义上的法律，仅指刑法而言。法律以惩治危害国家的犯罪行为为首要任务，民事关系的调整让位于非法律的道德规范。中国传统律学同样显示了重刑轻民的倾向。从某种意义上说，传统律学主要是刑法学，其主要内容是刑法以及与之密切相关的刑事诉讼法学。清末修律，实体法与程序法截然分开，新的部门法不断出现，构成了以"六法"为骨架的法律体系。以刑法学为研究对象的传统律学的研究范围逐步拓展到近代法学的领域。

（四）法律学术承认权利

中国传统法典以维护公权即国家统治权为核心，凡是侵犯国家利益包括君主利益的行为，被视为最严厉的犯罪，处以最严厉的刑罚。尊卑贵贱的社会地位决定了法律关系主体的不平等性。中国传统法律中缺乏人格、权利、契约自由等概念，整个社会也没有形成私权神圣、身份平等、意识自由等价值观念。法律学术所要探讨的是如何充分利用法律这一工具，实现国家的统治权，公民个人如何履行法律设定的义务。至于公民的权利问题，鲜有涉及。直到清末的《钦定宪法大纲》才在中国宪法性文献中首次出现"权利"、"自由"的规定。这种空前的变化，意味着中国传统法律"义务本位"观念的动摇。从此，权利与自由越来越深入人心。法律学术也顺应时代潮流，把私权纳入探讨的视野，从而极大地丰富了法律学术的内容。

（五）法学研究的方法趋于多样

传统律学的研究方法即法典注释方法。在中国古代两千多年的法律学术传承过程中，注释方法丰富多彩。如秦律的"答问"、汉律的"章句"、魏晋律的"集解"、唐律的"疏议"和宋代的"音赋"等。到了清代，法律解释可谓集历代经验之大成，形成了丰富独特、纤细备至的注释方法。包括法律术语的规范化解释、互较解释、限制解释、扩大解释、类推解释、判例解释、经义解释、图表解释、歌诀解释、案例解释、考证解释等。① 尽管传统律学的解释方法多样，但都是法律文本的诠释。近代法学输入中国

---

① 参见何敏：《清代私家释律及其方法》，载《法学研究》，1992（2）；吴建：《清代律学及其终结》，载《法律史研究》丛书第一辑，383～389 页，西安，陕西人民出版社，1990。

后，中外比较的方法被广泛运用。法律学人开始从不同的角度，用不同的方法探讨法律学术。

（六）法律学术的功能增多

传统律学成果是注律者从事立法、司法的经验积累和总结。律学是适应统治者法律实践的要求发展起来的，"因而以经验主义的特色著称，缺乏抽象思辨的内涵。"[①] 律学的最高成就就是综合新经验并使其条文化，成为国家修律的新内容。由于律学着眼于实用，这是它的长处，也是统治者对律学家的要求，但律学又始终着眼于实用，缺乏理论上的概括，这个长处又变成了短处。因此，律学的应用价值超过了它的学术价值。晚清西方近代法学输入后，法律学术跳出了单纯研究法律适用的框框，强调研究法理学对立法、司法的指导意义。"是则法之修也，不可不审，不可不明。而欲法之审，法之明，不可不究其理……方今环球学说，月异日新，苟非会而通之，又乌能折中而归一。"[②] "若设一律而未能尽合乎法理……则何贵乎有此法也。"[③] 法律学术在强调经验注重实用的同时，开始进行理性思考。

（七）法律人才的培养模式转向西方

传统律学所追求的是统一适用法律，服务于大一统的皇权统治。律学反映了专制主义的文化政策，其发展方向受国家的宏观控制。律学曾长期依附于经学而存在，晋代律学独立之始，便在官员律博士的掌控之下。律学教育主要由国家开办，曾长期作为科举考试的内容之一，明清时代主要通过官吏讲读律例传承法律学术，清代私家学幕习律盛行。律学基本上是官学，私家注律只是国家注律的补充。清末修律，西法引入。而法律人才的奇缺，又绝非固有律学传承的方式所能补救。修律大臣伍廷芳认为"法律成而无讲求法律之人，施行必多阻阂，非专设学堂培养人才不可"[④]。"系统而有组织地讲授近现代法，把法作为研究对象，把法学作为近代教育的一个门类，实在说，是始于1902年"[⑤]。这一年，京师大学堂仕学馆开学，比较系统地讲授法学课程，标志作为知识体系的近现代的法学和法学教育，已被最高当局认可并有计划地加以推行。1904年，《奏定大学堂章程》更将法律学列为10种专门学之一。经沈家本等人的争取，1906年清政府设立中国第一所法律学堂，这是一所基本上按西方法学教育模式建立起来的法学最高

① 张晋藩：《清代律学及其转型》，载《求索集》，南京，南京大学出版社，1996。
② 沈家本：《寄簃文存》卷六，《法学通论讲义序》载《历代刑法考》（四），2234页，北京，中华书局，1985。
③ 沈家本：《寄簃文存》卷二，《论杀死奸夫》载《历代刑法考》（四），2084页，北京，中华书局，1985。
④ 沈家本：《寄簃文存》卷六，《法学通论讲义序》载《历代刑法考》（四），2233页，北京，中华书局，1985。
⑤ 李贵连：《百年法学》，1页，北京，北京大学出版社，2004。

学府。以西方法学为教学内容，由国外教员执教。它完全不同于传统的律学教育。

晚清律学法学的嬗变呈现出转型的特征。

其一，律学法学的嬗变是个渐进的过程。中国法律学术并未随 1840 年中国社会的变化而同步进入近代。从 1840 年鸦片战争到 19 世纪结束的半个多世纪里，"就整体而言，解释、指导中国立法和司法的学问，仍然是传统的古老律学。"① 当时学术界对"法学""律学"并未严格区分，中国近代的学者最早使用"法学"一词时，多数情况下并不指西方近现代的法学，而是把它作为传统律学的代名词。比如，沈家本先生的名篇《法学盛衰说》所指的"法学"就是"律学"。同时，也有人用"律学"指代近代西方法学。严复在翻译孟德斯鸠的《法意》时常将"罗马法学家"译成"罗马律学家"。甚至精通西方法学的修律大臣伍廷芳也称西方法学家为律学家。② 可见，当时人们对"法学"一词的理解还不是很准确，中国法学近代化开始于 20 世纪初，但具体时间也是模糊的，直到民国时代的南京国民政府时期才基本完成。"因此，在一般意义上可以认为，中国法学的近代化和现代化实际上是一回事。"③

其二，律学法学的嬗变是中外法律文化共同作用的结果。中国近代法律学术的变化基本上是继受性的，它不是传统律学自发性的变化，而是在西方法学的逐步渗透、影响下进行的，带有明显的移植色彩。但近代法律学术并未与传统律学一刀两断，"中学为体，西学为用"是当时对待中西文化的基本方针。修律大臣沈家本在积极提倡学习西方法律研究西方法理的同时，强调不应忽视经验的意义和律学的价值。"旧不俱废，新亦当参。"④ "当此法治时代，若但征之今，而不考之古，但推崇西法，而不探讨中法，则法学不全，又安能会而通之以推行于世。"⑤ "就前人之成说而推阐之，就旧日之案情而比附之，大可与新学说互相发明。"⑥ 在修律大臣的倡导和推动下，传统律学的一些概念、术语、观念被近代法学所吸收。

其三、律学法学的嬗变伴随着思想上的激烈冲突。新法学的输入，打破了传统律学一统天下的局面，在思想领域引起了旧律学与新法学的冲突。旧律有一部分人坚决反对新法学。法律学堂讲授《大清律例》的教习吉同钧认为："夫大清律者非自大清起也，损益乎汉、堂、宋、明之成法，荟萃乎六经四子之精义，根极乎天理民彝，深合乎民情

---

① 李贵连：《百年法学》，1 页，北京，北京大学出版社，2004。

② 参见《伍廷芳集》，上册，256 页，北京，中华书局，1993。

③ 何勤华：《中国古代法学的死亡与再生》，载《法学研究》，1998 (2)。

④ 沈家本：《寄簃文存》卷六，《法学名著序》，载《历代刑法考》（四），2240 页，北京，中华书局，1985。

⑤ 沈家本：《寄簃文存》卷六，《薛大司寇遗稿序》，载《历代刑法考》（四），2223 页，北京，中华书局，1985。

⑥ 沈家本：《寄簃文存》卷六，《刑案汇览三编序》，载《历代刑法考》（四），2225 页，北京，中华书局，1985。

士俗，所谓循之则治，离之则乱也。自上年变法令下，仿泰西之皮毛，舍本来之面目，初改清律为现行律，继又改现行律为新刑律，表面虽看似新奇，而内容实为腐败。"①为了争夺思想和学术阵地，律学者中的守旧派办起一所律学馆，同新派的法律学堂相抗衡。律学馆招收刑部官员和新设立的审检厅的法官入馆学习，其课程分为拟稿、秋审拟批、策问、著说、讲义五门，由旧律学者任教习。②可见，晚清法律学术领域也存在"礼法之争"。

百年前的法律学术转型，开启了法学近代化的先河，时至今日，当我们思考如何实现法学现代化时，人们发现法学繁荣的表面之下，存在着法学的幼稚。而这种幼稚蕴涵着潜力，充满着生机。如果想知道中国当代法学向何处去，我们就应知道近代法学从哪里来。清代的律学取得了辉煌的成就，但辉煌中蕴藏着危机，到了晚清时代传统律学再也不能适应中国社会的需要，转型已是历史的必然。面对中西法律文化的碰撞，传统的法律学人艰难地实践着新旧学术的对接与转型。时至今日，很难说这一工作已圆满完成，但经过晚清法律学人的探索，中国法律学术的基本走向已经明了。

（作者单位：安徽大学法学院 中国社科院法学所博士后研究人员）

---

① 吉同钧：《法部律学馆课卷第五集序》。转引自吴建：《清代律学及其终结》，载《法律史研究》丛书第一辑，390页，西安，陕西人民出版社，1990。
② 参见吴建：《清代律学及其终结》，载《法律史研究》丛书第一辑，390～391页，西安，陕西人民出版社，1990。

司法独立：晚清时期国人对现代司法制度的认识

——以《日本政法考察记》为中心的考察

近代意义上的司法制度对于中国而言是一个舶来品，它与重道德，轻视技术，主张集权和专制，反对分权的中国传统法律文化是格格不入的。与此相适应，有关现代司法制度方面的知识理念也都来自于西方。

鸦片战争以后，随着中西方交往的增多，西方法律文化包括西方的现代司法理念开始通过各种渠道源源不断地传入中国，从而使国人逐步对源自于西方的司法制度以及制度背后的理念有了基本了解。对于这种了解的过程、方式和渠道乃至在交往中曾起过重要作用的一些代表性人物最近几年学术界的研究已达到了相当的深度，并取得了一些重要的成果。[①]

本文则另辟蹊径，以晚清时期国人对日本的政法考察报告为观察对象，就当时国人对西方现代司法制度的认识问题从理念层面做点探讨，以期进一步推动对这一问题的研究。

一、《日本政法考察记》概述

20 世纪初，处于风雨飘摇之中的晚清政府在中外各种政治势力的压力之下，出于

---

① 参见张晋藩：《中国法律的传统与近代转型》，北京，法律出版社，1997。

维护自己权力的需要，终于下决心开始对中国传统的政治制度包括司法制度进行改革，此即晚清新政。出于改革的需要，中国人加大了对外国特别是日本政治制度的考察，并希望以此作为改革的知识源泉和仿效对象。

晚清的司法改革固然是历史发展的必然，有其顺应历史潮流的一面，但众所周知，改革的最直接的原因则是为了收回领事裁判权。而要收回领事裁判权就必须建立起一套与世界各国司法制度大致接轨的新型制度。但问题是什么样的司法制度才算得上是新型的并能让外国人满意有助于领事裁判权的收回，晚清政府对此并不清楚，也全无这方面的知识积累。在这种情况下解决的唯一办法就只能是仿效。

日本是中国的近邻，在近代史上也曾一度同中国同样处于被西方列强欺辱的命运，但日本却通过明治维新大胆学习西方的先进制度和理念，对其传统的制度进行了彻底的改革，做到了短期内迅速崛起，这一事实无疑是在向晚清政府昭示着一种真理：日本的变法是成功的，其经验值得中国借鉴。于是国人便不约而同地把日本当作了仿效的对象[①]，开始了对日本的考察。这种考察既有中央、地方政府组织的，也有民间自发的，而且目的十分清楚。

考察的范围十分广泛，涉及政治、教育、科技等几乎所有的领域，但司法制度则是其中一个极为重要的方面。正如有学者所指出的：晚清"新政的主要内容之一，就是改革管制与刑律，预备立宪。因此，在晚清国人对日本的考察视野中，行政与司法占据极大的比重。从游历者所留下的游记、日记及考察报告等资料来看，除宽泛的一般考察外，在各种专项考察中，政法类考察最多"[②]。尽管考察者的立场、学识、年龄、目的各不相同，但难能可贵的是这些考察者态度都极为认真，还自觉地将考察的观感以文字的形式记录下来，或正式出版、或以报告的形式上交政府，或以日记、游记的形式留给后人。如果以现在的学术标准来衡量这些考察报告，我们可能会说这种了解并不系统，但某些见解却并不乏深度，它可以从一个侧面反映晚清时期国人对西方现代司法制度了解的广度和深度。以往学术界对于这类考察报告研究一直较少，其主要的原因是资料难以搜集。《日本政法考察记》的出版在一定程度上解决了这一问题。

《日本政法考察记》收录了有关政法类考察报告、游记、日记15种，具体为顾厚焜《日本新政考》、但焘《海外业稿》、金保福《扶桑考察笔记》、段献增《三岛雪鸿》、刘瑞璘《东游考政录》、涂福田《东瀛见知录》、王仪通《调查日本裁判监狱报告书》、熙桢《调查东瀛监狱记》、舒鸿仪《东瀛警察笔记》、雷廷寿《日本警察调查提纲》、赵咏

---

① 近代中国对日本的仿效其原因较为复杂，笔者将在本书的后面进行详细的分析。
② 刘雨珍等编：《日本政法考察记》，前言，上海，上海古籍出版社，2002。另据熊达云先生统计，晚清国人对日本的考察记具体分类为：教育类34种；政法类43种；工商实业类24种；军事类6种；一般视察60种。

清《东游记略》、刘庭春《日本政治机关参观祥记》、刘杼《蛉洲游记》、王三让《游东日记》、贺纶夔《钝斋东游日记》等。尽管未能将此类作品全部收录，但由于编辑者主观上的努力，使这些文字的作者包括了中央政府官员的，如形部主事顾厚焜、刑部员外郎王仪通等；有地方政府官员，如直隶巨鹿县知县涂福田、直隶栾城县知县刘瑞磷等；有留日的法科学生，如金保福、刘庭春等；有民间士绅，如直隶永平府卢龙县举人王三让等，换言之，这些作者囊括了当时前往日本考察的各种主体。再有所选的作品在同类作品中就水平而言也是较高的，晚清国人对日本的政法考察汇总成文字的共计有 43 种，但其中真正有价值的并不多。最后，从时间上讲最早的考察者是 1887 年，最晚的是 1908 年，时间跨度为 10 年，基本上反映了晚清国人对日本司法制度认识的整个过程。因而《日本政法考察记》无论从哪个角度讲均具有较强的代表性。更加难能可贵的是这些作品尽管在当时大都以各种方式出版过，但由于印数不多，加之时间的原因，现在保存下来的数量极少。即便是专业研究人员也已很难见到，不仅学术价值较高，单就史料的意义而言也颇为珍贵，本次汇总出版无疑为学者的研究提供了极大的方便。

二、基本理念

尽管这些考察报告大都是描述性的，但如果我们将这些考察报告作为一个整体仔细加以阅读，就可以发现在这些描述性的文字后面实际上反映的是记录者对现代司法制度的了解和认识，这些理念大致可以概括为如下几个方面：

（一）司法独立

中国人对西方司法制度的认识是从司法独立开始的。从现有材料看，早在“戊戌变法”前，国人即对司法独立问题有所了解，1877 年曾出国留洋的马建忠写信给晚清重臣李鸿章，对西方的三权分立体制做了介绍，他说“其定法、执法、审法之权分而任之，不责一身，权不相侵。故其政事纲举目张，灿然可观”①。尽管马建忠关注的中心是宪政问题，而非司法制度本身，但上述言论本身则足以表明，在马建忠看来，司法权是现代国家一种与立法、行政权相并行的权力。

到 20 世纪初，随着国人对西方国家政权体制了解的加深，司法独立的观念已被国内许多思想开明的人士所接受，这一点在考察报告中有着充分反映。如 1905 年出国考察政治的五大臣载泽等人，在其所写的考察英国与法国情形的奏折中指出：“大抵英国政治，立法操之议会，行政责之大臣，宪典掌之司法，君主裁成于上，以总核之，”而

① 转引自韩秀桃：《司法独立与近代中国》，94 页，北京，清华大学出版社，2003。

在近代法国，"其设官分职，则三权互相维系，无轻重偏倚之嫌"①。段献增、王仪通等在其所著的《三岛雪鸿》、《调查日本裁判监狱报告书》中更是明确指出，"日本维新有三大纲，立法也，行政也，司法也"②，"伏查司法独立与立宪关系至为密切。日本开港之初各国领事俱有裁判之权，逮维新以来日孜孜于裁判统一，不数十年，卒使侨民服从之法律之下。论者谓国力之骤张之基于立宪。其实司法独立隐收其效。"③ 也就是说把司法独立作为了日本维新成功以及收回领事裁判权的原因之一。

不仅如此，还有的考察者将日本司法独立的艰难过程详细地加以记载，以此告诫国人司法独立并非易事，对此必须有足够的心理准备："司法独立之制，创自泰西各国，日本仿之。因以收回治外法权。著有明效。所谓独立者，非惟行政官不能预闻。即上官亦不能干涉也。按日本宪法第58条，司法权以天皇之名于裁判所行之，得宪法之保障，斯独立之基础，确不可拔。考维新之前，裁判制度同于中国，俱以行政官兼任。明治初曾特别设行司法之机关，仍附属于行政官厅，成绩未彰。明治四年，建东京裁判所，此为裁判所与行政官厅分析之始。五年于横滨、神户、长崎诸商港建独立之裁判。裁判之范围渐广。其后更于中央置司法裁判所，于各府县置府县裁判所，于乡镇置区裁判所。其制大备。然裁判事宜，犹需秉承上官之命令。八年置大审院统一法律之解释，下级裁判所渐有独立之端绪。二十三年颁布构成法，裁判所之机体，至此始完全无缺。"④

透过上面的言论，我们不难发现在考察者看来所谓的司法独立其含义有二：一是司法机关独立于行政系统，独立审判，不受行政机关的干涉；二是司法官独立审判，不受上级干涉。

如何才能做到司法独立，在考察者的报告中也有明确的记载：

第一，需以国家根本大法——宪法对此明确加以规定，在某些考察者看来"得宪法之保障，斯独立之基础"。

第二，要依法建立一套独立于行政的司法体制，这套机构、体制越完备，运转越正常有效，司法独立才越有可能，即司法机构是司法独立的客观载体。值得注意的是许多考察者都反复强调建立、健全独立的司法机构必须依法进行，也就是说国家必须制定颁布专门的法律，唯有如此才能减少随意性，因而很多考察者都对日本的裁判所构成法表示了浓厚的兴趣，记载十分详细。

第三，健全法官保障体制。法官保障体制涉及很多方面，但而其最为核心的则是终

---

① 《出使各国考察政治大臣载泽等奏在英考察大概情形暨赴法日期折》，载故宫博物院明清档案部编：《清末筹备立宪档案史料》，上册，11～15页，北京，中华书局，1979。
② 刘雨珍等编：《日本政法考察记》，89页，上海，上海古籍出版社，2002。
③ 刘雨珍等编：《日本政法考察记》，53页，上海，上海古籍出版社，2002。
④ 刘雨珍等编：《日本政法考察记》，154页，上海，上海古籍出版社，2002。

身制。

> 判事皆奏任以上之官。又终身官也。非犯罪或受惩戒处分，而不得反其意而被命转官、转所、停职、减俸等事。凡官吏皆停命于上官。惟判事有特别保障权。推其原意，以社会上最重平等。而判事又为亲民之官。凡人民生命身体财产遇有损害，归其处断。故必保护其权。使得自由裁判。庶能底于公平，剪除流弊。古时裁判，所以不能臻于公平者有二：一以法律不完全。无罪刑法定之思想。不论是否相当，率皆任意判断。一以司法官不能独立裁判。每有案件多听行政官之指挥，无权力可以矫正。故遂致不平。现在日本大革旧习，设一定相当之法律，使裁判官有所率循。开司法保障之特权，使行政官不得牵制。庶乎民无冤狱，而判事克尽其职矣。①

不仅如此，有的考察者还进而强调，司法欲要独立，司法官还须不能参与党派。关于这一点我们将在后面加以论述。

总之，在考察者看来司法独立是一个复杂的问题，需要一整套相关的制度才能保障其得以落实。

至于为什么要强调司法独立，这些考察报告中也进行了思考。有关这一点我们将在下文中进行探讨。

(二) 司法公正

公正是司法的本质要求，这是人人都懂得的道理，在经过对日本的实地考察之后，考察者们明白了一个以往国人不曾考虑的道理：司法独立是司法公正的前提条件，这一点在我们前面所引述的材料中已有明确的反映。不仅如此，考察者们还进而明白了另一个更为深刻的道理，即何谓司法上的公正。司法上的公正，其含义是什么，应该如何实现司法上的公正，以往国人们也从未对此进行过专门的思考。难能可贵的是，20 世纪初已有国人对此有所省悟，1906 年刑部员外郎王仪通，在奉命对日本的司法制度考察之后，明确指出：

> 行政权因地方之便利、可假权宜行之，犹之道路车马得以自由行动。司法权非以法律为准绳不能维持裁判之信用，犹之汽车必须遵守轨途，斯无倾轶之虞。况行政官之性质，以服从上官命令为主，阿谀希旨，即缘之而起。若司法官同此性质，意有瞻顾，断难保裁判之公平。近日泰西各国，司法权无不独立者，亦有鉴于此。故对于裁判事务，无论巨细，司法大臣不得干涉，司法省虽有监督权，不过监督行政之一部。②

---

① 刘雨珍等编：《日本政法考察记》，330 页，上海，上海古籍出版社，2002。
② 刘雨珍等编：《日本政法考察记》，154 页，上海，上海古籍出版社，2002。

这段话足以表明在王仪通看来，司法上的公正其含义是法律意义上的公平对待，是对法律本身的严格执行，它与行政官员所追求的公正并不完全相同，而要想司法公正，除司法独立于行政之外，还应实行司法官独立。这一点是极为深刻的，它对我们从本质上理解司法权与行政权、立法权的差异提供了非常重要的角度。

接下来的问题是如何实现司法公正？仅有司法独立是否就能做到司法公正？对当前中国的司法问题稍有一点了解的人都会知道，就如何实现司法公正的问题上目前国内大致存在者两种截然对立的理论：来自于上层管理者的声音是要加强对司法人员的管理和制约，认为法官们权力越大，司法越腐败，特别是在社会转型时期更是如此，因而要公正就必须强化管理；而实务界的观点则认为造成当下中国司法公正没有达到人民满意的程度，其根本原因是司法独立不够，干涉太多，因而要想公正就必须进一步强化独立。与这种单向度的思维方式相比，实事求是地讲晚清时期的某些考察者们似乎更加客观，对此问题的思考也更有深度，在某些考察者看来要想做到司法公正，仅有司法独立是远远不够的，还要有一系列的相关制度作为保证。当然这种思考并非来自于纯粹的理性和智识，更多的是通过实地的考察而得出的。

这些制度包括：审判人员专业化、律师和检察制度的完备、特定的程序如严格的审级和审判公开、审判与媒体的关系等等，下面我们将对此逐一进行阐述。

审判是一种专业化程度很高的工作，没有经过系统学习和长期训练所积累的专业知识与技能要想做到审判公正显然是很困难的。关于审判人员专业化的问题，我们将在本文的后面加以详细讨论，这里暂时从略。

尽管司法人员不是官，但却掌握着生杀大权，因而在强调司法独立的前提下，为了司法公正也需要对其权力进行必要的制约。而对司法人员从制度上真正可以构成实质有效制约的则当推律师（其实日本称之为辩护士）制度和检察（时称之为检事）制度。这是因为"辩护士非官吏，又非裁判所之吏员。独立而行其职务者也。其职务在受人民之依赖，拥护其权利。在民事上者，为诉讼代理人。在刑事上者为辩护士。其资格必以本国人民为限。凡犯重罪者、破廉耻、及破产与家贫分散者均不得为辩护士。""检事与普通行政官同受上官之命令，行其职务。裁判官不得指挥之。其登用试验及不受免官等处分与判事同。但检事可受厅长官命令，由甲所转至乙所，此其与判事不同之处也。检事之职务有五：一、公诉之提起；二、裁判之监视；三、裁判执行监督；四、公意之代表"[①]。"检事尤需监视判决是否适当法律，为公益之代表，防武断也。"[②] 总之，在某些

---

① 《日本各政治机关参观详记》，载刘雨珍等编：《日本政法考察记》，330～331页，上海，上海古籍出版社，2002。

② 刘雨珍等编：《日本政法考察记》，404页，上海，上海古籍出版社，2002。

考察者看来律师、检察官与法官受过同样的职业教育和训练，具备同样的知识与能力，换言之，唯有律师与检察官才真正具备了防止法官滥用权力的知识与能力。此外，从制度设计上而言，律师代表当事人的利益，检察官则代表国家的公益，因而其存在一方面可以从不同的角度有效地制约审判人员乱用权力，同时还可以帮助审判人员更好地了解案情，作出公正的判决。

公正的审判离不开程序，其中审判公开、重大案件合议制和严格的审级制度起着重要的作用。对此，考察者们在其考察记中多有描述，如关于审判公开问题，"裁判向有公开秘密两说。日本初所谓白洲裁判者，殆亦秘密主义之一。嗣采用欧制，除预审外，俱许人观审。如遇巨案为人所注目者，预颁入场券，以示限制。唯有害安宁及关系风俗者，停止公开。"如果说对于公开审判与司法公正之间的关系这里揭示的还不够明白的话，那么对合议制和审级问题的记述则十分清楚："裁判分为合议制单独制。大审院等处其事件多法律之争点，必从多数评论始克保公平而维秩序，此合议制也。若区裁判所管理多平易细微之事，贵于迅决而无碍百姓生理，乃所谓单独制也。"① "裁判所虽分四种，而其审理则限以三级。且经三级而人民之冤抑即已得伸。"②

由此可见，早在晚清时期，许多国人在对西方、日本等法治先行国家进行实地考察之后，经过自己的独立思索已经明白了这样一个道理：唯有司法独立与司法监督并行，司法公正才可能出现。

（三）司法的形式性

现代司法是一种程序化的司法，它主要借助诸如特有的观念、审级、时效、辩护、证据等一系列程序来完成，正是这些观念和程序，使法律成了一门与一般民众的生活经验不尽相同的专业技术，从而在司法与民众、与行政之间构建了一道隔离线，减少了一般民众，甚至行政官员对审判活动的干预，保证了对所有当事人法律上的公平对待，并最终保证了公正的实现。对此，晚清时期国人也已有了一定认识，旅日考察者们对日本司法制度中的形式主义问题表示了浓厚的兴趣，如刘瑞磷《东游考政录》中对日本司法系统的设置状况记载十分具体：

> 初十日晨八时，到控诉院。悟院长谷川乔夫。据云大审院、对方裁判所均相毗邻，移时可以道观。全国大审院一，控诉院七。地方裁判所四十九。区裁判所三百一十。区裁判所一人审，决小事。对方裁判所三人审，决大事。不服，告之控诉院。再不服，告之大审院。控诉院主实在，五人审。大审院主法律，七人审。裁判所管讼

① 刘雨珍等编：《日本政法考察记》，404 页，上海，上海古籍出版社，2002。
② 刘雨珍等编：《日本政法考察记》，330 页，上海，上海古籍出版社，2002。

事。此外尚有出张所，管非讼事。诉讼法分民事刑事，名虽异而实则同也……乔川君云，初设裁判时，辩护士往往唆讼舞文，近日改良。凡裁判定案后，应释应禁，司法省主之。辩护士能言不能断，裁判官能断而不能行，是亦杜弊之一法也。①

刘庭春等在《日本各政治机关参观详记》中对日本法院的审级情况、审判过程记载更为详细：

> 裁判所不再审同一事件。故不服于初起诉之裁判所判决者，因上述之方法，求事件之复审。初起诉为第一审，控诉为第二审，上告为第三审。故于区裁判所第一审之案件，三审止于控诉院。如对方裁判所为第一审者，三审止于大审院。②

> 区裁判所为单独制度，判事一人，兼理民事刑事。凡百元以上之民事，六个月以下违警罪之刑事，以及非诉讼事件皆属之。分配事务，预为规定。每于十二月由地方裁判所长分配之。一年以内不得变更。若判事有两人以上者，则选监督一人，总理一切庶务。

> 地方裁判所为合议制。东京分为八部，民事刑事各有四部。府县则分为二部或四部不等。凡一部必有三人。判事长一人。陪审判事二人。三人等级平均。惟择年长而阅历久者为判事长。部长管其一部，所长则管其全部。但裁判事项所长不得干预，不过分配开庭日割及判事出席名次而已。开庭之时，判事长一人居中，陪审判事左右各一。再左为书记席。再右为检事席。司法官试补座于判事之后。辩护士席座于法案下。判事长一人审问，陪审判事均端坐静听。若有协议事件则退于合议室，三人密谈。陪审判事亦记录口供，如以书记所录者有差异处，则再行复审，前审无效。此刑事法庭之大概也。民事法庭公开时无检事，有原告人与证人。原告人立于辩护士与被告人之间，此其不同之点也。余皆同于刑事法庭。

> 控诉院对于对方裁判所即第二审之合议制度也。亦分民刑两部。部各有长。每部判事五人。裁判时五人合议，控诉院置院长管理一切事务。各部置部长监督其部内事务。

> 大审院乃司法裁判中最高之裁判，即第三审之合议制度也。为适用法律之模范。审查裁判所、控诉院等所适用法律之当否。③

更有许多考察者对日本裁判官的所着服饰作了详细描述并对其中所包含的意义进行了探讨，如王仪通指出：

> 法服依司法省之省令而定，高帻褒衣，绿领之色，判事用紫，检事用赤，辩护

① 刘雨珍等编：《日本政法考察记》，113 页，上海，上海古籍出版社，2002。
② 刘雨珍等编：《日本政法考察记》，331 页，上海，上海古籍出版社，2002。
③ 刘雨珍等编：《日本政法考察记》，333 页，上海，上海古籍出版社，2002。

士用白，书记用绿，仍沿袭中国古制。学者金谓：司法官所理之事与行政官不同，必须表识特异，斯人民之瞻视益尊。即裁判官内自身所居地位，兴感之念以起。所谓衣冠正则心正是也。指定法服之后，成绩颇著。①

不仅如此，翻检晚清时期前往日本考察法政的各级官员和士绅所写的报告与笔记，我们还可以明显地发现，他们都不约而同地对日本裁判所的建筑形式发生了浓厚的兴趣，并详细加以记载，如一位考察者是这样描述其所见到的日本法庭：

> 民事法庭，堂高于平地者尺余，列长案如半月形，居中三判事，左一书记录口供，右虚一位为检事坐。堂下有长桌有坐位，以待辩护士及诉讼人。再后则列长椅数行为旁听人坐位，不问何人均可入听。②

甚至有的人还画有图纸。还有的考察者对其所见到的各种司法文书的样式、内容逐一加以描述。这一切无非都是在强调司法的形式性。众所周知，中国传统司法注重个案公正，对程序问题并不太强调。或许正是出于此种反差，才使考察者们对现代司法的形式性颇为留意。但实事求是地讲要让这些深受中国传统司法熏陶的考察者们完全接受源自西方的程序优先原则不是一件容易的事。一位考察者在旁听了一起刑事审判之后，对这种严格依据所谓的形式性程序作出的判决提出了自己的疑虑：

> 是日所审者系谋杀亲夫。女犯年二十余岁。衣饰颇修洁。案越数年，现在证据确实，无所逃罪。然仅监禁两年，以法理情论之似乎轻纵？③

于是，实现实体公正与形式公正的统一就自然成了最佳选择，也自然就引起了许多考察者们的思考。这种思考集中地反映在考察者们对日本司法审判中对证据的重视和强调上。旅日期间许多考察者们都曾亲自到裁判所旁听审判，审判中法官对证据的重视给他们留下了同样深刻的印象，如王仪通在介绍日本的预审制度时指出：

> 预审权限，凡重罪或由检事而起诉之轻罪及现行犯之轻罪，先由预审判事审定。调查证据属实，决为有罪。然后送裁判所公判。惟预审必须秘密。所以然者，一于犯罪之人于事未经外泄，易得确实之证据。二恐人非真犯，随时释放，可保其人之名誉也。④

看来唯有建立在证据基础之上，强调实体公正的形式主义才较易为国人所接受。

（四）司法须中立

要想保证司法公正，就必须使司法人员同社会保持一定的距离，不可对当事人抱有

---

① 刘雨珍等编：《日本政法考察记》，157页，上海，上海古籍出版社，2002。
② 刘雨珍等编：《日本政法考察记》，135页，上海，上海古籍出版社，2002。
③ 刘雨珍等编：《日本政法考察记》，88页，上海，上海古籍出版社，2002。
④ 刘雨珍等编：《日本政法考察记》，155页，上海，上海古籍出版社，2002。

任何倾向，不可与任何社会团体、组织发生实质上的联系，也就是说保持必要的中立。中国传统的政治文化强调官民的一致，强调亲民，即主动为民着想，不知是否是出于这种原因和考虑，考察者们在强调司法的中立性问题时似乎对司法人员需与政治团体保持一定距离的问题更感兴趣，而对司法人员需与当事人保持一定的距离问题关注不多。

> 判事不能兼任他官，若关政事及政党党员社员议员，并经济商业之事，犹所严禁。因政治社会经济社会，必不免于瞻徇，爱憎用事，均有害裁判之独立，而污判事之廉洁也。①

此中道理：

> 审判官所以不得为政党党员政社社员者，因审判案件，必须平心静气，研究法理，判决方无错误。若参与政治，奔走演说，则心气浮躁，不能专心裁判，故法律禁之。盖研究政治者，须有宏远之规模，研究法律者，须有极细密之心思，一人而兼之，实难其选也。议会议员，皆统筹全国或一地方之政治，审判官乃剖析极纤细之事理，两不相伴，故裁判官不得为议员。②

> 政党、政社，各有主义，党同划异，势所不免。法官加入其中，必有所偏颇……报馆为舆论所在，律师与法官对待，故不得兼任之。③

此外，仔细推敲我们前面引用的王仪通的话，作者之所以一再强调司法人员与行政人员的差别，其用意也是在强调司法审判必须与双方当事人和社会舆论保持一定的距离。

（五）司法人员专业化

独立后的司法应该掌握在何人手里，曾出访考察过国外司法制度的晚清重臣戴鸿慈等公开主张，应该掌握在专业化的精英手里。他在《奏请改定全国官制以为立宪预备折》中，对这一问题做了明确说明：

> 司法与行政两权对峙分立，不容相混，此世界近百余年来之公理，而各国奉为准则者也。盖行政官与地方交接较多，迁就瞻循，势所难免，且政教愈修明，法律愈繁密，条文隐晦，非专门学者不能深知其意。行政官级已瘁心民事，岂能专精律文，故两职之不能相兼，非惟理所宜然，抑亦势所当尔。④

河南巡抚吴重熹则说得更为明白：

---

① 刘雨珍等编：《日本政法考察记》，158页，上海，上海古籍出版社，2002。
② 参见宿松、熊元襄编辑：冈田朝太郎讲授之讲义《法院编制法》，116页。
③ 王士林：《法院编制法释义》，上海，商务印书馆，1910。
④ 戴鸿慈等：《奏请改定全国官制以为立宪预备折》，载故宫博物院明清档案部编：《清末筹备立宪档案史料》（上），379页，北京，中华书局，1979。

窃查审判、检察各官之职掌，与民间生死、财产最有密切关系，必须深明法律原理，熟悉现行章制，洞达社会情形，方能胜任。①

而一些曾考察过日本等当时法制先进国家的晚清人士，则对此认识得更为深刻：审判之事"为全国人民之身命、自由财产所依赖，无畏葸瞻徇，裁判斯能公允"，因而，法官之待遇和地位必须依法保证，且应高于行政官员。"平日地位，必须籍法律为之保障。按构成法均为终身官，非受刑法之宣告，或惩戒之处分，不得转官转所停职免职减俸，转官转所犹左迁也。高等文官之地位，虽同判事，然高等文官之规则以饬令而定，可以饬令随时变更。判事以法律而定，法律之变更，必须经议会之赞成，名同而实异也"②。

不仅如此，他们还详细地考察并不厌其烦地向国人介绍日本有关法官考选的资格、方式、科目、程序和待遇等内容，以此向国人灌输法官专业化的观念。

判事任职之资格和准备：须在授法律学科之官立学校、或据专门学校令之公立私立学校修三年之上法律科，领有卒业证书。或在外国大学校及与大学同等之学校修法律学领有卒业证书者，可受判检事之登用试验，于司法省行之，由司法大臣选本省高等官及大审院控诉院之判事检事，或其他官厅之高等官为试验委员，额定九人，因法律学科分宪法、民法、商法、刑法、民事诉讼法、刑事诉讼法、行政法、国际公法、国际私法九科也。试验之法，先科普通试题：一、论文，二、外国语，合格者受本试验，以笔记口述分试专门各学。视其成绩，决定去取。及第者充司法官试补，分派各地裁判所及检事局修习三年。受奏任官之待遇，略予年俸。于试补年限中，在裁判所者学习草判决书之初稿，或执书记之事，间有代理预审判事及裁判所之受命判事者。在检事局者，辅助监事办理搜查处分，或代理检事出庭论告。实地修习事务，何时何处，虽无规定，据惯例则分民事刑事检事局为三期。期满受第二次试验，以司法省次官为委员长，选本省高官及大审院控诉院判事为常任委员三名，临时委员数名，但第一次被选者，不能兼任第二次。试验之法以习熟实务为目的。仍分笔记口述两项。及第者分派区裁判所及地方裁判所并检事局充预备判事检事，以待补用。未及第者，补习六月，复行试验，如仍落地，黜其名。③

综上所述，《日本政法考察记》中涉及的现代司法知识和理念内容是极为丰富的，但其核心则是强调司法的独立与专业化。

显然作为一种知识系统，上述理念与中国传统的文化中对司法的认识几乎没有任何

① 宣统元年十一月二十六日，《政治官报》第 791 号。
② 刘雨珍等编：《日本政法考察记》，158～159 页，上海，上海古籍出版社，2002。
③ 刘雨珍等编：《日本政法考察记》，157～158 页，上海，上海古籍出版社，2002。

相似之处，这样一种全新的理念不可能形成于中国的文化之中，它只能是移植而来，通过《日本政法考察记》，我们可以得知其移植的路径是以日本为中介的。这些移植的知识和理念的传播，或多或少地对晚清以来、特别是晚清时期中国的司法变革产生着影响，指导、左右着中国传统司法制度向近现代型司法制度的转型。

（作者单位：南开大学法学院）

清末修律：沈家本面临的三大时代课题

一、引　言

　　沈家本生于 1840 年，恰值鸦片战争爆发，以"天朝帝国"自居的清王朝被强行拉入西方的文明系统；卒于 1913 年，清朝刚被颠覆。可谓生于忧患，死于忧患。至此，中国传统社会沿着固有轨道延续了数千年，清朝统治维持二百余年，已老态龙钟，一切矛盾均已成熟，却又连续不断地面临西方先进文明的严峻挑战。危机与机遇并存，死亡与新生相伴，历史发生前古未有的巨大变化。

　　尽管生逢乱世，屡经变故，沈家本依然受到良好的国学教育，自科举步入仕途，先后做地方知府、刑部侍郎、修律大臣、法部侍郎、资政院副总裁，长期与法律打交道，有丰富的司法、立法经验。另一方面，又刻苦读书，勤奋写作，学通古今，博贯中西，对中西法律尤其对中国传统法律有全面而精深的研究。特别在他人生最后十年领衔修律之举，结束数千年的中国传统法律史，开辟法律近代化的新时代。历史选择了他，他为历史作出卓越贡献。杨鸿烈评价说："沈氏是深了解中国法系且明白欧美、日本法律的一个近代大法家，中国法系全在他手里承前启后，并且又是媒介东方西方几大法系成为眷属的一个冰人。"① 这可谓客观公允之论。中国法律近代化是中国也是世界历史发展的必然趋势，非一人之力、一人之智，但仅就个人的作用看，功居第一者则非沈家本莫属。

清末修律既非与传统法律彻底决裂更非墨守成规，既非全盘引进西方法律更非拒绝，而是适当保留传统法律，大量引进西方法律，以建立既有中国传统特色更符合时代发展要求且具有普世意义的西方化的近代法律体系。这是千古未有的法制建设工程。沈家本作为这一工程的总设计师，面临三个时代性的重大课题，即立法、司法、法学。立法即制定纸上的法律，是法律近代化的形式标志；司法则将纸上的法律转化为生活中的活法，使其发挥实际的作用，是法律近代化的关键；法学虽是软件系统，其作用难以用肉眼观看，却是立法、司法的基础和灵魂，是推动法律近代化的精神力量。三者既不相同，又密不可分。兹不揣浅陋，仅就沈家本在这些方面的重要思想及其创造性实践作简要阐述。

二、立法：法律近代化的开端

（一）翻译西法

晚清的中国既是中国的中国，亦是亚洲的中国，更是世界的中国，是世界一体化进程中处于被动地位的中国。因此，清末修律的主要任务不是从传统法律文化中寻找可供利用的本土资源，不是保留、坚持中国法律特色，而是减少、淡化它的特色，使它更具有一般性，从而走出固有的法律传统，走向世界。这既是中国也是整个世界局势所决定的。沈家本对此作出清楚的判断："方今各国政治日跻于大同，如平和会、赤十字会、监狱协会，俱以万国之名组织成之。"甚至"瀛海交通，俨同比伍，权力稍有参差，强弱因之立别。职是之故，举凡政令、学术、兵制、商务，凡有日趋于同一之势"②。这已不仅仅是经济的全球化，而是全方位的不可逆转的全球化。处于这样的潮流中，守旧法，搞特殊，"以一中国而与环球之国抗，其优绌之数，不待智者而知之矣"③。通过对国际、国内局势的总体把握，立法的基本方针只能是"参酌各国法律"，"务期中外通行"。

---

① 杨鸿烈：《中国法律发达史》，872 页，上海，商务印书馆，1933。
② 《清末筹备立宪档案史料》，下册，852、864 页，北京，中华书局，1979。
③ 《寄簃文存·重刻明律序》卷六，载《历代刑法考》（四），2210 页，北京，中华书局，1985。

在如上背景下，翻译各国法律就成了当务之急，是立法的第一道工序，也是决定立法能否成功的关键所在。于是，沈家本召集留学人员，组织成立编译所，翻译数十部外国法典法规，涉及日本、美国、德国、法国、英国、瑞士、俄国、芬兰、比利时、西班牙、葡萄牙等欧美亚众多国家，包括民法、商法、刑法、海商法、票据法、公司法、破产法、国籍法、监狱法、刑诉法等各个部门法。他不仅组织翻译，还参与翻译："为求信达，对每种法律均作认真考察研究，深恐翻译失实，导致参酌失误。"① 大量外国法律被译成中文，使"参酌各国法律"成为可能，并为进一步分析、比较、权衡、取舍，以制定出"中外通行"的近代化的法律提供基本条件。

（二）立法者的专业化

立法者直接承担建立近代化法律体系的历史重任，没有合格的立法者就不可能制定出近代化的法律。什么人有资格制定法律？在沈家本看来，立法较之行政与司法其专业性更强，如果行政与司法必须有专业性人才，立法就更需要专业性人才。只有立法者才有资格做设计师，行政与司法人员充其量是能工巧匠，负责执行或适用法律。由于先天的造化，后天的差别，社会的局限，世上从来没有无所不能的人，所有的人都毫不例外地有所能有所不能，任何人的能力都是非常有限的，而社会事务又纷繁复杂，但又必须统筹全局。怎么办？最愚蠢的做法就莫过于身兼多职，它不仅不能发挥个人所长，又使所有的兼职均受其害。最好的选择是分工、分权，各有专职，各守专业，而后才能"各尽所长"；反之，"虽兼人之资，常有不及之势，况乎人各有能不能！长于政教者未必能深通法律，长于治狱者未必为政事之才，一心兼营，转致两无成就。"② 个人知识能力的有限性与社会事务的复杂多样性，决定了立法者必须专业化。

依立法者专业化的要求，任何不懂法律的人都不能成为立法者。"法律为专门之学，非俗吏所能通晓，必有专门之人，斯其析理也精而密，其创制也公而允。以至公至允之法律，而运之以至精至密之思，则法安有不善者？"③ 不懂法律，或许勉强可以做官为吏，但万不可做立法者，万不可滥竽充数，即便充数也要有自知之明，不可不懂装懂，指手画脚。针对这种情况，沈家本严厉批评道，立法"自属专门，非尽人所习，若聚无数素所不习之人参预其间，非尸位即掣肘矣，况欲征天下人之意见乎！筑室道谋，事何能成？今之名公巨卿颇有此种见识，真可笑也。"④ 本来是大法盲只因为是大官员就占据了立法者的位置，如果自尊自重老老实实地充当摆设就已经蒙羞不浅了，可偏偏不甘

---

① 李贵连：《沈家本传》，209页，北京，法律出版社，2000。
② 《历代刑法考·历代刑官考上·周》，1962页，北京，中华书局，1985。
③ 《寄簃文存·设律博士议》卷一，2060页，北京，中华书局，1985。
④ 《历代刑法考·律令三·梁律》，905页，北京，中华书局，1985。

寂寞，自己不干事反坏他人的事，自己不懂法反阻挠懂法的人修订法律。有众多这类人物冒充或强充立法者，岂不"可笑"！岂不"筑室道谋"！

非但官员法盲不能成为立法者，贫民文盲更不例外。"今天下之人，不识字、不通文者实居多数，即使浅易其语，显明其辞，亦未必能人人易晓。"① 连已经制定的浅显法律都不懂，又何以制定法律？如果官员法盲充当立法者尚可凭借权力实行外行管内行，去摆布别人，而贫民文盲充当立法者就非但自身被人愚弄，又被用以愚弄其他人。但这丝毫不意味着专业化的立法者可以不顾民意，闭门造车，杜撰法律。恰恰相反，法律必须反映民意。欲反映民意，必"征天下人之意见"，而欲征天下人之意见，就须像子产那样，"刑书之铸，必先与众议，而后定此书"②。民既不可能也不必要直接将民意制定为法律，欲将民意上升为法律只有通过征求民意、与民共议等环节由精通法律的立法者来完成。立法者的专业化要求不但与民意不矛盾，且必须也完全能够统一起来，既不因立法者的专业化而否定民意，也不因民意而否定立法者的专业化。

变旧律立新法是立法者的历史使命，因而组建一个高度专业化的立法者群体就是关键的关键。自古以来，人才难得，立法人才尤为难得。往往通古不通今，通今不通古，通西不通中，通中不通西，通古今中外的通才，从前不曾有，现在不曾有，将来不会有。人无通才，而法律必须会通古今中外，实在是个难题。但人非通才，却不乏各有专长之人。沈家本的解决办法是："遴选谙习中西律例司员分任纂辑，延聘东西各国精通法律之博士、律师以备顾问，复调取留学外国卒业生从事翻译。"③ 法律要通，人才也要通；欲通法律，先通人才；法律要走向文明，立法者必须专业化；既要出外取法，亦可邀外人前来送法。在这个立法群体中，有法律学问家，也有法律实践家，有中国的法律人才，还有外国的法律人才。法律学问家与法律实践家、中国法律人才与外国法律人才荟萃一堂。可以说，修订法律馆里既无高官法盲，又无贫民文盲，云集了高度专业化的立法人员。大家分工明确，协调一致，进行一场空前的修律活动，修订一系列法律法规，最终建立起近代化的法律体系。需要提出的是，沈家本以高薪将学习政法稍有声誉的留学生几乎全都聘任到修订法律馆从事翻译，另聘日本法学家冈田朝太郎、松冈义正、志田钾太郎、小河滋次郎协助起草。这些欧美发达国家培养出来的中国留学生和日本法学家在中国法律从传统向近代的历史转型时期发挥了重要作用。特别在"礼法之争"中，他们全都站在沈家本一边，与坚持传统的"礼教派"论战。一定意义上，这场论战是西方法与中国传统法、法律内行与法律外行、修订法律馆人员与馆外高官间的论

① 《历代刑法考·律令二·元帝省刑罚》，862 页，北京，中华书局，1985。
② 《历代刑法考·律令一·郑刑书》，840 页，北京，中华书局，1985。
③ 《寄簃文存·删除旧律例内重法折》卷一，2023 页，北京，中华书局，1985。

战。毫无疑问，以沈家本为主帅的"法理派"代表了历史的前进方向，并非高官显贵、守旧排外之辈。

（三）分权中的立法权

在中国古代，国家权力是不分的，所有权力最终都集中于君王之手，没有独立的立法权，立法权只是王权的一部分。君王口含天宪，言出法随，任意性的命、诰、制、诏、格、敕、例等特殊称谓，既是君王的最高指示，也是效力最高的法律形式。即便有"常法"之称的律典也不是出自于独立的立法机关，而是由听命于君王的臣工秉承君王的旨意而制定的，并通过君王的最终裁定而后才成为所谓的律典。律典只是君王命令的另外一种表现形式。这就决定了传统法律治官治民不治君，是君王用以维护推行其专制权力的工具。对于这类问题，由于沈家本所处的特定时代和特定地位，没有进行激烈的批判，但他的认识是清楚的，不能说他没有这方面的思想。

他以明确而肯定的态度说："泰西政事，纯以法治，三权分立，互相维持。"并以不可阻挡之势向世界传播，且谁接受谁受益，其"流风余韵，东渐三岛，何其盛也"①！这对于西方的治理方式和政权体制的认识来说，可称得上言简意赅，深得要领。在西方，不以人治，不以德治，不以礼治，不因人、因德、因礼而异，不管什么人、什么德、什么礼，唯法是从，排他性地"纯以法治"；国家权力一分为三，没有贵贱，不分大小，互不统属，互不侵越，各有其位，各守其职，且相互制约，维持平衡；三权分立相互制衡的体制必然要求纯以法治的治理方式，唯有纯以法治的治理方式才能维护分权制衡的体制。这种有效的治理方式和技术性的制度设计，不仅适用于西方，也适用于东方的日本，何以不能适用于中国？然而中国总是有人耻谈西政，诋毁西法。沈家本愤然批驳说，"混合之制"，不仅西人不用，连古人也"早议其非"②。混合制与分权制相对立。混合制即合权制，合权制即集权制，集权制即专制。权力不分必合，合则必专，专则无限。法律非但无法限制无限的权力，相反，在无限权力面前，无法不当作儿戏，无法不受到破坏，无法"纯以法治"，无法不实行德治、礼治、人治等五花八门却不切实用的治术。

因此，"立法权必统于一，方无纷歧之弊"③。否则，就无法制定出统一的法律，自然无法保证法律的统一执行、统一适用、统一遵守，更无法树立法律的权威以长期有效地维护国家社会秩序。然而，从一定意义上说，中国的立法权也是统一的，但它统一于

---

① 《寄簃文存·法学名著序》卷六，2239 页，北京，中华书局，1985。
② 《历代刑法考·历代刑官考下·附录》，2019 页，北京，中华书局，1985。
③ 《历代刑法考·律令一·周刑典、官刑、官刑、八成》，823 页，北京，中华书局，1985。

君王之手，而这恰是破坏法律的总根源。沈家本"稽诸史册"，发现一类"不胜枚举"的事实，那就是"戕法之人，往往即为定法之人"①。这与法之不行自上犯之、犯法为逆以成大奸者自古以来皆尊贵之臣的法家思想貌似而神异，是不同时代的思想。法家意在严法治朝臣，以加强君主集权，而沈家本则意在分权，所分之权又恰是集所有权力于一身的皇权。所谓"定法之人"，指的是隋文帝之类的君王，而不是别人；所谓"枉法之人"也绝非一般意义上的人，也只能是君王。这实际上是分解传统的皇权，使立法权从皇权中独立出来。

不但立法权要独立，司法权更要独立。如果既执法又司法，如同既参加比赛又做裁判官，执法者就永远是赢家，即便立法独立也毫无意义。而在中国恰好行政与司法合一，各级官员既是行政官又是司法官，既执行法律又审理案件。在司法中又往往有法不依，或引例断案，或比附类推。沈家本认为这是法官造法，是非法之法，侵犯了立法权。他主张法官必须严格依法办事，把造法之权还给立法机关。（有关这一方面的问题，将在下节展开讨论。）

三、司法：法律近代化的关键

（一）司法重于立法

立法只是制定法律，若无司法则徒有其文，不外死法而已，严格说来，不是法律。只有为司法所严格遵循的法律才是活法，是真正意义上的法律。立法的目的不仅仅是制作法律文本，更是为司法所遵行。诚然，立法先于司法，司法离不开法律，但没有司法，立法和法律就成了多余。沈家本反复强调："夫法者，天下之程式、万世之仪表也。程式具矣，仪表立矣，而无真精神以运用之，则程式为虚文，而仪表亦外观也。"② "法立而不行与无法等"；"法善而不循法，法亦虚器而已"③；"一代之法，不徒在立法之善，而在用法之得其平"④。最重要的问题既不在于"法立"，也不在于"法善"，而在于严格"循法"、公平"用法"。然而，循法、用法又决非易事，他深有感慨地说："有国有家者，非立法之难，而用法之难也。"⑤ 沈家本是修律大臣，任务是修订法律，可他作为近代意义上的法律思想家和法律实践家，更加关注比修律更为重要的司法，并着

---

① 《寄簃文存·法学盛衰说》卷三，2144 页，北京，中华书局，1985。
② 《寄簃文存·新译法规大全序》卷六，2243 页，北京，中华书局，1985。
③ 《历代刑法考·刑制总考三》，34、37 页，北京，中华书局，1985。
④ 《历代刑法考·汉律摭遗卷一·总述》，1369 页，北京，中华书局，1985。
⑤ 《历代刑法考·刑制总考三》，44 页，北京，中华书局，1985。

眼于国家体制，力图从根本上予以解决。

（二）通向宪政的司法独立

何谓宪政？沈家本以为，宪政即"立法、司法、行政三权鼎峙"。这看似简单，却非常精要，其中"鼎峙"又尤为确当。"鼎"即鼎立，只有三足才称得上鼎立，一足只能是独立，只有三权平分才能避免一权独大，其关键就是分权；只有分权而后才有"峙"，一权无所谓"峙"，"峙"即对峙、抗衡，实即以权力对抗权力，也只有以权力才能对抗权力，才能维持平衡，其关键是限权。从这里可以看出，所谓宪政即"限政"，是通过分权、限权的方式平衡国家权力。然而这未必是宪政的全部，甚至也未必是宪政的精髓。在沈家本看来，分权、制衡并非目的，目的是保障国民权利。"立宪之国，专以保护臣民权利为主"；"立宪之精意，即以国家统治之权，分配于立法、行政、司法之三机关，并保障国民之公权及私权，而后国家之土地、人民、政事三者以相维相系而永固"①。尽管中国人极聪明，并从来不乏为天地立心、为生民立命、为万世开太平的志士仁人，却由于始终没有突破君主专制制度，故几千年始终没有走出一治一乱的恶性循环。然而早在晚清，沈家本就慧眼独具，洞若观火，对西方宪政有了如此精辟的认识，说明中国人确实聪明，确实有肩挑大任的人。按照沈家本的理解，宪政是以国家权力的分立与抗衡为决定性的条件，以保障国民权利为唯一的归宿，进而实现国家与人民永久和谐的根本制度。然而，在拥有漫长专制传统的中国，宪政不可能一蹴而就，一步到位。但又必须走出治乱循环的传统，走向世界，而宪政就成了历史的必然选择。

那么，宪政的道路从哪里开始？沈家本认为宪政始于司法独立。这是他通过对东西方各近代国家的考察而得出的结论。他反复强调："司法独立与立宪关系至为密切"②；"东西各国宪政之萌芽，俱本于司法独立"③；"宪法精理以裁判独立为要义，此东西各国之所同也"④。沈家本还有一个与众不同的看法，那就是与中国同洲同种同文，且人口不如中国多、疆土不如中国大、物产不如中国丰厚，却为什么能够收回外国领事裁判权？特别在日俄战争后，中国朝野上下有识之士几乎一致认为，那是由于日本实行了君主立宪。然而沈家本却另有发现，他说："日本开港之初，各国领事俱有裁判之权。逮维新以来，政府孜孜于裁判权统一，不数年，卒使侨民服从其法律之下。论者谓国力之骤张基于立宪，实司法独立隐收其效。"而中国非但没有收回领事裁判权，反倒有愈演愈烈之势："英规于前，德踵于后，日本更大开法院于祖宗发祥之地"，其共同的理由就

---

① 李贵连：《沈家本年谱初编》，158、172、215 页，北京，北京大学出版社，1989。
② 李贵连：《沈家本传》，242 页，北京，法律出版社，2000。
③ 《清末筹备立宪档案史料》，下册，843 页，北京，中华书局，1979。
④ 李贵连：《沈家本年谱初编》，137 页，北京，北京大学出版社，1989。

是中国的"司法制度未能完善"①。在沈家本看来，日本之所以能够收回领事裁判权，其背后隐藏的真正的原因是司法独立。司法独立是依法审判、维护国民权利、克服行政权滥用、树立法律权威的可靠保障，是体制上的公正，也是最大的公正。只有在司法独立的体制中才能在法律的保护下从事自由的生活，才能文明日进，国力日增。而中国司法的最大问题就是司法不独立，制定法律者又执行法律，执行法律者又握有审判权。这是体制上的不公正，是最大的不公正，是导致司法专横、腐败等一系列问题的总根源，也是西方国家获取在华领事裁判权的最重要理由。然而，时下的法学界却把"司法腐败是源头腐败"作为口头禅，没有认识到司法腐败的根本原因，远不如一个世纪前的沈家本。

沈家本不仅力主司法独立，还努力实践司法独立，把它载入由他主持制定的《法院编制法》，从而进行一场史无前例的司法改革。这场改革在沈家本那里不仅仅是司法改革，更是宪政建设的重要组成部分。而当下的法学界则往往仅从司法改革的角度进行评论，以今人的短浅目光评论沈家本的博达胸怀。不可否认，沈家本主持修律，包括他司法独立的思想与实践，确实是由于英国提出有条件地放弃在华领事裁判权的承诺而引发的，也确实是为了收回治外法权。但它不是沈家本的唯一目的，甚至也不是最重要目的，他的真正用意是借用英国的承诺，改革司法体制，实行司法独立，进而走上宪政的道路。他明确表示："司法独立为异日宪政之始基"②。然而今天的法学界照样误读了沈家本，以为他的修律思想及实践只是为了收回一个治外法权，未能理解他的宏图大志和良苦用心。同样不能否认的是，沈家本未能通过司法改革而收回治外法权，但他在司法独立的基础上进行的宪政建设，其意义之重大、影响之深远要远胜于收回治外法权。对此，学者颇有微词，即便颇有成就和影响的学者也认为沈家本"轻信列强各国关于变革法律即放弃领事裁判权的承诺，而未能看到近代国家的竞争和较量，其主要凭借是实力，而不是某些制度的同异"③。如果国与国间的交往主要凭借实力，那世界早就成了西方列强的世界，该是何等可怕？日本本非列强，可西方列强为什么允许它成为列强，并交出治外法权？其实"实力论"重复的不外是洋务派、礼教派的观点，不知道体制文明要远远胜于实力。近代国家间的冲突主要原因不是实力而是体制。

沈家本对于中国的司法体制问题有切身的感受，有极清楚的认识。他说："中国行政、司法二权，向合为一。"④ "西国司法独立，无论何人皆不能干涉裁判之事，虽以君主之命，总统之权，但有赦免而无改正。中国则由州县而道府，而司，而督抚，而部，

---

① 《清末筹备立宪档案史料》，下册，864 页，北京，中华书局，1979。
② 《清末筹备立宪档案史料》，下册，827 页，北京，中华书局，1979。
③ 朱勇主编：《中国法制史》，490 页，北京，法律出版社，1999。
④ 李贵连：《沈家本年谱初编》，129 页，北京，北京大学出版社，1989。

层层辖制，不能自由。"① 特别是中国的人主，集所有大权于一身，因而"每有自圣之意，又喜怒无常，每定一狱，即成一例，畸重畸轻，贻害无穷"②。他上书清廷，列举行政兼司法的四大弊端，力主司法独立。这四大弊端是：其一，中国官员特别是地方官员，"率从科举捐纳而来，律例成案夙所未谙。一旦策名仕版，盲者登途，方位罔辨，其克副明允之选者几希。即使有志修习，律义简奥，既非浅涉所能领悟。且地方应办之事初非一端，冲要之区尤为纷繁，而尽责之州县，一人之身，其智力亦有所不逮。学无专精，由于官无专职。"其二，"行政官易，司法官难。趋舍乃人之恒情，孰睦就难舍易？况行政之交接酬酢，其文繁多，方日役役于奔走伺应之中，岂复能躬亲治狱？大抵各省、首县及冲繁州县，无不有委员数人为之问案。于是奸胥劣幕遂得因缘作弊，愚弄本官，坐使审判大权落于其手，永为若曹累叶衣食之需。"其三，"勘转之制，本为慎重刑狱，而上官遇事驳诘，则稽延株累等弊在所难免，地方官悼于解审，便宜外分者有之，讳匿不报者有之。以中国幅员二十倍于日本，而达部之案反不逮日本二十分之一。权衡彼我，其理益显。层层牵辖，转令朝廷成宪等至于弁髦。"其四，政刑合一，导致审判不公，司法专横，贿赂公行，尤其与西方司法独立的体制相背，列强遂以此为口实，攫取领事裁判权。只是之故，"司法独立为及今刻不容缓之要图。"当今专心从事于沈家本研究的学者称它是"近代中国第一份由中央官员倡言、系统论证在中国实行司法独立的奏疏"③。这第一份有关司法独立的奏疏，去今已百年，而它所透彻剖析的中国司法体制的诸种弊端和准确把握的国际大势，却仿佛就在眼前；它所反映出的司法独立的迫切愿望溢于言表，震撼人心。值得细细斟酌。

司法权不仅必须从行政权中分离出来，独立出来，也必须与立法权脱钩。法官的唯一天职是效忠于法律，严格依法办事。沈家本坚决反对"比附援引"的司法传统，极力主张"罪刑法定"的近代法律原则。他说："凡律无正条者，不论何种行为，不得为罪。"进而他归纳总结出比附类推的三大流弊："第一，司法之审判官，得以己意，于律无正条之行为，比附类似之条文，致人于罚，是非司法官，直立法官矣。司法、立法混而为一，非立宪国之所宜有也。第二，法者与民共信之物，律有明文，乃知应为与不应为。若刑律之外，参以官吏之意见，则民将无所适从。以律无明文之事，忽援类似之罚，是何异以机井杀人也！第三，人心不同亦如其面，若许审判官得据类似之文，科人以刑，即可恣意出入人罪，刑事裁判难期统一也。"④

沈家本不仅反对比附类推，也反对以例断罪。他深知法律条文有限，而人之情伪无

---

① 《寄簃文存·法学盛衰说》卷六，2235 页，北京，中华书局，1985。
② 《历代刑法考·赦十二·六代录囚》，794 页，北京，中华书局，1985。
③ 李贵连：《沈家本传》，243 页，北京，法律出版社，2000。
④ 《历代刑法考·明律目笺一·断罪无正条》，1820 页，北京，中华书局，1985。

穷，因而从来没有为制定的成文法而过分自信。但他为了建立立法与司法分权的体制，以免法官滥用职权从而破坏法律的尊严、侵犯国民权利，主张必须在法律的范围之内才"可以听司法者操其权衡"，决不允许法外用例，因为"无此法而用此例，是司法者自创为之矣，不且与立法混乎"[①]！然而，今天的学者批评沈家本朝大陆法一边倒的做法，以为他"把中国固有的'判例法'这个活泼的小孩子连同洗澡水一齐倒掉，无论如何不是聪明的选择"[②]。作者把中国固有的"判例法"误以为是英美国家由独立的法院作出的判例法，而事实上它是由君王直接或间接地做出来的，是立法、司法、行政合而为一的专制政体的产儿，非但不是"活泼的小孩子"，恰是一盆污水。倒掉它无论如何是个聪明的选择，不足为惜。

（三）司法人才的意义

在司法方面，沈家本最为关注的是司法独立问题，这也正是他走出历史传统作为近代法律思想家和法律实践家的根本性标志。然而越是关注司法独立就越是重视司法人才，这两个方面非但不矛盾，且高度统一，只不过他更加重视司法人才的综合素质特别是专业素质，并非古代只会读诗书而鄙视法学的儒家式人才，这又是他区别于古代而作为近代司法人才观的体现。

他说："法之善者，仍在有用法之人，苟非其人，徒法而已。"所以"有其法者，尤贵有其人矣。大抵用法者得其人，法即严厉亦能施其仁于法之中；用法者失其人，法即宽平亦能逞其暴于法之外。""为仁为暴，朕兆甚微，若空言立法，则方策俱在，徒虚器耳。"[③] 他在这里强调的是司法人才的极端重要性，而司法人才的道德情操又尤为重要。他说："律者，民命之所系也，其用甚重而其义至精也。根极于天理民彝，称量于人情世故，非穷理无以察情伪之端，非清心无以察意见之妄。设使手操三尺，不知深切究明，而但取于临时之检按，一案之误动累数人，一例之差贻害数世，岂不大可畏哉！"[④] 这就要求司法官对于人的生命务必有强烈的责任心，务必精通法律，务必有人生社会经验，切忌主观偏见，切忌敷衍草率，而这样的司法人才又务必经过专门的培养。所以他特别强调："法律成而无讲求法律之人，施行必多阻阂，非设学堂培养人才不可。"[⑤] 如前所述，沈家本以为："行政官易，司法官难。"在他那里，司法官不同于行政官，甚至不是官，而是从事法律特殊职业的人。他们应当经过系统的教育，严格的训练，磨砺高

---

① 《历代刑法考·明律目笺一·断罪无正条》，823～824 页，北京，中华书局，1985。
② 武树臣：《中国法律思想史》，331 页，北京，法律出版社，2004。
③ 《历代刑法考·刑制总考四》，51 页，北京，中华书局，1985。
④ 《寄簃文存·法学盛衰说》卷六，2207 页，北京，中华书局，1985。
⑤ 《寄簃文存·法学盛衰说》卷六，2233 页，北京，中华书局，1985。

尚的品行，练就专门的技能，拥有渊博的学识，历练丰富的经验，因而做司法官难，也因而司法官比行政官更应受到尊重，与历史上的臣工、刑官、狱吏有天壤之别，不可同日而语。所以他认为只有从事法律职业的司法官才有资格"任以终身"①。

但不能孤立地看待沈家本的司法人才观，必须把他的司法人才观与他的司法独立思想联系起来。诚然，司法独立最需要最优秀的司法人才，没有最优秀的司法人才，司法独立就是一句空话。但再好的人才在政刑合一的体制中也无法做好事，甚至好人遭恶报，好人变坏，变得比坏人还坏，也只有在司法独立的宪政体制下，最好的司法官才能发挥最好的作用。因此，对于司法中的问题，司法体制比司法人才更具有决定性意义。看来，沈家本是双管齐下，且有主有次，既注重司法独立，也不轻视司法人才，努力将二者统一在一起。

四、法学：法律近代化的软件

立法、司法的近代化是法律近代化的硬件系统，而近代化的法学则是它的软件系统。没有近代化的法学，近代化的法律就无异于一棵没有生命的枯树。近代化的法学是近代化法律的重要组成部分，是它的基础和灵魂，因而也是沈家本倾注心血最多的时代课题。沈家本在这方面创造四个第一，即第一个法律学校，第一个法学学术组织，第一个法学研究机构，第一个法学刊物。它们是京师法律学堂、北京法学会、政法研究所、《法学会杂志》。这四个前所未有的新事物是中国近代法学的重要标志，足以证明沈家本是当之无愧的中国近代法学的奠基人。不但如此，他还在法学研究方面取得丰硕成果，其功底雄厚，基础坚实，治学勤奋而严谨，思想稳重而开放，既有学术性，又不乏启蒙性，尤其具有经世致用的时代特征。而他对法学重大功用的认识，则目光远大，警醒当世，启迪后人；对法学与政治关系的认识，则符合客观，揭示必然，具有方向性和方法论意义。

（一）近代化的法学特色

1. 经世致用的考据法学。沈家本的法律考据学用的是中国传统的治学方法，也是他最拿手的方法，考据的对象也主要是中国法律史，其代表作是煌煌四大卷、洋洋一百数十万言的《历代刑法考》。这部巨著，远起上古，近至明末，对悠悠历史、浩瀚而分散的史料，进行分门别类的考察；小自一字一义一术语，大至法条法典之沿革得失，从文献记载的法律到司法判案，以及法律典籍的作者、版本、流传，等等，无不详加考

---

① 李贵连：《沈家本年谱长编》，146 页，台北，成文出版社，1991。

述。说它是一部有关中国古代法律史的最权威的大百科全书似乎不为过。在这方面直到今天仍无出其右者。沈家本生逢乱世，身为国家官员，百事缠身，却花费大量时间和精力用传统的笔墨写出如此不朽的著作，实在不可思议。关注现实越深切就越要探寻历史之源流，越能掌握历史就越能驾驭现实。沈家本的考证不是逃避时世、埋头故纸，如乾嘉考据学那样的考证，不是为考证而考证，不是为史实而考证，而是直面现实，为改革现实的法律提供法律史的支持。他在考证中写下大量"按语"，这些按语不仅仅是对历史的评论，更直接联系现实，具有强烈的批判现实主义色彩。因此，他的考据学不是纯粹的考据学，而是史实与史论、历史与现实相统一的考据学，是学以致用、古为今用、经世致用、"通古今之变"的考据学。他带着这种学问登上清末修律的历史大舞台，并扮演主角，派上大用场。他在坚持继承中国传统法律的同时，更熟练地运用中国传统法律的武器与固守传统、抵制西法的"礼教派"展开激烈论战，进而移植大量西方法律，使中国传统法律脱胎换骨，改写了几千年的中国法律史。

2. 面向西方的启蒙法学。如果法学只是面对传统法律就很难走出传统的律学，甚至称不上法学，至少称不上近代意义上的法学。严格地说，近代法学是西方法学，或者是源自于西方的法学。要移植西方的法律在中土成活就必须面对西方的法学，研究西方的法学，这比移植西方的法律更重要，也是一项更艰巨、更持久的浩大工程，需要全社会一切有识之士的共同努力。因此，沈家本不仅主张移植西方之法，更主张研究西方之学。他说："欲明西法之宗旨，必研究西人之学，尤必翻译西人之书。"[①] 研究西法的第一道程序是翻译西书，其次是研究西学，最后是探寻西法的精神。三道程序一个也不能少，它是一个由浅入深、循序渐进的过程：吃透西法精神是最高境界，但研究西学则是必备的前提，而翻译西书又是前提的前提。为此，他不仅组织翻译大批西方的法典法规，还同时组织翻译一系列西方法学名著。不仅自己研究，还亲笔作序，极力推广，呼吁："穷其学说"，"辨其流派"，"会其源流"，"馨其精神"，"博观约取"，"极深研几"[②]。必须下大力，用大功，以严肃认真的态度对待西方法学，坚决反对浅尝则止、沾沾自喜于表象的浮躁作法，更反对诋毁攻击、视其为不祥之物而拒之门外的狂愚之举，实际上是启动一场广泛深入、扎扎实实的思想启蒙运动。

3. 求索精神的理论法学。近代法学绝不是把法律作为暴力机器而进行研究的可怕之学，它首先是研究事理、法理的学问。事是法的内容，法是事的形式，舍事则无法，无法则无序；事理是法理的基础，法理是事理的升华，无事理则无法理，无法理则事理难伸，事理不伸则乱。法是最讲理的，研究理的法学对于立法、司法、守法、执法具有

---

① 《寄簃文存·新译法规大全序》卷六，2242 页，北京，中华书局，1985。
② 《寄簃文存·法学名著序》卷六，2240 页，北京，中华书局，1985。

指导性意义。沈家本说："议法者欲明乎事理之当然，而究其精意之所在，法学之讲求乌可缓乎？"① 周密、确当、明晰、严谨是法律条文的一般性要求，即便如此，其中也存在理，不仅仅是修辞学上的问题。"法之修也，不可不审，不可不明。而欲法之审、法之明，不可不穷其理。而欲穷其理，舍讲学又奚由哉？"② 法律不是干巴巴的法律条文的机械组合，条文中有鲜活的理。只有法条与法理相结合才是有形有神的生命体。中国古代的律学之所以半死不活，其中一个重要原因就是把法律当作刑具看待了。沈家本颠覆了几千年的传统观念，他把法学当作讲理的学问，是可爱的学问，而非可怕卑贱的学问。

理者法之魂也，法者魂之形也，法的理论与法的形式相依为命，不可分离，但法的理论重于法的形式，所以"勿求之于形式，而求之于精神"③。不仅法条，就是公法、私法、实体法、程序法、国内法、国际法也有其总的精神贯穿其中，也只有通过法学才能把握其精神，若"不能挈其纲领，析其条目，俾秩然而有序，犹未审也"④。他还对先秦法家的法学和西方的法学进行比较，发现："申韩之学，以刻核为宗旨，恃威相劫，实专制之尤。泰西之学，以保护治安为宗旨，人人有自由之便利，仍人人不得稍越法律之范围。"⑤ 法家将法律捆绑在专制的马车上，其法学是专制的法学，而西方将法律与自由相结合，其法学是自由的法学。

然而，法家的法学是特殊历史条件下的畸形儿，在中国传统社会中不外昙花一现而已，没有也不可能长期占主导地位，长期居主导地位的是儒学。在沈家本看来，儒学即"仁学"，"仁学"即"人学"，是"爱人"的学问，是把人当作人的学问。"仁"是中国传统文化的精髓，它与西方的法律、法学精神非但不对立，且完全相容。"各国立法之精意，固不能出中律之范围。"⑥ "吾国旧学，自成法系，精微之处，仁至义尽，新学要旨已在包涵之内"⑦。然而，他又认为，中律之精意、吾国之旧学虽然仁，而法律制度却不仁，满汉同罪异罚、人分贵贱、刑罚野蛮、司法专横、政刑合一，等等，统统不仁；相反，西方的自由、平等、人权、司法独立、三权鼎峙，等等，又无不是仁的体现。他高扬"仁"的精神，把"仁"从"礼"的束缚中解救出来，与"守礼派"展开论战，大力引进西法西学，从而既继承了传统的仁，更发展突破了传统的仁，使仁从狭隘的君臣、父子、夫妇严厉的等级关系中走向一个更加宽广的世界，实现了传统文化向当

① 《寄簃文存·法学名著序》卷六，2239 页，北京，中华书局，1985。
② 《寄簃文存·法学通论讲义序》卷六，2234 页，北京，中华书局，1985。
③ 《寄簃文存·裁判访问录序》卷六，2237 页，北京，中华书局，1985。
④ 《寄簃文存·法学通论讲义序》卷六，2234 页，北京，中华书局，1985。
⑤ 《寄簃文存·法学名著序》卷六，2240 页，北京，中华书局，1985。
⑥ 《寄簃文存·删除旧律例内重法折》卷一，2024 页，北京，中华书局，1985。
⑦ 《寄簃文存·法学名著序》卷六，2240 页，北京，中华书局，1985。

代的创造性转换；同时，又极大地减少了变法的阻力，并为西方的法律、法学在中国安家落户、生根开花结果找到最好的本土资源，极容易为中国人所理解所接受。他不愧是移植西法西学的天才的"医学"大师，而他最锋利的"手术刀"又恰好是理论法学、法律哲学。

4. 中西比较的会通法学。在西法东渐、传统法律面临解体、新的法律体系将要形成的时代背景下，沈家本看准时机，大力进行古今中外法律的比较研究，尤其是中与西的比较研究。既比较其同，更比较其异；既比较其同异，更探究同异之故；既比较其形式，更分析其原理。"同"的发现旨在克服古今中外的对立与分裂，消除偏见，减少阻力，使修订法律成为可能，为集古今中外一切优秀的法律文明奠定共同的基础，而"异"的比较，不仅在于继承传统法律，更在于引进西方法律，不仅在于保留中国法律的特色，更在于减少中国法律的特殊性，使其更具有普世性和全球化的时代特征。他对中西法律的基本态度是："取人之长，以补吾之短。"① "我法之不善者当去之，当去而不去，是为之悖；彼法之善者当取之，当取而不取，是为之愚。"② 沈家本会通中西的比较法学具有鲜明的特点：既力主取法西方又不膜拜西方，既大力移植西法又不全盘照搬，既追求法律的全球化又不忽视本土资源，既保留传统又不拘泥传统。他的法学"有传统性而无保守性，有稳重性而无浮躁性，有建设性而无破坏性，有先进性而无冒进性"③。这在那样一个天翻地覆的剧变时代，委实不易。他作为修律大臣可谓最佳人选，也多亏清政府善于用人。

（二）法学功能论

法学的功能是无量的。如果没有一流的立法者就制定不出一流的法律，那么，没有一流的法学就不会有一流的立法者；如果没有优秀的司法官，法律就是具文，那么，没有法学就不会有优秀的司法官；如果有法而不守就混乱失序，那么，没有法学，法律就不会深入人心；如果没有学通古今、博贯中西的法学大家沈家本主持修律，没有杰出的日本法学家竭诚襄助，没有受过优良的近代法学教育的留学生从事翻译，没有谙熟中西法律的职员分工编撰，而是汇集一群由各界法盲组成的杂牌军，就不要说实现中国法律的近代化，就是古代的法律也要被糟蹋。

沈家本对法学的巨大功用有着十分清楚的认识。他时常称西方国家为文明国家，称西方法律为文明的法律，并认为西方法律所以文明，有一半是"出于讲学家论说"④。

---

① 《寄簃文存·政法类典序》卷六，2241页，北京，中华书局，1985。
② 《寄簃文存·裁判访问录序》卷六，2236～2237页，北京，中华书局，1985。
③ 高积顺：《沈家本的历史法哲学》，载《法制与社会发展》，2005（4）。
④ 《寄簃文存·重刻明律序》卷六，2210页，北京，中华书局，1985。

"一半"是否精确，姑且不论，法学家的法学学说对西方法律文明的巨大影响是无可置疑的。罗马法的复兴离不开法学家的论说，洛克、孟德斯鸠等人的学说对西方法律文明产生了并且至今依然产生着重大影响，其威力之大不亚于自然科学的功臣们所制造的原子弹。这是符合西方实际的论断，不是主观上的武断。法学不仅对西方的法律文明产生重大影响，对西方的强盛也发挥了不可估量的作用。他说："泰西各国当中土周秦之世，学术称盛，而希腊、罗马亦师儒相望，已为后世诸家专门之祖。十九世纪以科学大明，而精研政法者，复朋兴辈作，乃能有今日之强盛，岂偶然哉！"① 非但欧洲，亚洲的日本更是个典型。日本原是个弱小、贫穷、落后的国家，"明治维新"后则迅速崛起，成为称霸亚洲、称雄世界的强国。日本何以由弱而强，重要原因是："其君臣上下，同心同德，发愤为雄，不惜财力以编译西人之书，以研究西人之学，弃其糟粕而撷其英华，举全国之精神，胥贯注于法律之内，故国势日张。"② 强有强之道，弱有弱之道，强弱各有其道。日本弱而能用强道，所以由弱致强。强道无他，只是举国之精神全都集中于法律而非集中于任何个人或组织；也唯有法律才能集中举国之精神，同样不是任何各人或组织。日本何以有这样的精神、这样的法律？无他，只因为编译西书、研究西学、善于取舍而已。法学孕育法律文明，有法学而后有法律文明，有法律文明而后富强。法学在西方发挥巨大作用，移植日本又在日本发挥巨大作用。在西方行得通，在日本行得通，何以在中国行不通！在中国也一定行得通。

然而，正当西方学派林立，法学大兴，讨论推究，新理日出，而日本又不甘示弱，奋起直追，掀起世界性的法学热潮之际，中国在干什么？"独吾中国寂然无闻"，非但如此，"名公巨卿方且以为无足轻重之书，屏弃勿录，甚且有视为不祥之物，远而避之者，大可怪也。"③ 致富求强，本能使然，无可非议，一个国家如此，一个民族如此，名公巨卿如此，就连婴儿也知道饿了要吃奶。然而，国家、民族、名公巨卿毕竟不是婴儿，如果将目标仅仅锁定在富强上，又与婴儿何异？求富强不行富强之道却行贫弱之道，视法学为不祥之物，而无法学的繁荣，又岂有法律的文明？无法律的文明，又岂有物质的文明？退一步，即便富强了，但缺少法学、法律文明的富强也必将物欲横流，成为滋生腐败的温床，甚至酿成反文明的灾难。可见，"名公巨卿"只能代表物质腐败，代表婴儿吃奶，根本没有资格代表法律文明。真正代表法律文明前进方向的只能是法学家，绝非名公巨卿之辈。此类顽冥不化的政治人物非但不推进法律文明，反倒亵渎、践踏法律文明。

---

① 《寄簃文存·政法类典序》卷六，2241 页，北京，中华书局，1985。
② 《寄簃文存·新译法规大全序》卷六，2242 页，北京，中华书局，1985。
③ 《寄簃文存·法学会杂志序》卷六，2244 页，北京，中华书局，1985。

从上述可以看出，沈家本最关心的不是将科学技术转化为生产力，而是将法学转化为法律的力量、制度的力量、思想的力量、文明的力量。他要建立的是法学大国、法律大国、宪政大国、文明大国，而不是单纯的科技大国、经济大国、军事大国，更非专制大国。他要实现的是法学的近代化、法律的近代化、制度的近代化、文明的近代化，而非单纯的物质近代化。他不是把发展经济作为硬道理，而是把繁荣法学、建设法制作为硬道理。他走的不是经济救国、科技救国、军事救国的道路，而是法学救国、法律救国、宪政救国、文明救国的道路。他要与西方国家比精神文明和制度文明，而不是拼实力。他的这个信念越来越坚定，临终前，当得知中辍的法学会复会时，竟不顾老病缠身，欣然命笔，满怀信心地写道："自后吾中国法学昌明，政治之改革，人民之治安，胥赖于是，必不让东西各国竞诩文明也。"①

(三) 法学出路论

法学研究不可回避西方的政治。沈家本认为西学西法与西政密不可分，甚至是合为一体的，没有西学西法就没有西政，同样，没有西政也没有西学西法。因此，欲取西方之法，却"不深究其政治之得失，又乌乎取之？顾欲究各国之政治，必先考各国政治之书，非亲见之不能得其详，非亲见而精译之不能举其要"②。政治与法律是要害问题，也是最难解决的问题，它的解决意味着中国传统法律的根本性瓦解。中西法律有众多差别，但最大的差别就莫过于政治与法律的关系。是政治服从于法律，还是法律隶属于政治？这不仅仅是中西地域性差别，也是法律发展史上的时代性差别。能否处理好二者的关系，事关能否实现中国法律的近代化，决定中国法律所处的历史时代。西方之政是立宪之政，分权之政；西方之法是分权之法，限政之法；政依法而立，依法而治，先法后政，法支配政，政服从法。此政可简称为"法政"，或曰宪政，用沈家本的话说是"纯以法治"。中国则相反，中国之政是帝王之政，集权之政，专制之政。法依政而定，依政而行；法从属于政，服务于政；先政后法，政大于法，立法又坏法。此法可简称为"政法"，或曰"王法"。既然西法与西政不可分，欲研究西法就必须研究西政，欲取西法就不能抛弃西政，不能用分权宪政之法来维护集权专制之政。要解决这些问题，须首先发挥法学的功用，通过法学研究，澄清事实，阐明事理，转变观念，达成共识，而后付诸行动。法学对政治有重大作用。法律文明是政治文明的保障，政治文明只是法律文明的一部分，一个置身于法律之上不受法律限制的政治称不上文明的政治，一个对政治没有约束力甚至在政治面前唯命是从、充当御用工具的法律同样不是文明的法律，而文

---

① 《寄簃文存·法学会杂志序》卷六，2245 页，北京，中华书局，1985。
② 《寄簃文存·政法类典序》卷六，2241 页，北京，中华书局，1985。

明的法律离不开法学的繁荣。那么，法学的出路何在？

沈家本通过对中国历史上政治与法学关系的考察，发现一个"旷观百世，验默治乱之原，有足令人太息痛哭"的客观定律，那就是："法学之盛衰，与政治之治忽，实息息相通。然当学之盛也，不能必政之皆盛，而当学之衰也，可决其政必衰。"① 战国之际，天下大乱，但政治无暇干涉法学，故法学最盛；秦焚书坑儒，以吏为师，故法学大衰，秦二世而亡；汉代秦，不以吏为师，故私人注律成风，法学之兴，于斯为盛，而汉有数百年之江山；明清推行文化专制，大兴文字狱，视法学为可有可无之物，故法学日衰，而明清两朝早在洪武、乾嘉时期即播下了衰败的种子。这不仅仅是对史事的陈述，也蕴涵着重大的法学思想。当政治衰败之际，无力控制法学，法学可按照自身的发展规律而兴盛起来；当政治扼杀法学之时，不但法学衰，政治亦衰，无异于自杀。欲兴法学，法学须首先从政治中解放出来，获得独立，不充当政治的御用工具，不做政治的牺牲品；政治若放弃自杀的举动就必须放弃对法学的控制，不凭专断权力对法学学术进行政治裁判。政治靠的是力，求的是利，而法学求的是真，讲的是理。以政制学，以力压理，以利对真，则真难求，理难伸，学必衰。一个不真无理任力求利之政，迟早灭亡。沈家本痛心疾首地说："自来势要寡识之人，大抵不知法学为何事，欲其守法，或反坏之，此法之所以难行，而学之所以衰也。"②

然而，法学从政治中独立出来，并不意味着为法学而法学，躲进书斋从事所谓的纯学术研究，任政治天马行空，我行我素。从法律的角度研究政治，将政治纳入法律轨道，对于法学来说，责无旁贷。政治不可为了利而对法学用力，而法学则完全可以且有责任为了真理而对政治讲真理。政治对法学提供的真理，非但不得视作不祥之物，也不能置若罔闻，必须化法学真理为政治权威。只有这样才能做到法学与政治两全其美。因此，沈家本说："政与学为一途"，必须"本一代之治以为学"，"本一代之学以为治"。③学非空谈，须以治为本，本治为学；治非乱治，须以学为本，本学为治。并呼吁"天下之士，群知讨论，将人人有法学之思想，一法立而天下共守之，世局亦随法学为转移"④。这就彻底否定了"以吏为师"的文化专制主义传统，完全颠倒了法学隶属于政治的关系。政治非但不得左右法学，相反，法学应当引领政治。这实际上是一条法学自由的道路，是一条宽广而光明的道路，可谓利在当代，功垂千秋。

---

① 《寄簃文存·法学盛衰说》卷三，2143 页，北京，中华书局，1985。
② 《寄簃文存·法学盛衰说》卷三，2144 页，北京，中华书局，1985。
③ 《寄簃文存·政法类典序》卷六，2241 页，北京，中华书局，1985。
④ 《寄簃文存·法学盛衰说》卷三，2144 页，北京，中华书局，1985。

五、结　语

就特定的历史条件和个人的作用来看，沈家本所作的三大课题虽不能说是十全十美，也可以说是相当完美了。然而，他的课题是时代的课题，不可能仅凭一人之力而在极短的时期完成，需要一代又一代人的不懈努力。

（作者单位：苏州大学法学院）

法律文化研究 第三辑（2007）

外国法律史专题研究

中国人民大学法律文化研究中心
曾宪义法学教育与法律文化基金会

张彩凤

英国宪政：文本与结构形态考

　　根据事物的一般原理，每一种政制都有其旨在完成自身目标的独特的内在结构和内在运动原理，对英国宪政特定的内容及精义的理解在求助于历史①的同时，结构视角也是必需的。因为某种发展路径及意义总是由形成过程中特定的范畴架构和形态来体现和表达。在当下，英国宪政仍旧属于一个被解释的概念而不是用来解释的概念，是被思考的材料而不是思想的工具和根据。下面将对英国宪政体制中主要的规范秩序形态即文本渊源要素和结构要素进行粗略考察和解释，以期证实世界将会被多样化表述和理解的可能性。

---

　　① 参见张彩凤：《走向宪政：英国宪政的缘起及演进考察》，载曾宪义主编：《法律文化研究》，第二辑，230～254 页，北京，中国人民大学出版社，2006。

一、英宪文本形式扫描：法律有限理性①的展示和克服

作为"近代宪法之母"的英国令世界为之一叹的是迄今为止无一部系统完整的成文宪法而是坚持一以贯之的不成文文本形式，被冠以"柔性宪法"。这种样式可谓法律有限理性充分展示与克服的经典，是一种侧重关注结构功能主义的宪政规范风格，是历经世风人情、不断演化的产物。

英国宪法规制构成极为复杂，主要由三部分构成：规范性宪法文件、不成文宪法惯例和宪法判例。同时，规范政府机构职能及其活动的行政法一向被认为是"动态的宪法"②。基于其宪政实践，英国宪政的法律渊源主要是议会法案、普通法和习惯法。其一，规范性宪法文件，是议会在各个不同历史时期通过的有关宪法性安排的成文立法。③ 这些成文宪法在数量上仅占全部宪法的一小部分，起着显在的宪政规范框架和原则作用，同时，也是一种议会主权和基本人权的显明声张。特别需要说明的是，于2000年10月2日生效的1998年《人权法案》对英宪产生了实质性影响，当然，其有效性还得假以时日。④ 其二，宪法惯例，是那些未经国家立法规定、但却在国家政治法律生活中对各权力机构作出制度性安排、起着宪法作用并得到社会认同的制度和准则。⑤ 这些具有历史因素、对政治生活产生重大影响的宪法惯例在英宪中占有很大的比

---

① 有限理性强调的是依赖经验的"摸着石头过河"的进化路径，在不断的重复、检验、试错的演进过程中进行规则的优胜劣汰，这种源于细小生活的规则虽缺少严密的理性逻辑却对生命的价值和意义尤为关注，它展示了人的社会生活的多态化及微观的实践结构和活动机制。参见［德］文德尔班：《哲学史教程》上卷，罗达仁译，31～34页，商务印书馆，1987。

② 值得深思的是，英国学者们往往将宪法和行政法这两种法律放到一起加以论述，甚至多数大学法学院的教科书也是这样处理的。

③ 主要有1215年《大宪章》(Magna Carta)、1628年《权利请愿书》(Petition of Right)、1679年《人身保护法》、1689年《权利法案》(Bill of Rights and Claim of Right)、1701年《王位继承法》(The Act of Settlement)，以及其他重要的宪法性文件：1707年《与苏格兰联盟法》(Act of Union with Scotland 1707)、1832—1884年《改革法》、1911年和1949年《议会法》(Parliament Acts)、1918年和1928年《人民代表法》、Statute of Westminster 1931年，1888年、1924年、1933年和1972年《地方政府法》、1937年《国王大臣法》、1947年 Crown Proceedings Act 1947，Representation of the People Acts 1949 and 1969，European Communities Act 1972，以及1998年《人权法案》等。

④ 这种影响也包括它所确认的《欧洲人权公约》中对英国法律有较深渗透的"公约权利"部分。其主要的宪法影响为：为立法的司法解释及其适用提供了要求协调性的新基础；对立法及其程序上以"一致性"有所限制。See Vernor Bogdanor, The British Constitution in the Twentieth Century, *The British Academy 2003*, pp. 60—61.

⑤ 参见［英］戴雪：《英宪精义》，雷宾南译，423～424页，北京，中国法制出版社，2001。如有关国王的权力、内阁和议会关系的原则；经两院通过的立法成为法律时须国王的同意且必须同意；内阁的产生、权限、活动原则及责任义务；议会的组成、议案的表决、议长和大臣的资格、内阁集体向下院负责、内阁有权请求女王解散议会；政党议会席位的比例分配；议会不得对在任法官的职业行为置疑；文官政治中立；派往欧共体的代表应选自执政党和反对党等。至于惯例的类别，See Vernor Bogdanor, The British Constitution in the Twentieth Century, *The British Academy 2003*, pp. 37 - 42.

重，它的便利性行动空间在很大程度上决定着宪政的安排与运行。其强制力来自公众舆论、社会执著的自由民主期待及传统宪政精神。① 其三，宪法判例，是英国高级法院基于普通法和法律解释所作的有关宪法性案件的判决②，这些重要的宪法判例构成英宪的主要内容。其四，重要的行政法制度及行政法原则。形成于第二次世界大战后的英国行政法是有关政府构成、关系、权限、行为及其活动的法。就其价值倾向和目的性而言，被视为"动态的宪法"不是没有道理的。③ 无疑，我们肯定会同意韦伯的观点，英国宪法，不仅在一般法律形式和效力渊源上，而且，在其宪政规范结构层面，也是形式非理性的，同时，是经验的、程序性的。按照用以研究稳定的、制度结构的功能主义理论视角，不管是显在的还是潜在的部分，不管是一元的还是多元的，都对制度整体发生着程度不同的作用，这种作用也许是外在的、可以意识到的，也许是内在的、未能意识到的。而且，对各个部分而言，其发挥作用的过程也是不同形式能量转化的实现过程，这种功能的发挥和能量的转化，有时是持续的、平均的，有时是间断的、瞬时的，也许，显在的形式的功能还不及潜在形式的功能，多样化的、经验性的渊源胜于单一性及过分强调形式理性的渊源，因为这种不拘泥于传统教条、与现实有着很大相关性的样式似乎内含着一种可能解决问题的想象力，是法律有限理性的展示和克服。对英国宪法的认识，很难以理性规范主义的理论范式去图释，而只能以结构功能主义理论加以理解。也正是通过这种功能主义理论模式可以解读其导致这种宪法情结的保守主义意识形态。

上述多样性的宪法渊源的重要性，不在于在规范层面为英国提供了一套稳定、客观、动态发展的宪政规范架构事实，而是在于这一独特性宪法文本形态，经典性地展示了以不完整的经验材料、分散的知识及人的无知为基础的法律的有限理性和实践原则，以不经意的中庸姿态推出一些不甚符合逻辑的历久弥新的治国原则，凸现和检验了浸淫于历史之中的不列颠传统的理性经验主义哲学理念和深厚的宪政法治理论④ 及其务实宽容的民族精神。对英国人而言，政治道德价值是在行动中，而不是在精心设计、完美表述的典籍中。布局国家政治结构及其权力运作机制的英国宪法独特的法源构成及其多样化表现形式注定了会在宪政和法治中大显身手，规定了英国宪政的功效及其发展模式，进而对自由法治社会的形成与发展发生了强烈的影响。在此，需要进一步解释的是：

---

① 参见［英］戴雪：《英宪精义》，雷宾南译，438 页，北京，中国法制出版社，2001。戴雪认为，宪法惯例或宪典不是法律，不能被普通法院强制适用，但具有法理意义上的和实践意义上的法律效力的力量，"宪典所有效力几乎可以企及法律所有"。

② 如法官的某些豁免权、司法机关的审判权及司法独立、公民言论和集会自由权及其他权利等。自从 1973 年以来，这种法源中包括欧盟法院（European Court of Justice）依据欧盟法作出的判决。

③ 如重要的行政法制度有：政府制度、文官制度、公法人制度、委任立法、行政救济制度、行政责任制度等。其对行政法起着重要的支配作用的行政法基本原则有：议会主权原则、法治原则、越权无效原则和自然公正原则。

④ 参见张彩凤：《英国法治研究》，75～193 页，北京，中国人民公安大学出版社，2001。

第一，其宪法的柔性（flexible constitution）含义不只是指其不成文表现形式、渊源内容的散乱多样和修正程序及效力与普通法的等同性，恐怕主要说的是因其主体形式的不成文、内容的不确定及其发展的历史延续性而孕育并显现其极富弹性、能动和强大的社会适用功用的宪政机制和普通法精神。詹宁斯将这种灵活实用的宪法制度比作是随着时间"一直生长着的房子，不断地增扩、修缮和部分地重建，使它在世代相传中不断更新，却从未被夷为平地，在新的地基上去重建"。它应政治和经济改革的要求，经数个世纪的审慎选择和各种政治力量的相互碰撞，对"权力进行不断改造、变革和改变分配过程的结果与延续"①。在这里，从历史走来的东西因此变得重要起来。雷宾南认为，英宪有四大特性和原创性即：软性、守旧精神、继续性和名实相符性。②

第二，支配这种渊源样式的是英国长期奉行的理性经验主义的科学发展观、宽容的价值观及对传统的几近信仰的尊崇心理。孟德斯鸠曾说过："人们从未克服过的错误，莫过于想将人类的情感简化成体系。"③ 人的情感的确是难以被归纳成普遍命题的。洛克之后的英美人深信法的生命在于经验，人的自由权利是先于国家和法律的，不是任何法律所赋予的也非法律能剥夺的，无论你宣告也罢（成文宪法④）不宣告也罢，它都实实在在地存在着并充当立国和立宪的基础，是国家行使权力的根据。况且，英人相信的是参与对话协调机制和相互承认恪守兑现，关心的是如何恰到好处地行动和相互信任，而不是制定一部中看不中用、所谓放之四海而皆准的"根本大法"。戴雪说："从来政府以一纸公文宣布人身自由应有权利的存在，并非难事。最难之事是在如何能见诸实行。倘若不能实行，此类宣布所得无几。"⑤ 詹宁斯也认为："一个国家的宪法，不论其为何物，都是建立在默认基础上的，宪法性法律和宪法惯例实质上是一致的，尽管它们存在着一些无关紧要的区别。"⑥ 遵循洛克传统，戴雪强调，人的自由权利不是宪法赋予的而是实施宪法和法治的根据。这种观念尽管在现代发生了变化，但全国人民一律受制于至高无上的普通法并一律由普通法院管辖的民族法律意识及对普通法院司法体系高度尊崇的传统已根深蒂固，要想成就一部早已有人呼吁的统一的所谓"刚性宪法"（rigid constitution）真是难于上青天。

第三，在英人心目中，其宪法这样"一个最善最美的人间造物"产生于英人的惯于

---

① ［英］詹宁斯：《法与宪法》，龚祥瑞、候健译，6 页，北京，三联书店，1997。
② 参见［英］戴雪：《英宪精义》，雷宾南译，13 页，北京，中国法制出版社，2001。
③ M. H. Barckhausen, ed. *Pensees et fragments de Montesquieu*, Bordeaux, 1901, p. 36.
④ 尼采说："难道你们的意思是，这种大吼就意味着正义吗？"［德］尼采：《人性的，太人性的》，杨恒达译，241 页，北京，中国人民大学出版社，2005。
⑤ ［英］戴雪：《英宪精义》，雷宾南译，262 页，北京，中国法制出版社，2001。
⑥ ［英］詹宁斯：《法与宪法》，龚祥瑞、候健译，242 页，北京，三联书店，1997。

在实践中求真的政治天性。[①] 在苏格兰道德哲学家看来："既成的由惯例、习俗和建制所构成的生活关联，是无法根据形式法的概念来进行重构的。"[②] 一个伟大的化学家曾说，他的荣誉一半来自他对那些即将扔掉的实验废料不断进行检验的习惯。[③] 可知，真理的因素多半是包含在一些不起眼的反复的行为中。至少在理论上，英国宪法的这种罕见的独特模式必定是适合其政法体制、历史传统及鲜活的生活的。对此，其长期稳定有序的发展环境和不斐的经济、科学文化成就是最好的说明。

最后，所有上述英宪渊源是由极富构成性意义的普通法自由理念所规定，在流动、开放、公开和不断博弈、协商的过程中形成、发展的，正是这一普通法自由理念使生活于这一政治共同体的所有诉求能够得以沟通，人人能够宽和地讨论与自身有关的利益问题。哈贝马斯说："利益要能够通过普遍化行为期待而得到长期满足，就必须与为规范之有效性主张提供辩护的理念联系起来；而理念要在经验上加以施行，就必须与赋予其推动力的利益联系起来。"[④] 由于调整宪法利益关系的一些原则和制度主要是在政治民主化实践中通过惯例和判例的发展确立起来的，这种宪法渊源因糅合了"确定性与进化力之双重功能"[⑤]，在实际运作中既有保护利益、伸张切实可行正义之空间又具发展法至上原则之界限。尽管，因其不甚明确而必然带来一些需要改善的问题，如无确切的公民权利成文保护法（1998 年《人权法案》弥补了此缺陷）、宪法的增补或修正无一定常规、无审查违宪立法行为的法律依据和专门机构等。当然，英国的法院是非同寻常的，只要它们愿意，可以适用或消除一项它们所认为的与司法正义相一致或相抵触的议会立法而无须宪法依据。

二、英国宪政结构叙略：道可道非常道

起源存在一个通过商谈产生的政府，那么，任何国家都不可能成为一个一流的国家。程序型商谈民国政制安排基本体现了古典自由主义分权制衡原则，但这一原则是以其独特形式和丰富内涵加以显现的，是一种典型的相对混合式的权力结构及分配机制模式，故曰"道可道非常道"。在此语境下，意指凡是有规可循的道，便不是不变的永恒之道，三权分立在英国不是一种教义化的观念和教条原则，而毋宁是一种因地制宜、灵活机智的政治智慧，一种非常开阔务实的问题意识。

---

① 参见 [英] 戴雪：《英宪精义》，雷宾南译，86 页，北京，中国法制出版社，2001。
② [德] 哈贝马斯：《在事实与规范之间》，55 页，北京，三联书店，2003。
③ 参见 [英] 白芝浩：《英国宪法》，夏彦才译，197 页，北京，商务印书馆，2005。
④ [德] 哈贝马斯：《在事实与规范之间》，84 页，北京，三联书店，2003。
⑤ [美] 罗斯科·庞德：《普通法的精神》，唐前宏等译，128 页，北京，法律出版社，2001。

第一，英国政制结构安排基本上是一种"洛克式"的均衡解。① 这种经历代反复博弈而获得的均衡解以其颠扑不破的"稳健性"、"潜在的协调统一性"避免了不和谐的政治危险的出现。② 作为英国革命政治妥协之产物，其君主立宪政体③ 鲜明的特征是：宪法、虚君、代议制政府。在讨论法律与政体的关系时，孟德斯鸠认为，由全体人民或仅一部分人民握有最高权力并实行法治的政体是共和政体，英国的君主立宪共和政体是最好的政体，因为它是一个以确保政治自由为目的的分权和法治的王国。④ 这是一个建立在宪法之上的"裹着君主制外衣的共和国"，一个"在君主国的褶皱里潜滋暗长起来的共和国"⑤，一个权利与权威相结合且将公民的自由权利置于优先保护和发展的、"天下为公"的自由法治共和国。我们在英国的宪政安排构成要素及实践中确实不难发现，其政体构成的显著特征是，其一，英王的独特性。依据英国宪法，名义上最高国家权力⑥ 由君主一人执掌，所有的国家行为均以英王名义进行。但资产阶级政权下的英王已失去其古时期曾经的权威和辉煌，在宪法和法律的制约下，他（她）已由一个革命前的"绝对君主"成为现代"统而不治"的"虚君"。作为一国之君，其职能仅仅是国家尊荣和民族统一的象征。这是一份英国难以舍弃的高贵和神圣的民族情结。依据在长期的宪政斗争中所形成的宪法惯例及民众情感，"今天，在民主制的英国，人们仍然承认国王专有权的重要性，特别是在外交事务和国防、控制外国人以及国内秩序这些领域。"⑦ 虽然，英国君王的权力主要是礼仪性和名义上的如商量权、奖励权和警告权而非实质性的，但至今，君主制仍无废除之意，恐怕英王实际的重要性主要在于她的超然性，这表现于社会认同心理和民族依赖情感上，是"荣誉的源泉"，其广泛的社会基础不容低估。其二，国家权力的组织因其不同的职能虽大体上可以区别开来，但始终并非是严格意义上的三权分立，在其各自职能的实现和运作过程中，表现出的却是"混合式"或"均衡式"的政体组织模式。这种政体设计及宪政过程模式，虽有着历史的、传统的因素，但不乏理性和智慧。英国宪法学家韦德在对美国和法国等国的宪政比较讨论后说，在任一种政治制度中，无论是理论上还是实践中，权力的完全分立是不可能的。⑧ 对此，维尔

---

① 一种政治参与者之间稳定的、可预测的权力互动行为结构模式，是在政治博弈过程中形成的具有动态平衡机制的政治生态，它以反复博弈过程中获致的相对确定性克服生活变数或不确定性。

② 参见［英］白芝浩：《英国宪法》，夏彦才译，137 页，北京，商务印书馆，2005。

③ 1688 年"光荣革命后，英国建立了近代世界第一个君主立宪共和国，这一政体制度由 1689 年《权利法案》和 1701 年《王位继承法》加以确立直至今天"。

④ 参见［法］孟德斯鸠：《论法的精神》，上册，张雁深译，8 页，北京，商务印书馆，1995。

⑤ ［英］白芝浩：《英国宪法》，夏彦才译，95 页，北京，商务印书馆，2005。

⑥ 经世袭终身任职的英王既是国家元首又是政府首脑，同时，是立法机关的一个重要组成部分。

⑦ ［英］维尔：《宪政与分权》，苏力译，311 页，北京，三联书店，1997。

⑧ E. C. S. Ward and G. Godfrey Phillips, *Constitutional and administrative law*, Ninth Edition by A. W. Bradley, Longman, 1977, p. 48.

也认为:"纯粹权力学说隐含着的是,可以在政府的各部门之间对政府职能作独到的划分,做到任何部门都不再需要行使其他部门的职能。在实践上,这种职能划分从来也没有实现过,即使可能,事实上也不可欲,因为它将涉及政府活动的中断,而这是无法容忍的。"① 其三,这一安排是三种社会力量要素博弈下的平衡和统一:君主制因素、贵族制因素和民主制因素。一个源于英国实践"良好的整体不只是建立在不回避三个组成部分抵消的缺陷基础上,而且是建立在利用这些相互抵消的缺陷基础之上的"②。英国的政体设计和宪政安排选择表现在逻辑和实践上,基本上是由洛克理念构造的而非孟德斯鸠式的,这是一种使各权力出于平衡,不同利益得以实现的诸条件、诸关系、诸价值及其过程中能动、有张力且不断博弈的均衡模式。

第二,这一均衡皆由立法权力与行政权力的博弈所展示。在法理上,实行代议制的英国,其议会由英王、上下两院组成,女王只是宣告议会的召开和解散,经两院通过的立法成为法律时须国王的同意且必须同意。③ 其一,议会最为重要的职能是经对话磋商妥协而立法。从严格的法律意义来讲,英国实行的是议会君主立宪制度,议会取代国王成为国家最高权力的中心即议会主权原则(parliamentary supremacy)。代表国家主权的最高权力即立法权由经人民普选的下议院不受限制的行使;议会制定法律或修改法律不受任何限制,议会立法是最高的法律,政府授权立法或委任立法不得与议会立法相抵触;行政机关和法院对议会制定的法律须无条件服从而无权加以否决。其二,除立法权外,议会还握有财政权和监督权、审判权以及推出政府任免权。④ 上议院是英国行使本土民刑事终审权的最高法院。英国议会的重要性还在于"是一个辩论和批评政府的场所,是主要的自治工具"⑤,其三,代议制下产生于议会的内阁政府须依据议会主权原则集体对下院负连带责任。宪法提供了这样一个"行政权和立法权紧密的奇妙结合甚至完全融合"的框架,在这个框架内,实现政府对人民负责,这是"英国宪法有效的秘诀"⑥。在此,"有限政府"、"责任政府"等词含义丰富,并有多种表现形式。而我们主要关注的是因其权力基于"被授予"而负有两种重要的宪法责任:即表现于政府与国会

① [英] 维尔:《宪政与分权》,苏力译,303 页,北京,三联书店,1997。
② [英] 白芝浩:《英国宪法》,夏彦才译,55 页,北京,商务印书馆,2005。
③ 参见 [英] 戴雪:《英宪精义》,雷宾南译,430~431 页,北京,中国法制出版社,2001。
④ 依法财政议案在下院提出,对下院通过的一般议案,上院无权否决,只有权将议案拖延一年生效;而对于下院通过的财政议案,上院只能拖延一个月生效。可见,通过世袭、册封和推选产生的贵族、大主教和主教充任的上议院只具有对下议院通过的"议案"的"延搁权"、司法审判权(是联合王国最高上诉法院)、审议授权立法和组建调查委员会的职能。就下议院拥有的监督权,是针对政府的行政行为的,其主要的监督手段有:倒阁权、质询权、调查权和弹劾权。
⑤ [英] 詹宁斯:《法与宪法》,龚祥瑞、侯健译,196 页,北京,三联书店,1997。
⑥ [英] 白芝浩:《英国宪法》,夏彦才译,62 页,北京,商务印书馆,2005。

之间政治关系的政府对国会的政治责任和内阁政府及其官员因其行政行为而发生的法律责任，英国政府从属于议会，行政权来自议会的授权，内阁大臣全部来自议会议员，议会通过授权法，明确规定中央政府及其各部和地方的立法权限及其行为模式，并对这一权力的行使予以议会调查和质询的监督。法律责任主要通过法院加以执行。政府必须在议会所制定的法律和授权范围内活动，在其行使权力过程中，无权违反法律要求，无权作出与议会法律相抵触的行政行为，若超越其法定权限，其行为即为越权。英国行政机关无效越权行为原则在理论上表现于实体上和程序上的越权。如依据判例法，超越管辖权范围的行政行为、不履行法定义务的行政行为、滥用权力的行政行为和其行政活动记录中所反映出的法律错误等为无效的越权行为。程序上的越权行为是指行政机关的行政活动违反了制定法律规定的程序规范，如通知、调查等诸多行政程序。依据越权无效的行政法原则，可通过行政救济和司法审查撤销这一行为。但是，"内阁在重要的场合可以以内阁辞职或解散议会相要挟，以迫使议会通过立法"①。现代议会立法的大量议案是由内阁提出的，政府又在下院拥有多数，女王的同意也是基于内阁的意见而作出的，立法势必受到行政的牵制，从而行政可以控制议会的立法和社会决策权。而且，内阁及其各部通过"授权法"，可以制定行政法，行使某种立法权。② 但是，宪法惯例使得下院拥有倒阁权，下院一旦提出不信任动议，内阁须辞职。议会必须服从选民，其立法行为得服从自然正义原则和道德、英国国情、欧共体的立法。事实上，在现代英国政制中，由于内阁制与政党制的密切关联，议会和政府统统由执政党所控制。

第三，这一均衡皆由立法权力与司法权力的博弈所展示。虽主张法官和司法权是独立的，但所有的法官都由大法官和首相推荐、政府任命。大法官有权参加议会立法，但在议会发言中仅限于法律事务。在法理上，法院只行使司法审判权，但事实上，英国高级法院的法官制造的判例法是主要法律渊源。"只要是在一个普通法国家，当一个法官处理一个案件时，他是在将法律适用于一个具体案件，是在'审断'或决定将适用的规则的性质，同时，也是在创立一个将为其他法院所遵循的先例。因此，这位法官必然行使全部这三种职能。"③ 法院有权控制授权立法的范围。法院传统上无权审查议会立法

---

① ［英］白芝浩：《英国宪法》，夏彦才译，68页，北京，商务印书馆，2005。

② See e. g. A. H. Birch, *Representative and Responsible Government*, pp. 17 - 21. E. C. S. Ward and G. Godfrey Phillips, *Constitutional and administrative law*, Ninth Edition by A. W. Bradley, Longman, 1977, p. 97. 依据惯例，内阁产生于议会，由下议院中多数党组成，首相是该多数党领袖，在大选后由英王任命，首相经英王授权组阁，由他提名的阁员和政府要员都来自该党议员并由英王任命。内阁即政府核心实行连带责任制并向议会负责。下议院若对内阁投不信任票，内阁须集体辞职；内阁成员就其职务行为对英王负责。内阁的权力范围无明确的制定法规定，依据宪法惯例，其主要职权为：制定并向议会提交政府政策、负责执行由议会通过的法律和政府政策；协调和确定政府各部的职权关系及其范围、非常权力。它还拥有搁置性否决权和申诉权。

③ ［英］维尔：《宪政与分权》，苏力译，303页，北京，三联书店，1997。

的有效性（现因 1998 年《人权法案》有了审查的依据），但却可通过裁决影响立法，而立法可修正或废除判例法。而且，赫赫的最高法院尽然"隐藏在立法机构的礼袍"中。同时，英国律师依法可以竞选议员，但若成为法官便不得再任议员。

最后，这一均衡皆由行政权力与司法权力的博弈所展示。依据议会主权原则，英国的行政权与司法权都从属于议会立法权，其一切活动必须服从法律。法官虽经行政任命但在人事和财政上不受制于内阁，高级法官享受的是高薪制且是终身任职的。政府的法律责任通过法院加以执行。行政案件犹如刑事和民事案件一样最终经司法审查由普通法院管辖和裁判，即实施的是"同一法院同一法"①。"在英国，从实际上由法院和行政机构行使的职能的性质或实质的意义上去区别'司法'职能和'行政'职能乃是极不可能的，如大法官就是一个难以说清楚的角色。最多只能说，法院更多地涉及法律问题，而行政机构更多地涉及自由裁量。同样，在议会的职能和行政机构的职能之间作出精确的区别也是不可能的，这主要是由于这样一种情况：议会通过立法可以为所欲为，而行政机构的大部分权力都来源于立法"②。

这种在一定程度上相互结合又相互制约不断博弈的独特的权力安排模式，既是分权原则的产物，又体现其灵活实用、多元均衡的历史传统和哲学思想，它通过这一灵活而不拘一格的所谓"极富生命的有机体"使国家权力达致分散而重合作、独立而重牵制的独特模式，从而实现了代议民主、多元化权力的不列颠宪政精神，体现了其不在乎制度是否整齐划一或富有哲理而注重的是类似的实例、切实的方法和制度的延续性及其实际功效的理性经验主义。"一个政府体制，如果要满足这些要求、要回应各种价值，回应其职能性和结构性标准，就一定要努力调和新旧结构和程序。要在关于政府性质的不同观点间保持平衡，控制职能是与协调职能同等重要的。"③

这也正是其宪政法治得以实现的重要机制，它通过规范国家机关之间权力的合理分配、行使和监督，以权制权，进而构建起其独特的宪政体制。这些首先产生于英国的宪政制度和原则型塑了现代资本主义民主法治社会。

三、英国宪政形态：程序型商谈民主

"如果不存在一个通过商谈产生的政府，那么，任何国家都不可能成为一个一流的

---

① 英国大量的行政案件虽由不同种类的行政裁判所裁决，但其终审权握在普通法院手里，而且，普通法院对越权的行政行为和行政裁判享有司法审查权。

② ［英］詹宁斯：《法与宪法》，龚祥瑞、侯健译，北京，203 页，北京，三联书店，1997。

③ ［英］维尔：《宪政与分权》，苏力译，335 页，北京，三联书店，1997。

国家。"① 程序型商谈民主宪政模式强调的是：所有有意义的交往行动的基础是对话，而对话须在一定的方式、手段或技术层面合法展开，以确保对话的共识性、有效性和试错性。

第一，英国宪政过程显示出的"共识原则"（British Consensus）是在民主协商程序的有效性中实现且受到生活世界的检验，是一种"行动共识"。其一，"政治决策的合法性来源不是预定的个人意志，而是它形成的程序"②。英国历史形成的诸多程序及其有效性都是"共识原则"赖以确立的技术保障。程序是由交往行动导致的，程序的有效性又规范且确保了交往行动。而且，由交往行动导致的程序是基于一种由主体间承认的共同理念和价值共识上的，也即，这种有效性最具决定性的是在每个交往行动背后所存在着的可作理性讨论的"背景性"制度和理性安排理念。③ 可见，由交往行动导致的英国宪政制度安排及其程序是基于一种由主体间不断试错、不断承认、能够使政治世界互动得以可能的共同理念和价值共识之上的，从而通过共识保障、有效性的程序以及平均可期待的事实性遵守使得一种自由宪政得以可能。在交往行动及其有效程序中推出的"共识原则"被认为是英国宪法的基本原则。其政治经验使英人相信，在民主的、有效程序的保障下，"在协商与妥协之中，一切重要问题都能得到圆满解决。这种经有效程序确保的对话共识实在是政治传统所以能够产生以及所以能够发生制约效力的重要原因"④。其二，在制度性事实层面，商谈式民主模式强调程序民主和程序法治，即宪政的民主法治实践性和程序技术性。英国宪政制度性事实来自于长期的政治行为习惯即商议性民主活动，这种协商性民主极富建设性，因为其理念、程序及行动既不是外部强加的，也非体制权力中心设计的，而是来源于社会生活情景内部，生成于自然的、非理性的人与人的社会互动过程中。英国历史形成的诸多制度和程序，如议会程序、政党程序、政府组织和活动程序、司法程序⑤ 以及选举程序都是产生于由高度实践传统性、经验性知识所保证的政治法律交往行动过程中，这种共同行动程序却是以非理性的"感

---

① ［英］白芝浩：《英国宪法》，夏彦才译，52～53 页，北京，商务印书馆，2005。
② ［美］詹姆斯·D·费伦：《作为讨论的协商》，王文军译，载陈家刚选编：《协商民主》，19 页，上海，上海三联书店，2004。
③ 协商式民主是哈贝马斯基于其沟通行为理论而提出的一个概念，这一民主立足于现代语言哲学，在语言层面以交往的本我和他我语言上的共同性、理解交往性来论证主体间的互动有效性。参见［德］哈贝马斯：《在事实与规范之间》，童世骏译，356 页，北京，三联书店，2003。
④ 龚祥瑞：《比较宪法与行政法》，97 页，北京，法律出版社，2003。
⑤ 如：古今出庭状的全部历史至足以解证一种倾向，即是：在英宪之下，法律的全副精神注意救济方法。这是要说，法律务须有一定方式进行，然后法律下之权利方见尊重，然后名义上的权利可化成实在权利。参见［英］戴雪：《英宪精义》，雷宾南译，261 页，北京，中国法制出版社，2001。

觉"为基础产生的。① 在这里，合法程序是由生活世界的交往行动导致的，程序的有效性又规范且确保了交往行动的有效性。其三，现代英国程序型商谈民主结构模式是长期演化而成的，其形成与发展有赖于英人共同的自由政治交往行动。英国宪政的形成与实施在一定程度上是在一种相互尊重的民主、开放、平等讨论和理性协商的程序下进行的，其政治民主制度化成功决定于其历史形成的程序主义法律技术优势，同时赋予其宪政以程序正义的特色。20 世纪 70 年代后期，美国法学家诺内特和塞尔兹尼克从法律与社会的互动关系入手，提出三种法的类型②，其中，回应型法注重的是过程机制、自我矫正机制和互动程序及其程序合法性，体现了主体间性理论。而哈贝马斯为了解决现代性危机从现代法的事实与规则二元性及其事实性与合法性的紧张关系出发，利用其沟通和话语理论，系统分析了理性法哲学和实证法哲学，并结合司法实践经验进行研究，提出三种法范式③，其中，程序法范式是一种更高层面寻求的法范式，是在前两种法的基础上的现代推进。这种法范式主要强调的是公众参与下的政治和法律的沟通，也就是说，通过一种合法有效的程序性的民主协商，公众表达其需求与愿望，主张其权利，并澄清和解释存有争议的法律准则和标准，便于对处于同一情景下的社会成员以同样的标准和准则以同等对待，或对不同情况区别对待。④ 程序主义法范式是对主体间性的认识论范式的法学回应。它主要是意图在政治法律层面处理私人自治和公共自治之间的关系。因为"政治运用交往自由之获得平等的法律保障，要求建立一种使商谈原则得以运用的形成意见和意志的政治过程"⑤。只有将公众的参与合法化、程序化且引入权利系统，在相互沟通的过程中，使公民成为法的创制者和适用对象。这种法认识论与价值多元化的现代社会是相吻合的。这种沟通或程序范式其革命性或突破性主要在于，将人本主义哲学的主体间性认识理论引入宪政过程，将沟通理性和平等自由对话协商的特质赋予现代民主法治社会。

第二，英宪所展示的有限理性，既是其立宪主义的稳定性和保守性的根基，又是一种重在建设性、平衡性的政治沟通共识程序。从规范层面讲，稳定的制度模式必然得益于一套规则来运作，但是，由于这一套规则在英人那里不是理性化的、成形的，而是隐

---

① 参见［德］马克斯·韦伯：《论经济与社会中的法律》，张乃根译，357 页，北京，中国大百科全书出版社，1998。

② 压制型法（repressive law）、自治型法（autonomous law）和回应型法（responsive law）。参见［美］诺内特、塞尔兹尼克：《转变中的法律与社会：迈向回应型法》，张志铭译，18～25 页，北京，中国政法大学出版社，1994。

③ 形式法范式（formal paradigm of law）、福利法范式（welfare paradigm of law）和程序法范式（procedural paradigm of law）。

④ 参见高鸿钧等：《法治：理念与制度》，777 页，北京，中国政法大学出版社，2003。

⑤ ［德］哈贝马斯：《在事实与规范之间》，童世骏译，115 页，北京，三联书店，2003。

含于卷入这一制度结构模式的司法行为和政治行为中，由此形成并进一步发展着的多样化的宪法渊源也就潜在地规制和影响着有关情景中活动着的无知行为人，使得"共识行动"（韦伯语）得以产生，进而导致一种合法秩序。由此规定了这一政治过程便成为一种开放的、民主的稳定和保守的程序。此其一。虽然，在人的主体行动的世界，经济要求最高的发言权①，但是，却需要法律通过政治过程确认、保障和发展已然的经济利益秩序，使任何经济的发言权都成为可能。确实，任何权力、任何需要维持效力的政治的经济的统治都毫无例外地会求助于某些论证自己合理性和合法性的原则、传统及有意识制定的理性规则（一致同意或自上而下设置），而且要求绝对的服从。② 英国宪法因传统而克服其理性的不足，因惯力而获取极大荣耀，以此为政治民主秩序和法律秩序提供基础，因此也必然具有稳定性和保守性。一个伟大的化学家曾说，他的荣誉一半来自他对那些即将扔掉的实验废料不断进行检验的习惯。对此，哈贝马斯主要基于商谈模式从社会政治理论和法律理论的角度加以说明，他认为，法律共同体是基于一种商谈行动达成意志共识而构成的。就程序主义理解，法治国与政治民主之间存在着一种概念关系或内在联系。商谈式政治的程序构成了民主过程的核心，民主立法程序承担了提供合法性的全部负担，如民主程序使得议题、信息和理由能自由地流动，确保政治意志形成过程具有一种商谈的性质。而通过获得对社会负有整合功能即"安全网职能"的立宪形式，商谈原则就转化成民主原则。法的作用类似于传送带，以抽象而有约束力的方式，将由于具体的交往行动关联而为人人所知的相互承认结构转化为一般的互动关系，"通过对行为期待的稳定，法同时确保了主观权利的抽象承担者之间的相互承认的对称关系。法和交往行动之间的这种结构相似性表明，为什么商谈、也就是变得具有反思性的交往行动形式，对法的规范的产生（以及运用）具有一种构成性的作用"。因此，"对法的程序主义理解强调民主的意见形成和意志形成过程的程序条件和交往前提是唯一的合法性源泉"③。

　　同样，在哈耶克著述中，我们也不难发现，他对宪政和法治的解说完全是基于普通法程序传统、持程序正义的价值倾向的。首先，他不仅将作为人类行动结构的自生自发秩序视为进化的产物，而且将规则、理性乃至人类价值都视为是在进化过程中产生的极具建设性的动态构成元素。他认为，作为一种自由秩序样式，普通法是英伦人世世代代法律生活经验的总和。在普通法的生命过程中凸现的是经验的、程序的且非系统的自由理论传统，它因其不同于欧洲大陆法的发展进路，表现为有机的、缓进的、不断试错和

① 参见［日］川岛武宜：《现代化与法》，王志安等译，46 页，北京，中国政法大学出版社，1994。

② 参见［德］马克斯·韦伯：《论经济与社会中的法律》，张乃根译，336 页，北京，中国大百科全书出版社，1998。

③ ［德］哈贝马斯：《在事实与规范之间》，童世骏译，685～686 页，北京，三联书店，2003。

累积的不愠不火的由程序推出结果模式，"形"散（韦伯所称的"形式非合理性"）而"意"（自由精神）不散、是一种"自生自发"的自由秩序，是一种基于经验的进化的理性主义。其次，作为个人在"无知"的状态下与他人的互动关系长期演化的产物——规则体系——反过来指导这一社会沟通互动，互动者并从这一包含着有助于人类互动因素的程序规则体系中获益。他认为："由那些支配个人行为"产生于人类互动关系中的"目的独立的规则所构成的法律，不仅旨在适用于无数的未来事例，而且还能够通过对每个人的确受保护的领域的界定而使一种行动秩序得以型构自身，其间，个人可以制定出可行的计划。这些规则通常被称之为抽象的行为规则……借用这个不充分的定义，主要是想阐明一个关键的要点，即这些像普通法一样生成于司法过程的法律必定是抽象的。"① 这里的"抽象"，实际上想要表达的是，作为正当行为规则的普通法，远不只是规则法律，而毋宁是独立于政治权力机构而存在于动态程序中的法律原则、法律理想和普通法法理相混合的法。最后，基于普通法程序传统，提出了这一自生自发的社会秩序所表现的是一种个人即社会行动者与程序规则体系的沟通互动。规则体系是人之行动而非意图的结果。② 这一因人之沟通行动而获致的结果即程序规则体系对人的行动加以指导和控制，使人人获取其意欲的自由和利益。认为，人和组织与规则体系在互动中相互影响制约，普通法法治秩序就是这样成就的。③

作为人之行动过程产物的英国宪政特定的范畴架构的柔性宪法在结构上显现出独特的程序特性，是一种侧重关注程序功能主义的宪政规范风格。其一，英国宪法"所制定的是这样一些政治程序，根据这些程序公民们在行使其自我决定权利的过程中可以成功地追求实现其建立正义的生活条件这个集体事业"④。其程序性主要表现为，为了确定政治秩序适用的行动事实和有效性以及适用的方法，主要从有利于政治共识行动权利开展的程序出发加以规定。其二，英国程序主义宪法就功能而言是极富建设性模式。以研究稳定的、制度结构的功能主义理论视角考察，上述多样性的宪法渊源不仅在规范层面为英国提供了一套稳定、客观的宪政规范架构事实，而且，以其内生的程序技术机制保障且实现着宪法的功能。正是这一独特性宪法结构，凸现和检验了不列颠传统的"程序先于权利"的普通法精神。布局国家政治结构及其运作的英国宪法独特的法源构成及其多样化表现形式，决定了英国宪政对权利体系保障的动态程序功效及其经验发展模式，进而对其程序法治的形成与发展发生了强烈的影响。其三，英宪因其特殊的建设性程序结构所反映的意识形态和利益是相当广泛的。"以宪法强化私有产权制度，很大程度在

---

① ［英］哈耶克：《法律、立法与自由》，邓正来等译，132～133 页，北京，中国大百科全书出版社，2000。
② 参见邓正来：《自由与秩序》，16 页，南昌，江西教育出版社，1998。
③ 参见［英］哈耶克：《自由秩序原理》，上册，邓正来译，251 页，北京，三联书店，1997。
④ ［德］哈贝马斯：《在事实与规范之间》，童世骏译，325 页，北京，三联书店，2003。

于限制政府的权力，消除私人财产的不安全性。"① 作为统一民主法治的事实性和有效性的英国宪法，"被认为是建立在对诸多政治因素所可能想象的最佳利用基础上的"②，其代表的利益广泛性和意识形态的多元性是不同利益阶层通过沟通行动在理解的基础上而达致的一种共识的最好说明。而且，英国宪法结构及渊源的多样性的事实存在清楚地反映了交往行动理论的效用及其价值。

而且，恰恰是这一柔性的、重在程序技术功能和建设性的宪法结构渊源特性将主体间形成的意志权力、民主起源的合法性程序所包含的理性和行动所置身于其中的政治生活情景世界结合在一起，保证了协商式民主宪政模式的一如既往，同时，也是这一模式的显著表现。对此，其长期稳定有序的发展环境和不斐的经济、科学文化成就也是最好的说明。

第三，在行动主义的程序宪政框架中为诉诸议会主权和人权提供辩护。议会主权是人民主权的英国式表达，是在漫长的政治商谈和法律商谈历史努力过程中表现出的一种政治实践理性，经洛克经典化后被奉为英宪第一原则。戴雪对英国宪法的研究便是基于议会主权和法治原则③之上的。在他的理论中，这两个原则是统一的、相辅相成的，因为其共同的目的或价值取向是公民的自由权利，其最终的保障是强大且独立的法院及其司法交往。法治原则主要强调的是普通法对政府自由裁量权的限制技术和独立的普通法院对公民自由权利的保障程序。议会主权，在传统理论上，主要指的是议会在制定任何法律或修改已制定的法律上拥有无限制的权力，任何其他机关或法院无权加以否决。即所谓"议会除了不能将男人变成女人和将女人变成男人外，什么事情都可以做"④。

代议制政府的典型特征是："公共交易的每一个阶段都伴随着讨论"，"立法机构就意味着盛大的辩论场景、强力的民众指引和政治争论的机器"⑤。从商谈模式分析：其一，在最初的英宪实践中，议会主权已成为一个具有民主扩展性的观念"像楔子一样钉入了社会复合体之中了。这就是一个自由和平等的人们的共同体的自我构成的观念"⑥。这个观念便是实践着的公民自主对于共同体所具有的构成性意义，具有政治自主的公民是民主法治国的法律主体，必然体现在民主的自我立法和法的实施过程中，他们不论以何种形式面世，都会在那"盛大的辩论场景"中"说出一切值得言说的东西，一切应该

① ［美］道格拉斯·C·诺思：《经济史中的结构变迁》，陈郁等译，212 页，上海，上海三联书店，2002。
② ［英］白芝浩：《英国宪法》，夏彦才译，56 页，北京，商务印书馆，2005。
③ See Dicey, A. V. , *An Introduction to the Study of the Law of Constitution* , ed. H. W. R. Wade, 10th edn, 1959. 参见张彩凤：《英国法治研究》，138～146 页，北京，中国人民公安大学出版社，2001。
④ ［英］詹宁斯：《法与宪法》，龚祥瑞、侯健译，117 页，北京，三联书店，1997。
⑤ ［英］白芝浩：《英国宪法》，夏彦才译，44、69 页，北京，商务印书馆，2005。
⑥ ［德］哈贝马斯：《在事实与规范之间》，童世骏译，700 页，北京，三联书店，2003。

说出的东西"①。这也恰恰说明了自决的公民是以私人自主和公共自主的双重形式出现的，在议会主权原则上使公民的这种双重身份以人权和公民权的法的形式获得了统一。其二，在程序主义框架中的议会主权实质上是用以确保交往权力的民主程序和商谈原则的，是意见形成和意志形成过程的程序，是主体间共享的、程序化的议会主权。因为民主立法者的意见形成和意志形成过程须依赖于一个民主程序和商谈的复杂网络机制。民主程序是在社会多元主义和世界观多元主义条件下为立法过程提供了合法性力量，而"商谈原则则是在其中得到运用的那个政治意见形成和意志形成过程的交往前提和程序，本身也必须加以法的建制化"，在借助于普遍的主观自由权利获得法形式的过程中，"一种立法实践所要求的，不仅仅是引入一条商谈原则，根据这条原则公民可以来判断他们所制定的法律是不是合法的。而且，被用以商谈形式而形成一种理性的政治意志的那种交往形式本身，也需要加以法律上的建制化"。通过获得法的形式，一方面确保了公开的平等的交往自由权利和参与权利，同时，商谈原则也获得了民主原则的法形式。② 如此程序化的议会主权，必然有一个相呼应的经过传统和社会化的中介而习惯于政治自由的民众和一个合理化的生活世界及经验主义的政治文化，英国恰恰是这样一个具有经验相关性的世界。其三，在程序主义视角下，以确保和体现民主程序原则和商谈形式原则的议会主权原则与权力分立原则是相辅相成的，这不仅表现于处理在与君主、与责任内阁及与法院关系上的特定的交往技术方式，如依据宪法惯例，"王在议会"、来自下院的内阁成员集体向下院负责、上院是联合王国的终审法院等，由于彼此之间的运作关系依赖的是以程序方式建制化的法律沟通行动，因此，受到内在的和外在的法律程序和道德原则的限制。其中，程序意识和商谈形式正义极为明显，如自由讨论原则和多数裁定原则。"如果从规范上说法律应该是合法性的来源、而不仅仅是组织统治的手段的话，那么，执行权力就必须始终同交往产生的权力保持原有联系。实现目标的执行权力与产生法律的交往权力之间的这种反馈关系可以通过一种功能性权力分立而建立起来，因为民主法治国的任务在于不仅仅平均地分配政治权力，而且通过对它的合理化而剥去其暴力性。"③ 而且，还表现于：议会作为最高的立法机构，其政治交往的信息反馈和处理程序与来自社会的大众传媒、工会、政党及其他团体组织等社团网络所形成的不具结构的、但却是用以影响公民的选举行为和立法行为等政治沟通权利的公共意见程序也是通过对话程序相沟通和调节的，与公共商谈相呼应的程度、公共意见的质量以及社会压力的轻重仍取决于议会的民主原则、沟通程序和信息的对称性。议会作为一政治法律行动

① ［英］沃尔特·白芝浩：《英国宪法》，夏彦才译，69 页，北京，商务印书馆，2005。

② 参见 ［德］哈贝马斯：《在事实与规范之间》，童世骏译，684～686 页，北京，三联书店，2003。

③ ［德］哈贝马斯：《在事实与规范之间》，童世骏译，229 页，北京，三联书店，2003。

共识形成的重要的合法性形式，是用以联结巨大的商谈网络的一个协商性民主政治的核心部分或交流枢纽。此外，它还"是一个辩论和批评政府的场所，是主要的自治工具，这也是它最为重要的职能"[1]。

第四，这种宪政结构确保的是程序正义的动态权利观。传统上，英国宪法对基本人权的保护主要依赖议会主权和法治，由民主政治进程、政治实践、司法实践及已成"共识"的政府行为准则予以保障，倚重的是积极参与、理性商谈的政治传统、制度行为及程序法治。在政党政治、议会民主、司法活动及大众舆论等公共领域中，问题的和好解决都有赖于在规范化和程序化的制度行为基础上的理性讨论和民主实践。英国悠久的民主法治文化孕育的便是这样一种协商式的开放性的宪政结构模式。戴雪认为，宪法是由普通法院确认和保障的个人权利的产物，是以个人权利及普通法院为其存在的条件或基础。韦德在分析戴雪的这种程序主义宪法观时认为，戴雪牢记的只是，在英国由于普通法"程序先于权利"的传统和人人都平等地受制于普通法的观念，其政治自由受到侵害的公民能够寻求普通法院的救济，不需依赖宪法的形式保障。而且，较之成文宪法，普通法院对公民给予更好的保护，如人身保护令"就实际的目的，比得上一百个保障个人自由的宪法条款"[2]。

随着分析向商谈视角的转换，英国宪政程序结构与权利体系之间的功能性关联使人们不得不予以关注。而且，这种关联是一种动态的开放性模式。权利体系表明了人民在什么条件下可以结合为一个自由和平等的公民联合体。在英国，这样的"权利体系必须既是在历史性的宪法之中得到诠释和阐发的，也是在各种各样建制当中得到实现的"[3]。此其一。英人的自由权利体现于程序性的议会主权和不成文的宪法程序框架中。就宪政的实质性关注而言，当始终是自由权利，一切有关的原则、制度、组织及程序设置都围绕的是如何实现这一实质性关注。但个人权利自由实现一定是在大多数人允许的情况下，受到议会主权的限制。在交往权力之下的自由意志形成的过程便也是权利体系产生和确立的过程，而所确立的"权利体系要求同时地、互补地实现私人自主和公民自主——从规范的角度来看，这两种自主是同源的、互为前提的，因为任何一个缺了另一个就仍然是不完整的"[4]。公民自主权利集中表现为公民交往的参政议政权利、机会和条件。如公民参与并影响政治生活从而得以自决、自主存在于政治生活领域的政治权利（选举权与被选举权和表达自由）便是在长期的政治协商过程中随着民主程序和商谈原

---

① ［英］詹宁斯：《法与宪法》，龚祥瑞、侯健译，196 页，北京，三联书店，1997。

② Icey, A. V., *An Introduction to the Study of the Law of the Constitution*, ed. H. W. R. Wade, 10th, edn, 1959, p. 199.

③ ［德］哈贝马斯：《在事实与规范之间》，童世骏译，223～359 页，北京，三联书店，2003。

④ ［德］哈贝马斯：《在事实与规范之间》，童世骏译，359 页，北京，三联书店，2003。

则的确立而最终以议会主权和宪法权利而享有。又如表达自由权利的确立却为公共领域的各种政治行动的开展和高质量的行动共识的产生开辟了广阔的法律活动空间。此其二。生长于程序之中的英国公民自由权利是以司法程序作为其建制核心和保护神的。英国法院在政治结构中因其独特的平衡性技术而控制立法（判例法和行政立法）和行政的特权地位，"说明了个人权利只有由政府的司法部门才能加以保护这种根深蒂固的信念，这尤其成为英国法律特征"①。就具体公民宪法权利的实现得依赖具体的社会情景和形式制度机制，依赖范围广泛的程序性保护，特别是司法程序。在判例法主义传统上，一是对政府权力的监督一直由普通法院承担的，现代英国法院依据自然正义和程序正义原则有权对一般行政法规行使司法审查和对行政司法程序进行控制并对行政纠纷提供司法救济，但无权对议会立法本身进行审查。二是通过普通法院的各式各样的"特权令"对下级法院和行政裁判庭实施法律监督，同时通过一般司法救济对抗行政权力和政府企业，以确保公民自由权利。其宪法判例就是在司法程序中确立的。此其三。

尽管英国宪政是关于实践的、关于程序的、关于传统的，其权利体系的背景是强大而独立的法院和技术性强的程序手段，是程序保障模式，但是，若放入协商式民主宪政理论的语境中，司法监督保障最重要的内容当是公民的私人自主和公共自主成为可能的那个权利体系。"如果最高法院应该对是否遵守宪法加以监视，那么它必须首先关注民主过程之确定合法性效果所依赖的那些程序和组织规范。法院必须确保民主的法律共同体用来进行自我组织的包容性的意见形成和意志形成'渠道'完好无损：'司法审查的首要任务，应该是拆除民主过程中的障碍'。"② 而且，近年来更加强化了司法权对个人权利的保护。依据 1998 年《人权法案》，法院的司法审查范围以"均衡性原则"③ 是扩大且扩至议会立法，它使得议会立法服从法院渐为一种强制性事实。因为英人自由协商宪政的基本模式是通过一种有效而正当的法律程序保障和发展作为宪政核心的个人权利，以实现自由和谐的秩序。

（作者单位：中国人民公安大学）

---

① ［奥］凯尔森：《法与国家的一般理论》，沈宗灵译，311 页，北京，中国大百科全书出版社，1996。

② ［德］哈贝马斯：《在事实与规范之间》，童世骏译，326 页，北京，三联书店，2003。

③ 均衡性原则（proportionality review）是欧洲人权法院依据《欧洲人权公约》审查立法与行政行为的合法性时长期使用的原则，它要求审查的是：某项立法或行政行为对某个公约权利的限制是否与公约所追求的目标相适应。See Vernor Bogdanor, The British Constitution in the Twentieth Century, *The British Academy 2003*, pp. 60—61.

王兰萍

著作权法相关术语之日本来源

清末开始的中国法学近代化，移植外国法学是这一过程的主线，而汉译西方法律、法学著作是国人接受西方法的主要渠道。编译法律类辞书又是规范、普及法律专门术语的主要方式，正如刘天佑在《法律名词通释》①序中言及的那样，"然法律上之名辞固有层见叠出，而常为吾人所未寓目者。苟解释不的，则差之毫厘，谬以千里，贻误前途，所关非小。何则法律之为物也，上以定国家组织及作用之标准，下以定人民权利义务之范围。往往一名辞之微，而寓有无穷之精理，使非详审其内容之所载。吾恐援以为用，其不至于误国误民者亦几希矣。""况我国研究斯学时方萌芽，种种书籍大都输自外洋，其于名辞之奇特，尤不免望而生疑，是亦法学界之一大障碍也。""此日本法学诸家，所以有《法政经济辞典》、《法政辞解》、《法规解字》三书之作焉。"据统计清末立法之时，出版的法律类辞书计有四部：《日本法政词解》②、《汉译日本法律经济辞典》③、

---

① 参见刘天佑等：《法律名词通释》，成都，政法学堂，1909。
② 参见朱树森、孙德泰、孙德震等：《日本法政词解》，东京，小笠原芳与并木活板所印刷，中国日本各大市肆发行，光绪三十三年（公元1908年）。
③ 参见［日］田边庆弥：《汉译日本法律经济辞典》，14版，王我臧译，上海，商务印书馆，1913。

《日本法规解字》①、《法律名词通释》。最后一部是在前三部的基础上编纂的。为此该书编辑者刘天佑在凡例中称，"本书系将日本法学博士清水澄著作之《法政经济辞典》，日本新出之《法政辞解》，本国新出之《法规解字》三书汇成一编，于三书中所未备者复参考法学家正当学说，以补入之。"对该书的编辑"同一用语于辞典解释外，辞解、解字所载之解释有较明白易知者，附录于辞典解释之后，俾学者易于了解。"可见，这四部辞书中前三部汉译日本法律辞典是最重要的。这四部辞书其内容全面，比较客观地反映了西方法学术语经日本传入中国的最初汉语形态，其中不少语汇保留至今天，成为法学常用词汇。这些辞书是近代中国法学移植外国法的原始资料，我们可以按照部门从中梳理出与著作权法相关的术语，这些术语是近代著作权法理论根源的源头。

一、早期法律辞书与著作权法相关术语

考查中国近代出版史，最早出现的法律类专业辞书有四部，分两类：一类是汉译外国法律辞书；一类是汉语法律辞书。第一类汉译外国法律辞书有三部：一是光绪年三十三年（公元1908年），同时在中国、日本各大书肆发行的《日本法政词解》。二是上海商务印书馆光绪三十二年（公元1907年）出版的《日本法规大全解字》（也称日本法规解字），该书收入南洋公学译书院翻译的《新译日本法规大全》中。三是《汉译日本法律经济辞典》，上海商务印书馆己酉年（公元1909年）出版，中华民国二年公元1912年10月出第14版。第二类汉语法律辞书只出版了一部，即《法律名词通释》，共十卷。前一类三部汉译外国法律辞书均从日文翻译、编辑而来，其编译人员均有留学日本学习法政的阅历。这些翻译为汉语的法律辞书是中国法学近代化中西方法学得以普及的最初通俗读本，其中对法律专门术语的称谓与释义如：法制、法治、法制局、法理、比照、公法、私法、财产权、民法、民法施行法、手续法、六法、固有、承继、承继人、继承、相手方、相续、意匠、特许等，是西方法学概念第一次被赋予了中国语文的含义，既传播了西方法学的观念与原则，又成为中国近代法学的学科确立的最初词源。出版汉译法律辞书是中国法学近代化必不可少的方面，它是大众了解西方法学的一个窗口，为传播与普及法学各个部门法知识起到了积极的推动作用。就著作权法而言，这些辞书列举了一系列相关词条如：私法、私权、财产权、著作权、著作权者、版权、版权者、出版、出版法、著作、意匠、合著、翻译、智能权等，对它们的解释是纯粹西方法学意义上的，这是近代中国借助日本法学习西方法学的积极措施。

---

① 参见钱恂、董鸿祎：《日本法规大全解字》，上海，商务印书馆，1907。

日本古代法属于中华法系的一部分。近代日本也受到西方列强的侵扰而打开门户，在西方领事裁判权的逼迫之下引进西方法学，但早于中国进行了法学近代化，在继受西方法学的基础上建立日本近代法学的部门法体系。1911 年其领事裁判权收回，到 1914 年第一次世界大战其法学近代化就已经完成。① 相反，中国法学近代化却在缓慢中前行。1900 年以后清政府才大量派遣留学生去日本、英、美、法等西方国家学习法政。光绪、宣统年间的清末立法，"参考古今，博稽中外"，"专以模范列强为宗旨"②，掀起了翻译西方法典，出版西方法律及法学译著的热潮。当时由于清政府向日本派送的留学生较多，如"从 1906 年 6 月 19 日至 9 月 17 日，赴日的留学生有 6 880 余人，此批学生中，习法政科者超过 2 000 人"③，而且官方的法政交流也频繁，如"1906 年派出修订法律馆赴日法律代表团"，"与此同时，清政府也聘请了一批外国法律专家来中国讲学，参与立法工作，如日本法学博士冈田朝太郎（1868—1936）、日本大审院判事法学士松冈义正（1870—）等"④。所以，中国法学近代化初期主要通过日本法学的译介，而了解、接受西方法学。著作权法相关术语也是从日本传入的。

四部法律辞书对著作权法相关词语的解释。

《日本法政词解》用 4 个词条解释著作权与版权。（1）"著作权，谓关于文学艺术或美术之生产物之发行及复制之专权也。生产物云者，如某博士著《民法要义》一册，即为某博士学术上之生产物。发行云者，若发买颁布或陈列皆是。复制云者，谓出版之后复行刷印，再版、三版是也。文艺，大半指小说言。学术，凡关于学问之著作，皆包含之。美术，如书画及雕刻物之类也。"（2）"著作权者，即有著作权之人也。"⑤（3）"版权，刊行书籍图画所专有之权利，谓之版权。"⑥（4）"版权者，即有版权之人也"。该书对著作权、版权的解释重在权利主体的区别。版权是指刊行者——出版社的专有出版权，与著作权是关于生产物之发行及复制之专权不同，是前者的权利主体在刊行者，后者虽未明确表达权利主体，但是从权利的内容指明了是对生产物的发行与复制方面的专有权。还对这里特指的生产物和特定的行为——发行与复制以举例的方式都作了具体的说明，非常清楚。

① 参见何勤华：《中日法律文化近代化之若干比较》，载《法律文化史论》，298 页，北京，法律出版社，1998。

② 曾宪义：《中国法制史》，243 页注 1、2，北京，高等教育出版社、北京大学出版社，2000。

③ 程燎原：《清末法政人的世界》，54～56 页，北京，法律出版社，2003。

④ 何勤华：《中日法律文化近代化之若干比较》，载《法律文化史论》，298 页，北京，法律出版社，1998。

⑤ 朱树森、孙德泰、孙德震等：《日本法政词解》，652 页，东京，小笠原芳与并木活板所印刷，中国日本各大市肆发行，光绪三十三年（公元 1908 年）。

⑥ 朱树森、孙德泰、孙德震等：《日本法政词解》，534 页，东京，小笠原芳与并木活板所印刷，中国日本各大市肆发行，光绪三十三年（公元 1908 年）。

《汉译日本法律经济辞典》收入著作权法相关术语 9 条。(1)"版权，谓将文书、图画出版，而专有其利益之权。注册后，于一定之年限间，得专有之，而强制防止他人之侵害。新法改为著作权。"① (2)"出版，印刷文书、图画，发售或颁布之，国法上称出版。有为之保护者，又有加以制限者。姑刻自己之印章，则非所谓出版。"② (3)"出版法，规定关于出版之法律，曰出版法。"(4)"著作权，因著作者已呈报官厅注册，得占有复制翻译与行该著作物之权利，此谓之著作权。其手续，详见著作权法之规定。"③ (5)"著作，将自己之意见及技术，发表于文书、图画、雕刻、模型、照相等曰著作。故专记述他人之意见、技术者，则非著作。"(6)"合著，二人以上共同著书，曰合著。合著之著作物著作权，属各著作者之共有。"④ (7)"翻译，将一国之语言文字，改为同意义之他国语言文字，曰翻译。"⑤ (8)"智能权，谓保护智识能力，使不为他人所侵之权利，如关于著作、意匠者是也。"⑥ (9)"意匠，关于物品之形状、花样、彩色等新方案，曰意匠。其可应用于工业者，注册后，得专用之。此为法律所许，即所谓意匠权也。"⑦ 这部辞典对术语的释义已经使用了具体法律规定的含义，具有规范解释的意义。解释版权时特别说明了新法已经改为著作权，区别于前部辞书解释版权为，"刊行书籍图画所专有之权利"的刊行者权利，并说明取得版权以登记注册为法定条件。对前部辞书解释时使用的"生产物"已经改称为著作，并确切指在文书、图画、雕刻、模型、照相等五个方面。出现了合著词条，定义为著作者的共有情况。界定了翻译是在同意义前提下将一国语文转变为他国语文的情况。还解释了著作、意匠的上位观念智能权，即保护智识能力不受侵害之权利。《汉译日本法律经济辞典》对著作权法相关词语的解释较《日本法政词解》有大的进步。所收词条相比后者为多，著作权法术语相比后者做了细化，释义相比后者增加了法律依据，其解释更具有规范性，后者的解释仅仅是学理解释而已。

《日本法规解字》是根据《新译日本法规大全》中的专业术语作出解释，收入与著作权法相关的词语 4 条。(1)"私权，关于各人私事上应享之权利，曰私权。如身份、财产等之权利也。"⑧ (2)"登记，犹言注册。官备簿书，记录人民之权利、身份，备作

① ［日］田边庆弥：《汉译日本法律经济辞典》，14 版，王我臧译，56 页，上海，商务印书馆，1913。
② ［日］田边庆弥：《汉译日本法律经济辞典》，14 版，王我臧译，17 页，上海，商务印书馆，1913。
③ ［日］田边庆弥：《汉译日本法律经济辞典》，14 版，王我臧译，117 页，上海，商务印书馆，1913。
④ ［日］田边庆弥：《汉译日本法律经济辞典》，14 版，王我臧译，30 页，上海，商务印书馆，1913。
⑤ ［日］田边庆弥：《汉译日本法律经济辞典》，14 版，王我臧译，141 页，上海，商务印书馆，1913。
⑥ ［日］田边庆弥：《汉译日本法律经济辞典》，14 版，王我臧译，102 页，上海，商务印书馆，1913。
⑦ ［日］田边庆弥：《汉译日本法律经济辞典》，14 版，王我臧译，113 页，上海，商务印书馆，1913。
⑧ 钱恂、董鸿祎：《日本法规大全解字》，70 页，上海，商务印书馆，1907。

法律上之证据者，曰登记。"① （3） "让渡，让一己所有之权利，以付诸人民，名曰让渡。让渡有有偿无偿之别，如买卖、交换为有偿之让渡；如赠与、遗赠为无偿之让渡。"② （4） "相续，犹言继承。"③ 这种解释说明日本著作权法中著作权相关概念的含义。著作权属于私权，具有财产与人身两重性。著作权的取得必须经过注册登记。著作权可以让渡与继承。通过上述解释可以了解著作权法相关制度。

《法律名词通释》收入著作权法相关术语 5 条。该书卷七部分有著作权、著作权法、著作权者三词。（1） 著作权，"著作权者，凡属于文学艺术或美术范围之著作物，其重刻、翻译或兴行之权利，著作者所专有之财产权也。故著作权得让渡或相续。著作权之目的，虽指属于文艺学术或美术范围内之著作物而言。如左列诸种，则无著作权。一、法律命令及官公文书；二、新闻纸及定期刊行物所记载之杂志及政治上论说、时事记事；三、公开之裁判所、议会并政谈急会中所演述之事项，其他关于著作权之存续期间、权利之范围等参观著作权。（辞解）谓关于文学艺术或美术之生产物之发行及复制之专权也。生产物云者，如某博士著《民法要义》一册，即为某博士学术上之生产物。发行云者，若发卖颁布或陈列皆是。复制云者，谓出版之后，复行刷印、再版、三版是也。文艺多指小说言。学说凡关于学问之著作皆包含之。美术如书画及雕刻物之类也"。（2） 著作权法，"明治 32 年，法律第 39 号所公布之法律。规定关于著作权之诸般事项是也"。（3） 著作权者，"即有著作权之人也"。该书卷三部分有版权、版权者二词。④ （4） 版权，"版权者，出版之文书、图画而专有其利益之私权也。自登记时起，于一定之年限内，专有其利益，对于他人之侵害，得强制防止之。现行著作权法内，改为著作权"。（5） 版权者，"即有版权之人也"。

《法律名词通释》对著作权的解释说明了其财产权性质，可以让渡和相续，指明并非所有著作物都有著作权，有三种著作权的排除情况。对版权的解释，定性为私权，经登记产生并有一定年限的专有权利，当受他人侵害时，可以请求强制排除妨害，并指明现行法已经改为著作权。这些释义反映了当时中国人自己编辑的法律辞书，对著作权法的理解已经比较全面。从权利属性的私权、财产权，具有让渡与相续的性质；著作物并不当然具有著作权，还有著作权排除情况；权利产生的登记制度及时间性；权利侵害的救济等制度都可以反映出来。在 1910 年《大清著作权律》颁布以前，法律通俗类辞书对著作权的解释达到如此深入，可以想见西方著作权法观念的普及已经达到了一定程度。

---

① 钱恂、董鸿祎：《日本法规大全解字》，66 页，上海，商务印书馆，1907。
② 钱恂、董鸿祎：《日本法规大全解字》，83 页，上海，商务印书馆，1907。
③ 钱恂、董鸿祎：《日本法规大全解字》，53 页，上海，商务印书馆，1907。
④ 参见刘天佑等：《法律名词通释》，74 页，成都，政法学堂，1909。

通过上述中国近代早期的四部辞书对著作权法相关术语的解释，可以推知当时人们对著作权法已经有了比较系统的认识。第一，产生于中国近代的著作权法相关术语至今仍使用的有：著作权、著作、著作权者、合著、翻译、版权、版权人、让渡、承继等，未在中国普遍使用的术语仅有智能权、意匠等。近代辞书中出现的著作权法相关术语大部分现在还在沿用。这部分术语均是移植日本法文化的结果，日本法律辞书的汉语翻译是最直接的移植方式。

第二，近代中国辞书中出现的著作权法相关术语已经可以构成一个有层次的观念体系。整个观念体系的上位观念是私权，其后是财产权，再后是智能权，最后是著作、意匠。对著作的复制发行权利即著作权，权利的行使包括合著，对著作权的变更可以让渡和承继，权利的取得须经过登记注册。权利是有限的保护，并不是无限的、永远的，因为，著作所体现的文化内涵具有国家民族性质，从这个意义上说，不应由著作者绝对垄断。

第三，当时法律辞书对著作权法相关术语的解释，揭示著作权法律制度的一些基本内核。法律辞书具有普遍适用的价值，并非某个人的一家之言。著作权取得以注册登记为始，著作权有排除的情况，著作权是有时限的，著作权受到侵害时可以请求救济等，这些日本著作权法的内容，在1910年大清著作权律颁布之前，国民就可以通过法律辞书得以了解。1910年颁布的著作权律对此均有明确的规定①，所以，这些辞书的解释起到了立法出台前普及、宣传外国著作权法常识的作用。

第四，大清著作权律颁布之前，法律类辞书对著作权、版权等词语的使用已经成为常用语。1909年出版的《汉译日本法律经济辞典》和中国人编辑的《法律名词通释》里均明确版权术语已经改为著作权。法律专业辞书对著作权与版权两词的新旧替换予以说明，意味着正式场合应使用著作权而不是版权。一年后正式出台的中国第一部著作权法——《大清著作权律》就是使用新词来规范该领域的法律关系，开专门立法不再使用版权之先河。应该说，当时立法范畴内转而使用著作权法，而不再使用版权法，尽管是日本立法的先例，然而，中日著作权法的继受、学习关系，使清末立法欣然接受这个日本法律的现实，而不宜再使用版权法了。然而，清末立法术语的改变并没有就此割断版权、版权法等词语在非专门立法场合中的使用，继而在英美法学翻译作品中大量使用版权与版权法的译名，民间通俗意义上也不乏使用版权、版权法。此时著作权与版权，著作权法与版权法的差别体现的是两大法系就同一法律部门使用不同的译名而已，并无实质上的差别，这种界说近代即有。

① 参见周林、李明山：《中国近代版权史料汇编》，97页，北京，中国方正出版社，1999。

二、中国近代法学因袭日本之原由

"我国东邻日本，学术思想，诸凡接近；法律、经济名词，沿用者尤多。"① 通过中国近代上述四部法律辞书有关著作权法词条的解释，我们会问为什么最先有三部汉译日本法律辞书面世？而中国近代第一部国人编辑的《法律名词通释》又是在上述三部日本法律辞书为基础编纂的呢？中国近代法学因袭日本有着深刻的社会历史根源。

日本法律近代化先于中国确立。日本法律近代化开始于 1868 年明治维新。"从《日本帝国宪法》（1889 年）颁行至 1914 年，日本近代法制建设进入了一个确立期，即除宪法之外，各大法典已陆续颁行。1898 年《日本民法典》开始实施；1899 年《日本商法典》正式生效；1907 年公布实施了《裁判所构成法》、《行政裁判法》、《刑事诉讼法》，1908 年又实施了新的刑法典。这样，在日本就建立起了一个比较健全的近代资本主义法律体系，确立了一系列资产阶级法治原则，完成了从封建法律向资产阶级法律的各种变革。因此，可以认为，至第一次世界大战爆发，日本的法律（制度）文化近代化已经实现。"② 在中国近代，为挽救腐朽、没落的清朝封建统治的法律改革之初，"清政府在法律上采取了下列三项措施：首先，从 1840—1870 年的 30 年间，先后四次对《大清律》进行了修订。其次，秉承帝国主义列强的意志，在《中英五口通商章程及税则》（1843 年）等一系列不平等条约中，逐步确立了丧权辱国的领事裁判权制度。再次，大量翻译了西方的法律与法学文献。"至"20 世纪以后，随着阶级矛盾和民族矛盾的进一步加剧，清政府不得不加快了法律改革的步伐。1902 年，发布修订现行律例的上谕。1903 年下令设立修订法律大臣，开始了各大法典的修订编纂事业"③。1908 年制订了《钦定宪法大纲》、1910 年颁布了《大清新刑律》、1908 年制订了《大清商律草案》、1911 年制订了《大清民律草案》、1911 年制订了《刑事诉讼法草案》、《民事诉讼法草案》④ 等中国近代法律。然而，这些法律草案并不是全部由中国专家完成的，而是在日本法学家的帮助、参与下编订的，这是中国近代法学深受日本法影响的一个重要原因。编订法律过程中，修订法律馆聘请的日本专家有：志田钾太郎、松冈义正、冈田朝太郎、小河滋次郎等，他们多在中国工作三年以上，有的还同时兼任中国法政教习，讲授西方法学。如"冈田朝太郎是 1906 年 9 月来到北京。担任修律馆的调查员，并兼任法

① 《中西字典目录》，上海，商务印书馆。
② 何勤华：《中日法律文化近代化之若干比较》，载《法律文化史论》，303 页注 1，北京，法律出版社，1998。
③ 何勤华：《中日法律文化近代化之若干比较》，载《法律文化史论》，298 页，北京，法律出版社，1998。
④ 参见曾宪义：《中国法制史》，245～268 页，北京，高等教育出版社、北京大学出版社，2000。

律学堂的教员。他在法律学堂教授的课程有法学通论、宪法、行政法、刑法总论、刑法分论、法院编制法和刑事诉讼法"①。没有外国法学家的参与，清末立法是难以想象的。

第二个原因，中日法律文化近代化极为相似。"首先，均是在西方帝国主义冲击下实行的，并都想以引进资产阶级法律为条件收回治外法权。从日本情况来看，1853年以后，德川幕府在西方列强的武力威胁下，先后不得不与美、英、法、俄、荷等国签订了不平等条约，承认了领事裁判权，丧失了关税自主权，陷入了半殖民地的边缘。明治维新后，日本新政府便把修改这些被视为国耻的不平等条约为重要议程，同各国进行交涉。而西方列强却提出，条约的修改必须以在日本实行欧美式的立法为前提条件。在有关各国的强烈要求下，明治政府便开始了上述一系列的法典编纂活动。就中国而言，1902年在与各国修订商约期间，英、日、美、葡四国表示，如清政府改良司法现状，'皆臻完善'，可以放弃治外法权（领事裁判权）。在帝国主义的压力下，清政府不得不下诏，'参酌各国法律'，修订现行律例，'务期中外通行'。并于1905年以后开展了比较系统的各大法典的修订编纂工作。"中日法律近代化来源于西方强势的逼迫，这是中日两国共同的。所不同的是，"日本于1911年实现了全面废除西方列强加之治外法权的目标"②。而中国因鸦片战争、甲午海战等的惨败以及戊戌变法的失败，已沦为半殖民地半封建的社会，法学近代化的任务在近代没有能够完成，而且拖至现代才在形式上初步实现了法学的近代化。③"其次，均以西方资产阶级法典为立法模式，大量照搬西方资产阶级法律成果。在明治政府的立法过程中，日本一方面派遣各种法律代表团，出国考察西方政治和法律制度。1871年12月，派出了以岩创具视（1825—1883）为首，包括木户孝允（1833—1877）、大久保利通、伊藤博文等维新领导人及各部门负责人在内的大型代表团，先后访问了美、英、法、比利时、荷兰、德、意、俄等12个国家，历时1年9个月，对这些国家作了全方位的考察。而法律制度是他们考察的主要目标之一。另一方面，日本大量地翻译、引进西方的法律文献，如光箕作麟祥一人，在1875年，就完成了法国宪法、民法、商法、刑法、诉讼法和治罪法的全部翻译工作，取名《法兰西法律书》，以资明治政府编纂法典之用。"④ 与此同时，日本还聘请了许多西方法律专家，直接从事法典编纂和指导工作。如被称为"明治维新的保姆"的美籍传教士

① 王健：《中国近代的法律教育》，97页，北京，中国政法大学出版社，2001。
② 何勤华：《中日法律文化近代化之若干比较》，载《法律文化史论》，306页注1，北京，法律出版社，1998。
③ 参见何勤华：《法学近代化考论》，载《法律文化史谭》，281页，北京，商务印书馆，2004。
④ 何勤华：《中日法律文化近代化之若干比较》，载《法律文化史论》，306页注1，北京，法律出版社，1998。

威尔贝克①，"日本近代法之父"的法国学者保阿索那特以及德国法学家鲁道夫等就是其中的代表人物。这些都使日本各大法典带有严重的西方色彩。中国清末立法机构——修订法律馆在沈家本的主持下派董康等员考查日本法制②，1903 年前后的留日习法运动，修订法律馆聘请日本法学专家、翻译外国法律与著作等，为制订一批具有资本主义特色的近代法律而努力奋斗。中日两国在这方面也是相似的。

第三个原因，法学是人类社会文明发展的成果、文化的遗产，具有超国界性。"法学的发展比法的发展具有更多的、更深厚的人性基础，以及'普适'成份。比如，就法律而言，虽然其优秀者、具有普遍性质者，可以为其他国家和民族所吸收，具有全人类性，但法律中的民族色彩、国家色彩以及意识形态色彩还比较强，因此，它的普遍性和全人类性还比较弱，实施起来会有种种障碍。而法学作为一种学术，作为一门科学，它比法律更为抽象，更加具有形而上学的色彩，更为超脱（当然，法学也具有阶级性），因而也更具普遍性和全人类性。"③ 所以，近代中国法对于日本法的移植也罢，因袭也好，凡是对法学的继受都可以理解为再自然不过的。

根据统计，正式出版的汉译日本法律和法学著作较之英美为多。光绪 31 年公元修订法律馆所译法律和著作，仍以日本为多，但是，种类、数量和国家都比以前更多、更广泛。另据《清末外国法学引进书目》的统计④ 有 259 种译作，日本法学家的共 112 种，占 43%，其他外国法律及著作共 147 种，占近 57%。清末正式出版的比较完整的外国法律译本，即由上海南洋公学译书局翻译，上海商务印书馆 1907 年出版的《新译日本法规大全》，共 10 函，81 册，达 400 万字，对日本主要法律进行了系统译介，是中国近代移植外国法比较完善的蓝本，以及研究日本法珍贵的原始资料。法学学术对日本法的传承在中国近代是普遍的。除过直接翻译欧美国家法律和法学著作之外，近代中国接受西方法学的另一渠道就是通过日本间接移植西方法，这是中国近代了解、接受西方法观念的两种方式。

第四个原因，中国近代派往日本的留学生多于英美，这就为翻译介绍日本法律和法学著作提供的人才上的便利。前文四部辞书的译者、编辑者均有在日本法政大学留学的背景。如刘天佑是 1907 年毕业于日本法政大学法政速成科的四川籍留学生。⑤ 朱树森是 1907 年毕业于日本法政大学速成科。孙德震，由湖北（官费）派出，是 1905 年留日

① 参见何勤华：《中日法律文化近代化之若干比较》，载《法律文化史论》，306 页注 2，北京，法律出版社，1998。

② 参见李贵连：《沈家本传》，210 页，北京，法律出版社，2000。

③ 何勤华：《法学近代化考论》，载《法律文化史谭》，298 页，北京，商务印书馆，2004。

④ 参见田涛、李祝环：《清末翻译外国法学书籍评述》，载《中外法学》，2000（3）。

⑤ 参见程燎原：《清末法政人的世界》，56 页，北京，法律出版社，2003。

法政速成科第二期修业生。① 孙德泰，也由湖北（官费）派出，是光绪三十二年（公元1907 年）留学日本法政大学。此外，王我臧、董鸿祎、钱恂均留学日本学习法政。他们除编译法律辞典外，如王我臧还翻译日本小原新三的《新译日本议员必携》，董鸿祎还辑译了《日本行政法纲领》，钱恂还翻译日本松田正文的《日本中学校令施行规则》等。他们对法学的研习是全面的，其专司一门者并不多见，实际上他们都是法律通才，这可能与他们在日本接受速成班式的教育不无关系。②

中国近代法学基于上述四个方面的原因因袭了日本法，又借日本法移植了西方法。这不仅反映在法学术语，而且在理念、制度、原则等方面均发生了脱胎换骨的变化。中国近代通过日本，中国近代法学通过日本法的汉语翻译，最初地、系统地实现了西方法的汉语化表达，这在法学学术史上是极有意义的。著作权法相关术语的来源就从一个侧面印证了这个论点。

（作者单位：商务印书馆）

---

① 参见程燎原：《清末法政人的世界》，54～55 页，北京，法律出版社，2003。
② 参见王健：《中国近代的法律教育》，97 页，北京，中国政法大学出版社，2001。

李艳华

近代欧陆法典编纂运动肇起的比较法分析

一、"法典"词源探究

英文法典（Code）一词渊源于拉丁文"codex"和"Codice"（法典）。

拉丁文"codex"一词的最初含义相当于我们今天使用的"书"的含义。在羊皮纸尚未被广泛使用时，地中海沿岸国家的人们多使用纸莎草制成的纸卷书写。有时为了找到书写在纸卷上的某一内容，人们需要将纸卷反复的展开、卷起，由于纸卷的柔韧性较差，使用中容易断裂、破损、卷边，所以使用起来要小心翼翼；为避免损坏，运输时还要把它们装进特制的、容量非常有限的小夹子里，非常不方便。到了公元2世纪末，羊皮纸开始被广泛采用，罗马人发现用羊皮折叠起来缝制的"codex"（书）使用起来非常方便，首先是阅读方面，可以很轻松的从一页翻到下一页"这样就使阅读一篇内容较长、相关要点较多而要点之间距离又较远的文章成为一件轻松而愉快的事情了"。其次是运输方面，当书合起来的时候，"书变得紧密、坚实，易于搬运，书本身的装帧就完全可以起到保护作用"①。公元 2 世纪末，随着羊皮纸书被广泛采用，它也就成为了当时"书"的主流，并推动了后世地中海沿岸国家出版业的发展。公元 3 世纪至 4 世纪有关文学、哲学、法学、历史和科学等著作陆续被抄到羊皮折叠起来缝制的"codex"（书）上再版。所以说，这时"codex"的含义就是抄本、书。

拉丁文"codex"一词在公元 3 世纪至 5 世纪，当手工制作的抄本书向成册的书方向发展时，其复数形式表述为"codice"。这种语言学上的发展伴随着东罗马国家与法律的发展，并从中获得了新意，使"codice"（成册的书）开始与我们今天所说的"完整、系统的法律汇编"具有了相同之意。从 3 世纪末起，罗马的法学家们就开始把皇帝的宪令尝试着编纂成册，并且以"codice"（成册的书）的方式出版。公元 291 年或 292 年在罗马帝国东部出现了由私人编成的谕令集《格雷哥里安法典》（Codice Gregorianus）②，公元 293 年至 294 年法学家赫尔莫杰尼安编辑了谕令集以对上部法典进行补充，在结构上《赫尔莫杰尼安法典》（Codice Hermogenianus）只划分为章。公元 5 世纪，狄奥多西皇帝制定了一个完成一部完整、系统的皇帝宪令和法学家著作的官方汇编的庞大计划，但狄奥多西二世皇帝只完成了这个计划的第一部分，即编纂皇帝的宪令——《狄奥多西法典》（Codice Theodosianus）。《狄奥多西法典》作为第一部官方法律汇编，于公元 438 年 2 月在罗马帝国东部公布，并于 439 年 1 月 1 日起适用于罗马东部和西部。该法典结构上由 16 编组成，编下分章。内容上以前两部法典为基本素材，增加了自君士坦丁皇帝以来的谕令，并包含有大量关于公法的内容。③ 可以说，自公元 5 世纪时起，"codice"一词除了一般意义上的"编纂成册的书"的含义，又增加了一个新的特殊的含义——"完整、系统的法律汇编"。

拉丁文"codex"和"codice"一词在公元 6 世纪从形式到内容正式确定了其各自指称的法典之意。这种确定由查士丁尼组织完成编纂的三部系统、完整的法律汇编为标志，即《查士丁尼法典》、《学说汇自纂》、《法学阶梯》（Codex，Digesta，Institutiones），"它们合起来被统称为'codice'，最终确立了'codice'在罗马法系中法律术语的含义——法典"④。其中《查士丁尼法典》是一个较简单的法律汇编，它将皇帝的宪令按分类和发布年序加以汇编。而后两部《学说汇纂》、《法学阶梯》则是法学权威们的著作，查士丁尼法典⑤的一个重大特征就是把这两个起初既相互独立又相互交织的重

---

① ［意］桑德罗·斯奇巴尼：《法典化极其立法手段》，丁玫译，载《中外法学》，2002（1）。

② 《格雷哥里安法典》主要汇集的是从哈德良到戴克里先时期有关私法问题的皇帝的批复。这部法典至少有 15 编，编下分章。编者格雷哥里安据说是帝国中央行政机关的官员，该法典没有完全流传下来。

③ 参见黄风编：《罗马法词典》，54 页，北京，法律出版社，2002。

④ ［意］桑德罗·斯奇巴尼：《法典化极其立法手段》，丁玫译，载《中外法学》，2002（1）。

⑤ 查士丁尼法典在这里未加书名号，泛指查士丁尼的三部作品《查士丁尼法典》、《学说汇纂》、《法学阶梯》。

要渊源融合了起来。

拉丁文 "codice" 一词，在法学的发展中像一块极有价值的路标，它保留、引申并派生出与法典有关系的东西。"codice" 至今仍有手工制作的抄本之意，但已经很少用了，它保留着其特殊含义——完整、系统的法律汇编①；在此基础上后世发展引申出一个一般性的含义：调整某类事物的规则；此外我们会发现它还派生出 "codificare"（法典化）和 "de-codificare"（反法典化）等词汇。针对查士丁尼法典的实质性内容来说，"codice" 是立法权与法学权威学说的融合，这种汇集非常重要，它奠定了后世的法典编纂之路，并成为一种评判标准。

二、近代法典编纂运动肇起的诸多因素

法典是民法法系的一个标志物，它承载了太多的东西。"法典不是单一的法律，也不是法律的简单汇编；法典是科学系统的编纂成果，是对法学和法律的提炼与综合。"②在欧洲资产阶级革命、民族国家形成、理性主义观念、自然法学说等诸多因素推动下，近代欧陆各国以编纂民族国家法典③为起点，先后开始对本国法律某一部门进行了系统的、全面的编纂，并使之成为一个正式的法律文献。1804 年的《法国民法典》是 19 世纪民法法系法典编纂运动的一个典型，"从这一法典开始，法国和其他很多欧洲大陆国家相继进行了广泛的立法活动，特别是编纂法典的活动。在法学著作中，这些活动通称为法典编纂运动"④。

（一）近代法典编纂运动的罗马法基础

欧洲近现代意义上的法典编纂是古代罗马查士丁尼法典编纂精神在新的历史条件下的继承和发展。古罗马从《十二表法》起就开始形成了编纂法典的风气，从上述词源的考察中也可以看出，罗马帝国时期出现了各种被称为法典的法律汇编。东罗马皇帝查士丁尼主持的规模巨大的法典编纂活动汇集了皇帝的宪令和法学家的权威著作，进一步肯定了罗马的法典编纂传统。虽然查士丁尼法典从形式到内容来看，本身并不是近现代意

---

① 受此影响，英文 "Code"（法典）一词因不同时代、不同国家或不同场合而有不同含义和用法。例如，《圣经》中的《出埃及记》、《利未记》和《申命记》中所称的 Code 就是指一些记载规章的书籍。而在现代，有的国家把 "Code" 一词用于指官方或民间出版的法律汇编。

② [意] 桑德罗·斯奇巴尼：《法典化极其立法手段》，丁玫译，载《中外法学》，2002 (1)。

③ [美] 格伦顿等人在《比较法律传统》一书中认为，在欧洲的许多地区，法律民族主义早就采取了法典编纂的形式。第一批民族国家法典出现在 17 世纪～18 世纪斯堪的纳维亚各国。这种法典包括 1683 年丹麦的综合法典（Dansda Lov）、1688 年挪威法典、1734 年瑞典的法典等。当然这些法典都是比较简单的。

④ 沈宗灵：《比较法研究》，79 页，北京，北京大学出版社，1998。

义上的法典，但它的标志性效果非常明显，它表明法典编纂是一项巨大的法律工程，可以用抽象化、系统化的方法对法律进行全面有效的汇总。

中世纪的罗马法复兴运动使罗马的法典编纂传统对欧陆产生了重大影响。如《法学阶梯》一书曾深刻地影响了欧洲大陆国家的法律教育。中世纪教会法的编纂和教法学家们的研究，在形式和技术上也承继了罗马法典传统。如 16 世纪的《教会法大全》集以往教会法规之全，与查士丁尼《国法大全》在中世纪的欧洲呈鼎足之势。法律大全使人们获得一个持续的、流传很广的信念，即"即使是一个很复杂的法律制度，也可以用一些原则和规则来全面地、系统地加以陈述"①。这种信念奠定了近代欧洲各国法律制度的系统化、体系化及法律科学的形成，有助于法典编纂。因此有学者评论说："就整个 19 世纪和 20 世纪的法典编纂来说，现代立法机关在很大程度上可以被看作是查士丁尼庞大的罗马法机关的翻版，前者只不过是适应时代的需要，披上了现代语言的外衣而已。"②

（二）近代法典编纂运动的社会动力

1. 经济发展的深层需求

19 世纪以自由竞争为特征的资本主义经济正处于形成和发展的关键时期，这种新的生产方式需求的是"像机器一样靠得住的法律"③，也就是说，资产阶级需要以法律确立资本主义社会最基本的政治、经济原则，确立法律面前人人平等、财产神圣不可侵犯，契约自由的原则，以防止政府通过法律以外的任何途径干涉自由竞争为特征的资本主义经济生活。不仅如此，而且这些法律还要"靠得住"，即自由资本主义的经济基础的稳固，财产权利的保护，工业组织的规制和市场经济的运行需要的法律应具有一种可预测的、稳定且确定性极强的特性。资本主义经济形成和发展的关键时期对采用何种法律形式的考虑，自然要求整合历史资源以适应现实需求。自罗马复兴以来，西欧大陆有些国家曾有过的法典编纂尝试④，使人们意识到法典是一种能提供完整稳定的体系、详

---

① 沈宗灵：《比较法研究》，81 页，北京，北京大学出版社，1998。

② ［意］斯奇巴尼、杨振山主编：《罗马法·中国法与民法的法典化》，47 页，北京，中国政法大学出版社，1995。这种评论相对于一个广大的近代法典编纂的背景来看，对罗马法也许夸大了一些，但从近代欧陆法典编纂的历史传统来看，是可以理解的。

③ ［德］马克思·韦伯：《世界经济通史》，291 页，上海，上海译文出版社，1981。

④ 法国在 17 世纪 60 年代~70 年代，在路易十四世（Louis XIV，1643—1715 年在位）统治下，大臣柯尔培（J. B. Colbert，1619—1683 年）曾制定了几个法典化的敕令，包括 1667 年关于民事诉讼的敕令、1670 年关于刑事诉讼的敕令、1673 年关于商法的敕令和 1681 年关于海商法的敕令等。德国的巴伐利亚在 18 世纪中叶曾先后制定过《刑法典》（1751 年）、《诉讼法典》（1753 年）和《民法典》（1756 年）等。普鲁士还制定过《普鲁士邦法》（1794 年）。但所有这些法典，无论就其内容、形式以及影响方面都不能与 19 世纪法典编纂运动的成果相比。

密的内容并且确定性、安全性极高的法律形式，这种法律形式能够满足资本主义经济发展的需求。

2. 政治变革的直接推动

欧洲大陆一些主要国家的法典编纂工作大都是在资产阶级革命及民族国家统一运动取得胜利的基础上进行的。

民族统一运动的蓬勃兴起，促进了建立统一的民族国家法律的进程。中世纪后期，民族国家、国家主权的观念开始发展起来，人们愈来愈关注本国本民族的法律制度。要求民族国家成为法律的唯一来源，建立统一的民族国家法律，并以此来代替地方习惯法、教会法，结束法律的混乱局面；要求国家垄断立法权，树立国家的威望。较早的一例，如法国于1681年制定的海商法敕令，其立法主旨即在于使它取代过去不分民族界限适用的海商法，尽管其内容均来自旧法律，但其权威却来自民族国家的主权。[①] 正如梅利曼所言，在"推动国家集中统一的运动，使各地不同法制和法规的归并日益重要，'全体法国人应当适用一个法律'的自然法思想，恰好反映了这种要求"[②]，民族统一运动的最终成果就是法国、德国、意大利等西欧主要国家，纷纷编纂出作为民族统一标志的、于本国境内适用的法律，从而使在欧陆范围内开展的近代法典编纂运动具有了民族的品性。

席卷欧洲大陆的资产阶级革命一破一立，摧毁了旧有的封建政治法律制度，建立了资产阶级政权。资产阶级革命给民族国家统一法律的最终形成，为各国的法典编纂提供了政治支撑。并在统一民族国家运动的基础上把新法典的颁布作为新社会、新政府确立的标志。资产阶级革命的一些领袖们认为，历史可以通过废除旧法规而消灭，伏尔泰甚至这样说，你们要求好的法律么？"把你们现有的全部烧掉，制定新的！"[③] 在法国，资产阶级取得了完全的胜利，并通过法典编纂的形式把这种胜利体现了出来。

欧洲大陆一些主要国家的法典编纂工作大都是在资产阶级革命或民族统一运动取得胜利的基础上进行的。例如，法国的法典编纂开始于1789年革命爆发15年之后；意大利的主要法典大多是在1861年统一后几年中发布的，其《商法典》和《刑法典》迟至1882年和1890年才先后发布；德国的主要法典也同样是在19世纪50～70年代，随着统一运动的逐步进展而制定的，仅《民法典》迟至19世纪末才制定。在欧陆如果没有这些革命和统一运动的胜利，大批法典的出现是难以想象的。

---

① 参见沈宗灵：《比较法研究》，81页，北京大学出版社，1998。
② ［美］约翰·亨利·梅利曼：《大陆法系》，顾培东等译，28～29页，北京，法律出版社，2004。
③ ［美］埃尔曼：《比较法律文化》，贺卫方、高鸿钧译，41页，北京，清华大学出版社，2002。

（三）近代法典编纂运动的理性主义色彩

理性主义为 19 世纪法典编纂运动提供了哲学基础。科学技术的发展创造了生产力，机器的采用，轮船的行驶，人类对自然力的征服，人类在科学技术方面取得的巨大的成就，开始使人们对世界的观念发生了改变，使人们的思虑从中世纪有关天堂地狱的关注中回到现实社会中来，人们好像有理由相信这个世界是可以把握的，人们开始断言，可以通过理性认识一切事物并解决一切问题。以法国人笛卡儿为始祖的理性主义哲学主张：人类的理性能够认知外部世界，也能够改造自然世界和人类自身的世界。理性主义在 19 世纪狂热地浸入了一切领域，尤其是法律领域，"西方的法典原是为信奉理性主义的社会制定的，法典的抽象性结构是西方笛卡儿主义思想的产物"①。

自然法学派的法学家们使理性主义徜徉于各种法律问题上，如坚信运用理性就能发现一个理想的法律体系；认为必须用完全符合人性的法律来代替或改造旧法律；认为新的法律应该具有稳定的成文形式，并具有明确的表达、合乎逻辑的编排、完备详尽的内容；应能使每个成年公民都能理解和掌握，等等。博登海默在他的著作中评论道，"因此很自然，他们都力图系统地规划出各种各样的自然法的规则和原则，并将它们全部纳入一部法典之中。因此，在 18 世纪中叶，便开始了一场立法运动……立法运动最大的成就之一就是 1804 年《拿破仑法典》"②。

三、近代法典编纂运动肇起的比较法分析

应当说，近代法典编纂运动在欧陆的开展，像一根魔棍划开了那早已存在、但又不甚明了的欧洲大陆与不列颠法律的界限，明确区分开了两大法系对法律的基本表达方式，在比较法上具有深刻的意义。如果对这场法典编纂运动的兴起及伴随后果进行分析，我们发现伴随近代法典运动产生了三大衍生物，它们深刻地影响了民法法系法典的政治命运、法律渊源的基本构成以及后世比较法学家的历史任务。

（一）法典编纂运动与政治权威

在前述法典编纂运动肇起的诸多因素中，一个比较法的问题是，从结构上看，具有了上述某些因素是否必然会带来一国的法典编纂呢？如果不是，那么诸多因素中使欧陆

---

① ［法］勒内·达维德：《当代主要法律体系》，漆竹生译，505 页，上海，上海译文出版社，1984。
② ［美］E. 博登海默：《法理学——法哲学及其方法》，邓正来、姬敬武译，67～68 页，北京，华夏出版社，1987。

法典编纂运动得以推展的决定性条件是什么呢？

首先，资产阶级革命并不必然会导致法典编纂运动。如 17 世纪末资产阶级在英国取得了革命的胜利，至 18～19 世纪，无论是资本主义经济的发展或资产阶级统治的巩固，英国都远远超过欧洲大陆国家，议会立法的地位和数量也迅速提高和增多，其大量成文立法的出现应归结于议会地位的提高，以及解决新的法律问题的需求，但 200 年间在英国并没有随之带来法典编纂运动。同样，美国独立战争的胜利以及 19 世纪中叶南北战争的结束，也都没有在美国产生全国性的法典编纂运动。19 世纪中叶，美国纽约州律师菲尔德（D. D. Field，1805—1894）曾积极倡导过法典编纂，但并未在美国获得成功。

其次，民族国家的形成也并不必然会导致法典编纂运动。如英国历史上也经历了民族国家形成的过程，建立民族国家法律的要求也带来了一些变革，如诉讼文件及法庭上的语言改用本民族的语言——"法律英语"等。但英国人由于历史上在罗马法传入以前已经形成了较有操作规矩的判例法，罗马《民法大全》的法典编纂传统对他们来讲是一个很令人困惑的东西，其民族国家的法律一直以判例法的形式出现。尽管近代以来英国从来不乏成文立法，即使如此，在英国也并没有导致法典编纂运动。美国的独立战争是反对殖民奴役和争取民族解放的运动，但在美国独立后，尽管几经动摇，最后还是在英国普通法传统的基础上建立了美国本国的法律，因而总的来说，在美国也没有出现欧洲大陆式的法典编纂运动。

相比较而言，近代法典编纂运动肇起的诸多因素中，罗马《民法大全》的法典编纂传统及理性主义思潮对欧陆法学领域的影响确实巨大，尤其是抱有坚定信仰推动法典编纂的自然法学家们。理性主义支配下的自然法学家要制定的法律，正如康巴塞雷斯所言，是一部"由理性批准而由自由担保的自然法典"。

要实现这种抱负，在当时欧陆其他国家都具备的诸多因素中还需要有一种推动力——政治权威。也许它能解说近代法典编纂运动为什么以法国为杰出的代表。

比较法学家认为，通过比较分析欧洲的历史，要使法典编纂无负于自然法学家的抱负，必须得依靠开明的政治力量、政治权威才可以实现。即法典编纂要取得成功，法典编纂运动要得以推展"必须具备两个条件。一方面需要有一位开明的、愿意认可——甚至在有损于旧秩序的特权者的条件下——正义、自由及个人尊严各项新原则的国王来主持其事。另一方面需要新的编纂工作在一个对其他国家有影响，是他们无法摆脱其影响的大国完成"[1]。达维德认为，法典编纂工作几乎只有在它的诸因素已经实现了的条件下，在大革命后的法国，才有可能取得成功，才可能把制度的各个方面予以更新。也就

---

① ［法］勒内·达维德：《当代主要法律体系》，漆竹生译，60 页，上海，上海译文出版社，1984。

是说，除了近代欧陆法典编纂肇起的诸多因素之外，法国当时在两个方面在欧洲具有绝对权威，即1789年的思想和拿破仑的扩张。我个人尤其觉得是拿破仑对法典编纂工作所投入的关注和有实际意义的推动，最终使欧陆的法典编纂运动充满了力量。其实一些相反的例证也可以说明，早在法国以前已有1794年普鲁士各邦的普通法，1811年有奥地利民法典，但其影响都极有限，没有形成气势，其原因就是缺乏政治权威的推动。

应当说，19世纪欧陆法典编纂运动的兴起，是多种因素在特定传统的基础上，数量累积、强度转化的结果，最终得益于政治权威的导出。政治权威的介入一方面强有力地推动了法典编纂，另一方面借助法典编纂也树立了自己的权力，得到法律的认可。今天这种命运仍然伴随着民法法系国家的法典编纂活动。

（二）法典编纂运动与法学权威

欧陆法典编纂运动的"悲剧性后果"——法学学说权威的受损，是主张法典编纂的自然法学家们所始料不及的。"法典编纂的目的曾经是宣布一部恢复青春、适应19世纪人们的条件与需要的普通法的原则"①，但法典编纂运动在各国的开展客观上引起了一种对法典完美性的信仰，引起了一种法律实证主义的研究态度。以民法典为例，法国在1804年、德国在1896年、瑞士在1881—1907年先后完成了本国法典的理性化工作，诏令进行法典编纂的君主们借助其政治权威先后确立了法典完美无缺的观念。② 法典被视为了金科玉律，法学研究工作的重心也随之转移到了对新的法律条文的注释上来。法学家们退守到法典，法变成了他们的本国法。也许有人认为这很正常，但实际上这种做法对法学的发展极为有害，导致了传统法学学说权威地位的受损。

曾几何时，查士丁尼安的法典编纂汇集了政治权威与法学权威，并从此形成了一种传统，即法学家独立思考并具有法学权威。中世纪罗马法复兴以来，欧洲各大学法学的研究传统是"讲授对正义之法的探索，建议一种典范法而不是讲授或评论某某国家或地区的实际工作者之法"③。但当近代欧陆法典编纂运动展开，各国有了本国法典之后，法学原有的探究与独创消失了，不再认为作为社会行为准则的法本质上是超国家的，把法与君主或国家的命令混为一谈，法学走向了国家化。法学家实证主义的研究态度，单纯的条文注释方法像一把双刃剑，它在雕刻本国法典条文的同时，也把法学的传统权威削得七零八落。只有进入20世纪，随着欧陆法典的老化和对法典认识的深入，法律学说在法的形成与发展中的地位才重又越来越受到人们的重视。但我仍很怀念那种汇集了

---

① ［法］勒内·达维德：《当代主要法律体系》，漆竹生译，62页，上海，上海译文出版社，1984。

② 如《普鲁士国家普通邦法》公布时国王禁止法官对条文作任何解释，并规定如违反将予以处罚；拿破仑在《法国民法典》注释书刊行之际，竟叹道：朕的法典已不复存在了。

③ ［法］勒内·达维德：《当代主要法律体系》，漆竹生译，61页，上海，上海译文出版社，1984。

政治权威与法学权威的罗马式的法典编纂。

（三）法典编纂运动与法学的视野

欧陆法典编纂运动的另一"悲剧性后果"是法学研究的视野受到了极大的局限。民族国家的兴起、民族主义观念的强化，使法典编纂变成了体现国家光荣的一个工具，即："法典是民族理想与民族文化的一元化之体现，它以本国语文书写，并包含着民族性的法律制度和法的概念。从此以后，法就成为民族的法（national law）。"① 欧陆兴起的法典编纂运动使欧陆法在各国寻求法的确定性时失去了原有的统一性，拉丁语作为国际性学术用语的地位开始丧失，学者们确立了以各自的本国语文撰写法律著作的新习惯，这本无可厚非。不过，以比较法的视角观察，在经过了一段时间之后，人们在自然科学和除法学以外的其他社会科学领域，很快就重新恢复了各自用本国语言进行研究的科学的本来面目，然而在以国家制定法这种"法律"为研究对象的法学中，法学丧失了作为科学所固有的普遍性，各国在制定法律时特别强调自己法律的特殊性，把在国内通行的实在法看成是法的全部。比较法学家达维德指出："在所有的科学中，只有法学错误地认为可以成为纯粹民族性的东西。神学家、医学家、科学家、天文学家以及其他所有学者，都为自己不了解国外在本专业领域内所取得的进步而感到耻辱，但只有法学家将自己封闭在本国法的研究中。"② 确实，自近代欧陆法典编纂运动以来，法学的学术境界完全同国境一致，以至于 20 世纪初比较法学以呼吁扩大法学研究的视野为装束而隆重登场。

（作者单位：中南财经政法大学法学院）

---

① ［日］大木雅夫：《比较法》，范愉译，11～12 页，北京，法律出版社，1999。
② 转引自［日］大木雅夫：《比较法》，范愉译，17 页，北京，法律出版社，1999。

崔林林

韩国近代法律体系的形成及其保守性特质

近十年来，在韩国就法律体系中保留的传统因素的存与废问题掀起了一轮又一轮的激烈争论和日益深入的学术探讨，并导致相应的立法改革和法律发展。韩国法律近代化始于19世纪末，与中国和日本"西法东渐"的情境极其相似，随着西方法律制度及其理念的移植和继受，传统法与西方法之间的冲突与融合成为近代以来法律发展与变迁的主题。毫无疑问，其时，西方法在各个方面都凸现出先进性和优越性，传统法则因其固有的无法克服的缺陷而不可避免地陷入全面解体的危机。在法律近代化过程中，传统因素的部分保留是不可避免的，但是相对而言，韩国法中保留的传统因素明显较其他国家强势而持久，因此造就了其法律体系中的保守性特质，并构成韩国近代法律文化中最为突出的特点，这与韩国特定的法律近代化历程以及国情有密切关系。

一、韩国传统法律体系的形成

韩国传统法律文化与中国传统法一脉相承，同属中华法系，具有同源同质性。中国传统文化对朝鲜半岛的影响始于何时众说纷纭，多数学者认为朝鲜"三国时代"通过朝华贡使的频繁往来，开始了中韩之间的文化交流，以儒学为代表的中国传统文化逐渐深入朝鲜半岛。韩国是最早接受儒家文化传统的国家，儒家化程度也最为彻底，以儒家礼制体系为核心和精髓的传统法律文化从根本上奠定了韩国传统法律文化的基本特征。公元 372 年高句丽国家设立"太学"① 开始传统儒学，第二年便迅速地颁布律令，成为朝鲜半岛接受中国传统法律文化影响的最早例证。

朝鲜高丽时代以唐朝政治法律制度为模式确立了中央集权和君主专制统治秩序，实行三省六部制以及科举制，并模仿唐律颁布了高丽律，形成了以律令格式为主体的封建法律体系。根据《高丽史·刑法志》的记载："高丽一代之制，大抵皆仿乎唐。至于刑法，亦采唐律，参酌时宜而用之，曰狱官令二条、名例十二条、卫禁四条、职制十四条、户婚四条、厩库三条、擅兴三条、盗贼六条、斗讼七条、诈伪二条、杂律二条、捕亡八条、断狱四条，总七十一条，删繁取简，行之一时，亦不可谓无据。"无论是内容还是形式结构，高丽律都是在唐律的基础上根据高丽的实际情形编纂完成的。由于高丽时代以佛教为国教，秉承佛教宽刑主义思想，相对于唐律而言，高丽律规定的刑罚相对宽简。但是由于一定程度上脱离了社会现实，高丽律并未得到切实的施行，较为灵活的王命以及习惯法成为重要的法律渊源。

相对于高丽时代，朝鲜王朝特别重视通过法制手段治理国家，编纂了一系列统一的法典并不断修正，形成了较为系统完备的古代法制体系，因而被称为"法制主义统治时代"②。《大明律》则是这些法制的基础，明律对朝鲜半岛的影响可谓全面、深入而持久。朝鲜王朝的重要治国法典《经国大典》就是在继受《大明律》的基础上编纂的，不仅如此，《经国大典》还明确了《大明律》的一般刑法地位，规定"依用大明律"③，同时还颁布了《大明律》的韩文翻译版称为《大明律直解》。朝鲜王朝统治者考虑到中朝两国社会风俗尚存在许多差异，直接适用《大明律》会带来许多问题，因此所谓《大明律直解》并非原文直译，而是根据朝鲜的国情和实际需要，在语言表达以及具体规范方面都作了适合朝鲜国情的修正。此后，随着朝鲜社会的进一步发展，根据《续大典》刑典用律条规定，《经国大典》与《续大典》均有规定时，应优先适用《续大典》，再一次确定了《大明律》的一般法地位和《续大典》的特殊法地位。④ 此外 1397 年《经济六典》、1543 年《大典后续录》、1698 年《受教辑录》、1785 年《大典通编》、1865 年《大典汇通》等等，也都是在明律的基础上根据朝鲜的国情编纂的，都是韩国古代社会重要立法。

---

① ［韩］田凤德：《韩国法制史研究》，32 页，韩国，首尔大学出版部，1968。
② ［韩］朴秉濠：《韩国法制史考》，107 页，韩国，法文社，1974。
③ ［韩］田凤德：《韩国法制史研究》，118 页，韩国，首尔大学出版部，1968。
④ 参见［韩］金炳植：《大明律的性格与适用考察》，载《法制史论文集》，122 页，韩国，韩国史研究会，1988。

值得注意的是韩国在继受中国传统法律的同时，很早就意识到国情的不同将会给继受法律的适用带来诸多问题，因此非常注重对朝鲜民族习惯的保留。但是就整体而言，前近代时期的韩国法毫无疑问应从属于以中国为中心的东亚法文化圈，以中国传统法律制度及文化为基础和模式，儒家法律思想的价值取向成为韩国传统法律的无可怀疑的主旨，构成了韩国传统法律文化中的基本特质。朴秉濠教授指出："无论是在法律思想还是法律制度方面，我们国家自三国时代就已经受到了中国法的强烈影响，包括朝鲜王朝的法典编纂，在法与刑的关系等概念问题上直至在法律制度的各个层面上以及法律思想方面都呈现出与中国法的诸多共同或类似的特征。"[①] "近代以前，继受中国法是其特色。一个无可否认的事实是，在悠远的历史进程中，从中国继受的儒家法律文化对韩国的传统法律及社会发展产生了深远影响。因此，将中国文化度外视之，就不可能真正了解前近代韩国法的特征。"[②] 中国儒家传统法律文化的影响是如此深刻而持久，以至于直到今天，依然在韩国法中保持着明显的痕迹和烙印。

二、韩国近代法律体系的确立

韩国传统法的解体首先源于对西方法的移植与继受，19世纪末，在内外交困的情况下，统治者做了一系列模仿和追随西方法的立法努力。韩国最早是通过阅读《万国公法》、《公法便览》等汉译法学著作了解西方法制的，这些英美法著作对韩国法的近代化产生了重要影响，但是移植判例法的巨大困难，使得具有成文法传统的韩国不得不重新寻求新的法律模版。1884年起，法国法通过传教士的活动被介绍到韩国，随着韩国与法国在法律领域交流的增多，来自法国的法律家也曾参与韩国的法律起草以及法官培训。然而日本统治政策中止了移植法国化的历史进程。[③]

19世纪末的甲午改革标志着韩国法律近代化的正式开始，这是一场通过日本支持而执政的开化党为改变传统的王朝体制而进行的改革运动，其目标在于废除旧的不合理的封建制度，从政治、经济、法制上建立一个被称为近代绝对君主制国家的统治体制，通过与民主、平等、人权直接相关的民主性改革实现近代性的国民国家。在1894年2月开始到10月间通过了一系列关于废除封建制度的革命性议案，其内容包括改革国家机构，立法机构由国务军机处改为宫内府，行政机构即议政府确定各个部门的官职并明

---

① ［韩］朴秉濠：《韩国传统社会与法》，5页，韩国，首尔大学校出版部，1992。

② ［韩］朴秉濠："*Characteristics of Traditional Korean Law*", Chun Shin-yong, ed., Legal System of Korea, Korean Culture Series 5, Seoul, International Cultural Foundation, 1999, pp. 13 – 14. 转引自苏亦工：《韩国民法典修订之研究》，载www.iolaw.org.cn，2005年9月29日。

③ 参见韩大元：《东亚法治的历史与理念》，140页，北京，法律出版社，2000。

确其职责，对外作为独立国家任命了特命全权大使派遣到各个国家，从而参与到了文明化的西方世界；广开言路，使平民可以直接向宫内府进言；废除了封建的身份制度以及传统陋习，在两班（即士绅）阶层，打破了四色党派的界限，不问出身按才能启用人才；减少了象征特权的官员制服，废除了轿子、辇等乘用物和宰相的侍从，并严格限定了高级官员的随行人员；废除了奴婢制度并使仆役、娼妓、艺人、皮工平民化；家族制度成为这些议案最主要的改革对象，取消了嫡庶之间的差别，确认了嫡妻和妾均没有儿子的情形下可以收养无血缘关系的养子，将男女的结婚年龄分别限定为 20 岁和 16 岁，消除了男女早婚的弊害，规定不论贵贱，寡妇都可以自由改嫁。自 1894 年成立法律起草委员会后，开始进行民法、商法、刑法、政治法等法案的起草工作，1895 年 1 月颁布了改革的基本纲领《洪范十四条》，其中涉及民法和刑法的规定，已经包含了禁止任意性的监禁和惩罚、保护人民的生命和财产的条款。1899 年 8 月颁布了确立专制君主制度的宪法《大韩国国制》。在刑法领域，实现了历代钦恤的理想，同时为了从根本上剔出诸多弊端，在机构上实现了行政与司法的分立。在刑罚宽缓的根本方针下公布了许多有关刑事法律关系的单行法，其中 1905 年 4 月《刑法大典》最为重要，是参考《大典汇通》、《大明律》以及甲午改革的相关法令而制定的，由 680 条条款组成的庞大的一般刑法典。该法典摒弃了源自中国早期刑法的六典结构，也没有采纳日本刑法典的模式，而是采用了近代性的法律结构体例，成为这个时代的自主立法的代表性范例，同时也成为这个时代最后、最大的立法成果。在民法领域颁布了新型的《家契发给规则》、《土地房产证明规则》、《土地房产所有权证明规则》、《民籍法》、《利息条例》、《关于民刑诉讼的规则》等单行法规①，这些法律在保留传统法律的基础上也作了许多近代化的改革。为了使韩国具备近代法治国家的基本形式和面貌，几乎在各个领域都制订了新型法律，同时颁行了《法规类编》（1899）、《现行大韩法规类纂》（1907）、《现行韩国法典》（1910）等，形成了一个规模庞大的法律体系。但是这些法令大部分是在日本顾问的主导下以日本法令为样板制定的，在国家主权已经倾斜的情形下，法律近代化的推进在很大程度上是被迫进行的，充满了矛盾和困惑，同时传统的文化背景也不会很快接纳新的制度，新型法律的施行与社会法律意识之间存在很大的反差，尤其是在反日感情下，传统的价值观更加坚定了。在日本法的统治之下，德国法被大量移植到韩国法律体系之中，"《大韩国国制》就是根据德国教授撰写的《公法会通》制定的，只规定了皇帝的地位和权限，没有规定国民权利问题，反映了德国公法理论的特点"②。自此，德国法因素在韩国法的发展中占有绝对支配地位，时至今日，德国法对韩国法律理论乃至法

---

① 参见［韩］田凤德：《韩国法制史研究》，221 页，韩国，首尔大学出版部，1968。
② 韩大元：《东亚法治的历史与理念》，141 页，北京，法律出版社，2000。

律制度的这种影响一直在持续。需要指出的是，韩国对德国法的移植初期是通过日本间接完成的，这就增加了"移植过程与内容的不确定性"①。

1910年，日本公布了所谓"合并条约"，韩国正式进入全面殖民法制时期，作为日本殖民政策的重要组成部分，韩国法在日本法的主宰和影响下进一步西化、德国化。据统计，"在36年的殖民统治时期，日本殖民者共颁布了民事及刑事法令270多件"②，其中最为重要的立法是1912年制定的《朝鲜民事令》和《朝鲜刑事令》。尽管日本殖民统治者在《朝鲜民事令》中宣布保留韩国固有的部分传统与习惯，并赋予其效力，以示"宽仁"，但事实上除了家族法方面相对较多地适用韩国传统习惯以外，财产法等方面仍以"依用"日本民法典以及各种特别法令为主，因而被称为"依用民法"时代。在家族法领域，宣称"与朝鲜人的能力、亲族和继承相关的法律是以习惯为依据的"③，意味着在尊重朝鲜的习惯的名义下，对亲族、继承等适用朝鲜的习惯法，但是这一习惯法是指以殖民当局总督府、法院等的通告、答复、决议等形式宣布的官制习惯法，因此朝鲜原有的部分习惯法不可避免地按照日本法的模式被改造和修正。例如，在奉行儒家礼教传统的朝鲜，在以男性为中心的传统习惯里本不存在协议离婚的情形，当时为确定朝鲜民事习惯而进行的大规模调查提交的《习惯调查报告书》也确认了朝鲜不存在违背儒家纲常礼教的协议离婚规定；1914年3月在回答庆城地方法院质询时，政务总监也答复说"在朝鲜认证协议离婚的习惯是不存在的，还有对于协议离婚是否需要父母的同意，也不能看到任何的习惯"④；当时的朝鲜民籍课长也指出"离婚是婚姻的解体，自古以来的习惯中离婚是被禁止的"⑤。但是朝鲜总督府不仅没有禁止离婚，而且还从一开始就制度性地认可了日本民法上的离婚，将离婚分为协议离婚和裁判离婚，并依此施行。"离婚分为协议离婚和裁判离婚两种，前者是根据双方的协议圆满地解除婚姻关系，后者是在未达成协议的情形下，根据裁判解除婚姻关系。"⑥习惯调查委员会所记录的1908年到1921年之间的离婚事由说明在此期间的确依用了日本民法。⑦ 另外，朝鲜总督府机关志《朝鲜》中也记载了法院按照日本民法进行裁判的事实："离婚的情形由（日本）民法813条进行了规定，在朝鲜由于没有相应的规定，日本民法的规定从根本上没有对

① 韩大元：《东亚法治的历史与理念》，140页，北京，法律出版社，2000。

② 韩大元：《东亚法治的历史与理念》，143页，北京，法律出版社，2000。

③ ［韩］洪阳锡：《殖民时期亲族习惯的确定和日本民法》，载《精神文化研究》，2005年秋季号（第28卷第3号），127页。

④⑤⑥ ［韩］洪阳锡：《殖民时期亲族习惯的确定和日本民法》，载《精神文化研究》，2005年秋季号（第28卷第3号），128页。

⑦ 参见［韩］洪阳锡：《殖民时期亲族习惯的确定和日本民法》，载《精神文化研究》，2005年秋季号（第28卷第3号），129页。

离婚的原因进行阻止，在裁判所也依然引用现在的（日本）民法。"① 显然，朝鲜总督府并没有采用他们判断的朝鲜习惯法，而是将日本民法中规定的离婚类型和步骤，制度性地引进到了朝鲜实施。在"内鲜一体"的政策指导下，1920 年初朝鲜的亲族、继承部分开始依用日本民法。在 1921 年 11 月 14 日制令对朝鲜民事令的第一次改正中，为亲权、监护、辅佐人、无行为能力人设置的亲族会中适用了日本民法。后来从第 2 次修改开始从根本上导入了日本民法。1922 年 12 月 7 日制令即据此宣称："有关婚姻年龄、裁判离婚、认知、亲族会的相关规定，就继承的确认及财产的分离的日本民法规定自 1923 年开始适用。"② 显然，在尊重朝鲜习惯的名义下，一面赞扬韩国性的、儒教性的家族道德为淳风民俗，一面却根据日本法进行体系化的法律变革，并进行整齐划一的强化，从而在殖民统治体系中加以利用，同时将日本的各项制度渐渐地渗透进来。因此，总体而言，由于日本当局强力推行其对朝鲜社会的同化政策，朝鲜固有的法律体系已被动摇，即便是明确宣布保留的朝鲜习惯法，也遭到了日本殖民者的严重歪曲，韩国殖民地时期的法文化实际上是一种准日本文化。对韩国而言，对于殖民法制的评价充满了矛盾，一方面这是韩国法律近代化不可或缺的一个重要历史过程，完全否定其历史价值及其与当代韩国法在一定范围内和一定程度上的历史连续性是不客观的，另一方面殖民法制缺乏正当性基础，本身是对法治价值的否定，是推行同化、抹杀民族政策上的一种统治方式，因而本质上是反近代的恶法，对韩国法律近代化产生了不良影响。在殖民支配下的专制统治氛围中进行的法律近代化，加剧了人们守法精神的缺失和针对法律现象持有的轻视甚至反感的心态，对近代性的法的意识，权利意识的伸张没有一点帮助。③ 这一时期被称为"日制时期"，支配了韩国 35 年的日制时期日本化的西方模式近代法，在总体上是一种自主发展权在形态和范围上被制约，以强调殖民统治绝对权威化和无条件服从作为统治手段的近代法。

1945 年韩国脱离殖民统治，在对殖民统治时期的法律进行清理的同时，制定了包括宪法、刑法、民法、诉讼法、商法典在内的大量法律法规，在已经日本化的大陆法系模式中，进一步在公法领域开始导入了英美法，韩国独立法律体系基本确立。1948 年韩国宪法颁布，经过选举组成的政府和国会，将制定完善自主的法律体系作为首要和紧迫的任务，组成了法典编纂委员会，先后编纂完成了《刑法》（1953 年）、《刑事诉讼法》（1954 年）、《民法》（1958 年）、《商法》（1960 年）、《民事诉讼法》（1960 年）以及

---

① ［韩］洪阳锡：《殖民时期亲族习惯的确定和日本民法》，载《精神文化研究》，2005 年秋季号（第 28 卷第 3 号），127 页。

② ［韩］洪阳锡：《殖民时期亲族习惯的确定和日本民法》，载《精神文化研究》，2005 年秋季号（第 28 卷第 3 号），129 页。

③ 参见［韩］金昌录：《日本强占时期法制的性格》，釜山大学法制史讲义，2005。

《信用法》、《支票法》等，与此同时，许多行政法令也得以制定，行政法体系得到完善。不过这一时期的韩国立法及其实施尚存在许多问题，首先在光复后的混乱、感动和兴奋中，韩国没有及时对殖民法制进行彻底清算，就进入到了所谓的美军军政和民政的过渡时期；其次受到急于摆脱日本殖民余孽的心态以及急于谋求经济发展的政策的影响，不少法律的制定显得过于急躁、仓促和慌张，没有经过充分审慎的考量和论证；再次韩国国内局势尚不稳定，战争的爆发以及民主秩序尚未确立，国民的法律意识淡薄，也使法律的实施也大打折扣。特别值得注意的是，虽然韩国有着摆脱日本法影响的强烈愿望，但事实上，其立法，特别是作为调整社会生活的最重要法典——民法始终无法完全摆脱日本民法的影响。20 世纪 60 年代末开始，伴随着"汉江奇迹"的发生即韩国经济的高速发展，韩国社会逐步发生了巨大的变化，韩国修订完善法律的努力一直没有停止，特别是最近 10 年来发生了较为重大的法律变革。

三、韩国法律体系中的传统因素及其修正

半个世纪以来韩国经济飞速发展，社会生活日益现代化，韩国法律体系已经相应的有了较大的变化，总体上完成了自近代以来以西方法为模式的法制变革，日本殖民法制的余孽也已基本被消除，韩国法律发展进入一个新的历史时期。由于儒家文化的深远而持久的影响，以及韩国特定的法律近代化历史过程，韩国法中相对较多地保留了大量典型的传统法律因素。对传统法律文化的固守与坚持构成韩国法律近代化最突出的特点之一，韩国宪法第 9 条明确规定"国家应致力于促进传统文化的继承和发展"，从而在宪法的意义上为传统文化的传承奠定了基础。随着韩国社会的现代化发展，这些传统因素虽然在不断被修改，但是这一进程相对缓慢而艰难。

（一）关于同姓同本禁婚制度

同姓同本禁婚制源于中国宗法制度，在高丽时代中期前后传入朝鲜，文宗时颁布了同姓禁婚的法令。以儒教为建国理念的朝鲜时代，依用中国大明律，同姓婚姻被完全禁止，违反该律令的当事人乃至主婚者都会受到处罚，这一制度一直沿用至朝鲜时代末期。[①] 日制时代，作为同化政策的一个环节，有意将同姓禁婚的习惯法从宽适用直至取消，因此规定即便是同姓同本婚姻，只要不是近亲婚姻，其婚姻即可以被确认为有效婚姻。但是由于韩国国民固守传统的特性和对日本殖民统治的反感和抗拒，同姓不婚传统

---

① 参见［韩］金炳大：《同姓同本不婚制的考察》，载《现代民法的课题与展望》，南松韩凤锡教授花甲纪念，106 页，1994。

一直保存下来，直到 1958 年民法典第 809 条第 1 款明确肯定了这一传统习俗，此后在韩国关于这一制度一直有着相当激烈的争论。主张废除这一制度的学者们认为，坚持同姓同本禁婚制度并无合理的依据，而且是对婚姻自由权的侵害，主张保持这一制度的学者认为同姓同本禁婚制是韩国固有的良风美俗，同姓同本的血族之间的婚姻违背性伦理而不应被容许，而且从优生学的角度上看也是有害的，会造成亲族观念的混乱。作为一种妥协，通过了"关于婚姻的特别法"规定以 1978 年一年为限对同姓同本的事实婚姻关系给予法律上的救济。① 虽然对这项法律的法理以及适用有较多批评，但是有关时限规定在 1988 年和 1996 年的法令中又两次得到确认。1997 年韩国宪法裁判所作出民法中同姓同本禁婚制度违宪的宪法判决，判决多数意见认为同姓同本禁婚制度限制了婚姻自由权，侵犯了个人尊严；只禁止父系血族内的婚姻，未提及母系血族，违反了宪法上男女平等原则；同姓同本禁婚制所赖以存在的社会和经济环境已经发生变化，从而失去了存在的现实基础，不宜用法律规范加以调整。众所周知，禁止近亲结婚是世界通行的做法，而韩国同姓同本禁婚制度旨在禁止同一血族内的婚姻，它已超过了各国婚姻法上普遍禁止的近亲结婚的范围。中国早在 20 世纪 30 年代就废除了这一制度，在韩国这一制度虽然最终于 1997 年被宪法裁判所明确宣布违宪，但直到 2005 年才对民法典进行了相应修改，改为世界各国通用的规定即仅禁止近亲结婚。韩国废除同姓同本禁婚制的历程，反映了韩国法律近代化与传统因素的激烈冲突，这一制度被如此持久地保留下来，凸现出韩国传统因素极强的生命力。

（二）关于户主制度

户主制度，源于中国古代宗法制，在韩国有着悠久的历史，它集中地体现了韩国传统家族制度的基本内涵，也有学者认为户主制度是日制时代由日本引入的家制度形成，随着时间流逝而逐步融入韩国的习惯法。1958 年民法典确认了这一制度，并命名为"户主与家族"一章置于亲族编，相续编中也有相关内容。根据民法规定，户主是家族系统的传承者，负责分家、立家以及家族的复兴等事项。关于入籍，子女应以同一姓氏加入父亲的户籍，在无法确定其父的情况下，才能跟随其母的姓氏并加入其母所属的户籍；丈夫与他人所生子女可以加入丈夫户籍，但是妻子与他人所生子女，须得到丈夫及丈夫所属家族的户主的同意才能加入该户籍；户主的长子不能分家另立户籍。关于户主的权利与义务，以家族的名义获得的财产为家族特定财产，如果户主与家族成员之间无法明确区分财产所属，则可以推定为户主的财产，同时户主对家族成员负有扶养的义务，但是家族的成年成员必须在户主指定的居所居住，否则，户主对该成年成员没有抚

---

① 参见 ［韩］韩凤锡：《婚姻法改正的方向和论题》，载《家族法论集》，418 页，1999。

养的义务。另外在继承方面，为了维系和保证家族的延续及户主制度的稳定，规定户主继承权不得放弃；如果财产继承的同一顺位上有数位继承人，财产继承人同时又是户主继承人，则该继承人可分得遗产的50%，等等。可见，户主对整个家族财产及其成员拥有较大的权力，户主制从法律上赋予户主统治家庭的权威，以维护韩国儒家传统文化的核心要素——家族主义。

围绕户主制度存废问题，自1958年民法典制定以来，韩国各界一直存在着激烈的争论，主张废除者认为，户主制度是封建家长制家庭制度的余孽，违反人格平等以及男女平等的宪法理念和民法理念，是日本殖民统治的遗留物。反对废除户主制度的人们认为，户主制是韩国优秀的民族文化，有着深厚的历史和传统，是维持家族制度，促进家庭和谐，保持社会稳定的根本。[①] 如果废除户主制，容易造成婚姻和家庭的破裂。在难以取得一致意见的情况下，民法典的修改艰难地进行着，其中以1990年和2005年的修改最为重要。1990年将原属于相续编的"户主相续"一章，改置于亲族编最后，并将"户主相续"制度更名为"户主承继"制度，以示与"财产相续"制度的不同性质；允许户主继承人放弃户主继承权，户主继承的费用以及与户主继承相关的胎儿的地位、代位继承、分庙等被废止；取消了如下有关规定：即户主的禁治产请求权、入籍同意权、居所指定权；户主的直系卑亲属中的长子禁止出家；长子不得分家以及户主的抚养义务等；对于家族内的无法明确财产所属的，推定为家族的共同财产，以上变更大大地缩小了户主的权利义务。关于财产继承制度，废除了财产继承人同时又是户主继承人的情形下，该继承人获得遗产50%的继承份额的规定。2005年民法典修正案在国会通过，原亲族编的第二章"户主与家族"被更名为"家族的范围及子的姓与本"，最值得关注的修改是包括有关户主的定义、户主承继等在内的与户主制度有关的各项规定基本都已被废除。这次修改终于结束了自民法典制定后持续近半个世纪的有关户主制度存废问题的争论，户主制度将退出历史舞台。不过此次被修改的大部分内容并非即时生效，而是将在2008年1月1日施行。

（三）关于父姓制度

韩国的姓氏制度起源于三国时代，最初只是贵族和两班阶层才能拥有姓，后来逐步一般化，父子必须同姓原则在全社会得以普遍适用。应该说这种父姓制度是以男性为中心的父系社会的必然产物，在当今各国这种传统习俗因违反了人格自由和男女平等的一般原则而早已被废弃，但是在韩国这一制度却在很大程度上被保留下来。根据1958民

---

① 参见［韩］朴秉濠：《韩国传统家族与家长权》，《近代的法与法律思想》，载《家族法论集》，279页，1996。

法典规定子女应采用父亲的姓氏，并不得自由变更，只有在丈夫加入妻子户籍的情形下，子女才能追随其母姓氏并加入其母家所属的户籍。由于姓氏不能自由选择和更换，在注重传统礼教习俗的韩国，入赘男性及再婚子女均因姓氏问题而遭受歧视。2005年修改民法典时对此作了调整，改为子女的姓与本，应该追随父亲的姓与本，但如果父母双方在结婚申告时有明确约定，子女也可以追随母亲的姓与本；子女的姓氏与本可以根据父、母或子女的请求予以变更。显然，父姓制度并未被彻底废除。

（四）关于男性专权制度

男性在传统文化中的地位自不待言，1958年韩国民法典确认了男性的这种主导地位，上述户主制度和父姓制度实质上也是男性专权主义的表现。但还不限于此，民法典亲族编在有关血亲的定义中，采用列举的方式划定父系血亲为中心的亲属范围，即8寸以内的父系血亲、4寸以内的母系血亲、丈夫8寸以内的父系血亲、丈夫4寸以内的母系血亲、妻子的父母、配偶。[①] 男性的权力还体现在夫妻关系方面，如民法典规定除非在规定期间已分娩，女性在原婚姻关系终止6个月内不得再婚，而对男性则无此限制；夫妻同居应以丈夫的住所或居所为准，并且妻子应加入丈夫的户籍；如果夫妻婚前婚后所获得财产无法确认财产所属，则推定为丈夫的特有财产；除非特别约定，应由丈夫负担夫妻共同生活的费用。离婚后，除非特别约定，子女由丈夫抚养。男性在行使亲权方面也享有绝对优势，法典不仅专设亲生子一节就父亲对亲生子女的认定程序作了相当详细的规定，而且还明确规定亲权由父亲行使，在父亲因故未能行使亲权的情况下，母亲才能行使亲权；母亲回归其家族户籍或再婚的，不能行使亲权。法典规定户主继承人应由男性担任，有关财产继承顺序，规定被继承人的丈夫与被继承人的直系卑亲属为同一顺位继承人，如果没有直系卑亲属，则由丈夫单独继承；被继承人的妻子只有在被继承人既没有直系卑亲属，同时又没有直系尊亲属的情形下，才能成为单独继承人；女性继承人只能获得男性继承人继承份额的50％；没有加入家族户籍的女性的继承份额是男子的25％；当被继承人的妻子与直系卑亲属共同继承遗产时，其继承份额为男子的50％；当被继承人的妻子与直系尊亲属共同继承遗产时，遗产均分。这些极不利于女性的规定，显然违背男女平等的法律原则。在女性社会团体的推动下，20世纪90年代以来民法典在确认男女平权方面作了许多修改：亲属的范围划定不再男女有别，统一划定为配偶、8寸以内的血亲和4寸以内的姻亲；夫妻的居住地应依据夫妻的共同协议而定，如双方无法达成协议则按照家庭法院的判决而定；夫妻共同生活费用应由夫妻双方

---

① 朝鲜民族自高丽时代以来即以"寸"数表示亲属关系的远近，寸数越小表示亲属关系越近，寸数越大表示亲属关系越远，例如叔侄之间的亲属关系为3寸，堂兄弟之间的亲属关系为4寸。

共同承担；夫妻之间财产无法确认所属的，应推定为夫妻共同财产；父母共同行使对未成年人的亲权；离婚后子女的抚养应由夫妻双方协商而定；子女的亲权应由夫妻双方共同行使，如果无法达成一致意见，可以根据当事人的请求由家庭法院裁定；女性继承人享有与男性继承人同等的继承份额。这些修正是相当全面的，大部分关于父系血统主义和男性至上主义的传统法律基本被修正，捍卫个人权利与自由、确认男女平等原则的现代家庭法得以基本确立。

（五）关于通奸罪

有关通奸罪的规定在前近代刑法中屡见不鲜，随着时代的变迁，刑法的目标被界定为保护个人生命及财产安全，而通奸行为只关涉伦理道德范畴，法律不宜对其进行调整，因此各国已普遍将其废止，但是深受儒家传统文化影响的韩国刑法中至今仍然保留着通奸罪的规定[①]，刑法第 241 条规定"有配偶者通奸处 2 年以下惩役，与其通奸者同处"。韩国保留通奸罪的文化背景是有着深厚社会历史基础的儒家伦理道德观，从相关社会调查结果来看，普通人群中赞成保持通奸罪的占多数。韩国学术界就刑法中通奸罪的存废问题有着较大争议，而韩国宪法裁判所先后三次作出通奸罪合宪的判决，最近一次是在 2001 年，宪法裁判所以 8：1 的比例裁定刑法第 241 条合宪。从宪法裁判所所作的相关判决来看，主张通奸罪违宪的一种意见认为任何人都有决定自己命运的自主权，在自主权中也包含性行为的自主权。通奸罪的规定是国家对性的自主决定权的不当干涉，违反了保障人类尊严、价值及追求幸福权利的宪法规定，同时对通奸罪的处罚违背宪法第 37 条规定的处罚过剩禁止的原则。另一种意见认为对通奸行为的刑事处罚并不是本身不具备合宪性，问题出在无法选择惩役刑以外的、与之相对应的刑罚制度上。现行的刑法第 241 条中对通奸罪的处罚只有惩役刑，而这一刑罚是超过了必要程度的过度处罚，也违反了基本权利侵害最小化的原则，通过通奸罪保护的公共利益和受到限制的基本权利之间并没有建立一个适当的均衡，所以违宪。主张通奸罪合宪的观点认为一夫一妻制的维持和夫妇间对性的诚实义务是韩国社会已经订立的道德基准，不论是为了维护善良的性道德和一夫一妻制婚姻制度及保障家族生活，还是为了守护夫妇间的性的诚实义务，以及事前预防通奸引起的社会危害，规定处罚通奸行为，并不是对个人性的决定权的本质内容的侵害，也不是对人类的尊严和价值及幸福追求权的不当侵害，个人的性的自主决定权应该在尊重国家的、社会的、公共福利等的限度内，所以不是绝对得到保障的。在通奸罪的规定中采取了男女平等处罚主义，所以也没有违反法律面前人人平等的原则。

---

① 参见［韩］吴昌值：《韩国刑法上的通奸罪考察》，载《中国刑事法杂志》，2003（6），119 页。

综上，韩国近代法律体系形成过程中保留了诸多传统因素，并不仅限于上述种种，虽然这些传统因素不断被修改，但是相对而言，改革缓慢而艰难。在世界其他国家，特别是与韩国有着类似经历和共同文化传统的中国和日本，同样的传统因素早在 20 世纪 50 年代以前基本都已被废除，而韩国却依然长期保留和坚持，直到 20 世纪 90 年代开始才有了比较重大的实质性修改。究其原因，无非以下几种：其一，这些传统因素是韩国在漫长的历史发展过程中积淀而成的，大多以儒家传统文化为基础和核心，反映了儒家礼教传统对韩国社会的深远影响。韩国首尔大学著名经济学家宋丙洛教授曾经总结出韩国及韩国人的 22 个世界之最，其中第一项就是韩国是世界上第一儒教国家，韩国不仅是世界上输入儒文化最早的国家，而且在某种意义上讲，比儒学的诞生地中国更加坚决而深入地遵从儒教文化。[①] 因此，在注重传统的韩国社会，片面地武断地割裂传统因素与现实法之间的关系，无疑会引发一系列社会动荡和一定程度的混乱，缺乏社会基础和文化背景的所谓革命性改革往往难以获得实质性成功。其二，韩国的法律近代化历程较为特殊。中国和日本的法律近代化虽然发端于西方法律文化的冲击，但就整个法律近代化过程而言，主要是自主完成的，而韩国的法律近代化进程中最为关键的一个时期是日制时代。在日本殖民政策的统治之下，被动地开始了法律近代化的历史过程，韩国的整个法律体系，包括大陆法系模式、一些基本的法律概念、法律原则乃至法律制度均形成于此时，并一直延续至今。韩国法中存在着无法摆脱的日本法的烙印，但是这种烙印带有令人不快的殖民记忆，因此在光复以后的系列法典编纂中，立法者们力求摆脱日本法的影响，恢复韩国固有的传统法文化，刻意保留传统因素以显示韩国法不同于日本法的特征。然而三十余年的殖民渗透，加上有着诸多十分接近的传统文化，使韩国与日本的传统文化之间很难做清楚的区分，因此就传统因素中哪些属于韩国固有的传统问题引发了许多争议，如关于户主制度。这些纷争加重了修正传统因素的困难，延缓了修正的进程。其三，传统因素大多渗透了家长主义、权威主义，在很大程度上与近现代民主宪政体制不相适应。韩国虽然经历了 20 世纪 60 年代的经济高速发展时期，整个社会迅速步入全面现代化的历史阶段，然而政治民主化进程的发展却远远落后于经济的发展，直到 20 世纪 80 年代末才以文人政治逐步取代军政体制，开始了宪政体制的构建与完善。宪政体制迟迟无法确立，军政体制同样充斥着家长主义、权威主义因素，使得传统因素得以较为顺利地运行。其四，从社会调查的结果来看，韩国社会民众的法律意识尚未彻底完成近代性转化，传统家族中心主义思想占据主导地位，人们更多地认同和信赖传统伦理与道德，法的价值与观念还没有从根本上确立，不仅缺乏对法的信任而且守法观念

---

① 参见李青：《中华法系何以成为东亚各国的母法》，载《中华法系国际学术研讨会论文集》，27 页，北京，2006 年 9 月。

差，权利意识较为薄弱。在韩国"传统法意识在社会生活领域中仍然保持着强大的社会影响力。经济结构的现代化与法律意识的落后性成为韩国社会的特征之一"[①]。这一方面与儒家文化深入而持久的影响相关，另一方面是因为对日制时期作为殖民统治手段的"恶法"的记忆，形成了人们对法的极端怀疑和抵抗的心态。此外，政治民主化迟迟未能确立，也是一个重要因素。

　　韩国法律体系中的保守性特质即传统因素的保留虽然与现代法治中的个人本位主义、自由主义原则相冲突，但是本文并不赞成仅在消极意义上理解传统因素的保留，那未免过于简单和武断，可以肯定的是那些所谓极具保守性的传统因素在韩国法律近代化的过程中起到了缓和和润滑的作用。

（作者单位：中国政法大学法学院）

[①]　韩大元：《东亚法治的历史与理念》，175 页，北京，法律出版社，2000。

赵立新

日本的"立法不作为"与违宪审查

1946 年制定的《日本国宪法》否定了天皇主权，确立了国民主权的原则。为保证宪法的实施，宪法第 81 条明确规定：法院有权决定一切法律、命令、规则或处分是否符合宪法，从而确立了美国式的司法审查制度。由此出发，日本违宪审查的对象包括立法、行政、司法机关及地方公共团体制定的所有法律、命令、规则及所为的一切行政行为。但是，不仅在议会民主主义政治过程中"产生的东西"可能违宪，因社会需要"没有产生"或"产生但不充分"的情况也可能违宪，此即"立法不作为"。对立法不作为能否成为违宪审查的对象，世界各国长期存在很大的争论，从司法审查作为议会民主主义的反馈机制来看，对立法不作为的审查应该予以肯定。本文主要以日本对该问题的争论为中心，从一个侧面展现日本违宪审查发展的现状。

一、"立法不作为"的违宪问题

违宪审查的对象必须是国家积极从事的某一行为，对立法不作为能否成为审查的对象长期存在很大的争论。日本在 20 世纪 60 年代后，围绕宪法第 25 条规定的生存权性质，有学者提出，在国会没制定生存权保障立法时，可以提起立法不作为的违宪确认诉讼。① 此后，以"恢复在宅投票制诉讼"和"议员定数不均衡违宪诉讼"为契机，关于立法不作为要求国家赔偿的宪法诉讼不断出现，虽然法院判决的侧重点各不相同，但日本国内就这一问题的学术研究则逐渐深入。

立法不作为在日本成为理论研究的课题有其深刻的背景。第一，随着社会国家观念的发展以及与此相伴随的国家任务的增大、实质平等思想的普及，要求加强立法以实现社会正义的呼声不断提高；第二，对违宪审查制的关心进一步提高，关于权利保护以及纠正违宪状态方法的诉讼理论不断深化；第三，由于立法机关的怠慢，出现了因立法不作为，法令制定被搁置的状态，因此需要通过审判予以纠正等。

一般来说，国会何时立法以及立什么法原则上属于国会的自由裁量事项。② 但是，当宪法明文规定进行一定的立法时，或者通过宪法解释同样可以推出相同的结论时，国会就负有进行这一立法的义务，立法不作为应该说属于违宪。

前者如宪法明确规定在一定的时间内进行一定内容的立法（如德国基本法第 117 条第 1 项规定：违反该法第 3 条第 2 项关于男女同权的法律在适合基本法规定的范围内有其效力，但其效力至 1953 年 3 月 31 日止）；或者宪法上虽没有明示期限，但规定了"根据法律……必须"或"关于……以法律规定之"等，从而明确了立法义务（如日本宪法第 10 条规定：作为日本国民的要件，以法律规定之）时即如此。后者典型的是宪法第 25 条关于生存权的规定，如果作抽象理解时即相当于此。③ 在近代消极国家之下，一般来说，国家的积极行为如果和宪法规范相抵触，对抵触行为排除即可。但在现代积极国家之下，宪法规范中包含许多需要国家积极行为才能实现的权利，生存权规定即是典型的代表。属于这一类的还有国务请求权、参政权、平等权，甚至自由权领域。

如隐私权本来属于自由权，但在现代信息化社会中，为实现这一权利，原则上需要保障以下权利：阅览关于自己记录的权利；当发现自己不应被收集和保存的信息或关于自己错误的信息时，要求消除或修改的权利。这就需要法律的制度化规定，因此，"对这一问题必须考虑：基本权的重要性、基本权的法律依存性、针对社会现状的立法必要性和紧急性、立法者乃至社会一般意识对立法必要性的广泛认识等各方面，必须进行综

---

① 参见［日］高田敏：《生存权保障规定の法的性格》，载《公法研究》，1964（26）。

② 一般认为，立法机关受宪法委托负有立法义务，但该项义务在实际上无法强制。因为，基于三权分立原则的尊重以及民意无法被取代，立法的妥当性仍以民意机关行为为佳，所以宪法委托的实行依法理只能留给立法者自觉去做。经由释宪程序（主要是宪法诉愿），可以对宪法委托实践做道德上的督促，使立法者产生立法动因，但如果采取绝对的期限理论，要求立法者在限定期限内立法，即违反三权分立原则及立法妥当性问题。因此，释宪程序对实践宪法委托功能将极为有限。参见陈新民：《德国公法学基础理论》，169 页，济南，山东人民出版社，2004。

③ 参见［日］樋口阳一等：《宪法Ⅳ》，110 页，东京，青林书院，2004。

合的考察"①。

立法是在复杂的政治、社会条件下进行的，对立法不作为不能轻易断言违宪。对立法不作为判断其违宪的要件，日本判例一般认为："宪法上是否规定了应该进行一定的立法，或者有明确的宪法解释赋予国会进行一定立法的义务，如果国会没有尽宪法赋予的立法义务，这种不作为就是违宪、违法。"并且，"如果国会不尽立法义务并故意放置时，其不作为即违宪、违法"（在宅投票制复活诉讼二审判决）。"如果直接带来选举权投票价值的不平等，这种不平等超过了宪法许可的范围，但国会采取修改措施必须有一定的合理期间，在合理的期间内没有行使其立法权，这种不行使应该构成违宪、违法。"②（议员定数不均衡违宪诉讼，1978 年东京地方法院判决）

从学说和判例可以看出，宪法上的立法义务、一定的合理期间是公认的不作为违宪两要素。但具体探讨两要素的含义，作为立法不作为的类型又可分为绝对的立法不作为和相对的立法不作为。所谓绝对的立法不作为，是本来意思上的立法不作为，明确的违反了立法义务，是立法机关对立法的怠慢，此时，不立法本身成为直接问题。与此相对应，相对的立法不作为是派生的或附带的立法不作为，当进行一项立法之后，该立法在内容、程序、范围等方面存在不足或不公正，因此立法不作为问题开始凸显。"这种立法不作为始终是相对于即存立法的一种派生产物，这两种立法不作为在诉讼提起的方法、法院对合宪性的审查方法、除去危险性乃至法律救济方面都有很大的不同"③，因此，这种区别是非常必要的。

二、日本宪法上的立法义务与"合理区间"

为更好的理解立法不作为，探讨宪法关于立法义务具体条款是比较适当的方法。以下以日本国宪法的规定为中心，着重对与立法不作为关联较深的宪法规定进行分析。④

（1）明令立法的规定。对特定的事项，宪法条款明确规定应该制定法律，当立法机关不进行立法时，其立法不作为即可认定违宪。如联邦德国基本法第 29 条 1 款规定："联邦行政区域必须根据法律重新进行划分，划分时应考虑领地的结合、历史文化因素、经济性以及社会结构。"该规定最明确地规定了立法机关的立法义务，其不作为即明确违宪。当然，日本国宪法中没有类似条款。

（2）宪法上的法律事项。对某一特定事项，宪法特别规定应制定具体的法律。如宪

---

① ［日］户波江二：《立法の不作為と憲法訴訟》，Law School，25 号。

② ［日］芦部信喜编：《讲座：宪法诉讼》（第 1 卷），362 页，东京，有斐阁，1987。

③ ［日］芦部信喜编：《讲座：宪法诉讼》（第 1 卷），363 页，东京，有斐阁，1987。

④ 参见 ［日］芦部信喜编：《讲座：宪法诉讼》（第 1 卷），363～367 页，东京，有斐阁，1987。

法第 10 条关于国籍的规定、第 17 条关于国家赔偿的规定、第 79 条第 4 款关于最高法院法官国民审查的规定等。该类条款的含义可以理解为：宪法对该类事项的详细规定委托于具体的法律，禁止以法律之外的法形式予以规范。因此，可以认为是一种间接的立法义务。立法机关的不作为即是违宪。当然，现今日本宪法规定的法律事项，国会都已制定了相应的法律，关于这一问题的立法不作为违宪问题并不存在。

（3）关于社会权的规定。社会权要成为具体的权利，原则上应该通过法律对其内容进行确定。日本宪法第 25 条以下关于社会权的规定都需要通过法律确定具体的权利并予以保护，其立法义务的不履行可以认为是违宪。当然，关于社会权的基本内容都已制定了相关法律，细节方面立法的不完备、不作为另当别论，至少不会产生绝对的立法不作为问题。

（4）关于自由权的规定。自由权的保障是排除国家对个人自由的干涉，理论上一般不会产生立法不作为问题。但是，虽说是自由权，试图通过法律强化对权利的保障也是可能的。现实中，日本国内要求建立信息公开法、隐私权保护法的呼声也不断出现，且在传播法、电信法、宗教法人法等法律中也直接或间接地对保护自由权作了一些规定。但一般来说，不会因为没有制定强化保障自由权的法律规定而产生违宪问题。轻易地依据"通过法律保障自由"这一理论，反而可能损害自由的本质。因此，关于自由权一般也不会出现立法不作为问题。

（5）关于财产权的保障。财产权的保障虽然属于自由权的一种，但却容易出现立法的不作为问题。一方面，财产权本质上是依存于法律的权利，其内容、行使方式、与其他权利的关系等都需要法律调整。另一方面，在以法律限制财产权时，是否需要补偿就成为问题。因此，除根据日本宪法第 29 条第 2 款关于财产权规定，如不存在关于财产权规定的法律违宪外，同条第 3 款还规定了对财产权限制的补偿，对缺乏补偿规定的限制财产权立法，虽然限制财产权规定本身合宪，但在不存在补偿规定的限度内包含立法不作为的违宪问题。

（6）选举权。日本宪法第 44 条规定：选举权的内容由法律规定。因此，除产生一般意义上的立法不作为之外，在保障选举机会、保障选举平等、实现公正的选举制度等保护实质的选举权方面，需要采取必要的措施。所以，在这一领域，不采取措施的立法不作为问题会大量产生。在宅投票制复活诉讼和议员定数不均衡违宪诉讼即是典型的例子。

（7）平等条款。该条款往往涉及两个群体受到不同的对待，就其合理性问题产生质疑。是立法不作为问题出现最多的领域。当然，一般成为问题的并非没有履行宪法赋予的进行特定立法的义务，从而产生绝对的立法不作为。而是与特定群体利益相关的相对的立法不作为。如某项法律规定只赋予 A 群体利益，对应该享受同等利益的 B 群体作了除外的规定。该项立法即违反了平等条款。该项违反赋予 A 群体利益本身没有错，错误在于对 B 群体作了除外的规定。即：对 B 群体没有赋予同样的利益构成了立法不作为。如男女权利不平等等。这样的争讼事例经常会出现。

（8）正当程序。日本宪法第 31 条规定：必须通过正当程序才能限制公民的权利。但何种程序是正当的必须根据实际状况来确定，不能一概而论。在该种状况下，因程序不完备影响公民权利保障功能的实现，这种违反正当程序至少可能会产生相对的立法不作为问题。

以上主要是从宪法具体条款角度的分析。但是，即使在立法机关违反宪法上的立法义务没有立法的情况下，其不作为也不应该立即认为是违宪。一般认为，在立法进行之前应该有缓冲时间（即"相当的期间"或"合理的期间"），在期间截止之前，立法不作为处于违宪状态，但不认为是确定的违宪。在经过相当的期间后，立法不作为才被认为是违宪。

"相当的期间"被认可的原因主要是：（1）要进行立法，立法内容的探讨、审议需要一定的时间；（2）立法机关没有及时立法往往有各种原因，如立法的实际困难、各方意见的调整、多种利益衡量的必要性等，因此，法院要判决立法不作为违宪，必须综合考虑立法机关面临的实际状况。

目前，"合理的期间"说已在日本学术界被广泛接受。最高法院在 1976 年"议员定额分配不均衡违宪判决"中采用了这一理论。判决认为：即使具体比率的偏差已达到违反选举权平等的要求，也不能据此直接判定该议员定额分配规定违反宪法。考虑到具体人口的变动状态，综合宪法精神，应该给议会合理的期间进行修改，如果在合理的期间内没有进行修改才能认定其违宪。①

可见，"合理的期间"理论作为违宪判决的预备手段而使用。在此后类似的事例中，日本最高法院在 1983 年判决、1985 年判决、1993 年判决中都援用了这一理论。其中，在 1983 年判决中，最高法院根据该理论判决 1980 年选举 1 比 3.94 的差别比例合宪。即，投票价值的不平等状况经过 1975 年法律的修改已经消除，其后的差别是由于人口流动逐渐产生的结果。因此，即使这种差别达到了违反选举权平等要求的地步，"也难以期待国会会迅速的采取适当措施，既然人口流动不断进行，其结果就会出现比例差别的扩大或缩小，与此相关，从政治稳定性的角度考虑，频繁修改议员定额分配规定实际并不适当……综合考虑各种因素，尽管国会没有进行修改，也难已断定是在宪法要求的

---

① 参见［日］吉田善明：《議員定数の不均衡と法の下の平等》，载［日］樋口阳一等编：《宪法の基本判例》，56 页，东京，有斐阁，1996。

合理期间内没有进行修改"①。

当然，经过多长时间才算合理的期间，必须具体情况具体分析。如明确立法不作为违宪状态产生的开始时间；在判断期间是否经过时，除考虑立法必要性的强度、立法难易等客观情况外，对立法机关是否作了立法努力等主观情况也应进行考虑等。

三、一般诉讼中的"立法不作为"

对立法不作为的具体诉讼存在众多的争论，但最重要的是诉讼形式问题。一般来说，在一般的民事、刑事以及行政事件诉讼中，都可以就立法不作为的合宪性问题进行审理判断，但问题是在判决立法不作为违宪时，法院采取何种救济方式。在一般审查法令的违宪审查中，通过宣布该法令违宪无效即可达到目的。但在审查立法不作为时，仅宣布其违宪并不能解决问题，法院还必须要求立法机关负起消除立法不作为的义务，进行必要的立法。但这样法院就有凌驾于立法机关之上的嫌疑，违背了三权分立的原则。更重要的是，消除立法不作为的方法一般不止一种，因此，法院一般会仅宣布立法不作为违宪，把解决方法推给立法机关。如最高法院 1976 年众议院议员定额分配不均衡违宪判决即属于此。② 当然，在必要时法院也会作出积极的判决，力求解除立法不作为的违宪状态。如"没收第三者所有物违宪判决"和"高田事件判决"即属于这种状况。

在 1962 年"没收第三者所有物违宪判决"③ 中，最高法院认为：在没收属于第三者的所有物时，在没收时不给所有者任何告知、辩解、防卫的机会就剥夺其所有权，是明显的不合理，也为宪法所不能容忍。根据关税法第 118 条第 1 款的规定，与犯罪相关的船舶、货物等，即使属于被告人以外的第三人所有，也予以没收。而对作为所有人的第三者没有规定任何告知、辩解、防卫的机会，并且，刑事诉讼法及其他法令也没有任何相关的程序规定，因此，关税法的该规定违反了宪法第 31 条、第 29 条。

在一审后中断 15 年，又重新开始审理的"高田事件判决"④ 中，当再次开庭审判时，辩护人提出申请，要求免予起诉。法院认为：宪法第 37 条第 1 款规定的保障被告人迅速受到审判的权利，是宪法保障的基本人权之一，当现实中明显违反了这一权利的保障，因审理明显受到延迟，致使出现被告人接受迅速审判的权利受到损害时，即使法令没有相应的具体规定，也不得以此为理由拒绝对其提供救济。最后法院作出了免予起诉的判决。

---

① ［日］芦部信喜编：《讲座：宪法诉讼》（第 1 卷），369 页，东京，有斐阁，1987。
② 在该判决中，最高法院一方面认为议员定额分配表违宪，但又认为根据该表进行的议员选举有效。
③ ［日］1962 年 11 月 28 日最高法院大法庭判决，载《刑事审判集》，16 卷 11 号，1593 页。
④ ［日］1972 年 12 月 20 日最高法院大法庭判决，载《刑事审判集》，26 卷 10 号，631 页。

上述判例都是法院针对立法的不完备和不充分，对权利救济通过宪法解释进行补充。这种直接适用宪法的方式是解除立法不作为违宪状态的最直接有效的方法。如适当运用会产生较好的效果。但另一方面，法院实际是在代替本应由立法机关行使的立法权限，因此，其行使应有一定的界限。如立法内容意思明确；通过法院进行权利救济比较容易；权利救济的必要性和紧急性被强烈认可。[①] 法院只有在综合考虑的基础上，认为有充分的理由时才作出这种判决。

四、"立法不作为"与国家赔偿诉讼

对立法不作为的违宪违法性能否提起国家赔偿，长期以来在日本的学术界和实务界存在很大的争论，学术界多数意见原则上予以认可，日本的法院，特别是最高法院长期以来持否定态度。20 世纪 70～80 年代的一系列判决更使人觉得立法不作为的国家赔偿几乎已不可能，但到 2005 年 9 月最高法院终于在判决中改变了以往的态度。

对立法行为能否提起国家赔偿诉讼，反对者从立法行为的特殊性出发认为立法行为不能成为国家赔偿诉讼的对象，因此坚决否认。但一般观点认为：虽然是立法行为，只要满足国家赔偿请求的要件，原则上应该对造成的损害予以赔偿，尽管立法行为与普通公务员的不法行为有很大的区别，但不能由此一概否定这种损害赔偿请求。国家赔偿法第 1 条"公权力的行使"如果可以解释为包含立法行为或立法不作为，"尽管是间接的，也可以在判决理由中确认立法不作为造成的人权侵害违宪"[②]。因此，关键是"公权利的行使"是否包含立法行为或立法不作为，该法并没有特别规定立法活动除外，也不存在从国家公权利的行使中排除立法活动的理由，所以，肯定的学说比较有力。

对立法行为提起国家赔偿诉讼是否会导致抽象的违宪审查制，多数的学说和判例认为：如果由立法行为导致的损害只是及于个人，由此提起要求救济的诉讼完全是一种关于个人权利义务的争论，因此不能否认其符合附带式审查的条件。当然，如果个人受到的损害非常轻微，或者个人受到的损害与有问题的立法行为之间没有相当的因果关系，基于请求对该立法行为的违宪性审查有可能成为抽象的违宪审查。因此，一方面不能否认对立法行为提起国家赔偿诉讼，同时也要具体问题具体分析，承认这种诉讼应有一定的界限。一般来说应具备以下要素：（1）宪法规范明确了一定内容的立法义务或不立法义务；（2）违反宪法的立法行为或放置违宪状态的立法不作为直接影响了公民具体权利

---

① 参见 [日] 芦部信喜编：《讲座：宪法诉讼》（第 1 卷），377 页，东京，有斐阁，1987。

② [日] 野中俊彦：《立法義務と違憲審査権》，载《憲法訴訟と人権の理論》，190 页，东京，有斐阁，1985。

的行使；（3）这种立法行为或立法不作为与损害之间有具体的、实质的关联性；（4）在立法不作为的情况下，只是有违宪状态的放置还不够，必须有合理期间的经过。①

与上述问题相关，对立法行为或立法不作为造成的损害提起国家赔偿诉讼是否应认定国会议员的过失，从自己责任说的立场出发，有学者对此予以否认。② 但肯定说则认为：对立法行为中故意过失的认定，不是以参与立法的每个具体特定议员的行为，而是以作为合议制机关的国会的统一意思来认定。但问题是如何认定这种故意或过失。一般认为：议员的故意或过失内在于违宪立法的制定行为或放置违宪行为的立法不作为之中，因此，没有必要严格认定故意和过失的有无。日本著名宪法学家户波江二教授认为：首先，在一般的国家赔偿诉讼中，违法性＝客观的要素、故意过失＝主观的要素这一传统的图式正在发生很大的变化，即出现了"过失客观化"的倾向，或者说违法性和故意过失一元化的倾向。因此，国会违宪立法的制定行为中存在广泛的过失。其次，必须注意到，传统的国家赔偿法并没有考虑到违宪立法给公民权利造成的侵害。即：在典型的国家赔偿中，其问题是特定的公务员给特定的公民造成了损害，作为公务员行为根据的法令之合宪性不必顾虑。换句话说，国家赔偿诉讼与违宪审查制这一本来不同的制度交错在了一起，由此扩展了国家赔偿诉讼的范围，而对违宪的立法行为进行国家赔偿的问题正是其中最典型的。的确，既是国家赔偿诉讼，就必须符合国家赔偿诉讼的要件。但在此时，硬要拿出古典的故意过失概念，严格认定立法者的故意过失确实没有必要。最后，现实中因违宪立法受到损害的公民如果存在，就应该重视对其的救济。对此时提起的国家赔偿要件，如果必须有国会的故意或过失，也应该根据前述国家赔偿诉讼的变化状况，缓和对故意过失的要求。因此，对照国家赔偿理论与现实状况，以故意过失理论限制赔偿请求缺乏逻辑的整合性，是非常不适当的。③

对立法不作为提起的国家赔偿诉讼，法院，特别是最高法院的态度至关重要。自20世纪70年代以来，最高法院的态度经历了从完全否定到逐渐肯定的重大转变，下面以请求恢复在宅投票制诉讼、议员定额分配不均衡请求国家赔偿诉讼、限制海外公民投票权诉讼为中心作一简述，以期更好的了解这一理论变迁的脉络。

判例一：请求恢复"在宅投票制"诉讼④

1952年修改后的日本公职选举法废除了在宅投票制度，作为残疾者的原告认为：制度的废除事实上剥夺了他今后的投票机会，侵害了他受到宪法保障的选举权乃至平等

---

① 参见［日］樋口阳一等：《宪法Ⅳ》，115页，东京，青林书院，2004。
② 参见［日］今村成和：《国家补偿法》，102页，东京，有斐阁，1957。
③ 参见［日］芦部信喜编：《讲座：宪法诉讼》（第1卷），379、380页，东京，有斐阁，1987。
④ 参见［日］1985年11月21日最高法院判决，载《判例时报》，1177号。

选举权，由于国家的违宪行为使他的精神受到伤害，因此，请求国家赔偿。

一审札幌地方法院小樽分院判决认为：决定废除该制度的立法措施违反了宪法，并且，国会违背了不应进行违宪立法这一高度注意义务，从而存在过失，因此承认了原告的赔偿要求。① 二审札幌高等法院判决认为：根据废除制度时原告的健康状况，决定废除这一制度的立法措施对原告来说不存在违宪违法问题。② 且上述立法不作为，国会议员不存在故意或过失，因此，取消原审判决，驳回原告的国家赔偿请求。③ 但是，在这一诉讼提起后不久，别的残疾者作为原告向札幌地方法院提起了同类的诉讼，即第二次诉讼。札幌地方法院判决认为：通过修改法律废除这一制度本身的措施不存在最低限度的合理理由，因此违反了宪法第 15 条第 1 款、第 3 款及第 44 条但书的规定，在修改后规定的适用限度内产生了违宪、违法的事态，但国会议员不存在违宪、违法的认识，因此，难以认为存在故意或过失。④ 虽然该判决认为给受害人造成直接损害的是修改后的公职选举法规定的适用行为，但其违宪、违法可以理解为废除行为的违宪、违法。

上述判决在一定程度上都承认了废除在宅投票制度的违宪性，但判决宗旨有很大的区别，并且，只有札幌地方法院小樽分院认定了故意、过失的存在。

1985 年，最高法院对上述两次诉讼合并审理。与一、二审法院认定立法内容违宪、则当该立法行为或立法不作为在国家赔偿法上当然违法的观点不同，最高法院把立法内容的违宪问题与当该立法行为或立法不作为在国家赔偿法上的违法性问题区别开来，判决认为：

国会议员对于立法，原则上只对国民全体负有政治责任，对个别国民的权力不负有立法义务。虽然立法内容违反了宪法的条文，但国会在进行立法时，除非在容易考虑到的例外情况下，在国家赔偿法第 1 条第 1 款的使用上，国会议员的立法行为不被认为是违法。并且，宪法中没有明文规定要设立在宅投票制度，只有像第 47 条这样的规定⑤，选举事项的具体规定原则上属于国会的自由裁量权限。因此，本件立法不作为难以认定为适用国家赔偿法第 1 条第 1 款时的违法行为。

本件判决实际上否定了国会的立法行为或立法不作为在国家赔偿法上的适用，对这一结论虽然有赞成的观点，但更多的是批评。⑥ 户波江二教授从三个方面对这一判决提出质疑：首先，法律内容的违宪性和立法行为的违法性之间确实可以区分开来，但法律

---

① 参见［日］三輪隆：《重度身障者の選挙権——在宅投票制度廃止事件》，载《別冊ジュリスト》，1994 (1)。

② 原告在 1953 年之后才处于卧床不起的状态。

③ 参见［日］1978 年 5 月 24 日札幌高等法院判决，载《判例时报》，762 号。

④ 参见［日］1980 年 1 月 17 日札幌地方法院判决，载《判例时报》，953 号。

⑤ 日本宪法第 47 条规定：关于选举区、投票方法及其他选举两院议员的事项，由法律规定之。

⑥ 参见［日］樋口阳一等：《宪法Ⅳ》119 页，东京，青林书院，2004。

与立法行为之间的差异在国家赔偿法上的违法评价这一点上，是否像判决强调的那样是值得怀疑的。其次，立法行为具有政治性、立法行为只负政治责任这样的理论是一种逻辑的飞跃，但立法行为同样应该服从法的评价。这与赔偿请求的要求基本相符。最后，如果像判决那样缩小立法行为在国家赔偿上的诉讼途径，与此相对应，违宪审查制就会误入歧途。即在对立法行为进行违宪判断时，法院会采用一种特别宽松的审查方式，结果会轻易地作出合宪判断。总之，不能不说判决对现实产生的损害救济缺乏一种关怀。①

判例二：议员选举名额分配不均衡请求国家赔偿诉讼

在 20 世纪 70、80 年代，日本出现了一系列因选举中议员配额分配不均衡的宪法诉讼，其中有几次涉及国家赔偿请求。如选举人就内阁总理大臣和国会议员不提出公职选举法修正案为违法事由，向东京地方法院提起国家赔偿请求诉讼，该法院 1977 年判决认为：选举权是国民固有的最基本权利之一，在受到国权侵害时应尽量予以救济。当该法律违反宪法的可能性非常明显时，内阁总理或国会议员没有及时提出修正案，从而浪费了时间时，其不作为就构成了违法行为。但原告提出的 1976 年选举时，该选举法违宪的可能性尚不明显，因此驳回其要求 15 万日元的赔偿请求。② 该法院在 10 年后的 1987 年的一项同类判决中，直接引用了 1985 年最高法院关于恢复在宅投票制诉讼判决，认为：国会在进行立法时，除非在容易考虑到的例外情况下，国会议员的立法行为不被认为是违法。而本件不作为对照具体实际，不属于上述例外的场合。因此，驳回了原告要求 30 万日元的赔偿请求。③

对怠于修改法律以改变议员定额分配不均衡现状的政治部门来说，确实应该充分地考虑修改的迫切性，但对代表人数过少的选举区选举人来说，其权利限制是相当普遍的，即使每人几十万日元的赔偿，其总额也相当大。对此，在千叶县议会议员定额选举诉讼中，千叶地方法院的判决认为：如果允许立法行为成为国家赔偿法的调整对象，受当该法律或条例调整的多数国民或居民常常会全体成为被害者，此时，不仅全部赔偿金数额巨大，而且，从获得赔偿金的国民或居民来说，不过是用自己支付的税款作为自己的赔偿金，因此就会形成减少的政府资金最后还是由国民或居民来填补的无聊游戏，因此，把立法行为作为国家赔偿法的对象是该法当初不曾预想的事情。④

的确，像议员定额分配不均衡诉讼的情况，一般受害者较多，赔偿数额巨大的可能

---

① 参见 [日] 芦部信喜编：《讲座：宪法诉讼》（第 1 卷），381、382 页，东京，有斐阁，1987。
② 参见 [日] 1977 年 8 月 8 日东京地方法院判决，载《判例时报》，859 号。
③ 参见 [日] 1987 年 10 月 7 日东京地方法院判决，载《判例时报》，647 号。
④ 参见 [日] 1986 年 9 月 29 日千叶地方法院判决，载《判例时报》，1226 号。

性很高，且诉讼的目的与其说是赔偿金，不如说是通过法院的违宪判断纠正违宪状态。因此，"对因议员定额分配不均衡造成选举权不平等的损害，实质上是一种应该受到保护的损害，其精神损害比较轻微，加之给付者的范围广泛，因此，考虑到诉讼的目的主要是违宪判决，这种赔偿金应解释为数额较低"①。

判例三：限制海外公民投票权违宪诉讼②

战后，随着日本经济的发展和对外交流的频繁，居住在海外的日本人不断增多，但根据 1950 年制定的日本公选法规定，在国内居留 3 个月以上的日本公民才能有选举权，居住海外 3 个月以上的日本公民不能参加众参两院的选举投票。1998 年，日本对实行小选举区和比例代表制之后的公选法进行了修订，规定海外日本公民可以参加众院和参院的比例选区投票，但不能参加众院小选举区和参院选举区的投票。也就是说，居住在海外的日本公民在投票时，只能在选票上填写其出国前居住地或出生地所在选区某个政党的党名，而无权直接选举某个候选人。

1996 年，53 位居住在美国、澳大利亚和英国等地的日本公民向东京地方法院提起诉讼，要求认定不承认其投票权利的公选法违宪，并提出每人 5 万日元的精神赔偿金要求。1999 年和 2000 年，东京地方法院和东京高等法院分别判决原告方败诉，并驳回了其上诉请求。但原告方中的 13 人继续上诉至最高法院。2005 年 9 月 14 日，最高法院推翻了一审和二审判决，不仅使原告获得了选举权，还实现了对立法行为国家赔偿诉讼的逆转判决，因此成为日本违宪审查史上具有重大意义的违宪判决。

最高法院大法庭判决认为：海外日本公民参加小选举区等选举投票，是其固有的、受到宪法保障的基本权利，因此不容损害；对政府部门提出无法有效进行投票的各种理由，如 300 个小选举区候选人相关信息的发布、传递、送达以及投票人登记、投票实施、采集和统计等问题，大法庭不予支持。法院认为，这些问题可以通过现代科技等手段予以解决，有关政府部门有义务采取各种措施加以实现。因此，最高法院大法庭认定：1998 年修订前的日本公选法不承认海外日本公民参加国政选举投票权的规定违反了宪法第 16 条第 1 款、第 3 款、第 43 条第 1 款、第 44 条但书；修订后的公选法关于限制海外日本公民只能有权参加比例代表选区的投票的规定同样违犯了上述宪法各条款；因国会议员的立法行为或立法不作为，违反了国家赔偿法第 1 条第 1 款的规定，国家应承担赔偿责任。根据国家赔偿法，对提起诉讼的 13 名原告给予每人 5 000 日元的精神赔偿。

---

① ［日］芦部信喜编：《讲座：宪法诉讼》（第 1 卷），394 页，东京，有斐阁，1987。
② 参见［日］2005 年 9 月 14 日最高法院判决，载 http://www.courts.go.jp/，2005 - 10 - 05。

对这次判决，日本媒体普遍评论较高。认为最高法院的违宪判决本来就已十分罕见，这次判决更是第一次认定日本国会在有关选举制度方面怠于立法、怠于法律修订，是"立法不作为"的违法行为，这一点十分重要，将对今后日本的司法制度改革、宪法诉讼和行政诉讼具有很大的影响。

小泉首相和日本政府发言人在判决后都表示，要严肃对待最高法院的判决结果，在下次选举之前做好相应的法律和行政准备，以保障海外日本公民的选举权利。①

五、"立法不作为"的违宪确认诉讼

关于立法不作为的违宪确认诉讼，长期以来主要围绕生存权的权利性展开争论。持具体权利说的观点认为：即使不制定实现生存权的立法，也可以提起对立法不作为的违宪确认诉讼。但一般学说对此予以否定，认为这样会超越三权分立乃至违宪审查制的界限，从而提出了许多疑问。

与这一问题相关，"台湾人原日本兵损失补偿请求事件"二审判决比较耐人寻味。该事件原告是日本侵占台湾时加入日军作战死伤的部分士兵及其家属，因战后日本法律规定对二战中死伤的日本士兵及其家属进行补偿，但台湾已归还中国不在此范围之内，因此向日本政府提出国家补偿的请求。一审东京地方法院认为：对战争中受到的损害在何种范围和程度内进行补偿是国家立法政策的问题，即使该补偿仅限于保有日本国籍者，也不违反日本宪法第 14 条的规定。② 二审东京高等法院也驳回了原告的上诉，但同时追加了关于补偿立法不作为的违宪确认请求。

二审法院认为：该诉讼实际是要求确认国会具有上述立法义务，属于学理上无名抗告诉讼的一种类型，即义务确认诉讼。提起该种诉讼的条件是：（1）法律上明确特定行政机关或立法机关进行一定的作为，法院没有必要重视立法或行政机关第一次的判断权，且达到明白的程度；（2）如果不进行事前的司法审查就会造成难以恢复的损害，事前救济的必要性非常明显；（3）没有其他适当的救济方法。如果像控诉人（原告）主张的那样，国会对控诉人负有制定补偿立法的作为义务，对受给范围、支付金额、支付期间、支付方法等应由国会决定。但实际上宪法并没有明确规定对控诉人等的补偿立法内容，因此，本件不具备预备诉讼的条件，不符合法律的规定。③

---

① 据日本外务省统计，现在海外日本公民有大约 72 万人，其中完成选民登记的只有约 8 万人，在公选法修订后的 5 次选举中，每次参加投票的不过 2 万人左右。到海外去的日本人越来越多，但参加海外投票的人没有增加，除了选举权的限制规定以外，投票手续烦琐费时也是一个重要原因。

② 参见 [日] 1982 年 2 月 26 日东京地方法院判决，载《判例时报》，1032 号。

③ 参见 [日] 1985 年 8 月 26 日东京高等法院判决，载《判例时报》，1163 号。

对上述诉讼的法院判决理由尽管日本国内存在各种争论，但判决确认了对立法不作为的违宪确认诉讼属于无名抗告诉讼之一种的义务确认诉讼类型，是非常值得关注的。

综合可以看出：在日本现行行政诉讼法之下，立法不作为的违宪确认诉讼是完全可以提起的①，其理由在于：（1）在普通诉讼中，如果立法不作为的违宪确认判决可能的话，允许请求立法不作为违宪判决的独立诉讼应不存在法的问题；（2）由于立法不作为发生权利侵害时，不管有多少诉讼的困难，也必须优先进行权利的救济；（3）当现实中存在立法不作为的违宪状态时，其解决的途径有赖于立法行为，并且，当争执被提交法院时，为纠正这一状态，对立法不作为采取违宪确认的诉讼形式是最合适的；（4）虽然立法不作为使权利受到侵害，但不可能在其他的诉讼中得到解决；（5）通过提起国家赔偿解决立法不作为的途径非常狭窄，因此，当立法不作为造成权利侵害时，有必要开拓新的诉讼上的救济途径；（6）当立法不作为产生具体的权利侵害时，为获得救济而提起的诉讼不能求之于抽象的违宪审查；（7）关于确认的利益，是为促使立法部门立法，以消除立法不作为的违宪状态等。基于上述各点，在没有其他申诉方法时，对立法不作为的违宪确认诉讼是保障人权不可缺少的制度，即使通过其他诉讼可以获得违宪确认，但对该纠纷的解决来说，当对立法不作为的违宪确认方法是最合适的诉讼形态时，也应该采取这种方式。

总之，立法不作为的违宪性并非特殊现象，对此没必要过度回避。为保障人权，法院在适当时完全可以发挥自己的"能动"作用。2005 年 9 月 14 日日本最高法院的判决正是一个良好的转机，今后能否有重大发展，还需进一步观察。

（作者单位：河北师范大学法政学院）

---

① 参见［日］芦部信喜编：《讲座·宪法诉讼》（第 1 卷），386 页，东京，有斐阁，1987。

法律文化研究 第三辑（2007）

海外学者论中国传统法律

中国人民大学法律文化研究中心
曾宪义法学教育与法律文化基金会

［日］冈野诚著　周建雄译

北宋区希范叛乱事件和人体解剖图的产生[*]

——宋代法医学发展的一大要素

一、前　言

　　笔者在刚开始学习中国法史学的时候，就从某部著作了解到南宋宋慈的《洗冤集录》全五卷（公元 1247 年）是世界上最早的系统的法医学著作，并被译成多种外语。

　　但是，这样高水平的著作并不是与历史背景没有什么任何联系、凭空产生的。作为《洗冤集录》的基础，在此之前就有法医学著作《内恕录》（亡佚）等著作；而且北宋时解剖学的显著发展也与《洗冤集录》的著述、刊行有很大的关系。①

　　作为北宋时代的人体解剖图而被记录下来的其中之一就是"区希范五脏图"（在后来的著述中多为"欧希范五脏图"）。是在北宋庆历年间（1041—1048），处死区希范等

---

　　*　冈野诚，日本明治大学法学院教授。该文发表于《明治大学社会科学研究所纪要》，第 44 卷第 1 号，2005 年 10 月。

　　①　参见付维庚主编，［日］川井正久编译：《中国医学史》，337～338、371～375 页，东京，东洋出版社，1997。

叛乱者并解剖其尸体，由画工宋景等画成的。虽然"区希范五脏图"已经佚失了，但是在后世的文献中有一部分传存，并有一些提及它的文献。

另一份五脏图就是对"区希范五脏图"的错误进行修改的、公元 1113 年作成的"存真环中图"（由公元 1112 年序的"存真图"和"环中图"组成）。它是在北宋末崇宁年间（公元 1102—1106 年）通过解剖在泗州处死的囚徒的尸体，由杨介整理、刊行的。原图已经佚失，在今天只能在后世的文献中找到被引用的一部分。①

本稿把北宋时期的人体解剖图作为宋代法医学发展的一大要素而加以重视。即关于著名的"区希范五脏图"产生的政治背景和参与该图谱制作的人物以及相关联的情况进行研究。

众所周知，在日本关于"区希范五脏图"有以下的先行研究：

a. 日本学士院日本科学史刊协会编《明治前日本医学史》第 1 卷（小川鼎三稿，"明治前日本解剖学史"，日本学术振兴会，1955）

b. ［日］渡边幸三《现存的中国近代前五脏六腑图概略（清凉寺释迦胎内五脏研究第五报）》（《日本医史学杂志》7 卷 1＝2＝3 期、1956、同著《本草书研究》武田科学振兴财团，1987 年重新登载，以下引用内容来自于重新登载版）

c. ［日］宫下三郎《宋元医疗》（薮内清编《宋元时代科学技术史》1967 年初版，京都大学人文科学研究所，朋友书店，1997 年再版）

其中特别是 b 是极其详细和重要的。

并且在中国也可以找到以下关联著作：

a. 马继兴《宋代人体解剖图》（《医学史与保健组织》1957 年第 2 期）

b. 赵璞珊《中国古代医学》（中华书局，1983）

c. 甄志亚主编《中国医学史》（人民卫生出版社，1991）

d. 付维庚主编、［日］川井正久编译《中国医学历史》（东洋出版社，1997）

其中 d 是短篇专论。

笔者对中国医史学知之甚少。本稿从中国法史学的角度对宋代的刑罚和人体解剖图的完成相关问题进行研究。

由于叙述的必要，以下将引用中文史料，根据与本稿叙述的重要程度，在此申明将对其作三种分类：一是将之翻译成现代语；二是翻译成汉字假名混合文；三是只引用原文。

---

① 关于"区希范五脏图"和"存真环中图"的关联性以及对后世的影响，参见［日］渡边幸三：《现存的中国近代前五脏六腑图概略》（同著《本草书研究》，1987），353～359、395～421 页。并且作为关于"存真环中图"的最新研究，［日］宫川浩也：《"存真环中图"——从幻云所引文开始的研究》（北里研究所东洋医学综合研究所医史学研究部编·发行《〈扁鹊仓公传〉幻云注的翻译和研究》，1996）是很重要的。

二、区希范五脏图产生的历史背景

1. 区希范叛乱事件

在思考"区希范五脏图"产生过程之前，尽可能先详细地探讨作为其产生契机的区希范叛乱事件相关史料。

首先，从《宋史》中了解区希范叛乱事件的概要。

A. 有区希范者，思恩人也。狡黠颇知书，尝举进士，试礼部。景祐五年，与其叔正辞应募，从官军讨安化州叛蛮。既而希范击登闻鼓求录用，事下宜州，而知州冯伸己言其妄，编管全州。正辞亦尝自言功，不报。二人皆绝望。希范后辄遁归，与正辞率其族人及白崖山酋蒙赶、荔波洞蛮谋为乱，将杀伸己，且曰："若得广西一方，当建为大唐国。"会有日者石太清至，因使之筮，太清曰："君贵不过封侯。"乃令太清择日杀牛，建坛场，祭天神，推蒙赶为帝，正辞为奉天开基建国桂王，希范为神武定国令公、桂州牧，皆北向再拜，以为受天命。又以区丕绩为宰相，余皆伪立名号，补置四十余人。（《宋史》卷四百九十五，蛮夷列传）[1]

[译文] 区希范，思恩县人。为人狡黠并且颇有才华，曾中进士，参加过礼部的考试。景祐五年（公元 1038 年），与其叔父区正辞应募，参加官军讨伐安化州叛乱。之后，区希范击登闻鼓请求皇帝录用，此事后来交由宜州处理。但是知州冯伸己认为区希范的要求虚妄无理，将其编管全州。正辞也主张自己的功绩而不得报。因此两人怀才立功而自进的希望遭到彻底粉碎。区希范逃归宜州，与其叔一起，率领族人，并联合白崖山的民族首领蒙赶、以用荔波峒的少数民族，一起策划叛乱，杀死冯伸己，并声称："如果能够占领广西，要建大唐国"。这时刚好出现一个从事占卜的巫师石太清，于是区希范等人请石太清为其占卜，石太清说："君贵不过封侯。"于是区希范等人令石太清择日杀牛建坛场，祭天神，推举蒙赶为帝，区正辞为奉天开基建国桂王，区希范为神武定国令公桂州牧。所有人都向北拜天，以此为得到天命。又推区丕绩为宰相，其他的皆伪立官名，补置四十多人。

从资料可知，区希范虽是宜州少数民族（现为毛南族）[2] 的一员，但是充分习得汉族的传统文化；此次叛乱是由区氏一族的区希范、区正辞、区丕绩率领的宜州少数民族，以蒙赶为首的白崖山少数民族以及荔波洞少数民族的联合体而发起的。宜州的治所

---

[1] 参见《宋史》（第四十册），14221 页，北京，中华书局，1997。

[2] 毛南族，居住在今广西壮族自治区西北部。人口约 38 000 人（1982），说毛南语，由于与壮族、汉族长期杂居，有很多人懂他们的语言。参见《中国大百科全书·民族》，275～277 页，北京，中国大百科全书出版社，1986。

在今广西宜山内。

区希范的出身地思恩县是环州的治所。环州附属于宜州。以下史料就说明了这一点。

B. 环州蛮区氏，州隶宜州羁縻，领思恩、都亳二县。（《宋史》卷四百九十五，蛮夷列传）①

环州少数民族区氏，附属于宜州，统领思恩、都亳二县。

思恩县的县衙在今广西环江毛南族自治县东。区氏确实是环州少数民族（毛南族）中的有力的一族。据史料记载，"区希范"也记为"欧希范"。很明显"区"字有"qu"、"ou"（全是汉音）几种读音，"区"和"欧"谐音，因此区氏应该念成"ou"氏吧。②

另外，安化州的治所归仁县即今广西环江毛南族自治县东北的小环江西岸的中州中里。白崖山在今贵州省荔波县境内。荔波洞在今贵州省荔波县西北。

区希范叛乱的始末在《宋史》卷十一的仁宗本纪中只有草草数字。

C. （庆历四年）夏四月……丁酉，宜州蛮区希范叛，诏广西转运钤辖司发兵讨捕。甲子，宜州蛮贼区希范平。（《宋史》卷十一，仁宗本纪）③

D. （庆历五年）三月……甲子，宜州蛮贼区希范平。（《宋史》卷十一，仁宗本纪）④

这的确是中央政权对区希范叛乱的认识，这与该事件的严重的事实有很大的出入。

最初此次叛乱是由镇压安化叛乱后区希范对赏赐的不满引起的。以下的史料详细记载了此事。

E. 始，安化蛮叛，区希范应募击贼。贼平，希范诣阙，自言其功。朝廷下宜州，伸己谓希范无功妄要赏，遂编管全州。其后希范遁归，谋为乱，欲杀伸己，岭外骚然，议者皆罪伸己焉。（《宋史》卷二百八十五，冯伸己列传）⑤

安化州少数民族发动叛乱，区希范应募攻打叛贼。刚平息叛乱，区希范至皇宫陈述自己的功绩。朝廷将此事发回宜州处理。冯伸己认为区希范没有功劳而胡乱要赏赐，于是将其编管全州。后来，区希范逃回宜州，密谋叛乱，杀伸己，震惊两广，议论者都把

---

① 参见《宋史》（第四十册），14220 页，北京，中华书局，1997。
② 关于区姓读作"ou"，参见［明］凌迪知撰：《古今万姓统谱》（卷 13）。"区，欧冶氏之后，转为区氏，望出渤海。又云，音瓯，今岭南多此姓。"《宋史》的校勘记中也有"（五）区希范，原作'欧希范'，据本书卷 495 环州蛮传、卷 300 杜杞传、长编卷 148、宋会要蕃夷 5 之 82 至 83 改。下文 5 年 3 月甲子条同"的记载，把原文的"欧希范"改为"区希范"。
③ 参见《宋史》（第一册），217 页，北京，中华书局，1997。
④ 参见《宋史》（第一册），220 页，北京，中华书局，1997。
⑤ 参见《宋史》（第二十七册），9613 页，北京，中华书局，1997。

这归罪于伸己。

当初，围绕区希范的战功的评价，区希范和宜州知州冯伸己之间形成尖锐的对立关系。根据冯伸己自己的判断，"希范无功妄要赏"，作为上者应当编管到全州。之后，区希范从编管地逃回宜州，密谋造反，欲杀冯伸己。结果引起"岭外骚然"的局面，反而有人指责冯伸己的判断。

下面来看区希范叛乱是如何开始的。

F. 庆历四年正月十三日，率众五百破环州，劫州印，焚其积聚。以环州为武城军，又破带溪砦，下镇宁州及普义砦，有众一千五百。宜州捉贼李德用出韩婆岭击却之，前后斩获甚众，俘伪将二。希范惧，入保荔波洞，间出拒官军。朝廷下诏购之，获希范、正辞及赶者，人赐袍带、钱三十万、盐千斤。（《宋史》卷四百九十五，蛮夷列传）[1]

庆历四年（公元 1044 年）正月十三日，区希范率领五百人攻破环州，夺取州印，焚烧聚集财物。据环州组成武城军，又攻破带溪寨，攻克镇宁州和普义寨，拥有一千五百人之众。宜州捉贼李德用出兵韩婆岭阻击，先后杀死俘虏很多人，并且俘虏两名伪将领。区希范惧怕，入守荔波洞，间或出洞抗击官军。朝廷下诏悬赏捉拿，凡擒获区希范、区正辞及蒙赶之一者，赐袍带、三十万钱、千斤盐。

从上可以明白，叛乱的最初，官军当中宜州捉贼李德用大显身手，而区希范逃进荔波洞，并以此为据点屡次抵抗官军。因此，朝廷下诏悬赏捉拿叛乱者。

以下的史料也可以窥见讨伐军的一些情况。

G. 庆历中，区希范诱溪洞环州蛮叛，上以瑜习知南方事，就除荆湖北路转运使。瑜檄属郡募民击贼，又督转粟以守要害，故兵所至皆不乏食，贼势大挫。（《宋史》卷二百九十九，田瑜列传）[2]

庆历年间，区希范引诱溪洞及环州少数民族叛乱。朝廷以田瑜熟悉南方情况，任命其为荆湖北路转运史。田瑜发布檄文并招募属郡民众攻击叛军。又督促转运粮食以守要害。因此，军队所到之处不缺食物，叛军势力大挫。

也就是说，田瑜在镇压区希范叛乱中，在直接攻击叛军的同时，还注意充实军队粮草。为官军的胜利作出了巨大贡献。

H. 区希范、蒙赶寇衡湘，命的招抚之。既至，再宿，会蛮酋相继出降。三司以郊祠近，宜召还计事，既还，蛮复叛。除度支副使、荆湖南路安抚使，至桂阳，降者复众。其钦景、石硋、华阴、水头诸洞不降。卒者，的皆讨平之，斩其酋熊可清等千余级

---

① 参见《宋史》（第四十册），14221 页，北京，中华书局，1997。
② 参见《宋史》（第二十八册），9948 页，北京，中华书局，1997。

于桂阳。(《宋史》卷三百，徐的列传)①

区希范、蒙赶摔军攻打衡湘，朝廷命徐的招抚。不久到达衡湘，再宿，恰好各少数民族首领相继出降。三司以为离郊祠近，应该招还计事。刚一返回少数民族再次发生叛乱。徐的被任命为度支副史、荆湖南路安抚史，刚到桂阳又有许多人来降。钦景、石硃、华阴、水头诸洞不降的，徐的将他们全部平定，斩杀其首领熊可清等千余人。徐的死于桂阳。

从这段史料可以看出，在区希范叛乱引起的诸叛乱中，熊可清等被徐的讨伐，有千人以上被斩杀。

那么，对区希范叛乱的镇压作出最大贡献的人物到底是谁呢？这个问题可以从下面的史料找到答案。

I. 改广西转运使，会安化等蛮岁饥内寇，默上平蛮方略，以为"胜负不在兵而在将。富良宵遁，郭逵怯懦；邕城陷没，苏缄老谬；归仁铺覆军，陈曙先走；昆仑关丧师，张守节不战，侬智高破亡，因狄青之智勇；欧希范之诛灭，乃杜杞之方略，此足验矣。"(《宋史》卷三百四十四，马默列传)②

改任广西转运史，恰遇安化等少数民族由于饥荒发生叛乱。马默献上平叛方略，认为："胜负关键不在士兵而在将领。富良连夜逃遁，由于郭逵的怯懦；邕城陷没，由于苏缄的老谬；归仁铺全军覆没，由于陈曙事前逃走；张守节不战，侬智高破亡，因为狄青智勇；欧希范被诛杀，这是杜杞的方略，这些足以验证。"

就是说，欧希范叛乱的镇压者是杜杞，这是当时普遍的说法。因此，下面来看《宋史》杜杞传。

J. 会广西区希范诱白崖山蛮蒙赶反，有众数千，袭破环州、带溪普义镇宁砦，岭外骚然。擢刑部员外郎、直集贤院、广南西路转运按察安抚使。行次真州，先遣急递以书谕蛮，听其自新。次宜州，蛮无至者。杞得州校，出狱囚，脱其械，使入洞说贼，不听。乃勒兵攻破白崖、黄坭、九居山砦及五峒，焚毁积聚，斩首百余级，复环州。贼散走，希范走荔波洞，杞遣使诱之，赶来降。(《宋史》卷三百，杜杞列传)③

广西区希范引诱白崖山蒙赶造反，拥有数千兵力，攻破环州，带溪、普义和镇宁等寨，震惊两广。擢升杜杞刑部员外郎、直集贤院、广西南路转运使按察使兼安抚使。杜杞到真州，先遣书谕给叛乱者，听其自新。到宜州，但是没有一个来降。杜杞在州校的协助下，放出监狱的囚犯，除去脚镣手铐，让他们入洞劝降，对方不愿降。于是杜杞率

① 参见《宋史》(第二十八册)，9969 页，北京，中华书局，1997。
② 参见《宋史》(第二十册)，10948 页，北京，中华书局，1997。
③ 参见《宋史》(第二十八册)，9962～9963 页，北京，中华书局，1997。

兵攻破白崖、黄坭、九居山寨及五峒，焚毁他们的粮草，斩敌百余人，收复环州。叛乱者四处散逃，区希范等逃往荔波洞，杜杞派遣使者诱降，蒙赶出降。

根据前面所引史料，对事态的发展有了大致了解。下面通过《宋会要辑稿》来看更为详细的记述。

K.（庆历）四年二月，广司钤辖司言："宜州区希范领众破环州，又破镇宁州。"诏本路转运钤辖司，丞（亟）发兵捕击之。即毋得深入。四月，以京西转运使虞部员外郎杜杞为刑部员外郎直集贤院广南西路转运按察使兼安抚使，命讨宜州叛蛮。续诏出榜："有获区希范、区正辞、蒙赶者，每一名赏钱三十万、盐千斤、锦袄子、银腰带。"明年三月，杞至环州，讨杀蛮贼，区希范平。希范环州思恩县人，尝举进士试礼部。景祐五年，应募从官军，击安化州叛蛮。既而诣登闻鼓求录用。下宜州，而知州冯伸己言"其妄要赏朝廷"，遂编管全州。未几辄遁归，与其族百余人谋为乱，将杀伸己，据广西一方，建大唐国。推白崖山酋蒙赶为帝，叔区正辞为奉天开基建国桂王，自为神武定国令公桂牧，凡伪补三十余人。庆历四年正月十三日，领众二千余人，破环州劫州印。以环州为武成军。又破带溪寨，下镇宁州及普义寨。宜州捉贼李德用出韩婆岭击却之。复伪将再盈、谭护二人，希范遂入保荔波洞，间出拒官军。明年，转运史杜杞，大领兵至环州，使人诱其党六百余人，给与之盗饮以药酒，因得尽擒杀之。后三日，得蒙赶、区希范、区丕绩等十数人，醢赐诸溪洞。（《宋会要辑稿》第一百九十八册，蕃夷）①

（庆历）四年二月，广司钤辖司报："宜州区希范率众攻破环州，后又破镇宁州。"朝廷下诏广西转运钤辖司立即发兵平乱。当时叛乱没有深入。四月，任命京西转运使、虞部员外郎杜杞为刑部员外郎、直集贤院、广南西路转运按察使兼安抚使讨伐宜州叛乱。接着朝廷又下诏发出榜文："凡擒获区希范、区正辞、蒙赶之一者，赏钱三十万、盐千斤、锦袄子、银腰带。"次年三月，杜杞到达环州，讨伐叛军，平息了叛乱。区希范，思恩县人。为人狡黠并且颇有才华，曾中进士，参加过礼部的考试。景祐五年应募参加官军讨伐安化州少数民族叛乱。既而到皇宫击登闻鼓求录用。此事移交宜州处理，知州冯伸己认为"其妄要赏朝廷"，于是将其编管到全州。不久，从全州逃回，与其族百余人密谋叛乱，杀死冯伸己，割据广西一方，建立大唐国。推举白崖山首领蒙赶为帝，其叔父区正辞为奉天开基建国桂王，自封为神武定国令公桂牧，大约伪补官吏三十余人。

庆历四年正月十三日，率领二千余人，攻破环州，并夺取州印。据环州建立武成军。随后又攻陷带溪寨，取镇宁州及普义寨。宜州捉贼李德用出兵韩婆岭攻击叛军。获伪将再盈、谭护二人，区希范于是退守荔波洞，间或出兵抵抗官军。次年，转运使杜杞

---

① 参见徐松编：《宋会要辑稿》（第一百九十八册），7793～7794 页，台北，新文丰出版公司，1967。

率领大军到达环州，派人引诱区希范党羽六百余人，并让他们药酒，于是将其全部擒获斩杀。后三日，擒获蒙赶、区希范、区丕绩等十数人处以醢刑并分送诸溪洞。

将经过制成简略年表的话，就如表1所示。根据这个，可以了解编纂史料中记载的区希范叛乱事件的经过吧。

表1 　　　　　　　　　　　　　　　　　区希范叛乱的始末

年　　月　　日	动　　向
庆历四年（公元1044年）正月十三日	• 区希范等率领2 000余人（《续资治通鉴长编》中为500人）攻破环州，组成武成军。后又破带溪寨、镇宁州、普义寨。 • 李德用反击叛贼。（长编中，俘获伪将再盈、谭护） • 区希范逃进荔波洞抵抗官军。
二月（长编中为正月癸卯） 四月（长编中为七月丁卯）	• 广司铃辖司上报区希范叛乱。朝廷下诏广西转运铃辖司发兵讨伐，叛乱未能深入。 • 杜杞被任命为刑部员外郎等职，讨伐宜州叛乱。
庆历五年（公元1045年） 三月（长编为三月甲子） 三日后	• 下诏书悬赏捉拿区希范、区正辞、蒙赶。 • 杜杞率大军至环州，用药酒捕获叛军600人（长编本文，70），并全部杀死。 • 擒获蒙赶、区希范、区丕绩等10数人（长编本文，仅区希范），杀后处醢刑，分送诸溪洞。（长编注，10数人被剖腹，画其五脏图，然后处醢刑）

（主要根据《宋会要辑稿》第198册，并参考《续资治通鉴长编》卷146～155页制成该表）

2. 孔延之撰《瘗宜贼首级记》

在本稿的准备过程中，注意到在石刻史料中也有关于区希范叛乱事件的基本史料。幸运的是石碑现存于广西桂林。它就是《瘗宜贼首级记》（关于埋宜贼首级的记述），是北宋庆历五年（公元1045年）三月六日由钦州军事推官孔延之写成的。请参照前面所引拓本影印和它的录文（图1、2）。

《瘗宜贼首级记》的拓本，在以下引用a、b两本书中可以看到。从整体来比较a和b所收录的该拓本的影印，a中的拓本的更容易看清楚。b中可以明显地看到横穿碑文的中央的裂痕。这个在a中是没有的。就其他的缺字部分比较而言，虽然残缺的状态大致吻合，但是关于一些文字，b中的可以看清楚而a却比较困难。①

---

① 参见〔清〕谢启昆撰：《粤西金石略》（卷二），《石刻资料新编》（第十六册），台北，新文丰出版公司，1982。其以《孔延之桂州瘗贼首级文》为题收录。

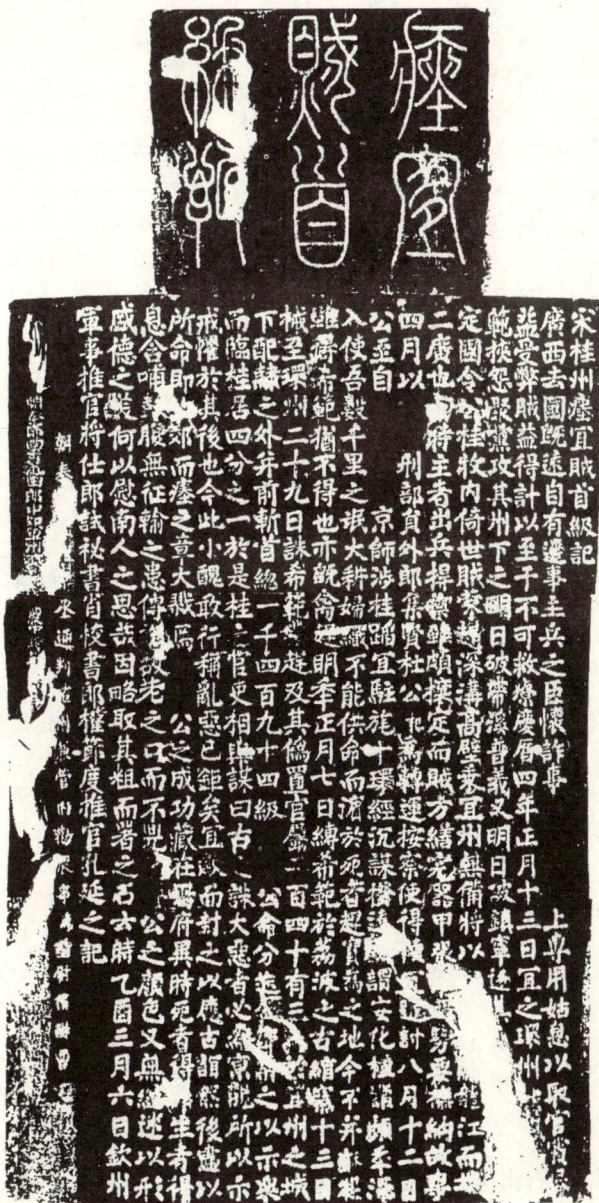

图 1　北宋孔延之撰《瘗宜贼首级记》拓本

注：公元 1045 年。图版见北京图书馆金石组编：《北京图书馆藏中国历代时刻拓本汇编》（第 38 册），100 页，郑州，中州古籍出版社，1990。

瘴宜賊首級記（篆額）

1 宋桂州瘴宜賊首級記
2 廣西去國既遠自有邊事主兵之臣懷詐事上專用姑息以取官賞罠
3 益受弊賊益得計以至于不可救療慶曆四年正月十三日宜之環州□□□□
4 範挾怨聚黨攻其州下之明日破帶溪普義又明日破鎮寧逐其□□□□□□
5 定國令公桂牧內倚世賊蒙趕深溝高壁乘宜州無備將以□□□□龍江而隘
6 二廣也因時主者出兵捍禦雖頗攘定而賊方繕完器甲張□□圖要撫納故事
7 四月以 刑部員外郎集賢杜公杞(于)爲轉運按察使得便宜選討八月十二日
8 公至自 京師涉桂蹈宜駐旆田(于)環經沉謀揆遠□謂安化圖圖頻年深
9 入使吾數千里之氓大(夫)耕婦織不能供命而濱於死者趕實爲之地今不并圖趕
10 雖得希範猶不得也亦既禽趕明季正月七日縛希範於荔波之古綰寨十三日趕
11 械至環州二十九日誅希範圜趕及其僞置官屬二百四十有三人於宜州之城
12 下配隸之外并前斬首總一千四百九十四級 公命分送?□圖□之以示衆
13 而臨桂居四分之一於是桂之官吏相與謀曰古之誅大惡者必爲京觀所以示
14 戒懼於其後也今此小醜敢行稱亂惡已鉅矣宜斂而封之以應古誼然後盡以
15 所命郎北郊而瘞之章大戮焉 公之成功藏在册府異時死者得瘞生者得
16 息含哺果腹無征輸之患傳誦故老之口而不見 公之顏色又無記述以形
17 盛德之美何以慰南人之思哉因略取其粗而署之石云時乙酉三月六日欽州
18 軍事推官將仕郎試秘書省校書郎權節度推官孔延之記
19 朝奉［　］丞通判□州兼管內勸農事□□尉□□曹?
20 朝奉郎尚書右司郎中知□州［　］□□□

图 2 《瘴宜贼首级记》录文

a. 北京图书馆金石组编：《北京图书馆藏中国历代石刻拓本汇编》（第 38 册），郑州，中州古籍出版社，1990。

b. 桂林博物馆、桂林石刻博物馆编：《中国西南地区历代石刻汇编》（第 9 册）《广西桂林卷》，天津，天津古籍出版社，1998。

c. 广西民族研究所编：《广西少数民族地区石刻碑文集》，南宁，广西人民出版社，1982。

d. 桂林市文物管理委员会编：《桂林石刻》（上、下），1977。

现介绍一下关于本文的各个说明文。"刻于北宋庆历五年（公元 1045 年）三月六日。石碑在广西桂林。碑文高 182cm，宽 115cm。碑额高 57cm，宽 67cm。由孔延之撰写，碑文楷书，碑额篆书"（a，100 页）。另外石碑的说明文是"刻于宋庆历五年（公元 1045 年）。在桂林镇南峰。高 270cm，宽 132cm，楷书，文字宽度为 5cm，碑额为篆书，文字宽度为 26cm，落款为楷书文字宽度为 4.5cm"（b，20 页）。①

关于录文，参考了 c。只是 c 所收录的很难手是正确的。并且落款（录文第 19、20 行）没有收录。因此，以 a、b 的托本为基础，确认了全文。

撰文的孔延之生于大中祥符七年（公元 1014 年），死于熙宁七年（公元 1074 年），时年 61 岁。字长源，临江新淦人。孔子后裔之一。自幼丧父，家境贫寒。通过刻苦读书，于庆历二年高中进士。先后知洪州、筠州，后擢升封州知州。随后任广南西路相度及转运判官，后又任荆湖北路提点刑狱，知越州，宜州。然后九迁后为司封郎中。有文集二十卷，并且也作为《会稽掇英集》20 卷的编者而闻名。

熙宁三年（公元 1070 年）拟从湖北转运副使升为权开封府推官，但当时的皇帝宋神宗以为"延之精力缓慢恐非监司之宜"而最后没能就任。而孔延之所编《会稽掇英集》自序的官衔为"尚书司封郎中、知越州军州事、浙东兵马钤辖"（同书的四库提要，四库本的《会稽掇英总集》的原序中并没有该官衔），这是熙宁五年一月一日的事情。同年十一月，与裴士杰一同受到了免职的处罚。据两浙提举盐事司的说法，孔延之破坏了盐法，而导致岁末上缴盐税减少。② 而在写碑文的时候，孔延之还是一个前途无量的官员。

如图 1 清楚所示，碑文有几处缺文。因此，译文中也有几处不清楚的地方。

宋桂州瘗宜贼首级记

广西离京师很远，如果边境有变故，主兵之臣怀藏欺骗侍奉君上，独断地姑息，以取得官赏，而民益蒙害，贼益得计，以至于不可救疗。庆历四年正月十三日，宜州下属环州（缺字）区希范挟私怨聚集党羽，攻占环州。第二天，攻破带溪、普义。第三天攻破镇宁。逐其（缺字），为（神武）定国令公桂州牧，内依靠世贼蒙赶有深沟高壁，外乘宜州无备将，凭借（缺字）龙江，震动两广。当时地方长官出兵抵御，虽然稍微有所平定，而叛乱者正在整理武器装备，张（缺字）势要抚纳故事。四月，以刑部员外郎集贤杜杞为转运按察使，并允许斟酌情况，自行处理讨伐事宜。八月十二日，杜杞到达环州，从京师一路跋涉经过桂州、宜州驻军于环州。经过深谋远后说，类似安化叛乱的事

---

① 之所以 a、b 的测量值有差异，大概因为 b 的碑高包括了碑额吧。
② 参考李焘撰：《续资治通鉴长编》（第十七册），5826 页，北京，中华书局，1979～1993。

件连年发生日益严重，导致数千里范围内的民众，夫耕妇织不能养活自己，而死于浜。蒙赶实际上导致了这种后果，如今不一并（缺字）蒙赶，即使欲擒获区希范尚没有得逞，只是已经擒获蒙赶。第二年正月七日在荔波古绤寨捕获区希范，十三日，将其押送环州，二十九日，于宜州城下诛杀区希范、蒙赶以及伪置官属二百四十三人。被发配（配隶）除外，加上以前的共斩首一千四百九十三人。杜杞命令分送（缺字）郡（缺字）之以示众。而临近的桂州占四分之一，于是桂州的官吏相互商议道："过去诛杀大恶之人，必定筑京观（古代战争中，胜者将敌人的尸体收集筑成的大坟），以用来警示戎（中国古代称西部少数民族为戎），使其子孙害怕。如今区希范等胆敢称乱，其罪恶极其巨大。应该把他们入殓并埋葬以顺应古义，然后依照命令全部埋葬于北郊，彰明有过大杀戮。杜杞成就的事业藏在册府（古代帝王藏书的地方），往时死者得以安葬，生者得以繁衍，丰衣足食而无战乱之患。此事迹流传于诸故老之口，但不见杜杞的容貌，又没有纪述以推行隆厚的恩德之美，如何能慰藉南人的思绪呢？于是稍微选取细节题字于石碑。时乙酉三月六日钦州军事推官将仕郎试秘书省校书郎权节度推官孔延之记。（以下2行略）

这则史料是在区希范等的叛乱刚平定不久，为了颂扬杜杞的功绩而作的，因此，可以说这完全是同时代的史料。但是，从碑文的题目也可以看出，区希范等被统称为'宜贼'，关于叛乱的原因却一概没有提及。下面从中提取关于区希范叛乱事件的始末和平定的部分如表2所示。

对比表1和表2，两者既有时间和动向一致的，也存在有很大差异的地方。

表2 **区希范叛乱始末（根据石刻资料）**

年　　月　　日	动　　向
庆历四年（公元1044年）正月十三日	• 宜州区希范与族人攻克环州。
同月十四日	• 攻破带溪、普义。 • 攻破镇宁。
同月十五日	• 区希范等'建立大唐国'，区希范为神武定国令公桂州牧。 • 官军出兵企图镇压叛乱，未能成功。 • 刑部员外郎杜杞为转运按察使，筹划讨伐叛军。
四月	• 杜杞由京城经过桂州、宜州，驻军环州攻击叛军。不久擒获蒙赶。
八月十二日	• 区希范于荔波洞古绤寨被擒。
庆历五年（公元1045年）正月七日	• 区希范等被押送环州。
同月十三日	• 区希范、蒙赶以及伪官243人于宜州城下被杀。
同月二十九日	• 除发配者外，总计1 494人被斩首。根据杜杞的命令，首级分送示众，桂州安放了1/4。 • 桂州的官吏埋葬首级的同时，商量立碑颂扬杜杞军功。
三月六日	• 孔延之起草碑文。

区希范叛乱始于庆历四年（公元 1044 年）正月十三日，首先攻克环州，随后攻破带溪、普义、镇宁州。表 2 所示一系列事件只经过三天时间。而根据表 1，广司钤辖司向京师报告区希范叛乱是在同年二月以后，虽然下诏本路转运钤辖司发兵攻击叛军，但没有取得大的成效。

因此，四月再任命杜杞刑部员外郎等职，讨伐叛军。杜杞从京师到环州，不久成功捕获蒙赶。这在表 1 中的时间为庆历五年三月，而表 2 中为同年八月十二日以后到次年正月七日之间。随后，擒获作为罪首的区希范的时间表 1 为庆历五年三月，而表 2 更为详细，是五年正月七日，并于十三日从荔波洞押送环州，然后二十九日在宜州处死。

表 1 中关于区希范等被擒获、处死的时间，我认为大概是以朝廷收到事发地的报告的时间为基准来记载的。从这出发，我认为表 2，也就是石刻史料中关于区希范叛乱更接近事实，并以此为基础与文献史料进行比较是有必要的吧。

三、关于《区希范五脏图》

前面引用《宋史》卷三百杜杞列传的记载（前引 J），记述杜杞军临环州城下，区希范、蒙赶等逃亡。以下引用其后的部分（段首一句为重复引用）。

L. 贼散走，希范走荔波洞，杞遣使诱之，赶来降。杞谓将佐曰："贼以穷蹙降我，威不足制则恩不能怀，所以数叛，不如尽杀之。"乃击牛马，为曼陀罗酒，大会环州，伏兵发，诛七十余人。后三日，又得希范，醢之以遗诸蛮，因老病而释者，才百余人。御史梅挚劾杞杀降失信，诏戒谕之，为两浙转运使。明年，徙河北，拜天章阁待制、环庆路经略安抚使、知庆州。杞上言："杀降者臣也，得罪不敢辞。将吏劳未录，臣未敢受命。"因为行赏。（《宋史》卷三百，杜杞列传）①

叛乱者四处散逃，区希范等逃往荔波洞，杜杞派遣使者诱降，蒙赶出降。杜杞对副将说："叛贼在穷途末路的时归降于我，兵力不足以制服他们，就不能采取怀柔策略，与其屡次叛乱，不如全部处死以绝后患。"于是杀牛宰马，制曼陀罗酒于环州举行会盟，伏兵诛杀七十余人。三天后，捕获区希范，处醢刑并送诸洞，因为年老、伤病而被释放者只有百余人。御史梅挚因为此事向皇帝弹劾杜杞失信，皇帝下诏训诫杜杞，迁任两浙转运使。次年迁河北，拜天章阁待制、环庆路经略安抚使、知庆州。杜杞上书："杀降者的人是我，我不敢推脱罪过。但是，将士们的功劳还没有得到赏赐，我不能接受任命。"于是行赏。

也就是说，根据《宋史》杜杞列传记载，杜杞酿制曼陀罗酒，举行会盟，用伏兵诛

---

① 参见《宋史》（第二十八册），9963 页，北京，中华书局，1997。

杀叛军七十余人。之后处死区希范并处醢刑分送给少数民族。

但是，下面的史料的内容则稍有差异。

M. 明年，转运使杜杞大引兵至环州，使摄官区晔、进士曾子华、宜州校吴香诱赶等出降，杀马牛具酒，给与之盟，置曼陀罗花酒中，饮者皆昏醉，稍呼起问劳，至则推仆后虎下。比暮，众始觉，惊走，而门有守兵不得出，悉擒之。后数日，又得希范等，凡获二百余人，诛七十八人，余皆配徙。仍醢希范，赐诸溪峒，缋其五藏为图，传于世，余党悉平。(《宋史》卷四百九十五，蛮夷列传)①

次年，转运使杜杞领大军至环州，派推官区晔、进士曾子华、宜州校吴香引诱蒙赶等出降，宰杀牛马准备美酒，与叛军会盟。并放曼陀罗花于酒中，饮酒者全部昏醉。稍微起身慰劳，刚到仆倒在廊下。天快黑时，众人才发觉异常，慌乱奔走，但门口有守兵没能逃出，全部被擒。数日后，又擒区希范。大约擒获200余人，处死78人，其余的全部发配。并且处区希范醢刑分送诸洞，将其五脏画为图谱，流传于世。余党全部平定。

虽同样是《宋史》，但这篇记载了蒙赶以及区希范等200余人被捕，其中78人被处死，而区希范的五脏画为图谱传于世，其肉被醢后分送到诸溪洞。

关于"区希范五脏图"，在下面史料可以看到更为详细的记载。

N. 存真图一卷。右皇朝杨介编……比区希范五脏图，过之远矣。(南宋，赵希辨重编《郡斋读书后志》卷二，医家类)②

"存真图"一卷由南宋杨介编撰。……比起"区希范五脏图"，超出甚远。

O. 庆历间，广西戮区希范以其党。凡二日，剖五十有六腹。宜州推官吴简皆视详之，为图以传于世。王莽诛翟义之党，使太医、尚方与巧屠，共刳剥之。量度五脏，以竹筵导其脉，知所始终。云可以治病。然其说今不传。(南宋，赵与时撰《宾退录》卷四)③

庆历年间，广西杀死区希范以其党羽。大概在两天内，解剖了五十六腹。宜州推官吴简全部详细观察，画图以传后世。王莽诛杀翟义一党，用太医、尚方和巧屠一同解剖他们。度量其五脏，用竹筒导通脉络，了解其始终。相传可以用这种方法治病。但是，这种说法现在不再流传。

可以看出，宜州推官吴简解剖区希范等56人并仔细观察内脏，以此为基础制成图谱。这先例可以追溯到汉代王莽。

---

① 参见《宋史》(第四十册)，14221页，北京，中华书局，1997。

② 参见赵希辨重编：《郡斋读书后志》卷二，医科类，载许逸民、常振国：《中国历代数目丛刊》第1辑(下)，1109页，北京，新华书店北京发行中心，1987。

③ 参见赵与时撰：《宾退录》卷四，39页，载《丛书集成初编》，北京，商务印书馆，1936。

P. 世传区希范五脏图。此庆历年间，杜杞待制治广南贼区希范所作也。希范本书生，桀黠有知数，通晓文法。尝为摄（摄当作推）官，乘元昊叛。西方有兵时，度王帅必不能及。乃与党蒙干，啸聚数千人，声摇湖南。朝廷遣杨畋讨之不得。乃以杞代。杞入境，即伪为招降之说，与之通好。希范猖獗久，亦幸苟免遂从之。与干挟其酋领数十人皆至。杞大为燕犒，醉之以酒。已乃执于坐上，翌日尽磔市。且使皆剖腹，剜其肾肠。因使医与画人，一一探索，绘以为图。用是迁侍（当作待）制，帅庆州。未几若有所睹一夕登圊。勿卧于圊中。家人急出之，口鼻皆流血，微言欧希范以拳击我。后三日竟卒。杞有干略，亦知书，号能吏。欧阳永叔为其志为墓。（《说郛》一百二十卷所引宋，郑景璧《蒙斋笔谈》）①

世间流传"区希范五脏图"。它是字庆历年间，待制杜杞镇压了广南叛贼区希范后所作的。区希范本来是一介书生，为人狡颉，通晓文法。曾经做推官，乘宋与元昊关系不和叛乱。因西方有战事，料定朝廷鞭长莫及。于是与蒙干结党，聚集数千人，叛乱震惊湖南。朝廷派杨畋讨伐未果，于是以杜杞替代之。杜杞一到广西，就假装采取招降的策略，与叛贼通好。区希范猖獗已久，亦希望能够苟且于是遵从杜杞的策略。与蒙干带领数十酋领至杜杞军中。杜杞大摆筵席，醉之以酒。然后在座位上将他们擒获，第二天全部当众处磔刑。并且命人把他们全部剖腹，剜肾肠。命医人与画人，一一探究，画成图谱。借此迁任待制，统帅庆州。（以下后述）

Q. 吴氏简区希范五脏图。佚。……杨介曰，宜贼区希范被刑时，州吏吴简令画工就图之以记，详得其证。吴简云，凡二日剖区希范等五十有六腹，皆详观之。喉中有孔三，一食，一水，一气，互令人吹之，各不相戾。肺之下，则有心肝胆脾。胃之下有小肠。小肠之下有大肠。小肠皆莹洁无物。大肠则为滓秽。大肠之傍，则有膀胱。若心有大者小者，方者长者，斜者直者，有孔者无孔者，了无相类。唯希范之心，则江（红）② 而砡，如所绘焉。肝则有独片者，有二片者，有三片者。肾则有一在肝之右微下，一在脾之左微上。脾则有在心之左。至若蒙干多病咳，则肺且胆黑。欧诠少得目疾，肝有白点。此又别内外之应。其中黄漫者脂也。 （僧幻云史记标注引存真图）。（［日］多纪元胤编《医籍考》）③

---

① 参见郑景璧撰：《蒙斋笔谈》（第四卷），载《说郛》一百二十卷《说郛三种》，1389 页，上海，上海古籍出版社，1988。

② 根据《〈扁鹊仓公传〉幻云注的翻译和研究》，多纪元胤认为"江"字原本是"红"字，因此和"红"字相通。并且，上述的《翻译和研究》所收录的［日］小曾户洋、真柳诚和宫川浩也三人的论文介绍最新的研究动向，因此都是很重要的。与本稿相关连的，除了注前引的宫川浩也的论文，通过小曾户洋的《幻云医界的交友关系》、同著《从幻云到道三》，可以知道月舟寿桂（号幻云、中孚道人，1460—1533）的知性的世界和医学上的系谱。

③ 参见［日］多纪元胤编：《医籍考》（第二卷），557～559 页，东京，国本出版社，1934。

（译文）吴简的《区希范五脏图》。散失。……据杨介所言："宜州叛乱者欧希范被处死时，州吏吴简令画工画图记录其体内结构，极其详细。"吴简说："两天内共解剖欧希范等56人，全都详细观察了。"咽喉中有三个孔：一为食道，一为通水孔，一为气孔。令人互相吹气，各不相通。肺脏下方有心肝胆肾。胃下方是小肠。小肠下面是大肠。小肠清洁无物。大肠则残留滓秽。大肠旁边是膀胱。心脏的形状有大小、方长、斜直、有孔无孔之分，没有相同的。只有区希范的心脏红而垂，如图所画。肝脏有一片的、两片的和三片的。肾脏则有一个在肝脏的右边微下，一个在脾脏左边微上。脾脏在心脏的左边。由于蒙赶多咳嗽，其肺脏和胆呈黑色。欧诠少时患目疾，因此肝脏有白点。各自内外相对应。肝脏中黄色液体是胆汁。

R. 又言"人有水喉、（食喉、）气喉"者，亦谬说也。世传欧希范真五脏图，亦画三喉，盖当时验之不审耳。水与食同咽，岂能就（口）① 中遂分入二喉。（北宋，沈括撰，胡道静校注《新校正梦溪笔谈》卷二十六）②

又有人说"人有水喉、（食喉、）气喉"之说是谬说。世传"欧希范真五脏图"中也是画的三喉。大概是因为当时检查不详细吧。水与食物同时下咽，怎么可以自口腔分入二喉。

根据《宾退录》（前揭 O）记载，两日内共解剖56具尸体，宜州推官吴简都详细观察了体内结构并画成图谱。另据《蒙斋笔谈》（前揭 P）记载，杜杞使叛乱者的数十首领喝醉被擒，翌日全部处以磔刑，并全部剖腹剜其内脏，命令医师和画工在仔细查看后画成图谱。

又据《医籍考》（上揭 Q），引用《僧幻云史记标注引存真图》，处死区希范之际，州吏吴简在两日内解剖了区希范等56人，和画工分别仔细查看。结果内脏的形态、状态的共同性和个别性得以记录下来（区希范、蒙赶和区诠分开记载）。

以下从三个角度再次分析与《区希范五脏图》相关的诸史料。

收录在梶原性全撰《万安方》（公元 1313～1327 年作成）卷五十四。此卷其实是梶原性全所撰《顿医抄》卷 44 的混合。本图经过"存真环中图"（公元 1113 年作成，佚失）一直追溯到"区希范五脏图"（图版在内藤纪念医药博物馆发行《针的回声灸术的温暖——愈合的历史》，21 页，长野仁解说，2002。）

第一，杜杞给叛乱者饮用的"曼陀罗酒"究竟是什么样的酒。关于曼陀罗酒，前揭史料中有两、三处记载了转运使杜杞为了镇压叛乱而使用了毒酒。如再引用相关文言文，它们就是"给与之盗饮以药酒"（K）"为曼陀罗酒，大会环州"（L）"置曼陀罗花

---

① （　）中字为胡道静注。

② 参见沈括撰，胡道静校注：《新校正梦溪笔谈》（卷二十六），262～263 页，香港，中华书局，1975。

図 3　五脏六府形并十二经脉图

酒中，饮者皆昏醉"（M）。

　　关于曼陀罗花这种植物在前揭宫下三郎所著《宋元医疗》（前揭文献 c，pp. 161，164（9）（10）（11））有详细说明。在此叙述一则史料（S）和曼陀罗在现代的用途的一部分。

　　S. 广西曼陀罗花，徧生原野，大叶白花，结实如茄子，而徧生小刺，乃药人草也。盗贼采干而末之，以置人饮食，使之醉闷，则挈篋而趍。南人或用为小儿食药，去积甚峻。（南宋，周去非撰《岭外代答》卷八，曼陀罗花条）①

　　广西的曼陀罗花，遍布原野，叶大而花白，果实如茄子一般，并且长满小刺，是一种有毒植物。盗贼采后晒干磨成粉末，放入人的饮食中，使人昏迷，然后携财而逃。南方人或者作为小孩食用药，去积颇有疗效。

---

　　①　参见周去非撰：《岭外代答》（卷八），93 页，载《丛书集成处编》，上海，商务印书馆，1936。

据《中药大辞典》（小学馆，1985），此植物作为"洋金花"而被采摘，其别名有曼陀罗花、胡笳花、酒醉花等。记述中其原植物有"チョウセンアサガオ"和"ケチョウセンアサガオ"（其汉字分别是"朝鲜朝颜"和"毛朝鲜朝颜"——译者注）。

以下引用相同项目的"临床报告"的一部分。

"用于麻醉。相传中国古代名医华佗已经在公元 200 年就把"麻沸散"作为麻醉剂给病人进行刮骨、剖腹手术。今年，由于麻醉针技术的进一步发展，洋金花主要用于中药麻醉，并取得了初步成功……

（毒性）曼陀罗中毒的报告也不少，根据 54 例报告，曼陀罗的花、叶、果实、种子都能致人中毒，一般发生在晚秋（9～10 月份）……

主要的临床症状为面部皮肤泛红、急躁不安、脉搏加快、行动困难、眩晕、幻觉、幻听、口干、口渴、口腔麻痹、呕吐、语言障碍、瞳孔放大、对光反射消失等，严重时会出现高热、昏睡、大小便失禁、发作性痉挛等症状……"（第 4 卷，2603 页）

通过以上引用的数据，可以想象得到由于杜杞的诡计在和解宴上喝了曼陀罗酒而中毒的叛乱者到了何种境地。

第二，究竟有多少人被剖腹。如下所示，史料未必是一致的。

明年，转运史杜杞，大领兵至环州，使人诱其党六百余人，给与之盗饮以药酒，因得尽擒杀之。后三日，得蒙赶、区希范、区丕绩等十数人，醢赐诸溪洞。（前引 K）

乃击牛马，为曼陀罗酒，大会环州，伏兵发，诛七十余人。后三日，又得希范，醢之以遗诸蛮，因老病而释者，才百余人。（L）

杀马牛具酒，给与之盟，置曼陀罗花酒中，饮者皆昏醉，稍呼起问劳，至则推仆后庑下。比暮，众始觉，惊走，而门有守兵不得出，悉擒之。后数日，又得希范等，凡获二百余人，诛七十八人，余皆配徙。仍醢希范，赐诸溪峒，缋其五藏为图，传于世，余党悉平。（M）

凡二日，剖五十有六腹。宜州推官吴简皆视详之，为图以传于世。（O）

与干挟其酋领数十人皆至。杞大为燕犒，醉之以酒。已乃执于坐上，翌日尽磔市。且使皆剖腹，刳其肾肠。因使医与画人，一一探索，绘以为图。（P）

杨介曰，宜贼区希范被刑时，州吏吴简令画工就图之以记，详得其证。吴简云，凡二日剖区希范等五十有六腹，皆详观之。（Q）

此外，还可以找到以下的史料。

T. 乃击牛马，为曼陀罗酒，大会环州。坐中伏兵发，擒诛七十余人，画五脏为图。释疰病、被胁与非因败而降者百余人。后三日，又得希范，醢以遗诸溪洞。（初，区希范入保荔洞，间出与官军斗。及杞至环州，使摄官区晔、进士曾子华、宜州押司吴香诱其党六百余人，始与之盟，置曼陀罗酒中……比暮，众始觉，惊走，而门有守兵不得出，遂尽擒杀之。后三日，得蒙赶、区希范、区丕绩等十数人，割其腹，缋为五脏图，仍醢之以赐诸溪洞。此实录所书也。今从杞本传。）（《续资治通鉴长编》卷一百五十五）①

U. 于是杀牛宰马，制曼陀罗酒于环州举行会盟，席间伏兵出击，擒拿、诛杀七十余人。把五脏画为图谱。释放百余老弱、被胁迫而叛乱和非因失败投降的人。后三日，擒获蒙赶、区希范，处以醢刑并赐诸溪洞。（开始，区希范入守保荔洞，间或出洞与官军战斗。杜杞到环州后，派遣摄官区晔、进士曾子华、宜州押司吴香引诱其党羽六百余人，于是与其会盟，并把曼陀罗放酒中……天黑时分，众人才发觉异常，惊慌逃蹿，但是门口有兵士把守没能逃出，于是全部被擒杀。其后三天，擒获蒙赶、区希范、区丕绩等十数人，剖开他们的腹部，画成五脏图，并且处醢刑把其肉赐诸溪洞。这是实录所记载的。这按照杜杞列传。）

现在把提到人数的诸史料进行比较，可以得出以下结果。L 和 M 同出《宋史》，而 T 是在其基础上作成的，因此他们的记述也很类似。只有 M 中记载捕获了二百余人，但是实际被杀的仅仅七十余人。只有区希范在死后被处醢刑，在这点上是共同的。（仅有 M 提到在诛杀区希范后作成五脏图，T 中的五脏图是在杀了七十余人中作成的，与区希范没有关系。）

O（《宾退录》）和 Q（《医籍考》）的内容也有共同之处。即引用吴简的话——两天内 56 腹，此后作成图。五脏图并不是仅解剖区希范而作成的，Q 中明确记载了除解剖区希范外，还有解剖蒙赶和区诠的所见。从这点看，L 和 M 认为只解剖了区希范是错误的吧。

公认为可信度较高的 K（《宋会要辑稿》）和 T（《续资治通鉴长编》注释中所引的《实录》）中，记载了饮毒酒的叛乱者有六百余人，并且全部被擒杀，此后捕获的区希范等十数人被处醢型。这是以当时事发地的官方报道为基础的吧。但是前揭石刻史料明确记载了，包括区希范、蒙赶在内的伪官一党 243 人被诛杀（但是地点在宜州），被斩首者总计达 1 494 人。在这点上如何理解 K 和 T 之间的关系恰当呢。

由于这些史料之间的数字不一致，很难找到统一的解释方法。现今笔者的观点如下所述。根据石刻史料，和区希范等一起被诛杀的有 243 人（在 M 中作为被捕获的人数出现了"二百余人"的数字）。这个在 K 和 T 的注释中为何成了六百余人呢？是在制作

---

① 参见李焘撰：《续资治通鉴长编》（第十二册），3760 页，北京，中华书局，1979～1993。

公文的途中把"二百"改写成了"六百"呢，还是写错了呢？

L、M和T中的七十余人被杀是有某种史料为根据的吧。但是K和T中所言十数人被处醢刑是正确的，因为没有必要只醢区希范一人（随便指出，前述石刻史料中没有出现"五脏图"和"醢刑"，这点是值得注意的）。

如前所述，O和Q引用"存真图"，并通过吴简的话，得知解剖了56腹。即有243人被杀，其中有区希范等56腹在两日内被解剖并作成"五脏图"，后来作为首要分子的十数人被处醢刑后分配给溪洞。Q以引用"存真环中图"的形式，详细述说了"区希范五脏图"的一部分。

第三，区希范等是以何种刑罚被处死的。

渡边幸三在前揭的《现存中国近世的五脏六腑图概略》的第一章之六——《区希范之解剖》中，参考《宋史》刑法志，推断区希范等是以当时的极刑——凌迟刑处死的。[①] 凌迟刑是存在于10世纪至19世纪之间、活生生地削取刑徒的肉直到只剩骨头或者断肢的最残酷的一种刑罚。[②]

确实，从区希范等被肢解处以醢刑送往诸溪洞来看（前引K），或许可以推断被处凌迟刑。但是，即使是如此重大的事件，在同时代的史料中却找不到区希范等是被处凌迟刑的确切记载。加之要处死的人数很多，一般如果是为了解剖的话，要求遗体不要受到太大的损伤。因此综上所述，笔者认为区希范等是被处以斩刑的。

四、《区希范五脏图》的作成者

关于《区希范五脏图》产生的契机和实际被解剖的人，前已明述。下面再次进一步对参与"区希范五脏图"制作的人进行研讨。

1. 杜杞

杜杞是区希范叛乱事件的镇压者。现在通过《宋史》卷三百中的杜杞列传（前引J、L）以及欧阳修撰《兵部员外郎天章阁待制杜公墓志铭》[③] 了解其略传。

杜杞（1005—1050），字伟长，祖籍金陵，后移居开封。祖父杜镐。最初荫补将作监主簿，太子中舍，建阳知县。后迁任尚书虞部员外郎，横州知州。安化少数民族袭击

---

① 参见［日］渡边幸三：《中国近代以前现存的五脏六腑图概略》再录版，353～356页。

并且［日］冈本桥：《解剖之开始——山胁东洋人和思想》（同成社，1988）中，也认为区希范等是被凌迟处死的。

② 参见［日］仁井田升：《关于凌迟处死》（同《中国法制史研究》），修订版，东京，东京大学出版社，1980。

③ 参见《欧阳修全集》（第二册），448～451页，北京，中华书局，2001。

边境、杀死宜州知州时，上书选拔能节制边境变故使之和谐并通晓岭外之事的官员，因此改任真州通判，后任解州知州、临时调遣为度支判官。庆历三年（公元 1043 年），京西盗贼起，焚光化军，杜杞被任命为京西转运、按察使，数月后平定盗贼。

第二年（公元 1044 年），本稿提到的区希范叛乱事件爆发。杜杞被擢升刑部员外郎、直集贤院、广南西路转运按察安抚使。宿营真州、宜州。最后攻破白崖、黄坭、九居山以及五峒，斩一百余首级（墓志中为数百）回到环州。叛乱者虽败走，蒙赶被诱降，杜杞命人杀牛马款待，制曼陀罗酒于环州举行会盟，随后利用伏兵诛杀 70 余人（墓志中为六百余人）。三天后，抓获区希范处醢刑分配给溪峒。俘虏当中，仅释放了百余老病者。

御史梅挚弹劾杜杞杀降伏者使朝廷失信。因此杜杞虽受到训诫，庆历六年（公元 1046 年）改任两浙转运使。第二年，前迁河北转运使，后来拜天章阁待制，任环庆路兵马都部署、经略安抚使、庆州知州。其承认杀害投降者的责任在自己，请求慰劳将吏，结果其麾下将吏得赏。

杜杞记忆力惊人，博览群书，通晓阴阳数术。而且经常公开说自己将在 46 岁死去。皇祐二年（公元 1050 年）五月甲子，杜杞如厕，区希范、蒙赶的鬼魂出现，申诉自己无罪。于是杜杞一声喝道："尔等密谋作乱，国法难容。还敢前来申诉。"随后就断气了。[①] 著有文集十卷、奏议集十二卷。有六女一子，其子名照。杜杞死后，杜照委任为秘书省校。其兄杜植，官至少府监，弟杜枢至比部员外郎。

2. 吴简

本稿开头所引 a～g 的先前研究成果都把吴简作为制成五脏图的实际担任者。d（"吴简（一作灵简）"）和 g（"吴简（一说灵简）"）显示存在作"灵简"的史料，而 f（"吴简（一说灵简）"）举出《灵简》。这些都如渡边幸三论文（b）叙述，是在《宾退录》的民间版本中误作为"灵简"，f 中更把与"简"误作为与其相似的"筒"字。但是，可以说先前的研究在"吴简"这个名字上是一致的。

在本稿所引用的诸史料中，《宾退录》（O '宜州推官吴简'）和《幻云注史记标注》（后述）把吴简作为所谓"区希范五脏图"作成担任者。其他的史料中作成担任者的名字不详。但是区希范五脏图作成之前，杜杞在环州对叛乱者招降时，协助任务的当地的官吏中有一个同姓的人。

"宜州校吴香"（前引 M）

U. "杞得州校吴香及……杞使香招赶出降。"（《续资治通鉴长编》卷一百五十五，正文）

---

① 前注中的《蒙斋笔谈》中记载，杜杞被处死的区希范殴打至口鼻流血，三日后亡。

"及杞至环州，使……宜州押司官吴香诱其党六百余人……"①（同前，注释）

V. "君至宜州，得州人吴香及……"②（欧阳修撰《兵部员外郎天章阁待制杜公墓志铭》，《欧阳修全集》卷三十）

W. "明年，转运使杜杞，大领兵至环州，使……宜州押司吴香，诱其党六百余人。"③（李攸《宋朝事实》卷十六，兵刑）

X. "既至，得宜州人吴香等为乡导，攻破白崖等寨。"④（范镇撰《东斋记事》卷一）

这些史料中出现了"吴香"这个人物，其后也没有记载吴简是"区希范五脏图"的作成者。吴简和吴香之间果真有什么关系吗？现在观察前引诸史料中吴香的职衔，它们是"宜州校"（M）、"州校"（U 正文）、"宜州押司官"（U 注释）、"州人"（V）、"宜州押司官"（W）、"宜州人"（W）。对于职衔，记载吴简的《宾退录》中为"宜州推官"（O）。那么，请再次注意《幻云注史记标注》所引的"存真图"。

Y. "宜贼欧希范被刑时，州吏吴简令画工就图之……又云宜州推官吴简云，凡二日剖欧希范等五十有六腹，皆详视之……"（前引《医籍考》）

Y 中吴简的职衔为"州吏"和"宜州推官"。在史料中，虽然吴简和吴香的官衔并不一致，但是如果能够证明是同一个人的话，倒不如说实录等记载的"吴香"是本名，在《区希范五脏图》中而使用"吴简"作序。这在现阶段仅记为一种假设。

3. 宋景

在吴简的指示下，画工宋景与医某一起描绘了区希范等刑徒的内脏结构，这是先行研究的 b 和 d 记述的。即先行研究的 b 中，渡边幸三引用了《华佗内照图》。

Z. 若吴简序宋景所画希范喉中三孔者非。（同书，"喉咙"书）

如果吴简作序宋景所画的希范喉中有三个孔是错误的话。

并作了以下叙述。

"通过这句话，可以知道吴简为《区希范五脏图》作序，医师、画工中是有宋景的。而宋景恐怕是参加此次解剖代表性的医师吧！"

另外，在马继兴著的 c 中，"当时吴简共解剖了 56 具遗体并由绘工宋景绘就图谱"。（d，125 页）

当时吴简解剖了 56 具遗体，同时由画工宋景描绘图谱。

把宋景作为画工。并且注明了其依据为陈氏抄本《玄门脉决内照图》上卷，有关喉咙的记述。c、d、f、g 都采用画工说。

---

① U 中的正文、注释都在前引《续资治通鉴长编》（第十二册），3760 页，北京，中华书局，1979～1993。
② 前引《欧阳修全集》（第二册），488 页，北京，中华书局，2001。
③ 李攸：《宋朝事实》（卷十六），兵刑，244 页，载《丛书集成初编》，上海，商务印书馆，1936。
④ 范镇撰：《东斋记事》（卷一），7 页，北京，中华书局，1980。

由于关于宋景的史料有限，还不能断定，但是只读史料 Z 的话，把宋景作为画工较为恰当。

五、结　论

北宋期间人体解剖图的作成是南宋宋慈的《洗冤录集》所代表的法医学走向发达的一个重要原因。笔者也认为指出这一点是很重要的。

充分地研讨认识《区希范五脏图》拥有什么样的历史背景是非常重要的。

本稿大致清楚地得出以下四项：

1. 区希范是宜州少数民族的一员，由于不满对自己镇压安化叛乱中的功绩的行赏，并迁怒宋朝的惩罚，于庆历四年（公元 1044 年）正月，率领区氏一族和周边众少数民族发动叛乱。当时事发地的州到路都实施了镇压，但是没有成功。同年四月，派刑部员外郎杜杞讨伐叛乱。杜杞率大军至环州，假借会盟使用药酒杀死叛乱者。其后，抓获区希范等首谋者并处死，剖五十余腹画图谱，留下记录。更把首谋者十余人处以醢刑，分送诸峒（参照表 1）。

2. 孔延之撰写的《瘗宜贼首级记》也详细记载了此次叛乱事件的经过。其内容与以往的文献史料在时间和人数等方面有不少出入（参照表 2）。在事件概要的在构成上，有必要并且可能最大限度地有效利用该石刻石料的内容。

3. 通过研讨关于《区希范五脏图》的诸史料，了解到日本的《僧幻云史记标注引存真图》是极其正确和重要的。与之相关联，可以作出三项推定：（1）推测因曼陀罗酒而中毒的状况；（2）推定二日内有 56 名刑徒被解剖，其中首谋者十数人被处以醢刑；（3）对于区希范等被处凌迟刑的说法，由于史料上没有明确的工具，认为是惯例的斩刑。

4. 再次研讨与"区希范五脏图"的制作有关、且被记录的人物。（1）关于叛乱镇压者的杜杞，《宋史》中有其传记，也留有墓志。颇有意思的是认为，与镇压相关的杜杞的"杀降"（杀害降伏的敌人）行为受到了非难，他是被区希范等的灵魂杀死的。（2）认为"区希范五脏图的序作者、宜州官吏吴简和作为杜杞的协助者、在许多史料中出现的吴香有可能是同一人。（3）采取宋景不是医师，而是画工的多数说。

总之，《区希范五脏图》（亡佚）不是单解剖刑徒的尸体而成的；是从宋朝的立场镇压南方少数民族中的宜州、环州少数民族（同为今毛南族）发动的叛乱的结果，对叛乱者处刑后，解剖首谋者画成图谱保留、记录下来；是简单地用"病理解剖"[①] 说不清楚

---

① 作为实例，参见赵璞珊：《中国古代医学》，156 页，北京，中华书局，1983；甄志亚主编：《中国医学史》，233 页，北京，人民卫生出版社，1991。

的。并且，首谋者的十数人的身体被处剁成肉酱的醢刑后，分送叛乱者的同族。不用说，这是为了威慑企图叛乱的人使其放弃叛乱。认为杜杞猝死的原因是区希范等的灵魂作祟也是无稽之谈。①

最后作为参考，来看看在当代中国区希范等的叛乱受到怎样的普遍评价。引用莫家仁著《毛南族》（民族出版社，1988）其中一节。为何在该书中没有谈及本稿讨论的学史学、医史学上的重要史实。

特别是在庆历年间（1041—1048），"环州蛮"区希范、区正辞等人因不甘受封建王朝的歧视与压迫，联合了"荔波蛮"首领蒙赶，举行大规模的反抗斗争，五百多人的起义队伍首先攻占了环州、夺取州印，接着有攻破环州西部的镇宁、带溪、普义等寨，队伍发展到一千五百多人，震动了岭南。宋王朝立即调广南西路转运使兼安抚使杜杞率领官军前来镇压。杜杞一方面督军"围剿"，扬言要把"蛮人"杀尽"以觉后患"，另一方面有采取诱降和分化瓦解的阴谋手段，先诱降了蒙赶，杀之，后围剿区希范，屠杀区希范以其部下二百余人，把起义镇压了下去。

注

以下所列的两部史料，由于在本稿中多次被引用，省略了个别的注释。

1. 《宋史》，全四十册，北京，中华书局，1997。
2. 李焘撰：《续资治通鉴长编》，全三十四册，北京，中华书局，1979～1993。

附 记

1. 上研究生的时候，岛田正郎老师曾告诉我检验书也是法史学的重要的资料的一部分。虽是拙劣之坐，谨献给岛田老师的九十寿辰以作纪念。并衷心祝愿老师身体健康。

2. 本稿既是明治大学社会科学研究所的特别研究报告书，也是 2004 年度开始的研究生院法学研究所项目的研究成果。

3. 在写作本稿时，得到了多方的支持。承蒙北里研究所东洋医学综合研究所的小曾户洋教授赠送珍贵的研究成果的书籍，东洋大学文学院的高桥继男教授给予石刻资料方面的诸多指导，明治大学文学院平野满教授经常给予科学史方面的指导，本校图书馆综合服务课伊藤孝幸先生协助检索文献，北里大学白金图书馆送达复印文献，杏雨书屋

---

① 关于宋时期的华南少数民族政策，参照［日］河原正博：《汉民族华南发展史研究》（吉川弘文馆，1984）第四章"宋朝华南少数民族羁縻政策"。特别是第一节"省地、省民"，第二节"羁縻州洞的'计口分田'"。

［日］冈田宏二：《中国华南民族社会史研究》（汲古书院，1993）36 页中提及，环州少数民族的汉化非常发达。参照含有此内容的该书第一章"宋代华南的非汉民族诸相"。

赠送本稿所引的珍贵的图书资料，兼任明治大学法学院、文学院讲师的石冈浩先生也协助输入图 2 的石刻史料录文，在此向以上各位衷心表示感谢。

（译者单位：中国人民大学法学院）

法律文化研究 第三辑（2007）

地方法律史专题研究

中国人民大学法律文化研究中心
曾宪义法学教育与法律文化基金会

邱远猷

《江西省临时约法》初探

2006 年是辛亥革命 95 周年。在辛亥革命高潮中，独立各省军政府先后颁布了一批具有基本法性质的法律文件，否定了该地区的封建君主专制统治，建立起资产阶级民主共和制度，构成了自清末开始的中国法律近代化的崭新篇章。《江西省临时约法》就是其中之一。过去学界关注很少。本文拟就其产生的历史背景与指导思想、制定经过、主要内容和特点，作一简要论述。

一、《江西省临时约法》产生的历史背景与指导思想

1905 年 8 月，中国同盟会在日本成立时，明确提出了"建立民国"的政治纲领，也就是要推翻封建君主专制制度，建立资产阶级议会制共和国。孙中山认为，"中国数千年来都是君主专制政体"，"不是平等自由的国民所堪受的"，"就算汉人为君主，也不能不革命"。他指出："我们推翻满洲政府，从驱除满人那一面说是民族革命，从颠覆君主政体那一面说是政治革命。"他特别强调一定要废除封建君主专制，只搞民族革命不

行，必须把它与政治革命结合进行，"政治革命的结果，是建立民主立宪政体"①。

1906 年秋冬间，在孙中山、黄兴的主持下，同盟会本部在日本东京制定了《中国同盟会革命方略》。《革命方略》不仅宣布了实行武装推翻帝国主义走狗清王朝的总方针与政策，而且提出了建立资产阶级议会制共和国的一整套方针政策。其中《军政府宣言》更加明确具体地规定了"中华民国"的基本原则和组织结构："今者由平民革命以建民国政府，凡为国民皆平等以有参政权。大总统由国民公举。议会以国民公举之议员构成之。制定中华民国宪法，人人共守。"② 其中《扫除满洲租税厘捐布告》又说："俟天下大定，当制定中华民国之宪法，与民共守。……民国则以四万万人一切平等，国民之权利义务无有贵贱之差、贫富之别，轻重厚薄，无稍不均。——是为国民平等之制。……民国则以国家为人民之公产，凡人民之事，人民公理之。由人民选举议员，以开国会，代表人民议定租税，编为法律。政府每年预算国用，须得国会许可，依之而行；复以决算布告国会，待其监查，以昭信实。如是则国家之财政实为国民所自理，国会代表人民之公意，而政府执行之。……是为国民参政之制。"③ 这里，可以清楚地看出《革命方略》所设计"中华民国"的国家制度，正是效法美利坚、法兰西国家，以代议政治保证国民的参政权为特征，以行政、立法、司法三权分立为原则④，以资产阶级选举制、议会制、总统制等为基础的资产阶级议会制共和国。

《革命方略》还有鉴于中国君主专制制度源远流长、根深蒂固、流毒深广，要创建新的中华民国、新的资产阶级共和国，任务极其艰巨繁重，必须有计划、有步骤地进行，绝不可能轻而易举、一蹴而就。明确提出创建中华民国分为三个时期进行，即："军政"时期，实行"军法之治"；"训政"时期，实行"约法之治"；"宪政"时期实行"宪法之治"。⑤ 以逐步使资产阶级民主与法制建立与完善起来，进而为新生的资产阶级共和国奠定坚实的基础。

作为资产阶级革命政党的中国同盟会，它所制定的三民主义政纲与创建中华民国的革命方略，既是创建中华民国的战略指导思想，也是中华民国法制建设的基本指导思想。

在中国同盟会政纲与创建中华民国的革命方略的指引下，在中国同盟会中部总会的领导下，1911 年 10 月 10 日武昌起义爆发并取得了成功。首先推翻了清王朝在两湖地

---

① 《在东京〈民报〉创刊周年庆祝大会的演说》，载《孙中山全集》，第 1 卷，325 页，北京，中华书局，1981。

② 《孙中山全集》，第 1 卷，255 页，北京，中华书局，1981。

③ 《孙中山全集》，第 1 卷，317～318 页，北京，中华书局，1981。

④ 《革命方略》公布不久，1906 年 11 月，孙中山将五权分立观公之于世，他指出："希望在中国实施的共和政治，是除立法、司法、行政三权外还有考选权和纠察权的五权分立的共和政治。"（《孙中山全集》，第 1 卷，319～320页，北京，中华书局，1981。）

⑤ 《孙中山全集》，第 1 卷，297～298 页，北京，中华书局，1981。

区的封建专制统治，紧接着建立了中华民国湖北军政府，并颁布了辛亥革命时期第一个具有基本法性质的法律文件——《中华民国鄂州临时约法》。①

"武汉义旗天下应，推翻专制共和兴。"② 到 11 月，内地有 14 省和重镇上海宣布脱离清政府而独立，组织了军政府。其中不少省份，如江苏、浙江、江西、广西、贵州、四川等，还制定和颁布了在本省具有基本法性质的《临时约法》、《宪法大纲》或《宪纲》③。

武昌起义一声炮响，东邻江西震荡起来。武汉下游第一个大商埠、江防军事要地九江，驻扎有清新军五十三标，标统马毓宝。任职九江海关的同盟会会员林森曾在这里创办报社，向军学界宣传革命，联络商团和会党，准备发动起义。武昌起义消息传来，九江一夕数惊。湖北军政府派革命党人来到九江，于 1911 年 10 月 6 日主持密会，决定新军约期响应。马毓宝见大势已去，附和了革命。10 月 23 日晚，革命党人发动新军五十三标起义，兵不血刃，顺利地占据了九江。起义者随即在道署成立军政分府，宣告独立。按照蒋群拟定的《九江军政府组织大纲》，公推马毓宝为都督，蒋群帮办军务兼参谋长，负实际责任，原新军队官、革命党人刘世均为参谋次长，吴铁城为总参议官，原清军炮台司令徐世法仍为炮台司令，九江巨绅罗大铨为民政部长，商会会长舒天庚为财政部长，林森仍在九江海关任职，负责外交。几天后，革命党人李烈钧抵九江，蒋群慨让参谋长位与他。李烈钧下令封锁长江，截断了汉口清军水路供应，清廷十分震动。

九江军政分府成立后，立即派蒋群和刘世钧率领革命军支持南昌。驻扎南昌城郊的清新军二十七混成协协统吴介璋同情革命，新军几乎全操在革命党人手中。江西巡抚冯汝骙等人，面对革命形势的飞速发展，十分慌乱，战守均无定策。1911 年 10 月 31 日，革命党人蔡公时等发动新军五十四标起义反正。除冯汝骙外，各官吏均事先闻风逃跑。11 月 1 日，蒋群等率部到达南昌。军、民、商、学各界代表在商会集会，一致推举吴介璋为都督，在高等学堂设立江西军政府，宣告独立。吴介璋任命吴宗兹为军政府秘书长，夏之麒为参谋厅长，朱寿同为军务厅长，王之禄为总务厅长，翰林出身、曾任初级师范学堂监督的"人格高洁之学者"刘起凤为民政长。④ 并以铁血十八星旗代替龙旗为国旗。

吴介璋任职不到两月，因巡防营改编的五十五标反对而辞职，由原江西陆军测绘学

---

① 参见《湖北军政府文献资料汇编》，40~44 页，武汉，武汉大学出版社，1988。

② 吴玉章：《辛亥革命》，29 页，北京，人民出版社，1973。

③ 参见邱远猷：《试析中华民国江苏军政府的成立及其法制建设》、《辛亥革命时期贵州军政府的成立及其法制建设》、《重庆蜀军政府的成立及其法制》、《〈广西临时约法〉初探》、《试析〈浙江军政府临时约法〉》，载邱远猷：《中国近代法律史论》，合肥，安徽大学出版社，2003。

④ 参见《日本驻汉口总领事馆情报》第 32 报，载中国科学院近代史研究所编：《辛亥革命资料》，568 页，北京，中华书局，1961。

堂教官、革命党人彭程万继任都督。彭程万是湖北人，因无甚实力，受新军排挤，遂让九江军政分府都督马毓宝任江西军政府都督。马毓宝革命思想甚少，个人权欲旺盛。他到南昌后，立即改组省军政府，安插亲信，联合会党首领壮大声势。

1911 年 11 月 1 日江西军政府成立后，都督马毓宝为了维护他的统治地位，稳定政局，除了在政治上改组军政府，安插私人势力外，在法律上命令参事厅拟制临时约法。参事厅奉命后，便仿照《鄂州临时约法》、《江苏临时约法》、《浙江临时约法》，拟定了《江西临时约法草案》，送至马毓宝都督。1912 年 1 月 24 日马毓宝都督发布《布告》，谓："在中华民国宪法未制定施行以前，为治理江西省之政务，兹特由参事厅制定临时约法七章，公布施行。"①

由上可见，《江西省临时约法》是在孙中山的三民主义政纲与《革命方略》指导下，辛亥革命的胜利产物。

二、《江西省临时约法》的主要内容

《江西省临时约法》，简称《江西约法》。共 7 章（总纲、都督、人民、政务委员、议会、司法、附则）60 条。其内容如下②：

1. 第一章，"总纲"，规定了江西军政府组成及其目的以及约法施行期限

规定："中华江西省之人民，以江西固有之区域，组织军政府，统辖政务，以推翻满清，建设中华民国之目的。"（第一条）按三权分立的原则，江西省军政府以都督及都督所任命之政务委员、议会、法司组织之（第二条）。中华民国宪法施行之日，本约法应即取消（第三条）。

2. 第二章，"都督"，规定了都督的产生及职权

规定：都督由江西人民公选，任期为 3 年，连选连任，但以一次为限。（第四条）

规定都督有以下职权：（1）代表江西军政府，有总揽政务之大权（第五条）；（2）有统率海陆军之权（第六条）；（3）有裁决及公布法律之权，但对于议会议决之法律，如否认时，得声明理由，交令议会复议，惟以一次为限（第七条）；（4）为保持公共之安全，避免危害，遇有紧急之必要时，得召集政务委员会议，发布代替法律之命令，但须提交届期之议会，请求追认（第八条）；（5）有于法定议会开会时间以外，召

---

① 《日本驻汉口总领事情报》第 67 报，1 月 29 日入木书记生报告《九江情报》中说："南昌发行之《江西民报》，本月二十四日刊载有马都督布告一件，大意谓，在中华民国宪法未制定实施以前，为治理江西省之政务，兹特由参事厅制定临时约法七章，公布施行。"《辛亥革命资料》（《近代史资料》总 25 号），618 页，北京，中华书局，1961。

② 参见《辛亥革命资料》，618～621 页，北京，中华书局，1961。

集临时议会之权（第九条）；（6）于议会开会时，对议会得提出法律案及预算案（第十条）；（7）于议会开会时得到会发言，或命委员到会发言（第十一条）；（8）有依法律任免文武职员之权（第十二条）；（9）有依法律颁给勋章及其他荣典之权（第十三条）；（10）有依法律宣告戒严之权（第十四条）；（11）有宣告大赦特赦减刑复权之权（第十五条）。

3. 第三章，"人民"，规定了人民的义务和权利

规定"具有江西军政府法定之资格者，皆为江西之人民。"（第十六条）

人民依法律有纳税、当兵之义务（第十七、十八条）。

"人民一律平等"（第十九条），享有：言论、著作、出版、集会、结社、秘密通信、信教、居住迁徙、保有财产、营业之自由（第二十～二十五条）；保有身体之自由，非依法律不得逮捕审问处罚（第二十六条）；保有家宅之自由，非依法律不得侵入或搜索（第二十七条）；得诉讼之法司，请求审判，其由于行政官署之违法致权利受有损害时，得提起诉讼于行政审判院（第二十八条）；得请愿于议会（第二十九条）；得诉愿于行政官署（第三十条）；有应任官考试之权（第三十一条）；依法律有选举及被选举权（第三十二条）。

同时，还规定：本章所载人民之权利，有认为增进公益，维持治安之必要，或非常紧急时，依法律限制之（第三十三条）。

4. 第四章，"政务委员"，规定了政务委员的产生及职权

规定：政务委员由都督任命，执行法律，处理政务，发布命令，并负其责任。（第三十四条）其职权是：（1）得向议会提出法律案，并得到会发言（第三十五条）；（2）编制会计预算、募集公债及缔结有国库负担之契约时，须提交议会经议会认可（第三十六条）；（3）遇有紧急之必要时，得为财政上之非常处分及支付预算以外之支出，但事后须提交议会，请求追认（第三十七条）；（4）就都督公布之命令及其他政务命令中，有关主管之事项，得单独署名（第三十八条）。

5. 第五章，"议会"，规定了议会的组成及职权、议会会议制度

规定：议会由民选议员组织之（第三十九条）。议会由议员中自选议长（第四十七条）。

规定议会的职权如下：（1）议决法律案并会计预算、募集公债及国库有负担之契约，但基于法律之支出，议会不得减免（第四十条）；（2）审议决算（第四十一条）；（3）得对政务委员提出条陈（第四十二条）；（4）得接受人民之请愿书送交都督（第四十四条）；（5）对于政务委员认为失职及法律上犯罪时，得以总员四分之三以上之出席，出席议员三分之二以上之可决弹劾之（第四十五条）。

规定议会会议制度如下：（1）每年开会，会期为 40 日。于此所定时间以外，须有

总议员三分之二以上到会始得开会；须有到会过半数以上之可决方得决议，可否之票数相同时由议长决之（第四十八、五十条）；（2）每年按法定日期，自行集合开会闭会（第四十九条）；（3）议会之议事须公开为之，但经政务委员之要求及到会议员过半数之决议得召开秘密会议（第五十一条）；（4）议会以议员 20 人以上之连署得提出议案（第五十二条）。

规定了议员的权利：（1）议员于议会内之言论及表决对议会外不负责任，但以其他方法在议会外发表者不在此限（第五十三条）；（2）议员除现行犯及关于内乱外患之犯罪外，会期中非得议会许可，不得逮捕（第五十四条）。

6. 第六章，"司法"，规定了司法机构的组成与审判诉讼原则

规定：法司以都督任命之法官组织之（第五十五条）。法司之编制及法官之资格以法律定之（第五十六条）。

法官若非受法律上之刑罚或惩戒之免职宣告时，不得免职（第五十七条）。法司以江西军政府之名义依法律审判民刑诉讼案件。但行政诉讼及其他诉讼不在此限（第五十八条）。

法司之审判须公开行之；但有认为妨害安宁秩序及风俗者得秘密审判之（第五十九条）。

7. 第七章，"附则"，规定了约法修改程序

本约法由议会议员三分之二以上或都督之建议，经议员过半数之出席，议员过半数之可决，得增修之（第六十条）。

三、《江西省临时约法》的特点

从以上江西约法的内容，可以看出它的一些特点：

第一，《江西省临时约法》是辛亥革命运动高涨的产物，是中国资产阶级拟定的第一批具有基本法性质的地区性重要文件。它强调了以"建设中华民国为目的"，服从和追求"共和宪法"，坚持按三权分立原则来组织江西军政府。它的产生，既否定了封建君主专制制度，也摒弃了君主立宪制度，宣告了封建君主制度在江西地区的死亡、资产阶级民主共和制度在江西地区的诞生。这都完全符合孙中山的三民主义政纲与《革命方略》的精神，具有中国法律近代化的时代特征，其革命性与进步性是十分明显的。

第二，都督拥有特殊的地位和最大的权力。《江西省临时约法》与湖北军政府 1911 年 11 月底或 12 月初颁布的《鄂州临时约法》、浙江军政府 1911 年 12 月前颁布的《浙江临时约法》相比较，从地位来看，《鄂州临时约法》、《浙江临时约法》都是规定：第一章总纲，第二章人民，第三章都督；而《江西省临时约法》却规定的是：第一章总

纲，第二章都督，第三章人民。这种不同的规定方法，并非偶然，既有体例上的不同，更有法理上的区别。它体现了约法的制定者有意将"都督"置于"人民"之上，以显示其地位的特殊性。从权力来看，《鄂州临时约法》、《浙江临时约法》对总督权力的规定都有所限制，而《江西省临时约法》对总督权力的规定却是最大的。这一点又与江苏军政府 1911 年 12 月 7 日颁布的《江苏临时约法》相似。之所以如此规定，可能与约法的制定者马毓宝有关。他出身清末江西新军第五十三标标统，少有民主思想，个人权欲旺盛。后附和革命，光复九江后被举为九江军政分府都督，遇事均向湖北军政府请示。后又在同盟会江西支部缺乏统一坚强领导、军队派系斗争尖锐、独立后江西政局不稳的情况下，被拥为江西军政府都督。他一上台即想集权以巩固和抬高自己的地位。《江西省临时约法》关于都督权力与地位的规定正是当时这种情况的反映。马毓宝在揽权上费尽苦心，可政务废弛，结果弄得民怨沸腾。1912 年 3 月被南京临时政府临时大总统孙中山免职，由革命党人李烈钧继任。他曾抗命拒李，旋被革命党人挫败，乃遁走。

第三，人民的应尽的义务规定在先，而人民应享有的权利却规定在后。这点与《鄂州临时约法》、《江苏临时约法》、《浙江临时约法》规定不同。它们却都是先规定人民的民主自由权利，后规定人民的义务。这一序列的颠倒，表明《江西省临时约法》及其制定者马毓宝，对人民的地位和权利，是不重视的。《江西省临时约法》这种规定，与1889 年 2 月日本帝国宪法没有什么两样。这表明《江西省临时约法》民主色彩还不浓厚。

总之，《江西省临时约法》是进步性与落后性并存，具有反封建意义与带有若干封建性色彩同在。作为辛亥革命时期第一批具有地区基本法性质的法律文件，对中华民国南京临时政府成立后制颁布的《中华民国临时约法》，提供了历史经验。

（作者单位：首都师范大学政法学院）

傅健慈

香港新界土地继承权的演变

一、前　言

　　自古以来，香港属于中国的领土。1842 年（道光二十二年），清廷在鸦片战争中战败，被迫与英国在江宁签订了中国第一份不平等条约《南京条约》，清朝政府于 1843 年把香港正式割让给英国，而香港便成为了英国的殖民地。1984 年 12 月 19 日，中英两国政府签订了关于香港问题的联合声明，确认中华人民共和国政府于 1997 年 7 月 1 日恢复对香港行使主权。

　　1997 年 7 月 1 日，香港回归祖国的怀抱，正式成为香港特别行政区，中央政府不但没有在香港实行社会主义的制度和政策，而且落实"一国两制"和"港人治港"的政策，给予香港特别行政区高度自治，维持五十年不变。在香港的历史上，关于新界土地继承权的争议，屡见不鲜。笔者将探讨香港新界土地继承权的发展，透过分析和研究中国传统法律和风俗、大清律例、香港相关的法律和案例对新界土地继承权所造成的影响。当中的突破，是女原居民也有权继承土地。此外，与讼双方均经历颇长的审讯时间及支付高昂的讼费。

二、中国传统法律和风俗

中国具有六千年的文明史，在中华大地上孕育生长的中国文化，几千年来，一直薪火相传，连绵不绝。中国历史上的法律制度，因为是在中国几千年文化背景下形成和发展的，所以明显地带有时代的和民族的烙印。重家族、重血缘、重伦理，这是中国文化的固有特征，这种特征，充分地在中国古代法律中明显表现出来。

中国传统法律是在中国古代专制社会的土壤中萌芽生长，毫无疑问具有极强的专制特性，不但表现在政治层面，而且也出现在社会生活的其他层面。整体来说，中国古代社会中的人可以分为两个基本层次：尊和卑。在君臣、父子、兄弟、夫妇、长幼、贵贱等对应关系中，君、父、兄、夫、长、贵者都处于"尊"的地位，臣、子、弟、妇、幼、贱者则处于"卑"的地位。相对于尊者而言，卑者只有义务，不能强调权利。[①] 故此，在传统法律中，着眼最多的是对尊者地位、尊严、利益的维护，少有对于个人权利保障。

由于儒家学说与实际政治的相互作用，一系列富于浓郁东方农耕社会特色之道德价值观念逐渐被渗透到中国传统法律内，从而形成了一系列具有中国特色的法律制度和规范，创造了一种富有特色的"伦理法"性格。所谓的"礼法结合"，就是与儒家学说紧密相关的。儒家学说像血液一样存在于中国传统社会的肌体之中，儒家的主张、观念也极深地渗透到社会生活的每个层面，对整个中国社会发挥着极大的作用。

法律制度的产生、发展和法律制度的特色之形成，都与当时的政治、经济、文化、风俗、传统等社会条件密切相关。可以说，不同的文明文化创造了不同的法律制度。于中国古代社会中，自力耕作的农耕生产方式，一家一户、自给自足的小农经济，中央集权的政治制度，独特的自然和地理条件，共同构成了中国传统法律文化的独特土壤。

而在中国传统风俗上，基于农耕社会的特色，在家庭上，男性的地位崇高超然，一切大小事情，皆由家中男长辈当家做主，女性根本没有任何地位可言，唯有无条件服从前者的意志。而"重男轻女"和"子承父业"的传统文化的封建思想世代相传，就算家中无子嗣，只要有其他同宗男丁过继，在一般情况下，尚存的女儿根本没有机会去继承家中的遗产和土地。时至今日，虽然新中国经历了几次社会革命的洗礼，封建纲常的观念基本上被冲洗，但是传统的遗存，依然对一些传统封建的家庭造成极大的影响。

---

① 参见曾宪义主编：《中国法制史》，16 页，北京，中国人民大学出版社，2004。

三、大清律例

相信大家对《大清律例》这个名称也不会陌生，《大清律例》是清朝的传世基本法典，于乾隆元年（公元 1736 年）开始制定的工作，《大清律例》大体上继承《大明律》，而明律深受唐律的影响，自乾隆五年（公元 1740 年）修订后成为中国历史上最后一部综合性封建成文法典，共分名例律、吏律、户律、礼律、兵律、刑律、工律七篇。律文436 条，分 47 卷，30 门，附例 1 049 条。①

"律"是作为法典主干的正式律文。"例"则是在律文之外另议的"条例"，或称"定例"，可以根据实际需要作出新的规定，以补充基本法律规范"律"之不足。《大清律例》是一部以法家思想为主干的行政刑事法典，并糅合儒家社会的等级观念与道德观念，它一直被视为"祖宗成宪"而代代遵行。②

相对不变的"律"反映道德和行政法与刑事法的原则，而动态变迁的"例"随着时代改变不断增加，反映法律对政治现实和社会变迁的调适。香港法庭在审理新界土地继承权的诉讼时，控辩双方都会引用《大清律例》去支持他们的理据，而法官一般都会考虑或接纳学者专家证人对《大清律例》作出的专家意见。当中继承权的关键《大清律例》大致如下：

"律"的第 78（2）条："若养同宗之人为子，所养父母无子（所生父母有子）而舍去者，杖一百，发付所养父母收管。若（所养父母）有亲生子，及本生父母无子，欲还者，听。"

"律"的第 78（4）条："凡乞养异姓义子，有情愿归宗者，不许将分得财产，携回本宗。"

"律"的第 88（2）条："户绝财产，果无同宗应继之人，所有亲女承受。无女者，听地方官详明上司，酌拨充公。"

"例"的第 78（1）条："无子者，许令同宗昭穆相当之侄承继。先尽同父周亲，次及大功小功缌麻。如俱无，方许择立远房及同姓为嗣。若立嗣之后，却生子，其家产与原立子均分。"

"例"的第 78（2）条："妇人亡夫，无子守志者，合承夫分，须凭族长择昭穆相当之人继嗣。其改嫁者，夫家财产及原有妆奁，并听前夫之家为主。"

"例"的第 78（3）条："无子立嗣，除依律外，若继子不得于所后之亲，听其告官

① 参见曾宪义主编：《中国法制史》，211 页，北京，中国人民大学出版社，2004。
② 参见林瑞主编：《韦伯论中国传统法律》，56 页，北京，三民书局，2003。

别立。其或择立贤能及所亲爱者，苦于昭穆伦序不失，不许宗族指以次序告争，并官司受理。若义男、女婿所后之亲喜悦者，听其相为依倚，不许继子并本生父母用计逼逐，仍酌分给财产。若无子之人家贫，听其卖产自赡。"

"例"的第 88 条："嫡、庶子男，除有官荫袭，先尽嫡长孙；其分析家财、田产，不问妻、妾、婢生，止以子数均分；奸生之子，依子量与半分。如无别子，立应继之人为嗣，与奸生子均分；无应继之人，方许承继全分。"①

四、香港相关的法律和案例

虽然香港的法院在回归前，一直沿用英国的法律制度，但是在审理新界土地继承权的案件，也考虑中国传统法律和风俗，而且大多数采纳《大清律例》作为判决的依据，现行之香港相关的法律和案例分析如下：

第 97 章《新界条例》共分为两部分，第一部分处理新界的规则，而第二部分处理新界的土地，除非该土地由政府根据第 97 章的第 7（2）条②豁免，所有新界的土地必须受到这第二部分内所列之条文的规管，相应地，该土地上的物业也不获豁免。根据第 8 条的规定，由 1900 年 7 月 23 日起，新界所有土地归属政府，所有占用任何该土地的人，除非获得政府的授权、本条例所容许的其他业权授权、行政长官的特许或其他特许的政府人员的特许授权，否则须被当作为侵占政府土地的人。

而根据原本的第 13 条（即现时的第 13（1）条）的规定，在原讼法庭或区域法院所进行的任何有关新界土地的法律程序中，法庭有权认可并执行任何影响新界土地的中国习俗或传统权益。"法律程序"不包括就第 10 章《遗嘱认证及遗产管理条例》、第 73 章《无遗嘱者遗产条例》或第 481 章《财产继承（供养遗属及受养人）条例》而进行的法律程序或与该等条例有关的法律程序。在 1970 年，于"邓启宗诉邓戚尚之案件"③，法庭裁定要根据该条文的规定，在任何有关新界土地的法律程序中，法庭有权去确认和执行任何影响新界土地的中国习俗或传统权益。

在 1972 年，香港开始实施第 290 章的《领养条例》，为领养儿童事宜订立条文，根据其第 15 条的条文，凡在作出领养令之后的任何时间，领养人、受领养人或其他人去世而就任何财产并没有立下遗嘱，除非另有规定外，该财产在所有方面均在犹如受领养

---

① http://www.judiciary.gov.hk。

② 香港法例第 97 章新界条例 S7（2）：如任何土地自 1899 年 4 月 17 日起已从政府购入，并已获发给独立政府租契或政府拟就该土地发给独立政府租契，行政长官应该土地的租契的注册拥有人提出的申请，豁免该土地受本部条文规管；如属政府新批出的土地，则即使并无该等申请，行政长官仍可予以豁免。

③ Tang Kai Chung V. Tang Chik Shang (1970) HKLR 276.

人是领养人在合法婚姻中所生的子女，而并非其他人的子女的情况下转予。

香港在 1973 年订立了第 73 章《无遗嘱者遗产条例》的条文，虽然第 290 章的《领养条例》确认了根据中国法律和风俗领养的儿童的权利，但是本条例旧有之第 2（2）条并没有确认根据中国法律和风俗领养的儿童继承遗产的权利。为了修补这个法律的异象，第 73 章在 1995 年作出相应之修改，恢复根据中国法律和风俗领养的儿童继承遗产的权利。

随着风土习俗的变更、社会的改革开放，在 1994 年，香港施行第 452 章《新界土地（豁免）条例》，"土地"① 的定义包括有水淹盖或海水流及的土地、房屋及其他建筑物、土地的任何不分割份数及土地的所有产业权和权益，亦包括土地所带来的任何租金或利润及影响土地的任何地役权，以及任何商市建筑物或其部分，及任何商市建筑物或其部分所带来的任何租金或利润。"农村地"② 指在任何旧批约地段、乡村屋地、丁屋土地或类似的农村土地的政府租契中作为标的之新界土地。

遵照第（12）条的条文，凡在本条例生效日期，有农村地以已故人士的名义持有而该人并非按照《新界条例》（第 97 章）注册为司理人，如在该人死亡后 3 个月内原讼法庭仍未就该死者的遗产发出遗嘱认证书或遗产管理书，则不论本条例第 3（a）、10（c）及 11 条有何规定：

（a）民政事务局局长可就任何可能有权自该死者方面继承该农村地的人，行使《新界条例》（第 97 章）第 17 条所授予的权力，犹如该条例第 17 条未予废除一样；

（b）在原讼法庭或区域法院所进行的关于民政事务局局长就该农村地行使该等权力的法律程序中，法院有权认可并执行任何影响该农村地的中国习俗或传统权益，犹如该条例未加入第 13（2）条一样；

（c）民政事务局局长根据该条例第 17 条将有权自该死者方面继承该农村地的人的姓名注册后，就及只就继承农村地的权利而言，该农村地即须当作是根据该条例第 7（2）或（3）条获行政长官豁免不受该条例第 II 部的规管。

另外，根据第 178 章《婚姻制度改革条例》的第 4 条规定，凡于 1971 年 10 月 7 日及该日以后缔结的婚姻属一夫一妻制。而第 5 条规定：凡于 1971 年 10 月 7 日及该日以后，男人不得纳妾，女人亦不准取得妾侍地位。而第 6 条规定：凡于 1971 年 10 月 7 日及该日以后，任何人均不得缔结兼祧婚姻。但在以前已建立的兼祧婚姻，及双方所生之子女，其地位及合法权益均受保护，不受任何影响。而第 73 章《无遗嘱者遗产条例》的第 13 条规定，关于夫妾关系的过渡性条文，在 1971 年 10 月 7 日前缔结的夫妾关系

---

① Land.

② Rural land.

具有效力。

根据"刘汝籧等诉刘良驹、刘良驹、刘彭氏等之案件"①，这宗案件涉及一个"祖先的崇拜基金"②，为了本案件，原诉人等分别在 1995 年和 1996 年先后进行两次诉讼，在 1995 年的诉讼，原诉人等与被告人等，在不损害双方的权利原则下，达成和解协议。但是，在 1996 年的诉讼，涉案祖先刘伟洲共有八名儿子分为八房，原诉人为第四房的遗产执行人，控告其他七房的后人，要求法庭发出陈述声明祖先刘伟洲的遗产已经根据一个"1946 年的家庭内的财产分配之契约"③ 作出分配。

在 1998 年，原讼法庭张泽佑法官根据中国的法律和习俗，裁定上述"祖先的崇拜基金"并没有成立，就算该"祖先的崇拜基金"已成立，仍然会被上述"1946 年的家庭内的财产分配之契约"解除，无论这"祖先的崇拜基金"是否存在，其祖先的财产已经被该"1946 年的家庭内的财产分配之契约"作出平均的分配。

而败诉的一方进行上诉，在 1999 年 1 月 29 日，廖子明上诉庭法官指出根据中国的法律和习俗，中国人是没有立遗嘱的权利，但是，经历了多年，在香港原居住的中国人是有立遗嘱的能力，所以他裁定原审法官所作出的该"祖先的崇拜基金"是能根据遗嘱而成立的裁决是错误的，反而廖子明上诉庭法官裁定该"祖先的崇拜基金"是根据遗嘱而成立。相反地，另外两位上诉庭法官 Hon. Nazareth，V-P 和 Mayo，JA 根据三位学者专家的证供，一致裁定根据中国的法律，该"祖先的崇拜基金"是能根据遗嘱而成立，维持原判，并驳回上诉。

此外，在"李新娇诉何己福之案件"④，原诉人是何荣的寡妇，何荣是何凤翔的长子，约于 1942 年日本侵华时期，何荣便过了身；何氏一族是何永盛的后人，并且聚居于西贡企岭下村新围。李凤娇与何荣没有子嗣，他们只有三名女儿，李凤娇没有再婚。原诉人申请她是何氏的祖/堂的一分子，有权去分享由何氏后人所成立的何永盛祖、何三庆堂和何钧乐堂在 1993—1994 年卖地的收益。

在 2004 年 8 月 20 日，原讼法庭之林文瀚法官裁定继承家庭物业和祖/堂物业存在重大的分别，基于何荣没有祠子或任何过继祠子，而不能延续香灯，所以何荣这房是没有资格去分享何氏的祖/堂在 1993—1994 年卖地的收益。但是，李凤娇是寡妇及没有再婚，祖有义务去照顾她。

另外，在最重要的"廖英兰诉廖东耀和廖英葵之案件"⑤，原诉人与第二被告廖英

---

① CACV 33/98 & 59/98.
② Ancestral Worship Trust.
③ A Deed of Family Arrangement.
④ HCA 195/2001.
⑤ CACV 279/2002.

葵都是死者廖秀将的女儿，廖秀将在 1943 年过身，遗下太太和两个女儿（即原诉人与第二被告），她们一直居住在新界上水 DD52 Lot 1346A 之土地上所盖建的一间房屋，原诉人与第二被告分别在 1949 年和 1958 年出嫁及离开这条乡村。在她们的母亲于 1987 年逝世之后，第一被告廖东耀是廖秀将的侄儿，廖东耀声称廖秀将没有尚存子嗣，因为他是廖秀将之最接近的男亲属，所以根据中国法律和习俗他有权继承廖秀将的遗产，而他的同辈尚存男丁廖权业则自动放弃继承廖秀将的遗产的权利，于是第一被告向民政事务专员申请行使《新界条例》（第 97 章）第 17 条所授予的权力，去继承廖秀将的遗产。

相反地，原诉人与第二被告否认第一被告有权继承死者廖秀将的遗产，她们坚持她们是死者的尚存子女，故此，她们有权继承死者的遗产。在 2003 年 2 月 17 日，上诉法庭颁下判决书，一致裁定根据第 290 章的《领养条例》的第 25 条的规定，所有在 1972 年 12 月 31 日之后所进行的"死后的领养"均没有法律效力，基于没有其他人合乎《大清律例》的"律"之第 88（2）条内"祠子"的定义，而原诉人与第二被告根据《大清律例》的"律"之第 88（2）条有权继承死者的遗产。这个裁决，强调和恢复了女原居民的应有权利。

最近，在"邓兆伙诉陶枝盛、陶水泰及陶添兴之案件"，位于屯门泥围"陶福德公"祖堂的三个氏族村民起纷争，陶氏一族认为姓邓及姓袁的少数村民并非祖堂成员，2003 年开始停止向他们分发祖堂所得的土地赔偿金，惹起邓氏不满，入禀要求"正名"及恢复分发赔偿，原告为邓兆伙，被告则为陶枝盛，又名陶枝胜、陶水泰及陶添兴。涉案祖堂"陶福德公或宫"或"福德公或宫"位于屯门泥围，村内居住姓陶、姓邓及姓袁的村民，该祖堂共有 113 个户口，其中四户姓袁及两户姓邓，事件争拗源于姓陶族人认为袁及邓并非祖堂成员。

被告一方则认为陶氏于数百年前已成立祖堂，因此邓及袁并非祖堂成员，故 2003 年决不再分发赔偿金予原告。法庭于 2007 年 1 月 29 日裁定邓氏胜诉，判词又指，原告证供指其家族于 100 年前已是村民，及与姓袁及姓陶的村民合资兴建学校，并且同样得到祖堂分发的金钱，但 2003 年尾开始，原告不再获发祖堂所得的土地赔偿金。

根据香港法例第 515 章《地租（评估及征收）条例》的第二节及香港法例第 576 章《村代表选举条例》的第二节，"原居村民"① 指在 1898 年时是香港原有乡村的居民或其父系后裔。法庭信纳原告为祖堂成员，并裁定他胜诉，被告须继续向原告分发赔偿金。按照一般惯例，败诉一方须赔偿胜方的讼费，而基于本案情况特殊，法庭准被告向祖堂索取诉讼堂费。暂委法官陈江耀送上对联祝愿村民"以和为贵"。在判词中送上对

---

① Indigenous inhabitant.

联"苟非孝悌友恭更有何事可乐，惟此谦和雍睦自然到处皆春"，以求村民在新春将至和睦共处。

五、结　论

中国传统法律和风俗是"重男轻女"和"子承父业"，这种封建的思想，强调的是如何维持继后香灯，如何使到血脉相传、开枝散叶，将中华的独特文化、习俗和家庭体系延续，薪火相传。当中，根本忽略了女性的权益，而女性更谈不上享有权利，就算女性真正地享有权利，她们也没有勇气站起来去争取她们的应有权益。

经历了半个世纪，新界土地急剧发展，不断衍生继承权争议的问题，香港的法庭都一贯参照中国传统法律和风俗，尤其是以《大清律例》去作出对新界土地继承权的裁决。随着社会的步伐、变化、文明进步和法律出现的瑕疵空隙，相关的法律改革相继产生，利用成文法去弥补《大清律例》之不足，去解决当前新界土地继承权的纠纷，达到公平和公正的原则，而法庭最近作了一个突破，裁定女原居民也可以享有继承新界土地的权利，充分反映出社会、人权和法律的进步及"人人平等"的基本原则。另外，笔者从这些案例中察觉，无论胜方或负方也经历颇长的审讯时间及支付昂贵的讼费，在一般情况下，胜方只能取回大部分已支付的讼费。如果大家能够以和为贵，定能减少不必要的诉讼，共同构建美好和谐社会。

（作者单位：香港新华理大培训及研发中心）

法律文化研究 第三辑（2007）

罗马法专题研究

中国人民大学法律文化研究中心

曾宪义法学教育与法律文化基金会

罗马人观念中的自然法和罗马法中的自然法观念

英国著名历史学家梅因在《古代法》中对罗马法的优越性原因如是说："我找不出任何理由，为什么罗马法律会优于印度法律，假使不是'自然法'的理论给了它一种与众不同的优秀典型。"① 梅因还写道："罗马自然法和市民法主要不同之处在于它对'个人'的重视，它对人类文明所作最大贡献就在于把个人从古代社会的权威中解放出来。"② 追索罗马法发展的历史，可以看到正是由于罗马人的自然法观念所宣示的理性、平等、自由、正义的价值标准体现出对个人权利的尊重，使它能够成为推动罗马法走出狭隘的城邦的特别法的范围，成为当时欧洲世界共同法的重要动力。考察罗马法的内容，可以看到罗马人观念上的自然法最终走出概念化的范畴而转化为具有实质性含义的一系列具体的法律规定。

主要是由于语言障碍的原因，目前在我国出版的古罗马思想家、法学家的著作非常有限，然而我们依然可以从不多的有关译著中，读到罗马人的自然法理论，其中西塞罗

---

① ［英］梅因：《古代法》，沈景一译，45页，北京，商务印书馆，1959。
② ［英］梅因：《古代法》，沈景一译，146页，北京，商务印书馆，1959。

的著作中频繁出现的有关自然法的论述和《学说汇纂》中罗马法学家的论述尤为典型。罗马法典的集大成者盖尤斯的《法学阶梯》和查士丁尼的《法学总论》则提供了蕴涵着罗马法上自然法观念的最翔实的法律资料。

一、法律是自然中固有的最高理性

罗马人观念上的自然法来自古希腊。古希腊哲学家习惯把宇宙结构解释为某种单一原则的表现,如运动、强力、火、湿气、生殖。后期希腊各学派在"自然"的概念中,在物质世界上加上了一个道德世界。他们把"自然"的范围加以扩展,使它不仅包括有形的宇宙,而且包括了人类的思想、惯例和希望。此后,"自然"被斯多葛学派认为是可以分解为某种一般的和简单的规律的现象。按照自然而生活,被认为"是解脱粗俗人民的混乱习惯和粗野放纵而达到较高级的行为规律,这些规律只有有志者通过克己和自制才能加以遵守"。① 在希腊被征服后,罗马受到了希腊文化的强烈冲击,有教养的人都学习希腊文,希腊哲学开始对罗马生活产生影响。"按照自然而生活"这种哲学在罗马社会中立刻有了长足的发展。② 西塞罗是生活在罗马共和国时代末期的思想家,曾经担任过执政官,这使他的理论著作在毫不掩饰地流露出接受希腊文化的同时,将希腊文化引向实践从而"表现出按照自己的传统对理论知识进行验证、补充、塑造和利用这些理论知识更新共和国本身的传统,并使其适应新的现实的追求"。③

西塞罗认为要讨论法律问题,必须首先界定法律的语义。在西塞罗的《论法律》中说道:"法律不是由人的才能想出来的,也不是什么人民的决议,而是某种凭借允行禁止之智慧管理整个世界的永恒之物。""我们从小便学会把'如果传唤去法庭'和一些其他类似的东西称为法律。我们必须这样理解:它以及人们的许多其他法规和禁令具有号召公正地行为,阻止犯罪的力量,然而这种力量不仅比人民和公民社会存在的时期还古老,而且与那位管理和统治天空和大地的神同龄。"④ 他举例说,在著名的科克勒斯阻挡进犯的埃特鲁亚人时,并没有什么法律上规定过要让他一个人站在桥上对抗整个敌军,并命令在自己的身后把桥毁掉。但我们却承认他"按照他自己的勇敢精神的法律和命令"所建立的伟大功绩。⑤ "塔克文任国王时的罗马没有任何关于惩治奸淫的成文法,

---

① [英]梅因:《古代法》,沈景一译,32页,北京,商务印书馆,1959。
② 参见[英]梅因:《古代法》,沈景一译,32页,北京,商务印书馆,1959。
③ [古罗马]西塞罗:《论共和国 论法律》,王焕生译,北京,中国政法大学出版社,1997。
④ [古罗马]西塞罗:《论共和国 论法律》,王焕生译,217页,北京,中国政法大学出版社,1997。
⑤ 参见[古罗马]西塞罗:《论共和国 论法律》,王焕生译,217~218页,北京,中国政法大学出版社,1997。

但塞·塔克文对特里基皮努斯的女儿卢克瑞提娅施暴并不因此而不违背那永恒的法律。"① 因此，对法律（Lex）的概念，西塞罗说："法律乃是自然中固有的最高理性，它允许做应该做的事情，禁止做相反的行为。当这种理性确立于人的心智并得到实现，便是法律。"至于"法"（jus），西塞罗认为它的始端应导源于法律，原因是"法律乃是自然之力量，是明智之士的智慧和理性，是合法和不合法的尺度。但是因为我们的语言离不开民众的观念，因此必然有时按照民众的观念说话，从而像民众称呼的那样，称那些成文的、对他们希望的东西进行限定——或允许或禁止——的条规为法律。让我们对法进行论证时从那条最高的法律开始，它适用了所有时代，产生于任何成文法之前，或者更确切地说，产生于任何国家形成之前"。②

西塞罗解释说："'法律'（Lex）这一术语本身可以清楚地看出，它包括有公正、正确地进行选择（legere）的意思。"③ 法律制定的目的是保障公民的福祉、国家的繁昌和人们安宁幸福的生活。从这一目的出发，那些即使由人民通过、但危险有害的决定"并不比强盗们根据自己的意愿作出的决定更配称为法律"。④ 这就好比由一些一窍不通、毫无经验的人打着有益于健康的名义开出的可以致人死于非命的药方，人们完全应该不把这些药方视为医生的处方。西塞罗以自然法的观念追问和审视在他所在的年代以前的希腊、埃及、高卢以及罗马的法律，尖锐地批判了那些违背自然法即违背正义的法律："人们根据有利原则为自己立法，因此由于习俗的不同而各不相同，在同一些人那里因时代变化而常常发生变化，自然法是不存在的，所有的人和其他动物在自然引导下都为自身追求利益，因此，要不根本不存在任何正义，要不如果可能存在什么正义，那也是最大的愚蠢，因为在关心他人利益的同时必然要损害自己的利益。他由此得出如下结论：所有凭借权力而昌盛的人民，其中包括把自己的权力扩大到全世界的罗马人民本身，如果他们希望自己是正义的，即如果他们把人家的东西归还原主，那么他们将不得不回到自己的陋屋过贫穷、可怜的日子。"⑤ 他指出：那些用暴力掠夺他人的土地来扩大自己的领土，增强自己的权力；消灭其他民族而使国库装满金钱的人在赞誉声中被捧上天，认为在他身上存在杰出的、完美的德性。"这样的谬误不仅存在于普通人民和无知的人们中间，而且存在于哲学家们中间"⑥，西塞罗认为："法律是根据最古老的、一切事物的始源自然表述的对正义的和非正义的区分，人类法律受自然指导，惩罚邪恶

---

① ［古罗马］西塞罗：《论共和国 论法律》，王焕生译，218 页，北京，中国政法大学出版社，1997。
② ［古罗马］西塞罗：《论共和国 论法律》，王焕生译，189～190 页，北京，中国政法大学出版社，1997。
③ ［古罗马］西塞罗：《论共和国 论法律》，王焕生译，219 页，北京，中国政法大学出版社，1997。
④ ［古罗马］西塞罗：《论共和国 论法律》，王焕生译，219 页，北京，中国政法大学出版社，1997。
⑤ ［古罗马］西塞罗：《论共和国 论法律》，王焕生译，112 页，北京，中国政法大学出版社，1997。
⑥ ［古罗马］西塞罗：《论共和国 论法律》，王焕生译，113 页，北京，中国政法大学出版社，1997。

者，保障和维护高尚者。"① 根据这样的认识，西塞罗为法律作出一个著名的界定："真正的法律乃是正确的规则，它与自然相吻合，适用于所有的人，是稳定的，恒久的，以命令的方式召唤履行责任，以禁止的方式阻止犯罪……将不可能在罗马一种法律，在雅典另一种法律，现在一种法律，将来另一种法律，一种永恒的、不变的法律将适用于所有的民族，适用于各个时代；将会有一个对所有的人共同的，如同教师和统帅的神：它是这一法律的创造者、裁判者、倡导者。谁不服从它，谁便是自我逃避，蔑视人的本性，从而将会受到严厉的惩罚……"②

西塞罗对法律本源及特质的阐释反映了罗马人对法律的认识，代表了当时和而后罗马人对法律适应性的宽容态度。从西塞罗对法的语义的解析，我们看到的是罗马人对于人定法与自然法作出的区别：人定法是某个时代，某个国家所特有的法律，它不具有内在的道德意义，它的效力产生于国家对它的承认，由国家强制力加以保障；自然法则是理想的和普遍有效的秩序规则，无论是否得到国家的承认它都对物质世界发挥作用，并且通过人的理性体现于人本身。人定法是对的，因为它是法；而自然法是法则因为它是对的。③ 与人定法相比，自然法具有自我矫正的功能，作为促使法律发展的巨大的法理学力量，它"是一种有关更高的法律原则的拟制。它存在于理性之中，现行法律只不过是对它作出的一种不完善的反映，因而根据自然法，人们可以对现行法律作出修正和补充"。④ 在罗马的历史上不同时期出现的习惯法、成文法、法学家的解答、裁判官的告示、皇帝的敕令、法学家的著作都被罗马国家承认，成为罗马法的渊源，是因为这些法律形式是顺应情势被创造出来的，是被罗马人认为与人的自然理性相吻合的。孟德斯鸠对罗马法在发展中的适应性特点曾经这样评价："罗马的法律后来已无力统治共和国，这是千真万确的事情；但下述的情况却是一件人们永远会看到的事情，这就是使一个小共和国变成大国的好法律，在这个国家扩大的时候，对它就不方便起来了：因为这些法律的自然作用是造成一个伟大的民族，却不是统治这个伟大的民族的。""在好法律和适用的法律之间是大有区别的；好法律是要使一个民族成为其他民族的主人，而适用的法律则是要维持一个民族所取得的权力。"⑤ 也正是由于罗马人尊奉自然法的理性选择标准，才使罗马法的具体内容不断成熟、完备，体现出与社会的经济水平与社会状态相适应的法律原则和规范，反映了社会经济发展的一般客观要求。

法律是自然中固有的最高理性的概念被务实的罗马人接受的重要原因在于它所强调

---

① ［古罗马］西塞罗：《论共和国 论法律》，王焕生译，219～220 页，北京，中国政法大学出版社，1997。
② ［古罗马］西塞罗：《论共和国 论法律》，王焕生译，120 页，北京，中国政法大学出版社，1997。
③ 参见 ［英］巴里·尼古拉斯：《罗马法概论》，黄风译，北京，法律出版社，2000。
④ ［美］罗斯科·庞德：《法律史解释》，邓正来译，196 页，北京，中国法制出版社，2002。
⑤ ［法］孟德斯鸠：《罗马盛衰原因论》，婉玲译，51～52 页，北京，商务印书馆，1984。

的法律的权威性。罗马著名的法学家乌尔比安在《论萨宾》第 38 篇中对奴隶出身的裁判官所发布的告示是否具有法律效力作出如下评价："如果当他是逃跑奴隶时行使了裁判官的职务，那么所产生的法律后果是什么呢？他发布的告示和作出的判决不应当具有任何效力吗？还是由于对他面前依据法律或其他法进行诉讼的人具有功利而应当产生效力呢？我认为任何东西都不应当被否定，因为，较为人道的是：罗马人民也可以把这样的权力授予奴隶；不过，如果他们知道他是奴隶，可以使他成为自由人。这一法则对于皇帝更应当加以遵守。"① 在这篇后来被编入《民法大全》的论著中，乌尔比安强调的是：第一，无论于法律的权威性要求，还是于现实的功利性需要，都应当承认和维护裁判官发布的告示的法律效力。第二，即便裁判官具有奴隶身份也不能构成对法律效力的影响，因为以道德和人的平等权利为准则，可以用释放奴隶为自由人的变通方式扫除这一障碍。第三，皇帝也应当遵守法律。那么，为什么法律的权威性不可置疑，以至皇帝都应当首先遵守呢？盖尤斯在《法学阶梯》中对这一设问的回答是："法律是由人民批准和制定的。所谓'人民'是指所有的市民，亦包括贵族……君主的谕令是皇帝通过裁决、告示或者诏书制定的。毫无疑问，它具有法律效力，因为皇帝本人根据法律获得治权。"②

二、法源于社会的自然习俗

西塞罗运用自然法理论解释法律的语义并不是空穴来风，在他的观察下，同一城邦的公民之间的法律关系源于最紧密的亲属之间的关系，而这种法律关系是建立在最自然不过的人类繁衍后代的要求的基础之上的。他在《论义务》中说："由于自然赋予生物的共同特性是具有繁衍后代的欲望，因此人类的最初联系是夫妻关系，然后是和子女的关系，再后来是组成一个家庭，一切都共有。这便是城邦的开始，并且可以说是国家的起源。"③ 乌尔比安也从同一角度论述了自然法和婚姻的关系，他说："自然法是大自然传授给一切动物的法则，也就是说，这个法不是人类所特有的，而是生活在陆地和海洋的动物包括飞禽所共有的。由此而产生我们称之为'婚姻'的男女结合及其子女的生育与繁衍。"④ 在罗马法发展的历史上，源于社会习俗的法是普遍的和最早被公开承认的。正如贡斯当所说："在罗马，监察官密切监视着家庭生活。法律规制习俗，由于习俗涉

---

① ［意］桑德罗·斯奇巴尼选编：《司法管辖权 审判 诉讼》，黄风译，16 页，北京，中国政法大学出版社，1992。

② ［古罗马］盖尤斯：《法学阶梯》，黄风译，2 页，北京，中国政法大学出版社，1996。

③ ［古罗马］西塞罗：《论义务》，王焕生译，55 页，北京，中国政法大学出版社，1999。

④ ［意］桑德罗·斯奇巴尼选编：《正义和法》，黄风译，35 页，北京，中国政法大学出版社，1992。

及所有事物。因此，几乎没有哪一个领域不受法律的规制。"①

法之所以源于社会习俗，首先是基于它本身符合社会生活及其需要，即被法所采纳的习俗本身所具有的自然的合理性。格罗素在他的《罗马法史》中认为，在城邦出现后，产生了跨越家庭的社会秩序。这种秩序一方面产生于生活，另一方面"被认为符合内在的力量、符合事物的性质、符合社会的内在结构、符合使神平息的必要性，也就是说它表现为一种以自然性和不可避免性为根据的秩序。正是这种跨家庭社会的秩序赋予法（jus）以特性"②。在早期罗马市民的共同体中，市民法本身就是一种活生生的习俗或者习惯，"它直接构成对社会现实的法律写照；它是一种活生生的传统，表现出这种传统所特有的两个方面，即：一方面表现着某些被视为一成不变的现存条件，另一方面又表现出对丰富的生活的善适应性"③。例如，《十二表法》中根据习俗对所有权和占有规定："占有土地的时效为二年，其他一切物品则为一年。"并且依此条款，演绎出夫妻婚姻时效的规定。（《十二表法》规定：在夫妻关系中，"妻不愿意确定（事实上已长期和她同居的）丈夫对自己有支配权的妇女，每年应离开自己的家三夜，因而中断占有（她）的一年时效"④。）其次，社会习俗中蕴涵的法律秩序往往与宗教成分有着密切的关系，因而使这类习俗在转变为法律后具有相当的稳定性。罗马法学家注意到，当法沿着世俗化进程发展时，在家庭内部秩序中仍然顽强保留下来的就是那种固有的宗教成分。⑤ 正因为如此，早期罗马法的正式解释者是由僧侣组成的团体，祭司学识的宗教基础反映在向私人及统治集团提供的意见之中，"祭司告诉人们应当采取怎样的行为方式同神保持良好的和平关系并且避免触怒神"⑥。再次，被作为法律的习俗源于人民的接受。罗马法学家尤里安说："在不采用成文法的情况下，必须遵守由习俗和习惯确定的那些规范……没有理由不把根深蒂固的习惯作为法律来遵守（人们称它是由习俗形成的法）。事实上，我们遵守它们仅仅是因为人民接受它们。那些在无成文法的情况下人民所接受的东西，也有理由为所有人所遵守……因此，也很有理由接受这一原则：法律的废除不仅产生于立法者的表决，而且也产生于所有人以放弃使用习俗的方式所表示的默示合意。"⑦ 查士丁尼的《法学阶梯》将人们沿用的习惯确立的法律称为"不成文法"，

---

① ［法］邦雅曼·贡斯当：《古代人的自由与现代人的自由》，阎克文、刘满贵译，27 页，北京，商务印书馆，1999。

② ［意］朱塞佩·格罗素：《罗马法史》，黄风译，97 页，北京，中国政法大学出版社，1994。

③ ［意］朱塞佩·格罗素：《罗马法史》，黄风译，100 页，北京，中国政法大学出版社，1994。

④ 周一良、吴于廑主编：《世界通史资料选辑》，上古部分，337～338 页，北京，商务印书馆，1974。

⑤ 参见［意］朱塞佩·格罗素：《罗马法史》，黄风译，337～338 页，北京，中国政法大学出版社，1994。

⑥ ［意］朱塞佩·格罗素：《罗马法史》，黄风译，97 页，北京，中国政法大学出版社，1994。

⑦ ［意］桑德罗·斯奇巴尼选编：《正义和法》，黄风译，62 页，北京，中国政法大学出版社，1992。

理由也是"因为古老的习惯经人们加以沿用的同意而获得效力，就等于法律"①。

三、基于正义和诚信原则的万民法体系

在罗马从一个弹丸的城邦国家发展成横跨欧亚非三大洲的大帝国的过程中，罗马法经历了从市民法到万民法的发展过程。前者指适用于享有罗马市民权的人之间的法律，后者指调整罗马统治范围内各民族间的关系的法律。罗马人以自然法的正义观念看待法律应当遵循的基本原则，并且将这一纯粹的观念性的含义转化为具有实在意义的万民法体系。最早用自然法的理论概念来表达万民法体系概念的是西塞罗。他说："我们的祖先认为，万民法和市民法是有区别的：市民法不可能同时是万民法，但是万民法应当同时也是市民法。"② 他是在其著作《论义务》讨论法律的公正性时，首次表述出万民法的定义的。法律的公正与万民法之间是怎样建立联系的呢？在《论义务》中，西塞罗描述出一个只属于罗马人自己的高尚情操和行为准则。西塞罗称之为德性之首的智慧，是关于神界和人间事物的知识，这里包括天神和凡人的关系和人们之间的社会联系；如果这一德性是最伟大的，"那么必然是：从社会生活产生的义务也是最伟大的"③。所以，"应该把源于公正的义务置于科学研究和源于知识的义务之上，因为源于公正的义务关系到人们的利益，对人来说没有什么比这种利益更重要了"④。正是建立在对于"公正"的义务的认识之上，西塞罗批判了禁止外邦侨民居住在城里的做法，认为这是不人道的。⑤ 并且他以罗马历史上存在的随军祭司团法为例，说明公正义务的作用。随军祭司团是一个在罗马历史上存在过的宗教小团体，是一个外邦人也可以参加的法律共同体。西塞罗说："战争的正义性曾经由罗马人民的随军祭司团法作了严格的规定。由此可以理解，除非事先提出要求或者预先通知和宣布进行战争，否则任何战争都不是公正的。"⑥ 对于不能实行公正法律的情况，西塞罗发出无限的感慨："但是我们并没有掌握真正的法律和真正的公正的任何完整而清晰的形象，而只是利用了它的影子和映象，但愿我们能遵循即使只是影子和映象！"⑦ 他说："公正的首要责任在于如果自己并未受到不公正对待，那么任何人都不要伤害他人；其次在于为了公共利益使用公共所有，为了

---

① ［罗马］查士丁尼：《法学总论》，张企泰译，62 页，北京，商务印书馆，1989。
② ［古罗马］西塞罗：《论义务》，王焕生译，309 页，北京，中国政法大学出版社，1999。
③ ［古罗马］西塞罗：《论义务》，王焕生译，147 页，北京，中国政法大学出版社，1999。
④ ［古罗马］西塞罗：《论义务》，王焕生译，149 页，北京，中国政法大学出版社，1999。
⑤ 参见 ［古罗马］西塞罗：《论义务》，王焕生译，287 页，北京，中国政法大学出版社，1999。
⑥ ［古罗马］西塞罗：《论义务》，王焕生译，37 页，北京，中国政法大学出版社，1999。
⑦ ［古罗马］西塞罗：《论义务》，王焕生译，309 页，北京，中国政法大学出版社，1999。

个人利益使用个人所有。"① "一切违背公正的不幸更违背自然；唯有公正这种美德是一切美德的主人、女王。"② 所以，正是"这些对法律的思考将罗马人与那些具体的、单一的外邦人等同起来，使西塞罗创造了万民法的定义"。③

在罗马法典中直接将自然正义与万民法的概念联系在一起的，是盖尤斯的《法学阶梯》和查士丁尼的《法学阶梯》。查士丁尼的《法学阶梯》开卷第一篇题为"正义和法律"；篇首语曰："正义是给予每个人他应得的部分的这种坚定而恒久的愿望"；第一条规定："法学是关于神和人的事物的知识；是关于正义和非正义的科学。"第三条规定："法律的基本原则是：为人诚实，不损害别人，给予每个人他应得的部分。"④ 关于万民法，盖尤斯的《法学阶梯》规定："根据自然原因在一切人当中制定的法为所有民众共同遵守，并且称为万民法，就像是一切民族所使用的法。"⑤ 查士丁尼的《法学阶梯》写道："每一民族专为自身治理制定的法律，是这个国家所特有的，叫做市民法即该国本身特有的法。至于出于自然理性而为全人类制定的法，则受到所有民族的同样尊重，叫做万民法。万民法是全人类共同的。它包括着各民族根据实际需要和生活必须而制定的一些法则：例如战争发生了，跟着发生俘虏和奴役，而奴役是违背自然的（因为根据自然法，一切人都是生而自由的人）。又如几乎全部契约，如买卖、租赁、合伙、寄存、可以实物偿还的借贷以及其他等等，都起源于万民法。"⑥ 这两个万民法的定义都清楚地表达了自然法观念，以正义和诚信为基本原则。其中至少包括着四个要素：第一，万民法的依据是自然理性；第二，根据自然法，人人生而平等，所以万民法的对象是全人类；第三，万民法是根据现实生活的需要即自然的需要而制定的法则；第四，出于自然理性而为全人类制定的万民法因其权威而具有普遍的适用性。由此我们可以理解：为什么罗马法学家乌尔比安说"对于打算学习罗马法的人来说，必须首先了解'法'（jus）的称谓从何而来。它来自于'正义'（justitia）。实际上（正如杰尔苏所巧妙定义的那样）法是善良和公正的艺术"⑦；为什么梅因说"自从自然一语已成为罗马人口头上一个家喻户晓的名词以后，这样一种信念便逐渐在罗马法学家中间流行着，即旧的'万民法'实际是已经失去的'自然'法典，至于'裁判官'根据'万民法'原则而创制的'告令'法律学，则正在逐渐恢复法律因为背离了它而退化的一种范式"⑧。

---

① ［古罗马］西塞罗：《论义务》，王焕生译，21 页，北京，中国政法大学出版社，1999。
② ［古罗马］西塞罗：《论义务》，王焕生译，269 页，北京，中国政法大学出版社，1999。
③ ［古罗马］西塞罗：《论义务》，王焕生译，北京，中国政法大学出版社，1999。
④ ［罗马］查士丁尼：《法学总论》，张企泰译，5 页，北京，商务印书馆，1989。
⑤ ［古罗马］盖尤斯：《法学阶梯》，黄风译，2 页，北京，中国政法大学出版社，1996。
⑥ ［罗马］查士丁尼：《法学总论》，张企泰译，7 页，北京，商务印书馆，1989。
⑦ ［意］桑德罗·斯奇巴尼选编：《正义和法》，黄风译，34 页，北京，中国政法大学出版社，1992。
⑧ ［英］梅因：《古代法》，沈景一译，33 页，北京，商务印书馆，1959。

当然，万民法从概念性意义到出现在具体的"法"的领域的原因是复杂和多方面的。首先是土地的再分配引起的土地制度的变化。随着罗马人的对外征战、领土的扩张，意大利已经失去了它原本的自耕农的国家面目，越来越多的土地集中在富人手里，他们使用奴隶将这些土地开垦成大的庄园，并且把它们出卖或者出租。至于因战争而荒废的罗马人还无暇顾及的土地，国家便通过法律"宣告说：谁要是同时愿意使用这些土地，就可以任意占用，只要每年把一部分收获缴作租赋就行：种谷的缴十分之一，种果树的缴五分之一，放牧的人也须用牲口缴纳年租，不问公牛与牛犊均可"[①]。罗马人这样做的目的是"想借此繁殖他们认为最能刻苦耐劳的意大利各族，使自己在本土上有足够的同盟者"[②]。然而，事与愿违，那些占据了未分配土地的人通过吞并邻地、诱说收买、武力抢夺，终至以大土地经营代替了原来的小产业。这种情况造成了土地在使用上发生的根本变化（意大利以外的土地如埃及、北非提供廉价的粮食生产，意大利的土地所有者则集中生产那些能够在海外找到市场的产品）。从而为法律的变化创造了巨大的空间。其次，战争带来的它与近东最古老的文明和商业繁荣的交合。这自然地导致形成一系列体现商品经济现实的法律关系。在罗马人与异邦人进行商业交往的关系上，占有统治地位的决定性因素就是信义。"信任表现着一种可受信任的关系（这种关系在城邦中因其执法官的裁量权而得到普及，对于那些经商的私人则更为直接）；从互相信任的理由中产生出诚信的客观概念，即合乎道德，作为商业世界支柱的商业正直；人们把这种'诚信'理解为具有约束力的。"[③] 再次，奴隶数量的迅速增长。大土地所有者惧怕使用自由民作为农工会因征调入伍而离开田地，而奴隶免服兵役，所以他们便使用奴隶来担任农夫和牧人。其结果就是奴隶得到大量增殖，奴隶主变得非常富有。而"意大利人却在穷困、赋税和兵役的交迫之下，人数和力量都萎缩下去"[④]。总之，种种原因使罗马原有的紧密的市民组织渐渐消失，曾经为罗马打天下的市民"堕落成丧失土地并且依靠富人施舍求生的无产阶级"[⑤]；在土地扩张中发达起来的意大利的同盟者对罗马拒绝给予市民待遇愤愤不平，不满情绪在公元前92—前88年的内战中达到了顶峰。罗马虽然取得了军事上的胜利，却在政治上不得不最终同意向意大利给予它一直坚持拒绝给予的东西——市民籍。对于公民权取得的过程和原因，孟德斯鸠有过精辟的论述，他说："罗马在意大利各民族的支援下征服了全世界，它在不同的时期把不同的特权给予了这些民族。这些民族的大部分从一开头就不很关心取得罗马人的公民权；有一些民族

①② ［古罗马］阿庇安：《内战记》，载任炳湘选译：《罗马共和国时期》（下），35 页，北京，商务印书馆，1962。

③ ［意］朱塞佩·格罗素：《罗马法史》，黄风译，235 页，北京，中国政法大学出版社，1994。

④ ［古罗马］阿庇安：《内战记》，任炳湘选译：《罗马共和国时期》（下），36 页，北京，商务印书馆，1962。

⑤ ［英］巴里·尼古拉斯：《罗马法概论》，黄风译，8 页，北京，法律出版社，2000。

毋宁说更愿意保存自己过去的习惯。但是，当这个权利变成代表世界主权的权利，如果一个人不是罗马的公民就什么都不是，而且有了这个头衔就等于有了一切的时候，意大利各民族就决定，要是不能成为罗马公民，就毋宁死掉；在不能用阴谋或是用请求达到目的的时候，他们就诉诸武力；面临伊奥尼亚海的全部地区的居民发动了起义；其他的同盟者也想学他们的样。罗马不得不对说起来正是他们征服全世界时的左右手作战，因此罗马的处境便十分危险了。它眼看就要退回自己的城里去：它同意把人们如此期望取得的这种权利给予还没有中止对它表示忠诚的同盟者。此后罗马就逐步把这种权利给了所有的人。"①

（作者单位：中国政法大学）

---

① ［法］孟德斯鸠：《罗马盛衰原因论》，婉玲译，50 页，北京，商务印书馆，1984。

古希腊罗马为何成为宪政发源地

　　古希腊罗马作为"世界上第一次立宪主义的试验"[①]，在人类政治文明史上写下了光辉灿烂的第一页，它们在宪政方面取得的辉煌成就至今令人叹为观止。所以，古希腊罗马是宪政（包括民主、法治等）的发源地，早已得到学术界的普遍肯定。然而，不容否认的是，希腊罗马的宪政之路并非是历史的常态，而只是一种罕见的特例。从宏观视角回顾历史，人们不难发现，大多数文明古国在国家产生之时或产生后不久都建立起了君主制度，并进而演变为君主专制，特别是东方各国，君主专制几乎与国家文明结伴而生，而且长期保持这种制度达数千年之久，所以，西方学者魏特夫提出的"东方专制主义"[②] 的概念才得以在国际学术界大行其道。正如胡钟达先生所言："假如说先秦时代即古典时代中国历史的演变体现了历史发展的规律性，古典时代希腊的历史演变则体现了历史发展的随机性。"[③]

　　特例的出现自然有其特殊原因。千百年来，学者们为探寻希腊罗马宪政的历史根源，已经从不同的层面和角度进行过广泛的探讨，提出了各种各样的解释，诸如地理环境特殊说、军事制度特殊说、经济形态特殊说、社会结构特殊说、民族素质特殊说等等。应当承认，这些说法都有一定的道理，但都没有触及问题的实质和根本。因为从思维方式上讲，上述解释都没有跳出静态分析法的传统模式，而历史的根本特点恰恰在于其动态性。历史无时无刻不在发展变化，与此同时，影响历史发展的具体原因也在不断地发展变化。据此推论，希腊罗马宪政在其起源和发展、完善等不同阶段，应该分别源

---

　　① ［美］斯科特·戈登：《控制国家——西方宪政的历史》，应奇等译，116 页，南京，江苏人民出版社，2001 年。

　　② ［美］卡尔·A·魏特夫：《东方专制主义》，徐式谷等译，北京，中国社会科学出版社，1989。

　　③ 胡钟达：《古典时代中国希腊政治制度演变的比较研究》，载《内蒙古大学学报》，1996（6）。

于不同的历史动因。我们必须分阶段进行具体的分析，才有可能找到令人满意的答案。下面，我们将在吸取前人研究成果的基础上，采用阶段分析法，并适当与东方国家加以对应比较，就希腊罗马何以成为宪政第一发源地的原因谈一谈个人的理解。

首先，在国家初创时期，大量原始民主遗风的保留奠定了希腊罗马宪政的第一历史基石。希腊罗马国家最初的政权形式、组织机构和制度，几乎全部脱胎于史前社会的原始民主制，如行政最高长官或国王来源于氏族首领，贵族会议或元老院来源于氏族长老议事会，民众大会来源于部落公民大会。就此而言，初始阶段的希腊罗马宪政只不过是原始民主制度的历史延伸而已。与此不同，东方各民族在创建国家的过程中，大多对原始民主制度进行了较为彻底的清除，然后在其废墟上构建起一套全新的国家机器，原始民主遗风几乎荡然无存。由此可见，是否保留和继承原始民主遗风是决定东西方政治文化差异的最原初和最根本的因素。对此，20 世纪晚期西方气象学界兴起的"蝴蝶效应"学说①似乎可以提供理论上的支持。该理论认为，初始条件十分微小的差异，经过不断放大后产生的递增效应，对事物的未来状态会造成巨大影响，导致极其重大的区别。中国的一句古语，"差之毫厘，谬之千里"，说的也是这个道理。从某种意义上说，东西方两种不同的政治文化传统归根结底是由原始民主遗风的"蝴蝶效应"造成的。

那么，是什么原因造成了原始民主遗风的命运如此不同呢？这是一个十分复杂并因资料的匮乏而不容易彻底讲清楚的困难问题，但困难决不能成为回避的借口。因此，笔者仍不揣简陋，试图作出解释。窃以为，这可能与国家的生成方式有着密切关系。

国家的起源方式五花八门，但大致说来似乎不外两种基本类型，一是暴力型部族征服方式，二是非暴力或少暴力型的部族联合方式。前一类国家主要通过频繁、残酷的部族战争，由某个强大部族征服其他弱小部族而创建出早期的国家文明，在此过程中，原始民主习惯通常遭受战火的彻底扫荡，社会公共权力迅速集中于最高军事统治者手中，结果大多走上了专制道路。后一类国家主要通过平等相处的各个部族自下而上的自发联合形式而建立起来的，这是一个相对和平的过程，所以原始民主习惯得以大量保存下来，社会公共权力集中缓慢，因而大多走上了宪政道路。希腊罗马国家都是通过各原始部落的"说服—合并"路径建立起来的，此间很少或者根本没有军事暴力的介入，这是一种自下而上的和平式聚合型国家生成方式，用恩格斯的话说就是"直接从氏族社会中产生"、"形成过程非常纯粹，没有受到任何外来的或内部的暴力干涉"、"不知不觉地发

---

① 1979 年 12 月，气象学家洛伦兹（Lorenz）在华盛顿的美国科学促进会的一次讲演中提出：一只蝴蝶在巴西扇动翅膀，有可能会在美国的得克萨斯引起一场龙卷风。他的演讲和结论给人们留下了极其深刻的印象。因为在现实生活中，"蝴蝶效应"比比皆是，如中国宣布发射导弹，港台 100 亿美元流向美国；泰铢实行自由浮动，引发了亚洲金融危机和全球性股市下跌；等等。所以，"蝴蝶效应"学说提出后不胫而走，迅速声名远播，相继就被人们广泛应用于物理学、社会学、经济学以及股票、概率等研究领域。

展起来"① 的。例如，希腊的雅典城邦国家是通过公元前 9 世纪末的"统一运动"建立的。当时，生活在阿提卡地区的 4 个部落，面临着多利安人的入侵威胁，位于其西面的麦加拉部落和北面的彼奥提亚部落也都是不友好的邻居。在外敌压力下，出于防卫自保目的，巴塞勒斯提秀斯号召各部落联合起来。据说，为此目的，他曾挨门逐户进行说服工作。最后，在自愿的基础上 4 个部落联合为一个政治共同体，建立了雅典国家。罗马城也是通过"划定地界、修筑城堡而将不同的村落统一起来的，建立罗马城的目的主要是为了实现稳定和防卫"，所以，"罗马城从一开始就具有联盟的特点"②。这种起源方式不能不遵循各部族权利大致平等与均衡的原则，因此，大量保留原始民主制遗风和先民的自由权利不仅是可能的，而且是必然的。

　　与此相反，东方各文明古国的起源过程走的却是一条部族间"征服—吞并"的路径，因而始终与军事暴力因素交织一起，从某种意义上说，东方文明古国都是借助于暴力这个新社会"助产婆"的催生作用而诞生的。例如，华夏文明在三皇五帝时期充满了部族征服战争。那时，中原地区主要存在着皇帝、炎帝、蚩尤三大部落，据《史记·五帝本纪》记载，皇帝部落曾联合炎帝部落与蚩尤部落"战于涿鹿之野，擒杀蚩尤"。不久，皇帝部落又起兵与炎帝部落战于"阪泉之野"。据历史记载，这场战争持续了很长时期，"三战，然后得其志"。最后黄帝族赢得了的胜利。于是，一个庞大的部落联盟体就初步形成了，它以黄帝族为首，包括炎帝族、少昊东夷族及部分苗蛮族系在内。再后，皇帝族内部又发生共工与颛顼"争为帝"的战争，共工失败，"怒而触不周山，天柱折，地维绝"。随后是尧、舜相继禅让部落联盟首领职位。对此，中国史书历来津津乐道，现代学者中也有人称其为原始民主制的一大表现。实际上禅让制意味着首领可以指定自己的权力接班人，确切地说，这是迈向个人专制的前奏。自尧以后，部族征战仍然持续不断。神话传说尧为首领时，天有十日，尧命后羿"上射十日"，这则神话中的"十日"指的就是被后羿杀灭的十个敌对部落。舜为首领时，又命大禹率华夏各部落大败三苗族部落。这样，经过长期的部族吞并战争，原来聚居在河北、河南、山东、山西交界处的众多族团部落，被强行整合成一个以黄帝族系为主宰的大联合体，华夏国家出现了。

　　这种部族"征服—吞并"战争路径直接影响了早期华夏国家的面貌。因为，首先，"战争对于王权的加强一定起过很大的作用，因为战争显然需要统一的指挥"③，由此势必导致权力集中、民主式微、人权削弱。其次，它造成了征服者与被征服者之间的主从

---

① 《马克思恩格斯选集》，2 版，第 4 卷，112、118 页，北京，人民出版社，1995。
② ［意］朱塞佩·格罗索：《罗马法史》，黄风译，24、28 页，北京，中国政法大学出版社，1994。
③ ［英］罗素：《权力论》，靳建国译，53 页，香港，中华书局，1989。

关系，形成严格的等级制度和尖锐的社会矛盾，为巩固胜利成果，征服者必然加强手中权力。最后，它会带来疆域和人口规模在一夜之间迅速膨胀，从而造成社会管理的政治法律技术严重滞后于现实需要。在此情况下，获胜的部族强化首领权力，以确保对社会的控制和对被征服者的统治，就是一种顺理成章的现成选择。结果，中国历史上的第一个正式王朝夏朝一建立就走上了"家天下"的专制之路，大禹传位于子启。总之，中国之所以较早建立世袭君主专制制度肯定是与国家起源过程中充满了战争与暴力不无关系的。

在古代印度文明史中，暴力与战争同样随处可见。最初，来自伊朗的雅利安人入侵印度，消灭了当地的达萨人，占领了印度河流域。到后期吠陀时期（公元前 900—前 600 年），雅利安人在印度河和恒河流域共建立了十几个国家，各国长期混战不已。最后，崛起于恒河流域的摩揭陀王国大肆兼并周围国家，统一了恒河流域。该国的军队多达 22 万人，由此可以推想出当时兼并战争的规模。

当然，对于暴力建国之路导致专制也不能作绝对化理解，因为任何普遍性都不排除特殊性的存在。在这方面，美国就是一个典型的例外。这个国家是在历经 4 年的反英独立战争后建立起来的，是暴力革命的直接产物，但它从一开始就建立了相当完善先进的宪政制度。

或许有人会进一步问：是什么原因造成了希腊罗马和东方国家走了两条不同的建国道路呢？在这个问题上，地理环境可能是主要原因，至少是主要原因之一。虽说"地理环境决定论"早已受到批判，但不可否认的是，人类是在具体的自然环境中繁衍生息的，任何一种生存发展方式和社会制度都是人们在特定客观环境下"合理选择"的结果，因此，人类历史的发展不可避免地要受到自然环境因素的影响和制约，而且越往历史的深处追溯，生产力发展水平就越低，自然环境的影响和制约就越显重要。早在 18 世纪前期，法国思想家孟德斯鸠就认识到地理条件对社会发展具有重大意义，德国哲学家黑格尔更是非常重视"历史的地理基础"。普列汉诺夫在其阐述历史唯物主义的著作中，也令人信服地论证了地理环境对原始社会生产力发展的作用。因此，我们不能简单地否认和回避地理环境对社会生活所可能产生的影响，而应通过深入分析尽量作出恰当的评价。循此思路，不难发现，希腊半岛和罗马所在的意大利中部都是峰峦起伏的山区，在山峦之间，散布着无数孤立的小型盆地式平原，希腊罗马的先民们就生活在这些半自然封闭状态的盆地中，他们要想对外征服其他部族，必须翻山越岭，行军作战都十分困难，因此，通过和平交往、彼此联合以求生存发展便成为各个原始部族的共同需求。而东方各国全部发源于大河流域，广袤平坦的开放型冲积平原可以任凭千军万马驰骋，这为对外扩张战争提供了便利条件。在生产力极度低下的时代，人们为了保全和发展自我，很容易利用便于征伐的环境条件，走上诉诸部族征战以掠夺土地财富的道路。

　　另外，在国家建立之后，希腊罗马所特有的社会经济结构是宪政萌芽得以维续和发展的坚实基础。在希腊罗马，土地资源相对贫乏，山地约占 3/4，耕地只占 1/4，不利于农业发展。同时，它们都位于沿海地区，海岸曲折，良港多多，海上交通方便，具有发展工商业的良好条件，因此，商品经济和海外贸易较早发展起来。在商品经济的冲击下，传统的血缘关系和财产公有制迅速瓦解，以个体私有制为基础的自由财产制度建立起来，并产生出了一个以工商业者为主体包括农牧民和小手工业者在内的经济实力强大的平民阶层。这个阶层具有较强的独立意识和自由平等权利观念，因为独立自主地进行生产和等价交换是商品生产者的本质属性，流通中发展起来的交换价值过程，不但尊重自由和平等，而且自由和平等是它的产物；它是自由和平等的现实基础。① 因此，追求平等，向往自由，重视个人权利，便成为平民阶层的一大政治特色。另外，商品经济通过交换纽带把不同行业的平民紧密联系在一起，使之形成为一个利益共同体，一个足以与代表国家权力的贵族阶层相抗衡的社会力量。上述特点决定了平民阶层不但是反对贵族寡头势力、抵制专制、拥护宪政的动力源泉，而且有能力影响国家政治的发展进程。实际上，希腊罗马的宪政制度就是在平民的反贵族斗争中建立和发展起来的。可见，希腊罗马能够成为宪政的发源地是与平民阶层的形成及其反贵族斗争分不开的。

　　需要特别强调的是，希腊罗马的平民反贵族斗争并非采用极端暴力手段去消灭贵族，而是采用理性的政治博弈方式，通过酝酿起义（如在雅典）或"撤离运动"（如在罗马）等斗争方式向当权的贵族施加压力，以逼迫贵族作出让步，平民斗争的根本目的不是夺取权力，取贵族而代之，而是争取与贵族享有平等的社会地位和政治权利，共同分享国家统治权。希腊罗马的当权贵族也表现出开明态度，很少动用暴力镇压手段，通常在审时度势后答应平民的合理要求，最后以双方妥协而告终。通过这种博弈过程，不断地对政治权力进行再分配，对国家权力与社会权利的关系结构进行再调整，希腊罗马的宪政制度也因此而不断地向前发展。所以，平民采取的理性斗争方式也是促使希腊罗马立宪成功的一个不可忽视的因素。

　　而在东方国家，例如中国，由于文明起源于大河流域，宜于发展农业，因而自始便形成了以农业为基础的自给自足的自然经济形态，工商业发展相对落后，从而难以产生出一个以工商业集团为主体的足以与贵族相抗衡的独立强大的平民阶层，这样，即使最初曾经有少许原始民主残余保留下来，也因为找不到一个可资依托的社会支持力量，而很快便被迅速膨胀起来的王权吞噬掉。况且，在中国，从事农业生产的主体是一家一户、男耕女织、"日出而作、日落而息"的小农，他们只有相同的生活，而没有共同的利益，就像马克思所说的一袋马铃薯，鸡犬之声相闻，老死不相往来，无法自我组织起

---

① 参见《马克思恩格斯全集》，第 46 卷下，477 页，北京，人民出版社，1980。

来，形成自主自为的政治力量，所以"他们不能代表自己，一定要别人来代表他们"，而且这个"别人"必须是一个能够"赐给他们雨水和阳光"的"高高站在他们上面的权威"①。这种分散的小农经济构成了中国专制王权最深厚的社会土壤。

最后，希腊罗马（特别是希腊）宪政的成功，还与小国寡民式的国家形态密切相关。在尚未产生政治科学又毫无历史经验，人们根本不知代议制为何物的两千多年前，实行宪政只能采取直接民主制的形式，因此，只有在地域有限、人口不多、集会方便、居民之间较为熟悉的寡民小国中才有望建立宪政。

一般说来，早期的国家都是小国寡民式的，而且存在时间都不会太长，因为国家的发展不可能是平衡的，如果某一个国家强大起来，就会谋求向外发展，兼并邻国，演变为一个大国，最后发展为一个大帝国。东方国家的早期历史基本上都是走的这样一条领土兼并道路。例如，在印度，公元前 4 世纪末，孔雀王朝统治下的摩揭陀开始向印度河流域扩张，大举用兵，据说阿育王（公元前 273—前 236 年）时的一次战争就杀 10 万人、俘虏 15 万人，最后终于统一了印度，建立了君主专制的孔雀帝国。更典型的还是中国。据说，中国在夏禹时有邦国（准国家）万余，商汤时有邦国 3 千，经过相互兼并，到西周初期时仍有 1 800 个诸侯国。除周国是"邦畿千里"的大国外，其余者都是"方百里"的弹丸小国。由于地理条件便于攻伐，加之中国人自古就有追求大一统的强烈意识，各邦国都努力开疆拓土，以求统一天下。于是，强凌弱、众暴寡的侵略灭国战争连年不断，在春秋 242 年的时间内，仅见于鲁史记载的战争就有 483 次之多。② 经过反复兼并，到战国时合并为 7 个大国。最后，秦国横扫六合定一统，成为一个疆域辽阔的领土大帝国。在后期的兼并战争中，随着国家领土的扩大和人口的增多，战争的规模和惨烈程度也逐步升级。周武伐纣时，纣发兵 70 万拒武，在决定性的牧野之战中出现"血流漂杵"的骇人景象；秦灭赵后，秦将白起一次活埋赵国降兵 40 万。在这种诉诸灭国战争以求"天下归一"的历史环境中，中央集权的郡县制被采用和推广，官僚制逐步完备，国家权力日益集中于最高统治者手中，君主专制势必成为最终的历史归宿。

与东方国家不同，希腊各城邦国家似乎对追求天下定一的领土扩张不太感兴趣，而对各自为政的城邦独立性情有独钟。西方学者阿德科克说："这些城邦显得具有某种个性，这种个性愈是高度发展，愈是强烈地被意识到，就愈不愿意哪怕是部分地牺牲它……每个城邦向它的邻邦要求它的自由和自治，要求有权按照它自己的意愿处理自己的事务……城邦虽然不容忍它境界以内主权的分割，对它邻邦的独立却是容忍的。防卫的意志超过了攻击的意志。事实上，领土的扩张亦即东方诸帝国内占支配地位的帝国主

---

① 《马克思恩格斯全集》，第 8 卷，217~218 页，北京，人民出版社，1961。
② 参见范文澜：《中国通史简编》，第 1 编，177 页，北京，人民出版社，1958。

义，在希腊诸城邦却出奇地微弱。希腊人缺乏疆域广阔的重要性的那种感觉。他们愈是清楚地意识到他们国家的和宗教的社会一致性，他们愈是不愿意扩张，因为扩张意味着他们密切的共同生活松懈下来了。他们打算要统治邻邦，却不打算吞并邻邦，更不愿意在一个较大的联盟内放弃他们的地位。"① 当然，希腊历史上也有殖民扩张（希腊曾经在其周边地区建立殖民城邦 139 个，形成了一个包括南欧、东欧、西亚、北非地区在内的大希腊世界），但由于上述特有个性，加之内陆扩张较为困难，而海外发展较为便利，所以希腊的扩张方式与东方国家明显不同，它采用的是一种和平渗透式的分裂繁殖。就是说，由某一城邦自发地把部分公民迁移到海外某地，另立家园，前者为母邦，后者为子邦。子邦的创建者原是母邦公民团体的成员，建立子邦后便成为新邦的公民。子邦在经济、宗教、文化上虽然同母邦保持着密切关系，但在政治上是独立自主和平等的，同母邦并无隶属关系，所有子邦的政治制度都与希腊本土诸邦相类似。因此，这种殖民扩张不但不会对母邦的政治结构产生任何负面影响，而且在一定程度上缓解了母邦内部人口与土地的矛盾压力，从而抑制了各种宪政破坏性力量（如行政权力及军事暴力机器）的滋长。因此，希腊的小国寡民式国家形态连同建立其上的宪政制度得以长久保持，直到某种强大的外部毁灭力量出现为止。

罗马共和国的扩张方式较为复杂，早期和后期有所不同，因而对罗马宪政的影响也前后有别。在共和初年，罗马城邦势力有限，在意大利本土的扩张主要采取联盟方式，即通过与各地自治城市分别签订条约的方式以求实现联合。最初与拉丁同盟签订的条约是平等的条约，罗马允许拉丁人享有与罗马人通商、通婚以及迁居罗马城从而取得罗马公民籍的权利。后来，随着罗马势力的增强，与拉丁区以外的城市签订的条约多是不平等性质的，当地的意大利人只负有向罗马纳贡服军役的义务，而无权与罗马人通商、通婚和取得罗马公民籍，更没有自己独立的外交权。然而，不管条约平等与否，各地自治市都继续保持着自己的主权地位，都有自己独立的行政组织、司法机构、征兵和货币制度等。所以，"总体来说，罗马在征服意大利的过程中，根据不同的情况采取不同的策略，并非完全依赖武力。它通过对不同地区和种族的人们采取不同的联盟政策，掌握了意大利的统治权；并通过逐步扩大公民权和推行其政治、法律制度促进了意大利的罗马化"②。因此，该时期的扩张未对罗马本部的政治制度产生多大冲击，此时的共和宪政仍有其生存和发展的空间。

但是，到公元前 3 世纪统一意大利后罗马开始向海外扩张时，主要采用战争手段和领土吞并政策。从公元前 264 年到公元前 146 年，罗马同迦太基进行了三次布匿战争。

---

① 顾准：《顾准文稿》，463～464 页，北京，中国青年出版社，2002。
② 陈可风：《罗马共和宪政研究》，173 页，北京，法律出版社，2004。

第一次布匿战争以迦太基失败求和结束，迦太基人统治的西西里岛被割让给罗马。此后，罗马人又陆续占领了科西嘉岛、撒丁岛以及阿尔卑斯山以南的一些地方。第三次布匿战争以后，迦太基统治下的非洲广大地区全部成为罗马的领土。与此同时，罗马还在向东部扩张，通过三次战争，击败了马其顿人，控制了希腊。然后，又派兵侵略叙利亚，控制了西亚部分地区。在西部，罗马人也侵占了大片领土，今天法国、西班牙等欧洲国家的很多地方都被纳入了罗马版图之内。公元前55年和公元前54年，恺撒还两次派兵侵入不列颠。公元前30年，屋大维率领的罗马军队又灭亡了埃及，把埃及并入罗马。公元前2世纪下半期，罗马已经成为一个地跨欧、亚、非三洲的大帝国，当时，罗马帝国的疆域东起幼发拉底河上游，西临大西洋，南抵非洲的撒哈拉大沙漠，北达莱茵河和多瑙河。由于罗马宪政制度只适宜于小国寡民的城邦，无法满足一个大帝国的管理需要，于是，二者之间的结构性矛盾日益明显地暴露出来。正是这个深层矛盾促使罗马共和宪政迅速走向了衰亡。罗马人对意大利之外的被征服地区采用行省制，派遣总督，进行直接统治。西西里和撒丁是最早建立的两个海外行省，时间是公元前227年。到恺撒掌权时期，罗马的海外行省达到14个。行省总督由元老院委派，名义上应向元老院负责，"然而，元老院对行省总督仅仅是从宏观上进行指导和监督，无法对其具体行为实行切实有效的监控"[①]。因为不同于具有协议性质和采用同僚制的执政官，行省总督由一人独任，又远在海外，元老院鞭长莫及，总督难免拥兵自重，专断专行。所以，行省制和总督制成为瓦解罗马共和宪政的重要因素。罗马历史的前后两个阶段，从正反两个方面证明了殖民扩张方式以及由此决定的殖民统治方式对宪政命运的巨大影响。

（作者单位：山东师范大学政法学院）

---

① 陈可风：《罗马共和宪政研究》，199页，北京，法律出版社，2004。

张锐智

试论罗马法学家的法思想

　　在西方法律思想史上，公元前3世纪至公元后6世纪在罗马出现的法学家是人类最早的世俗职业法学家集团，他们第一次将法学与政治学、伦理学、哲学相分离，对法的概念、起源、分类、结构等进行了系统阐述，从而开启了人类对法学独立研究的历程。罗马法学家在法学领域务实的思想创造，为罗马法学的繁荣和法律制度的完备作出了巨大贡献，也为人类法学留下了一笔丰厚的法律思想遗产。本文通过对罗马法学家关于法的基本理论方面思想的梳理，从中寻找他们在西方法律思想史上应有的贡献及特殊地位。

一、罗马法学家的形成及作用

　　自罗马国家和法产生后近五百年的时间里，罗马没有世俗的法学家。公元前254年，平民出身祭司长提比留·科伦卡尼（Tiberio Coruncanio）开始向公众提供法律咨询。罗马世俗法学家和法学逐渐发展起来。[1]

公元前 3 世纪至公元前 1 世纪末，是罗马法学刚刚兴起阶段。罗马法学家主要活动有：口头或书面解答民众提出的法律问题、指导当事人诉讼、为当事人拟定书面契约和遗嘱等。这些活动虽不带任何权威性和强制性，但在客观上得到立法和司法人员的认可，从而成为罗马法间接的法律渊源。[2]

公元 1 世纪至 3 世纪，罗马法学进入蓬勃发展时期。各种法学派别开始出现，早期有"塞尔维学派"（Servio）和"穆齐学派"（Mucio），后期发展成"萨宾学派"（Sabi-no）和"普罗库勒学派"（Proculo），两派自由争鸣近两个世纪。"在法学家们的争论和著作中，罗马法学家发展了成熟的分析法理学"[3]，大量杰出的法学人才脱颖而出，据统计，仅这一时期主要的法学家就有 60 多人。[4] 罗马法学家已处于显著的权威地位，尤其是拥有"君主授权解答问题之权利"的法学家，其对法律的自由解释"只要不是忤逆的，均被承认具有约束力，同皇帝的批复一样，对审判员有约束力"[5]。此时期罗马法学家在对罗马法"贯彻完整性、准确性和思想深刻性方面超过了前人，他们使罗马法学达到最高完善的程度"[6]。

公元 4 世纪至 6 世纪，是罗马法学走向成熟的时期。公元 426 年东罗马皇帝狄奥多西二世（TheodosiusII）和西罗马皇帝瓦伦丁尼安三世（Valentinianus III）共同颁布"引证法"，"承认帕比安、保罗、盖尤斯、乌尔比安和莫德斯丁的论著具有法渊源的效力。由以上五人援引的其他法学家也受到同样的承认，但必须与原著进行核对。在发生歧义的情况下，多数人的观点有效；如果持不同意见的双方人数相等，帕比尼安的观点处于优势地位；如果找不到后者的观点，审判员可根据自己的裁量作出决定。"[7] 引证法使罗马法学家处于仅次于皇帝的立法者之位，这在当时世界上是绝无仅有的。从公元 528 年起东罗马帝国皇帝优士丁尼一世（Justinianus I）亲自领导罗马法的编纂工作。他们先后编出《优士丁尼法典》、《优士丁尼学说汇编》（又称《学说汇纂》）、《优士丁尼法学总论》（又称《法学阶梯》）、《优士丁尼新律》四部法律汇编。其中，最有价值对后世影响最大的是《学说汇纂》、《法学阶梯》。《学说汇纂》是从 39 名法学家的两千卷近

---

① 参见［意］朱塞佩·格罗索：《罗马法史》，黄风译，101～102 页，北京，中国政法大学出版社，1994。

② 参见 David Johnston , Roman Law In Context , Cambridge University Press, 1999, p. 5.

③ David Johnston , Roman Law In Context , Cambridge University Press, 1999，p. 5

④ 参见［意］桑德罗·斯奇巴尼选编：《民法大全选译·正义与法》，黄风译，80～83 页，北京，中国政法大学出版社，1992。

⑤ ［意］彼德罗·彭梵得：《罗马法教科书》，黄风译，18 页，北京，中国政法大学出版社，1992。

⑥ Kaser/Knütel, R. Misches Privatecht, 17. Auflage Münche: verlag C. H. beck , 2003, p. 9.

⑦ ［意］朱塞佩·格罗索：《罗马法史》，黄风译，400 页，北京，中国政法大学出版社，1994。

300 万行著作中摘取精华 15 万行缩编而成，其中五大法学家的著述约占该书 66%。①
《法学阶梯》，"既吸收先前罗马皇帝的宪令的规定，又吸收各著名法学家的主要原理"，
是"学习罗马法的主要教科书"②。

总之，从公元前 3 世纪到公元 6 世纪罗马涌现出大量的法学家，这是"其他古代法
律体系中没有出现过的一个专业法学家阶层"③。也是人类历史上第一个世俗的法学家
集团。据意大利罗马法专家桑德罗·斯奇巴尼的统计，此间罗马主要法学家有 108
名。④ 他们是"具有卓越和杰出人格的以法为业者的群体"⑤，在罗马法和法学的形成发
展过程中，起着关键性的作用。⑥

二、罗马法学家的主要法思想

罗马法学家接受了希腊化时期斯多葛派思想的影响并提出了许多独到的法思想。⑦
主要表现以下四个方面：

（一）关于法、法律和法学的定义

在西方，最早对法、法律和法学进行区别界定的是罗马法学家。"罗马法体系将法
与法律相区别。这用术语来表述就是：一部分是'法'（Ius/diritto），另一部分是'法
律'（Les/Legge）。"⑧

关于法（Ius）的确切定义，罗马法学家进行了探讨。杰尔苏（Celsus）认为法是
"善良与公正的艺术"⑨。乌尔比安（Ulpianus）指出："对于打算学习罗马法的人来说，
必须首先了解'法'（ius）的称谓从何而来。它来自'正义'（iustitia）实际上，（正如
杰尔苏所巧妙定义的那样）法是善良和公正的艺术。""人们有理由称我们为法的司铎，
因为我们是在培植正义，并传播善良和公正的知识；区分公正与不公正，区别合法与不

---

① 参见周枏：《罗马法原论》，上册，56 页，北京，商务印书馆，1994。
② ［罗马］查士丁尼：《法学总论》，张企泰译，2～3 页，北京，商务印书馆，1989。
③ Peter Stein, Roman Law In European History, Cambridge University Press, 1999, p. 130.
④ 参见 ［意］桑德罗·斯奇巴尼选编：《民法大全选译·正义与法》，黄风译，77～84 页，北京，中国政法
大学出版社，1992。（以下简称 Digest）
⑤ ［意］桑德罗·斯奇巴尼：《法学家：法的创立者》，载《比较法研究》，2004（3）。
⑥ See David Johnston , Roman Law In Context, Cambridge University Press，1999，p. 5.
⑦ See R. W. Lee, The Elements of Roman Law, London：Sweet&Maxwell 1956, p. 37.
⑧ ［意］桑德罗·斯奇巴尼：《法学家：法的创立者》，载《比较法研究》，2004（3）。
⑨ ［意］桑德罗·斯奇巴尼选编：《民法大全选译·正义与法》，黄风译，34 页，北京，中国政法大学出版
社，1992。

合法。"① 关于善和公平的含义,《学说汇纂》的注释称,所谓"善良",是指合乎道德;所谓"公平",即合乎正义。乌尔比安关于"正义乃归还个人其应得"的观点被优士丁尼《法学阶梯》所肯定:"正义是给予每个人他应得的部分的这种坚定而恒久的愿望。"② 由上可见,罗马法学家所指法(ius)的精髓是不违背道德的善良,是不损害他人的正义,是确认各得其所的公平,是对正义的应然状态的追求、表述或确认,是一种动态的法。

罗马法学家从不同角度对于法律(Les)作了界定。盖尤斯(Gaius)将法律定义为由人民作出的规定与命令。③ 帕比尼安(Papinianus)说:"法律是所有人的共同规范;是智者们的决定;是对有意或无知而实施的犯罪的惩罚;是整个共和国民众间的共同协议。"④ 罗马法学家还探讨了法律的特征,乌尔比安说:"法不是为个别人制定的,而是普遍地针对所有人。"⑤ 彭波尼(Pomponius)说:"必须针对那些正常出现的事物而不是针对那些意想不到的事物确定法律。"⑥ 莫德斯丁(Modestinus)指出:"法律的功能在于:命令、禁止、允许和惩罚。"⑦ 显然,在罗马法学家那里 Les 比 Ius 范围狭窄,它主要指的是实在法,是一种静态的实然状态的法律。

罗马法学家还明确提出了法学的概念。罗马人称法学为 iurisprudentia,其字面含义是"关于法的知识"。乌尔比安关于法学概念被公认为最具权威:"法学是神的和人的事物的知识,关于正义和非正义的科学。"⑧ 盖尤斯和优士丁尼都认可乌尔比安的说法,优士丁尼的《法学阶梯》中原封不动地重复乌尔比安关于法学的上述定义。⑨ 虽然他们"将法学蒙上一层神学色彩,但在古代能对法和法学作出如此清晰的解释的,大概只有罗马一个国家"⑩。值得指出的是,拉丁文的"法学"(iurisprudentia)一词是由 Ius

---

① [意]桑德罗·斯奇巴尼选编:《民法大全选译·正义与法》,黄风译,34 页,北京,中国政法大学出版社,1992。

② [罗马]查士丁尼:《法学总论》,张企泰译,5 页,北京,商务印书馆,1989。

③ 参见[罗马]盖尤斯:《法学阶梯》,黄风译,2 页,北京,中国政法大学出版社,1996。

④ [意]桑德罗·斯奇巴尼选编:《民法大全选译·正义与法》,黄风译,54 页,北京,中国政法大学出版社,1992。

⑤ [意]桑德罗·斯奇巴尼选编:《民法大全选译·正义与法》,黄风译,56 页,北京,中国政法大学出版社,1992。

⑥ [意]桑德罗·斯奇巴尼选编:《民法大全选译·正义与法》,黄风译,55 页,北京,中国政法大学出版社,1992。

⑦ [意]桑德罗·斯奇巴尼选编:《民法大全选译·正义与法》,黄风译,56 页,北京,中国政法大学出版社,1992。

⑧ [意]桑德罗·斯奇巴尼选编:《民法大全选译·正义与法》,黄风译,39~40 页,北京,中国政法大学出版社,1992。

⑨ 参见[罗马]查士丁尼:《法学总论》,张企泰译,5 页,北京,商务印书馆,1989。

⑩ 何勤华:《西方法学史》,55 页,北京,中国政法大学出版社,1996。

（法律）和 Proviclere（知识）合成。后来的英语、法语、德语中"法学"一词均来源于此。

罗马法学家关于法、法律和法学定义的思考，在吸收希腊人的正义法律观念的同时，又有自己的创新。在法的形式上，罗马法学家第一次划分了法、法律之间的界限，将主观法与客观法进行了区别，这种二元的划分对于法学研究无疑是巨大的进步。在法的研究上，罗马法学家最早提出法学的概念，开辟了一种研究法学的新视角。[1] 在法的内容上，罗马法学家对正义理解比希腊人前进了一大步，希腊人对法和正义追求仍停留在"理想国"的设想上。罗马人所说的正义是具体可行的正义，即使每个人各得其所："法律的基本原则是：为人诚实，不损害别人，给予每个人他应得的部分。"[2] 他们将法和正义与现实生活相联系，将法和正义的观念进一步深化和具体化了。

（二）关于法的来源

在法的来源问题上，罗马法学家循着古希腊自然法理论的轨迹向前探索。他们不仅全面地继承了古希腊的法起源于自然法的思想[3]，而且还在自然法之源上得出了"法来源于人民"和"法来源于君主"两个结论。

首先，罗马法学家一致认为，一切法律都是从永恒的普遍的神法——自然法则中产生出来的。法本源于正义，正义来源于自然。早在罗马法学家之前西塞罗（Cicerone）就解释了自然法的概念，他说："法律是根据最古老的、一切事物的始源自然表述的对正义的和非正义的区分，人类法律受自然指导，惩罚邪恶者，保障和维护高尚者。"[4] 自然法"是自然中固有的最高理性，它允许做应该做的事情，禁止相反的行为"[5]。罗马法学家接受了西塞罗关于自然法的定义。盖尤斯把自然法和万民法综合为一个统一的概念，认为自然法是"自然理由在所有人当中制定的法"[6]。乌尔比安给自然法下的定义是"自然法是大自然传授给一切动物的法则"[7]。保罗的自然法定义是：自然法是"在任何时候都公正和善良的事物"[8]。优士丁尼在《法学阶梯》中明确指出：自然法的

---

[1] 参见［意］桑德罗·斯奇巴尼：《法学家：法的创立者》，载《比较法研究》，2004（3）。

[2] ［罗马］查士丁尼：《法学总论》，张企泰译，5 页，北京，商务印书馆，1989。

[3] See R. W. Lee, The Elements of Roman Law, London：Sweet&Maxwell 1956, p. 127.

[4] ［古罗马］西塞罗：《论共和国 论法律》，王焕生译，219～220 页，北京，中国政法大学出版社，1997。

[5] ［古罗马］西塞罗：《论共和国 论法律》，王焕生译，190 页，北京，中国政法大学出版社，1997。

[6] ［意］彼德罗·彭梵得：《罗马法教科书》，黄风译，14 页，北京，中国政法大学出版社，1992。

[7] ［意］桑德罗·斯奇巴尼选编：《民法大全选译·正义与法》，黄风译，35 页，北京，中国政法大学出版社，1992。

[8] ［意］桑德罗·斯奇巴尼选编：《民法大全选译·正义与法》，黄风译，40 页，北京，中国政法大学出版社，1992。

原则"在一定程度上是根据神明制定的，总是保持稳定和不变"①。罗马法学家关于法起源于自然法的思想是对古希腊自然法理论的继承，但与希腊自然法学说相比略有变化，即淡化其抽象的"理性""理念"色彩，突出其自然客观法则的特点。

其次，罗马法学家还探讨了法的现实来源，提出了立法权寓于"人民"和君主的观点。法学家尤里安（Iulianus）认为："在不采用成文法的情况下，必须遵守由习俗和习惯确定的那些规范……我们遵守它们仅仅是因为人民决定接受它们。那些在无成文法的情况下人民所接受的东西，也有理由为所有人所遵守。实际上，人民通过表决表达自己的意愿与通过同样的现实和事实表达这种意愿，这两者之间有什么差别？因此，也很有理由接受这一原则：法律的废除不仅产生于立法者的表决，而且也产生于所有人以放弃使用习俗的方式所表示的契合合意。"② 乌尔比安也主张："在无成文法的情况下，那些长久的习惯常常被当作法和法律来遵守。"③ 盖尤斯认为法律是由人民作出的规定与命令。④ 优士丁尼也提出了类似的观点："法律是罗马人民根据元老院长官例如执政官的提议制定的。"⑤ 对于"人民"范畴，盖尤斯解释为："所谓'人民'是指所有的市民，也包括贵族。"⑥ 优士丁尼对"人民"的理解与盖尤斯完全相同："人民是指全体公民，包括贵族和元老在内。"⑦ 进入帝制后法学家们提出了君主法源论。盖尤斯说："毫无疑问，它（指君主谕令——本文注）具有法律的效力，因为皇帝本人根据法律获得治权。"⑧ 乌尔比安则直接提出君主主权原因："君主喜欢的东西就具有法律效力，因为人民根据已通过的有关君主权力的《君王法》将一切统治权（imperium）和支配权（potestas）授予了他。"⑨ 罗马法学家对法的现实来源所进行探讨，表现出极强的务实性，无论是法来源于民，还是法来源于君都是对罗马法实在来源所做的客观揭示，同时也是他们把法本源于自然法的抽象命题进一步具体化的创造性发展。

---

① ［意］彼德罗·彭梵得：《罗马法教科书》，黄风译，15页，北京，中国政法大学出版社，1992。

② ［意］桑德罗·斯奇巴尼选编：《民法大全选译·正义与法》，黄风译，62页，北京，中国政法大学出版社，1992。

③ ［意］桑德罗·斯奇巴尼选编：《民法大全选译·正义与法》，黄风译，63页，北京，中国政法大学出版社，1992。

④ 参见［罗马］盖尤斯：《法学阶梯》，黄风译，2页，北京，中国政法大学出版社，1996。

⑤ ［罗马］查士丁尼：《法学总论》，张企泰译，7页，北京，商务印书馆，1989。

⑥ ［罗马］盖尤斯：《法学阶梯》，黄风译，2页，北京，中国政法大学出版社，1996。

⑦ ［罗马］查士丁尼：《法学总论》，张企泰译，7～8页，北京，商务印书馆，1989。

⑧ ［罗马］盖尤斯：《法学阶梯》，黄风译，2页，北京，中国政法大学出版社，1996。

⑨ ［意］桑德罗·斯奇巴尼选编：《民法大全选译·正义与法》，黄风译，66页，北京，中国政法大学出版社，1992。

（三）关于法的分类

罗马法学家还从不同角度对法（法律）进行分类。其中，对后世影响较大的分类有两种：

1. 公法与私法的划分

此分类法最早由乌尔比安提出。乌尔比安认为，整个罗马法可以分为两个各自独立互不干扰的法律部门：公法和私法。"公法是有关罗马国家稳定法，私法是涉及个人利益的法。事实上，它们有的造福于公共利益，有的则造福于私人。公法见之于宗教事务、宗教机构和国家管理机构之中。私法则分为三部分，实际上，它是自然法、万民法或是民法的总和。"[1] 乌尔比安关于公私法的划分和基本定义，在当时获得普遍的承认，并为国家立法形式所采纳。优士丁尼的《法学阶梯》明确指出："法律学习分为两部分，即公法与私法。公法涉及罗马帝国的政体，私法则涉及个人利益。……私法，包括三部分，由自然法、万民法和市民法的基本原则所构成。"[2] 罗马法学家关于公私法的分类及概念，在法律上在国家权力和私人活动之间划定了一条明确的界限，这样就使罗马统治者能够分别制定旨在保护以皇帝为首的国家利益的公法和旨在保护自由民个人利益的私法。罗马公法与私法泾渭分明，各自法律制度完备，这是使罗马法成为当时世界上最发达法律体系的又一原因。罗马法学家关于公私法的划分法，在当时具有积极的意义，对后世法学的发展也具有深远的影响。

2. 自然法、市民法、万民法的划分

罗马法学家从法的来源角度对私法的分类提出了"三分说"和"二分说"。其中乌尔比安"三分说"得到优士丁尼《法学阶梯》的认可，且流传最广。下面从"三分说"的角度，介绍罗马法学家们对三种法的定义及彼此关系的看法。

（1）三种法的基本含义

自然法，罗马法学家都承认它的存在。他们认为，自然法是一种正义理性法，是出自万物本性"自然规则"的总和。自然法适用范围极为广泛，不仅适用于人类而且适用于动物。自然法的规则是永恒不变的，其效力也是最高的。

市民法，原指罗马城邦固有的只适用于罗马市民的法律，后泛指各民族为自己制定的实在法。盖尤斯认为："每个共同体为自己制定的法是他们自己的法，并且称为市民法，即市民自己的法。"[3] 乌尔比安对市民法的看法是："市民法是那种不完全背离自然

---

① ［意］桑德罗·斯奇巴尼选编：《民法大全选译·正义与法》，黄风译，35 页，北京，中国政法大学出版社，1992。

② ［罗马］查士丁尼：《法学总论》，张企泰译，6 页，北京，商务印书馆，1989。

③ ［罗马］盖尤斯：《法学阶梯》，黄风译，2 页，北京，中国政法大学出版社，1996。

法或万民法的法；它也不完全隶属于它们。当我们对共同法进行增补或删除时，我们在造就自己的法：市民法。"① 优士丁尼认可上述说法："我们把罗马人民或奎利迭人民适用的法律叫做罗马人的市民法或奎利迭人的市民法。"②

万民法，指按自然的理性对一切民族所确定的规则的总体，它是各民族共同适用的实在法。在罗马，它指的是"罗马人与古代文明民族共有的或在同他们的关系中逐渐创立的规范总和"③。对万民法内涵的解释，法学家们的看法基本一致。盖尤斯在《法学阶梯》一开头就对万民法作了界定："根据自然原因在一切人当中制定的法为所有民众共同体共同遵守，并且成为万民法，就像是一切民族所使用的法。"④ 乌尔比安认为："万民法是所有民族均使用的法。"⑤

（2）三种法之间的关系

罗马法学家对三种法之间的关系进行了探讨。首先，在自然法与万民法的关系上，罗马法学家有两种不同的观点。盖尤斯认为自然法与万民法是一致的。他在《法学阶梯》中明确指出，万民法是根据自然原因在一切人当中制定的法为所有的民众共同体共同遵守的法。这样他就把自然法与万民法综合为一个统一的概念。乌尔比安则认为自然法与万民法是不一样的。"《学说汇纂》借乌尔比安之口，在谈到所有古代民族所共有的、但却违反'自然法'的奴隶制度时，则宣告了自然法的独立。"⑥ 其次，在自然法与制定法的关系上，罗马法学家有相同的看法。即自然法是基于自然真理和正义而产生的最高理性的法；市民法和万民法是人类依据自然法而制定的法；自然法高于实在法，是实在法的基础和渊源；自然法"永远是公正和善良的东西"⑦；自然法"是上帝神意制定的，因此始终总是固定不变的"⑧，一切制定法都应以自然法为标准。

罗马法学家关于法律分类思想创新之处就在于它不仅把法分为自然法与实在法，而且还将实在法按适用对象分为市民法和万民法，为法律的精细研究划分了界域。

（四）关于罗马法的结构

这里所说的罗马法的结构，指的是罗马私法的内部序列的安排。罗马法学家对法律

---

① ［意］桑德罗·斯奇巴尼选编：《民法大全选译·正义与法》，黄风译，37 页，北京，中国政法大学出版社，1992。
② ［罗马］查士丁尼：《法学总论》，张企泰译，7 页，北京，商务印书馆，1989。
③ ［意］彼德罗·彭梵得：《罗马法教科书》，黄风译，15 页，北京，中国政法大学出版社，1992。
④ ［罗马］盖尤斯：《法学阶梯》，黄风译，2 页，北京，中国政法大学出版社，1996。
⑤ ［意］桑德罗·斯奇巴尼选编：《民法大全选译·正义与法》，黄风译，37 页，北京，中国政法大学出版社，1992
⑥ ［意］彼德罗·彭梵得：《罗马法教科书》，黄风译，14 页，北京，中国政法大学出版社，1992。
⑦ Digest. 1, 1, 11.
⑧ ［罗马］查士丁尼：《法学总论》，张企泰译，11 页，北京，商务印书馆，1989。

编排有两种主张，一是把法律分为人法和物法；二是把法律分为人法、物法和诉讼法。其中后者影响最大。盖尤斯在其《法学阶梯》中以权利主体、权利客体和权利保护为脉络，将罗马私法的结构分为人法、物法和诉讼法三个部分。在这种编排体系中，人法是指有关权利主体即人的权利能力和行为能力、人的法律地位、人的各种权利的取得和丧失以及婚姻家庭方面的法律。物法是指权利客体、所有权的取得、变更和区分，以及债权与继承方面的法律。诉讼法指的是在权利的保护和救济中有关诉讼程序方面的规定。盖尤斯关于私法的结构设计得到优士丁尼的肯定。在优士丁尼的《法学阶梯》中明确指出："我们所使用的全部法律，或是关于人的法律，或是关于物的法律，或是关于诉讼的法律。"① 罗马法学家关于法律结构的划分影响深远，后来西方大陆法系各国民法典均仿效其体例，其中法国民法典的结构直接采用优士丁尼《法学阶梯》立法体例，德国民法典则以优士丁尼《学说汇纂》体例为蓝本。

三、罗马法学家法律思想评价

在西方法律思想史上，罗马法学家创立了独具特色的法律思想体系。该体系对人类法律思想作出了突出的贡献。

（一）最早区分了法、法律和法学的概念

在西方，对法律问题的关注和研究始于古希腊。希腊圣哲们在给法或法律下定义时，多从政治学、伦理学或哲学角度进行界定，从而形成古希腊特有的"正义论"的法律思想。罗马法学家吸收了希腊人的正义观，同时清晰地把法、法律、法学概念区别开来，这样就使人类对法、法律、法学的研究深入一步。

罗马法学家关于"法"的定义吸收了古希腊的正义论的观念，但对正义解释比前人更具体。如柏拉图认为正义就是善的理念在人类社会中的实现。亚里士多德认为正义是人们在社会关系中产生的一种美德，"政治学上的善就是正义，正义以公共利益为依归……正义是某种事物的'平等（均等）'观念"②。罗马法学家则将正义概念进一步具体化，乌尔比安关于正义和法的定义代表了罗马法学家普遍看法："正义就是给每个人

---

① [罗马] 查士丁尼：《法学总论》，张企泰译，11 页，北京，商务印书馆，1989。
② [古希腊] 亚里士多德：《政治学》，吴寿彭译，148 页，北京，商务印书馆，1997。

应有的稳定而永恒的意志"①，"法的准则是，诚实生活，不害他人，各得其所"②。在这里，罗马法学家将从古希腊继承过来的正义的抽象概念，赋予具体的实体内容，同时他们成功地将正义与法有机地联系在一起，指明并开拓了法学研究的正确之路。

罗马法学家关于"法律"的定义比古希腊思想家更清晰。柏拉图在《法律篇》中给法律下的定义是："……在公共和私人生活中——在我们的国家和城邦的安排中——我们应该服从那些具有永久性质的东西，将根据理智来进行的分配称为'法律'。"③ 亚里士多德给法律下的定义则很庞杂，其基本观点是把法律视为正义，他说："要使事物合于正义，须有毫不偏私的权衡；法律恰恰是这样一个中道的权衡。"④ 显然古希腊思想家将法与法律和正义相等同。而罗马法学家不仅将法与法律相区别，而且还给法律以明确的定义，五大法学家最权威的人物帕比尼安指出："法律是所有人的共同规范；是智者们的决定；是对有意或无知而实施的犯罪的惩罚；是整个共和国民众间的共同协议。"⑤ 由此出发，罗马法学家将具有命令、协议性质的平民院决议、元老院决议、君主谕令、有权发布告示者发布的告示、法学家的解答等均纳入了法律的范围。可见，罗马法学家关于法律的定义已由古希腊价值层面的分析深入到本质属性的概括，从而使法律由抽象概念转化为具体的定在。这一发展对后来西方法律思想家关于法律概念界定具有重要的启示作用。从某种程度上说罗马法学家提出的严格的法律定义，是现代西方实证主义法学的理论来源。同时，罗马法学家关于法与法律明确地区分是其对西方法律思想史最重要的贡献之一。

罗马法学家关于法学的定义独具创意。在古希腊，法学与政治学、伦理学、修辞学、雄辩术融合一体，思想大师们对法学的研究往往是进行其他学科研究的副产品。罗马法学家们首次给法学作出了明确的定义："法学是关于神和人的事物的知识；是关于正义与非正义的科学。"罗马法学家对"法学"的界定使他们对法学的研究"采取了一种整体的视角，认为其关涉世界，特别是人类社会"⑥。自此，法学在罗马法学家这里不再是"玄学"，而是一种与罗马社会实际紧密联系在一起的实践智慧。罗马法学家们不仅在理论上界定了法学概念，而且还从法的概念、法的渊源、法的体系、法的分类、

① 〔意〕桑德罗·斯奇巴尼选编：《民法大全选译·正义与法》，黄风译，39页，北京，中国政法大学出版社，1992。

② 〔意〕桑德罗·斯奇巴尼选编：《民法大全选译·正义与法》，黄风译，39页，北京，中国政法大学出版社，1992。

③ The Law of Plato,（trans Thomas L. Pangle），Chicago：The University of Chicago Press，1988. p. 100.

④ 〔古希腊〕亚里士多德：《政治学》，吴寿彭译，148页，北京，商务印书馆，1997。

⑤ 〔意〕桑德罗·斯奇巴尼选编：《民法大全选译·正义与法》，黄风译，54页，北京，中国政法大学出版社，1992。

⑥ 〔意〕桑德罗·斯奇巴尼：《法学家：法的创立者》，载《比较法研究》，2004（3）。

法的内容等方面进行专门细致的研究，形成较完整的法学思想体系。罗马法学家的这些努力使法学第一次脱离了对其他学科的依附而获得了独立发展。罗马法之所以成为世界古代最发达最完备的法律体系与其法学的独立发展有着直接的联系。客观地说，罗马法学是当时世界上最发达的法学。

(二) 成功地将自然法与实在法相结合

自然法，是西方法律思想家们始终承认并研究的论题。它历经古代、中世纪、近代、现代传承不衰，自然法"作为一面旗帜，主导着西方社会法律发展的大方向"[①]。古希腊是自然法的发源地，罗马法学家继承了古希腊斯多葛派自然法的思想，承认自然法的是普遍存在的，其效力高于人定法。西塞罗的自然法理论代表了罗马共和时代法学家对自然法研究的最高水平。共和后期罗马法学家也接受了自然法的概念，但对自然法的认识和研究与西塞罗有所不同。首先，罗马法学家将自然法视为一种客观自然法则。他们认为自然法是自然界教给一切动物的法律，不是人类特有的，而是一切动物都具有的。在这里，罗马法学家突出了自然法的自然性，淡化了古希腊以来并为西塞罗所坚持的抽象"理念"、"理性"色彩。其次，罗马法学家把自然法与实在法相结合，用完全实践性、尝试性的自然概念解析了自然法与市民法和万民法的联系，认为自然法在罗马社会的体现就是万民法和市民法。盖尤斯说：所有的民族都有适用自己特有的法律（市民法），也有适用一切人所共有的法律（万民法）。[②] 这样罗马法学家就使神秘的不可知的自然法开始走进人间实在法律之中。再次，罗马法学家们不仅将市民法、万民法与自然法相联系，还将自然法进一步具体化和实践化。在他们看来万民法是人类共有的自然法，"它包含着各民族根据实际需要和生活必需而制定的一些法则……全部契约如买卖、租赁、合伙、寄存、可以实物偿还的借贷以及其他等等，都起源于万民法"。市民法是每个民族特有的法，它在成文的形式上"包括法律、平民决议、元老院决议、皇帝的法令、长官的告示和法学家的解答"[③]。市民法的内容包括关于人的法律、关于物的法律和关于诉讼的法律。显然，罗马法学家研究自然法时所关注的不是永恒、神圣的自然法，而是人类社会的法律或者是罗马的实在法。"他们讨论的不是天上之神的律法或理性，而是地上之人的自然本性"[④]。这一时期的罗马法学家虽然在理论上缺乏创新，但却充满务实的发展。从某种程度上讲，西方自罗马法学家之后，自然法与人类社会、人定法关系越来越密切。梅因在评价自然法在罗马发展中的作用时说："从整体上来讲罗

① 吕世伦、张学超：《西方自然法的几个基本问题》，载《法学研究》，2004 (1)。
② 参见［罗马］盖尤斯：《法学阶梯》，黄风译，2 页，北京，中国政法大学出版社，1996。
③ ［罗马］查士丁尼：《法学总论》，张企泰译，7 页，北京，商务印书馆，1989
④ ［爱尔兰］J. M. 凯利：《西方法律思想简史》，王笑红译，58 页，北京，法律出版社，2002。

马人在改进法律方面，当受到'自然法'的理论刺激时，就发生了惊人迅速的进步。"①

（三）初步构建了西方法律体系的框架

关于法的分类，古希腊思想家曾从理论上进行过研究。罗马法学家在前人关于法的分类基础上又进行了详细地划分。首先，罗马法学家从法的性质角度，把法分为公法和私法。在此分法基础上罗马法分别形成了旨在保护以皇帝为首的国家公共利益的公法和旨在保护罗马自由民私人利益的私法。罗马法学家关于公法和私法的分类虽不尽科学，但它对法学理论的深入研究和法律制度的分门别类，具有直接实用价值。"公、私法的划分从法理学角度来说具有一定意义，即从宏观上反映了个人与社会之间的利害关系和个人与个人之间的利害关系的异同。"② 这种划分法至今仍然是西方法律体系分类理论所采纳的标准之一。其次，罗马法学家从法的适用角度把法分为自然法、市民法和万民法。其中，他们对自然法思想的接受和发展，体现了西方自然法理论发展过程中所具有的承前启后的特殊地位；市民法中蕴涵的法最初渊源是"有组织的民众的每一单一愿望的集合"③ 的精神是近现代立法权寓于人民思想一个来源；万民法思想则为罗马以及后来国家解决一国之内不同民族纠纷的法律制度的创立，同时也为处理不同国家之间私人权利和财产纠纷提供了理论依据。在国际法领域，万民法是国际私法的来源已是一个不争的共识。再次，罗马法学家从私法的内容角度，把法分为人法、物法和诉讼法。这种分类方法是对罗马私法以权利主体、权利客体和权利保护为顺序的具体内容而作的划分，这种划分严密地设计了保护私人权利的法律体系结构，为罗马社会保护私人权利和私有财产提供了较完整的法律框架。这种分类方法虽有实体法与程序法不分的局限，但它对权利主体和权利客体严格保护和设计的严密法律程序，对近代西方构建实体法和程序法体系的法律思考产生了积极和深远的影响。最后，罗马法学家还根据法的表现形式，把法分为成文法和不成文法。前者指以书面形式发布的具有法律效力的规范；后者指起法律作用的习惯法。总之，罗马法学家关于法的分类思想，不仅使罗马法体系横向纵向分类清晰，而且经欧陆国家的继承发展，奠定了现代西方关于法律分类的基本框架。对此，意大利著名罗马法学者予以高度的评价："罗马法学所展示的方法学为法的论述提供了一套符合逻辑的分类结构体系。这一论述体系旨在揭示不同的概念、规则、原理、规范间的内在联系……盖尤斯和优士丁尼分类体系的永久生命力以及其自身所表

---

① [英]梅因：《古代法》，沈景一译，33页，北京，商务印书馆，1959。

② 江平、米健：《罗马法基础》，修订3版，71页，北京，中国政法大学出版社，2004。

③ [意]桑德罗·斯奇巴尼：《法学研究方法以及对古罗马法学著作和近现代法典结构体系中若干问题的思考》，载《比较法研究》，1994（2）。

现出的能够适应任何发展、变化的性质都证明了它具有很强的稳定性和灵活性。"①

总之，罗马法学家以务实的精神对法的概念、分类、体系、结构进行精细的辨析界定，开启了西方法学独立研究的新时代。"他们的法学天赋已经成功地使西方国家的法学达到一个顶峰，使其法律原则和法律制度获得了永恒的价值。"② 当我们感叹罗马法的永恒魅力的时候，我们应知道是罗马法学家的法学智慧"以一种异乎寻常的能力预见到了永恒存在的法律问题，并赋予他们的著作以放之遥远的时代和遥远的地域而皆准的普遍意义"③。罗马法学家们对法的基本理论的有益探讨，为罗马法学的繁荣和法律制度的完备作出了巨大贡献，也为人类法学留下了一笔丰厚的法思想遗产。

（作者单位：辽宁大学法学院）

---

① ［意］桑德罗·斯奇巴尼：《法学研究方法以及对古罗马法学著作和近现代法典结构体系中若干问题的思考》，载《比较法研究》，1994（2）。

② Kaser/Knütel, R. Misches Privatecht, 17. Auflage Münche：verlag C. H. beck，2003，p. 7.

③ ［英］F. H. 劳森：《罗马法对西方文明的贡献》，载《比较法研究》，1988（1）。

法律文化研究　第三辑（2007）

学位论文摘选

中国人民大学法律文化研究中心
曾宪义法学教育与法律文化基金会

王平原

"绝地天通"考论

　　仅千余字的《尚书·周书·吕刑》一直是法史学界研究的重点，《吕刑》在法史中的重要地位也得到了公认。但为什么这篇著名的法学文献一开始就谈及的"绝地天通"这个问题却还鲜有人论及。本文试从"绝地天通"的本源出发对此作一回答，以求教方家。

一、"绝地天通"本源考

(一)《尚书》的记载与《楚语》的阐释

　　提及"绝地天通"，许多学者均指出其源出于《尚书》与《国语》。事实上，"绝地天通"并非是《国语·楚语》所记载，而是《尚书·吕刑》中所记载，而《国语·楚语》中所谈及的"绝地天通"仅仅是对《尚书》中的"绝地天通"的阐释。在《国语·

楚语》的一开头，楚昭王就指明了他的问题是针对《尚书·周书》中所记载的"绝地天通"而提的。也就是说，所谓的《国语·楚语》中的"绝地天通"源自于《尚书》，它们是同源的，前者是后者的解释，而后者才是前者的渊源所在。《吕刑》的相关部分是：

惟吕命。王享国百年，耄荒，度作刑以诘四方。王曰：若古有训。蚩尤惟始作乱，延及于平民，罔不寇贼，鸱义奸宄，夺攘矫虔。苗民弗用灵，制以刑，惟作五虐之刑，曰'法'。杀戮无辜，爰始淫为劓、刖、椓、黥，越兹丽刑，并制，罔差有辞。民兴胥渐，泯泯棼棼，罔中于信，以覆诅盟，虐威庶戮，方告无辜于上，上帝监民，罔有馨香德，刑发闻惟腥。皇帝哀矜庶戮之不辜，报虐以威，遏绝苗民。无世在下。乃命重黎，绝地天通，罔有降格。群后之逮在下。明明匪常，鳏寡无盖。皇帝清问下民，鳏寡有辞于苗。德威惟畏，德明惟明，乃命三后，恤功于民，伯夷降典，折民惟刑，禹平水土，主名山川，稷降播种，农殖嘉谷。三后成功，惟殷于民。士制百姓于刑之中，以教祗德。穆穆在上，明明在下，灼于四方，罔不惟德之勤，故乃明于刑之中，率乂于民棐彝。典狱，非讫于威，惟讫于富。敬忌，罔有择言在身，惟克天德，自作元命，配享在下。王曰：嗟，四方司政典狱，非尔惟作天牧，今尔何监。非时伯夷播刑之迪，其今尔何惩，惟时苗民匪察于狱之丽，罔择吉人，观于五刑之中。惟时庶威夺货，断制五刑，以乱无辜，上帝不蠲，降咎于苗。苗民无辞于罚，乃绝厥世。①

《国语·楚语》之"昭王问于观射父"篇的记载是：

昭王问于观射父曰："《周书》所谓重、黎实使天地不通者，何也？若无然，民将能登天乎？"对曰："非此之谓也。古者民神不杂。民之精爽不携贰者，而又能齐肃衷正，其智能上下比义，其圣能光远宣朗，其明能光照之，其聪能听彻之，如是则明神降之，在男曰觋，在女曰巫。是使制神之处位次主，而为之牲器时服，而后使先圣之后之有光烈，而能知山川之号、高祖之主、宗庙之事、昭穆之世、齐敬之勤、礼节之宜、威仪之则、容貌之崇、忠信之质、禋洁之服，而敬恭明神者，以为之祝。使名姓之后，能知四时之生、牺牲之物、玉帛之类、采服之仪、彝器之量、次主之度、屏摄之位、坛场之所、上下之神祇、氏姓之所出，而心率旧典者，为之宗。于是乎有天地神民类物之官，是谓五官，各司其序，不相乱也。民是以能有忠信，神是以能有明德，民神异业，敬而不渎，故神降之嘉生，民以物享，祸灾不至，求用不匮。及少昊之衰也，九黎乱德，民神杂糅，不可方物。夫人作享，家为巫史，无有要质。民匮于祀，而不知其福。烝享无度，民神同位。民渎齐盟，无有

_____

① 参见宋元人注：《四书五经》（上）之蔡沈注《书经集传》，132～134页，北京，中国书店，1985。标点参考吴树平等校：《十三经》（全文标点本）（上），210～212页，北京，燕山出版社，1992。

严威。神狎民则，不蠲其为。嘉生不降，无物以享。祸灾荐臻，莫尽其气。颛顼受之，乃命南正重司天以属神，命火正黎司地以属民，使复旧常，无相侵渎，是谓绝地天通。其后，三苗复九黎之德，尧复育重、黎之后不忘旧者，使复典之，以至于夏、商。故重、黎世叙天地，而别其分主者也。其在周，程伯休父其后也，当宣王时，失其官守，而为司马氏。宠神其祖，以取威于民，曰：'重实上天，黎实下地。'遭世之乱，而莫之能御也。不然，夫天地成而不变，何比之有？"①

弄清楚《尚书·周书·吕刑》中的"绝地天通"与《国语·楚语》里的"绝地天通"是同源的这一点对于我们弄清楚"绝地天通"的意义是非常重大的，但这并不意味着作者否认观射父论述的价值。有学者认为："研究古史的学者一致认为，愈早出的资料愈能反映传说的原貌，这样，《吕刑》的价值自然更高。"②事实上，这也不尽然。著名学者徐炳昶就提出："综合材料比未经系统化的材料价值低。"③在具体的划分中，他还把《尚书》中的《虞夏书·甘誓》、《商书》和《周书》与《周易》的卦爻辞、《诗经》、《左传》与《国语》并列为第一等可信的史料，而《尚书》中的《尧典》等三篇列为第二等可信的资料。观射父那长长的一段回答，用今天的时髦话来说，是对"绝地天通"的最早的诠释。有当代学人明确提出，观射父是"误读"④，但本文作者并不同意这一观点。观射父的论述同样具有很重要的研究价值。

比较《吕刑》和《楚语》的记载，我们会发现这两者在一些问题上是矛盾的，如《吕刑》记载"绝地天通"的发生地是在"三苗"地区，时间是在伯夷降典、禹平水土等以前，而《楚语》则记载其发生在少昊之后，地点为九黎所在的地区。但细读之后，我们会发现他们之间也有更多的共同点，即对"绝地天通"这一事实过程的叙述大致相同。《尚书·周书·吕刑》中的"绝地天通"过程包括这样几个阶段：首先，蚩尤作乱；其次，"苗民弗用灵"导致社会混乱，民怨沸腾；第三，帝命重、黎"绝地天通"；第四，处理后事：伯夷降典，禹平水土，稷降播种。《国语·楚语》观射父对"绝地天通"的解释大致包括这样几个阶段：第一，古代人民与神灵不相混杂的情况；第二，九黎乱德，人神杂糅；第三，颛顼"绝地天通"；第四，三苗走九黎的老路，尧复典之。从这里可以看出，他们均肯定："绝地天通"前社会发生过很大的混乱，"绝地天通"后，人神的事务是分别掌管的。

---

① 徐元诰撰，王树民、沈长云点校：《国语集解》，512～516页，北京，中华书局，2002。标点参考李维琦译：《白话国语》，374～375页，长沙，岳麓书社，1994。

② 叶林生：《古帝传说与华夏文明》，223页，哈尔滨，黑龙江教育出版社，1999。叶先生在其后文中引用了徐旭生先生的研究成果作为他这个结论的证据，但事实上他的这个结论是有违徐先生的原意的，因为徐先生特别强调资料的原始性，但绝不是仅仅看它的时间，因而这一结论也就不是什么"一致认为"的。

③ 徐炳昶：《中国古史的传说时代》（增订本），29页，北京，文物出版社，1985。

④ 赵沛霖：《先秦神话思想史论》，170页，北京，学苑出版社，2002。

(二)《山海经》的佐证

《山海经》究竟是本什么样的书，两千多年来这一直是个争论不休的话题。《汉书·艺文志》将其列在刑法家类中，《隋书》及其以下正史皆将其列入地理书之首，但在清代编纂《四库全书》时，《山海经》被划入了小说家的范围。但此"小说"与当今列为文学作品的小说有差异。鲁迅曾言："此则小说者，仍谓寓言异记，不本经传，背于儒术者矣。"① 他认为：《山海经》"盖古之巫书也。然秦汉亦有增益"。事实上，人类最早的"史"就是巫师从事宗教礼仪活动时所演唱的神话故事，神话故事就是原始初民心目中的远年历史。这一点我们还可以在比较人类学研究成果时发现：很多民族的先民都有这一"巫"、"史"相结合的历史。由此，《山海经》也可以作为我们研究原始社会乃至阶级社会早期法——初民的法的基本素材。因为早在文字产生以前，人类就产生了历史意识，而人类回顾历史，首先是回顾自己的祖先的丰功伟绩，通过口耳相传，他们的祖先已被异化为神灵，这就是所谓的历史的神话化，而历史意识特别强烈的东方民族在这一点上表现得特别明显。与以希腊神话为代表的西方神话相比，中国神话走过了一条与之完全不同的道路。中国神话在人类产生语言后的最适宜的时期内并没有得到系统的整理加工，因而仍然保留着其零星散乱的状态，这种神话更接近于原始神话的状态。它们直接传递着原始时代的信息，具有更重要的价值。因而上一世纪初《山海经》一进入历史学家的视野就引起了史学思潮的大变革。②

《山海经》中也有关于"绝地天通"的记载，只是由于它的神话色彩，对其解读有着很大的风险，因而《山海经》的有关记载长期以来没有得到法史学界的重视。据神话学家袁珂等考证，《山海经》中关于"绝地天通"的记载最典型的当是《大荒西经》中的一条：

"大荒之中，有山名曰日月山，天枢也。吴姬天门，日月所入。有神，人面无臂，两足反属于头山，名曰嘘。颛顼生老童，老童生重及黎，帝令重献上天，令黎邛下地。下地是生噎，处于西极，以行日月星辰之行次。"

对于这一条，清人郝懿行注曰："古者，神人杂扰无别，颛顼乃命南正重司天以属神，命火正黎司地以属民，重实上天，黎实下地。献、邛义未详也。"③

袁珂先生考证"献"义为举，邛为"卭"之讹传。"令重献上天，令黎邛下地"的含义为："颛顼为了要断绝天和地的通路，便命令重两手托着天，把天尽力往上举；又

---

① 《鲁迅全集》（九），151 页，北京，人民文学出版社，1973。
② 有关变革的前因后果可参考罗志田：《〈山海经〉与近代中国史学》，载《中国社会科学》，2001（1）。
③ ［清］郝懿行：《山海经笺注》，《山海经》第十六，五，成都，巴蜀书社，1985。

命令黎两手撑着地，把地竭力朝下按——这样天和地就分得远远的了。"①

据袁珂先生考证，《山海经》关于"绝地天通"的还有以下几条：

> 巫咸国在女丑北，右手操青蛇，左手操赤蛇，在登葆山，群巫所从上下也。
>
> ——《山海经·海外西经》
>
> 开明东有巫彭、巫抵、巫阳、巫履、巫凡、巫相，夹窫窳之尸，皆操不死之药以距之。窫窳者，蛇身人面，贰负臣所杀也。
>
> ——《山海经·海内西经》
>
> 有灵山、巫咸、巫即、巫盼、巫彭、巫姑、巫真、巫礼、巫抵、巫谢、巫罗十巫，从此升降，百药爰在。
>
> ——《山海经·大荒西经》

除上述四条外，还有几条是关于天人交通的：

> 华山青水之东，有山名曰肇山，有人名曰柏高，柏高上下于此，至于天。
>
> ——《山海经·海内经》
>
> 西南海之外，赤水之南，流沙之西，有人珥两青蛇，乘两龙，名曰夏后开。开上三嫔于天，得《九辩》与《九歌》以下。此天穆之野，高二千仞，开焉得始歌《九招》。
>
> ——《山海经·大荒西经》
>
> 海内昆仑之虚，在西北，帝之下都。昆仑之虚，方八百里，高万仞。上有木禾，长五寻，大五围。面有九井，以玉为槛。面有九门，门有开明兽守之，百神之所在。在八隅之岩，赤水之际，非仁羿莫能上冈之岩。
>
> ——《山海经·海内西经》

二、"绝地天通"乃一普遍的文化现象

(一)"绝地天通"的主人公

"绝地天通"的主人公，《尚书·周书·吕刑》认为是"皇帝"，而《国语·楚语》是帝颛顼。但此"皇帝"非秦始皇以后之彼"皇帝"，而帝在此时也并非是人间的最高统治者。徐炳昶先生在考察帝颛顼时，统计他在《山海经》中一共出现了 17 次，是《山海经》里最为显赫的帝，比黄帝、炎帝都多得多。而且他几乎在《山海经》各经中均有出现，但他却几乎没有什么战功，"在浅化人民中间，有武功的容易传播，没有武

---

① 袁珂：《〈山海经〉全译》，8 页，贵阳，贵州人民出版社，1991。

功的很难显著。颛顼没有显著的武功，却是声名洋溢，超过黄帝（在《山海经》中见面回数的多就是证明），是一件颇不容易明白的事情。"① 徐炳昶用"帝颛顼"来称呼颛顼，并对帝作了明确的解释，一是因为古代人们相沿这样称呼，更主要的是因为处在原始公社时代的末期，宗教势力很大，"专名前加一'帝'字，很恰切地表明他们那半神半人的性质。帝就是神，单称'帝'或加一字作'皇帝'，而下面不系专名的，均指天神，并无真实的人格。如《尚书·吕刑》篇所说'皇帝请问下民'的'皇帝'，就是这样。可是帝下带着专名的却是指的人神，他们虽说'神'气十足，而人格却并非子虚"②。

除了皇帝与帝外，在《山海经》中，"绝地天通"的主人公还有巫与医。徐炳昶先生认为："上古巫就是医。"③ 也就是说，《山海经》中有数条记载了由一群巫师组成的集团，正以某山为天梯，在那里上上下下，做宣神旨、达民情的沟通人神间关系的工作。巫、医与帝、皇帝一样能够沟通人神。可以说，他们无法被确定为某个具体的人或神，他们代表了人类社会进化到某个阶段时，该社会中既主掌神间事务又主掌人间事务的那一团体。"我们可以推断，在远古时代，中国确实同样有过一层人叫做'觋'和'巫'。他们声称能和众神直接交际，同时他们必然在社会上享有很高的威望和重要地位。这种推断是准确的，即使不是在全中国，至少是在中国南方的一些地方是这样。"④

(二)"绝地天通"的发生地

帝颛顼是"绝地天通"的主角，他属何方神仙？徐先生考证为："我们现在的看法是他属于华夏集团，但是受东夷集团的影响很大。"⑤ 他还详细考证了《山海经》中的"帝"出现的次数和地方，指出：帝所往来的地方虽说相当地多，可是他们最喜欢往来的地方却只有有限的几个。整部书中，"帝"字出现 32 处，其中见于《西次三经》、《中次七经》、《中次十一经》三经的占了大部分。《西次三经》所记的是昆仑丘即今青海高原地区，《中次七经》记的是现在河南的中岳嵩山地区，《中次十一经》所记的地方较混乱，但基本上都在今河南及今河北、山西部分地区。也就是说，原始时代这些半人半神的"帝"的主要活动区域乃在沿黄河流域的地区。这样，我们可以说，这种天地相通的情况在原始人中是一种普遍的现象，而不是某一地区的特定的现象。

再看天人交通的另一类主角巫、医所活动的地方。需要指出的是，由于众多的原

---

① 徐炳昶：《中国古史的传说时代》（增订本），75页，北京，文物出版社，1985。
② 徐炳昶：《中国古史的传说时代》（增订本），76页，北京，文物出版社，1985。
③ 徐炳昶：《中国古史的传说时代》（增订本），82页，北京，文物出版社，1985。
④ 吴国桢：《中国的传统》，陈博译，17页，北京，东方出版社，2000。
⑤ 徐炳昶：《中国古史的传说时代》（增订本），75页，北京，文物出版社，1985。

因,《山海经》中的众多的地名对我们来说仍然还是天书,我们能够把它们与现在的地名相对照的仍然是很少一部分,各个学者考证的结果也并不一致。如《山海经》所记载的巫、医等活动的巫咸国、灵山等地名,徐炳昶先生考证认为:"《水经注·涑水》下引巫咸国及此条,以为一地。在今山西安邑县境内。"① 而袁珂则认为:"灵山,疑即巫山。《说文》一云:'灵,巫也,以玉事神。'《楚辞·九歌·东皇太一》:'灵偃蹇兮姣服。'王逸注'巫也。'《云中君》:'灵连蜷兮既留。'王逸复注:'楚人名巫为灵子。'是灵、巫古本一字,而此山复有诸巫采药往来,'百药爰在',与《大荒南经·巫山》'帝药,八斋'之情景相类,因此灵山即彼巫山也。"② 如果不单独就学者考证的结论作正确与错误之分的话,我们也可以看出,人类社会初期的巫、医的存在范围也是很广的,作为一种文化现象,他并非只局限于某个地方。

第三,我们来看天人交通的途径。"自然物中可以凭借以为天梯者有二:一曰山,二曰树。山之天梯,首曰昆仑。"③ 在《山海经》的神话中,最有名的要算昆仑山与西王母。昆仑在《山海经》中出现的次数很多,并分列于《西次三经》、《海外南经》、《海外北经》、《海内北经》及《大荒北经》等目次中,"以至后世说到昆仑山就作为天国,说到西王母就当作神仙,作为中国人的一种理想"④。袁珂在《中国神话传说词典》中列举了在《山海经》各经中出现的昆仑,并把它们与《穆天子传》、《淮南子》、《楚辞》以及《史记》中的昆仑作了对比,得出结论:"总之,昆仑实非一地,正如毕沅所说,'高山皆得名之'。"⑤

(三)"绝地天通"并非只属于"苗"

《尚书·周书·吕刑》振振有词地描述了"绝地天通"与三苗的关系,但《国语·楚语》却语焉不详,以"其后,三苗复九黎之德,尧复育重、黎之后不忘旧者,使复典之"一笔带过。而从对《山海经》中关于"绝地天通"以及有关"苗"的记载作一分析后,我们首先会发现:《山海经》中的记载非常中性,基本上不带有感情色彩。同时,我们也可看出:像《尚书·周书·吕刑》和《国语·楚语》所提及的"皇帝"、"帝"和"颛顼"这些原始时代的半人半神的"帝"的主要活动区域乃在沿黄河流域的地区。因此,这种天地相通的情况在原始人中是一种普遍的现象,而不是某一地区的特定的现象,也不是只在苗或九黎一地。因而"绝地天通"的过程也应该并非只发生在苗地或者

① 徐炳昶:《中国古史的传说时代》(增订本),82页,北京,文物出版社,1985。
② 袁珂:《〈山海经〉校注》,450页,上海,上海古籍出版社,1980。
③ 袁珂:《〈山海经〉校注》,450页,上海,上海古籍出版社,1980。
④ 郭箴一:《中国小说史》,55页,上海,上海书店,1984。
⑤ 袁珂:《中国神话传说词典》,236页,上海,上海辞书出版社,1984。

九黎。

三、"绝地天通"的实质是世俗权力战胜宗教权力

(一) 关于"绝地天通"性质的诸说

"绝地天通"被记录在先秦典籍中,春秋战国时,身为一国之主的楚昭王就已经不知道"绝地天通"是怎么一回事,而不得不不耻下问,求教于史官观射父了,足见这一问题的深奥。从此以后,它既是经书注释的一个必不可少的问题,也是学术上一个争论不休的话题。但试图对它作出全面的、系统的、较为科学合理的解释则是上一个世纪以来的事。学者们的见解、观点差异很大,但总括起来,可以作如下划分:

1. 史料说

叶林生认为:"'绝地天通'既不是一个神话故事,也不是一个宗教故事,而是一则珍贵的史料。"[①] 他认为:"绝地天通"的天、地实际上不是指上天和大地,而是一个方位概念。古人东向曰下,西去曰上,南下曰下,北去曰上。"绝地天通"的本义就是让重驱赶苗民南下、西上,让黎守护其不许北上、东下,如天地之不相通也。叶林生认为有虞氏是中国历史上的第一个国家政权,"当有虞氏西进时,与苗蛮部族发生了旷日持久的争战,结果,三苗一部分被窜于崇山,一部分被分为'北三苗'。当然,更多的则被驱赶到长江以南,这大约就是所谓'绝地天通'。"叶林生得出这一结论的大前提是:从《吕刑》的目的与文义来看,文中不可能说到神话与宗教问题。对比后面的神话与宗教诸说,我们可以看出,他实际上忽略了人类社会早期历史、神话、宗教、政治、法律等之间的复杂而紧密的关系,在现代意义上分割、孤立地理解了它们,其大前提是不真实的,由此也影响了其结论的正确性。

2. 创世神话说

赵沛霖认为:"绝地天通"是观射父对创世神话的误读。"绝地天通""既不是历史,也不是宗教,而系纯想象产物的神话"[②]。前面我们曾论及神话与历史之间的紧密的关系,从这一点讲,神话说有其合理的一面。但笔者却不认为"绝地天通"是"创世神话",是"纯想象的产物"。(1)我国的创世神话非常丰富,典型的有"天地混沌如鸡子"等,与它们相比,"绝地天通"有很大的不同,难于与这些创世神话同类;(2)"绝

---

① 叶林生:《古帝传说与华夏文明》,237页,哈尔滨,黑龙江教育出版社,1999。本段下文所引叶氏的观点均引自该书有关部分,恕不一一注明。

② 赵沛霖:《先秦神话思想史论》,169~175页,北京,学苑出版社,2002。

地天通"的最早记载是在《尚书》中，相传《尚书》为孔子所纂，这虽不一定是事实，但它一直作为儒家经典、受着儒家思想的深深影响这一点却是不容置疑的。刘起釪先生考证过《尚书》的演变过程，从中可以清楚地看到这一点。[①] 而孔子"敬鬼神而远之"、"子不语怪、力、神、乱"是得到公认的，很难想象一个"纯想象产物的神话"能够通过他们的审查而被保存在其经典中。

3. 宗教改革说

许多学者认为"绝地天通"是一场宗教改革。其中最著名的当属徐炳昶先生。他分析了人类智慧的发展初期原始宗教和巫觋产生的原因，认为这些巫或觋通常总是由牧人或农夫兼任，还没有专业化的宗教人员。但当氏族的组织发展成为部落时，人类的社会组织逐渐扩大，有些新问题就提到日程上来了，其中的重要问题就是社会秩序问题。因此，帝颛顼"绝地天通"，使少昊氏的大巫重为南正"司天以属神"，只有他或者只有他与帝颛顼才能管天上的事情，把群神的命令集中起来，传达下来，又使"火正黎司地以属民"，使他管地上的群巫，使他们好好地给万民治病和祈福。这样，社会的秩序又得一时安宁。这是宗教从低级向高级上升的一个大进步。这一改革虽然只是限于宗教范围以内，可是却对于文化的进步有好的影响。[②]

今天也有为数众多的学者持宗教改革说，如葛兆光在对《国语·楚语》中观射父关于"绝地天通"的一段话作了阐释说明后，虽然认为"这一段话不免有理想与回忆的成分"，但他还是肯定了徐炳昶先生在《中国古史的传说时代》就已经提出的观点，认为："绝地天通"的意义在于把宗教的事业变成了限于少数人的事业，这是一种进步。"当这种思维与话语的权力从大众转向少量精英时，思想史就开始了。"[③] 但葛兆光不同意徐炳昶"帝颛顼特别重要是因为他在宗教进化方面有特别重大的作用"的观点，认为："当然，把这一思想史上的巨变算在传说中的颛顼时代并不合适，这一现象真正的达成应该是在殷商西周，祭祀仪式的完备也应该是较晚的事情。"[④]

宗教史学者也多持宗教改革说，他们认为："中国历史从野蛮跨入文明的标志是夏王朝的'家天下'，从原始宗教向古代国家宗教的过渡，大约也是在这一时间完成的。如同从原始社会向私有制社会的过渡发生过讨伐有扈氏的战争一样，古代宗教的诞生也是伴随着一场激烈的宗教改革完成的，史称'绝地天通'。""观射父的说法与《尚书》

---

① 参见刘起釪：《〈尚书〉源流及传本考》，4～24 页，沈阳，辽宁大学出版社，1987。

② 参见徐炳昶：《中国古史的传说时代》（增订本），78～84 页，北京，文物出版社，1985。

③ 葛兆光：《中国思想史第一卷·七世纪前中国的知识、思想与信仰世界》，13 页，上海，复旦大学出版社，2001。

④ 葛兆光：《中国思想史第一卷·七世纪前中国的知识、思想与信仰世界》，50 页，上海，复旦大学出版社，2001。

的记载略有出入，关键在于'绝地天通'的时代和人物。'民神杂糅'是由于'蚩尤作乱'引起的还是由于'九黎乱德'造成的？造成古籍这种差错的原因可能是远古传说的讹误，也可能是由于在中原广阔的地域内，不止发生过一次剥夺民众祭祀天神权力的宗教整顿。不过，中国历史上确实存在'绝地天通'的宗教改革大约无可怀疑。观射父的观点明显地带有战国时期人物历史观上浓重的崇古非今色彩，他把宗教的进程说反了。其实，'民神杂糅'，'家为巫史'恰恰是原始宗教的特点，当代人类学、民族学、考古学的研究都可以证明这一点。只有生产力有了一定程度的发展，社会分工达到一定水平之后，才会出现职业的巫师。而由巫、觋把持宗教活动的权力，正是建立国家宗教的重要步骤。从此，原始宗教发展为统治集团服务的国家宗教。"①

"绝地天通"的宗教改革说在很大程度上是正确的。简单地讲，它也有以下两个不足：一是把人类社会初期的巫觋等同于现代社会的巫觋，认为它们是纯粹的"技术人才"。实际上，彼"巫"非此"巫"，现代所谓的巫师严格意义上讲已不是什么宗教问题而是一个迷信问题，因为他们并不关心人类存在的终极问题，而是注重人类生活中的一些枝节问题，他们可能是由一般的有一些巫术常识的民众来担任，而它们所能享受到的社会地位远逊于它们的祖先——原始社会的巫觋们的地位了。同时，颛顼的"绝地天通"实际上是神权和世俗权的分离。这是一项伟大的社会改革，仅仅用宗教改革来概括是对其意义的极大地低估。

4. 政治事件说

持"绝地天通"是一个政治法律事件的学者都在某种程度上肯定了它的宗教意义，但他们并没有把它仅仅局限在宗教的范围，而是从更广泛的社会的角度来思考这一事件，并由此来解释中国社会早期所存在的巫觋与政治权力的密切关系。张光直先生无疑是其代表。张光直在其论文《谈"琮"及其在中国古史上的意义》一文中就多次引用《山海经》的原文和袁珂先生的《山海经》研究成果。在其最为珍爱的个人著作《美术、神话与祭祀》中，张先生不仅全文引用了《国语·楚语》中的原文，还以"绝地天通"为材料，用专章详细阐述了古代中国巫觋与政治的关系，他认为："这则神话是有关古代中国巫觋最重要的材料，它为我们认识巫觋文化在古代中国政治中的核心地位提供了关键的启示……古代，任何人都可以借助巫的帮助与天相通。自天地交通断绝之后，只有控制着沟通手段的人，才握有统治的知识，即权力。"②

5. 政治法律事件说

法律史学界中，著名学者蔡枢衡曾经很详细地论及了"绝地天通"。他站在更广泛

---

① 该处引文及本段前所引文均见牟钟鉴、张鉴：《中国宗教通史》，84、85页，北京，社会科学文献出版社，2000。

② 张光直：《美术、神话与祭祀》，29页，沈阳，辽宁教育出版社，2002。

的社会变革的角度来考察了"绝地天通"这一事件，但由于他的研究"还曾广泛运用考订方法，对于上古、三代、秦、汉文献中有关刑法的史料，作了许多不同于传统观点的解释，纠正了经史古注许多谬说，恢复了古史资料的本来面目和精神，等于发现了大量新史料，因此也就使我这本《中国刑法史》几乎成了传统法制史意识的异端"①。同时，蔡先生在对"绝地天通"进行阐释时根据音韵，而不是根据文字望文生义来解读《尚书》，引用了《尚书·皋陶谟》、《尚书·洪范》、《尚书·尧典》等资料作为佐证。而自上一世纪 20 年代以顾颉刚为首的疑古学派考证出《尚书》中的《尧典》、《皋陶谟》等是春秋战国时作品以来，很少有人敢用它们作材料，对于涉及它们的有关考证也持一种"姑妄观之"的态度，由此蔡先生对"绝地天通"所作的解释长期以来并没有得到人们的注意。

上一世纪末，法律史学界再一次对"绝地天通"投以了关注的目光，较早涉及的有陈晓枫主编的《中国法律文化研究》，他在该著作中以"另一种文明"为标题专节讨论了"苗民之刑"。他认为："苗黎集团入主中原后，也许是由于他们的部落习俗大异于中原各族，也许是他们的文明程度已远远超过中原，他们采取了与拟制宗族制完全不同的部落联盟组织形式和社会控制方式。"② 该书得出结论："蚩尤集团虽败，蚩尤之法尤存。新胜之后的中原部落首领，不再采用普遍结盟的方式，使所有部族通过承认统治集团的始祖为共同始祖，来结成拟制血缘关系。而是'绝地天通'，仅有部分氏族贵族和与统治集团同源的种姓氏族，仍有权祭天地始祖，这也就意味着在他们内部恢复实行以血缘为基础，属人为原则的行为规范体系；而另一部分'不夷为民'的氏族和部分氏族的一般成员，则继续按蚩尤之法管理，'士制民于刑之中'。"③

随后徐忠明先生在其研究中也涉及了"绝地天通"，他的《皋陶与"法"考论》一文在对"在早期社会里，操持法律制定与司法审判权的，一般均为巫师"句所作的注中引用了《国语·楚语》中的关于"绝地天通"的有关记载后说："这是中国宗教史和政治史上的一个划时代的事件。"④

细加分析，无论是殊途同归还是借鉴参考，政治法律事件说应该是政治事件说在法律领域中的延续，也是对政治事件说的一种补充，但其论述或多或少具有以下一些不足：一是仍将"绝地天通"与"三苗"紧紧联系在一起；二是没有对"绝地天通"对社会政治法律的影响作更深入的分析；三是没有将其放在更为长远的社会历史阶段进行考虑。

---

① 蔡枢衡：《中国刑法史》，9 页，南宁，广西人民出版社，1983。
② 陈晓枫：《中国法律文化研究》，101 页，郑州，河南人民出版社，1993。
③ 陈晓枫：《中国法律文化研究》，103 页，郑州，河南人民出版社，1993。
④ 徐忠明：《法学与文学之间》，207 页，北京，中国政法大学出版社，2000。

（二）"绝地天通"的性质：世俗权力战胜宗教权力

"绝地天通"记载的是人神之间交通与隔绝的关系。为此，理清人类社会早期发展阶段人神之间分分合合的关系是了解"绝地天通"性质的重要途径。

1. 天人合一的巫觋

当人类学会用火、打制石器后，他们就把自己和自然界拉开了一个距离，并开始把自然界作为一个客体来感受。在这以后他们逐渐地感觉到了自己在自然界面前的脆弱和渺小，从而产生出对自然的神秘感和敬畏感，认为万物有灵，开始对自然万物产生崇拜。"他们对于他们所熟知的事情，并不相信有什么神鬼。比方说，对于农事，必须播种才能发芽，他们知道得清楚，就不求助于什么神鬼，什么巫术。可是种子已经埋到土里面，它们是否能好好地发芽，因为他们对于气候的变化，土壤的性质，以及其他的环境条件，几乎毫无所知，所以就毫无把握。虽说这些小神小鬼不很听我们的话，可是为着生活和生产的关系，不能不努力地使它们不同我们为难。他们相信在他们自己中间能有一种特别的'技术人才'，有特别的能力，藉着他们自己感情的蓬勃奔放，用一种特别的术语、咒语，命令藏在物体后面的小神小鬼，照着他们的意志去做。这些'技术人才'就叫作巫、觋。"[1] 原始社会的巫觋们所关心的那些事在今天来讲可能已是一些涉及具体生活的事情，就如同今天的巫师们所做的那些事情，而非宗教上的终极关怀的问题，但在原始社会时期，那些事可能是比我们今天所谓的终极关怀还终极关怀的事，它们肯定不会是一般人可以做也能够做的。古代巫觋的功用与在当代仍然存在的巫师们的功用是完全不同的。巫觋是人与神之间的沟通者，对他们的要求是非常高的。《国语·楚语》中所说的"民之精爽不携贰者，而又能齐肃衷正，其智能上下比义，其圣能光远宣朗，其明能光照之，其聪能听彻之"即他们的标准。

2. 图腾、图腾崇拜与图腾禁忌：神权独享的时代

在从猿到人的发展过程中，人类把自然界的种种变异误解为是天对人的警告和惩罚，认为天在人上，为人经纬，自然就产生了对天的祭祀，这种事神的活动的主导者就是巫觋，他做天人间的翻译和传达工作，成了天在人间的代表，这远在伏羲时代就已经出现了。原始社会的巫觋都以各处所属人群所用图腾为自己的标记，所以存在着云师、火师、水师、龙师和鸟师等的区别，出现了图腾崇拜，而图腾崇拜观念的外化的行为规则就是图腾禁忌。图腾禁忌是原始氏族社会最初出现的，也是最重要的调整人们相互关系和行为的习俗和惯例，也即是原始先民遵守的最初的法，而这些调节人们共同生活的习俗和惯例的执行者就是巫觋。为了保卫和巩固社会制度，遂将种种风俗习惯说成是天

---

① 徐炳昶：《中国古史的传说时代》（增订本），77页，北京，文物出版社，1985。

意的表现。对违反风俗习惯的裁判和处罚，也就成了作为天人交通桥梁的巫师的任务。天和巫拘束人们，历史前进了。

3. 君权与神权的分治

"风习、制令和法令，都是社会生活规范。这些规范，都是由人造成的，也是由人来实践和保证的。这个保证者，先是巫牧，后是君王。"① 蔡枢衡先生从文字学角度对头、首等的意义进行了阐释，认为在原始社会的早期，头人的任务仅仅是将自己身居前面的见闻告诉尾随在后的群众。但逐渐地，人群的头人变成了逮捕敌群成员和对敌战斗的先锋和统帅。再后来，有了来自异族的俘虏，统帅在兼管这些俘虏时，头易为了牧，也就出现了官，民则是来自异邦的女性俘虏。邦人和邦民就成了对立的阶级，而邦牧变为邦君，由邦民的管理者变成了邦人压榨邦民的政治代表。于是巫管习俗，牧管令禁，各有分野，不相混淆。在这种巫牧并存的状态下，巫管风习，是针对邦人的，而牧管令禁，是针对邦民的。邦人尚未成为邦牧令禁和惩罚的对象，他们和邦民有重大的区别。

4. "人神杂糅"，君权对神权的进攻

氏族首领在长期的社会发展中逐渐获得越来越多的权力，他们也逐渐不满足于原先形成的与巫觋的分工，而向巫觋的权力领域发起了挑战。尤其是随着同族内部分化为对立的阶级，逐渐出现了邦牧惩罚违反禁令的同族的现象，开始变首领与巫觋分工而为首领一统天下，独自掌管对人的权力，树立起首领的权力的绝对性。巫觋的神事转而降为一种普通人所能进行的普通的权力，也就是"家为巫史"，这就是"人神杂糅"，它与西方社会的宗教世俗化运动有着某种程度的相似，"实际上是神权政治有了自己的反面，意味着神权巫治行将走向自己的反面，终必为君权和官治所代替，实现《国语·楚语》中所谓的'人神杂糅'"②。蔡枢衡先生认为：君权代替神权，苗族③ 先于夏族。他指出："苗民弗用灵"就是苗的统治者希图只用自己制定的法律来进行社会统治，坚决不让巫觋充当官吏，不使巫觋分享剥削所得。同时，苗的统治者制定了有膑、劓、宫、墨、刭五种刑罚组成的刑罚体系来分别惩罚犯有不同罪行的罪犯。肉刑是残酷的，但它相对于死刑唯一的刑罚体系，毫无疑问是更进步、更文明。虽然夏族统治者借口苗用的是"五虐之刑"，是"杀戮无辜"对苗加以干涉。"但是夏族到虞舜时，也在苗族先进的经验的影响下制定了以肉刑为中心的刑罚体系"④。

---

① 蔡枢衡：《中国刑法史》，44 页，南宁，广西人民出版社，1983。
② 蔡枢衡：《中国刑法史》，48 页，南宁，广西人民出版社，1983。
③ 这时似乎应该是苗部落，根据民族学的观点，此时的苗与现在我们所称的苗族有很大的差异。参见陈连开主编：《中国民族史纲要》，北京，中国财政经济出版社，1999。
④ 蔡枢衡：《中国刑法史》，58 页，南宁，广西人民出版社，1983。

5. "绝地天通"，君权取得统治地位

在论及神权与君权发展的诸阶段之后，"绝地天通"的实质就昭显在我们面前了。颛顼命南正重司天以降神，命火正黎司地以属民，是对"人神杂糅"的一种矫正，"乃命重黎绝地天通，罔有降格"。但这不是恢复到巫管风习、牧管令禁、邦人不是令禁和惩罚对象的状态，而是在同一君权下分官设职。蔡枢衡先生认为：在夏族内部，随着邦人内部的分化，夏族邦牧也以"修五礼"为起点，开始处罚邦人违反令禁的行为。到虞舜末年，"便经皋陶废除巫治，同时吸取苗族的教训，利用巫觋的存在使任官吏以为统治者服务，赢得了改革的胜利"①。也就是说，君王取代巫觋惩罚违反习俗的邦人，邦君从此享有完整的刑罚权。它肯定了巫觋对神事的垄断，但更重要的是，它由此也肯定了氏族首领或部落首领高于巫觋的绝对权力。蔡先生的结论也印证了本文前面的结论：即中原地区也同样存在着"绝地天通"的一个历史过程。"绝地天通"的历史意义就在于，从此以后，"中国除了有些政教合一的少数民族以外，从来也没有高于王权的宗教，也就是没有国教"②。在中国早期的历史中，商人以敬鬼神而著名，"率事以鬼神"。但是，"殷代虽然巫的地位很高，但祭神的主体，究竟是王而不是巫"③。出土的商代的甲骨卜辞中有大量的商王亲自占卜的记录，同样也有许多商王杀掉巫师的记载，这就是"绝地天通"后宗教从属于王权的历史演变的实物写照。

四、"绝地天通"是法官的出现和司法权的独立的标志

(一) 郯子之说

《左氏春秋传·昭公十七年》载："秋，郯子来朝。公与之宴。昭子问焉。曰：'少昊氏鸟名官，何故也？'郯子曰：'吾祖，我知之。昔者黄帝氏以云纪，故为云师而云名；炎帝氏以火纪，故为火师而火名；共工氏以水纪，故为水师而水名；大昊氏以龙纪，故为龙师而龙名；我高祖少昊挚之立也，凤鸟适至，故纪于鸟，为鸟师而鸟名。凤鸟氏，历正也；玄鸟氏，司分者也；伯赵氏，司至者也；青鸟氏，司启者也；丹鸟氏，司闭者也；祝鸠氏，司徒也；鴡鸠氏，司马也；鳲鸠氏，司空也；爽鸠氏，司寇也；鹘鸠氏，司事也。五鸠，鸠民者也。五雉为五工正，利器用，正度量，夷民者也。九扈，为九农正，扈民无淫者也。自颛顼以来，不能纪远，乃纪于近。为民师而命以民事，则

---

① 蔡枢衡：《中国刑法史》，50 页，南宁，广西人民出版社，1983。
② 苏秉琦：《中国文明起源新探》，180 页，北京，三联书店，1999。
③ 徐复观：《中国人性论史·先秦篇》，35 页，上海，上海三联书店，2001。

不能故也。'仲尼闻之，见于郯子而学之，既而告人曰：'吾闻之："天子失官，学在四夷。"犹信。'"①

明显地，郯子对帝颛顼时发生的这一转变的解释是非常勉强的。徐炳昶先生对这一转变的解释是："这些氏族以自然物纪名，就是说以这些自然物为图腾。在当时图腾是神圣的事物，一切职位以图腾所属的名字为名字，也就是说这一些人全可以参与神圣的事业。可是，从帝颛顼看来，崇高神圣的事业，只能由他和南正重、火正黎参加，或者更可以说，只能由他和重参加，就是黎也无权干预，参加其他职位的人更不必说。他们因为无权参与神圣的事业，所以不能以神圣图腾所属的名字为名字。此后职位的名字大约就成了司徒（土）、司马、司空（工）一类民事的名字。"②

（二）法官的产生与司法权的独立

对这一转变，《尚书·吕刑》作了明确的记载。孔安国在为"绝地天通"作注时即说："重即羲，黎即和，尧命羲和世掌天地四时之官，使人神不扰，各得其序，是谓绝地天通。"③ 和《尚书·周书·吕刑》一样，《国语·楚语》在记述了"绝地天通"之后，又记载"伯夷降典，折民惟刑"、"尧复育重、黎之后不忘旧者，使复典之"等一系列事件。从这里我们可以看出，中国最早的司法官由此而产生。无论皋陶还是伯益，这些传说中的创制法律的人物都出现在这一时期。而当代的考古学的发现也证明正是在这一时期，我国已经产生了早期的法律。瞿同祖曾提出：中国古代神判的产生正是古代第一法官产生的时代。他说："在我们祖先的意识形态中，根本没有像希腊人那样以为每一法律皆为神所拟定的观念。同时我们的法律也不曾依赖巫术宗教的力量来维持。没有一条所知的法律是附有咒诅的。握有司法权的人也非具有巫术或神权的人。在中国法律制裁与宗教制裁或仪式制裁是分开的。"④ 总的来看，在中国古代，神判的影响非常小，神权思想总是作为皇权、族权的附属物而存在的，神权没有获得凌驾于皇权之上的权威。这也正是"绝地天通"后，司法早早地脱离宗教而自成体系的发展的结果。当然，这里所说的司法权的独立是在君权之下的相对的独立，与现代意义上的司法权独立是不可同日而语的。"文明起源应从社会分工说起"⑤，苏秉琦先生探讨中华文明起源的方法对我们今天研究法律的起源和中华法文化不啻具有方法论的启迪作用。

---

① 宋元人注：《四书五经》（下），452 页，北京，中国书店，1985。
② 徐炳昶：《中国古史的传说时代》（增订本），84 页，北京，文物出版社，1985。
③ ［清］阮元：《十三经注疏》，248 页，北京，中华书局，1980。
④ 瞿同祖：《瞿同祖法学论著集》，273 页，北京，中国政法大学出版社，1998。
⑤ 苏秉琦：《中国文明起源新探》，118 页，北京，三联书店，1999。

（三）人类社会早期诸阶段

对"绝地天通"作一详细分析之后，再回头看一看人类社会早期发展的诸阶段能加深我们对"绝地天通"的意义的理解。

1. 王权与宗教权发展诸阶段

蔡枢衡先生在分析"绝地天通"时，把原始的王权与宗教权的关系分成了几个发展阶段：（1）掌握着祭祀大权的巫觋掌管着氏族的事务；（2）氏族首领的权力逐渐增大，巫管习俗，牧管令禁，各有自己的范围，巫与牧处于一种平行的关系，很多时候采用的是巫牧同体的结构；（3）"绝地天通"，王权取得对巫觋的主导地位。

与蔡枢衡先生的分期相映照，徐炳昶先生在他的《中国古史的传说时代》中把传说中的"三皇"与"五帝"时代作了明确的区分，认为前者还是处于氏族时期，而后者则是在部落或部落联盟，转而向部族发展的时期。事实上，蔡先生所论及的第一阶段就是在人类社会的氏族阶段，在氏族内部，起主要作用的是原始的习俗和掌管习俗的巫觋。而当进入部落及部落联盟阶段时，用神话学的术语讲就是所谓的"英雄时代"时，情况就发生了很大的变化，经过"绝地天通"之后，部落及部落联盟的首领的地位已远远高于巫觋了。如《山海经·海内经》中的一段最能说明公共权力行使："洪水滔天，鲧窃帝之息壤，以湮洪水，不待帝令。帝令祝融杀鲧于羽郊，鲧复生禹。帝乃命禹卒布土以定九州……"鲧治水无状，按照现代的说法，充其量只能算是工作不力，连渎职罪都算不上，但舜却杀了他，足见当时公共权力已何其大了。需要说明的是，一些人错误理解"鲧复生禹"的意思，认为禹是鲧的儿子。事实上，这里的"复生"相当于"人死不能复生"中的复生，是转世的意思，而并非生产的意思。

2. 考古学关于人类早期诸阶段的划分

殊途同归，考古学家张光直先生在详细分析了良渚文化及其他文化的玉器出土的情况后指出：良渚文化以及与良渚文化同时的各地的龙山文化，是中国古代文明发展到有特权人物出现的时代。这时代普遍有了财富分化、生产分工、战争掠杀的考古证据。玉琮在良渚文化以及在其他龙山文化类型文化中的出现，在时代上说不是偶然的现象而是与社会发展阶段有密切关系的。寺墩3号墓所埋葬的青年男子很可能便是良渚文化中的一个巫师，同时也是有政治权力的一个领袖。"到了殷商时代玉琮虽仍流行，已显然远不如良渚文化时代的辉煌，因为它沟通天地与权力象征两大作用到了殷商时代已由'九鼎'即青铜礼器所取代了，它上面的兽面纹也多消失了。由此看来，如把中国新石器时代和三代文化发展划成一条直线则可以分成几个清楚的段落，即：（1）石器时代，代表原始社会、阶级未萌的阶段；（2）玉琮时代，代表巫牧结合，产生特权阶级的时代，亦即《国语·楚语》所说帝颛顼令重黎二神绝地天通的时代；（3）青铜时代，代表巫政结合进一步发展产生国家、城市、文明阶段；（4）铁器时代，代表工商业城市发达、农业技术跃进的时代。"这是一个与西方考古学的石器时代、铜器时代、铁器时代完全不同的考古学分期，张光直认为它和晋代袁康的《越绝书》所记载的风胡子的分期是相通的，其意义在于："其一是把古史分为石、玉、铜、铁四个阶段，大致相当于传统古史中的三皇（轩辕、神农、赫胥）、五帝（黄帝）、三代（禹）和东周四个阶段。第二点是将这四个阶段的进展变化与政治力量相结合。这两点都很正确地将中国古代文明演进的经过的本质变化撮要出了。"①

从以上各种分期可以看出，"绝地天通"而导致的法官的出现和司法权的独立是与人类社会历史发展进程相对应的。

五、《吕刑》记载"绝地天通"的原因：寻求文化突破的精神动力

（一）从法官到法律：《吕刑》探寻法的起源的思路

对"绝地天通"本身的探讨告一段落，我们转而探讨《尚书·周书·吕刑》记载"绝地天通"这件事的本身所蕴涵的文化意义。研究《尚书·吕刑》的结构，我们不难看出，它以追溯历史为开始，从正反两方面来探讨了法的产生与发展。《尚书·吕刑》的作者在这一点上表现出了很强的历史感，他认识到了"我们和我们寄宿的现存（present）处在历史之中。我们的这个现存如果在现今的狭窄的眼界内丧失自身，退化为一个纯粹的现在，那么它就变成一片空无"②。

在研究法的起源问题时，学者们一直集中在从文本的意义上探讨中国最早的法是什么，无论是关于"李法"的讨论，还是关于《尚书》的性质的争论，以及关于中国最早的成文法的公案，都是围绕着这一点来进行的。其实，关于法的起源问题的一个更重要的方面应该是法官的起源问题。因为马克思主义的认识论告诉我们：应该先有法律的实践，然后才会有其理论的升华，法首先作为一个社会现象而存在，而法律文本的产生则是相当后来的事情，本文的意义即在于探讨这一点。"绝地天通"之后，我国开始出现专门执法者，虽然早期的司法官与巫觋仍有着千丝万缕的关系，与行政也是不分的，但它的出现在法制史上的意义是不言自明的。也正是在这一点上，《尚书·吕刑》呈现出一种十分清晰的从法官到法律的逻辑关系。因而作者不同意那种认为"绝地天通"仅仅是关于有虞氏与苗蛮部族发生了旷日持久的争战的结果的史料的观点。"绝地天通"与

---

① 本段所引文见张光直：《中国青铜时代》，292～304 页，北京，三联书店，1999。
② ［德］卡尔·雅斯贝斯：《历史的起源与目标》，魏楚雄、俞新天译，1 页，北京，华夏出版社，1989。

宗教紧密相关，就这一点说它是一个宗教事件也未尝不可，但它绝不仅仅是个宗教事件。如果仅仅把它看作一个宗教事件，就会产生与叶林生同样的问题：为什么《尚书·吕刑》要记载一个宗教事件？也就不容易理解《尚书·吕刑》记载"绝地天通"的意义了。

（二）对法的历史的探索：轴心期法文化突破的精神动力

人类历史自从产生以来，经历了史前和古代文明阶段，到公元前 800 年至公元前 200 年之间进入了"轴心期"，而公元前 500 年左右是它的高峰期。在这个时期，中国、印度和西方这三个互不知晓的地区发生了人类意识的一次巨大的觉醒。"这个时代的新特点是：世界上所有三个地区的人类全都开始意识到整体的存在、自身和自身的限度。人类体验到世界的恐怖和自身的软弱。他探询根本性的问题。面对空无，他力求解放和拯救。通过在意识上认识自己的限度，他为自己树立了最高的目标。他在自我的深奥和超然存在的光辉中感受绝对。"①

确实，这一时期是中国历史上最辉煌的时期，中国历史上绝无仅有的"百家争鸣"的局面就出现在这一时期。轴心期成了一种酵素，中国、印度和西方这些轴心民族参加了轴心期的突破，因而成为了飞跃的民族，这种飞跃是他们过去的直接继续。通过它，各轴心民族奠定了人类精神存在的基础。而埃及、巴比伦这些没有参加到轴心期的突破当中来的文化却先后湮没了。中国、印度具有与西方平起平坐的地位，不仅是因为它们存活了下来，而且因为它们实现了突破。而这个突破在本质上是人类精神的构建，如同雅斯贝斯所说的那样："这一切皆由反思产生。意识再次意识到自身，思想成为它自己的对象。人们试图通过交流思想、理智和感受而说服别人，与此同时就产生了精神冲突。"② 而人类精神的觉醒，首先就在于人类历史意识的出现，对人类自身的发展历史的反思，成为轴心期突破的一个重要的内容。"我们对人性的认识产生于历史观创造的领域。我们所描绘的历史画面成为我们意志的一个因素。我们思考历史的方式决定我们潜力发挥的限度。它或者用暗示支持我们，或者引诱我们脱离现实。甚至在无懈可击的客观性方面，历史认识也不是不掺进感情色彩的事实，而是我们生活的一个活跃的组成部分。"③

介绍了雅斯贝斯的轴心期理论后，我们再来看《尚书·吕刑》对"绝地天通"的记载，心中便会有一种豁然开朗的感觉。《尚书·吕刑》产生的时间众说纷纭，但它可以

---

① ［德］卡尔·雅斯贝斯：《历史的起源与目标》，魏楚雄、俞新天译，8 页，北京，华夏出版社，1989。
② ［德］卡尔·雅斯贝斯：《历史的起源与目标》，魏楚雄、俞新天译，9 页，北京，华夏出版社，1989。
③ ［德］卡尔·雅斯贝斯：《历史的起源与目标》，魏楚雄、俞新天译，265 页，北京，华夏出版社，1989。

说是诞生在轴心期的前夜，甚至可以说是轴心期的早期。处在这个即将出现大突破的时期，它也不可避免地明显地具备了那个时代的特征。《尚书·吕刑》用对历史的回顾来开篇，正是这一特征的典型表现。"这个时代产生了直至今天仍是我们思考范围的基本范畴，创立了人类仍赖以存活的世界宗教之源端。无论在何种意义上，人类都已迈出了走向普遍性的步伐。""这一过程的结果是，以前无意识接受的思想、习惯和环境，都遭到审查、探究和清理。一切皆被卷入漩涡。至于仍具有生命力和现实性的传统实体，其表现形式被澄清了，因此也就发生了质变。"①

中国的轴心期时期对法的历史的探讨是以《尚书·吕刑》为开端。在随后的春秋战国的百家争鸣的时代，各主要的思想家和学派都卷入到了关于法的起源的论争中，他们企图通过对法的历史的探讨来回答那些至今还在折磨着我们的，诸如法的起源、法的本质、法的目的以及法的特征等等问题。在历史的长河中，人类无意识地接受了法，而在轴心期，思想家们第一次对这一过程中的种种问题进行了审查、清理。单独就结论来说，他们可能没有找到正确的答案，但就整体来说，轴心期对法的探讨是成功的，它使中国法文化发生了质的变化。就制度上讲，诞生于这一时期的《法经》成为后世立法的样本。而思想上的成就更是我们至今仍然津津乐道的法文化遗产。正因为如此，《尚书·吕刑》的结构体例也成为后来的《汉书·刑法志》等效法的榜样，把对法的历史的回顾放在了开头的位置。

（三）继续寻找民族法文化的心灵家园

轴心期是如此地影响着人类，以至于在此后人类历史的每一次新飞跃前，人类都要回忆这一时期，从中获得希望。回忆或重新认识轴心期的做法或叫做复兴，它总是为新的飞跃提供了精神原动力。这一点在19世纪末20世纪初的中国表现得特别明显，康有为穿着中国封建圣人的古老服装，借用孔子改制的魔杖，在公羊今文学的神秘帷幕的掩盖下，在中国近代思想史上扮演了新的一幕。表面上，康有为的《新学伪经考》、《孔子改制考》是历史著作，但正如雅斯贝斯所说的那样，这种对轴心期的回忆，其目的正是为新的飞跃提供原动力。举起"托古改制"的大旗，"康有为终于依靠了《新学伪经考》和《孔子改制考》这两部大著作，取得了维新运动的思想领袖地位，受到了那时候比较前进的士大夫知识分子的拥护"②。同样，沈家本为中国近代法律家，他在法制近代化上的贡献无人能出其右，但他同样是一个著名的法律史学家。上一世纪20、30年代法律史学的繁荣带给中国的是一个法学的进步和法律的飞跃。当历史进入上一个世纪80

---

① ［德］卡尔·雅斯贝斯：《历史的起源与目标》，魏楚雄、俞新天译，9页，北京，华夏出版社，1989。
② 李泽厚：《中国近代思想史论》，164页，北京，人民出版社，1979。

年代后，随着法史学在中国的复兴，更有法学的进步。在 1980 年到 1990 年的十年里，我国法学界对法的本质问题有过两次激烈的论争，在这些论争中，法史学成为其中的一个主战场①，其最后的成果就是法学界打破了"法是阶级斗争的工具"的观念，它再一次为中国法治的飞跃提供了精神的动力。

世纪之交，法史学界再一次提出了对历史、包括对自身的历史的回顾与反思的问题，这是面对新的世纪、新的时期和中国法学和法史学研究的进一步深入的形势，人们再一次对自己历史进行的回顾。回望故园，人们希图再次在自己的心灵的家园里获得精神的支持。"获得了实现的现存允许我们在永恒的本源中扎根。历史指导我们超越所有的历史而进入至高无上的全面理解综合（the comprehensive）——那是最终目标。思想虽然永远不能达到这个目标，然而却可以接近它。"②

让我们以此自勉。

（作者单位：中国人民公安大学）

---

① 较为详细的讨论见周长龄：《法律的起源》，5～7 页，北京，中国人民公安大学出版社，1997。

② ［德］卡尔·雅斯贝斯：《历史的起源与目标》，魏楚雄、俞新天译，2 页，北京，华夏出版社，1989。

马晓莉

中国古代版权保护考

对于中国古代的版权保护问题，学界大致分为两派观点，分别以大洋两岸的中美两位法学家为代表。中国著名知识产权法学者郑成思先生认为：中国古代有版权保护，这种保护主要体现在两方面：一是以"禁擅镌"的禁令在实质上授予国子监刻印出版的专有权，二是后来的地方政府发布禁令为私人刻印出版的书籍提供特别保护。[①] 美国哈佛大学法学院教授、东亚法律研究中心主任安守廉先生认为：中国古代没有版权法或者其他类似于西方版权保护的制度设计，故中国古代没有版权保护，不能把帝国控制观念传播的努力当作版权来看待。[②]

同一对象，却产生了以东西两位学者为代表的不同的认识。那么中国古代的版权保护状况到底是怎样呢？回归历史，寻求答案，也许不失为一种好的选择。

随着唐代雕版印刷的兴起，雕版印刷逐渐成为一种独立的手工业生产部门，这使得

---

① 参见郑成思：《版权法》，2～7页，北京，中国人民大学出版社，1997。
② 参见〔美〕安守廉：《知识产权还是思想控制：对中国古代法的文化透视》，梁治平译，载刘春田主编：《中国知识产权评论》，北京，商务印书馆，2002。

著书者和书籍制作者从集于一身变为二者分离，学者称"这是一个历史的转折"①。以下我们就分别以作为书籍制作者的出版者和作为著书者的作者为线索，对论题进行探讨。

一、从"出版者"观中国古代的版权保护

官刻、坊刻和家刻是中国古代图书出版的三大系统。其中，家刻是指官绅士大夫以私家的财力投资刻书，包括私宅刻书和家塾刻书，虽也售卖，但不以盈利为目的，重在传世。所以我们要探讨古代的版权保护问题，应主要从官刻和坊刻两方面进行。

（一）官刻

雕版印刷发明前，官府谈不上设立出版机构，但历朝历代，都有官府直接管辖的修书和藏书机关。雕版印刷发明后，这些专司典藏修订图书或与之有关的机构，就首先成了兼管出版的机构。除此之外，政府各类非文化性质的机构也对书籍产生了很大兴趣，纷纷刊印出版与本部门有关的书籍。许多地方政府机构也相继效法。

印刷业发达的一个结果就是刻印书籍的出版商增多，盗版图书随之而来。这首先冲击了官府集收集、整理、编撰、利用为一体的图书管理制度。为维护官方刻本的权威、完整，防止编撰内容被歪曲、篡改，官府逐渐意识到应采取一定防范措施。根据现有史料，在中国古代有关于官府出版的法令和事件，主要表现为"禁擅镌"的禁令。以下试举三例：

1. 唐太和九年（公元835年）十二月，曾有东川节度使冯宿上奏朝廷，请求颁发敕令，禁断民间私印历日版。文宗皇帝以诏书的形式发布禁令：

> 敕诸道府不得私置历日版。②

即禁止擅自复制日历、历书和相关的图书。

2. 五代后唐时期，宰相冯道、李愚令田敏等人于长兴三年（公元932年）在国子监内校定儒家《九经》，历经22年完成。根据宋人罗璧《识遗》卷一记载：

> 宋兴，治平以前，犹禁擅镌，必须申请国子监，熙宁后方尽弛此禁。③

这说明在当时国家曾发布过刻书的禁令，试图控制图书的出版和流通，未经国子监的许可，他人不得刻书。对那些未经许可的随意翻刻者，将予以查办。

---

① 李瑞良：《中国古代图书流通史》，178页，上海，上海人民出版社，2000。
② 《旧唐书·文宗本纪》。
③ 《识遗·成书得书难》。

3. 在宋治平之后，由于经济、文化的发展，社会对图书的需求增大，官府对刻书的禁令有所放松，但并没有完全取消。据《续资治通鉴长编》记载：宋元佑五年（公元1090 年）七月戊子，

> 礼部言，凡议时政得失、边事军机文字，不得写录传布；本朝会要、国史、实录不得雕印，违者徒二年。许人告，赏钱一百贯内。①

这说明北宋中后期，政府对一般图书的出版与传播不再限制；但对涉及国家利益的会要、国史、实录等，仍禁止抄写或者刻印，违者将受到惩罚。

对于古代官方"禁擅镂"性质的认识，中国许多学者支持郑成思的观点，认为这与西方的印刷特许权是一样的，属于版权保护的范畴。

对此，笔者不敢苟同。在笔者看来，既然"版权"一词并非发端于中国，那么在理解版权含义时，就应当审慎地以其舶来地的内涵和外延为标准，而不能随意地依据汉语中该词的字面含义作任意解释。中国"版权"一词是由日本传来，而日本又是由著名教育家福泽谕吉参考了英国的版权立法，把英文中的 copyright 一词介绍为日文而成②，故应当按照当时英国 copyright 的含义来理解版权。也就是说，首先，"版权保护"不等于"版权法保护"，没有版权法保护不等于没有版权保护。其次，在版权法保护产生前版权保护的形态有多种表现，但它们拥有一个共同特征——版权是"权利"，而非"权力"，版权的所有者是与政治国家相对的市民社会中的主体，即非国家机关的公民个人或利益团体，而不是与出版相关的政治国家的职能部门。

在"西方的印刷特许权"中，被特许的主体正是该国的公民个人或利益团体，是私权利主体，他们的目的是追求经济利益，国家只是在授予他们权利的同时要求其不得出版有损于国家统治的书籍。而中国古代的"禁擅镂"是国家为控制舆论，维护统治，而规定某些特定出版物的印制之权专属国家，实质上是对公民个人或非国家利益集团权利的一种剥夺。这一专属于国家的印制之权是"权力"，而非"权利"，是有关职能部门依职权而产生的。显然，两者大相径庭。

综上，笔者认为中国古代"禁擅镂"的禁令现象不属版权保护的范畴。

（二）坊刻

坊刻萌芽于唐和五代，到宋元时期已全面发展，成为整个刻书事业的支柱和主流。书坊刻印的图书，是以营利为目的，以书籍作为商品投入市场的。③ 随着书坊刻书的繁

---

① 《续资治通鉴长编·卷四百四十五》。
② 参见叶新：《版权和著作权两用语的由来及演变》，载《北京印刷学院学报》，2000（2）。
③ 参见李瑞良：《中国古代图书流通史》，250 页，上海，上海人民出版社，2000。

荣和印书本流通的广泛，擅自翻版的行为逐渐增多，这一状况使图书刻印出版者向官府提出保护的要求，以防止翻版图书的行为。正如叶德辉所言："世风日降，遇有风行善本，无不辗转翻雕，则又无怪刻书者之防范增严矣。"① 根据现有史料，在中国古代有关于民间坊刻保护的措施，主要表现为以下几类：

1. 书籍所附的牌记。如南宋中期王偁所撰的《东都事略》，目录后有长方牌记，曰："眉山程舍人宅刊行，已申上司，不许覆板。"② 明刻本曹士衍《道元一气》，在书前告白云：倘有无知利徒，影射翻刻，誓必闻之当道，借彼公案，了我因缘。③ 明万历刻本《月露音》云：如有翻刻，千里究治。④ 陈维嵩《陈检讨集》十二卷，清康熙刻本，封面有："天藜阁镌陈检讨其年先生全集，翻刻必究。"李汝珍《镜花缘》，清道光元年刻本，书前有"道光元年新镌，翻刻必究"字样。

2. 地方政府的榜文。南末嘉熙年间祝穆刊印了《方舆胜览》，福建、浙江和江苏地方政府为保护该书权益发了两个榜文。《方舆胜览》自序后载有《两浙转运司录白》：

> 据祝太傅宅干人吴吉状：本宅见刊《方舆胜览》及《四六宝苑》、《事文类聚》凡数书，并系本宅贡士私自编辑，积岁辛勤。今来雕板，所费浩瀚。窃恐书市嗜利之徒，辄将上件书版翻开，或改换名目，或以节略《舆地纪胜》等书为名，翻开挽夺，致本宅徒劳心力，枉费钱本，委实切害。照得雕书，合经使台申明，乞行约束，庶绝翻版之患。乞给榜下衢、婺州雕书籍处张挂晓示。如有此色，容本宅陈告，乞追人毁版，断治施行。奉台判。备榜须至指挥。
>
> 右令出榜衢、婺州雕书籍处张挂晓示，各令知悉，如有似此之人，仰经所属陈告追究，毁版施行，故榜。
>
> 嘉熙弍年拾弍月　日榜。⑤

3. 国子监的公据。南宋末年段武昌著《丛桂毛诗集解》30 卷，在他去世后，罗樾得到段氏之侄段维清的首肯，雕刻、出售此书，书前即附有宋理宗淳祐八年（公元 1248 年）七月国子监禁止翻板该书的"公据"：

> 先叔以毛氏诗口讲指画，笔以成编……一话一言，苟足发明，率以录焉，名曰《丛桂毛诗集解》，独罗氏得其善本，校刊最为精密……维清窃惟先叔刻志穷经，平生精力，毕于此书，倘或其他书肆嗜利翻板，则必窜易首尾，增损音义，非惟有辜罗贡士锓梓之意，亦重为先叔明经之玷。今状披陈，乞备牒两浙福建路运司备词约

---

①　叶德辉：《书林清话》，42 页，北京，中华书局，1957。
②　叶德辉：《书林清话》，36 页，北京，中华书局，1957。
③　转引自吴汉东：《关于著作权法观念的历史思考》，载《法商研究》，1995（3）。
④　参见曹之：《中国古代著作权考略》，载《图书与情报》，1998（37）。
⑤　叶德辉：《书林清话》，36～37 页，北京，中华书局，1957。

束……如有不遵约束违戾之人，抑执此经所属陈乞，追板劈毁，断罪施行。①

对于上述三类保护民间坊刻行为的认识，郑成思认为是版权保护，国内大多数学者也予以支持，而安守廉教授予以否认。笔者更倾向于支持前者。笔者认为，上述第二、三类应当属于版权保护的范畴，第一类只有在已经得到官方明示认可，对其专有出版权予以保护的情况下才能视为是版权保护。

首先来看第二、第三类。这两类的共同特征是：第一，受保护的主体是民间的坊刻者，是公民个人或利益团体，而不是官府。第二，坊刻者对自己版权进行保护的要求得到了官方（不管是地方政府还是中央政府）即国家公权力机关的承认，或者说坊刻者从官方那里得到了其对于某一或某些出版物的特许出版权。这与西方版权保护历史上的特许保护是极为相似的。既然后者属于版权保护，没有人提出质疑，那么前者也属于版权保护，亦当为应有之义。到底是什么原因使得安守廉教授对此予以否认呢？我们来看他的论证。

安守廉教授认为：中国古代国家对于图书刻印者旨在反对盗版的努力所予的默许和有时公开的支持，其背后的动机乃是要通过维持商人中间的秩序和减少欺骗民人情事来维护社会的和谐。那些对于知识财产的有限利益也主要是因为它有助于实现统治目标才一直为国家及其派出的地方官所容忍，不能用来说明中国古代有版权保护。② 可以看出，安守廉教授不认为前述现象属于版权保护理由的根本在于：国家保护的动机是维护统治，而非权利保护。但事实上，正如学者所言：维护统治和权利保护并不是完全矛盾的。相反，盗印在皇朝与民间刻坊那里构成了他们共同关心的话题。下层的民众与上层的权贵受感于同样的不测，这本身就暗示着社会上存在一个有着紧密内在关联的文化网络。由于下层民间刻坊与上层权贵生活所依赖的手段不同，盗版对他们形成的冲击也就不尽相同，他们需要考虑的主要问题也自然存在差异。在这里产生了多样性与统一性的并存，统一的是他们共同对盗印行为的控制预期，不同的是他们对盗印本身的看法。因此，可以说盗印构成了一块硬币的两面，经由对它的控制，上层皇权与下层民众达成一致——下层民众得到了经济利益，而上层皇权得到了政治稳定。③ 安守廉教授还认为：后来外国旨在促进版权法律的努力成为徒劳，更加反证了中国古代没有版权保护。从这里我们不难发现安守廉教授的错误在于将"版权保护"等同于"版权法保护"。

再来看第一类。笔者认为单纯第一类本身不能被视为版权保护，只有当其在牌记上的要求已经得到官方明示认可，对其专有出版权予以保护的情况下才能视为是版权保

---

① 叶德辉：《书林清话》，37 页，北京，中华书局，1957。

② 参见［美］安守廉：《知识产权还是思想控制：对中国古代法的文化透视》，梁治平译，载刘春田主编：《中国知识产权评论》，北京，商务印书馆，2002。

③ 参见张玉敏、李雨峰：《中国版权史纲》，载《科技与法律》，2004（1）。

护。因为版权的诸项权能不是自生的，它需要被承认，也就是需要由某个有权部门以某种为社会所认可的方式承认对主体的要求予以保护。刻印者在书籍中的牌记，只能表达他们要求保护自己版权的愿望，而不能被视为是版权保护本身。

二、从"作者"看中国古代的版权保护

按照现代版权保护理论，版权保护的最主要主体应当是作者。那么在古代中国，作者的版权保护状况又是如何呢？

笔者试图继续沿用前一部分的方法，首先归纳出几类与保护作者作品相关的律令或其他类似榜文、公据等的全国或地方性告示，但遗憾的是在笔者现有的涉猎范围和学界已有的研究成果中，难以寻觅到对作者基于创作所生权利进行保护的记载。

唯一的例外是在作者同时又是刻印者的情况下，可申请榜文，乞行约束。如前面提到的祝穆刊印的《方舆胜览》就言明：

> 本宅见刊《方舆胜览》及《四六宝苑》、《事文类聚》凡数书，并系本宅贡士私自编辑，积岁辛勤……合经使台声明，乞行约束，庶绝翻板之患……如有此色，容本宅陈告，乞追人毁版，断治施行。①

有学者根据"私自编辑，积岁辛苦"认为："这则榜文的内容既涉及了出版者的利益，也提出了对作者权益的保护。申请保护的原因，既有经济方面的，也有精神方面的，已涉及了现代版权法的一些基本要素。"② 笔者对此不敢苟同。因为很显然，上述保护《方舆胜览》等数书的榜文，是祝穆基于刻印者身份而非作者身份申请的，也就是说是官府对刻印者版权的保护而非对作者版权的保护。

史学研究方法中的"否定原则"使笔者不敢依据现有史料轻易断言中国古代不存在对作者的版权保护，但我们大概可以说：在古代中国很难找到有关官方保护作者版权的事件。

当然，找不到有关官方保护作者版权的事件并不等于说作者对自己的作品没有任何权利要求。对此大致可以概括为如下几类：

1. 朦胧的署名权。春秋战国时期，诸子为宣传自己的主张，纷纷著书立说。他们已经隐约察觉到作品的署名权问题，故分别以自己或者学派始祖的姓名作为作品名称。汉代，在作品的显要位置署名逐渐成为惯例。晋代以后，著作卷端无不署名，这说明著

---

① 叶德辉：《书林清话》，36 页，北京，中华书局，1957。
② 侯健：《中国：世界上最早保护版权的国家》，载《湘潭师范学院学报》，1999 (1)。

作署名问题在当时已引起人们的普遍关注。①

2. 反对剽窃。剽窃一向为古人所耻。南朝文学批评家钟嵘编撰的《诗品》中收录了诗人宝月的诗作《行路难》，曾记载：

> 《行路难》是东阳柴廓所造。宝月尝憩其家，会廓亡，因窃而有之②。

柳宗元认为：《文子》一书"窃取他书以合之者多"。而且"凡孟管数家皆见剽窃"③。

3. 反对任意窜改，盗版翻印。宋司马光在《记历年图后》说，其著作《历年图》原稿，

> 杂乱无法，聊以私便于讨论，不敢广布于人也。不意赵君摹刻于板传之，蜀人梁山令孟君得其一通以相示。始，光率意为此书，苟天下非一统，则漫以一国主其年，固不能辨正闰。而赵君乃易其名曰《帝统》，非光志也。赵君颇有所增损，仍变其卷帙，又传写脱误。今此浅陋之书既不可掩，因刊正使复其旧而归之。④

可见，在中国古代，或许是基于对名誉的珍爱，作者对自己的作品还是有一种自发的、朴素的权利意识。人们把剽窃、抄袭他人作品的行为视为不道德、应受唾弃之举。稍加注意，我们还可发现，那时作者关注的大都是有关其人身的权利，如果套用现在的词汇，就是署名权、发表权、修改权、保护作品完整权等精神权利而非复制权、发行权等财产权利。换句话说，古代的作者并没有理性地意识到其作品也是一种财产。虽然说古代也有润格、润笔这样的报酬，但一方面这种现象并非一种普遍性的习惯，只是间或有之，并不具有英国普通法那样的效力；另一方面，这些润笔、润格与其说是对创作作品表达的报酬，还不如说是对作为物的文稿本身的报酬。

三、中国古代版权保护的特征

前面我们以中美学者对"中国古代有无版权保护问题"的争论为起因，从"出版者"和"作者"两条线索着手，对中国古代的版权保护问题进行探讨，至此，我们大概可以得出如下结论：中国古代有版权保护，但其版权保护有着不同于西方早期版权保护的特征。

（一）中国古代的版权保护并非以全国性具有普遍约束力的律令为法律依据

印刷术传到英国后，英国的版权保护除了普通法保护这一初级形态外，很快就在

---

① 参见曹之：《中国古代著作权考略》，载《图书与情报》，1998（3）。
② 转引自曲辰：《困扰古人的著作权纠纷》，载《著作权》，1993（2）。
③ 《五百家注柳先生集·议辩·辩文子》。
④ 《司马文正公传家集·卷七十一》。

16 世纪中叶由英王玛丽一世颁布了"星法院法",将出版特许状授予书籍出版业公会。即使是后来星法院被裁撤后,议会又颁布了许可证法,禁止任何获得合法许可证并在书籍出版业公会登记的书籍的印刷或进口,违者其印刷或进口的书籍将被没收给所有者。无论是星法院法还是许可证法,都是具有普遍约束力的,只要是书籍出版业公会的成员,又在登记簿上登记,就获得了出版特权,其他人不得未经允许而对此图书进行复制。但是,在中国古代,一直都未能出现一个全国性的、具有普适性的相关律令来保护版权。有的只是诸如"禁擅镌"禁令这样的出版管制法令。版权保护的发生是基于单个刻印者的申请,由一方政府针对此申请发出告示,禁止覆版。

(二)中国古代的版权保护并未形成惯常的、大规模的情势

英国的出版特许,所针对的对象很快就由公民个人过渡到了书籍出版业公会这样的团体,其版权保护是惯常的、规模的。但是,中国古代始终未能出现团体申请版权保护的事件。而且,即使是个人的单独申请,在实践中也是很少的,这些申请能否得到官府的恩准,又是一个未知数。就算申请成功了,又往往不能得到真正有效的保护。诚如叶德辉所说:

> 当时一二私家刻书.陈乞地方有司禁约书坊翻板,并非载在令甲,人人之所必遵。特有力之家,声气广通,可以得行其志耳。[①]

故有学者认为:"我国版权犹如一股时断时续的细流,始终未能形成稍具规模的流势。自南宋至清末,这漫长的七百多年时间形成了我国版权史的幼稚时期,萌芽而不发,含苞而未放……"[②]

(三)中国古代的版权保护主要是对刻印者,作者一直处于一种蛰伏状态

虽然英国早期的版权保护,也主要是对出版商的保护,但作者的权利可以通过其他法律形式得到保护。因为当时的特权法保护的是整个书籍出版商公会,而非个别的出版商;又英国是判例法国家,普通法、习惯法、契约法在司法实践中发挥着重要作用,所以作者可以通过选择出版商、缔结出版转让、许可契约的方式获得利益。而且,随着出版印刷业的发展,版权保护的进步,作者对自己著作财产权利的主张和对版权保护的要求越来越强烈,直到影响了后来的版权法的诞生。但在古代中国,诚如前面的分析,作者始终若隐若现,虽然也有了一些朴素的版权观念,但是好像更多的作者对于被剽窃的情况表现出了一种极大的宽容,对其作品被任意复制发行的现实予以默许,而且作者并

---

① 叶德辉:《书林清话》,41 页,北京,中华书局,1957。
② 袁逸:《中国古代版权史考略》,载《法学杂志》,1985(3)。

未进一步意识到其作品的财产内容，没有像西方作者那样对他们作品的财产权利表现出很大热情。总而言之，作者一直都处于一种蛰伏的状态。

（四）中国古代的版权保护实践并未能促生出版权法

英国资产阶级革命后，"财产权"这个总概念发生了深刻变化。版权保护的特许权样态不能适应新的生产关系。这样就产生了以成文的版权法代替旧的皇家或议会特许的要求。在出版商和作者的共同呼吁下，终于诞生了世界上第一部版权法"安娜女王法"。但在中国古代，虽然也较早地出现了版权保护实践，但这种实践始终呈现出零星的、偶然的特点，它只是在国家不予以禁止的刻印领域，被捎带地保护着，并非是国家主动的、有意识的保护。中国古代的出版者和作者也始终未能独立出来，形成一股社会力量；作者对其创造物拥有受到法律保护而可与国家对抗的财产利益的观念也没有形成，于是，直到西方入侵之前，古代中国未曾想过需要制定一部所谓的版权法律。

（作者单位：中国海洋大学法政学院）

［韩］崔碧茹

唐代法律中的夫妻之间性别秩序

一、前　言

　　唐代法律受到"礼"的影响，并达成了"礼"和"法"的合一。[①] "礼"作为唐代法律的最基本思想原则，进入到具体的法律规定里。唐代法律在规定夫妻关系的时候也不例外，受到"礼"的影响。[②] 比如，夫妻之间必须遵守的义务，双方可以行使的权利以及权限等，都以"礼"为标准，并以法律的形式规定下来。这些规定逐渐形成夫妻之间的性别秩序。本文即试图通过分析唐代法律中有关夫妻关系的规定，考察唐代夫妻之

---

　　① 瞿同祖提到，以礼入法从汉代已开始，在魏晋时系统地形成，以后的古代法律可以说完全为儒家伦理思想和礼教观念所支配。参见瞿同祖：《中国法律之儒家化》，载瞿同祖：《瞿同祖法学论著集》，364～381 页，北京，中国政法大学出版社，1998。

　　② 对此，高世瑜提到在中国传统社会，通过礼制规定男女地位，然后这些社会规范逐渐从"礼"进入"法"，到唐代，性别制度最终完成了法典化。参见高世瑜：《唐律：性别制度的法典化》，载荣新江主编：《唐研究》（第十卷），329 页，北京，北京大学出版社，2004。

间性别秩序，特别着意于探讨古代"礼"思想的影响在法律上的表现。在唐代法律具体地规定夫妻之间义务及权限时，古代礼教思想中的"夫尊妻卑"思想和"敬妻"思想①，作为其思想背景都有所作用。

关于这一方面，目前有不少的研究成果，但主要集中于在唐代法律中关于女性地位、唐代婚姻法和有关家庭的法律等方面的研究中。没有专门从夫妻关系这一角度深入讨论。近来，我国台湾地区学者专门研究唐代的夫妻关系，其中涉及唐代法律中的夫妻关系。② 但是，至于讨论"夫为妻天"和"夫妻齐体"思想具体如何反映到法律规定等问题，还存在需要深入讨论的部分，并需要更为系统的分析。另外，已往的研究多着重于唐代法律条文的研究，对其实际执行程度则探讨得比较少。特别是关于法律与性别的研究，加上史料不太充分，而且法律规定与实际执行上容易产生偏差，因此，为了比较全面地了解唐代法律如何规定女性的行为和任务，如何实施这些规定，就必须更多地考察当时的案例、判例和有关法律的实例。

笔者在此主要讨论"夫尊妻卑"和"敬妻"这两种倾向在唐代法律中具体如何表现，以及如何都发生作用而不相互冲突。然后，通过分析有关判例以及事例来考察具体案例是否符合法律文本规定，以期了解法律规定的夫妻之间性别秩序在实际生活当中是如何实现的。

二、"夫尊妻卑"思想在唐代法律中的表现

"夫尊妻卑"思想在唐代法律中的表现可以从三个方面阐述：第一，视妻为"卑幼"，主要反映在对妻犯夫比对夫犯妻处罚更为严重的原则上。第二，"从夫"思想，反映出唐代法律不承认女性具有独立地位，具体表现在对女性实施的处罚上的特例，妻的等级完全取决于夫的等级等问题上。第三，"夫为妇天"，表现为唐代法律规定的妻对夫的义务比夫对妻的义务要重。

① 关于"夫尊妻卑"思想，《礼记·郊特牲》中记载"出乎大门而先，男帅女，女从男，夫妇之义由此始也。妇人，从人者也：幼从父兄，嫁从夫，夫死从子。夫也者，夫也。夫也者，以知帅人者也。……故妇人无爵，从夫之爵，坐以夫之齿"（［清］阮元校刻：《十三经注疏·礼记正义》卷二六《郊特牲》，1456 页，北京，中华书局，1980）。又如，《仪礼·丧服》中提到"妇人不贰斩也。妇人不贰斩者，何也。妇人有三从之义，无专用之道……夫者妻之天也。妇人不贰斩，犹曰不贰天也"（《十三经注疏·仪礼注疏》卷三〇《丧服》，1106 页）。关于"敬妻"思想，首先看《释名·释亲属》中提到"夫妻匹敌之义也"（［清］王先谦撰集：《释名疏证补》卷三《释亲属》，157 页，上海，上海古籍出版社，1984）。又如，《礼记·郊特牲》中提到夫妇"共牢而食，同尊卑也"（《十三经注疏·礼记正义》卷二六《郊特牲》，1456 页）。又在《礼记·昏义》中记载"妇至，婿揖妇以入，共牢而食，合卺而酳，所以合体、同尊卑，以亲之也"（《十三经注疏·礼记正义》卷六一《昏义》，1680 页）。

② 参见刘燕俪：《唐代的夫妻关系——以礼律规范为中心》，161～181 页，台湾大学博士学位论文，2003。

1. 视妻为"卑幼"

视妻为"卑幼"在夫妻之间的斗讼事件中表现较为明显。我们将此类案件分为夫妻相犯和双方对对方亲属的犯罪两种情况来进行考察。

关于夫妻之间殴打、谋杀等的法律规定，夫犯妻时，《唐律疏议》卷二二《斗讼》"诸殴伤妻者"条规定：

> 诸殴伤妻者，减凡人二等；死者，以凡人论……过失杀者，各勿论。

对此，"律疏"解释为"妻之言齐，与夫齐体，义同於幼，故得'减凡人二等'"①。在此唐律明确表明，在处罚原则上，对夫而言妻等同于"幼"。而妻犯夫时，《唐律疏议》卷二二《斗讼》"诸妻殴夫"条规定：

> 诸妻殴夫，徒一年；若殴伤重者，加凡斗伤三等；死者，斩……过失杀伤者，各减二等。

夫妻相殴杀，其处罚有如下的不同点：其一，妻殴夫就有罪，但夫必须殴伤妻才有罪。其二，夫殴伤妻，"减凡人二等"，但妻殴伤夫，"加凡斗伤三等"。其三，妻殴夫而夫死，处以"斩"，但夫殴妻而妻死，处于"绞"，夫只有"以刃及故杀"妻，才处以"斩"②。其四，对"过失杀者"，夫犯妻，无罪，但妻犯夫，妻只是减刑而已。如此的处罚充分体现了妻"义同于幼"的特点。

与此相关，在有关"谋杀"、"戏杀伤人"等规定中我们还可以发现夫妻不同等的处罚规定。③

关于夫妻之间相告的法律规定，《唐律疏议》卷二四《斗讼》"诸告期亲尊长、外祖父母、夫、夫之祖父母"条规定：

> 诸告期亲尊长、外祖父母、夫、夫之祖父母，虽得实，徒二年；其告事重者，减所告罪一等；即诬告重者，加所诬罪三等。

这一条将妻告夫跟幼告尊长并列在一起，相反，对夫告妻的情况没有具体表明。但在《唐律疏议》卷二四《斗讼》"诸告缌麻、小功卑幼"条规定：

---

① 与此相关，刘燕俪提到，"夫妻齐体的夫妻关系，准同长幼的尊卑上下关系"，即"夫妻齐体"等同于"视妻为夫之卑幼"。刘燕俪：《唐代的夫妻关系》，180页，台湾大学博士学位论文，2003。但是，唐代法律中"夫妻齐体"的原则，更为实际地反映在有关婚姻、离婚、改嫁等方面保护妻的地位的规定中，本文在后半部有关"敬妻"思想的论述中讨论这一问题。笔者认为"视妻为卑幼"在唐律中的实际含义充分反映"夫尊妻卑"思想。

② 对于夫妻之间杀人罪，其处罚显然不同等。但夫杀妻，对夫也会处以死刑。这一规定在实际生活中也有一定的效力。如，"五原将张光杀其妻，以资市狱，前后不能决，景略覈实，论杀之。"［宋］欧阳修、宋祁撰：《新唐书》卷一七〇《李景略传》，5176页，北京，中华书局，1997。

③ 参见［唐］长孙无忌等撰、刘俊文点校：《唐律疏议》卷一七《贼盗》"诸谋杀期亲尊长、外祖父母、夫、夫之祖父母、父母者"条，327页，北京，中华书局，1993；《唐律疏议》卷一八《贼盗》"诸有所憎恶"条，340页；《唐律疏议》卷二三《斗讼》"诸戏杀伤人者"条，425页。

　　　　诸告缌麻、小功卑幼，虽得实，杖八十；大功以上，递减一等。诬告重者，期
　　　　亲，减所诬罪二等；大功，减一等；小功以下，以凡人论。

　　对此，"律疏"里有记载"其妻虽非卑幼，义与期亲卑幼同。夫若诬告妻，须减所
诬罪二等"①。从中可见，夫妻之间相告的法律规定明确表明在处罚原则上把妻视为
"期亲卑幼"②。

　　妻被当作"卑幼"的"夫尊妻卑"原则，在夫妻对双方亲属的犯罪处罚方面也同样
被适用。关于妻犯夫之祖父母、父母，《唐律疏议》卷二二《斗讼》"诸妻妾詈夫之祖父
母、父母者"条规定：

　　　　诸妻妾詈夫之祖父母、父母者，徒三年；殴者，绞；伤者，皆斩；过失杀者徒
　　　　三年，伤者徒二年半。

　　《唐律疏议》卷一七《贼盗》"诸谋杀期亲尊长、外祖父母、夫、夫之祖父母、父母
者"条规定：

　　　　诸谋杀期亲尊长、外祖父母、夫、夫之祖父母、父母者，皆斩。

　　此外，"诸有所憎恶"③ 条、"诸戏杀伤人者"④ 条、"诸告期亲尊长、外祖父母、
夫、夫之祖父母"⑤ 条中的妻对夫的规定都同样适用于妻对"夫之祖父母、父母"的。
唐律还规定女性犯以前舅姑的处罚规定。⑥ 对丈夫的其他亲属，也有比较详细的规定。⑦

　　反之，关于丈夫犯妻子亲属的情况只是在《唐律疏议》卷一四《户婚》"诸妻无七
出及义绝之状"条，"律疏"中提到：

　　　　义绝，谓"殴妻之祖父母、父母及杀妻外祖父母、伯叔父母、兄弟、姑、姊
　　　　妹，若夫妻祖父母、父母、外祖父母、伯叔父母、兄弟、姑、姊妹自相杀及妻殴詈
　　　　夫之祖父母、父母，杀伤夫外祖父母、伯叔父母、兄弟、姑、姊妹及与夫之缌麻以
　　　　上亲、若妻母奸及欲害夫者，虽会赦，皆为义绝……"

————————————

　　① 与此相关，高世瑜提到了律文中无夫告妻条，但律疏中明言'夫若无诬告妻，须减所诬罪二等'即夫告
妻，只有证实是'诬告'才有罪，高世瑜：《唐律：性别制度的法典化》，349 页。但是，在此的律疏内容是为了说
明"女君"诬告妾时也减二等而提到。这里没有明示夫告妻，只有证实是'诬告'才有罪的内容。
　　② 在亲属范围中，妻属于期亲以上亲。唐代对妻的丧服是"齐缞杖周"。参见［唐］杜佑撰，王文锦、王永
兴等点校：《通典》卷一三四《礼》九四，3439～3040 页，北京，中华书局，1988。与此相关，"诸殴伤妻者"条
"律疏"里还提到"妻即是缌麻以上亲"，《唐律疏议》卷二二《斗讼》，410 页。从中可见，唐代法律条文所提到的
"期亲"以及"缌麻以上亲"在原则上都包括妻子。
　　③ 《唐律疏议》卷一八《贼盗》，340 页。
　　④ 《唐律疏议》卷二三《斗讼》，425 页。
　　⑤ 《唐律疏议》卷二四《斗讼》，435 页。
　　⑥ 参见《唐律疏议》卷二二《斗讼》"诸妻妾殴、詈故夫之祖父母、父母者"条，416 页；《唐律疏议》卷一
七《贼盗》"诸妻妾谋杀故夫之祖父母、父母者"条，328 页。
　　⑦ 参见《唐律疏议》卷二三《斗讼》"诸妻殴詈夫之期亲以下、缌麻以上尊长"条，420 页；《唐律疏议》卷
二二《斗讼》"诸殴兄之妻及殴夫之弟妹"417 页。

夫犯妻的祖父母、父母以及其他亲属，唐律没有具体处罚规定，而只是提到这属于"义绝"，夫妻必须离婚。值得注意的是，在确定"义绝"的范围时对夫妻双方的规定也有不同。夫"殴"妻之祖父母、父母，才属于"义绝"，而妻"詈"夫之同样亲属，就属于"义绝"。夫"杀"妻之外祖父母、伯叔父母、兄弟、姑、姊妹，才属于"义绝"，而妻"伤"夫之同样亲属，就属于"义绝"。与此相关，我们可以注意到按规定妻之父母属于"缌麻以上亲"①，据对犯"缌麻以上亲"的处罚规定而可以推测为，谋杀妻之父母，处以"流二千里"；已伤者，处以绞；已杀者，处以斩。② 这种推测的结果也说明，对同样犯罪，夫犯妻之父母的处罚比妻犯夫之父母的处罚更轻。

总而言之，关于妻犯夫之祖父母、父母以及其他亲属，唐律比较详细的规定，其处罚也极为严格。反之，关于丈夫犯妻之祖父母、父母以及其他亲属，唐律则没有详细的规定，而仅是部分的提到一点，其处罚相对要轻，甚至没有明确规定。对此，向淑云曾提到这是基于父系社会中妻与夫家亲属接触较频繁的原因。③ 对于夫犯妻的亲属，唐律大多没有具体规定其刑量，在"十恶"的规定之中也没有具体提到。④ 笔者以为这种现象的出现并不仅仅是因为夫与妻家亲属接触少，而是"夫尊妻卑"思想影响下的典型事例。

2. "从夫"思想

唐代法律对于同样的犯罪，有时对女性实施特殊处理，出现对妻处罚比对夫处罚轻的情况。这种对妻（女性）的特殊处罚，有一些学者认为是法律对女性施行的特惠。⑤然而，这究竟是对女性的特惠还是法律强调妻的"从夫"地位而没有承认主体性的表现，还需要作更深入的考察。

"从夫"思想表现在与缘坐有关的法律、女性"流移"时的处理等规定。对丈夫的严重犯罪，其处罚缘坐到妻子身上。如夫犯谋反罪及大逆罪，妻处以"没官"⑥。又如

---

① "五服制度"中"缌麻成人"包括"妻之父母"，参见《通典》卷一三四《礼》，3448页。

② 参见《唐律疏议》卷一七《贼盗》"诸谋杀期亲尊长、外祖父母、夫、夫之祖父母、父母"条，327页。

③ 参见向淑云：《唐代婚姻法与婚姻实态》，129页，台北，商务印书馆，1991。

④ 参见《唐律疏议》卷一《名例》"十恶"条，6页。

⑤ 中国古代法律对女性的特殊处理，主要表现于古代"妇人无刑"的观念。所谓"妇人无刑"早在《左传》襄公十九年记载"妇人无刑，虽有刑，不在朝市"（杨伯峻编著：《春秋左传注》，1049页，北京，中华书局，1993）。对此，黄嫣梨提到此观念似反映了古人视妇人为弱者而予以体恤，似乎与平等与否无关（参见黄嫣梨：《中国传统社会的法律与妇女地位》，载《北京大学学报》，1997（3））。罗炳绵也认为因女子体力、生理关系，若把妇女犯人监禁或"徒"、"流"，都于礼不便，故处罚从轻。又提到礼刑基本上是公平的，礼刑不特对尊卑男女有别（参见罗炳绵：《论古代礼教与妇女地位——对妇女史一些问题的辨证》，载中国典籍与文化编辑部编：《中国典籍与文化论丛》（第2辑），233页，北京，中华书局，1995）。

⑥ 《唐律疏议》卷一七《贼盗》"诸谋反及大逆者"，321页。

夫犯谋叛，妻处以"流二千里"，"若率部众百人以上"，妻处以"流三千里"①。如夫"诸密有征讨，而告贼消息者"，妻处以"流二千里"②。

与此相关，"诸缘坐非同居者"条还规定"若女许嫁已定，归其夫"。对此，"律疏"解释为"'女许嫁已定'，谓有许婚之书及私约，或已纳娉财，虽未成，皆归其夫"③。从中可见，唐律规定已出嫁者或许嫁者不从父家缘坐。这明显是"在家从父，适人从夫"思想的反映。④

反之，女性犯罪时，夫则不缘坐。唐律规定"道士及妇人，若部曲、奴婢，犯反逆者，止坐其身"⑤。

一般男性犯流罪时，其妻妾要随行。《唐律疏议》卷三《名例》"诸犯流应配者"条规定：

> 诸犯流应配者，三流俱役一年。妻妾从之。

丈夫处于流配，妻一定"从夫"，丈夫也不应该休妻。而且，在此时，"流移之人，皆不得弃放妻妾及私逃还乡，若妻子在远，预为追唤，待至同发"⑥。即罪人不应该让妻妾私下逃亡到家乡。如果妻妾在较远的地方，等她们回来，同时出发。

"移乡"时也同样处理。"诸犯流应配者"条"律疏"中提到"移乡人，妻妾随之，父祖子孙欲随者听，不得弃放妻妾"⑦。为避复仇而强令迁移远地时，其妻妾得随行。

但是，妻犯流罪，夫则没有受到任何法律的限制。需要注意的是女性犯流罪，以其他处罚方式代之。《唐律疏议》卷三《名例》"诸工、乐、杂户及太常音声人"条规定：

> 其妇人犯流者，亦留住，流二千里决杖六十，一等加二十，俱役三年；若夫、子犯流配者，听随之至配所，免居作。

对此，"律疏"提到"妇人之法，例不独流，故犯流不配，留住，决杖、居作"。即妇人不能单独流配。如妇人随夫流配则必须得真配，但妇人自己犯流罪，也不能单独流配。还有，"诸谋叛者"⑧ 条，"诸杀人应死会赦免者"条⑨都说明唐律规定妻（女性）

---

① 《唐律疏议》卷一七《贼盗》"诸谋叛者"条，325 页。
② 《唐律疏议》卷一六《擅兴》"诸密有征讨"条，307 页。
③ 《唐律疏议》卷一七《贼盗》，324 页。
④ 缘坐之法早在秦汉时期就有，魏晋时期一直沿用。当时甚至"诛及已出之女"。到魏晋时期，对缘坐出嫁之女的问题有争论，主张不缘坐出嫁之女，而且其思想根据还是"三从之义"。参见《通典》卷一六三《刑法》，4204 页。到唐代，唐律更明确规定了已出嫁者或许嫁者不从父家缘坐。
⑤ 《唐律疏议》卷一七《贼盗》"诸缘坐非同居者"条，324 页。
⑥ ［唐］李林甫等撰，陈仲夫点校：《唐六典》卷六《尚书刑部》，190 页，北京，中华书局，1992。
⑦ 《唐律疏议》卷三《名例》"诸犯流应配者"条，67 页。
⑧ 《唐律疏议》卷一七《贼盗》，325 页。
⑨ 参见《唐律疏议》卷一八《贼盗》，342 页。

在任何情况下都不能单独流配，单独离开家。

对此，不少的研究者都认为这是对女性实施的保护和特惠。[1] 但是，考虑到法律对女性的保护的内在动机，笔者以为这并非为了女性本身之故，纯粹地出于保护女性的目的，而是为了维持"妻从属于夫"的夫妻之间的秩序，以保障社会的安定。

与此相关，我们可以看"诸杀人应死会赦免者"条，"律疏"里有这种解释："'若妇人有犯'，谓无常居，随夫所在。"[2] 从中可见，唐律规定妻是"无常居，随夫所在"的存在。所以，我们不能以为这些对女性的处罚特例仅仅是为了女性自身的缘故，而应该考虑到这些规定的内涵。即，女性是"从夫"的，所以不能离开丈夫，法律条文将这一点制度化了。这种法律处理使妻从属于夫的性别秩序更为巩固。

对妻处罚比对夫处罚为轻的特点在其他律条里也有诸多表现。首先，在有关婚姻的律条里可以发现。"诸为婚而女家妄冒者"条规定"诸为婚而女家妄冒者，徒一年。男家妄冒，加一等。未成者，依本约；已成者，离之"[3]。对于婚姻时的"妄冒"罪，其处罚女方比男方轻一等。至于为何发生这种处罚上的差别，有学者提到女家妄冒，男方可以将女离弃而再娶，但是，如男方妄冒，女遂失节。尽管在科刑方面，男比女重，但是究其实质，也是出于重男轻女的礼教传统。[4]

其次，在不承认女性独立地位的前提下，唐律往往对女性实行减刑，有时甚至不问罪。"诸共犯罪者"条规定"若家人共犯，止坐尊长；（注：……尊长，谓男夫。）"对此，"律疏"解释为"尊长谓男夫者，假有妇人尊长，共男夫卑幼同犯，虽妇人造意，仍以男夫独坐"[5]。此条文说明虽然妇人主动与家人犯罪，而且她是尊长，但是处罚只针对男性。对此，黄嫣梨提到"礼"分主从，这一条充分反映出"男为主、女为从"的社会形态，因此与"礼"的旨意是相同的。[6] 这明显反映出重视男女主从关系的礼教思想，同时这是"妇人无刑"的基本背景和前提。所以，认为"妇人无刑"是对女性的体恤的观点，值得商榷。笔者以为这一条规定足可说明唐律在有关家庭内犯罪的处罚规定上根本不承认作为行为主体的女性。唐代法律坚持"从夫"的原则并规范了妻从属于夫的性别秩序。

唐代社会是等级社会，按当时社会的等级秩序，女性的等级完全由男性的等级而决

---

① 如，高世瑜在里提到此律条考虑到妇女身体特点，不宜远行，客观上对于保护妇女是有一定的益处的。参见高世瑜：《唐律：性别制度的法典化》，载荣新江主编：《唐研究》（第十卷），353 页，北京，北京大学出版社，2004。

② 《唐律疏议》卷一八《贼盗》，342 页。

③ 《唐律疏议》卷一三《户婚》，255 页。

④ 参见钱大群、钱元凯：《唐律论析》，192 页，南京，南京大学出版社，1989。

⑤ 《唐律疏议》卷五《名例》，115～116 页。

⑥ 参见黄嫣梨：《中国传统社会的法律与妇女地位》，载《北京大学学报》，1997（3），106 页。

定。这种情况是在"三从"思想的基础上产生的。① 在这种背景下，无论上层或下层，妻的等级都由丈夫的等级来确定。考察唐律对上层女性的减刑规定使我们更深入的了解到这一事实。"诸妇人有官品及邑号"条规定："诸妇人有官品及邑号，犯罪者，各依其品，从议、请、减、赎、当、免之律，不得荫亲属。"② 对此，"律疏"解释记载"依《礼》：'凡妇人，从其夫之爵位。'注云：'生礼死事，以夫为尊卑。'……妇人品命既因夫、子而授，故不得荫亲属。"又有"诸除名者"条的注里提到"妇人因夫、子得邑号，犯除名者，年满之后，夫、子见在有官爵者，听依式叙"③。妇人有官品及有邑号的可以受相应的处罚上的优惠待遇，犯罪时，可以享受"议、请、减、赎、当、免之律"的特权。但"律疏"明确表明妇人的官品和邑号都按丈夫的官品而授予。这种法律上的特惠充分表现出"从夫"的思想。④ 这些条文从表面上看是对上层女性实施的特惠，但从中也还可以了解到，对妻的这种特惠是社会考虑到她丈夫的身份而给予她的。正是因为这种原因，这些特惠具有很大的限制性。妇人有官品及邑号者是因为丈夫的官品而授予的，所以"不得荫亲属"，而且对奸罪不得"减"⑤。

　　而且，夫犯罪"免官"或"除名"等时，妻的官品自然被削夺。从敦煌文书P. 3818《唐判集》里有关判例中可以看到这种情况。《唐判集》第六道判文说到"前折冲赵孝信妻张，有安昌郡君告身。其夫犯奸除名，主爵追妻告身。张云，夫主行奸，元不知委，不服夺告身事"⑥。赵孝信妻张氏对因丈夫犯奸除名而自己的官爵被削夺的情况不服从。但对此的判文提到"（赵孝信）奸源已露，罪合除名。除名官爵悉除，资荫理从斯尽。妻张本缘夫职，因夫方给郡君。在信久已甘心，于张岂劳违拒。皮既斯败，毛欲何施。疑云不委夫奸，此状未为通理。告身即宜追夺，勿使更得推延"⑦。判文明确提到因为张氏的郡君是因丈夫而授予的，所以赵孝信除名，张氏当然跟着除去郡君告身。虽然丈夫的犯罪跟妻没有关系，妻的官爵也得被削夺。

　　在"从夫"思想的影响下，唐律对夫妻中一方擅离的处理，其罪名及量刑等，对夫妻的规定不同。首先法律严格禁止妻子"擅去"。《唐律疏议》卷一四《户婚》"诸犯义

---

① "妇人，从人者也：幼从父兄，嫁从夫，夫死从子……故妇人无爵，从夫之爵，坐以夫之齿"。《礼记正义》卷二六《郊特牲》，《十三经注疏》，1456 页。
② 《唐律疏议》卷二《名例》，38 页。
③ 《唐律疏议》卷三《名例》，59 页。
④ 与此相关，刘燕俪提到这一规定反映"夫妻齐体"精神，刘燕俪：《唐代的夫妻关系》，176 页，台湾大学博士学征论文，2003。但据相关"律疏"内容，这一规定的思想背景就是"从夫"思想。
⑤ 《唐律疏议》卷二《名例》"诸应议、请、减及九品以上之官"条，37 页。
⑥ 唐耕耦、陆宏基编：《敦煌社会经济文献真迹释录》（第二辑），601 页，北京，全国图书馆文献缩微复制中心，1990。
⑦ 唐耕耦、陆宏基编：《敦煌社会经济文献真迹释录》（第二辑），601 页，北京，全国图书馆文献缩微复制中心，1990。

绝者离之"条规定：

> 即妻妾擅去者，徒二年；因而改嫁者，加二等。

对此，"律疏"提到"妇人从夫，无自专之道，虽见兄弟，送迎尚不逾阈。若有心乖唱和，意在分离，背夫擅行，有怀他志，妻妾合徒二年。因擅去而即改嫁者，徒三年，故云'加二等'"。妻"擅去"，处以"徒二年"，擅去后改嫁，处以"徒三年"。其处罚根据是妻得"从夫"，妻没有"自专之道"。

对丈夫来说，唐律对丈夫擅离的情况没有规定，而只规定了对丈夫随便"出妻"的处理。《唐律疏议》卷一四《户婚》"诸妻无七出及义绝之状"条规定：

> 诸妻无七出及义绝之状，而出之者，徒一年半。

丈夫在妻没有属于"七出"及"义绝"的情况下随意出妻，处以"徒一年半"。

对类似的情况——夫妻一方擅去、离弃对方，法律规定的罪名，夫妻不同：妻是"擅去"；夫是"出之"。这反映了夫妻在当时社会中的不同处境。而且，对其量刑也不同，妻"擅去"更为重。由此可见，"从夫"的伦理观念在当时法律中的反映相当深入。

3. "夫为妇天"

唐代法律规定了比较多的夫妻双方必须遵守的义务，从中可以看出唐律规定的妻对夫的义务比夫对妻为重，并且，这些规定大都基于"夫为妇天"的礼教思想。

唐律对丈夫丧中妻子的行动有严格的规定。《唐律疏议》卷一〇《职制》"诸闻父母若夫之丧"条规定：

> 诸闻父母若夫之丧，匿不举哀者，流二千里；丧制未终，释服从吉，若忘哀作乐，徒三年；杂戏，徒一年；即遇乐而听及参预吉席者，各杖一百。

"律疏"解释为"妇人以夫为天，哀类父母。闻丧即须哭泣，岂得择日待时"。这条规定是对妻子在丈夫丧中行为的限制。妻对夫丧应该跟父母丧一样对待。通过"律疏"的内容，可以知道这一规定的立法根据是"以夫为天"的思想。与此相关，"夫之丧，匿不举哀"罪还属于"十恶"中的"不义"[1]。

反之，唐律对夫在妻丧中的行动没有明确的规定。只能通过在同样的条文里的对"期亲卑幼"的规定来推测。夫在妻丧中，"匿不举哀"，夫会处以"杖一百"，夫在妻丧中，"丧制未终，释服从吉"，夫会处以"杖九十"，都不属于"不义"[2]。

有关规定，还有《唐律疏议》卷一三《户婚》"诸居父母及夫丧而嫁娶者"条，妻在夫丧中改嫁，处于"徒三年"。"律疏"解释为"夫为妇天，尚无再醮"，说明其立法根据是"夫为妇天"。并且这还属于"不义"。相反，夫在妻丧中再娶，大略只处以"杖

---

① 《唐律疏议》卷一《名例》，15 页。
② 《唐律疏议》卷一〇《职制》"诸闻父母若夫之丧"条，204 页。

八十"①。

丈夫被囚禁时，妻子也不能自由行动。《唐律疏议》卷一〇《职制》"诸府号、官称犯父祖名"条规定：

> 若祖父母、父母及夫犯死罪，被囚禁，而作乐者，徒一年半。

对此，"律疏"解释为这一行为是"不孝不义，亏毁特深"。夫在被囚禁时，妻的行动受到严格限制。

总之，这些规定都特别强调妻在特殊情况下对夫的义务，其立法根据是"夫为妇天"的礼教思想。这在实际处罚和量刑上表现的是让妻子把丈夫当作父母一样对待，具体条文都把夫跟父母并提。而且这种要求只针对妻一方。

"夫为妇天"的原则在婚姻及其他相关规定也有所表现。《唐律疏议》卷一三《户婚》"诸许嫁女"条规定"诸许嫁女，已报婚书及有私约，而辄悔者，杖六十"，还在注里强调"男家自悔者，不坐，不追娉财"。对此，"律疏"里又提到"若男家自悔者，无罪，娉财不追"。已有报婚书及私约以后，女方后悔而翻复，处以"杖六十"，但男方后悔而翻复，却不予处罚。一旦男女双方有报婚书或定婚，对同样的罪其处罚不同，对妻比对夫处罚更严重。这与婚姻中的"妄冒"等罪对夫犯的处罚更严重的情况有所不同。这说明结婚（包括定婚）一旦成立，其后的犯罪，对妻的处罚更重，以确保妻遵守身为妻的义务。

唐代法律还允许和承认丈夫依礼出妻。《唐律疏议》卷一四《户婚》"诸妻无七出及义绝之状"条，"律疏"提到：

> 七出者，依令：一无子，二淫泆，三不事舅姑，四口舌，五盗窃，六妒忌，七恶疾。

关于"七出"，早在《大戴礼记·本命》中就有所反映②。后来"七出"被纳入到法律条文中，现在可知的最早收入"七出三不去"条文的便是唐律③。礼思想中所反映的七出，在唐代法律中被明显的条文化了。考察"七出"的内容，我们能了解到法律规定的作为妻的任务，这些任务从多方面限定了女性的行为。

与此相关，唐律规定休妻及离婚时，必须具有"手书"。关于"手书"，唐令规定"诸弃妻须有七出之状……皆夫手书弃之，男及父母伯姨舅，并女父母、伯姨舅，东邻

---

① 《唐律疏议》卷一三《户婚》"诸居父母及夫丧而嫁娶者"条，257 页。

② "妇有七去：不顺父母去，无子去，淫去，妒去，有恶疾去，多言去，窃盗去。"载〔清〕王聘珍撰、王文锦点校：《大戴礼记解诂》卷一三《本命》，255 页，北京，中华书局，1992。

③ 参见高世瑜：《唐律：性别制度的法典化》，载荣新江主编：《唐研究》（第十卷），340 页，北京，北京大学出版社，2004。

西邻，及见人皆署"①。由此可见，"手书"必须得有丈夫的署名，但没有提到必须要有妻子的署名。敦煌文书 P. 3813《唐判集》第十八道提到离婚时手书和手书中署名的重要性。据此，田智妻回本家，田智对邻里"作离书弃放"，与妻离婚。后来田智父亡，智妻不来"赴哀"，引起纠纷。对此具体判文说到"如嫁女弃女，皆由父母。纵无悖怵，仍问亲近……一纸离书，离书不载舅姑，私放岂成公验"②。判文提到手书中没有田智父母的签字，因而没有效力。其结果是智妻必须回到田家。从中可见，离婚时必须具备手书，而且如果没有法律所规定的人的署名离婚就没有效力，特别是舅姑的署名极为重要。

再看通奸罪方面。唐律规定和奸时男女要受同样处罚，如果男方强奸，女方不坐处罚。③ 在此需要注意的是，处罚和奸时，法律考虑到女方有无丈夫。《唐律疏议》卷二六《杂律》"诸奸者"条规定：

> 诸奸者，徒一年半；有夫者，徒二年。

对于与"有夫者"和奸，法律规定双方加重处罚。而且，对奸罪，"减赎"特例也不能适用。"诸应议、请、减及九品以上之官"条规定"妇人犯奸者：亦不得减赎"④。另外，对奸罪，又不适用"七出"时的"三不去"规定。"诸妻无七出及义绝之状"条规定"若犯恶疾及奸者，不用此律"⑤。如此，唐律的一些特例及保护规定对妻的奸罪都设有例外规定。从此可见，对女性的奸罪，其处罚较为严重。特别是对有夫之妻的奸罪则处罚更重。这些都是因为考虑到妻对夫的道德上的义务而产生的，所以对妻的奸罪似乎都没有法律规定的特别的保护。

三、"敬妻"思想在唐代法律中的表现

唐代法律坚持"夫尊妻卑"原则，同时还强调以"妻者，齐也"为基础的"敬妻"思想⑥。唐代法律在一定程度上承认妻在家庭内的位置，直接表现敬妻思想的法律都集中于有关婚姻、离婚、改嫁等的方面。

---

① ［日］仁井田陞：《唐令拾遗·户令》第九，253 页，东京，东京大学出版会，1964。

② 唐耕耦、陆宏基编：《敦煌社会经济文献真迹释录》（第二辑），608～609 页，北京，全国图书馆文献缩微复制中心，1990。

③ "诸和奸，本条无妇女罪名者，与男子同。强者，妇女不坐。"《唐律疏议》卷二六《杂律》"诸合奸"条，496 页。

④ 《唐律疏议》卷二《名例》，37 页。

⑤ 《唐律疏议》卷一四《户婚》，267 页。

⑥ 与此相关，滋贺秀三曾经提到"妻以夫为天"指在内部关系上夫是妻的绝对性的归依对象，"妻与夫齐体"指从第三者角度看妻等于和夫一样应该受到相同尊敬的人。参见［日］滋贺秀三：《中国家族法原理》，张建国、李力译，109 页，北京，法律出版社，2003。但是，通过以下对有关规定的分析，可见"敬妻"思想更为实际地反映在夫妻关系之间的规定中，这些规定主要适用于夫妻内部关系。

1. 关于结婚

敬妻思想主要表现在对婚礼的重视，唐代法律对于在婚姻成立的过程当中会发生的一些情况作了特别规定。首先，双方定婚时不能"妄冒"，其处罚对男方更为重。① 这种规定一定程度上保护了女方，不允许男方随意欺骗女方。这一点在白居易判文里有明显的表现。白居易判"得乙以庶男冒婚丁女，事发离之。丁理馈贺衣物，请以所下聘财折之。不伏"的具体判文中提到"乙则隐欺，在法而聘财宜没；丁非罔冒，原情而馈礼可追。是非足明，取与斯在"②。乙犯"妄冒"，其聘财被官府没收，女方无罪，其"馈礼"还归女方。

其次，双方不能"违律为婚"，而且定婚以后，不能随便违背契约。违犯时，双方都会受到处罚。男方也不例外。《唐律疏议》卷一四《户婚》"诸违律为婚"条规定：

> 诸违律为婚，虽有媒娉，而恐喝娶者，加本罪一等；强娶者，又加一等。被强者，止依未成法。即应为婚，虽已纳娉，期要未至而强娶，及期要至而女家故违者，各杖一百。

唐律严禁"违律为婚"，而且特别重视婚姻按期举行。这种规定也往往在结婚成立过程中保护女性。与此相关，白居易作的判中有"得景定婚，讫未成，而女家改嫁，不还财。景诉之。女家云：无故三年不成"具体判文说到"既闻改适，乃诉纳征；揆情而嘉礼自亏，在法而聘财不返。女兮不爽，未乖九十之仪；夫也无良，可谓二三其德。去礼逾远责任斯难"③。定婚以后，男方三年内未举行婚礼，因而女方改嫁。在这种情况下，女方无罪，聘财不用还归男方。总之，唐代女性在婚姻成立的过程中在一定程度上受到法律的保护，而且这种法律在实际上具有一定的效力。

再次，唐代法律严禁重婚，以此来维护妻的位置。《唐律疏议》卷一三《户婚》"诸有妻更娶妻者"条规定：

> 诸有妻更娶妻者，徒一年；女家，减一等。若欺妄而娶者，徒一年半；女家不坐。各离之。

按唐律，"有妻更娶妻"者，处以"徒一年"，对丈夫的重婚加以法律上的制裁。而且，唐律不止处罚犯者，还让重婚者离婚。唐律根本不承认重婚。应该指出的是，此条"律疏"解释为"依礼，日见於甲，月见於庚，象夫妇之义。一与之齐，中馈斯重"。这表明这一规定的立法根据是礼教思想中的"夫妻齐也"原则。

最后，对妻的地位的保护还表现在不能把妻随意改为妾，妾、客女等不能为妻。

---

① 参见《唐律疏议》卷一三《户婚》，255 页。

② ［唐］白居易撰，顾学颉点校：《白居易集》卷六六《判》，1400 页，北京，中华书局，1979。

③ ［唐］白居易撰，顾学颉点校：《白居易集》卷六七《判》，1419 页，北京，中华书局，1979。

《唐律疏议》卷一三《户婚》"诸以妻为妾"条规定：

> 诸以妻为妾，以婢为妻者，徒二年。以妾及客女为妻，以婢为妾者，徒一年
> 半，各还正之。

唐律禁止以妻为妾的行为，而且其处罚比重婚罪还重二等。对此，"律疏"里提到"妻者，齐也，秦晋为匹"。在此，唐律明确表示"妻者，齐也"，因此不能以妻为妾、以婢为妻。"律疏"还说明了以妻为妾是"亏夫妇之正道"，"紊乱礼经"。

由此可见，在婚姻方面，表现敬妻思想的规定较多，主要以约束丈夫的行为事项为主。值得注意的是，在此，"敬妻"思想的"妻者，齐也"只是为制定这些法律提供了思想上的依据。"敬妻"思想的作用只不过是在婚姻成立过程中对男性的随意行为有一定的约束效力。

而且，这种对妻的保护是考虑到妻在家庭中的作用而规定的，有关律条的"律疏"说明了这一点。夫妻"一与之齐，中馈斯重"[1]，在此，所谓"中馈"说明妻在家庭内的主要家务。[2] 还有，"妻者，传家事，承祭祀，既具六礼，取则二仪。婢虽经放为良，岂堪承嫡之重"[3]。"中馈斯重"、"堪承嫡之重"是法律尊重妻的地位的主要背景。

2. 关于离婚

与离婚有关，唐代法律对丈夫一方的离婚权有一定限制。《唐律疏议》卷一四《户婚》"诸妻无七出及义绝之状"条严禁"七出"、"义绝"之外的出妻，而且还规定"三不去"。如妻没有犯七出及义绝，而丈夫随意休妻，丈夫就处以"徒一年半"。虽然法律上认定"七出"及其具体内容限制妻的行为，但无论如何唐律对丈夫的随意出妻有一定的限制。而且，还有"三不去"的规定，"律疏"解释为"三不去者，谓：一，经持舅姑之丧；二，娶时贱后贵；三，有所受无所归。而出之者，杖一百。并追还合"。从中可见唐律考虑妻在家庭中的贡献。如果妻完成对舅姑之丧的义务或结婚以后家庭财产有所增长，虽然妻犯七出，但丈夫不能休妻。另外，唐律还考虑到妻是否有回去的地方，如果没有就不能休妻。

通过白居易作的有关判文，可以知道当时这些规定一般都按照法律执行。特别是对丈夫随便休妻，其法律执行是相当严格的。"得甲妻于姑前叱狗，甲怒而出之。诉称非七出。甲云：不敬"[4]。对此，白居易判文提到"细行有亏，信乖妇顺；小过不忍，岂

---

① 《唐律疏议》卷一三《户婚》"诸有妻更娶妻者"条，255 页。

② 参见《周易·家人》记载："无攸遂，在中馈。"对此，孔颖达疏云："妇人之道，巽顺为常，无所必遂。其所职，主在于家中馈食共祭而已，得妇人之正吉，故曰无攸遂，在中馈贞吉也。"《十三经注疏·周易正义》卷四《家人》，50 页。

③ 《唐律疏议》卷一三《户婚》"诸以妻为妾"条，256~257 页。

④ 〔唐〕白居易撰，顾学颉点校：《白居易集》卷六六《判》，1394 页，北京，中华书局，1979。

谓夫和？……若失口而不容，人谁无过？"

又有"得景娶妻三年，无子，舅姑将出之。诉云：归无所从"①。对此，白居易判文说"虽配无生育，诚合比于断弦；而归靡适从，庶可同于束蕴……无抑有辞，请从不去"。这种判文说明"三不去"的原则比较准法实行。

有的时候，对休妻男子还会处以"免官"、"除名"等惩罚。如李元素出妻，处以"免官"②。又如，源休"其妻，即吏部侍郎王翃女也。因小忿而离，妻族上诉，下御史台验理，休迟留不答款状，除名，配流溱州。久之，移岳州"③。

另外，"诸犯义绝者离之"条中严禁"妻妾擅去"，而"律疏"还解释为"室家之敬，亦为难久，帷薄之内，能无忿争，相嗔蘦去，不同此罪"④。从中可见，唐律承认夫妻之间会发生"忿争"，如果夫妻之间有"忿争"而妻暂时离去，这与"妻妾擅去"不同。这一规定防止滥用"妻妾擅去"罪，这是对妻的明确保护。而且，从中我们还可以知道唐律在立法过程中充分地考虑人情的事实。⑤

关于离婚方面，唐代法律在一定程度上限制丈夫的行为。从有关判文以及案例看，这些规定不是有名无实，而是具有相当实际的效力。这对保护妻在家庭中的位置有一定的作用。但是，还可以认为这种维护女性地位的规定，其实是为了维持家庭秩序。婚姻关系是家庭的基础，而家庭是封建社会的基础，为了社会安定，必须首先实现婚姻关系的稳定。⑥ 因此，法律特别限制丈夫的离婚权而保护妻在夫妻关系上的地位。在这样的背景下，妻在一定程度上能受到法律的保护。

3. 关于改嫁

唐代法律暗中准许女性离婚后或丈夫死后可以改嫁。唐初，官府甚至鼓励改嫁。太宗贞观二年（公元 628 年）二月诏提到："男年二十女年十五已上，及妻丧达制之后，孀居服纪已除，并须申以婚媾，令其好合……其鳏夫年六十，寡妇年五十已上，及妇虽尚少，而有男女，及守志贞洁，并任其情，无劳抑以嫁娶。刺史县令以下官人，若能使婚姻及时，鳏寡数少，量准户口增多，以进考第。如导劝乖方，失于配偶，准户减少附殿"⑦。从中可见，唐初官府鼓励寡妇改嫁与当时的生育政策有关，甚至于以寡妇数量

① ［唐］白居易撰，顾学颉点校：《白居易集》卷六七《判》，1411 页，北京，中华书局，1979。
② ［后晋］刘昫等撰：《旧唐书》卷一三二《李元素》，3658～3659 页，北京，中华书局，1997。
③ 《旧唐书》卷一二七《源休》，3574 页。
④ 《唐律疏议》卷一四《户婚》，268 页。
⑤ 马小红提到中国传统法特别重视人情，甚至于人情重于法。参见马小红：《礼与法：法的历史连接》，233～253 页，北京，北京大学出版社，2004。笔者以为唐律中有关妇女的条文大多反映了这一点，法律对女性的保护规定往往基于人情的考虑。
⑥ 参见刘俊文：《唐律疏议笺解》，1057 页，北京，中华书局，1996。
⑦ ［宋］王溥撰：《唐会要》卷八三《嫁娶》，1527 页，北京，中华书局，1998。

的多少为考核地方官的标准。但对自愿守志者，"任其情"。

唐代法律在一定程度上保护改嫁妇女。唐律有关于"妻前夫之子、女"的规定。"诸殴伤妻前夫之子者"条规定"诸殴伤妻前夫之子者，减凡人一等；同居者，又减一等。死者，绞"①。又有"诸奸缌麻以上亲及缌麻以上亲之妻"条规定"诸奸缌麻以上亲及缌麻以上亲之妻，若妻前夫之女及同母异父姊妹者，徒三年；强者，流二千里；折伤者，绞。妾，减一等"②。通过这些条文，我们还可以知道当时女性改嫁时，还可以带前夫之子女，而且法律对他们有一定的保护。与此有关，敦煌文书 P. 3818《唐判集》有记载"牛相仁先娶苟知节为妻。已生二女……妇已改适杨敬，其女携至杨家"③。这些记载表明当时女性在改嫁时可以带前夫之子女。

关于寡妇守志，唐律坚持自愿守志者"任其情"的态度。但祖父母、父母可以强迫孙女或女儿改嫁。《唐律疏议》卷一四《户婚》"诸夫丧服除而欲守志"条规定：

> 诸夫丧服除而欲守志，非女之祖父母、父母而强嫁之者，徒一年；期亲嫁者，减二等。各离之。女追归前家，娶者不坐。

唐代法律比较重视寡妇守志，但其重视的程度只是限于尊重寡妇本人的选择。而且，唐律赋予了父母对女儿可以强迫改嫁的权利。总之，唐代法律对寡妇改嫁坚持比较开明的态度。

但是，关于官府鼓励寡妇改嫁的政策，李志生提到这与当时的经济政策有关。在以人丁为基础的赋税制度之下，官府为了国家的财政收入，采取鼓励寡妇改嫁的政策。大概在两税法实行之后，人丁不再直接影响到国家收入，官府一贯地推行鼓励寡妇守志的政策。④ 由此可见，对寡妇改嫁的开放态度是应当时社会的需要而出现的。唐律在一定程度上保护寡妇改嫁，这符合于当时社会的要求。

四、在实际执行中的变通："敬妻"思想的限制性

唐代法律在有关结婚、离婚、改嫁等的一些法律条文中体现了"敬妻"思想，法律对妻的地位作了一定的保护。但是有时候这些规定也并不能严格地实行，而会依实际情况有所变通。其中最突出的表现是妻在家庭内不能履行"传家事，承祭祀"任务的时候。

---

① 《唐律疏议》卷二三《斗讼》，419 页。
② 《唐律疏议》卷二六《杂律》，493 页。
③ 唐耕耦、陆宏基编：《敦煌社会经济文献真迹释录》（第二辑），609 页，北京，全国图书馆文献缩微复制中心，1990。
④ 参见李志生：《试析经济政策对中国古代妇女贞节的影响——兼谈唐后期妇女贞节变化的意义》，载邓小南主编：《唐宋女性与社会》，884～903 页，上海，上海辞书出版社，2003。

唐代法律规定有"七出"，其中包括"无子"。关于"无子"，《大戴礼记·本命》提到"妇有七去：不顺父母去，无子去……"① 但在唐令中顺序有所改变，"无子"被列在第一位。② 这反映了唐代社会对后嗣的特别重视。③ 所以，唐代对有关"无子"的法律执行比较严格，有些判例甚至表明在现实执行中的处理比在成文法律中更为严重。

唐律明确地规定判定"无子"的年龄限制。"诸妻无七出及义绝之状"条，"律疏"有如此的问答："问曰：妻无子者，听出。未知几年无子，即合出之？答曰：律云：'妻年五十以上无子，听立庶以长。'即是四十九以下无子，未合出之。"④ 这种年龄的限制在《礼记·内则》郑玄注中也有提到：妇人"五十始衰，不能孕也"⑤。

但是，这种年龄的限制在实际生活中并没有完全遵守。⑥ 如，三史严灌夫"因游彼，遂结姻好"，"经十余秋，无胤嗣。灌夫乃拾其过，而出妻，令归二浙"⑦。因为与妻结婚十余年而无子就出妻。还有，"商陵穆子，娶妻五年无子。父母欲其改娶。其妻闻之，中夜悲啸，穆子感之而作《别鹄操》"，韩愈在《别鹄操》里也写到按礼无子可以出妻。⑧ 对此，白居易也提到"义重莫若妻，生离不如死；誓将死同穴，其奈生无子。商陵迫礼教，妇出不能止"⑨。不管夫妻关系多好，无子就得出妻。这些例子说明在当时人们的观念中，无子出妻是理所当然，而且似乎根本没有考虑到年龄的限制。有时，无子出妻甚至不受"三不去"的限制。唐代诗人张籍的《离妇》即表现了这样的情况。"十载来夫家，闺门无瑕疵。薄命不生子，古制有分离……堂上谢姑嫜，长跪请离辞……昔日初为妇，当君贫贱时，尽夜常纺绩，不得事蛾眉……洛阳买大宅，邯郸买侍儿，夫婿乘龙马，出入有光仪"⑩。

与此相关，白居易作的判"得景娶妻三年，无子，舅姑将出之。诉云：归无所从"也没有提到妻的年龄问题。⑪ "娶妻三年无子"，景妻不大可能已经达到五十岁以上。成

① 《大戴礼记解诂》卷一三《本命》，255 页。
② "七出者，依令："一无子，二淫……"，《唐律疏议》卷一四《户婚》"诸妻无七出及义绝之状"条，267 页。
③ 参见高世瑜：《唐律：性别制度的法典化》，载荣新江主编：《唐研究》（第十卷），340 页，北京，北京大学出版社，2004。
④ 《唐律疏议》卷一四《户婚》，267 页。
⑤ 《礼记集解》卷二六《内则》，760 页。
⑥ 与此相关，金眉提到"无子"的年龄限制没有严格遵守。参见金眉：《从"无子"出妻看唐代"七出三不去"离婚制度的实践》，载《史学月刊》，1993（2）。
⑦ 《云溪友议》卷上《毗陵出》，载《唐五代笔记小说大观》，1262～1263 页，上海，上海古籍出版社，2000。
⑧ "雄鹄衔枝来，雌鹄啄泥归。巢成不生子，大义当乖离。"韩愈《琴操十首》中《别鹄操》，《全唐诗》卷三三六《韩愈》一，3763 页，北京，中华书局，1979。
⑨ ［唐］白居易撰，顾学颉点校：《白居易集》卷二一《和微之听妻弹别鹄操因为解释其义依韵加四句》，464～465 页，北京，中华书局，1979。
⑩ 《全唐诗》卷三八三《张籍》二《离妇》，4297 页。
⑪ 参见［唐］白居易撰，顾学颉点校：《白居易集》卷六七《判》，1411 页，北京，中华书局，1979。

文法律规定的年龄限制在现实执行中似乎并没有得到贯彻。

总之，如果妻在家族及宗族社会中不能完成生产后嗣的任务，对她的处罚将会很严格地执行。此时，法律对她的保护并不生效。

"传家事，承祭祀"的强调还表现在法律执行中"孝"的伦理优先于"敬妻"思想的这一事实。"孝"的思想与"敬妻"思想互相冲突时，唐代法律优先考虑的是"孝"的思想。唐律的"七出"规定里有"不事舅姑"一项，妻不履行对舅姑的义务时，丈夫也可以出妻。需要注意的是，"不事舅姑"所指的范围很模糊，很多情况都能适用。如，白居易判中有"得乙出妻，妻诉云：无失妇道。乙云：父母不悦则出，何必有过"。对此，白居易在判文提到"孝养父母，有命必从；礼事舅姑，不悦则出。……且闻莫慰母心，则宜去矣；何必有亏妇道，然后弃之?"①。此文并没有提到具体是因为什么问题。但不管有什么事，只要父母不悦，丈夫就可以出妻。在"孝"道面前似乎根本就不再考虑夫妇之道。

武后执政时期的李回秀"母少贱，妻尝訾媵婢，母闻不乐，回秀即出其妻"②。这也是因"父母不悦"即出妻的典型例子。而且对这件事回秀自己的看法也表明了"敬妻思想"的局限性，他说"娶妇要欲事姑，苟违颜色，何可留?"

再看长庆年间有柳公绰断姑鞭妇死案："柳公绰，长庆中为刑部尚书。京兆人有姑以小过鞭其妇至死，府上其狱，郎中窦某断以偿死，公绰曰：尊殴卑非斗也；且其子在，以妻而戮其母，非教也。竟从公绰所议。"③ 姑鞭妇死，郎中窦某判决为死刑。依唐律"即殴子孙之妇，令废疾者，杖一百；笃疾者，加一等；死者，徒三年；故杀者，流二千里"④，应当被处于"徒三年"。郎中窦某的判决确实是太重。在此，柳公绰具体判决不得而知，但明显的表示"尊殴卑非斗也；且其子在，以妻而戮其母，非教也"。

总的来说，维护妻的地位的法律条目，其在实际生活中发生效力的范围是极其有限的。特别是在"孝"的主导思想的影响下，在法律执行中，"敬妻"的思想就几乎完全被忽视了。

另外，唐代法律还对于那些实现了夫妇之道的女性的罪行，在处罚上往往实行变通。敦煌文书 P. 3818《唐判集》记载"郭泰、李膺同船共济。但遭风浪，遂被覆舟。共得一桡，且浮且竞。膺为力弱，泰乃力强，推膺取桡，遂蒙至岸。膺失桡势，因而至殂。其妻阿宋，喧讼公庭，云其夫亡，乃由郭奉"⑤。制判者确认李膺被溺死的直接原

---

① ［唐］白居易撰，顾学颉点校：《白居易集》卷六七《判》，1406 页，北京，中华书局，1979。

② 《新唐书》卷九九《李大亮传》，3914 页。

③ ［宋］王钦若等编：《册府元龟》卷六一六《刑法部》"议谳"，7408 页，北京，中华书局，1960。

④ 《唐律疏议》卷二二《斗讼》"诸妻妾詈夫之祖父母、父母者"条，415 页。

⑤ 唐耕耦、陆宏基编：《敦煌社会经济文献真迹释录》（第二辑），605 页，北京，全国图书馆文献缩微复制中心，1990。

因是船翻落水造成的，便判定郭泰无罪。唐代法律规定"诬告反坐"，即诬告者反坐其罪，所以阿宋便有诬告之嫌。① 但是，对此，判文提到"阿宋，夫妻义重，伉俪情深……覆舟自是天灾，溺死岂伊人咎……宋无反坐，泰亦无辜"②。因为阿宋的"夫妻义重，伉俪情深"，阿宋也不"反坐"。这表明，唐代法律在执行的过程中依实际情况而具有较大的弹性。但其变通也有一定的理由，作为妻，为了丈夫去上告法庭，这是可鼓励的行为，所以执法者在执行法律时也作了一定的例外处理。

五、结　语

通过以上的考察，我们了解到古代礼教思想中视妻为"卑幼"、"从夫"、"夫为妇天"等有关夫妻关系的三个方面的原则都具体地渗透到了唐代法律条文之中。唐律制定罪名、判决罪的有无、确定处罚程度以及处罚方式都基于"夫尊妻卑"的原则。可以说是"夫尊妻卑"的礼教思想在唐代法律中的具体化。唐代法律在其立法的过程中彻底地贯彻和体现了"夫尊妻卑"的宗旨。

唐代法律在敬妻思想的影响下，在结婚、离婚以及改嫁方面的规定上，对妻的地位有一定的保护。这确实是唐代法律开明性的一个侧面。有关规定的主要特点是大部分都针对男性，是对丈夫对妻的行为的限制。值得注意的是，表现敬妻思想的规定大多与当时社会的需要相关。所以，社会又在有所必要时，在执行这些规定时加以变通使用。如万一妻不能承担这些社会所要求的义务等，法律对妻的保护规定则基本上不会发生效力。

与此相关，还需要补充的是，唐代法律中所反映"敬妻"思想只是在社会的要求下认可其作为妻的地位。所谓"作为妻"，强调的是女性在其家族和宗族社会中的角色和任务。但是，妻的犯罪往往发生在违背其义务和责任时。在对这种犯罪的处罚上，"敬妻"思想当然不会发挥作用。"敬妻"思想不能具体进入到决定妻犯罪时的处罚方式或量刑规定和夫妻之间犯罪时的处罚规定里。因此可以认为，以"妻者，齐也"为代表的"敬妻"思想并没有在法律上具体表现出来，而只是在针对男性，限制其对妻的随意行为的法规中作为思想背景发挥了一点作用而已，在具体规定和执行上则灵活性很强。

总之，我们可以认为，在唐代法律中所反映的夫妻之间性别秩序主要以"夫尊妻

---

① 参见《唐律疏议》卷二三《斗讼》"诸诬告人者"条规定"诸诬告人者，各反坐"，428页。

② 唐耕耦、陆宏基编：《敦煌社会经济文献真迹释录》（第二辑），606页，北京，全国图书馆文献缩微复制中心，1990。

卑"为实质，只有在具体必要的情况下，"敬妻"作为辅助因素才会发挥作用。这种情况在法律执行中更明显地表现出来。不管其执行是否符合于成文法律规定，其判决结果都符合于当时社会所重视的夫妻之间性别秩序。这样就使得唐代法律所规定的夫妻之间性别秩序在实际生活中更加稳固了。从中我们可以发现，从表面上看具有相反倾向的"夫尊妻卑"和"敬妻"原则在唐代法律中融合并形成为夫妻之间的性别秩序。

附录：《唐律所制定的夫妻间犯罪及其处罚表》

罪 名			夫犯时的处罚	妻犯时的处罚	其他内容	参考律条
夫妻殴打	殴（不伤及轻伤）	不伤	无罪	徒一年	凡人，笞四十	"诸殴伤妻者"条，"诸妻殴夫"条，"诸斗殴人者"条，"诸斗殴人"条，"诸斗以兵刃斫射人"条，"诸斗殴折跌人支体及瞎其一目者"条，"诸斗殴杀人者"条，"诸过失杀伤人者"条
		见血者	笞四十	徒一年	凡人，杖六十	
		伤及拨发方寸以上	杖六十	徒一年	凡人，杖八十	
	殴重	内损吐血者	杖八十	徒二年	凡人，杖一百	
		折齿，折指，毁缺耳鼻，眇一目	杖九十	徒二年半	凡人，徒一年	
		折二齿，二指以上及髡发者	杖一百	徒三年	凡人，徒一年半	
		折肋及眇两目者	徒一年	流二千里	凡人，徒二年	
		折跌人支体及瞎一目者	徒二年	流三千里	凡人，徒三年	
	死		绞	斩	凡人，绞	
	过失杀者		无罪	徒三年	凡人，各依其状，以赎论	
	以刃及故杀者		斩		凡人，斩	
谋杀			依故杀罪减二等，已伤者，减一等，已杀者，依故杀法	斩	犯奸而奸人杀其夫，奸妻虽然不知情，也处于同罪	"诸谋杀期亲尊长、外祖父母、夫、夫之祖父母、父母者"条
有所憎恶而造厌魅及造符书呪诅，欲以杀人者				斩	凡人，以谋杀论减而二等	"诸有所憎恶"条
戏杀伤人				从斗杀伤法	凡人，减斗杀伤二等	"诸戏杀伤人者"条
相告	告		杖六十	徒二年		"诸告期亲尊长、外祖父母、夫、夫之祖父母"条，"诸告缌麻、小功卑幼"条
	诬告		减诬罪二等	加诬罪三等	凡人，各反坐	

续前表

罪　名		夫犯时的处罚	妻犯时的处罚	其他内容	参考律条
为人所杀，私和者		徒二年半	流二千里	祖父母、父母，流二千里	"诸祖父母、父母及夫为人所杀"条
有关婚姻	结婚				
	已报婚书及有私约而辄悔者	无罪，不追娉财	杖六十		"诸许嫁女"条
	妄冒	徒一年半	徒一年		"诸为婚而女家妄冒者"条
	有妻更娶妻	徒一年		被娶的女方处杖一百	"诸有妻更娶妻者"条
	以妻为妾	徒二年			"诸以妻为妾"条
	期要未至而强娶	杖一百			"诸违律为婚"条
	期要至而女家故违者		杖一百		
	离婚 诸妻无七出及义绝之状，而出之者	徒一年半		虽犯七出，有三不去，而出之者，杖一百	"诸妻无七出及义绝之状"条
	妻擅去者		徒二年	因而改嫁者，加二等	"诸犯义绝者离之"条
奸罪	无夫者	徒一年半	徒一年半	对方也同样处罚，强者妇女不坐	"诸奸者"条
	有夫者	徒二年	徒二年		
在双方丧中的罪名	匿不举哀	杖一百	流二千里	在父母丧时，流二千里	"诸闻父母若夫之丧"条
	释服从吉，若忘哀作乐	杖九十	徒三年	在父母丧时，徒三年	
	杂戏		徒一年	在父母丧时，徒一年	
	遇乐而听及参预吉席者		杖一百	在父母丧时，杖一百	
	再娶及改嫁	杖八十	徒三年		"诸居父母及夫丧而嫁娶者"条
	与应嫁娶人主婚者		杖八十		"诸居父母丧"条
	为应嫁娶人谋合		笞四十		
	若诈称夫死以求假及有所避者		徒三年		"诸父母死应解官"条
在双方被囚禁中的罪名	犯死罪，被囚禁，而作乐者		徒一年半	在父母被囚禁时，徒一年半	"诸府号、官称犯父祖名"条

续前表

罪名			夫犯时的处罚	妻犯时的处罚	其他内容	参考律条
夫妻对双方亲属的犯罪	祖父母、父母	詈		徒三年	殴妻之祖父母、父母及杀妻外祖父母、伯叔父母、兄弟、姑、姊妹属于义绝。殴詈夫之祖父母、父母，杀伤夫外祖父母、伯叔父母、兄弟、姑、姊妹属于义绝。	"诸妻妾詈夫之祖父母、父母者"条，"诸谋杀期亲尊长、外祖父母、夫、夫之祖父母、父母者"条，"诸有所憎恶"条，"诸戏杀伤人者"条，"诸殴缌麻兄姊"条，"诸告期亲尊长、外祖父母、夫、夫之祖父母"条
		殴	徒一年	绞		
		伤者　伤重者	徒一年半	斩		
		伤者　致死者	斩			
		过失伤者		徒二年半		
		过失杀者		徒三年		
		谋杀　谋杀	流二千里	斩		
		谋杀　已伤者	绞			
		谋杀　已杀者	斩			
		有所憎恶而造厌魅及造符书呪诅，欲以杀人者		以谋杀论		
		戏杀伤者		从斗杀伤法		
		告、诬告　告	徒一年	徒二年		
		告、诬告　诬告	加诬罪一等	加诬罪三等		
	其他亲属	期亲以下、缌麻以上尊长　殴詈		各减夫犯一等		"诸妻殴詈夫之期亲以下、缌麻以上尊长"条，"诸殴兄之妻及殴夫之弟妹"条
		期亲以下、缌麻以上尊长　死者		斩		
		卑属　殴詈		与夫殴同		
		卑属　死者		绞		
		弟妹　殴		加凡人一等		
		兄弟之子　殴杀		流三千里		
		兄弟之子　故杀		绞		
	故夫之祖父母、父母	殴詈		各减殴詈舅姑二等		"诸妻妾殴、詈故夫之祖父母、父母者"条，"诸妻妾谋杀故夫之祖父母、父母者"条
		折伤者		加役流		
		死者		斩		
		过失杀伤者		依凡论		
		谋杀　谋杀		流二千里		
		谋杀　已伤者		绞		
		谋杀　已杀者		斩		
	妻之前夫之子女	殴打	减凡人一等		同居者，又减一等	"诸殴伤妻前夫之子者"条，"诸奸缌麻以上亲及缌麻以上亲之妻"条
		死者	绞			
		奸妻前夫之女　和奸	徒三年			
		奸妻前夫之女　强者　不伤	流二千里			
		奸妻前夫之女　强者　折伤者	绞			

（作者单位：北京大学历史学系）

由"治道"到"政道"

——黄宗羲政治法律学说简论

关于中国传统政治法律学说，范忠信先生曾论到："中国传统政治法律学说所关注的，几乎只是政令、政事问题，很少讨论政权问题。一代又一代贤人哲士们喋喋不休地讨论的，只是应当如何王霸并用、赏罚分明，如何理冤恤民，如何施行德教，如何从严治吏、循名责实，如何亲贤远佞、选用贤才，如何兼听纳谏，如何仁政爱民，如何发奸止叛、强化治安，如何提高行政效率，如何有效贯彻政令法令，如何惩治贪污，如何止讼息讼……具体'治道'问题，实在很少涉及政权合法性的取得及更迭、政权的性质、最高权力的监督制约等等根本的'政道'问题。"①

我们认为，黄宗羲的政治法律学说突破了这种状况，第一次将传统"论治"问题转到"论政"，这一思想的转折是历史性的转折，开始关注到中国传统法学的盲点。黄宗羲思想是新时代的启蒙思想，根植于中国的历史文化环境当中，比西方卢梭启蒙思想早100年，直到今天仍具有很强的现实意义，进一步研究和发掘黄宗羲政治法律学说的思想精华，则是我们的历史使命。

---

① 范忠信：《君权监督与和平转移：中国传统法学的盲点》，载 http://www.jcrb.com/zyw/n5/ca11095.htm。

一、黄宗羲政治法律学说基本内容

黄宗羲的政治法律学说集中体现在《明夷待访录》这部书中，正如有的学者所言："在中国思想史上是一个全新的形态，他以确定人的自然权利为逻辑起点，层层推演，反复论证，已初步构建了类似于西方近代民主思想的许多基本理念和理论框架，超越和突破了儒家为代表的传统民本思想的藩篱，体现了具有全新的思想范式意义的早期民主启蒙特色，是其一生注重经世致用、追求实学的学术精神在政治理论形态上的成功体现，堪称十七世纪中国启蒙思潮的典范。尤其值得肯定的是，黄宗羲的以上政治和社会理想还标志着当时中国先进的知识分子开始从制度上来认识社会、政治和历史，开始重视对腐朽的专制制度进行改革和新型民主制度的设计，预示了中国以后社会政治进步的基本方向。"[①]

尽管《明夷待访录》这部书中有专门关于法的论述，即《原法》一章。但根据我们对政治法律学说的界定，他的政治法律学说全面地体现在《明夷待访录》这本著作中，具体说来在该书《题辞》、《原君》、《原臣》、《原法》、《置相》、《学校》、《取士》（上、下）、《建都》、《方镇》、《兵制》等篇目中均有阐述。

之前人们对黄宗羲的研究虽有不少，但从法制史的角度来看，研究的并不是很多，尤其是与同时期西方启蒙思想的比较研究。我们可以看到，《明夷待访录》中黄宗羲全面阐述了他的政治法律学说，既有"破"，即对封建政治法律学说的强烈批判，又有"立"，即阐述自己的政治法律学说及具体的治国方略。同时，他的政治法律学说既有理论作为基础，又有很强的操作性，因此很值得我们去研究。

（一）从理论层面看黄宗羲政治法律学说

1. 黄宗羲的政治思想

（1）对封建政治思想的批判——"破"

一是对君主专制制度和君主的批判。黄宗羲在政治思想方面，激烈地抨击和反对君主专制制度，他大声疾呼："为天下之大害者，君而已矣！"（《原君》）正如戴逸先生所说："其抨击之尖锐，胆识之卓越，思想之深刻，有如石破天惊，黄钟大吕，具有近代民主启蒙性质。"[②]

黄宗羲在《原君》一篇中强烈批判了三代以后的君主专制制度。他说：后之为人君

---

① 朱晓鹏：《论黄宗羲政治思想的启蒙性质》，载《黄宗羲民本思想国际学术研讨会论文集》，2006 年 4 月。
② 戴逸：《黄宗羲简论》，载《黄宗羲民本思想国际学术研讨会论文集》，2006 年 4 月。

者"以为天下利害之权皆出于我,我以天下之利尽归于己,以天下之害尽归于人,亦无不可;使天下之人不敢自私,不敢自利,以我之大私为天下之大公。始而惭焉,久而安焉,视天下为莫大之产业,傅之子孙,受享无穷"。

他不仅严厉批判了君主专制制度,还点名对封建君主进行了激烈的批判。比如,他在《原君》中点名批判汉高祖刘邦:"汉高帝所谓'某业所就,孰与仲多'者,其逐利之情不觉溢之于辞矣。"

他批判说:"今也以君为主,天下为客,凡天下之无地而得安宁者,为君也。是以其未得之也,荼毒天下之肝脑,离散天下之子女,以博我一人之产业,曾不惨然,曰:'我固为子孙创业也。'其既得之也,敲剥天下之骨髓,离散天下之子女,以奉我一人之淫乐,视为当然,曰:'此我产业之花息也。'然则为天下之大害者,君而已矣。"①

黄宗羲通过对比三代之时和三代以后人民对君主的看法,更加尖锐地批判了封建君主专制制度。他说:"古者天下之人爱戴其君,比之如父,拟之如天,诚不为过也。今也天下之人怨恶其君,视之如寇雠,名之为独夫,固其所也。"②

二是对臣以及君臣关系的批判。黄宗羲对三代以后的臣进行了激烈的批判,他认为:"世之为臣者昧于此义,以谓臣为君而设者也;君分吾以天下而后治之,君授吾以人民而后牧之,视天下人民为人君囊中之私物。今以四方之劳扰,民生之憔悴,足以危吾君也,不得不讲治之牧之之术;苟无系于社稷之存亡,则四方之劳扰,民生之憔悴,虽有诚臣,亦以为织芥之疾也。夫古之为臣者,于此乎,于彼乎?"③ 他批判了"臣为君而设"、君和臣"视天下人民为人君囊中之私物"等观点。

黄宗羲对君臣进行了激烈的批判。他说:"嗟乎!后世骄君自恣,不以天下万民为事,其所求乎草野者,不过欲得奔走服役之人。乃使草野之应于上者,亦不出夫奔走服役;一时免於寒饿,遂感在上之知遇,不复计其礼之备与不备,跻之仆妾之间而以为当然。"④

(2) 黄宗羲的政治思想——"立"

黄宗羲在《明夷待访录》中从人、君、臣等角度,全面阐述了他具有民主启蒙意义的政治思想。

首先,黄宗羲从人的角度理论,奠定了自己政治思想的逻辑起点。他认为:"有生

---

① 《明夷待访录·原君》。
② 《明夷待访录·原君》。
③ 《明夷待访录·原君》。
④ 《明夷待访录·原君》。

之初，人各自私也，人各自利也。"① 他认为："好逸恶劳，亦犹夫人之情也。"② 这些观点突破了传统政治思想对人的基本权利的忽视，是黄宗羲政治法律学说的逻辑起点，他明确肯定了人的自然权利，认为人的基本的自然权利是合理的，是必须受到尊重的，这在中国思想史上闪烁着人性的光芒。他的这一基本观点，为人的基本权利找到了合法性的根据，为其进一步展开的政治法律学说奠定了逻辑起点和理论基础。

其次，黄宗羲阐述了他对君主的看法。在中国的政治思想中，君主从来都处于至高无上的核心地位。黄宗羲在《明夷待访录》中阐述了他对君主的全新的看法和定位。他认为君主应该是"不以一己之利为利，而使天下受其利，不以一己之害为害，而使天下释其害；此其人之勤劳必千万于天下之人"③。由此可见，黄宗羲对君主性质的认识和对君主的定位突破了传统政治思想。黄宗羲认为君主应该是"使天下受其利，使天下释其害"的人，这样，君主存在的必要性和合理性完全建立在天下百姓的需要的基础上，君主的存在完全取决于天下百姓的需要，这就为君主存在的必要性和合理性找到了根据。他关于君主的这一思想，将传统君权的定位和作用扭转了过来。为证明他的观点，他还以三代之君作为现实的论证依据，尽管并非完全恰当，但在那个时代已是相当进步了。他说："明乎为君之职分，则唐、虞之世，人人能让，许由、务光非绝尘也，不明乎为君之职分，则市井之间，人人可欲，许由、务光所以旷后世而不闻也。然君之职分难明，以俄顷淫乐不易无穷之悲，虽愚者亦明之矣。"④

再次，黄宗羲阐述了他对臣的看法。对于臣的看法，黄宗羲认为："缘夫天下之大，非一人之所能治而分治之以群工。故我之出而仕也，为天下，非为君也；为万民，非为一姓也。"⑤ 这句话开宗明义，对"臣"进行了定性和定位，即臣存在的必要性和合理性在于"天下之大，非一人（君主）之所能治而分治之以群工（臣）"，臣之出仕是"为天下"、"为万民"，绝不是为君主。他的这一思想，冲破并彻底否定了封建法律保护的核心关系"君为臣纲"。黄宗羲认为："吾以天下万民起见，非其道，即君以形声强我，未之敢从也，况于无形无声乎！非其道，即立身于其朝，未之敢许也，况于杀其身乎！"⑥ 从这里，我们可以看到，黄宗羲对于臣的看法，超越了孔子"其身正，不令而行；其身不正，虽令不从"⑦ 的思想境界。孔子更强调统治者的道德标准对臣的影响，黄宗羲则强调臣必须"以天下万民起见"，以天下万民为立身处世的标准。

---

① 《明夷待访录·原君》。
② 《明夷待访录·原君》。
③ 《明夷待访录·原君》。
④ 《明夷待访录·原君》。
⑤ 《明夷待访录·原臣》。
⑥ 《明夷待访录·原臣》。
⑦ 《论语·子路》。

最后，黄宗羲阐述了对君臣关系的看法。黄宗羲认为："夫治天下犹曳大木然，前者唱邪，后者唱许。君与臣，共曳木之人也；若手不执绋，足不履地，曳木者唯娱笑于曳木者之前，徒曳木者以为良，而曳木之职荒矣。"① 他还认为："臣之与君，名异而实同耶。"② 由此看来，他始终认为君和臣的存在，都是为了天下的治乱。他说："君臣之名，徒天下而有之者也。吾无天下之责，则吾在君为路人。出而仕于君也，不以天下为事，则君之仆妾也；以天下为事，则君之师友也。"③ 这一思想，进一步摧毁了封建纲常名教的核心"君为臣纲"。黄宗羲认为君与臣在身份上是平等的，君和臣的存在都是为了"天下之责"和天下之事，君与臣只是分工的不同，并无身份的高低贵贱。他说：臣如果没有天下之责，对君来说如同陌路人。为臣的出仕于君，如果不以天下为事，则臣只是君的仆妾；臣以天下为事，则臣与君是师友的关系，即君与臣是"名异而实同"，是"共曳木之人"。他的这一思想颇具现代意义，君与臣也似乎是现代国家公务员的性质了。

黄宗羲提出了"君臣分治论"，以臣的"分治"、"分身"来实现对君权的制约。因此，黄宗羲的政治思想归结为一句话："盖天下之治乱，不在一姓之兴亡，而在万民之忧乐。"④ 他的这一思想，显然也是吸收了范仲淹的忧乐观。

2. 黄宗羲的法律思想

黄宗羲在法律制度的破与立方面，也是很有建树的，他的法律思想集中体现在《原法》一篇中。自古政治和法律思想是分不开的，因此在谈到黄宗羲的法律思想的"破"与"立"时，必然会与其政治思想紧密结合。黄宗羲法律思想的核心是以"天下之法"取代"一家之法"。围绕这一核心，黄宗羲批判揭露了君主专制的黑暗与法律的残酷。

(1) 黄宗羲对封建法律思想的批判——"破"

在《原法》开篇时，黄宗羲就断然作出了"三代以上有法，三代以下无法"的惊世骇俗的论断。他进而论证三代以上的法是"天下之法"，三代以下之法是"一家之法"，是"非法之法"。

黄宗羲激烈地批判封建主义的王法是"一家之法"。他说："后之人主，既得天下，唯恐其祚命之不长也，子孙之不能保有也，思患于未然以为法。然则其所谓法者，一家之法而非天下之法也⑤。他认为"一家之法"是以"桎梏天下之手足"为前提和目的的，因而是"非法之法"。

---

① 《明夷待访录·原臣》。
② 《明夷待访录·原臣》。
③ 《明夷待访录·原臣》。
④ 《明夷待访录·原臣》。
⑤ 《明夷待访录·原法》。

从立法的理论基础上，他认为，三代之后的君主在得到天下后，只担心自己的皇位不长，因此以法律来维护，这样的法制根本是维护君主专制制度的。他批判道："秦变封建而为郡县，以郡县得私于我也；汉建庶孽，以其可以藩屏于我也；宋解方镇之兵，以方镇之不利于我也；此其法何曾有一毫为天下之心哉，而亦可谓之法乎?"① 他强烈批判"一家之法"毫无为天下之心，因而断然否定封建法律制度。与其政治思想一样，黄宗羲的法律思想的根基仍是为天下，而非为一家，即"不在一姓之兴亡，而在万民之忧乐"。

从立法技术的角度，他批判道："后世之法，藏天下于筐箧者也；利不欲其遗于下，福必欲其敛于上；用一人焉则疑其自私，而又用一人以制其私；行一事焉则虑其可欺，而又设一事以防其欺。天下之人共知其筐箧之所在，吾亦鰓鰓然曰唯筐箧之是虞，故其法不得不密，法愈密而天下之乱即生于法之中，所谓非法之法也。"② 即"一家之法"导致"法不得不密，法愈密而天下之乱即生于法之中"。黄宗羲对法律疏密问题的看法对我们今天法制建设的现实具有一定的启示。

马小红教授在论述黄宗羲对"一家之法"的批判时认为：黄宗羲对"一家之法"的批判同时批判了"一家之法"所竭力维护的君主专制制度这一世上的"万恶之源"。首先，君主专制是造成天下苦乐不均的根源。其次，君主专制是造成天下战乱不息的根源。再次，君主专制是造成宫廷政变、宦官专权等政治黑暗的根源。马小红教授认为：维护君主制度是"一家之法"的主要弊端。就"一家之法"本身而言，其亦有许多不可克服的弊端。如：法网繁密，有法不依，压抑人才，鱼肉百姓等。这些弊端是君主专制制度下的必然产物。黄宗羲在批判"一家之法"的弊端时，清算了君主专制的罪恶。③

（2）黄宗羲的法律思想——"立"

一是"天下为主，君为客"的立法指导思想。"'天下为主，君为客'的观点是黄宗羲'法治'思想的政治理论基础，也是黄宗羲要求以'天下之法'取代'一家之法'的政治原因。"④ 这也是黄宗羲在法学基本理论方面的最大贡献之一，他试图确立人民主权的理想。他的人民主权理想不仅表现在反对封建君主专制，倡导"人各自私"、"人各自利"，更集中地表现在"天下为主，君为客"的这一命题中，黄宗羲开始肯定人民的社会主体地位，否定君权神授的观念，从而提出君权民授的国家观。

二是法律面前人人平等的观念。黄宗羲认为："三代之法，藏天下于天下者也；山

---

① 《明夷待访录·原法》。

② 《明夷待访录·原法》。

③ 参见马小红：《中国古代法律思想史》，北京，法律出版社，2004。

④ 马小红：《中国古代法律思想史》，北京，法律出版社，2004。

泽之利不必其尽取，刑赏之权不疑其旁落，贵不在朝廷也，贱不在草莽也。"① 黄宗羲的"贵不在朝廷，贱不在草莽"这一观点，表现出难能可贵的法律面前人人平等的启蒙思想。这一思想在"一家之法"的条件下是不可能实现的。在旧的社会中，人们往往把法律称为"王法"，到明代更是大大强化了这种"王法"观念，即，法产生于王权，本质是帝王意志，作用是维护王权。在这种情况下法律"贵不在朝廷，贱不在草莽"的平等是不可能实现的。

三是"法治"与"人治"相结合的法治观念。黄宗羲提出"有治法而后有治人"，这表明他是一个法治论者，同时也强调人在实行法治过程中的重要性。

有人说，"黄宗羲作为儒家思想的代表，他不同意传统的对待法家的态度，坚决地否定将'以法治国'和'以人治国'对立起来。强调事情法律方面的意义时（吾谓有治法而后有治人），他提出了'公正执法'的概念。"② 古代论者认为"有治人无治法"，黄宗羲却认为："论者谓有治人无治法，吾以谓有治法而后有治人。"③

黄宗羲强调"法治"和"人治"相结合，在法治的基础上也要人治。如，他对君主道德、人格的要求，他对君主和各级官员为万民、为天下的责任心的要求都可以看出，他仍然很强调作为执政者的道德人格品质和社会责任感。

"人治"和"法治"历来是个长期争论的问题，黄宗羲批判了"有治人而无治法的儒家观点"，主张"有治法而后有治人"，表明他是一个"法治"论者。在中国法律史上，主张"法治"的思想家为数不少，李悝、商鞅、韩非等都是著名的"法家"。其中，韩非是法家集大成者，他曾提出过"以法治国"的主张，这与儒家"人治"论相比有历史的进步性。但是，就其本质而言，法家的主张是"君主专制下的所谓'法治'"。④ 如前所述，黄宗羲主张的"法治"是以否定君主专制制度为前提的，是体现社会"公议"的、"天下之法"的"法治"，这样就否定了"法外之意"的存在，社会的最高权威就是法律，君主的意志也不能大于法律。因此，黄宗羲的"法治"观不但和儒家"人治"论对立，也和法家"法治"论对立，他是把"法治"与"人治"相结合。

四是综合治理的法治观念。他的这一法治观念常被人所忽视。他在《原法》开篇说道："二帝、三王知天下之不可无养也……固未尝为一己而立也。"⑤ 由这句话，人们通常只看到其法律不能"为一己而立"的思想。实际上，这句话还表达了黄宗羲这样的法

① 《明夷待访录·原法》。

② 俄罗斯社会科学院高级研究员 V. G. 布洛夫：《中国十七世纪的启蒙思想家黄宗羲》，载《黄宗羲民本思想国际学术探讨会论文集》，2006 年 4 月。

③ 《明夷待访录·原法》。

④ 蔡尚思：《黄宗羲反君权思想的历史地位》，载《文史哲》，1987（2）。

⑤ 《明夷待访录·原法》。

律思想：一是对法的内涵的看法，黄宗羲认为：法律是涵盖农耕生产、办学教化、婚姻之礼、卒乘之赋等方方面面的制度或政策的，这体现了他的法治观不是狭隘的法制观念。二是对实现法治的途径的认识，黄宗羲认为实现法治，需要社会综合治理，不能单纯地依靠法律，法制的建设需要很多措施相协调，要"一一通变"，尤其是要建立全新的"为治大法"。

黄宗羲认为："论者谓一代有一代之法……生民之戚戚终无已时也。"① 由此看来，黄宗羲认为要使未来社会走上"法治"轨道，不能只对封建旧制度作一些局部"小小变革"，而必须"远思深览"，进行"一一通变"。

五是其他闪光的法律理想。如，黄宗羲认为"法愈疏而乱愈不作，所谓无法之法也"，"法愈密而天下之乱即生于法之中，所谓非法之法也"。黄宗羲认为法律的疏密与社会的治乱没有直接关系，应以法为大纲，导之以德、理、礼，黄宗羲思想体现着强烈的现实意义。

（二）从操作层面看黄宗羲政治法律学说——黄宗羲民主政治的中国模式构建

黄宗羲对理想社会的追求，不是单向的探索，仅从《明夷待访录》中就能看出，他对未来社会的政治、经济、法律、军事等制度方面的变革作了全面地阐述，其中有很多天才的、切实的构想和措施。总体来看主要有君臣分治、君臣分权，加重相权、抑制君权，地方分治、以制集权，赋予独立于行政机构的学校以议政权和监察权，在体制内对执政者进行经常性的教育等一系列措施。

1. 各级行政机构设计——君臣分治、君臣分权，加重相权、抑制君权

（1）理论铺垫

一是设置君主的理由。黄宗羲认为："原夫作君之意，所以治天下也。"② 即设置君主的目的是治理天下，为天下服务。这是黄宗羲一以贯之的思想，为君权重新定义，堪称开天辟地。二是设置官员的理由。黄宗羲认为："天下不能一人而治，则设官以治之；是官者，分身之君也。"③ 即官与君是一致的，在身份上是平等的，都是为天下服务的，只是分工不同。三是托孟子之口，阐述自己的立国主张。黄宗羲认为：秦汉以后君臣之礼废弛了，君主之位开始不列于卿、大夫、士之间，逐渐偏离了正确的位置。特别是明朝废除了宰相之位，导致君主之位过高，君臣应本平等的关系被打破，君臣关系错乱，国家治理结构也陷入混乱、政治无序。而且更导致"宰相既罢，天子之子一不贤，更无

---

① 《明夷待访录·原法》。
② 《明夷待访录·置相》。
③ 《明夷待访录·置相》。

与为贤者矣，不亦并传子之意而失者乎！"①

他进而批判由于废除宰相而导致的宦官和后宫专权的政治黑暗的后果。因为宰相之职在国家管理中不可缺失，废除宰相后宫奴趁机摄取了宰相的职权，致使政事混乱。他认为，宰相正常行使职权，才能维护正常行政管理秩序，使君主也不能为所欲为。

黄宗羲援引孟子的话，阐述自己的主张。他认为，在国家治理结构中，天子与公、侯、伯、子、男，君主与卿、大夫、士，其本质都是一致的，只是级别不同而已，而且是逐级递进的、有序的，下一级辅佐上一级，尤其国君不是任意的、超越级别的。他认为治理国家是要讲求秩序，要有合理的级别，否则就像明朝"独至于天子截然无等级也"一样，只会导致君主专制的集权专断和政府管理的混乱。

(2) 结构设计

在国家治理结构中，黄宗羲把宰相的作用看得极重，在《置相》一篇中，他开宗明义："有明之无善治，自高皇帝罢丞相始也。"他将宰相的地位提高到几乎与君相等，对以宰相为主导的中央政府，作出了如下具体设想：

行政管理的程序："宰相一人，参知政事无常员……天子不能尽，则宰相批之，下六部施行。"②

政府机构设置："宰相设政事堂，使新进士主之，或用待诏者。唐张说为相，列五房于政事堂之后：一曰吏房，二曰枢机房，三曰兵房，四曰户房，五曰刑礼房，分曹以主众务，此其例也。四方上书言利弊者及待诏之人皆集焉，凡事无不得达。"③

这样，宰相分担了君主相当一部分决策权，且"四方上书言利弊者及待诏之人皆集焉，凡事无不得达"，极大地限制了君主的权力。

2. 公议机构设置——学校议政，体现公意

(1) 对学校的定义

黄宗羲大大扩充了学校传统的教育职能，大胆提出"使治天下之具皆出于学校，而后设学校之意始备"。④ 即，他认为要使治国理政的器具、设施都出自于学校，这样学校的意义才完整。他使学校在教育职能以外，又具有政治性职能。

他进一步阐述道："盖使朝廷之上……天子之所是未必是，天子之所非未必非，天子亦遂不敢自为非是，而公其非是于学校。是故养士为学校之一事，而学校不仅为养士而设也。"⑤ 这句话中，黄宗羲最为重要的一个观点是"公其是非于学校"，这并不仅仅

---

① 《明夷待访录·置相》。
② 《明夷待访录·置相》。
③ 《明夷待访录·置相》。
④ 《明夷待访录·学校》。
⑤ 《明夷待访录·学校》。

是要求各级政府向具有议政职能的学校公开政务，而且要在政务公开后，接受学校的评议。因此，黄宗羲认为学校具有议论朝政之对错的功能，颇具近代议会的雏形。他的这一思想也是反思秦汉以来的中国政治的历史教训，特别是宋明两代"士大夫政治文化"失败的历史教训而得出的。他还对三代以下学校进行了强烈的批判。

方祖猷先生认为："不能破了君主专制制，立了宰相专制制。必须设置一种能制衡行政权的机构，而这一机构，又必须与行政机构并立，互不隶属，才能起独立的监督作用。在黄宗羲的设想中，这一机构就是学校。这是黄宗羲设想中最奇特、最大胆、最有意义和最有创造性之处。"①

（2）设置学校的构想

黄宗羲对学校的设置有一整套完整的设想，他设计了一套与从地方到中央行政机构相并行的各级学校制度。

一是郡县设学宫，学官由"郡县公议，请名儒主之"。一般来说，在旧中国，学官就是主管学务的官员和官学教师。黄宗羲认为学官应由："郡县公议，请名儒主之。自布衣以至宰相之谢事者，皆可当其任，不拘已仕未仕也。"② 他认为学官应有三个条件：一是名儒；二是"谢事者"，即辞去正式官职的非政府在职官员；三是由"公议"推定。名儒和公议表示这位学官具备高尚的道德和良好的民众基础，非政府在职官员则能使学校与各级政府脱钩，具有相对独立性，这样才能真正公议政之是非。他设想学官罢免办法是："其人稍有干于清议，则诸生得共起而易之，曰：'是不可以为吾师也'。"③ 这也突出地体现出民主的思想。

在他的设想中，学官下设经师及教授兵法、历算、医术、射术的教师，皆由学官选任；民间儿童十人以上的，就请"老而不仕者"担任蒙师。这样，整个社会没有"无师之士"，请没有做官的读书人来分担学校部分教职，使人人都有所作为，"无不用之人"。这是一个相当理想的社会构想，充满了和谐的诗书宽大之气。

关于学宫（学校）的运作，他提出，郡县学校召集大会，每月初一、十五共两次，地方官必须参加，而且要在点名簿上签名，不至者罚之。学官讲学，地方各级官员与乡绅及学校学生坐在一起听讲。师生可以疑义相质难政事缺失，如有失误，可以督察并令其纠正，错误重大，还可以"伐鼓号于众"，以起到舆论监督的作用。这就使得地方各级政府政务必须公开透明，官员必须倾听民意，学校有议政权，决定政务是非。如果，地方官有官僚主义，"妄自压老儒而上之者"，学生可以"哗而退之"，赶出大会。黄宗

---

① 方祖猷：《十七世纪启蒙时期民主政治的中国模式——读明夷待访录有感》，载《黄宗羲民本思想国际学术研讨会论文集》，2006年4月。

② 《明夷待访录·学校》。

③ 《明夷待访录·学校》。

羲这一构想，颇具近代之国会、议院的影子，他提出的实现公议的措施，远远超出了当时的思想认识水平。

另外，学宫之外，将寺观庵堂改造为书院或小学。他希望以学校来取代宗教场所，充分发挥教育的教化功能，扩大教育的影响。

二是中央设置太学——评议朝政，教化君臣之后。

他主张在中央设置国家最高学府——太学，太学的执掌者为祭酒。他认为祭酒资格："太学祭酒，推择当世大儒，其重与宰相等，或宰相退处为之。"① 由此可见，尽管太学祭酒非朝廷任命，而由"推择"产生，且非在职高官，但其地位和威望是非常高的。

对于太学的运作，黄宗羲认为：农历每月初一皇帝要率文武百官到太学听祭酒讲学。在太学，君与群臣均成为学生。国家政事之得失，祭酒可以直言不讳。这样，太学成了与朝廷行政机构并列的机构，对君与宰相的政事得失，具有直言不讳的议政权。黄宗羲还认为：君与大臣的后代也须到太学学习，使其从小了解真实民情，适当地锻炼吃苦能力，避免因封闭在皇宫中而导致妄自尊大。

中国社会科学院李存山先生认为："在这里，太学的祭酒就相当于议会的议长，他不是由君主任命，而是'推择'选出，其权力与宰相等。"②

三是教育管理、监督机制的设计。黄宗羲提出设置提督学政，行使教育管理、监督的职能。他认为："择名儒以提督学政；然学官不隶属于提学，以其学行名辈相师友也。"③ 他设想选择名儒担任提督学政的官职，以监督教育情况，但学校的学官不隶属于提督学政，学官和提学是分开的，没有隶属关系。

四是人才培养、选拔模式的设计。黄宗羲设想：每三年，学官选送优秀弟子由提学来考试，以补博士弟子；送博士弟子由提学来考试，以任职于礼部；平时学习成绩优异的落榜考生，可由学官建议，由提学补充录入。被淘汰的弟子，由学官以其生平予以鉴定，提学不参与此事。黄宗羲设想：学习历算的学生，能够运算气象节令，就可以补充为博士弟子；其中学业精湛的获得入礼部考试的资格，可任命为钦天监这一官职。学习医学的学生由提学考试，补充为博士弟子，之后才可以从事医生的职业。到年底，考察其行医的效果，并记录在册，评为三等：下等黜之，中等行术如故，上等参加礼部的考试，进入太医院而担任官职。黄宗羲这一措施，为学校之外的人才脱颖而出开辟了道路，可以不拘一格育人才。

---

① 《明夷待访录·学校》。

② 李存山：《从民本走向民主的开端——兼评所谓"民本的极限"》，载《黄宗羲民本思想国际学术研讨会论文集》，2006年4月。

③ 《明夷待访录·学校》。

总之，如方祖猷先生所说："黄宗羲设想的郡县学，相当广度和深度地反映了基层群众的民意。学校的学生出自郡、县、乡、村……因此，'公其非是于学校'，在一定意义上是公其是非于民意，以民意决定是非的标准。"①

李存山先生说："显然，在黄宗羲的'必使治天下之具皆出于学校'的政治设计中，'学校'的议政权和君主、宰相、郡县官的执政权是分立的，执政权必须接受议政权的监督和制约，政治的'是非'最终要由'学校'来决定。而中央和地方的'议长'则是由'公议''推择'选出。这种政治设计已非君主专制体制的'事在四方，要在中央，圣人执要，四方来效'（《韩非子·扬权》），它突破了'惟以一人治天下，岂将天下奉一人'这一民本思想与君主制的结合，而是从民本走向民主的第一步。"②

3. 国家人才选拔机制——取士以宽、用士以严

（1）严厉批判取士之弊

伴随着君主专制制度发展到登峰造极的程度，科举取士制度到明代也恶化到了无以复加的地步。黄宗羲在《取士》一篇中，开宗明义地猛烈地批判说："取士之弊，至今日制科而极矣！"取士之弊已经到了非改革不可的时候了。他认为："向若因循不改"，"人才终无振起之时。"在《取士上》中，黄宗羲对比分析了历代取士之法的利弊，面对处于末世的封建王朝"徒使庸妄之辈充塞天下"的状况，他发出了"岂天下之不生才哉"的悲愤感慨：决不是中国不出人才，问题在于"取士之法非也"，因而使大批"豪杰之士老死于丘壑"。在历史反思的基础上，黄宗羲提出了一整套广开才路、广揽人才的措施，倡导多渠道、多层次地不拘一格地发现、培养、使用人才。

（2）人才选拔机制的设想——"取士以宽、用士以严"

首先进行理论铺垫，他提出"取士以宽、用士以严"的理念。他举唐宋为例说明"古之取士也宽，其用士也严"，举当今为例说明"今之取士也严，其用士也宽"。③ 他说："今也不然。其所以程士者，止有科举之一途，虽使古豪杰之士若屈原、司马迁、相如、董仲舒、扬雄之徒，舍是亦无由而进取之，不谓严乎哉！一日苟得，上之列于侍从，下亦置之郡县；即其黜落而为乡贡者，终身不复取解，授之以官，用之又何其宽也！严于取，则豪杰之老死丘壑者多矣；宽于用，此在位者多不得其人也。"④ 这一思想对我们今天的人才选拔制度也具有很强的启示意义。

---

① 方祖猷：《十七世纪启蒙时期民主政治的中国模式——读明夷待访录有感》，载《黄宗羲民本思想国际学术研讨会论文集》，2006年4月。

② 李存山：《从民本走向民主的开端——兼评"民本的极限"》，载《黄宗羲民本思想国际学术研讨会论文集》，2006年4月。

③ 《明夷待访录·取士下》。

④ 《明夷待访录·取士下》。

其次设计出"宽取士、严用士"的一套完整操作方案。他的取士之法有科举之法、荐举之法、太学之法、任子之法、郡县佐之法、辟召之法等等，每一种取士之法，都有完整的措施和规定，在此不详细叙述。除此之外，对于有绝学或特殊才能的人（如历算、乐律、测望、占候、火器、水利之类等），也可以由政府考察其发明，使之待诏。最后，还有两种上书之法：一是国家有大事或大奸，朝廷之上不敢言而草野言之者，处以谏职，若是为人唆使、扰乱朝政者处斩；二是以所著书进览，或他人代进，看详其书足以传世者，则与登第者一礼出身。若无所发明，纂集旧书，且是非谬乱者，却其书而遣之。由此可见，黄宗羲所设计的一整套国家人才选拔机制是相当完备的，而且比较充分地发扬了民主、吸收了民意。

4. 国家首都设置

作为黄宗羲提出的"治之大法"，作为国家的大政方略，国家首都的问题无疑是很重要的，黄宗羲对此进行了深入思考。关于建都问题，黄宗羲提出了一套崭新的思路，其最为闪光的思想是："时不同也！"这"时不同也"的呼喊，表明了黄宗羲思想在当时处于时代前列，并且能够与时俱进，突破旧有观念的束缚。

（1）阐述北都城之弊。黄宗羲认为以北京作为国家的首都是失算的，即：北都亡之道不一，而建都失算，所以不可救。他列举唐玄宗安禄山之祸、唐代宗吐蕃之难、唐德宗朱泚之乱、明毅宗时李自成围攻京城等史实，说明都与建都失算有关。他详细列举明朝迁都至北京后 200 年中历次政治之乱，讽刺道："昔人之治天下也，以治天下为事，不以失天下为事者也。"[①] 他列举明英宗狩于土木、明武宗困于阳和、景泰初京城受围、崇祯间京城岁岁戒严等史实，提出：国家"上下精神敝于寇至，日以失天下为事，而礼乐政教犹足观乎！江南之民命竭于输挽，大府之金钱靡于河道，皆都燕之为害也"[②]。

（2）提出建都方案。黄宗羲在《建都》一篇中进行了充分论证，明确提出他的建都方案：定金陵为未来新国家的首都，建成国家政治、经济、文化的中心。因此，他提出："有王者起，将复何都？曰：金陵。"他说道：古人谈论到繁华之地，都以关中（长安）为上，金陵从不在考虑之列，如今提出定金陵为新国家的首都，是因为"时不同也！"

这时候，黄宗羲已经敏锐地把握住了时代发展的脉搏，他看到当时的中国已非秦汉唐宋之时，无论是经济、政治还是文化，北方、中原都已落后于东南地区。东南地区市民阶级的兴起、商品经济的发展、资本主义萌芽的出现以及知识分子的活跃，工商业、对外贸易、文化教育的日益繁荣，都代表着中国发展的未来。黄宗羲分析道："秦、汉

---

① 《明夷待访录·建都》。
② 《明夷待访录·建都》。

之时……曾谓治天下而智不千金之子若与!"①

5. 地方政府设置——地方分权、分治

明朝末年中央集权制已经到了极致而且不可救药,地方政权也非常疲弱涣散,黄宗羲敏锐地注意到中央与地方关系这一重要问题。

(1) 阐述恢复方镇的理论。王夫之主张中央与地方分权而治,他的《读通鉴论》断言:"上统则乱,下统则治。"顾炎武则在《郡县论》中力主"郡县之中,天下治矣"②。黄宗羲提出在地方恢复方镇,他说:"今封建之事远矣,因时乘势,则方镇可复也。"在他看来,很多人认为"唐以方镇亡天下"是不对的,是"庸人狃之,遂为厉阶"。黄宗羲提出:"唐之所以亡,由方镇之弱,非由方镇之强也。"他说:"封建之弊,强弱吞并,天子之政教有所不加;郡县之弊,疆场之害苦无已时。欲去两者之弊,使其并行不悖,则沿边之方镇乎!"③

(2) 提出设置方镇的措施

一是全国设 11 个方镇。黄宗羲提出:将辽东、蓟州、宣府、大同、榆林、宁夏、甘肃、固原、延绥都设为方镇,南方云南、贵州也设为方镇,并分割附近州县属之。黄宗羲设置的方镇均在北方和西南边疆,与中原的郡县并存。二是赋予方镇政治、经济、军事等权力。黄宗羲提出:"务令其钱粮兵马……许以嗣世。"④ 由此,方镇与部分地方政府并行,把中央的部分权力下放给地方政府,使地方政府有"分治"之权。三是阐明恢复方镇 5 个理由,即:"今各边有总督……五也。"⑤

黄宗羲关于恢复方镇、分权于地方,使中央和地方分治的构想,可以看作是其铲除封建君主专制制度、建立民主社会而提出的一个重要措施,对我们今天如何做到既能发挥好中央政府宏观调控的作用,又能充分调动地方政府的积极性和创造性等问题也是有启发意义的。

6. 军队建设——革新兵制

军队是政治的一部分,是维护国家安全和稳定的支柱,当然也是黄宗羲"为治大法"的不可缺少的重要内容。他在《兵制》章中用三节阐述了国家军队建设这一问题,这一问题也是黄宗羲花了很大的篇幅去阐述的问题。他纵观我国兵制史,特别是明朝兵制所提供的沉痛教训,直陈中国兵制之固弊,从而提出他的革新兵制的主张。

(1) 对明代兵制的批判。黄宗羲认为明代兵制有三变(卫所——召募——屯兵),

---

① 《明夷待访录·建都》。
② 《明夷待访录导读》,141 页,成都,巴蜀出版社,1992。
③ 《明夷待访录·方镇》。
④ 《明夷待访录·方镇》。
⑤ 《明夷待访录·方镇》。

越变越糟。黄宗羲批判的明代兵制的弊端主要有三：一是"军民之太分"，军队成为国家沉重包袱，足以使腐朽的明王朝负重不堪。他特别指出：当时军费来源，主要取之于东南各地，严重阻碍和破坏生产力的发展。究其实质，应该认为是扼杀资本主义萌芽的重要因素之一。黄宗羲对此感触颇深，在《建都》、《田制》、《兵制》等篇中，都反复提到这一点，"使东南之民力竭者，非军也耶？"① 二是君主专任粗暴武夫，将帅的思想、文化、军事素质等都极差。这些人不但不能忧国忧民，反以"粗暴为能"，拥兵自重，尾大不掉，以至"与敌为市"、"同事虏略"②，导致君主饮鸩止渴，殃及国家民族。三是文武分途、兵将脱节。文臣与武官"截然而不相出入"，"莅军者与计饷各异，节制与操兵分任，士卒与将帅不相连属"③。

（2）兵制改革新主张。黄宗羲的兵制改革主要有两个方面：一是寓兵于民，铲除由君主专制、君主绝对独裁而建立的旧的腐朽兵制。他举出具体措施，使得平均十户养一兵，大大改变"一民养二兵"的不堪局面。二是文武参用，"使文武合为一途"，共建国防。他力倡学者学习"兵法"、"习射"等军事科目，"知兵策非我分外"，以便适应社会之需求；他力主起用既懂得爱国爱民为"用武之本"，又"多闻博识"熟知"兵书战策"的人才治军。在黄宗羲看来，"豪猪健狗之徒"是不能治军的，不知军事实学的儒生也不行。

由此看来：黄宗羲的建军思想和主张，贯穿着他的既要民主、又要科学的启蒙思想。"在西方先进的科学技术已经不断传入中国，并已经被黄宗羲这样的知识分子所重视的时代条件下，选拔德才兼备、文武双全的知识分子参与治军，已属必须。唯有如此，才有利于确保国家民族的安全和发展。黄宗羲把他提倡科学的基本思想渗透到军事问题中来了。"④

7. 黄宗羲政治法律学说的其他方面

黄宗羲在为未来国家治理者条具大法时，非常重视对各级官吏的任用，专门作《胥吏》一章，主要阐述"革除胥吏之害"的思想和措施，提出：裁冗员，复差役，用士人，以此作为纯洁各级国家机构的措施。

黄宗羲还专门以《阉宦》（上下）两章阐述宦官制度问题，将之作为历史教训列入"大法"，他对这一问题的认识非常深刻。

---

① 《明夷待访录·兵制一》。
② 《明夷待访录·兵制一、二》。
③ 《明夷待访录·兵制三》。
④ 《明夷待访录导读》，165 页，成都，巴蜀出版社，1992。

二、黄宗羲政治法律学说简评

综上所述，黄宗羲政治法律学说是一整套的"为治大法"，是"天下之法"，所涵盖的内容非常丰富，其意义深远。正如黄朴民教授所说，黄宗羲"天下观"和"法治观"具有伟大的启蒙意义：它总结了以儒学为代表的中国传统文化资源中的人民性精华，具有鲜明的民族特色，是当时人们所能达到的最高精神境界，为近现代中国走出封建专制思想的牢笼提供了切实可行的途径。对黄宗羲"天下之法"主张的思想价值与历史地位的判断，不能仅以近代西方民主价值观为衡量的标准，而必须从中国的本位出发，应该承认，从其对后世的影响来看，它的进步性与前瞻性乃是毋庸置疑的，就本质而言，在推动人类文明进步方面，它与近代西方民主法制思想具有优势互补、异曲同工的作用，正所谓"百虑而一致，殊途而同归"①。

通过分析黄宗羲的政治法律学说，我们可以看到，在黄宗羲政治法律学说里，"政法"与"治法"是统一的，从他开始，国体、政体均被限制在法的规定之内，必须由法来规定，此法是"为治大法"，它既对公共权力进行规范，也对法人和个人行为进行规范。因此黄宗羲的政治法律学说突破了中国传统法学的盲点，具有鲜明的时代进步意义，堪称中国走向近代的政治启蒙思想。

（作者单位：中国人民大学）

---

① 黄朴民：《黄宗羲的"天下"观与"法治"说》，载《黄宗羲民本思想国际学术研讨会论文集》，2006 年 4 月。

法律文化研究　第三辑（2007）

学子园地

中国人民大学法律文化研究中心
曾宪义法学教育与法律文化基金会

庞朝骥

论罗马法对英国法影响之特点

在英国法律史的研究上，罗马法对英国法的影响是研究的热点和难点之一。罗马法和英国法作为当今风行世界的两大法系的母法，在世界法制史上占有重要地位。就罗马法对英国法的影响，学者们的研究经历了从无到有的争论。现在的学者大都肯定了罗马法对英国法的影响，不再坚持传统理论所认为的英国法是独立未曾受到任何罗马法影响的法律体系的观点。[①] 但对于罗马法对英国法的影响程度和方式，至今尚未达成统一见解。[②]

笔者认为，罗马法远在英国法成熟之前就达到了发达完备的程度，作为"以私有制为基础的法律的最完备形式"，罗马法对后起之秀英国法产生了深远的影响。自罗马帝

[①] 在承认英国法在发展过程中确实受到罗马法影响的前提下，国外学者们对于影响的具体程度却是观点不一：有学者认为罗马法对英国法的形成与发展产生过重要的影响，但也有学者认为虽然罗马法对英国法产过一定的影响，但这种影响是微乎其微，甚至可以忽略不计。

[②] 就笔者所搜集到的资料而言，与国外同行相比，国内研究此问题的人是寥寥无几。截至目前，研究成果只有由嵘教授在 1984 年《法律史论丛》第 1 期上发表的《论罗马法对英国法的影响》和梁治平先生于 1990 年在《比较法研究上》发表的《英国法中的罗马法因素》一文。笔者亦曾撰写《罗马法对英国法影响的几个问题》一文，从宏观上对此问题进行了探讨，本文所探讨的罗马法对英国法影响的特点就是在该文基础上的一个深化。

国在不列颠实施统治以来，罗马法就开始对英国法发挥着自己的影响。这种影响虽然因为政治环境的影响和社会的沧桑而显得时重时轻，但一直不曾停息。在教士、法学家、律师和法官的共同努力下，罗马法使英国法也从原始的混杂、分散和非理性走向了统一和理性。而在汲取罗马法精华的基础上，英国法也完成了自身的蜕变，成为日后具有世界影响的英美法系的母法。罗马法对英国法的影响，是一个极其复杂的问题，其具体过程和影响方式以及影响的具体结果，都是很难清楚描述的，究其原因，也许正如T. F. T. Plucknett 所言"罗马法对英国法的影响只能通过研究法院以及这些法院案卷中所记载的其曾经实施过的法律方能得以确定"①。然而，借助现有资料和研究成果，我们可以从宏观上②总结罗马法对英国法影响的基本特点如下。

一、罗马法对英国法影响时间上的持续性③

自罗马帝国对不列颠实施直接的统治以来，罗马法就在不列颠的土地上撒下了种子。在罗马帝国统治期间，作为征服者的法律，罗马法直接施用于不列颠，对英国法有着直接的影响。在西罗马帝国的军队撤出不列颠后，罗马法仍然通过各种途径对当时的英国法发生着影响，只不过这种影响比较细微而已。

罗马法通过教士和教会法院，对英国法产生了持续性的影响。从13世纪开始，城市的兴起和商业贸易的繁盛使英伦与欧洲大陆的联系日趋密切，再加上罗马法复兴的浪潮，不列颠一度成了"罗马法海洋中的孤岛"，此时，罗马法不断地冲击着英国法，并对其产生了多方面的影响。再者，以往被认为孤傲自闭的普通法律师也并不是人们想象的那样，恰恰相反，他们与知悉罗马法和教会法的民法博士联系密切，在这种不断的交往中，罗马法通过他们的法庭辩论影响到法官判决，进而影响到本土的英国法。

从16世纪开始，随着英国政治形势的变化，在英伦掀起了研究罗马法的热潮，研究罗马法的著作迭出不穷。衡平法此时也取得了与普通法斗争的胜利，此后罗马法可以极为自由地经衡平法院输入英国。④ 从13世纪起就不断地影响着英国法的商法随着曼斯菲尔德的努力，至18世纪也成了普通法的一部分。

18世纪以后，随着普通法的不断完善和衡平法的成熟，罗马法对英国法的影响较

---

① T. F. T. Plucknett, "The Relations between Roman Law and English Common Law down to the Sixteen Century: A General Survey", *The University of Toronto Law Journal*, Vol. 3, No. 1, 1939.

② 在具体制度的影响上，梁治平先生曾在《英国普通法中的罗马法因素》一文中进行过分析，但仅限于普通法的一些方面。

③ 以往的著述在评论罗马法对英国法的影响时，大多认为这种影响是时断时续的、不连贯的，对此笔者不敢苟同。此观点见于许多论著，因数目众多，笔者在此不予罗列。

④ 参见〔日〕宫本英雄：《英吉利法研究》，骆通译，121页，北京，中国政法大学出版社，2004。

以前有所减弱，但这并不意味着影响的消失。实际上，保守却非常务实的英国人在法律与社会发展不能契合时，往往会借用罗马法乃至其他欧洲大陆国家的法律制度。罗马法经过法学家的理性升华和裁判官的衡平，早已具有某种自然法的特色，因此，仍被英国的法官屡屡引用。

通过对影响过程的简单描述，我们可以看出罗马法对英国法的影响从诺曼征服开始，就是持续性的，而非时断时续，只是这种影响由于英国政治环境的变幻和社会经济的发展，在不同的时代有不同的媒介和表现而已。

二、罗马法对英国法影响媒介上的多样性

在罗马法对英国法的影响过程中，影响的媒介呈现出多样性的特点。具体来讲，教士和法律职业集团在罗马法对英国法的影响中扮演了重要的角色

教士在罗马法影响英国法的过程中，具有极为重要的地位。早在诺曼征服前，这种作用就有所体现。随着基督教在不列颠的流行，教士由于其自身的学识和地位，从盎格鲁撒克逊时期就出任王国的法律顾问。盎格鲁撒克逊时代之立法，殆全出于僧侣[1] 之手，僧侣为精通罗马法者，则其经手所立之法，全出于罗马法之精神，无疑也。[2]

自诺曼征服后，教士不仅在早期普通法的形成中起了重要作用，而且在教会法院和衡平法的兴起过程中，亦扮演了非常重要的角色。以掌管婚姻、继承等事务的教会法院为例，教士作为主审官，运用教会法和罗马法对涉及此方面的法律纠纷予以审理，通过自己的判决影响英国法。而在衡平法的兴起过程中，教士担任大法官长达几个世纪，而且这些教士通常都有教会法和罗马法的历练，熟悉罗马法的内容和理念精神，在普通法无法或不能保护当事人的合法权益时，运用自己所学，直接或间接的援用罗马法的有关原则和做法，及时地弥补了普通法之不足，创立了衡平法，而英国的衡平法从其方法、原则乃至具体制度无不带着深深的罗马法的烙印。

而就法律职业集团来看，其开始发挥影响作用的时间也是很早的。在公元前1世纪，尤利乌斯·恺撒开始了不列颠的征服战争，不列颠成为罗马帝国的行省之一，在由此开始的罗马对不列颠三百多年的统治期间，[3] 一直有杰出的罗马法官在不列颠任职，著名的五大法学家之一的帕比尼安就曾出任过罗马最高法院驻约克郡的首席法官，听审发生在英伦的案件。[4] 法学家、律师和法官在英国法的发展过程中作用巨大，英国法中

---

① 此处的僧侣即为教士。

② 参见［日］宫本英雄：《英吉利法研究》，骆通译，103 页，北京，中国政法大学出版社，2004。

③ 参见潘维大、刘文琦编：《英美法导论》，6 页，北京，法律出版社，2000。

④ See Charles P. Sherman, "The Romanization of English Law", *The Yale Law Journal*, Vol. 23, No. 4.

的判例法传统为这些人影响乃至改变法律提供了广阔的活动舞台。首先，就法学家来说，他们通过著书立说，一方面将罗马法的知识用于建构普通法的逻辑体系，同时也用它来阐明普通法中的具体制度，在使普通法摆脱原始的混乱杂一方面贡献甚多，而且作为教科书的法学教材通过法学教育，浇灌着一代又一代法学学子的心田，而这些人在日后从事法律职业时，无疑会受到其当初大学或其他机构法科训练的影响，进而间接地影响着当时的法律制度。另一方面，法学家的著作无疑会对其所处时代甚至以后的司法活动产生一定的影响。

就法官和律师而言，英国的法官大多通过委任产生，而法官的人选通常来自律师，尤其是那些具有丰富从业经验的出庭律师。有时候，甚至一个法官往往既是法学家，又当过律师，后来又成为法官，如前述的曼斯菲尔德。英国的法官拥有极大的权限，从普通法又被称之为"法官法"就足以昭示此点。法官在判案时，其自身的学识素养和个人经历，甚至时代理念无疑会影响所判案件的结果，确立某一原则。因此，那些精通罗马法的法官通过此方式也间接地改变了英国法，而这种改变基本上是对普通法的纠偏补弊。曼斯菲尔德将商法原则内化为普通法的一部分，就是这方面最突出的例子。就律师而言，由于经常的与民法博士的交流，使他们接受了不少罗马法和教会法的观点、原则。而英国诉讼所采用的对抗制的原则，可以使律师尽自己最大可能地陈述自己的观点，而当这些观点被法官所采纳时，里边所含的罗马法知识也就随着法院的判决变成了英国法的一部分。

总之，在英国法悠久的发展历程中，罗马法通过教士和法律职业团体对英国法产生了重要的影响。当然，以上三者虽然身份不同，但基本上都是通过司法活动来影响当时的法律制度的，而罗马法也就通过他们的司法活动间接的影响着当时的英国法。

三、罗马法对英国法影响结果上的广泛性

由于罗马法建构在发达的简单商品经济的基础之上，同时罗马帝国广袤的国土和复杂的民族环境，也使得罗马法能够包容万象，再加上法学家和裁判官的努力，使罗马法历经千百年而不衰，至今仍然放射着正义理性之光。罗马法对英国法的影响渊远而流长，不止于一朝一夕，而是一种持续性的影响。并且在影响的过程中既有法学家对罗马法理论的接纳和吸收，又有法官和律师等职业集团在司法实践中对罗马法具体内容的运用和实施，这就使得在罗马法对英国法影响的结果上呈现出广泛性的特点。

一方面，英国法在理念和精神上，受到罗马的影响而表现出理性化。罗马法作为"成文化了的理性"，在影响英国法的过程中，无疑也使英国法这种以判决为基础的法律

体系获得了理性的发展①，而这种理性就表现在法律能不断地适应社会经济的变化，能够更好地保护当事人的合法权益，也能够更好地体现公平正义。比如当法律不再适应社会的发展时，罗马法采用了来自于希腊的"公平"、"正义"的自然法观念，用以弥补新旧法律之间的缝隙。英国同样采用了这种方法，使道德原则作为一种高于普通法规定的实体，源源不断地产生出新的规范。但是所不同的是，当其出现停滞时，法学家就开始以新的实质内容来不断地解释它和协调它。

另一方面，在具体制度上，作为英国法体系主要组成部分的普通法、衡平法和制定法都受到过罗马法的影响。首先，就普通法而言，其在形成和发展中都受到罗马法的影响。在借用罗马法的有关术语、概念和原则的基础上，通过格兰威尔和布雷克顿，以及早期教士的努力，使处于正在形成时期的英国普通法从各地混乱极不统一的习惯法变成了整个英格兰王国可以适用的普通法。在吸收了商人法中所含的罗马法的内容后，英国普通法趋于完善。② 其次，就衡平法而言，可以说无论是其理念、原则还是其方法都深受罗马法影响。在普通法形成之后，随着英国社会经济的发展和社会关系的复杂化，原有的普通法已不能适应社会发展，教士和法官以及其他法律职业团体的成员共同努力，通过借鉴罗马"衡平法"而创立了衡平法体系，创造性地解决了普通法与当时社会发展的内在矛盾。最后，就制定法而言，19世纪到20世纪前半期是英国历史上制定成文法最多的时期③，在这期间颁布的大量单行法中，不难看出罗马法的痕迹。比如废除了把财产分为"物的财产"和"人的财产"的传统分类而正式采用了罗马法关于动产和不动产的分类方法。在1893年颁布的《商品买卖法》、1894年颁布的《海商法》中也都能找到罗马法的印记。当单行法增多的同时，部分学者还提出编纂统一法典的主张，这也是罗马法影响的结果。

（作者单位：中国人民大学法学院）

---

① Quoted from M. Sarfatti, "Roman Law and Common Law: Forerunners of a General Unification of Law", *The International and Comparative Law Quarterly*, Vol. 3, No. 1. (Jan., 1954).

② 普通法（Common Law）一词源于教会法中的"Jus commune"，而commune在这里是共同之意，意为教会法是欧洲的共同法，而之所以有普通法的称谓，则完全是误译所为。See Charles P. Sherman, "The Romanization of English Law", *The Yale Law Journal*, Vol. 23. No. 4.

③ 据统计，13世纪至20世纪上半期英国共颁布了23 926件法律，截至1956年仍有效的是4 680件，其中90%是19世纪到20世纪前半期颁布的。参见由嵘、胡大展主编：《外国法制史》，261页，北京，北京大学出版社，1989。

顾荣新

12世纪~19 世纪英国治安法官的起源与流变

治安法官是英国一项古老而有特色的制度。一般印象中，治安法官只是由业余人士通过简易程序审理轻微刑事案件的基层法官，但事实上，治安法官在英国司法中有着重要的作用和价值，一方面，大量的非职业性的治安法官，承担着英国绝大多数刑事案件的司法审判。另一方面，治安法官是社会公众参与司法的重要形式，是司法民主的重要体现。而且，历史上的治安法官与现代治安法官在功能、地位与影响上有着诸多的不同。本文即是对治安法官早期历史的考察，目的在于通过治安法官的早期历史的描述，揭示历史上另面的治安法官，从而为现代治安法官的认识和研究奠定基础。

一、治安法官的起源

治安法官起源于治安维持官。12 世纪末至 14 世纪初，中央为抑制社会动荡、维护社会秩序，在原有治安体制基础上，任命地方骑士协同郡守维持治安。这是治安维持官的萌芽，也是治安法官的最初形态。但这一做法是间断出现的，带有间歇性与实验性。

但治安维持官的权力从以治安、军事为主逐渐兼具司法权，并于爱德华三世时期完成向治安法官的转变。

1. 治安法官起源概述

治安维持官萌芽于理查一世时期。1189 年理查继承王位，史称"理查一世"。然而，从理查即位起英格兰便少有安宁。理查一世即位之前便因王位之争联合法王腓力二世与其父亨利二世、其弟约翰王子作战。查理一世即位后，热心于十字军东征，约翰趁机发动叛乱，后虽失败，但英格兰国内一度混乱。查理一世返回英格兰后又与法国开战。此外，理查一世时期，为筹集军费与其本人被囚的赎金而实行重税制度，激起民变。此种背景之下，亟须在亨利二世时期建立的集权体制基础上进一步采取措施，平息叛乱，抑制社会动荡。当时的首席政法官休伯特·沃尔特（Hubert Walter）为应对时局采取多项措施，使英格兰渡过难关。其中，休伯特·沃尔特于 1195 年发布关于维护王国秩序的法令，重申古老的誓言，要求所有男子遵守"国王的和平"，协助抓捕违反法令、破坏秩序的罪犯。为此，特别在每个百户区委派 4 名骑士协助郡守（Sheriff）维持秩序，年满 15 岁的男子要在骑士面前宣誓不行抢劫、盗窃、教唆犯罪等行为，发生"呼喊抓捕"（Hue and Cry）时要参与到抓捕行列，将抓捕到的罪犯交给骑士。骑士再将罪犯移交给郡守。[①] 这是在危机时期，于原有体制之外创造一种新的方式来维护社会的稳定，尤其尝试启用地方骑士，是治安维持官的起源。

休伯特·沃尔特新的尝试没有在此后立即形成一种制度，而是从偶然的设置向制度化缓慢发展。约翰王至爱德华二世时期，在特殊情形下，国王委任一定人士担负特殊使命，如处理地方上紧急的军事、治安等事宜。这样的人有的从中央委派，有的从地方上委任，被称为"Custodes Pacis"[②]，即治安维持官。至 13 世纪中期，"Custodes Pacis"的使用呈现经常化，且以地方人士为主。因此，约翰王至爱德华二世时期是治安维持官的制度化发展时期，有三个主要发展特征：一是治安维持官由偶然任命逐渐成为一种固定设置；二是治安维持官的权力与职责从治安、军事扩展到司法领域；三是治安维持官头衔常常授予地方的乡绅、骑士。这三方面特征是理解治安维持官与治安法官之间关系的关键。爱德华二世统治末期，治安维持官已经成为爱德华二世政府的一部分。[③]

爱德华三世时期治安维持官完成向治安法官的演变。治安维持官（Conservators of

---

① See Charles Austin Beard, *The Office of Justice of the Peace in England in Its Origin and Development*, AMS Press, Inc. New York, 1967, pp. 17 - 18.

② "Custodes Pacis" 是拉丁语，英语表达有多种，如 Conservator of the Peace, Keeper of the Peace, Custodian of the Peace, Guardian of the Peace，前两者最为常用。

③ See Thomas Skyrme, *History of the Justices of the Peace*, Published by Barry Rose and the Justice of the Peace, Chichester, England, 1994, p. 55.

the Peace）与治安法官（Justices of the Peace），两者除了在词语表达上的区别之外，重心在于治安维持官具有司法职能，且成为一项固定的制度。

1327 年《威斯敏斯特法》中，"为了更好地维护和平，国王将在各郡委派善良守法之人担当此任"①。1330 年权力继续扩大，治安维持官控告或带走之人郡长不能保释。1332 年，在杰弗里·斯克罗普（Geoffrey Scrope）建议下，各郡委派郡中杰出者为治安维持官，治安维持官有权审理、裁决那些被抓捕的犯有重罪者和被指控犯有重罪者。② 1344 年爱德华三世颁布了一项法令：国王委任各郡最有声望的人为治安维持官，他们当中应该含有贤明并熟知法律者，依照国王的授权去审理和裁决郡中发生的重罪和非法侵入罪，根据法律和犯罪情节等作出合理的裁断。③

1348 年黑死病席卷英格兰，带来了混乱与废墟。国王和议会忙于应对，颁布法令抑制社会动荡，如 1349 年委任劳工法官执行劳工法。1349—1351 年有时委任治安维持官执行劳动法。1351—1352 年尝试将劳工委任令与治安委任令相结合。1352—1359 年间再次分开，最后于 1359 年将劳动委任令并入治安委任令。④

1361 年《治安法官法》具有标志性的意义，治安维持官（Keepers of the Peace 或 Conservators of the Peace）被治安法官（Justices of the Peace）取代。具体规定是：英格兰的每个郡都将委派一名贵族、郡中三或四名最有声望者及一些熟知法律者保护和平。他们有权阻止罪犯、聚众闹事者和所有其他诉讼教唆者的行为；有权追捕、逮捕、惩治罪犯……也有权以受理国王诉讼的形式根据法律和习惯审理并裁决郡中所有类型的重罪和非法侵入案件，有关他们的刑事听审令状应根据法令签发，法官们组成法庭行使权力。⑤ 1362 年要求治安法官一年开庭四次，1363 年治安法官所在法庭称为季审法庭（Quarter Sessions）。1368 年治安法官开始执行劳工法。

1361 年《治安法官法》的意义不仅仅在称谓上从"keeper"向"justices"转变，更为重要的是治安法官的司法权确立下来，并成为其权力、职能扩展的起点。治安法官不仅作为刑事法院的法官与秩序的保护者，也是英格兰多数乡村的集权者。⑥

---

① *English Historical Documents* （1327—1485），Volume Ⅳ，Edited by A. R. Myers，Eyre & Spottiswoode，London，1969，p. 533.

② See *English Historical Documents* （1327—1485），Volume Ⅳ，Edited by A. R. Myers，Eyre & Spottiswoode，London，1969，pp. 534 – 535.

③ See Charles Austin Beard，*The Office of Justice of The Peace in England in Its Origin and Development*，AMS Press，Inc. New York，1967，pp. 40 – 41.

④ See W. S. Holdsworth，*A History of English Law*，Volume Ⅰ，Boston，1922，p. 288.

⑤ See *English Historical Documents* （1327—1485），Volume Ⅲ，General Editor：David c. Douglas，Eyre & Spottiswoode，London，1975，p. 541.

⑥ See Bertram Osborne，*Justices of the Peace 1361—1848*，The Sedgehill Press，1960，p. 4.

通过以上的描述可以看出，英国治安法官从起源到正式创立经历了一个多世纪的时间，过程颇为复杂。创设治安法官的目的在于，选择更为有效的方式维护地方秩序，在王权与地方秩序的变动中通过不断的实验与实践，最终确定国王主要委任地方具有影响力的人士，尤其是具有一定独立精神的骑士、乡绅来治理地方，完成治安维持官向治安法官的演变，治安法官的权力从最初的治安、军事扩大到司法，并通过执行劳工法，具有一定的行政管理权，成为治安法官权力的基础。治安法官的产生是这一时期英国政治、经济等各种因素相互交织影响下，引发地方治理方式改变的结果。

2. 治安法官产生的基础分析

为了有效地维护王国的秩序，治安法官以协助郡守，维护地方治安的角色出场。经过长期的试验，又被赋予司法职能，成为行政与司法的混合体。这一切看来，不具有制度设计的系统性与逻辑的严谨性。但是，治安法官的产生符合英国历史演进的特点，体现自发性与经验的价值，含有必然性。

如果从英国早期中央集权与普通法的发展来看，至亨利二世时，王室法院的发展取得对古老地方法庭、公共法庭、封建或特权法庭的初步胜利，后者仅残留有限的地方治安、轻微刑事司法权。但13、14世纪英国社会的不断变动下潜藏新的危机，大巡回审判与郡守是当时控制地方的主要手段，12世纪以后，两者作为工具的有效性减弱。大巡回审判的控制能力因巡回间隔时间长而大打折扣，敛财的本性招致地方民众的不满。郡守失职，无法应对地方动荡的局面，更不能有效完成向国王缴税的重任；其权力膨胀又构成对王权的威胁。因此，国王需要更忠诚，更有效的力量，改革治安体制，将刑事司法权进一步集中。

12世纪以后，乡绅开始形成和发展且伴随着政治权力的要求。约翰王的统治时期他们是需要依靠的政治力量，到亨利三世，他们变得巩固、庞大、独立，未经和他们商议国王不能征税。[①] 在地方，担任治安维持官，进行群体性司法是乡绅垄断地方权力的重要手段。[②] 由乡绅治理地方，基本上在四方面满足统治者的需要，弥补郡守与大陪审团的缺陷。乡绅富足，一定程度上会避免郡守般的贪污腐化；从维护自身利益出发，也会维持地方秩序的稳定；熟悉地方情况，更容易完成国王的命令，尤其在征税上；乡绅身份上独立，与贵族相比，对国王更忠诚。

治安法官产生的基础可以归结为王权基础、现实需要以及乡绅阶层的支持三个方面。乡绅对地方控制的欲望，国王选择、依靠乡绅维护地方秩序，两者结合起来产生英

---

① See Jean Scammell, *The Formation of the English Social Structure: Freedom, Knights, and Gentry, 1066—1300*, Speculum, Vol. 68, No. 3. (Jul., 1993), p. 618.

② See P. R. Coss, *The Formation of the English Gentry*, *Past and Present*, No. 147 (May, 1995), p. 60.

国独特的治安法官制度。治安法官的产生具有重要意义。第一，直接影响到地方治安与刑事司法制度的变化。第二，预示了王室司法在与地方性法院管辖权竞争中，将取得最终的胜利。第三，标志着以治安法官为主体的新的地方体制的开始。

二、治安法官的发展

爱德华三世时期完成治安维持官向治安法官的演变，确立起治安法官的基本制度框架，如以治安委任令的形式在地方任命治安法官，组成治安委员会；治安法官具有维护治安，审理、裁决重罪、非法侵入罪等权力；治安法官每年开庭四次审理案件等。14世纪至18世纪，治安法官制度愈加完备，权力愈加广泛，成为地方上实际的主宰。

理查二世时期对各郡任命的治安法官数量作出明确规定，如1388年规定各郡委派6名治安法官，1390年增加到8名。但是随着治安法官职责的不断扩充及各郡情形的不同，实际上，这样固定人数的做法是行不通的。因此，以后对各郡治安法官的数量没有硬性的规定。治安法官是义务性官员，没有报酬，这是国王考虑启用乡绅的原因之一，即可以省去大量的费用，减轻王室负担。1388年规定，治安法官在季审法庭开庭期间，每天只有4先令的补贴。

兰开斯特王朝与约克王朝，治安法官的地位、组织、权力等逐渐固定，为都铎王朝时期的全方位扩展奠定基础。亨利五世时期，于1414年重申治安法官要由郡中最有声望、分量的人担任。治安法官的任职资格也在这一时期确定。亨利六世时期于1439年规定，担任治安法官者须拥有每年20英镑的土地收入，并对未达到财产限制的治安法官加以处罚，20磅的财产限制一直持续到18世纪，才随着社会经济的发展有所增加。15世纪，治安法官最显著的变化是，1461年国王命令各地治安法官监督郡守。约克王朝时期，有9个议会法令授予治安法官新权力，如：监督产品质量，惩罚造假行为等。理查三世时期，治安法官取得了一项重要权力，即治安法官有权对郡守逮捕的重罪嫌疑人进行假释。[①]

都铎王朝治安法官得到充分的发展，是治安法官"全面发展"时期。治安法官愈加为统治者所重视，在前朝基础上，尤其在地方社会的管理方面不断地被委以新的权力。都铎王朝的统治也因治安法官在地方的司法、行政管理等活动得到加强。亨利七世时授权治安法官多种权力，如维持社会治安，惩治经济犯罪，加强地方管理等。[②] 伊丽莎白一世时期是整个治安法官史上的重要时期，治安法官几乎全面负责地方事务，在郡中的

---

① See J. R. Lander, *English Justices of the Peace 1461—1509*, Alan Sutton, 1989, p. 7.

② See J. R. Lander, *English Justices of the Peace 1461—1509*, Alan Sutton, 1989, p. 8.

地位日渐巩固。其中一个重要的表现是治安法官对济贫事务的管理。兰巴德列出至伊丽莎白一世统治末期与治安法官相关的法令多达 309 个，从 13 世纪到 1485 年间仅有 133 项，1485—1547 年有 60 个，爱德华六世与玛丽一世时期有 39 个，伊丽莎白一世时期有 79 个。[1] 治安法官已经成为中央控制地方最为重要的手段。治安委员会是都铎王朝时期所有地方治理机构中最正规、最重要的[2]。

同时，都铎王朝的统治者为更好地控制治安法官，保证治安法官履行职责的有效性，加强对治安法官的监督。在中央，主要通过枢密院、星座法院、王座法院、巡回法院来实现。在地方则通过设立郡督（Lord Lieutenant）对治安法官进行直接监督和控制。在减少治安法官执法任意性上，有三方面的举措：一是任命国王的亲信或专业法律人士为法定治安法官（Quorum），没有法定治安法官在场，其他治安法官不能行使一些重要的权力。二是在治安法官中任命案卷保管官（Custos Rotulorum），案卷保管官是首席治安法官，主持季审法庭，对其他治安法官进行某种程度的监督。三是在治安委员会中任命治安书记官（Clerk of the Peace），治安书记官一般由律师担任，可在法律上向治安法官提供咨询与建议。[3]

托马斯·史密斯在评价这一时期的治安法官制度时说："没有哪个国家能够设计出比英国治安法官更明智、美妙、温和的制度，使用这种更为人道的方式来统治人民"。以现代的眼光来看，这样富于激情的描述有些过头，但毋庸置疑，治安法官是独特的，在 16 世纪，它比任何其他以往的或现存的制度更为合理。[4]

17 世纪初，大法官柯克（1552—1634）曾说："如果恰当地运行，治安法官在整个基督教世界都是独一无二的。"[5] 虽然有人认为柯克的评价过于夸张甚至认为与现实不符，但从一定程度上反映出，17 世纪初的治安法官在都铎王朝基础上继续发展。但是，英国治安法官在 17 世纪革命、战争、复辟中也经历了暂时的衰退，之后重新控制地方。

"光荣革命"至 19 世纪初，尤其是 18 世纪，治安法官成为英国地方名副其实的"统治者"。治安法官的权力涵盖治安、行政、司法多方面。如经过长期的发展，治安法官的行政管理权涵盖监管产品质量、规格；控制物价、工资水平，调整劳资关系；负责

---

[1] See G. R. Elton, *The Tudor Constitution-Documents and Commentary*, Cambridge University Press, 1962, p. 454.

[2] See G. R. Elton, *The Tudor Constitution-Documents and Commentary*, Cambridge University Press, 1962, p. 453.

[3] See G. R. Elton, *The Tudor Constitution-Documents and Commentary*, Cambridge University Press, 1962, p. 453.

[4] See Thomas Skyrme, *History of the Justices of the Peace*, Published by Barry Rose and the Justice of the Peace, Chichester, England, 1994, p. 238.

[5] Esther Moir, *The Justice of the Peace*, Penguin Books LTD, 1969, p. 9.

地方税收；颁发许可；维护公路与桥梁；惩治流民，实施济贫法；管理监狱等。治安法官通过季审法庭管辖除叛国罪、谋杀罪和一些与宗教相关的犯罪以外的其他所有犯罪。而且，治安法官的简易司法权有了很大的发展，这无疑在拓展治安法官权限的同时，加强其对地方控制的渗透。此外，治安法官的独立性增强，中央对其监督减弱。如1641年废除星座法院，1688年"光荣革命"后枢密院衰落，只剩下普通法院的监督还在，但巡回法院本身与治安法官是种监督与合作的关系，到18世纪巡回法官的监督也减弱了。治安法官参加巡回法院更多的是种荣誉。即使治安法官的行为非法，针对他们的裁决或命令向上级法院的上诉很少。① 地方公共法庭较早就因巡回法院与季审法庭的剥夺而残存有限管辖权。虽说庄园法庭一度侵蚀百户区法庭，至17世纪后期仍然存在，到18世纪则迅速衰落。② 地方上与治安法官进行司法尤其是刑事司法竞争的力量基本消失。

种种迹象表明，18世纪，治安法官达到其权力的顶峰。以至于"整个世纪他们都在体现着令人嫉妒的独特地位"③。梅特兰曾写道："如果不把治安法官放在最显著的位置，那么18世纪的历史画面将是荒诞的。"④

三、治安法官的衰落

14世纪～18世纪，英国治安法官经过长期的发展，成为地方上无可争议的"统治者"，对英国地方尤其是乡土社会影响深刻。但是从18世纪中后期起，在工业革命给英国社会带来巨大改变的同时，争取民主、自由、平等的改革运动兴起。19世纪英国进入改革时代。在这种历史背景之下，延续几百年的英国治安法官遭受到前所未有的批评与抨击，并在19世纪英国的改革大潮中逐渐走向衰落与转型。

英国治安法官衰落的根本原因在于，治安法官代表贵族地主"家长式"的统治方式，缺乏广泛的代表性，是典型的旧制度，存在诸多弊端。如治安法官行使权力时表现出专断性与任意性；治安法官利用治安权力对激进改革派与工人运动的镇压；治安法官对地方的管理松弛、落后，无法适应地方的变化与需求等，这些弊端一方面遭到改革者的批评，客观上也无法适应工业革命以来英国社会发生的巨大变革与政治民主化发展的要求，成为改革者批评的对象与改革的目标之一。

---

① See Norma Landau, *The Justices of the Peace 1679—1760*, University of California Press, 1984, p. 7.

② See W. S. Holdsworth, *A History of English Law*, Volume I, Boston, 1922, p. 187.

③ Thomas Skyrme, *History of the Justices of the Peace*, Published by Barry Rose and the Justice of the Peace, Chichester, England, 1994, p. 407.

④ Thomas Skyrme, *History of the Justices of the Peace*, Published by Barry Rose and the Justice of the Peace, Chichester, England, 1994, p. 454.

在治安法官改革的问题上有两种选择，即保留治安法官制度，通过改革革除其弊端与废除治安法官制度。领薪治安法官的出现似乎预示着对治安法官制度的根本改革，但领薪治安法官没有决定治安法官制度的最终命运。托利党、辉格党乃至激进派达成共识，认为以领薪治安法官完全取代原有的治安法官，会导致腐败与专制的发生，而且费用庞大。因此，19世纪领薪治安法官发展缓慢，至20世纪中期才形成全国统一的领薪治安法官与业余治安法官的平行共存。这样一来，19世纪对治安法官的改革只能在保留治安法官的基础上进行。

具体说来，通过19世纪英国地方政府改革，逐渐建立新的地方机构与地方体制，剥夺治安法官的行政权；通过警察制度改革剥夺治安法官的治安权；通过司法改革规范治安法官的司法权与司法程序。其中，1888年《地方政府法》奠定了英格兰和威尔士现代地方政府制度的基础，对治安法官的影响最大。1888年3月24日，《治安法官杂志》（the Justice of the Peace Journal）发表了关于1888年《地方政府法》的评论文章，说道："他将使郡治安法官的主导地位消失，是令人遗憾的。"但是文章接着说："这种改变是必然的，也是可以接受的。"这包含了治安法官复杂的情感，一些人认为治安法官机构即将消失，而其他人认为治安法官的纯粹的司法职能将继续存在，他们可以平静地面对未来。自治市的治安法官对此没有兴趣，因为这种改变对他们没有影响。[①]

无论如何，经过19世纪长期的衰落过程，加上1888年《地方政府法》对地方的较为全面的改革，郡治安法官家长式的统治被新的、经选举产生的郡会议所取代，失去绝大多数行政管理权，从而逐渐丧失原有对于地方的重要地位。

梅特兰说："前景是阴暗的。如果治安法官被剥夺了政府的职能，他们将继续成为法官吗？这是一个重大的问题，要由英国的历史来回答。"[②] 19世纪的治安法官的历史似乎已经给出答案。一方面，治安法官丧失地方的行政管理权是不可避免的。另一方面，19世纪治安法官司法权的变化也似乎揭示了其衰落后的去向。19世纪即决法庭的地位与治安法官的简易司法程序得以确立，且治安法官的司法权扩大到青少年犯罪领域与民事司法领域。治安法官在衰落的同时，通过司法权的发展向现代转型。

四、早期治安法官的影响与意义

英国治安法官经过长期历史发展，至18世纪治安法官成为英国地方特别是乡村地

---

① See Thomas Skyrme, *History of the Justices of the Peace*, Published by Barry Rose and the Justice of the Peace, Chichester, England, 1994, p. 668.

② Thomas Skyrme, *History of the Justices of the Peace*, Published by Barry Rose and the Justice of the Peace, Chichester, England, 1994, p. 669.

区实际上的"统治者",对地方社会的各方面都有深刻的影响。如治安法官的产生与发展，是对盎格鲁—撒克逊时期以及诺曼征服以来英国地方治安体制的重要改变，是英国治安体制发展的重要阶段。治安法官广泛的刑事司法权是英国普通法与王室司法向地方渗透的重要途径，加强司法管辖权的统一，季审法庭长期以来是英国重要的地方刑事法院，并延续至 20 世纪中后期。治安法官逐渐取得对地方社会的综合管理权，保持地方公共事务的正常运转，也是贯彻与执行中央有关经济、社会立法的重要渠道。

治安法官的影响不止停留在这些一般的层面上，深入挖掘可以发现其更为重要的价值。

盎格鲁—撒克逊时期是英国地方自治传统的源头。诺曼政府之前已经形成郡、百户区、村三级行政体制。国王对地方的控制是有限的，主要通过在地方设置代理人的方式进行治理。有学者将中世纪前期英国的地方自治形态描述为郡政府的"官民合治"与特权领主的"民官自治"[1]，诺曼征服之后，加强郡守对地方的治理。治安法官兴起之后，逐步过渡到治安法官治理时代。1461 年有关授权治安法官监督郡守的法令，标志治安法官的地位上升，取代郡守，成为地方新的代理人。都铎王朝时期在郡中设置郡督，监督治安法官。郡守、治安法官、郡督都与地方有着千丝万缕的关系，形成地方利益。况且，治安法官的治理是群体性治理，治安委员会的规模由几人扩大到几十人甚至更多，相当于地方议会的性质，因此这种乡绅群体性治理地方的方式更具代表性。同时会关注更多的地方利益。治安法官按照治安委任令及一些议会立法行事，受枢密院与星座法院的监督，但是枢密院与星座法院的影响逐渐减弱，更多地留给治安法官独立治理。尤其在伊丽莎白一世统治时期，"大多数人与中央没有直接的联系，女王更多地将地方交给地方官员，尤其是由治安法官来掌控"[2]。治安法官在执行王命的同时，根据本地实际情况进行变通。在国内形势发生重大变化时，积极维护地方利益。从而体现出相当程度的独立性。

因此，治安法官对地方的治理是英国地方制度发展的重要特征，体现英国地方自治的传统与沿革。盎格鲁—撒克逊时期以来的英国地方自治传统是治安法官保持一定独立性的基础，治安法官时代的到来又使地方自治传统得以延续，对英国长期以来未实行官僚制度有重要影响。

（作者单位：大连海事大学法学院　中国人民大学法学院）

---

[1] 李培峰：《中世纪前期英国的地方自治形态》，载《史学月刊》，2002（6），92～95 页。

[2] Ken Powell and Chris Cook, *English Historical Facts 1485—1603*, the Macmilian Press LTD, 1977, p. 50.

何玲丽

论教会法中的无效婚姻制度

一、教会法学家关于婚姻本质的认识和界定

对婚姻本质的认识的不同，势必直接导致不同婚姻观和婚姻理论。关于婚姻的本质，早期教法学家和中世纪教会法学家长期以来争论不休，这不仅是一个简单的伦理技术问题或神学问题，圣经学者和神学家们除了尽力维持神学权威，在许多层面教法学家还不得不考虑传统习俗、地方习惯乃至人之本性，并在长期的历史演进过程中进行杂糅与融合。大体上，教会法学家们关于婚姻本质的认识分为以下几个阶段：

(一) 早期教会法学家推崇禁欲，认为婚姻存在的价值在于避免淫乱

基督教倡导禁欲，"论到你们信上所题的事，我说男不近女倒好"，但同时又认为如果强制所有基督教徒严格禁欲，那是不现实的，所以主张以合法的婚姻、严格的一夫一妻制度来避免淫乱。圣保罗对此有一段经典论述：

> 但要免淫乱的事，男子当各有自己的妻子，女子也当各有自己的丈夫。
> ······ ······

　　我说这话，原是准你们的，不是命你们的。我愿意众人像我一样；只是各人领受神的恩赐，一个是这样，一个是那样。我对着没有嫁娶的和寡妇说，若他们常像我就好。倘若自己禁止不住，就可以嫁娶。与其欲火攻心，倒不如嫁娶为妙。①

　　这可说是基督教教义面对人性与本能问题的最初妥协。从这里我们可以看出，保罗在关于禁欲与婚姻关系的问题上，首先推崇的是禁欲，希望众人都能像他一样；但他同时考虑到人的本性趋向及单个教徒的具体情况，希望合法的一夫一妻制婚姻能避免"欲火攻心"，避免淫乱。

　　正是由于保罗的婚姻观是建立在消极被动地应对人之自然本性的基础上，故而，圣保罗的婚姻观又推论出以下几个方面的内在要求：

　　其一，反对淫乱，反对不当性行为，主张"丈夫当用合宜之分待妻子，妻子待丈夫也要如此。妻子没有权柄主张自己的身子，乃在丈夫；丈夫也没权柄主张自己的身子，乃在妻子"②。

　　其二，希望夫妻双方履行各自为人妻、为人夫的义务，"夫妻不可彼此亏负，除非两厢情愿，暂时分房，为要专心祷告方可；以后仍要同房，免得撒旦趁着你们情不自禁，引诱你们。"③ 也就是说，夫妻有同房义务，这样限制是为了避免另一方抵挡不住来自外在的情欲诱惑。④

　　其三，夫妻双方不可随意离弃。"至于那已经嫁娶的，我吩咐他们，其实不是我吩咐，乃是主吩咐说，妻子不可离开丈夫。若是离开了，不可再嫁，或是仍同丈夫和好。丈夫也不可离弃妻子。"⑤ 这可说是基督教会法禁止离婚、限制离婚之肇始。

（二）教父时代，奥古斯丁论述婚姻三大好处，成为教会婚姻思想系统化的开始

　　教父时代，教会内部关于婚姻本质的争论仍然比较混乱。哲罗姆（Eusebius Hieronymus，英文作 Jerome，约 342—420，早期基督教圣经学家、拉丁教父）主张实行禁欲，以控制乃至消除身体的各种欲望，反对婚姻，主张独身。在他看来，圣母玛丽亚是最好的榜样，特别是在永恒的贞洁上。

　　奥古斯丁（Auzelius Augustine，354—430，基督教神学家、哲学家，拉丁教父的主要代表）则写下了《论婚姻的好处》、《论神圣的贞女》、《诠释〈创世纪〉》等文论述

---

　　① 参见《圣经·哥林多前书》，第七章。
　　② 同上。
　　③ 同上。
　　④ 如有一案例，一女曾与人私通，其丈夫一直拒绝与她过性生活，故她向法庭控告他不履行丈夫职责。法庭的最终裁判是：这位丈夫必须满足妻子的性要求，否则就要被处以罚款。参见林中泽：《西欧中世纪教会法中的婚姻与性》，载《历史研究》，1997（4）。
　　⑤ 《圣经·哥林多前书》，第七章。

自己的禁欲和婚姻观，认为婚姻有生育、忠诚和圣礼三大好处。

A. 生育是婚姻的第一大好处，生育的不仅是生物个体，更重要的是补充上帝的子民。

B. 婚姻的第二大好处在于维护夫妻之间的忠诚，防止淫邪发生。"由于人类自堕落以来就不能控制自己的性欲，所以允许不能节制的人结婚，用婚姻的合法形式去发泄不圣洁的性欲，以免作出更混乱的不合法的事情来。"为了达到这个目的，"结婚夫妇有责任彼此维持性关系上的忠诚，不仅指不与外人发生性关系，而且指有责任满足对方的性要求，以防止对方犯下婚外性行为的罪恶"①。

C. 婚姻的第三个好处乃在于成为圣事。由于婚姻是上帝安排的神作之和，神圣而不可随意解除，"一旦婚姻协议建立起来，它就成为一种圣事以至于分居也不能使它无效"②，除非死亡。

奥古斯丁的名著《论婚姻的好处》是基督教会第一部系统地论述婚姻价值和职能的著作，它奠定了教会婚姻理论的基础。③ 至此，教会法学家已搭建起关于婚姻本质的初步框架，即婚姻以生育为目的、以防止淫乱为存在价值。尽管如此，奥古斯丁仍认为独身生活是基督教徒的最佳理想，婚姻毕竟是退而求其次的选择。

（三）格兰西进一步阐发了婚姻理论

公元 1139—1142 年，波伦亚僧侣格兰西（Gratian）将以往宗教会议的决议与教皇敕令汇编一起，编写成《历代教令提要》（Concordauce of Diseordant Canous），后称《格兰西教令集》（Gratian's Decretum）。该汇编一经问世，很快便成为欧洲各法庭、各大学适用和讲授教会法的主要依据。"格兰西学在 12 世纪和 13 世纪为教会法之显学，有许多人倾注心血对《教会法汇要》加以评点，成为所谓'教会法汇要学家'（decretists）。"④

格兰西在婚姻本质问题上进一步阐发了奥古斯丁的婚姻理论，认为男女结合乃受上帝之命，是自然法的一部分，并同时认为基督徒结婚的理由分为积极的和消极的两种，前者即指为了生育目的而进行的结婚；后者指的是为了避免性的诱惑而进行的结婚。在《格兰西教令集》第二部分案例 27 问题 2（Case 27，Question Ⅱ）中，格兰西指出：

1. 性交不构成婚姻，双方同意才构成婚姻；因而，肉体的分离不能解除婚姻，只

---

① 亨特：《早期教会中的婚姻》，102 页，美国，明尼阿波利斯，1992。转引自薄洁萍：《上帝作证——中世纪基督教文化中的婚姻》，36 页，上海，学林出版社，2005。

② 同上。

③ 参见薄洁萍：《上帝作证——中世纪基督教文化中的婚姻》，35 页，上海，学林出版社，2005。

④ 彭小瑜：《格兰西之〈教会法汇要〉对奴隶和农奴法律地位的解释》，载《世界历史》，1999（3）。

有双方原意分开才能解除婚姻。因此，抛弃妻子的人而未另娶，他仍是一个已婚的男人。因为他虽在肉体上分开，在意愿上却仍结合在一起。如果他已另娶他人，那么他就完全抛弃了原来的妻子。因此，他抛弃妻子不另娶就不是奸夫，而另娶则是奸夫了。

2. 双方同意就可缔结婚姻……

…… ……

35. 婚姻从订婚开始……

36. 夫妻的结合使婚姻完成。因为安布罗斯说："在所有的婚姻中，结合被理解为精神的结合，它通过夫妻肉体的结合而得到确认与完成。"①

由上，格兰西关于婚姻本质的认识主要为：婚姻是精神结合与肉体结合的统一，精神上结合主要为婚姻双方的自主意愿，即结婚首先要由双方同意，订婚表达了这种意愿，所以婚姻自订婚开始；同时，婚姻的解除亦须满足当事人双方自愿的条件。

二、教会法中关于无效婚姻的规定

（一）婚姻的不可解除与无效婚姻

从上述教会法学家关于婚姻本质和界定中可见基督教会一直强调婚姻的不可解除性，对此，《圣经》中多有记载与强调，如《马太福音》中记载："那起初造人的，是造男造女，因此，人要离开父母，与妻子联合，二人成为一体。既然如此，夫妻不再是两个人，乃是一体的了；所以神配合的，人不可分开。"并宣称"凡休妻另娶的，就是犯奸淫，辜负他的妻子"，"凡娶被休之妻的，也是犯了奸淫"，"妻子若离弃丈夫另嫁，也是犯了奸淫了"。随着基督教会势力的日益强大，到 10 世纪，婚姻的不可解除原则已包含于每一个教会国家的民法之中，直到宗教改革之前，人们都不知道离婚为何意。直到 1857 年，英国法院才建立起离婚法庭，在此之前，英国法院均无权作出离婚判决。

基督教虽然坚持婚姻不可解除，然而，由于《圣经》本身即存在一定矛盾之处，如《圣经》中有言："凡休妻另娶的，若不是为淫乱的缘故，就是犯奸淫了。"也就是说可以淫乱为由解除婚姻关系，况且现实生活中确实存在一些需要解除的婚姻关系，为此，教会法在苦苦坚持婚姻不可随意解除的前提下又从以下两个方面予以了一定程度的变通：其一是实行分居制度，分居制度允许丈夫和妻子分开居住、各自生活，但婚姻关系

---

① Emilie Amt, *Women's Lives in Medieval Europe：A Source Book*, pp. 79 - 80, New York, 1993. 转引自刘文明：《上帝与女性——传统基督教文化视野中的西方女性》，206～207 页，武汉，武汉大学出版社，2003。

并未解除，除非一方死亡，否则任何一方均不可另行再娶或再嫁。分居的理由则可能涉及私通、"精神通奸"（即与异教徒或叛教者缔结的婚姻）、性虐待、不当性生活等。另一个方面的变通便是无效婚姻制度，即通过对婚姻制度予以无效认定来解除一桩婚姻。婚姻一旦被认定为无效，则表明在特定当事人之间根本不存在婚姻关系。

无效婚姻与分居自是完全不同的范畴，与离婚也有本质区别。离婚意味着一项有效婚姻归于失败，而无效婚姻则意味着婚姻关系自始就不存在。①

（二）无效婚姻的理论基础

教会法的无效婚姻概念来源于对同意规则的违反。如前文所述，格兰西认为"双方同意才构成婚姻"，只要双方同意即可缔结婚姻，所以婚姻由订婚开始，而夫妻双方的结合只是使得婚姻得以完成的条件。他尤其强调不受强迫的同意（包括对肉体结合的同意）的重要性。

12世纪教会法学家们都同意将婚姻建立在双方同意的基础之上，教皇尼古拉斯（Pope Nicholas）曾强调说："如果双方不能同时同意，不可以缔结婚姻。那种为仍在摇篮中的孩子订婚的行为是一种恶习，这样的婚姻即使双方父母同意，也不能算有效，除非等孩子达到一定年龄并懂得是否该同意为止。"② 教会在此基础上又从以下几个方面作了区分：（1）交换将在未来结婚的承诺，这种交换构成了一项婚约的契约，在特定情况下，它可以由任何一方当事人废除，并且在任何情况下都可以通过双方合意而解除；（2）交换在近期内结婚的承诺，这构成一项婚姻契约；（3）同意随结婚而来的性生活，这构成婚姻的实现。③ 教廷经常必须对是否订过婚、订婚是否有效之类的问题进行裁决。因订婚无效而解除婚姻关系的理由有时是未经双方同意而订婚（如双方父母包办），有时是因为订婚时双方年龄太小，不负责任。④ 这些可说都是违背了同意的基本规则。

根据教会法规定，"同意必须由某种自由意志所作出。有关另一方当事人认定方面的错误以及有关另一方当事人的某些实质性的和区别性的品质的错误都会妨碍这种同意并进而使婚姻无效。由于胁迫是对同意自由的干涉，因而亦导致婚姻无效。另外，又规定一项婚姻不能在恐惧或诈欺的影响之下而有效地订立"⑤。由此可见，错误、胁迫与

---

① See W. L. Scott, "Nullity of Marriage in Canon Law and English Law", pp. 319 - 343, *The University of Toronto Law Journal*, Vol. 2, No. 2. (1938).

② Emilie Amt ed., *Women's Lives in Medieval Europe: A Source Book*, p. 80, New York, 1993.

③ 参见［美］哈罗德·J·伯尔曼：《法律与革命——西方法律传统的形成》，贺卫方等译，275页，北京，中国大百科全书出版社，1993。

④ 参见［加］罗德里克·菲利普斯：《分道扬镳——离婚简史》，李公昭译，6页，北京，中国对外翻译出版公司，1998。

⑤ ［美］哈罗德·J·伯尔曼：《法律与革命——西方法律传统的形成》，贺卫方等译，275页，北京，中国大百科全书出版社，1993。

恐惧或诈欺也都将导致婚姻无效。

（三）教会婚姻法关于无效婚姻的规定

关于无效婚姻，教会法主要从以下几个方面进行了规定：

第一，未达法定婚龄。现行法典规定婚龄为男 16 周岁、女 14 周岁，未达法定婚龄而结婚者，结婚无效。

第二，性无能者。丈夫阳痿，没有能力过性生活，这能成为导致婚姻无效的一个重要理由，其原因即在于教会法学家对婚姻本质的认识。如前文所言，教会法将婚姻看作是禁欲之外以生育为目的、并防止奸淫及其他婚外性行为的消极选择，如果婚姻无法完成该使命，则在教会看来，该婚姻的功能与价值没有得到实现，也就成为一种可被废除的无效婚姻情形。

性无能者，《教会法典》第 1084 条第 1 项规定："婚前，男女任何一方永久不能人道者，不论是绝对的或相对的不能人道，依婚姻本质而言，结婚无效。"

第三，重婚者。由于教会法将婚姻从订婚时起算，因而其对于重婚的限制范围比世俗社会要宽，包括了在结婚圆房之前已订过婚约的情形。《教会法典》对此如是规定："凡受前婚的约束者，虽是未遂婚姻，亦不得结婚，违者婚姻无效。"此外，不论前婚因何原因而无效，或被撤销，在依法及确知其无效或被撤销之前，亦不得另行结婚。

第四，存在血缘障碍和姻亲障碍者。12 世纪的教会法曾禁止七亲之内的近亲结婚，但对于一个交通不发达、人口流动有限的古代社会而言，七亲的范围的确过大，教会法后于 1215 年第四次拉特兰会议中将近亲结婚的限制缩小至四亲。现行《教会法典》亦规定的是直系血亲和四亲等以内的旁系血亲不得结婚，违者结婚无效。

第五，其他障碍。比如教会法规定领受过圣秩者、在修会已受公开而终身贞洁愿之约束者，不得结婚。又如，童婚和秘密婚为教会法所禁止，格兰西就曾明确要求：任何人都不能为未成年人缔结婚约，任何形式的秘密婚都不为法律所承认。此外，还包括"以与指定人结婚为理由，而害死对方的或自己的配偶者，不得与之结婚"、"男女二人共同以有形或无形之手段害死配偶者，彼此不得结婚"等。

事实上，因结婚无效而请求废除婚姻的案例在教会法庭的司法实践中并不多见。史料表明，1384—1387 年间，巴黎的主教法庭（法国最重要的教廷）审理了 500 个婚姻案件，但只废除了 10 桩无效婚姻。其中一桩是由于近亲结婚，一桩由于丈夫阳痿，其他 8 桩都是因为重婚（第二次婚姻均被宣布无效）。①

---

① 参见［加］罗德里克·菲利普斯：《分道扬镳——离婚简史》，李公昭译，6 页，北京，中国对外翻译出版公司，1998。

三、无效婚姻制度的后世影响及反思

教会法的无效婚姻制度对后世产生了重大影响。一方面教会法宣称婚姻神圣不可解除，另一方面又以无效婚姻制度和分居制度为补充，最终成为新教予以抨击的窗口。在马丁·路德、约翰·加尔文的领导下，宗教改革家们掀起了一场呼吁允许离婚的思潮，掀起了一场所谓的婚姻还俗运动，一些国家和地区并根据其理论制定出各自的离婚法。即便如此，教会婚姻法中的无效婚姻制度在世俗民法中仍得以最大限度的保留和延续。

1804年法国民法典作为资本主义社会第一部民法典首先承袭并进一步完善了相关制度，将无效婚姻分为绝对无效和相对无效，规定违反公益要件的为绝对无效婚姻，当事人、利害关系人和检察官均得为婚姻无效的请求权人，如因未到法定婚龄、重婚、结婚未在主管官员面前举行等原因而导致的婚姻无效，检察机关可以主动提起婚姻无效之诉。而违反私益要件的为相对无效婚姻，只有当事人和其他有请求权的特定人可以请求确认婚姻无效。比如，未经夫妻双方或其中一方自由同意而缔结的婚姻，仅得由当事人提起消灭婚姻关系的诉讼，未成年人结婚未经其法定代理人同意，仅得由其法定代理人提起消灭婚姻关系的诉讼。

1896年德国民法典根据违反婚姻成立要件的原因的不同，创设了可撤销婚姻制度。[①] 其理由涉及违反法定婚龄、血亲障碍、精神错乱、恶意欺诈、非法胁迫等。被撤销的婚姻自撤销之日起无效。

此后，英国、瑞士等国相继设立了无效婚和撤销婚制度。如英国1973年的《婚姻诉讼法》规定婚姻无效的理由包括：双方属法律禁止结婚的亲属；任何一方未满16周岁；不符合结婚的仪式要求；重婚，即结婚时任何一方已经合法地结过婚；同性婚。属可撤销婚姻的理由包括：一方性无能而使婚姻目的不能实现的；由于一方的坚决拒绝而使婚姻生活不能继续；缺乏婚姻的合意，即无论由于胁迫、误解，还是精神不健全，任何一方并未有效地同意结婚；婚姻期间一方精神错乱，使双方不能继续婚姻生活；婚姻期间一方患有性病；婚姻期间一方与第三人怀孕。[②]

我国修改后的《婚姻法》亦规定了无效婚姻和可撤销婚姻的若干情形，前者包括重婚、血亲障碍（直系或三代以内旁系血亲）、婚前患有医学上认为不应当结婚的疾病而婚后所患病症未治愈的、未达法定婚龄的；后者是指因胁迫结婚的情形，受胁迫一方可

---

① 在现版《德国民法典》中，译者将之译为"婚姻的废止"，以区别于可撤销的法律行为。因被撤销的法律行为视为自始无效，而婚姻的废止只向将来发生效力。参见《德国民法典》，2版，陈卫佐译注，428页，北京，法律出版社，2006。

② 参见薛宁兰：《婚姻无效制度论——从英美法到中国法》，载《环球法律评论》，2001年夏季号。

向婚姻登记机关或人民法院请求撤销该婚姻。

以上，不难看出教会婚姻法之无效婚姻理论的间接影响。除了性无能外，后世无效婚姻制度和可撤销婚姻制度几乎涵盖了教会法中关于无效婚姻的种种情形。只是教会法当初设置无效婚姻制度，其目的旨在为其婚姻不可解除原则提供缓解疏通之道，而后世离婚大行其道，无效婚姻制度已失去其原有的价值内核。自然，我们在学习西方无效婚姻制度的同时，尤当反思其教会婚姻法背景及历史使命，捕捉其精神实质，方令法律的学习与移植不失为神形兼备。

（作者单位：中国人民大学法学院）

张 宜

《大明律》之"娶部民妇女为妻妾"考察

一、立法源流

《大明律·户律·婚姻门》第十款"娶部民妇女为妻妾"规定：凡府州县亲民官，任内娶部民妇女为妻、妾者，杖八十。若监临官，娶为事人妻妾及女为妻、妾者，杖一百。意思就是说作为地方官的"亲民官"不能和任职地方百姓结婚；作为监临官的上级官员不能娶下级官员以及有公事往来的人员的妻妾、家人。违反了这项规定，就触犯了法律，属于犯罪行为。这项法规从文义来看，属于官员"禁婚"条款，在一些学者的文章中，将其看作明代"性贿赂"的犯罪预防立法。[①] 但是他们的考察仅仅就律条本身进行，只看到了表象，法律法规的产生以及适用都不是静止的，而是动态的、演变的，我们先对法条的源流作一番考证，然后结合《明实录》中记载的相关案例[②]，对其在明代

---

① 参见黄会奇：《唐明清时期律法中的女色贿赂罪》，载《喀什师范学院学报》，2003（4）。
② 由于明代档案资料大部分毁于明末的战火之中，剩下为数不多的资料均系天启、崇祯年间兵部资料，因此导致了明代司法档案的缺失，《明实录》也就成了明史研究中的最原始的资料。本文的案例是通过阅读 3004 卷实录而辑出的，基本上可以反映明代的法律适用情况。

社会的适用情况进行考察，揭开法律条文之后的层层面纱，来看一下她的真面目。

明律这一法律条款直接源自《唐律疏议》户婚第四款"监临娶所监临女"条，文中规定："诸监临之官娶所监临女为妾者，杖一百；若为亲属娶者，亦如之。其在官非监临者，减一等。女家不坐。即枉法娶人妻妾及女者，以奸论加二等；行求者，各减二等。各离之。"① 根据疏议的解释，所谓"监临"是指"职当临统案验者"，按照现代的说法就是负责各项事务的主管官员。当然这种说法是相对的，对被管辖的下属官员来说，上级长官就是"监临官"；也包括负有监察职责的官员，比如御史，由于肩负监察检举官员的职责，对于其他官员来说，御史就是"监临官"。从法条规定来看，监临官不能和下属官员以及有监察关系的官员的妻妾、女儿成婚，也不能为自己的亲属迎娶有上述关系的女子。宋代完全沿袭了此项规定，元代法律则以具体案例的形式颁布官员的禁婚规定。具体包括：其一，禁止官员和监狱在押犯人妻妾结婚。至元六年（公元1269年）十一月北京路知事乔得坚指使媒人向监牢里的犯人求婚，纳犯人妻为妾，被判处和所娶的妾氏"离异"，并被罚去一个月的俸禄。其二，禁止地方官员娶当地女子。至元十九年（公元1282年）正月，浙江道於潜县县尹刘蛟与当地百姓赵元一娘结婚，两人的婚姻行为被认为无效，被判决"离异"②。

以上是明朝以前立法的简单情况，明代初年《大明律》正式颁行之前的条文大多没有保留下来，但是我们可以从当时的法律解释中窥得一斑。《律解辨疑》中记载的条文如下："凡府州县亲民官，任内娶部民妇女为妻妾者，杖八十。若监临官娶为事人妻妾，不坐。"《律解辨疑》大致成书于洪武十九年（公元1386年），它所记载的内容应当是洪武六年（公元1373年）制定的《大明律》的原文，洪武二十二年（公元1389年）律的内容可以参详朝鲜李朝颁布的《大明律直解》，此时的条文已经固定下来，与洪武三十年版本（公元1397年）相一致。即本文开篇所叙述的条文内容。③

从唐代以来的立法情况分析，就性质而言，这项法规属于私罪范围。根据唐律中官员私罪的认定标准，所谓私罪是指"不缘公事，私自犯者"④。根据这一原则，虽然本文所讨论的犯罪行为必须在"任内"——即在职期间才能追究官员的法律责任，但是由于其犯罪的目的本身与公事无关，是为了满足自己的私利，故此属于私罪范围。根据《大明律·名例律·文武官员犯罪》中规定："凡文武官犯公罪该笞者，照等收赎钱……杖以上，记所犯罪名，每岁类送吏兵二部，候九年满考，通记所犯次数，黜陟之。"至

① 刘俊文点校：《唐律疏议》，卷14，365～366页，北京，中华书局，1983。
② 《大元国朝盛政典章》，卷18，290页，北京，中国书店，1990。
③ 参见《律解辨疑所载律文》，载杨一凡主编：《中国珍稀法律典籍集成》，乙编第1册（《大明律》，卷六），306页，北京，科学出版社，1994。
④ 刘俊文点校：《唐律疏议》，卷2，45页，北京，中华书局，1983。

于犯私罪官员的刑罚，明律中是这样规定的："文官及吏典犯笞四十以下者，附过还职而不赎，笞五十者调用。"可见私罪处罚均较公罪为重。这项犯罪行为关系伦理教化，尤其应当从重惩罚，故统治者将其划入私罪调整范围，以加强刑罚的威慑力。

就立法的目的而言，《唐律疏议》的解释是防止有人为了求"监临官"曲法判事，而与之结亲。明代的立法最初目的恐怕与前代大有不同，更多地是吸取元代的教训。元朝初年地方官员实行世袭制，官员到任之后，很多人和当地的"权豪富强之家交接婚姻。继拜亲戚，通家往来"①，形成一股强大的地方势力，与中央政权抗衡，一直延续到元朝末年。明太祖为加强中央集权、削弱地方权力，采取了分一省之政于三司等有效措施，同时在立法上禁止地方官娶部民妇女，防止地方官与部民用联姻的方式结合成地方势力，形成尾大不掉之势。明初《律解辨疑》所记载的律文中，只有禁"府州县亲民官任内娶部民妇女为妻妾"条，而对条文另一部分——监临官娶当事人妻妾不加追究，就足以说明立法的最初是为了防止地方分裂势力的出现。

就法规的名称而言，唐代将此条命名为"监临取所监临女"，宋命名为"监临婚娶（枉法娶人妻妾）"，到了明代则称为"娶部民妇女为妻妾"。所谓亲民官即父母官，所谓"部民"正是地方官对任职地方百姓的称呼。在明代，亲民官特指府、州、县官，包括府官中的知府、同知、通判、推官，州官中的知州、同知、判官，县官中的知县、县丞、主簿。亲民官这种称呼早在宋代就已经产生，到明时已非常流行，百姓对于官长使用称呼家长的称谓，称之为"爹爹"、"老爷"、"太爷"、"爷爷"等。这在明人小说中多有反映，《醒世恒言》钱秀才即称知县为"父母老爷"，县民陆五汉叫知府为"爷爷"。但是明代之前律令中并没有"亲民官"的称呼，虽然《元典章》中有"牧民官"的字样，却并没有将伦理化色彩浓重的父母官意识昭然写入法律。明朝重视以礼法治国，将理学作为治国之本，理学的发展，更加强调伦理纲常关系，将《大明律》中的法律规定更多地上升到礼法高度，因此统治者在统治术上强调官员的父母官意识，以此稳固统治秩序。明代判词中也是强调"官居同父母之尊，部民有子孙之责"，"当严体统"，因此"难作婚姻"，犯罪者实为"乱纲常之理昧事体之宜"② 等等，都是从伦理角度出发进行解释。因而掩盖了唐律立法时的本义，所以说将其纳入性贿赂犯罪预防立法范畴也是有一定道理的，但是这只是这款法条的一部分功用。

就刑罚而言，明代规定的刑等比前代要轻。唐宋各代相应的刑罚是杖九十，明代为杖八十。③ 封建社会经济已步入晚期，更多的朝着瓦解自给自足的自然经济、发展商品

---

① 《元典章》，户部卷4，289页，北京，中国书店，1990。

② 《刑台法律》，户律卷3，北京，中国书店，1990。

③ 从案例来看，文官犯罪后的刑罚大体上是符合法律规定的，杖八十，罢职为民；由于武官职位的特殊性才导致了与文官的同罪异罚。

经济的方向发展，商品经济愈发展，封建社会对人身份的限制就越来越少，相应的刑罚也就越来越轻。所以官员犯罪处罚刑等也就随之越来越轻。这项立法本身就属于特殊的身份法，只有在强调等级身份的社会中才会存在（罗马法中关于官员禁婚的规定就有关于身份方面的障碍，其中之一就是省长在任时不得与其管辖下的女子结婚），因而强调等级身份的封建社会一结束，民国时期的《六法全书》中就将此项立法彻底删除掉了。

二、法律适用

法律制定出来后如何执行是关键，这项法规是如何在明代适用的，下文将通过对《明实录》中记载的相关案例进行梳理。

嘉靖十二年（1533年）临清州知州刘守臣强买民间女子为妾，被逮下狱。这是笔者所见《明实录》中记载的唯一一件符合亲民官犯罪的案例。刘守臣，陕西高陵人，原是南京总督粮储右佥都御史林有孚的幕僚，经过林的举荐而被授任丘知县，在职期间"礼贤惠民、振颓兴滞，为一时名宦"①。刘守臣升任临清知州后，除害兴利，上司官员纷纷举荐他的卓著才能。但是御史傅汉臣因为曾经与林有孚结怨，上疏弹劾刘守臣，借以达到打击林有孚的目的，林果然被逮下"诏狱"。根据《大明律》中"贡举非其人"条的规定，举荐之人不符合要求，就要追究"举主"的连带责任；但是如果举主不知情，可以不受刑罚。林有孚于是在狱中上书申辩，世宗皇帝认为林有孚不等审讯就开始辩解，违反了大臣受审的惯例，命令镇抚司立刻对其进行"考讯"②。这起案件的背后有着极深的政治背景。林有孚任御史期间，因反对世宗追认自己父亲为皇帝，参与了嘉靖初年的著名事件"大礼议"而被廷杖（事见《明史纪事本末》，卷五十《大礼议》）。事后虽然官复原职，并且升官至佥都御史，然而世宗皇帝心中深恨参加议礼反对他的诸臣，为首的内阁大学士杨廷和死后仍然被追究罪行，其余参加议礼诸臣，几乎无一幸免，被冠以各种罪名，或者被降级，或者被罢官。林有孚最终也只得上疏请求致仕归乡，本案的犯罪主体——刘守臣最终被罢免官职。

上一案件可以说是严格符合《大明律》中规定的犯罪构成要件，其他另有一些案例，犯罪主体并不符合法律规定，但"实录"地记载中又使用了法规中的专有名称，只可以说是"疑似"。案件之一发生在正统年间，根据"实录"中记载，山东按察司副使王裕在任职期间"娶部民女为妾"③。案件之二发生在明代中晚期的隆庆年间，有御史

---

① 《道光陕西高陵县志》，卷5，成都，巴蜀书社，1992。
② 《明世宗实录》，卷148，3415页，北京，中国书店，1983。
③ 《明英宗实录》，卷132，2625～2626页，北京，中国书店，1983。

弹劾巡抚大同右佥都御史刘祐曾经"纳部民女为妾"①。至于两案的刑罚，王案并没有记载，根据实录中记载事件的惯例，没有按照法律执行的特殊案件，或者重判或者轻判的案件，才将刑罚结果记录下来。所以王案应该可以看作按照法律规定执行——杖打一百，罢职为民。

与文职地方官犯罪案件相比，武官犯罪现象出现较早。永乐五年（公元 1407 年），监察御史凌昌等即上疏弹劾都督谭青镇守仪真时的诸多罪名中，其一就是强娶军民女子为妾。但是当时没有法规及相关的条例约束。宣德年间，武官相对于部属之间的关系已经被确认为"有父母之道"，不许互相嫁娶。宣德六年（公元 1431 年）刑部上奏南直隶仪真卫千户杨贵采取强迫的手段，娶所部寡妇为妾，宣宗判定："本官于所属有父母之道，故不许嫁娶，况可强娶耶？"②命令刑部将其治罪。高级将领由于属"八议"范围，刑罚则一般较轻。泾国公陈恭，强娶所部女子为妾婢，又犯有其他重罪。宣宗认为他的罪行至重，按照法律本来不应当被宥免。但考虑到他父祖在靖难时的功劳，陈恭本人也曾经参加靖难（"八议"中的"议功"原则——笔者注），宥免了他的死罪，将其杖打一百，发配到辽东边远卫所充军。

犯罪案件的发生加速了立法进程，正统四年（公元 1439 年）颁布的条例中规定禁止"各卫所指挥、千、百户与所管旗甲、军余互结婚姻。违者，比亲民官娶部民妇女律论罪"③。将武官也纳入法律调整范围——禁止其与部属的女子成婚。但是由于武官与文职官员属于不同的诉讼体系，虽然比照文官犯罪的法律条文进行立法，但是执法的过程中，也要依照《大明律》"总则"——"名例律"中关于武官犯罪的原则性规定，由"本管衙门开具事由，申呈五军都督府，奏闻请旨取问"④。其他衙门不能擅自进行审问。山西都指挥使马贵，其收军人妻女为妾，并贪污贿赂等犯罪行为，被下属官员李庸告发。经巡按御史审查事情属实，英宗命令马贵"戴罪视事，赃之当征者征之，事之当正者正之"⑤。景泰三年（公元 1452 年）守备万全右卫都督佥事江福娶所部军女为妾。景帝下诏，命其"自陈"其罪，江福于是上疏陈述自己的罪状，得到了宥免；但是婚姻行为无效，命令江福将女子送还到父家。

和"亲民官"犯罪案件相比，"监临官"犯罪案件复杂的多。"监临官"指"上司及管囚、管工、管河之类"的官员，"凡得使其下者"，都可以认为有监临关系。监临官和

①《明穆宗实录》，卷 30，0793 页，北京，中国书店，1983。
②《明宣宗实录》，卷 84，1946 页，北京，中国书店，1983。
③《明英宗实录》，卷 62，1175 页，北京，中国书店，1983。
④ 怀效锋点校：《大明律》，卷 1，6 页，沈阳，辽沈书社，1990。
⑤《明英宗实录》，卷 80，1588 页，北京，中国书店，1983。

亲民官的区别在于"府州县官职在亲民，而监临官亦有督率、稽察之责"①。根据明律中对监临官的解释，监临官犯罪可以分作以下几种：

1. "其职在统属"，即有上下级关系的双方，不能通婚——上司不能娶下级官员的妻、女、家人为妻妾，利用权势，采取强迫手段，更为法律所不容。永乐间有陕西按察副使王煜娶属下官员司狱的女儿为妻，巡按监察御史刘英劾其"失风宪"，被逮下狱。②《明实录》中另外记载了四起案件，详见下表：

时间	官职	罪行	刑罚
正统二年	苑马寺少卿	娶部属女为妾	缺
正统十年	福建左布政使	娶福州中卫指挥妻为妾	罢为民
正统十年	福建按察使	娶福州左卫指挥女为妾	充军
景泰二年	贵州按察副使	娶部属女为妾	缺

武官犯罪的案例中，多数是采取强迫的手段。洪武间广西都指挥耿良"肆贪害民"，诸多罪行之一，就是强娶韩镇抚姐姐为妾、强娶军人铁脱思女，被处以死刑。③ 洪熙初年，掌陕西都司事右军都督佥事胡原娶镇抚的女儿为妾，都察院判他徒刑。宣宗虽然也知道胡原"贪黩有素"④，但还是根据"八议"中的"议勤"原则，不追究他的罪行，只是命令他致仕归乡。

2. 虽然没有固定的上下级关系，但根据《大明律·名例律》中的规定，"临时差遣、管领、提调者亦是监临主守"。这一规定将那些执行临时委派任务的文官、武官包括在了法律调整范围之内。首先，地方官吏下基层执行公务过程中娶妻、买妾也为法律所禁止。宣德六年（公元1431年）四月，山东布政司右参议沈定督公务于兖州，就州娶妾，金乡县官敛银与作财礼，被山东巡按御史李辂弹劾，宣宗认为沈定任地方官而不能作为郡县官表率，将其降为宁国府同知。⑤ 其次，被委派到地方执行临时任务的中央官员，也在此规调整之列。正统间有工部主事董瑛被派往云南公干，在此期间娶军人女为妾，加上又有宣德间的赃罪，被罢官为民。⑥

有关文官犯罪案件是复杂的，有时并不仅仅是一件犯罪事件而已。正统末年怀仁王府教授万钟揭发山西右参政林厚公差期间娶所属故指挥张安妾申氏为继室。经查，林厚

① 应槚：《大明律释义》，卷6，续修四库全书本，上海，上海古籍出版社，1995—2002。
② 参见《明太宗实录》，卷27，0494页，北京，中国书店，1983。
③ 参见明太祖：《大诰武臣》之三《耿良贪肆害民》，续修四库全书本，上海，上海古籍出版社，1995—2002。
④ 《明宣宗实录》，卷12，0326页，北京，中国书店，1983。
⑤ 参见《明宣宗实录》，卷89，2053页，北京，中国书店，1983。
⑥ 参见《明英宗实录》，卷18，0367页，北京，中国书店，1983。

见有贫民为了筹集钱输送代府禄米而卖掉自己的子女，于是自己倡导并率领官吏为民代输，又奏请各郡王府禄米具输代府广赡仓。受到了朝廷褒奖，而万钟因为没有参与，对林厚心生怨恨，于是上疏揭发他的隐私。经过巡按御史的查证，林厚、万钟都被逮捕治罪，最终林厚得以官复原职。①

"监临官"中有关执行临时任务的武官犯罪案件主要集中在明英宗统治期间。保定伯梁瑶奉命前往应天府诸郡县，途中收受贿赂，而且连娶两位小妾。梁瑶被逮捕到京城后，法司判他绞刑、允许赎罪。英宗特别命令"不究其罪，监禁之"②。天顺间有锦衣卫千户黄麟被派出外地，期间娶妾买奴，又想要地方官员贿赂，虚张声势，谎称奉圣旨关闭城门，拿出二百余副刑具，众官员纷纷以为祸降临头，争先恐后地向他行贿，黄麟一下收受了白金二千余两。③ 案发后，黄麟被逮捕回京城治罪。

3. 监察御史犯罪。从上文的案例中可看出，不论文官武职犯罪，大多为御史揭发检举，可见，御史是主要的监察、检举官员犯罪行为的官员。而事实上，御史犯罪最为普遍。监察御史作为主要的司法监察官员，审判案件是他们的主要职能，所以娶囚犯妻女为妻妾也属于"监临官娶为事人妻女"犯罪之列。永乐八年（公元 1410 年）御史李公敏娶见监罪囚亲属为妻，就被罢免官职。④ 如果御史按临之地娶妻妾，即使案件发生在大赦之前，法律也可溯及既往，追究其法律责任。宣德三年（公元 1428 年）山东按察司弹劾前巡按御史李素至历城，娶县民孙让女为妾，御史赵纯亦于按临之地娶门子郑能妹为妾。两人都已经升职离开，并且犯罪行为发生在宣德元年（公元 1426 年）大赦之前，宣宗仍然命令都察院将二人逮捕治罪。⑤ 四年（公元 1429 年）又有浙江道监察御史宋準奉命往浙江盘粮，到金华府发生娶妾行为，又向府官索取白金及和民妇私通。刑部以其行为发生在大赦之前，只坐"奏事不以实"罪，判其应坐徒罪。宣宗判定追夺宋準所收受赃款，将其杖打一百，发配到辽东充军。⑥ 至于婚姻关系还没有正式确立的案件如何处理，由于明代社会中定婚具有法律效力，定婚礼成，婚姻关系即算确定⑦，也要按照犯罪行为已经发生的处置原则进行判决。景泰年间，监察御史刘纪在巡视通州卫仓粮储期间和当地女子定婚，被弹劾投进锦衣卫狱治罪，最终被降职处理。⑧

实录中宪宗至武宗年间没有出现相关案例，至嘉靖年间才有了一起案件：八年（公

---

① 参见《明英宗实录》，卷 171，3291 页，北京，中国书店，1983。
② 《明英宗实录》，卷 45，0877 页，北京，中国书店，1983。
③ 参见《明英宗实录》，卷 302，6407 页，北京，中国书店，1983。
④ 参见《明太宗实录》，卷 105，1363 页，北京，中国书店，1983。
⑤ 参见《明宣宗实录》，卷 46，1135 页，北京，中国书店，1983。
⑥ 参见《明宣宗实录》，卷 57，1363 页，北京，中国书店，1983。
⑦ 参见张宜：《明代定婚制度初探》，载《鲁东大学学报》，2007（1）。
⑧ 参见《明英宗实录》，卷 258，北京，中国书店，1983。

元 1529 年）二月，御史王鼎弹劾南京户部侍郎胡锭担任淮阳巡抚时，曾经娶淮阳府教官祝英女为妻。胡锭在嘉靖初年参与了"大礼议"，与附和世宗皇帝的桂萼、张璁等人是政敌，张、桂二人以"议礼"得势，"无休休之量"①，对和自己政见不同的官员，都会寻找机会铲除。这起案件就是二人指使御史弹劾而兴起的，胡锭因此被罢免官职。

三、法律适用分析

从案例的适用中，我们可以看出朝代的分布、刑罚的适用以及犯罪的方式都带有明显的时代特征。

其一，案例朝代分布的特点。图 1 是本文探讨的案例在各个朝代分布图。

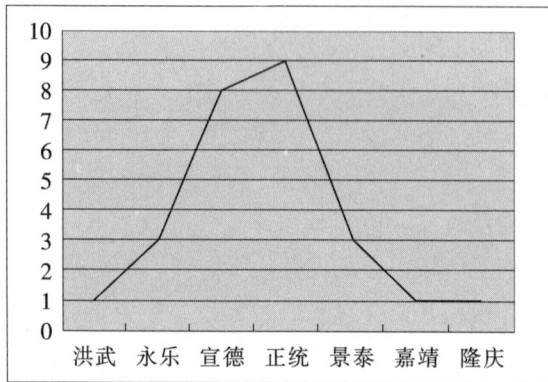

图 1

我们首先就会发现大明王朝 276 年的统治时间里，总共才有 26 件该类案件发生，官员们就如此奉公守法吗？这主要是因为案例的收集通过实录的记载，而实录编纂的体例中规定有资格被写进的犯罪人也要有一定级别，这些人包括："公、侯、伯、驸马、仪宾、有罪削夺，及五府、北京行后府、六部、北京行部、都察院、太常寺、通政司、大理寺、詹事府、光禄寺、太仆寺、应天府、顺天府、鸿胪寺、国子监、翰林院、钦天监、太医院堂上官、近侍七品以上官、监察御史、宗人府经历及在外都司、布政司、按察司堂上官，行太仆寺、苑马寺、盐运使。"② 而本文所讨论的犯罪主体，像"亲民官"主要是地方上的县官、府官，他们的官品还没有达到载入实录的级别，所以这款法条的相关案例才会很少。除非像文中刘守臣的案件那样负有特殊的政治寓意，才得以保存

---

① 《明史纪事本末》，卷 50，737 页，北京，中华书局，1977。

② 《明太宗实录》纂修条例，0001 页，北京，中国书店，1983。

下来。

图中显示，案发数在正统年间达到了高峰。正统是明英宗的年号，英宗皇帝宠信大太监王振，他专横跋扈，发动对麓川的战争，消耗国力，使明朝的西南方一直不安定，最后，他鼓动英宗亲征瓦剌，导致明军全军覆没，自己也死在土木堡，大明王朝从此一蹶不振。在王振专权时期，他与朝臣的对立尤其突出。官僚系统历来与宦官势力对立，宦官一旦掌权便对官员尽情打压。英宗时侍讲刘球上疏弹劾王振，被投下锦衣卫监狱，最后被肢解而死。当时文坛领袖国子监祭酒薛瑄都曾经被王振体罚，在国子监门口身背一百多斤的木枷示众（事见谷应泰：《明史纪事本末》，卷 29，《王振用事》）。可见王振羞辱、打击士大夫的用心。明朝的法制对官员而言尤其严密，官员动辄犯过，被罚俸、降级，想找到不符合法律规定的行为还是很容易的。我们不难推测出正统时期的官员在与宦官势力的斗争中，这条法规被宦官当成了打击官员的有力工具。

正统之后的案件几乎绝迹。"土木堡事变"之后明朝进入了中期，因循守旧是主要的政治运作方式，此时的法制甚至政治"一切以虚文从事，不复加意循良之选"[1]。与明初期的清明吏治相比，人们对官员们的种种不法行径已是习以为常、不以为怪了，因此，人们一提到明朝，立刻想到的就是中晚期的腐败。明末一则小说中记魏忠贤的党羽崔呈秀好色，就有个宁夏副将，送了他"绝色女子并千金礼物"[2]，这名女子后来成了崔呈秀的"贤内助"，直到崔去世。可见，这种行为在明代官场上已经习以为常，不是什么新鲜事了。同时，官场上腐败成风，整个社会环境为犯罪提供了温良土壤，这项轻罪已经不足以引起统治者的注意了。

其二，从刑罚适用情况看，在数罪并罚中此项犯罪常被其他重罪吸收。所谓数罪并罚，就是指对一人所犯数罪合并处罚的制度。数罪并罚制度是刑罚裁量制度的主要内容，在适用过程中最重要的一项就是吸收原则。它是指"对一人犯数罪采用重罪之刑吸收轻罪之刑的合并处罚原则"[3]，即由最重的刑罚吸收其他较轻的刑罚，并且仅以已宣告的最重刑罚作为执行刑，其余的较轻刑罚因被吸收而不再执行的合并处罚原则。明律中的吸收原则体现在《大明律·名例律》中"二罪俱发以重论。罪各等者，从一科断。若一罪先发，已经论决，余罪后发，其轻若等毋论；重者更论之。通计前罪以充后数"，也就是说明代刑法中是采用重罪吸收轻罪原则。吸收原则虽然对于死刑、无期徒刑等刑种的并罚较为适宜，且适用便利。但若普遍采用，在适用于其他刑种时，则弊端明显：一是违背"罪责刑相适应"的基本原则，有"重罪轻罚"之嫌。因为在绝对采用该原则

---

① 《明史》，卷 281，7185 页，北京，中华书局，1997。

② 《梼杌闲评》，卷 45，成都，成都古籍书店，1981。

③ 高铭暄：《刑法学》，北京，北京大学出版社、高等教育出版社，2000。

实行数罪并罚时,可使犯数罪者和犯一重罪者被判处的刑罚相同;二是可能导致刑罚的威慑功能丧失,不利于刑罚的预防的实现。因为,在犯数罪和犯一重罪承担相同刑事责任的条件下,无疑等于鼓励犯罪人在实施一重罪之后,去实施更多同等或较轻的罪。所以目前对数罪实行单罚、单纯采用吸收原则的国家并不多。而明代于发生数罪并罚情况时,最常吸收此罪的就是赃罪(即贪污受贿罪)。上文 26 件案例中,有 18 件与赃罪有关。按照《大明律·刑律·官吏受财》条规定:"凡官吏受财者,计赃科断,官追夺除名,吏罢役,俱不叙。事后受财者,若枉断者,准枉法论;事不枉断者,准不枉法论。"赃罪属重罪,而此项婚姻立法规属轻罪,故此罪常为赃罪吸收,只论赃罪,而不对此项犯罪行为进行单独惩罚,所以此项立法也就失去了它应有的威慑功能。

其三,从犯罪方式来看,案例中犯罪人的犯罪方式多数是娶妾而不是立正室,具体分布见图 2。

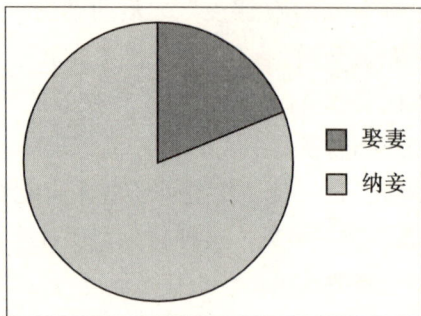

图例:
娶妻
纳妾

图 2

明代社会实行一夫一妻多妾制,娶妾属于合法的婚姻行为,但是其仪式相对娶妻要简单得多。娶妻讲究三媒六聘,光明正大;而娶妾简单到只需给予女方家长一定彩礼,即可成婚,至于双方合意者,只一顶轿子抬到男方家中即可成为男子的妾氏,小说《金瓶梅》中潘金莲在丈夫武大死后就被西门庆用一顶轿子抬进了家,成了他的一名小妾。加上封建社会中女子不抛头露面,更容易掩藏真实身份,所以娶妾这一婚姻行为很容易成为规避法律的手段。并且中国古代的婚姻行为本身就有很浓的买卖性质,法律将婚姻的权利交给了女方的祖父母、父母,如果说男方还有一定的主婚权的话,那么女方则被完全剥夺了这种权利。这与法律对于妇女的立法原则是相符的,法律将女性是"视同老小卑幼与从属者的"[①]。此项婚姻法规中同样也是将妾视同财物,而不是将其看作一个完整的、具有独立人格意义的人。

---

① 高世瑜:《从礼到法——中国古代性别制度的法典化》,载《光明日报》,2002 - 10 - 07。

综上所述，明代这条法规从施行效果上来说，立法的直接目的达到了，终明之世都没有出现地方割据势力，这中间的因素很多，此法规配合分权于三司、断绝地方官员与当地势力结盟、与中央抗衡作用确是不容忽视的；对于澄清明前期吏治起了一定的作用。如前所述，犯此罪者多与赃罪即贪污贿赂罪相联系，这款法条的立法及实施，有利于防止贿赂行为的发生，从而清明吏治；强化了官员的道德水平，从道德的高度约束官员的行为，预防其犯罪。除了这些积极方面外，此法规也有着负面影响。首先就是混淆了法律与道德的界限。这一规定，更多的是强调其道德约束性，其中的法律意义不仅不明显，而且不为人所重视；其次，"始严中宽后空"，进入明中期以后，此法规已经名存实亡，成为一纸空文。不仅不为官员们遵守，而且成为他们互相攻击、党同伐异的政治斗争工具，法律失去了应有的约束作用。刘守臣、刘祐等案即是例证。

（作者单位：天津师范大学法学院　中国人民大学法学院）

试析海瑞的地方立法活动及立法成就

　　中国自古以来就是一个幅员辽阔的国家，各地的自然环境、风俗习惯以及经济发展状况均存在着较大差异，虽然很早就建立起中央集权制度，但是，统一的全国性立法，往往不能有针对性地切实解决各地方的具体问题。因此，历代执政者注意从实际出发，允许地方政府根据施政需要，在国家授权范围内，依照一定的程序颁布政令，制定地方法规，进行有条件的地方立法活动。

　　从现存的史料看，在中国历史上，地方立法活动产生较早并且从未中断。至迟在战国时期，就出现了具有地方法令性质的告谕文书，此后，自汉至清，中国古代地方立法经历了漫长的发展过程。但明代以前的地方立法，有关法规的记载较少，其法律形式也比较简单。现见的地方法律，大多是明代中叶以后制定的。明代中后期是中国古代地方立法空前活跃的时期，许多地方长官或朝廷派出巡按各地的官员，针对地方时弊，纷纷以立法为手段，进行有效治理。海瑞就是其中颇具代表性的人物。

一、海瑞的地方立法活动

海瑞（1514—1587），《明史》有传，"字汝贤"，号刚峰，广东"琼山人"①。明嘉靖三十二年（公元1544年），初入仕途的海瑞担任福建南平县教谕。赴任不久，他认为儒学中"一应事体……当改而行之，不可照旧例"②，在得到浙江提学道批准的前提下，颁布《教约》，共计16条。

嘉靖三十七年（公元1558年），海瑞迁浙江淳安知县，针对当地的实际情况，制定了数量较多、形式多样、内容丰富的地方法规。如：海瑞发现"各都图富积谷粟之家，每每乘荒岁揩勒贫民，质物典当，倍约利息"，导致小民"颠仆路衢，展转沟壑"③，因而制定《劝赈贷告示》；由于淳安"各项钱粮耗银多寡不一"，"深山穷谷之民，易为收者所骗"④，颁布《定耗银告示》；面对"粮里长各色人等，每每送薪送柴，禁不能止"⑤的情况，海瑞制定《禁馈送告示》；当"察院近行保甲之法"⑥，但规范并不详细的时候，海瑞根据上级的立法精神，结合淳安的具体情况，颁发《保甲告示》，将保甲法在本地的推行具体化；看到小民卖儿鬻女，仍"因不能赔（贝皮）钱粮"，而"含泪逃流他方"，海瑞制定《招抚逃民告示》，采取立法手段，保证逃民"家室相保，上下相安"⑦。在此基础上，海瑞"节次告示，俱撮其要于后"，汇编成《禁约》，共计31条，以"便小民遵守"⑧。

又如：海瑞发现淳安"僻居穷谷，屡遭水洿山崩……贫民不堪差税，逃徙他方"，富家趁机将耕地"据为己业"，并将"逃户钱粮，洒派存户"，致使"苦乐不均，民穷为甚"⑨。于是撰写《量田申文》，向上级机关申请重新清丈土地并计算赋役负担，在获得批准后，制定了《量田则例》。此外，在总结地方治理经验的基础上，海瑞制定《兴革条例》。所谓"兴革"，即"兴利"、"革弊"之意。海瑞认为，"已废之事，而我举之，如水利，如均田，谓之兴利"；"吏胥作弊取钱，民俗奢靡淫荡，溺女火化，无妻游食，

① 《明史》，卷226，《海瑞传》。
② ［明］海瑞：《申朱提学道教条》，载《海刚峰先生文集》，明万历二十二年阮尚宾刊本。
③ ［明］海瑞：《劝赈贷告示》，载《淳安县政事》。
④ ［明］海瑞：《定耗银告示》，载《淳安县政事》。
⑤ ［明］海瑞：《禁馈送告示》，载《淳安县政事》。
⑥ ［明］海瑞：《保甲告示》，载《淳安县政事》。
⑦ ［明］海瑞：《招抚逃民告示》，载《淳安县政事》。
⑧ ［明］海瑞：《禁约》，载《淳安县政事》。
⑨ ［明］海瑞：《量田申文》，载《海刚峰先生文集》，明万历二十二年阮尚宾刊本。

健讼喜斗，能禁止谓之革弊"①。该条例分为《吏属》、《户属》、《礼属》、《兵属》、《刑属》、《工属》六部分，分别就各僚属的职掌和行事规则、里甲制度、礼仪制度、社会治安和经济管理、赋役税粮等做了详尽规定，是一部颇有特色的地方行政法规。总之，海瑞担任淳安知县期间所制定的地方性法规，构成了其地方立法活动的第一个高潮。

隆庆三年（公元 1569 年），海瑞升任都察院右佥都御史，钦差总督粮道，巡抚应天十府。莅任之始，为"除积弊于相安，复祖宗之成法"②，颁布《督抚条约》，共计 35 条。自应天转驻苏州后，海瑞"稽查各府州县一应事体"，发现许多新问题，"本院不及先知，因之前约开载未尽，随事有感，别为禁约有九，并考语册式、钱粮册式、应付式、均徭官举等式"，颁布了《续行条约册式》。此外，海瑞在任职期间，发现"各府县百姓往往告称官府不知执持，嘱托公行，百姓受屈"。遂《谕道府州县毋听嘱托》，务必"从公从实"③。面对"刁讼惟江南为甚"的情况，海瑞《示府县状不受理》，要求"今后凡民间小讼，州县官俱要一一与之问理"④。访查到"各府县申到招词，往往两可调停，含糊姑息"，海瑞又《示府县严治刁讼》，要求"府县官无惮烦琐，不为姑息，正欲变刁讼之风为淳睦之俗也"⑤。针对"各抚院、按院临将复命，往往牌行府县印刷书籍，为入京封帕"⑥ 的现象，海瑞则颁布《示禁印书籍》，痛革积弊。由此可见，巡抚应天期间，是海瑞地方立法活动的第二个高潮时期。

二、海瑞的地方立法成就之一：法律形式多样

从法律形式来看，海瑞制定的地方法规，包括告示、禁约、条约、条例、则例等多种类型，几乎囊括了已知明代地方立法的所有种类。

告示是中国古代在信息传播不够发达的情况下，官府向民众公布政令、法令和上情下达的一种重要载体。不同的历史时期，其称谓也有所变化。明代前期及以前各代，"榜文"、"告示"、"布告"等名称混相使用，明代中叶以后，皇帝和中央机构及其长官的布告通常称榜文，地方各级政府和长官的布告则称为告示。就其内容而言，告示大体可分为两类：一类是以告谕、教化为宗旨，指陈时弊，申明纲常礼教和治国之道，意在使人警觉，趋善避恶。另一类则是重申国家法律或公布地方官府制定的政令、法令，要

---

① ［明］海瑞：《督抚条约》，载《备忘集》，四库全书本。
② ［明］海瑞：《督抚条约》，载《备忘集》，四库全书本。
③ ［明］海瑞：《谕道府州县毋听嘱托》，载《海忠介公全集》，明天启六年梁子璠刻本。
④ ［明］海瑞：《示府县状不受理》，载《海忠介公全集》，明天启六年梁子璠刻本。
⑤ ［明］海瑞：《示府县严治刁讼》，载《海忠介公全集》，明天启六年梁子璠刻本。
⑥ ［明］海瑞：《示禁印书籍》，载《海忠介公全集》，明天启六年梁子璠刻本。

求臣民一体遵守。① 后一类告示具有法律效力，是古代法律形式的一种，也是明代中后期地方立法经常采用的形式。如：王守仁在出任庐陵知县、江西巡抚以及总督两广兼巡抚期间，均发布过具有地方法规性质的告示；张时彻巡按四川、王宗沐任广西按察司佥事、刘锡玄任贵州提学佥事、文林知温州府、方扬知陕州及随州、薛应旂任慈溪知县时，也都通过告示公布法令，管理地方政务。

告示大多篇幅短小，但针对性强，所通告的事项单一而具体；由于告示直接面向百姓或下级官吏发布，往往将法律规定寓于教化劝谕之中，带有制定者个人的语言风格，而且，告示的规范性较差，适用时效短暂，通常随着问题的解决或官员的离任，而丧失约束力。

"禁约者，法之余也，君子以辅法焉。"② 明代朱廷立认为，禁约之所以产生，是因为"天下无不尽之法，而有不尽之弊，夫惟其弊也，是故有禁约焉"。这种"辅法"的性质，使禁约成为中国古代地方长官在治理地方过程中经常采用的法律形式。在宋代，发布禁约的做法就已经盛行，如《名公书判清明集》中所记载的"约束"，就是南宋司法实践中具有法律效力的地方禁约。到了明代，禁约更成为一种常见的地方法规。如：嘉靖四年（公元 1524 年）至嘉靖八年（公元 1528 年），历任两淮巡盐御史的张珩、戴金、雷应龙、李佶、朱廷立依次制定禁约，规范盐政；两广总督郭应聘、江西巡抚邵锐依、漕政总督王宗沐等也曾颁布禁约，作为地方治理的一种手段。

同告示相比，禁约具有以下特点：首先，它采用条款的形式，是若干条款的集合体；其次，禁约并不像告示那样围绕陈述事项条分缕析，劝谕说教，而是直接加以规定，规范性较强。再次，禁约并非仅仅针对某种具体情况，而是对某项事务进行较为全面的规定。如海瑞制定的《禁约》，即涉及基层社会生活的方方面面，包括吏治、安民、钱粮、词讼、里甲制度、风俗教化、社会治安等等。

条约与禁约在形式上类似，但禁约更多采用禁止性规定。具有地方法规性质的条约，较为常见有两种，一种是总理某行政区域事务的官员（通常为知府或总督、巡抚），针对该地区具体情况而制定的综合性法规。如：东昌府知府陈儒，下车伊始，即颁布《莅任条约》，将"所有合行事宜敢告于后，凡我合属官民，仰各奉公守法，上下同心，务求境内恬熙"③。广西巡抚郭应聘制定《巡抚条约》，规定"除前院有行一应事宜俱照旧遵行外，所有申饬吏治、慎固兵防，清理赋役、修明教化数事……款开如左，合仰所属大小衙门逐一遵照，着实施行"④。海瑞颁布的《督抚条约》，也是在其"谬膺简命，

---

① 参见杨一凡、王旭编：《古代榜文告示汇存》，序言，1 页，北京，社会科学文献出版社，2006。

② ［明］朱廷立：《禁约》，载《盐政志》，明嘉靖刊本。

③ ［明］陈儒：《莅任条约》，载《芹山集》，明隆庆三年陈一龙刊本。

④ ［明］郭应聘：《巡抚条约》，载《郭襄靖公遗集》，明万历郭良翰刊本。

督抚南畿"的"莅任之始",将"所有一二条约……仰本府官吏……转行所属州县,各一体遵奉施行"①。另一种较为常见的是学政条约,如:四川提学佥事王廷相,"相莅之初……参酌旧规,旁采群议,以为教戒条约",要求"凡我官署师生人等……一体遵守"②。陈儒在提督浙江学政期间,将"所有合行事宜……仰各楷书大字告示,于明伦堂张挂,晓谕师生,务各遵守施行"③。海瑞制定的《教约》也是有关学政管理的。此外,也有其他方面的条约,如《南枢巡军条约》、《籴谷条约》等。

条约与禁约,尽管同为综合性地方法规,也采用条款的形式加以编排,但均未按照一定标准进行明确分类。相比二者,《兴革条例》似乎更为成熟、规范。从体例上来看,《兴革条例》在单个条款的基础上,按照地方行政事务的种类,划分为吏、户、礼、兵、刑、工六属,将散乱的规定变化为二级纲目,格式更为规范,层次更加分明,体例更为成熟,也更加方便使用;从内容上来看,该条例涉及地方行政事务的各个方面,尽管谈不上包罗万象,面面俱到,但是针对当地具体情况,仍作了较为全面、细致的规范。从效力上来看,条例较告示等法律形式,在很大程度上削弱了官员的个人色彩,具有更为稳定和长久的效力。在海瑞离开淳安县好几年之后,接任淳安知县的郑应龄就曾刊刻《淳安政事》(《兴革条例》为其中最主要的作品),作为施政的参考。④

则例作为地方法律形式的一种,至晚出现于宋代,《经训堂丛书》之《长安志》中,曾记载了一份宋代的《用水则例》。明代有关则例的记录较宋代更为常见些。如:张时彻在巡按四川时规定,"凡遇各处公使人员关文到日……照依议定廪给口粮则例应付"⑤;姚镆提督两广军务兼巡抚期间,对于"直钱"问题,"遵照原定则例"⑥办理;两淮巡盐御史张珩规定:"分司至场,唱名给散(赈济),悉照本院新定则例施行。"⑦此外,张珩制定了《优免则例》,并且总结了编审则例的具体方法。

同上述法律形式相比,则例具有明显的特点。针对特定的地方性事务,则例规范的重点不在于"应当做什么"或"不应当做什么",而在于"怎样做"。以《量田则例》为例,条文计8款,附"山拆倒画图"、"流水图"、"契约"等5幅示意图,并附"秋粮米流法"、"田折绢流法"、"地折绢流法"、"山折绢流法"、"塘折绢法"、"折绢随身加五"、"折绢法"、"荒丝折银法"及"折田法",图文并茂,极其完备、详尽地规定了确定方向、界至、田地形状的方法,规定了如何描绘鱼鳞图、流水册,规定了丈量山地时如何

① [明]海瑞:《督抚条约》,载《备忘集》,四库全书本。
② [明]王廷相:《督学四川条约》,载《浚川公移集》,明刊本。
③ [明]陈儒:《学政条约》,载《芹山集》,明隆庆三年陈一龙刊本。
④ 参见蒋星煜:《海瑞》,30页,上海,上海人民出版社,1979。
⑤ [明]张时彻:《禁革诈假关牌需索告示》,载《芝园别集》,明嘉靖刊本。
⑥ [明]姚镆:《督抚条约》,载《东泉文集》,明嘉靖刊本。
⑦ [明]张珩:《禁约》,载《盐政志》,明嘉靖刊本。

折倒画，如何定等次、编号第以及如何处理产业纷争等，极具可操作性，类似于今天的实施细则。

三、海瑞的地方立法成就之二：内容丰富

海瑞制定的地方法规，不但形式多样，而且内容丰富，几乎涉及方管理的各个方面。作为知县，其规范重点在于赋役税收、治安保甲、风俗教化等民间日常性事务，而作为巡抚，海瑞立法的目的则在于整顿吏治，推广教化，移风易俗。

（一）整顿吏治的法律措施

海瑞是中国历史上著名的清官，对于官吏贪污腐败、鱼肉百姓的现象十分痛恨，他不但自身严格遵守国家制度，而且善于以立法为手段，规范下属的行为，澄清吏治，力行节俭，考核官吏，整顿驿政，以求最大限度地防止官府扰民。

海瑞担任淳安知县时，大刀阔斧地进行改革，对于一系列不符合国家法律、制度的"旧例"，统统予以废除。如：旧例新官报到，"差吏书门皂人役前往旧任原籍迎接，里甲中途供应。至日具花缎，盛设猪羊大席"。但是"钦奉颁行仪注：……无远迎候、列缎席之制也"。于是"革去，一如仪注举行"①。又如："小有故必参谒，必带里长供夫马百用，一废公事，二费财劳人。"海瑞除自己"非甚不得已不离任至府"以外，还规定"各衙门凡出，俱自行供应夫用，本衙跟随皂快不许沾支应银，亦不许中途起乡夫"②。再如：海瑞对于朝觐之年为筹京中用度而百端科派的旧例，对于"原二院守巡道出巡并委托官查盘，县有馈送吏书银"③的宿弊等，立法悉行禁革。此外，海瑞还发布告示禁止馈送，"今后凡有送薪送菜入县门者，以财嘱论罪"。"把门人误不搜检者，重责枷号。"④ 为有效执行上述立法，海瑞要求各衙门设立比较文簿，"每月执簿稽查"，"一则不废上司事，二则吏书不能隐匿"⑤。

巡抚应天期间，海瑞为防止官吏作弊扰害，规定正佐首领官"或离任，或出城，或出村落勘事，便见某上司某过客，从实登记"，"听本院吊查"⑥。"其管海防管粮巡捕等官，如别出公馆理事，掌印官亦置印簿付之，着令本官役人登记。"⑦"凡上司出巡，诸

① ［明］海瑞：《兴革条例》，载《海瑞集》，39页，北京，中华书局，1967。
② ［明］海瑞：《兴革条例》，载《海瑞集》，39～40页，北京，中华书局，1967。
③ ［明］海瑞：《兴革条例》，载《海瑞集》，42页，北京，中华书局，1967。
④ ［明］海瑞：《禁馈送告示》，载《淳安县政事》。
⑤ ［明］海瑞：《兴革条例》，载《海瑞集》，43页，北京，中华书局，1967。
⑥ ［明］海瑞：《督抚条约》，载《备忘集》，四库全书本。
⑦ ［明］海瑞：《谕道府州县毋听嘱托》，载《海忠介公全集》，明天启六年梁子璠刻本。

用取诸本县纸赎"，"不得藉口上司，科派里甲"。"府不许差人下州县催未完，县不许差人下乡。"① "事出于公，用此公银"，"自己事也，用俸金办"，不得侵用公银。② 并禁止"各院道刷印书籍，并取送乡官夫长礼物等项"③，等等。

节俭是海瑞最宝贵的品格之一，也是其一贯倡导的原则。在淳安任上，为节省开支，他甚至对使用纸笔、置办家伙、修理公廨都作出了具体规定，"今改顶纸先用后偿"，"计用过纸一张给与一张"；"永丰价高，惟上司紧关申文方用"；"笔墨大事方给，时常不给"④。"将去任官家伙改修造以应新官。"⑤ "（公廨）小有漏损，各役自行检补。大损坏于自理词讼中取给，不扰里甲"⑥ 等等。巡抚应天时，海瑞对自身及其下属官吏的行为进行了更为严格规范。如：海瑞按临各县，"止随原有公所"，不许改修，"其摆院、砚池、桌帏等件"不新制；"不用鼓乐"，"不用看伞"；经过并驻扎，"俱不用铺陈"；"下程，止鸡、肉、鱼、小瓶酒等件，不用鹅及金酒。物价贵地方费银不过三钱，物价贱地方费银二钱，烛柴俱在内"⑦。对于下属官吏，则要求不许出郭迎送；"过客至驿，虽去城去关咫尺，道府州县官亦不得出见"；"本院所至，各属官俱用本等服色见"；"各官参见手本用价廉草纸"⑧ 等等。

海瑞还十分重视对官吏进行考核，制定考语则例，分为操守、才识、兴利、除害四大类，操守类下又细化为纸赎、秤头常例、贿赂、嘱托、里甲常例、粮长常例、粮里供应、盐引常例 8 项，才识类则包括治民、治财赋、治兵、兴教化、听狱讼 5 项，兴利、除害分别考察耕桑、均田、均赋役、水利、开垦、积谷、学校、成美俗，以及吏书作弊、库吏秤头、里老科害、粮长科害、巡捕扰害、唆词、盗贼、风俗薄恶、风俗侈靡等项。其间多立题目，不厌烦琐，"正欲使之无所逃于其间也"，"仰各道各府州县官照后款式填注，按季申报"⑨。

驿递管理也是海瑞为整顿地方吏治而重点规范的事务之一。首先，他认为："州县理民事，驿递管过客，祖宗制也。"在分清二者职责的基础上，对于长期以来因"阿谀作俑"而形成的不合理制度予以纠正，"各州县原派答应过客银两，已征者贮库，未征

---

① ［明］海瑞：《督抚条约》，载《备忘集》，四库全书本。
② 参见 ［明］海瑞：《续行条约册式》，载《备忘集》，四库全书本。
③ ［明］海瑞：《示禁印书籍》，载《海忠介公全集》，明天启六年梁子璠刻本。
④ ［明］海瑞：《兴革条例》，载《海瑞集》，41 页，北京，中华书局，1967。
⑤ ［明］海瑞：《兴革条例》，载《海瑞集》，128 页，北京，中华书局，1967。
⑥ ［明］海瑞：《兴革条例》，载《海瑞集》，141 页，北京，中华书局，1967。
⑦ ［明］海瑞：《督抚条约》，载《备忘集》，四库全书本。
⑧ ［明］海瑞：《督抚条约》，载《备忘集》，四库全书本。
⑨ ［明］海瑞：《考语册式》，载《备忘集》，四库全书本。

者停征"。"无驿递州县，原应付银革去一半，量存一半应付"①。其次，海瑞确定了接待对象和接待标准，并要求府县驿递严格执行。对于"隔省"、"借勘合"、"无前路印关"及"虚差陈差"几种情况，均"不应付"，"每月每季委官磨勘一次，不当者罪坐挂号之官，甚者罪及驿递"。并且，当误发牌票时，驿递官有权"径行裁革"。"有不如单应付……本院决不轻贷。"② 再次，海瑞对过客和驿递的行为分别予以规范。如："过客至夜泊舟歇宿去处……不许唤取更夫骚扰"；"若过客敢有凌虐，生端索取，先拿家人送府县监治，停应付，走申本院按临"。而对于驿递则规定："各驿递不许遣人传报，送下程送礼。"③

（二）民间事务管理法律制度

海瑞地方立法的另一个重点是民间事务的管理。从基层组织的建设，如保甲、乡约等，到地方治安、风俗教化以及百姓生活，无所不包。

中国自古以来即以农业立国，农村基层管理工作广泛，举凡国家的赋税、徭役、兵役以及地方教化、狱讼、治安等行政工作无不由农村基层组织承担。基层组织建设正是农村行政管理工作正常有序进行的基础和保障。因而，海瑞十分重视基层组织的建设问题。

首先，对于农村赋役单位——里甲，海瑞确定里长职责，规范里长行为，减轻里甲负担，以确保国家赋役制度的正常运转。他认为，里长"事在催征钱粮，勾摄人犯，他非所与也"④，因而废止一些违制"旧例"，如"里长逐日在县应卯，违卯则罚"、"里甲照丁轮日应里役"，规定"（里长）朔望日查比钱粮词状牌票，余日听回干自己田里事"，"里长户止许分管钱粮事务，不分日"，"其人名下钱粮完，名下事务完则止"⑤。对于里、甲长科剥百姓、交结官府、夤缘舞弊的违法行为，海瑞予以严格禁止。规定"甲首不许与里长户轮当里长"；"里长户不许分日轮当里长，止许论丁田分管钱粮事务"；"催甲不许出酒席、绢匣、锁钥、布袋银与里长，不许起科竹木银并常例送官吏"；"里递不许科敛常例送官吏、书手、门皂"；"各图里长总甲，不许起科火夫过山常例送官，纸价送吏"；"粮里长铺行人等不许馈送礼物菜果"⑥，等等。而且，海瑞管理淳安期间，改变了"官府中百凡用度，一一责之（里甲）"⑦ 的状况，规定"军门加派官兵行粮并犒

---

① ［明］海瑞：《督抚条约》，载《备忘集》，四库全书本。
② ［明］海瑞：《督抚条约》，载《备忘集》，四库全书本。
③ ［明］海瑞：《督抚条约》，载《备忘集》，四库全书本。
④ ［明］海瑞：《兴革条例》，载《海瑞集》，58 页，北京，中华书局，1967。
⑤ ［明］海瑞：《兴革条例》，载《海瑞集》，59 页，北京，中华书局，1967。
⑥ ［明］海瑞：《禁约》，载《淳安县政事》。
⑦ ［明］海瑞：《兴革条例》，载《海瑞集》，58 页，北京，中华书局，1967。

赏银"、"上司派下各官进表、升任去任、并故官长夫水手银两"等项不再派里甲。①

其次，海瑞积极推行保甲制度，维护地方治安。在担任淳安知县时，他制定了编排保甲的具体办法，若"街道狭窄去处，则编东一户为第一，西一户为第二，又东二户为第三，西二户为第四"；若"居止星散参差"，则"各随其居相近者为一甲，多或十余户，少或不及十户"；若"遇有寺观去处，即尽其寺观内之人为一户"。对于甲内"新来人户"增入，"新去人户"开除；"旬日雇工人……不书"，"论年月雇工人书入，去则除之"，并于"一甲择一有行止才力为人信服之人为甲长，三甲或四五甲内择有行止才力为人信服之人为保长"。而且，为充分发挥保甲法弥盗安民的作用，海瑞还规定"日轮一人领牌觉察各户动静"；"一户每三丁出一人巡夜，户有二丁亦出一人巡夜，户止一丁者免"；"一户每三丁出一壮丁为乡兵"，"如止一丁二丁，愿为兵弁，本县自行选金"。"遇有警各甲或鸣梆，或击锣，每三丁出一壮丁救援追捕"② 等等。

海瑞一贯重视推广教化，移风易俗，所到之处，务使民风淳厚。治理淳安期间，海瑞规定"各图酒铺不许卖酒，改卖饭"；"各有店屋之家，不许住歇娼妇。违者拆毁其屋，娼妇递解"；"各地方凡有赶唱妇人到，图里总人等即时锁拿送县，以凭递解回籍"；禁止"斋醮祭佛"、"竖造佛庙"，"违者里老人等劝谕之。谕之不从，许诸人告治"；禁止"溺女"、"火化"；"凡有冠婚丧祭，俱要照依家礼仪节行"；"丧事不许请僧道设佛，婚礼不许多用盘盒猪羊塘饼，不许厚礼物谢媒。媒人索取谢礼者，赴官告治"；"有教唆词讼之人，许诸人指名首告"；"凡有事打点衙门者……与吏书门皂等受人一同治罪，枷号二个月"③。巡抚应天，为变江南"刁讼之风为淳睦之俗"，海瑞首先告谕百姓，"今后告状须从实致词，不得一语架空，自取重罪"④。对当地"侈靡诸事"，如"有壳厚白纸"、"忠靖凌云巾"、"宛红撒金纸"、"斗糖斗缠"、"大定胜饼桌席物"、"金银纸马符录等纸"、"刻丝补宋锦等绢"，立法严禁。针对"江南喜修道事佛，甚至迷惑不返，糜财破产，比比有之"的现象，要求"各府州县境内有寺观庙宇庵堂等项，查非额设，系是淫祠，即行改毁。或即之为社学，或即之为社会所，或折修公廨"，"道士和尚庙祝人等，谕令还俗，不咎既往。原住居耕作屋地，听与之"，毋使其流落失所。⑤

此外，海瑞还制定了许多有关百姓生产、生活的地方性法规。如：收割之时，"不许将酒腐到田挭换谷粟"，"结草舍者许诸人即行拆毁"；禁止违反乡禁"盗砍山场柴

---

① 参见［明］海瑞：《兴革条例》，载《海瑞集》，103页，北京，中华书局，1967。

② ［明］海瑞：《保甲告示》，载《淳安县政事》。

③ ［明］海瑞：《禁约》，载《淳安县政事》。

④ ［明］海瑞：《示府县严治刁讼》，载《海忠介公全集》，明天启六年梁子璠刻本。

⑤ 参见［明］海瑞：《续行条约册式》，载《备忘集》，四库全书本。

木"、"放牛畜践食稻麦粟豆",否则"拿送县治罪"^①;"田地傍有树木遮蔽田禾者,即令砍去枝叶干,甚者连树砍伐"^②;"令得(水)利之家自行修理(塘堨),以防旱涝",并且令居住在沟渠附近的居民"修濬蓄水,以防火患","朔望日两厢总甲递疏通,不淤塞结状"^③。遇到荒年,"各都图富积谷粟之家","量将所积谷粟,借贷贫民,不许取利"^④ 等等。

(三)经济管理法律制度

中国古代地方经济管理,涉及土地、赋役、税收、商业、金融、手工业等诸多方面,其中,赋役税收是国家机器正常运转的经济基础,也是明代中后期改革的重点。海瑞之前,围绕着赋役制度,欧阳铎、潘季驯和庞尚鹏等人,已经在福州、广东、浙江等省进行了尝试。海瑞非常重视用立法手段确立地方赋税制度,为"一条鞭"法的最终施行作出了一定贡献。

土地是征收赋役的基础。海瑞从做知县到任巡抚,所至"力行清丈,颁一条鞭法"^⑤。面对淳安"有田者无税,无田者反当重差。逃户钱粮,洒派存户,苦乐不均,民穷为甚"的现实,海瑞认为"若欲存抚疲民,招回逃流,均平赋役,诚莫若概县丈量,通融补算,一劳而可永定也"。在得到上级批准后,制定《量田则例》,督令"管保、书算、量手照依见管田地、山塘、坵段从实丈量",在此基础上,"更正流水号册,鱼鳞形图,清立各户实该钱粮,永为赋税"^⑥。黄册是官府征收赋役税收的依据所在,在县由"户房吏掌其事,架阁吏专管收册籍","遇大造往往飞洒欺隐"。而"造册年差则流弊十年,查造明白则有十年受用",因此海瑞规定,"须将旧册并今收付数目,逐一翻对稽查乃可"^⑦。

官府向百姓征收的赋役包括田赋和徭役。作为亲自经管钱粮事务的知县,海瑞首先确定本县各项赋税的数额,并在此基础上,对纳税方式进行规定,如:"农桑绢于夏绢内带征,不许该催里长并催甲更有出办";"秋粮止纳折色,每石该银二钱五分正。纳司广二项米,每石该银五钱八分二厘零。三项总纳每石该银五钱八厘零";"盐粮照时价

① [明]海瑞:《禁约》,载《淳安县政事》。
② [明]海瑞:《禁约》,载《淳安县政事》。
③ [明]海瑞:《兴革条例》,载《海瑞集》,143~144 页,北京,中华书局,1967。
④ [明]海瑞:《劝赈贷告示》,载《淳安县政事》。
⑤ 《明史》,卷 226,《海瑞传》。
⑥ [明]海瑞:《量田申文》,载《海刚峰先生文集》,明万历二十二年阮尚宾刊本。
⑦ [明]海瑞:《兴革条例》,载《海瑞集》,72 页,北京,中华书局,1967。

纳"①；"征收各项钱粮，每银一两加银二分为耗"②。其次，对征收人役和手续予以规范，如海瑞巡抚应天，总理粮储，发现各州县有"每区普编正副粮长共三人"，"又或二甲或三甲"金选"小粮长"催粮的现象，"人言金小粮以宽正副，兼为费用计"，而海瑞认为，"此又县官之贪也"。因而，"除苏、松、常三府姑准照常再议外，其余七府通行禁革"。但"就一甲中金粮长即行征收，又或以一甲里长征收，就中金粮长数人者，俱不禁"③。"金点收头必须丁田上户"；"既解之后，须查批回簿，免侵用停留"；"秤兑钱粮置二等子与库天平合，一付库子，一封自收贮，如有争论，取所原封者折较之"④。最后，对于拖欠钱粮的行为，海瑞认为"其在小民无几"，"大抵包揽侵欺，势豪抗拒"，规定："凡有拖欠，府县径拿亲人追治。果为抗拒者走申，本院职在粮储，必为府县张主。"⑤

明代"一条鞭"法改革的主要对象是徭役，即人丁税。海瑞认为，"均徭银力二差，近日题准总一条鞭概编银"，"一时良法也"⑥。首先，他对如何编审均徭作出了规定。如："富者宜当重差，当银差；贫者宜当轻差，当力差"，"不许照丁均役，仍照各贫富、各田多少，贫者轻，富者重，田多者重，田少者轻，然后为均平也"⑦。"今后各州县遇当编审均徭月日，即照提请事例。有三五年未编者，即三五年总编。其有数外编余银及优免，不照则例，妄将人半丁粮一升作乡官生员人情，及先年优免今再免者，官吏坐赃问罪"；"各州县有均徭期迫，不能俟本院议减者，即将本院及各院船水手银革一半不编，止存一半。船上如有别用银，亦革一半存一半。已编者文到日追银贮库。其本院门皂轿夫，除上元县外，各府州县派编工食银两尽革不编。凡不编役银逐一开报"⑧。海瑞任知县时，确定了本县均徭，并进一步规定，"凡本县柴薪、马丁、家伙、斋膳夫、分宪司府馆三坛门子铺兵七十三名俱无耗，惟织造每两加耗二分，与收钱粮同"⑨。其次，海瑞对均徭的科派也作出了具体规定。如："县中百凡科派，止照丁田，不照里分"⑩；"斗级不得已作力差，如有应募人仍作银差尤便"；"库役用吏农……选用诚实有身家者"⑪；对于"原逃流今新复业人户，准免本身差役"，三年后方行科派，"终身免

① 〔明〕海瑞：《禁约》，载《淳安县政事》。
② 〔明〕海瑞：《兴革条例》，载《海瑞集》，71页，北京，中华书局，1967。
③ 〔明〕海瑞：《督抚条约》，载《备忘集》，四库全书本。
④ 〔明〕海瑞：《兴革条例》，载《海瑞集》，71页，北京，中华书局，1967。
⑤ 〔明〕海瑞：《督抚条约》，载《备忘集》，四库全书本。
⑥ 〔明〕海瑞：《督抚条约》，载《备忘集》，四库全书本。
⑦ 〔明〕海瑞：《兴革条例》，载《海瑞集》，61页，北京，中华书局，1967。
⑧ 〔明〕海瑞：《督抚条约》，载《备忘集》，四库全书本。
⑨ 〔明〕海瑞：《禁约》，载《淳安县政事》。
⑩ 〔明〕海瑞：《兴革条例》，载《海瑞集》，71页，北京，中华书局，1967。
⑪ 〔明〕海瑞：《均徭册式》，载《备忘集》，四库全书本。

其代赔虚税钱粮"①。最后，有关优免问题，海瑞规定："优免照则例只免本户，本户不及数则止。越县免、两县免、投异姓户免者，俱不准优免。册一样三本，一存县，一送府，一送本院，俱印封收查。不合例者官吏问罪，免者追究。以后年分如增减不多，止于添刻在册页上明开。如有一番新生员并增减人名数多者，照前造三本。均徭册定，有升官及新生员等，候来年方免，不准改并顶补。"②

此外，海瑞的地方立法还涉及商业税收、借贷等问题。如《兴革条例》对"酒醋碓磨等项课钞"、"商税课钞"、"茶课钞"等均有详细记载。而有关借贷，海瑞则规定，"凡典借银谷多取利息者，许被害人告治"③。

（四）学政法律制度

海瑞初涉仕途便担任南平县教谕，因而比较重视文化教育方面的立法。从学校、师生、礼仪、乡官士夫等方面，均进行了详细的规范。

第一，有关学校政务管理。海瑞担任南平教谕时，为便于"号课呼唤"，也为了解"诸生家之所行，学之所习"，要求诸生将居所、老师及同学的情况"一一具帖，同年籍送学"，予以登记管理。为考察生员，"立大簿二扇，一稽德，一考学……岁终执此历历稽验参酌，书之三等，更为一大赏罚"。有关祭祀等事，由教官自行编取"礼生并斋诏书人员"，"诸生但有言及者，必加重责"。对于"职在供写文案"的学吏，"敢有因帮补等事，索取生员一钱，并为生员改洗文卷，决无轻贷"。海瑞认为"公堂银"和"一应上司采帐"的设置是对生员的科剥，予以革除。④知淳安县时，对于科举路费派自里甲及私派酒席银的旧例，规定："近科止于支应银内取用，不派里甲。酒席银原县中私派，今革去。"⑤而"新进生员，旧例本生办酒桌席面奉县官学官"的所谓"酒礼"也革去。对于援例生员，"皆谕归正途，厄不与起送"⑥。海瑞巡抚应天，禁革教官"节礼"，并对"府县季考、学月考及三等簿"严加查考，"缺一于此，坐以不职"⑦。

第二，有关生员的管理，海瑞主要从培养德行和精进学业两方面进行。海瑞认为，培养德行，首先必须砥砺士节。因此规定，"凡一应优免、讦告等事"⑧，必由学官申请

①　[明] 海瑞：《禁约》，载《淳安县政事》。
②　[明] 海瑞：《均徭册式》，载《备忘集》，四库全书本。
③　[明] 海瑞：《禁约》，载《淳安县政事》。
④　参见 [明] 海瑞：《教约》，载《备忘集》，四库全书本。
⑤　[明] 海瑞：《兴革条例》，载《海瑞集》，93 页，北京，中华书局，1967。
⑥　[明] 海瑞：《兴革条例》，载《海瑞集》，98 页，北京，中华书局，1967。
⑦　[明] 海瑞：《督抚条约》，载《备忘集》，四库全书本。
⑧　[明] 海瑞：《教约》，载《备忘集》，四库全书本。

并先行禀说：“凡生员入衙门登记”①；“凡乡官举监生员等入门并差人投递书柬者，把门人即行登记，执簿随行，逐一填注对官言语，书柬中言事”②；生员参拜教官，“不许更执货物以进。凡俗例所云送节酒食馔先生者，俱不许举行”；生员“接见上人”，依照会典规定，“于明伦堂见官，不许行跪，学前迎接亦然”；“有犯于各衙门，罪人也，亦勿得免冠叩头，奴颜哀免，自贬士气”③。规范生员的礼仪，也是培养其德性的重要手段。海瑞规定，遇到圣寿正旦等事，生员“拱揖拜立皆必如礼。其有放纵不检者，除在学纠责外，本职访知，亦行重治”。至于“冠婚丧祭”等事，生员之家必须禀告并依礼而行。④

为精进生员的学业，海瑞对如何读书，如何作文，如何考试均提出了要求。如：“将四书、本经、通鉴、性理分为十二分，应月考；又自一月中分为二，应朔望讲书；又分为三，应日课。”“诸生如经史稍通，堪居仕列者，量将边防水利等事，每月约讨论一二。本职就中命策考试。”作文“不流之胸中而取之他人者，纵极词华，亦加扑戒”。“非甚不得已，必宿号。宿号者，两日背书一次，复书一次毕，讲书用辰时，三六九作课用巳午时，将作课发落前课。不在号生员去学十里者，朔望赴学，背复办月以前书，送办月以前课。在十里外者，月考赴学后一日，背复一月书，送一月课。发落月考在再考次日辰时，取便村居生员也。发落课亦同。考用二十九日，凡位次俱是本职编定，无得搀越。将明唱名，平明命题，唱名过至者责，准考。封门后至者从不到考者论。作课规矩亦同。”⑤

四、结　语

海瑞是中国历史上著名的清官，其政绩、品格广为传颂，中国法律史学界对其所进行的研究也较为丰富，但多集中于执法、司法、法律思想等方面，尚未从地方立法的角度进行过探讨。海瑞一生历经嘉靖、隆庆、万历三朝，既做过最基层的地方官——知县，也曾作为朝廷大员巡按过地方，非常符合地方立法主体的身份。而且，有关海瑞的记载、文集保存较好，使后人得以见到其中数量众多、形式多样、内容丰富的地方性法规，便于对其进行研究。因而海瑞是明代中后期地方立法活动中非常具有代表性的人物。笔者认为，对海瑞的地方立法活动进行研究，不但可以更加全面、更为真实地了解

---

① ［明］海瑞：《兴革条例》，载《海瑞集》，99页，北京，中华书局，1967。

② ［明］海瑞：《谕道府州县毋听嘱托》，载《海忠介公全集》，明天启六年梁子璠刻本。

③ ［明］海瑞：《教约》，载《备忘集》，四库全书本。

④ 参见［明］海瑞：《教约》，载《备忘集》，四库全书本。

⑤ ［明］海瑞：《教约》，载《备忘集》，四库全书本。

历史上的海瑞，而且，对于探索明代中后期地方立法的真实状况也是有所帮助的。

近年来，随着古代法律资料的挖掘整理和中国法制史研究的逐渐深入，学者们日益认识到："在中国古代法律体系中，律、令、例等多种法律形式并存，行政、刑事、民事、经济、军事、文化教育等方面法律并存，朝廷立法与地方立法并存，成文法与判例并存，它们共同组成了一个完整的法律体系。"① 地方立法作为国家法律体系的有机组成部分，发挥着补充和辅助国家法律实施的功能。各级地方政府和长官实施法律的状况，在相当程度上反映了当时国家法制建设的水平。但碍于古代资料的缺乏，对中国古代地方立法的研究仍处于初级阶段。而在资料相对丰富的明代中后期，出现了许多像海瑞这样具有代表性的人物，我们应该用新的视角来审视他们，从而逐步了解明代，甚至整个古代社会地方立法的真实面貌。

（作者单位：中国社会科学院研究生院）

---

① 杨一凡主编：《中国古代地方法律文献（甲编）》，前言，1页，北京，社会科学文献出版社，2007。

王觐刑法学思想研究

　　20世纪初，在以沈家本为首倡的变法修律运动的影响下，中国制定了第一部现代意义上的刑法典——《大清新刑律》。该法典虽未及实施，清王朝即告崩溃，但其内容却基本上全部由辛亥革命后临时政府颁布的《暂行新刑律》所沿用。其后，以《暂行新刑律》为基础，民国政府又屡次进行刑律修订活动。现代意义的刑法典的颁布，以及频繁的刑法修订活动，加之西风东渐，一大批中国知识分子走向世界，学习现代刑法理论，了解刑法前沿动向，使民国时期涌现出了众多著名的刑法学家，如沈家本、王宠惠、居正、赵琛、郗朝俊、陈瑾昆、蔡枢衡等，其中，王觐可谓杰出代表。

　　王觐（1890—1981），字漱萍，湖南浏阳人。1914年上海中国公学毕业，后留学日本明治大学，师从日本新派刑法学大师牧野英一。1919年回国后，历任清华大学、北京大学、河北大学教授、系主任、教务长及朝阳学院代院长，民国大学教务长，广西大学法商学院院长、护校委员兼防护组长。中华人民共和国成立后，任广西文史研究馆馆员，同时是政协广西区第一至四届委员。著作有《法学通论》、《法学通则》、《中华刑法论》、《刑法分则》（朝阳学院讲义）等，以及数量众多的刑法学论文。[①] 王觐的刑法学思想，集中体现在其代表作——《中华刑法论》一书中。《中华刑法论》共分上、中、下及附编四卷分别出版，其中，《中华刑法论·上卷》初版于 1926 年，1929 年增至 5 版，1933 年增订 7 版；《中华刑法论·中卷》初版于 1926 年，1930 年增订 3 版，1932 年增订 4 版，1933 年增订 6 版；《中华刑法论·下卷》出版于 1927 年，1933 年增至 6 版；《中华刑法论·附编》出版于 1936 年。因年代久远，现已很难将四卷汇齐，目前市面上最常见的是华东政法学院姚建龙博士收集整理并勘校的《华东政法学院珍藏民国法律名著丛书——中华刑法论》（中国方正出版社，2005）。

作为民国时期著名的刑法学家，王觐以德日刑法理论为基本参照，以主观主义和目的刑法为基本立场，对刑法学中的各个问题展开了深入而系统的研究，其著作集中代表了 19 世纪末、20 世纪初旧中国刑法学研究的水平。因此，无论是出于以古鉴今的目的还是基于理性地保持学术发展延续性的需要，对王觐的刑法学思想展开研究都具有十分重要的意义。

一、王觐刑法学思想的宏观介绍

在对王觐刑法思想中的具体观点展开分析之前，有必要对王觐刑法思想的理论来源、理论体系等宏观问题进行一番概览。

（一）王觐刑法思想的理论来源

在中国传统社会，诸法合体、民刑不分，刑法并没有获得独立的地位，而且，历代刑律评注家也一直是援引儒家经典作为其刑法思想的理论来源与理论根据。

而以王觐为代表的近代刑法学家的出现，却使刑法学获得了独立的部门法学的地位。尽管王觐在《中华刑法论》初版序言中一再指出，法律的目的在于实现儒家式的理想目标："道之以政，齐之以刑，民免而无耻；道之以德，齐之以礼，有耻且格。"[②] 但在正文中，王觐几乎再也没有援引任何儒家经典论断证立其刑法观点。作为王觐整个刑法学思想最重要理论来源的，主要是以下三个方面：

首先，大陆刑法理论，特别是日本刑法理论。清末民初，日本刑法理论对中国的输入是十分强势的。中国第一部刑法典——《大清新刑律》即是由日本法学家冈田朝太郎等起草完成的。在当时刑法学界，赴日学习，谈论日本刑法理论，一时蔚为时尚，而王

---

① 参见浏阳人民政府网站，http://www.liuyang.gov.cn/liuyang/lyceleb/zj.jsp·newsID=91，2006-10-26。

② 王觐：《中华刑法论》，1 页，北京，中国方正出版社，2005。

觐于 1914 年赴日本明治大学留学，1919 年学成回国，历时五年，其整个刑法学理论知识的学习，都是在日本完成的，因而，在其后来的一系列刑法学论著中，也就不可避免地大量引荐、介绍、评论日本的刑法学理论。

其次，民国时期的刑法典，特别是《暂行新刑律》，也是王觐刑法学研究的主要对象。1912 年，南京临时政府对《大清新刑律》进行一番增删修改后，改名为《暂行新刑律》，通告各省施行。1928 年，王觐在《中华刑律论》总则、分则序言中，首先强调指出："余依据暂行新刑律，纂《中华刑律论》……"而在其 1934 年出版的《刑法分则》（朝阳学院讲义）绪论中，王觐又进一步指出："本讲义所研究之范围，仅以刑法典第二编所规定者为限，不过特别刑罚法规与刑法典第二编有直接关系者，有时亦略为论及耳……""本讲义之编置，专依（刑）法典排列之顺序而逐章研究焉。"① 其后，《暂行新刑律》屡经民国政府修订，而为使《中华刑律论》适应修订后的法典，王觐又于 1936 年出版附编，并将《中华刑律论》更名为《中华刑法论》。由此也可见，王觐的《中华刑法论》并不是一部纯粹的刑法思想性著作，而更是一部渗透作者刑法思想的刑法解释学著作。

再次，王觐的刑法学论著中，还出现了大量当时大理院、最高法院的判例。例如，在《中华刑法论》中，王觐为证明"有共同实施犯罪行为之事实，即足以成立共同正犯，不问参加实施之分量如何"的观点，即引用了清朝前大理院判例以及民国时期最高法院的判例。②

（二）王觐刑法学的理论体系

以《中华刑法论》为代表，可以对王觐的刑法学体系进行一番审视。王觐指出："研究犯罪及刑罚之原理原则，加以系统说明者，曰刑法学。""学也者，自复杂现象中，取共同点，发见共通之要素，以得秩序的知识为目的者也。"③ 因此，在王觐看来，刑法学之所以能成为"学"，必然意味着其是一门具有体系性的学问。

在《中华刑法论》中，王觐首先将刑法学分为绪论和本论两大部分。绪论主要讨论的是刑法学的概念，刑法的基础观念，罪刑法定，刑法的法源，解释，内容，效力范围等基础性的问题。本论则分为犯罪论与刑罚论两编，犯罪论中主要探讨了犯罪的主体、客体，犯罪成立的要件，犯罪形态等问题；而刑罚论则主要探讨了刑罚的观念、刑种、量刑、行刑、刑罚消灭等刑罚运用中的具体问题。

---

① 王觐：《刑法分则》（朝阳学院讲义），1 页，1934 年印。
② 参见王觐：《中华刑法论》，248 页，北京，中国方正出版社，2005。
③ 王觐：《中华刑法论》，5 页，北京，中国方正出版社，2005。

总体而言，王觐的刑法学体系虽然还略显粗糙，但已与现代刑法学体系没有根本性的区别了。

二、王觐刑法学思想的微观探析

在对王觐刑法学思想的理论来源，理论体系等宏观问题进行介绍后，我们可以以《中华刑法论》为基本参照，探析王觐在刑法学微观问题上的具体观点。

（一）罪刑法定及刑法类推解释

在罪刑法定的问题上，王觐主张相对的罪刑法定。王觐比较了罪刑法定主义与罪刑擅断主义之得失，认为两者各有利弊。擅断主义，能合乎变迁无穷之社会情况，但有审判专横之弊；法定主义，可使人民得煌煌大法以资遵守，审判官也不能枉法文而下判决，但有不能应情科刑之缺点。故"欲采二者之长而去其短，必就罪与刑以明文预为之规定，在一定范围之内，犹应使司法者有解释裁量之可能"。最终，"今世文明诸国，咸采用相对的罪刑法定主义，而不采绝对的法定主义"。

而就与罪刑法定紧密联系的刑法类推解释问题。一般认为，在刑法中，以罪刑法定为根据，是禁止类推解释的。然而，王觐认为，类推解释是一切法律共通的解释原理，且类推解释与扩张解释，徒有形式上之区别。对于类推解释，善为利用，能"随犯罪进步，社会发展"，收措置得宜之效，因此，王觐是赞成类推解释的。

（二）犯罪论

犯罪论是刑法总则的核心部分，王觐对犯罪论中诸问题的探讨，集中体现了其主观主义的刑法思想。

1. 犯罪成立之要件

犯罪成立的要件分一般要件与特别要件。一般要件为各犯罪共通之要素，特别要件为分则所规定为个别犯罪的特殊要素。一般要件又可分为客观要件和主观要件。客观要件有二：行为之危险性、行为之违法性；主观要件有三：任责能力，故意，过失。

王觐认为，犯罪之主观要件包括：（1）任责能力。[①] 所谓任责能力，是指精神成熟、精神健全之人，实施犯罪行为，应负刑事责任之能力。对于任责能力之观念基础，存在道义责任论与社会责任论的对立。王觐主张社会责任论，认为现行刑法关于"心神耗弱人之行为，减轻本刑"的规定，与当时之思潮不相容，因而应当破除道义责任之思

---

① 当代刑法理论称为刑事责任能力。

想，废止限定任责时期之规定，以期贯彻防卫社会之趋旨。（2）故意。所谓故意，即认识行为之反社会性（即危险性及违法性），而敢于为之之决意。就故意的认识因素与意志因素的关系，有意欲主义（或称希望主义）与仅仅只需要认识因素的认识主义的对立。而王觐采认识主义，认为对于故意的成立，只需认识因素，而不需考虑意志因素。（3）过失。所谓过失，即"应注意并能注意而不注意，缺乏认识，致发生犯罪事实之谓也"。过失中，最关键的问题即过失的注意义务能力标准如何判断，对此，存在客观说、主观说、折中说的对立，王觐认为，应采抽象的客观说，即应以普通人之注意力为标准，在理想上确定一普通人的注意标准。

2. 因果关系论

因果关系是刑法理论中最为复杂的问题之一。历史上，刑法中的因果关系存在条件说与原因说的对立。其中，原因说中又以相当因果关系说最为有力。对此，王觐认为，条件说，不区别理论上之因果关系与法律上之因果关系，举凡结果发生之原因，均视为法律上之原因，是其不能赞成的。而相当因果关系说中，"相当"二字，异常暧昧，因此，条件说与相当因果关系说，均未足以说明因果关系。基于此，王觐提出了用危险观念说明因果关系。王觐认为，因果关系之界限，以行为与结果之连锁，是否有危险于社会而定之，也就是说，行为对于结果的发生，如果制造了可能的危险，就应当具有因果关系。这种观点基本上偏向条件说，但在一定程度上限缩了原因的范围，颇具启发性。

3. 违法性及违法阻却事由

王觐在行为的违法性之下以违法阻却事由讨论了我国当代刑法理论中的排除社会危害性行为。

王觐认为，违法性包括形式违法性和实质违法性，所谓形式违法性，即行为违背法律之命令或禁令；所谓实质违法性，即行为逾越法规范围而侵害他人之法益。

违法阻却事由分为两类。其一为权利行为，具体包括紧急防卫，依法令之行为，依所属上级公务员命令之职务上行为，依正当业务之合法行为等；其二为放任行为，仅有紧急避难行为之一种。

4. 未遂犯论

未遂犯论中最为重要的问题之一是未遂犯的着手判断标准。对此，历来存在客观说与主观说的对立。客观说认为行为之于犯罪完成有危险者，为着手；主观说认为行为有为一定犯罪之意思者，为着手。王觐明确主张主观说，认为对于犯罪人之行为，应以足以确定识别故意之存在者，为着手。

此外，王觐还将未遂犯区分为普通未遂与中止未遂，认为对于中止未遂，从主观主义立场出发，以不处罚为宜。

而对于不能犯与普通未遂犯的区分标准，大陆刑法理论中存在客观说、主观说、危险说等极为复杂的标准。对此，王觐采主观危险说，认为应当以行为者行为时所认识的一切状况，决定其究竟是未遂罪还是不能犯。对于不能犯，王觐认为，因其不具有主观危险，因此，在刑法上不能进行处罚。

5. 共犯论

共犯论是犯罪论中最为复杂，主观主义与客观主义之争最为明显的问题之一。王觐在共犯论上的观点，集中体现了其主观主义的立场及较高的理论研究水平。

就共犯的本质而言，存在客观主义的犯罪共同说与主观主义的行为共同说之对立。犯罪共同说认为需各行为人所触犯的罪名一致方可成立共犯，而行为共同说则看重行为人的主观恶性，只需行为人之行为存在重叠之处，即可成立共犯。对此，王觐在批驳客观说的基础上，采主观主义的行为共同说，认为共犯的本质在于行为共同，并进一步否认了从属犯的存在。

至于共犯的成立，王觐认为，需同时具备主观要件与客观要件。主观要件即意思联络，客观要件即行为之分担。其中，值得注意的是主观要件中的片面意思联络，即片面共犯的问题。王觐认为，一方以共同犯罪的意思帮助另一方，而另一方并未有此认识，则有共同犯罪之认识者，成立共犯，而无共同犯罪之认识者，则以单独正犯处断，实际上，是承认片面共犯的存在。

而对于共犯的分类，王觐以 1935 年《中华民国刑法》为依据，将共犯分为共同正犯、教唆犯、从犯三种。所谓共同正犯，即二人以上，共同实施犯罪行为，而对于教唆犯，王觐采主观说，主张教唆犯为独立的犯罪，非从属于他人而犯罪。从犯则为帮助正犯实施犯罪行为者，王觐立足于主观主义立场，否定从犯的从属性，而认为既然从犯也表现出了犯罪的恶性，则对其也应独立进行处罚。

此外，王觐还详细地探讨了正犯、教唆犯、从犯的客观与主观区分标准；共犯中的身份问题；共犯的刑事责任能力；共犯竞合；共犯之共犯；共犯之未完成形态；共犯与错误；共犯之处分等问题，囿于篇幅，兹不赘述。

6. 犯罪之单数与复数

对于犯罪单数与复数之区分标准，存在以行为个数、结果或法益个数为标准的客观说与以犯意之数为标准的主观说的分立。王觐认为，主观说注重犯罪人之意思，最为可取。具体来说，外观上的数罪，实质上的一罪，包括想象竞合犯、牵连犯两种情形；实际的数罪，而因法律规定为一罪的情形则包括连续犯、集合犯两种。

对于想象竞合犯、牵连犯，均应贯彻从一重处断的原则，而连续犯、集合犯的处罚，则应以法律明确规定为限。

(三) 刑罚论

以目的刑为基本立场,王觐对刑罚论中刑罚权之根据,刑罚的目的与作用,死刑,刑罚裁量,保安处分等问题进行了深入的研究,兹分述如下:

1. 刑罚权之根据

刑罚权根据上,存在绝对否认刑罚之必要性的消极说与承认刑罚之必要的积极说的对立。其中,积极说中在说明刑罚权必要性的根据上,又存在社会契约说、神授说、法律上必要说之分野。

王觐认为,国家主权的作用,就在于"维持国家存在",因而"刑罚权自有必要"。刑罚权上的消极说不可取,而积极说中,王觐又认为,神授说、社会契约说不适于今世社会之状态,因而,刑罚权之根据,"舍(法律上)必要说无由说明"。

2. 刑罚的目的与作用

王觐系统地厘清了刑罚目的问题上,报应主义、目的主义、折中主义三大根本观点的分立。指出,报应主义中,有神意报应主义、道德报应主义、法律报应主义三大派别;目的主义则又称为预防主义,也可约分为三:一般预防主义、特别预防主义、双面预防主义。王觐明确地指出,对于报应主义与目的主义,其从目的主义;对于目的主义中之主观的特别预防说与客观的一般预防说,其主张主观的特别预防说。

此外,王觐还认为,刑罚之终局目的,在于防卫社会,具体而言,刑罚的作用又可从三个方面进行分析,就犯罪人而言,刑罚具有预防犯罪人异日再犯之特别预防的作用;就社会方面而言,刑罚具有警戒社会中一般民众之一般预防的作用;就被害人而言,刑罚具有与被害人精神上之满足,慰藉被害人的作用。

3. 死刑论

王觐详细地探讨了死刑存废的诸种理由。这些理由与我们当前死刑存废争论中提到的各种理由,已几乎没有差别。

王觐自认为是主张废止死刑最有力的一人。其最根本的原因在于,死刑并不足以起到预防犯罪的作用。因此,国家应当采取发展经济、加强教育、改良警察狱政等措施综合治理犯罪。而一味指望依赖死刑减少犯罪,既是不科学的,也是不可行的。

4. 刑罚裁量

王觐认为,可资作为量刑的指导事项,应当包括如下 10 种:(1)犯罪之原因;(2)犯罪之目的;(3)犯罪时所受之刺激;(4)犯人之心术;(5)犯人与被害人平日之关系;(6)犯人之品行;(7)犯人之智识程度;(8)犯罪之后果;(9)犯罪后之态度;(10)犯人之资力。

刑罚之加重,应当以有法定原因存在为限,不得由审判官依职权加重。主要是累犯加重，并合论罪加重，被害人为尊亲属时加重等；而刑罚的减免，则又有绝对减免与相对减免之分，既包括因法律上所规定之原因而减免，又包括由审判官根据具体情形进行酌量减免。

5. 保安处分

王觐在《中华刑法论·附编》中，专门探讨了保安处分的问题，他认为，所谓保安处分，是指为防卫社会，预防犯罪，而由国家以公法上之制裁，施诸科刑不能而又有危险性之私人，剥夺其法益之一种法律上的效果。

保安处分有两大目的：（1）矫正特定的犯罪人之恶性，使其适应社会生活；（2）隔离特定的犯罪人，借保社会的安宁。

基于其目的刑的立场，王觐强烈赞同保安处分，认为刑罚与保安处分不存在区别，保安处分，可代替刑罚。保安处分的施加，不一定必须存在犯罪事实，只要有危险性格，存在危及社会安宁之虞，即应科处。保安处分的期限，应为不定期，且适用对象，不应有所限制。

三、王觐刑法学思想的整体评价

在对王觐刑法学思想的宏观方面与微观方面分别进行评介后，我们可以发现，王觐的刑法学思想，已完全脱离中国传统伦理刑法的色彩，而成为现代的刑法学理论。具体而言，王觐的刑法学思想，具有以下几个鲜明的特点：

（一）立足新派，与牧野英一刑法思想一脉相承

王觐刑法学思想最大的特色就是其整个理论体系都是以新派刑法犯罪论上的主观主义，刑罚论上的目的刑论为基本指导的。

刑法思想史上的学派之争，肇始于 19 世纪末德国新旧学派之争。随后，20 世纪初，随着新旧两派的刑法理论传播到日本，主观主义色彩极浓的新刑法被公布（1907年），日本旋即展开了以牧野英一为嚆矢的新派与以小野清一郎、泷川幸辰为代表的旧派之争。[①] 王觐师从牧野英一，自然其刑法思想也与牧野博士一脉相承。因而，新派的主观主义与目的刑论也是贯彻其刑法学思想始终的。

我国当代刑法学家张明楷教授曾指出，当前中国刑法学之所以面临困境，一个重要的原因就是中国刑法学者缺乏基本的立场，因而，在中国刑法学中也就不可能盛起学派

---

① 参见马克昌主编：《近代西方刑法学说史略》，242 页，北京，中国检察出版社，1996。

之争。①

抚今追昔，在上个世纪二三十年代，王觐等刑法学家或高扬新派旗帜，或力倡旧派学说。② 如果沿此而下，学脉不断，中国刑法学后来的发展，或许也会与日本相同，兴起一场学派之争？历史的假设，答案自然不得而知，但无论如何，王觐对新派学说一以贯之的精神，实在是难能可贵。

（二）参酌中外，体现出相当高的研究水平

虽然王觐的刑法学思想整体体现出了新派的理论主张，但其又不是狭隘地只是引介新派学者的论著，在其《中华刑法论》中，已大量引用了德、日新旧各派众多刑法学家的主张及许多同时代刑法学家的论著，从而，也使该书成为资料翔实、内容丰富的理论著作。

正因为王觐参酌中外，兼容并蓄，因而，其刑法研究已显示出了相当高的水平。在许多问题上，其论述的深度甚至丝毫不逊色于当代刑法学理论。例如，未遂犯中着手的判断标准，刑事责任能力的定义，刑法中因果关系的判断等等。

不仅如此，王觐的刑法理论中，还涉及了大量至今仍是十分前沿、重大的理论问题。例如，原因自由行为（Actio libera in causa）③ 是德国刑法中一个重要的理论问题，虽然 1851 年巴伐利亚刑法典中即出现了有关原因自由行为的规定，但如何解释其可罚性，至今仍是大陆刑法理论中一个重要的问题。④ 王觐在《中华刑法论》中，将"Actio libera in causa"翻译为"行为之原因由于任意"，并详细地介绍了其构成，明确主张，该种行为应负刑责。⑤ 这可能是中国刑法学界最早对原因自由行为进行的介绍。

（三）开拓色彩明显，某些问题的研究尚欠深度

虽然王觐的刑法学思想极富特色，并体现出了较高的研究水平，但王觐所处的时代，毕竟尚是中国现代刑法学草创的阶段，现代刑法理论的积淀非常薄弱，因而，王觐的刑法学思想又未尝不略显粗糙，甚至在某些问题的论述上，还明显缺乏理论深度。

就宏观体系而言，王觐的刑法学理论体系虽区分出了犯罪论与刑罚论，但在犯罪论

① 参见张明楷：《刑法的基本立场》，47～55 页，北京，中国法制出版社，2002。

② 总体而言，民国时期，新派学说在中国刑法学界占有主导地位，但也有一些学者对新派思想提出了质疑和挑战。参见梁根林、何慧新：《二十世纪的中国刑法学》，载《中外法学》，1999（2）。

③ 所谓原因自由行为，是指行为人在具备责任能力的状态下决意的行为，或者在该状态下能够预见的、但在丧失行为能力或责任能力之时才实现的行为。参见［德］耶赛克、魏根特：《德国刑法教科书》，徐久生译，533 页，北京，中国法制出版社，2001。

④ 参见柯耀程：《变动中的刑法思想》，140～153 页，北京，中国政法大学出版社，2003。

⑤ 参见王觐：《中华刑法论》，110～111 页，北京，中国方正出版社，2005。

中，并没有成型的犯罪论体系。诚如我国台湾地区刑法学家许玉秀教授所指出的："犯罪论体系可以说是刑法学发展史上的钻石，它是刑法学发展到一定程度的阶级，而透过它，刑法学的发展才能展现璀璨夺目的光彩。"① 而从国际环境看，1906 年，德国刑法学家贝林（Beling）开始创造古典三阶层的犯罪论体系，20 世纪二三十年代，正是古典三阶层犯罪论体系与新古典犯罪论体系争论正炽的时期。② 而王觐在《中华刑法论》中，对这一当时刑法学中最为前沿、最为重大的理论问题，未予任何关注，不能不说是一个很大的遗憾。

此外，就一些具体问题而言，王觐的研究也尚欠深度。如有关故意、过失的认定标准，王觐认为，故意的本质，应采认识主义，但这就造成故意与有认识的过失无法区分。对此，王觐的观点是："有认识的过失一语，措词本欠妥当，只要存在认识，即应为故意，无所谓过失的存在。"③ 这一结论明显值得商榷。

（作者单位：中国人民大学法学院）

---

① 许玉秀：《犯罪阶层体系及其方法论》，1 页，台北，成阳印刷股份有限公司，2000。
② 参见许玉秀：《当代刑法思潮》，65～67 页，北京，中国民主法制出版社，2005。
③ 王觐：《中华刑法论》，135 页，北京，中国方正出版社，2005。

抗战·军婚·人权

——我国近代军人婚姻立法初探

一、前　言

2000 年以来，许多学者对我国的军人婚姻制度提出了批评，意见主要集中在如下两点：一是婚姻法上规定，不论有无过错，军人配偶要求离婚均必须得到军人同意。这有悖民法上主体平等和婚姻自由的原则；二是刑法上破坏军婚罪的打击面过大，建议修改或者废除。① 随后修订的婚姻法部分接受了上述意见，增加了一个"但书"条款："军人一方有重大过错的除外。"但是刑法上没有回应。

笔者认为，要对现行的军婚制度进行评价以及改革，首先必须追根溯源，弄清楚军

---

① 主要有《〈中华人民共和国婚姻法〉修改立法资料选》，38、78、114 页，北京，法律出版社，2001；刘秀：《我国法律对军婚的特殊保护述评》，载《广西政法管理干部学院学报》，2000（1）；裴宇星：《婚姻法应当取消军婚特殊保护的规定》，载《辽宁行政学院学报》，2002（4）；李虹：《论我国军婚的特殊保护制度》，载《四川师范大学学报》，2005（1）；孙科峰、叶水荣：《我国军人婚姻制度研究》，载中国法律文化网；韩燕荣：《近年我国涉及军婚案渐增，军方人士谈热点问题》，载《法制日报》，2005 - 12 - 11。

婚制度产生的社会和历史根源，以及它的具体演变。只有在此基础上，才可能对军婚制度作出切合实际的评价。本文在参考前人著作的基础上[①]，以上述的两条核心内容为主线，考察了我国苏维埃时期以来军人婚姻制度演变的历史[②]，认为现行的以限制军人配偶离婚权和破坏军婚罪为核心内容的军人婚姻制度是战争（特别是抗日战争）的产物，有其历史原因、生成条件和积极作用，不赞成以当代人的眼光一概否定。

二、限制军人配偶离婚权的流变

追溯有关立法的历史，在刑法上惩罚破坏军婚是和民法上保护军婚——主要是对军人配偶离婚权的限制——密切联系在一起的。可以说后者是前者的基础。就目前的资料，最主要的限制措施是前文说到的军人配偶要求离婚必须得到军人的同意。自苏维埃时期开始婚姻立法以来，基本上都是承认离婚自由的。但对军人婚姻，基本原则是不许离婚；如果离婚，则必须得到军人的同意，如 1931 年 11 月公布的《中国工农红军优待条例》第 28 条规定："凡红军在服务期间，其妻离婚，必先得本人同意，如未得同意，政府得禁止之。"[③] 1934 年 4 月 8 日公布的《中华苏维埃共和国婚姻法》规定："红军战士之妻要求离婚，须得其夫同意。"[④] 1944 年 3 月 20 日公布的《修正陕甘宁边区婚姻暂行条例》："抗日军人之配偶，在抗战期间原则上不准离婚。"[⑤]

没有军人同意而配偶可以提出离婚的仅限于法律的明确规定。最主要的一种情形是军人出征在外长期没有音讯或者失去联系的，可以离婚。这实际是民法上所谓的死亡宣告和失踪宣告，属于法定解除婚姻的情形之一。如 1931 年 10 月公布的《湘赣苏区婚姻条例》规定，一般男子出外 2 年没有音信回家的，女子可宣布与其外出之丈夫离婚。

---

① 有关成果主要有韩延龙、张希坡、杨永华等先生撰写的《革命根据地法制史》；朱晓东：《通过婚姻的治理——1930 年—1950 年共产党的婚姻和妇女解放法令中的策略与身体》（载《北大法律评论》，第 4 卷第 2 辑，北京，法律出版社，2002）；段彩琳：《毛泽东婚姻立法思想的探析》，《简析中央苏区的两部婚姻法》，《简评民主革命时期中国共产党的几部婚姻法》，均载中国法律文化网；黄宗智：《离婚法实践：当代中国法庭调解制度的起源、虚构和现实》，载《中国乡村研究》，第 4 辑，北京，社会科学文献出版社，2006。

② 有关国民党政府和我国台湾地区的军婚立法笔者另外撰有论文（未刊），有关内容此处不赘述。

③《毛泽东军事文集》，第 1 卷，军事科学出版社，1993。

④ 韩延龙、常兆儒主编：《中国新民主主义革命时期根据地法制文献选编》，第 4 卷，793 页，北京，中国社会科学出版社，1984。这也是我国现行婚姻法上军人配偶要求离婚必须得到军人同意的源头。此前三年（1931 年 12 月 1 日）公布实行的《中华苏维埃共和国婚姻条例》里尚无类似的规定。

⑤ 韩延龙、常兆儒主编：《中国新民主主义革命时期根据地法制文献选编》，第 4 卷，810 页，北京，中国社会科学出版社，1984。

"但当红军官兵者，须在四年以上没信回家者，才许宣布离婚。"① （上述文献是关于军人离婚予以特殊规定的最早的婚姻法规）。1934 年 4 月 8 日公布的《中华苏维埃共和国婚姻法》规定，"在通信便利的地方，经过两年其夫无信回家者，其妻（指军人妻子——引者注）可向当地政府请求登记离婚。在通信困难的地方，经过四年其夫无信回家者，其妻可向当地政府请求登记离婚。"② 1941 年 7 月 7 日公布的《晋察冀边区婚姻条例草案》第十一条规定："抗日军人生死不明四年以上者，他方得请求离婚。"1943 年 1 月 15 日公布的《陕甘宁边区抗属离婚处理办法》也规定："抗日战士之妻五年以上不得其夫音讯者，得提出离婚之请求，经当地政府查明属实无下落者，由请求人书具亲属凭证允其离婚。"③ 1944 年 3 月 20 日公布的《修正陕甘宁边区婚姻暂行条例》第十条规定："抗日军人之配偶，在抗战期间原则上不准离婚，至少必须五年以上不得其夫音讯者，始能向当地政府提出离婚之请求。当地政府接到此项请求时，须调查所述情况属实，始得准其离婚。"④

上述战争时期以有无音讯作为离婚标准的做法一直延续到新中国成立后。1950 年《婚姻法》第 19 条规定："现役革命军人与家庭有通讯关系的，其配偶提出离婚，须得革命军人的同意。自本法公布之日起，如革命军人与家庭两年无通讯关系，其配偶要求离婚，得准予离婚。在本法公布前，如革命军人与家庭已有两年以上无通讯关系，而在本法公布后，又与家庭有一年无通讯关系，其配偶要求离婚，也得准予离婚。"1980 年修订后的《婚姻法》适应全国长期统一与和平的形势，删去了关于通讯联系的规定，将条文简化为："现役军人的配偶要求离婚，须得军人同意"（第 26 条）。

综上可见，新中国成立后的婚姻立法坚持了战争时期保护军婚的立法精神，但在立法技术上却趋于粗疏。最突出的一点是没有正视或者说重视军婚中的各种特殊情形，如退役残疾军人、被判刑军人、虐待配偶的军人等的婚姻问题。反映到司法实践中，有的不得不事后补救，有的则一直没有得到应有的重视。

比如婚约问题，1944 年 3 月 20 日公布的《修正陕甘宁边区婚姻暂行条例》第 10 条规定："抗日军人与女方订立之婚约，如男方三年无音讯或虽有音讯而女方已超过结

---

① 韩延龙、常兆儒主编：《中国新民主主义革命时期根据地法制文献选编》，第 4 卷，800 页，北京，中国社会科学出版，1984。并请参考张希坡：《中国婚姻立法史》，第三章第三节"对革命军人家属离婚的特别规定"，362 页，北京，人民出版社，2004。

② 韩延龙、常兆儒主编：《中国新民主主义革命时期根据地法制文献选编》，第 4 卷，793 页，北京，中国社会科学出版社，1984。

③ 韩延龙、常兆儒主编：《中国新民主主义革命时期根据地法制文献选编》，807 页，第 4 卷，北京，中国社会科学出版社，1984。

④ 韩延龙、常兆儒主编：《中国新民主主义革命时期根据地法制文献选编》，第 4 卷，810 页，北京，中国社会科学出版社，1984。

婚年龄五年仍不能结婚者，女方得申请当地政府解除婚约。"① 但 1950 年《婚姻法》没有关于解除婚约的规定。为此，《婚姻法》颁布第二年（1951 年 6 月 30 日），中央人民政府政务院政治法律委员会和人民革命军事委员会总政治部就此发出暂行规定："自本规定通知之日起，如现役革命军人与家庭有通讯关系者，其订婚之一方提出取消婚约，须得革命军人同意。自本规定通知后，如革命军人与家庭一年无通讯关系，其订婚一方要求取消婚约，得准予取消；在本规定通知前，如革命军人与家庭已有一年以上无通讯关系，而在本规定通知后，又与家庭有半年无通讯关系，其订婚之一方提出取消婚约，也得准予取消。"②

又如战争时期规定，军人因残疾丧失性能力，军人的配偶可以不必经军人的同意而提出离婚。如 1941 年 7 月 7 日公布的《晋察冀边区婚姻条例草案》第 12 条规定："因抗日而残废者，如一方请求离婚，须征得他方之同意"，但"不能人道经医生证明者"，一方要求离婚，可以不必得到军人的同意。③ 但 1950 年婚姻法没有承认这一原则。直到 1952 年 7 月 28 日召开的革命军人婚姻问题座谈会，才以"纪要"的形式重申了这一原则，即如果"革命军人生殖器官有缺陷不能发生性行为的应准许女方离婚"，不必军人同意。④

再如军人一方有重大过错的情形，军人配偶可以提出离婚。笔者认为，这是战争时期有关规定中最为出色的一项内容。如 1944 年 3 月 20 日公布的《修正陕甘宁边区婚姻暂行条例》规定，"抗属之丈夫如确已死亡、逃跑、投敌或另行结婚者"，可以不受前述第十条的限制。⑤ 又如《修正淮海区抗日军人配偶及婚约保障条例》规定，"确实证明抗日军人在外有重婚行为者"，"擅离部队在半年以上未归队者"，军人配偶可以单方面提出离婚。⑥ 但 1950 年、1980 年婚姻法均对此未置一词。1984 年，最高人民法院在《关于贯彻执行民事政策法律若干问题的意见》中对此作了补充："现役军人的配偶提出离婚，应按婚姻法第二十六条规定进行审理。军人不同意离婚时，应教育原告珍惜与军人的夫妻关系，尽量调解和好或判决不准离婚。对夫妻感情已经破裂，经过做和好工作无效，确实不能继续维持夫妻关系的，应通过军人所在部队团以上的政治机关，做好军

---

① 韩延龙、常兆儒主编：《中国新民主主义革命时期根据地法制文献选编》，第 4 卷，810 页，北京，中国社会科学出版社，1984。

② 《中华人民共和国民法资料汇编》，第 2 册，370 页，中国人民大学 1954 年编印。

③ 参见韩延龙、常兆儒主编：《中国新民主主义革命时期根据地法制文献选编》第 4 卷，813 页，北京，中国社会科学出版社，1984。

④ 参见《中华人民共和国民法资料汇编》，第 2 册，378 页，中国人民大学 1954 年编印。新中国成立后的有关法律文献均可通过中国法律法规检索系统（http：//law.npc.gov.cn：87/home/begin1.cbs）检索。

⑤ 参见韩延龙、常兆儒主编：《中国新民主主义革命时期根据地法制文献选编》，第 4 卷，810 页，北京，中国社会科学出版社，1984。

⑥ 参见韩延龙、常兆儒主编：《中国新民主主义革命时期根据地法制文献选编》，第 4 卷，872 页，北京，中国社会科学出版社，1984。

人的思想工作，准予离婚。"①但这个解释其实还是很简略的。因此，在 2000 年讨论婚姻法修改的时候，这一条款遭到了包括来自军队内部的批评，随后出现了许多持反对看法的论文。②最后通过的《婚姻法》将此修改为："现役军人的配偶要求离婚，须得军人同意，但军人一方有重大过错的除外。"（第 33 条）大多数学者对这一"但书"评价较高。但根据本文上述的考察，且不论对于历史经验的漠视，在实践中，1984 年最高人民法院已经指示，对于夫妻感情确已破裂（包括军人一方有重大过错情形）的案件，都会通过思想工作劝说军人同意离婚。但从 2000 年前后关于婚姻法修改的讨论中可以看出，实际效果并不尽如人意。因此，新的条款对于保护军人配偶一方的利益（这是该"但书"条款设计的初衷）能发挥多大的作用，还有待实证的检验。

三、破坏军婚罪的源与流

破坏军婚罪是军婚法的另一项重要内容。在第二次国内革命战争时期直到抗战初期，革命根据地的有关立法还没有量刑的明确规定，只是笼统地说违反法律规定的按照刑法处以应得之罪。如按照 1934 年 4 月 8 日《中华苏维埃共和国婚姻法》第 22 条的有关规定，如果违反该法第 11 条"红军战士之妻要求离婚，须得其夫同意"，就要受刑法上应得之罪。但当时没有刑法，如何处罚也就没有办法确定。③

最早在法律上明文处罚破坏军婚行为的是 1941 年 7 月 7 日公布的《晋察冀边区婚姻条例草案》。④但是边区参议会 1943 年 1 月 21 日正式审议通过《晋察冀边区婚姻条例》时却将有关的内容删除。在陕甘宁边区则整个战争时期都没有出现对军婚处以刑罚的法令（包括草案），包括 1939 年 4 月 4 日公布的《陕甘宁边区婚姻条例》、1943 年 1 月 15 日公布的《陕甘宁边区抗属离婚处理办法》⑤以及 1944 年 3 月 20 日公布《修正陕甘宁边区婚姻暂行条例》。⑥现在看到的明确规定破坏军婚罪的是《修正淮海区抗日军

① 中国法律法规检索系统，http：//law.npc.gov.cn：87/home/begin1.cbs。
② 参见《〈中华人民共和国婚姻法〉修改立法资料选》，38、78、114 页，北京，法律出版社，2001。
③ 参见韩延龙、常兆儒主编：《中国新民主主义革命时期根据地法制文献选编》，第 4 卷，795 页，北京，中国社会科学出版社，1984。
④ 参见韩延龙、常兆儒主编：《中国新民主主义革命时期根据地法制文献选编》，第 4 卷，807 页，北京，中国社会科学出版社，1984。
⑤ 参见韩延龙、常兆儒主编：《中国新民主主义革命时期根据地法制文献选编》，第 4 卷，809 页，北京，中国社会科学出版社，1984。
⑥ 参见韩延龙、常兆儒主编：《中国新民主主义革命时期根据地法制文献选编》，第 4 卷，810 页，北京，中国社会科学出版社，1984。

人配偶及婚约保障条例》。① 这里以此为例讨论。

从其条文可以看出，当时的破坏军婚行为范围比现在广泛。除了现行《刑法》规定的"明知是现役军人的配偶而与之同居或者结婚的"情形之外，还包括与抗日战士未婚妻结婚、与抗属通奸、挑拨抗属离婚、从中说和或主持、略诱、和诱、强奸抗属等情形。处罚分两种情形，一是直接科罪，如 1941 年 7 月 7 日公布的《晋察冀边区婚姻条例草案》29 条规定："挑拨抗属离婚者，处以一年以下之徒刑。"②《修正淮海区抗日军人配偶及婚约保障条例》规定："无第五条所列条件之一，其配偶另嫁者，另嫁婚姻无效。娶抗日军人配偶者，处三年以下有期徒刑。""娶抗日军人有婚约之未婚妻者，其婚姻无效，并处二年以下有其徒刑。"对于上述非法婚姻，"从中说和或主持者，处一年以下有期徒刑"③。二是加重刑罚，如 1941 年 7 月 7 日公布的《晋察冀边区婚姻条例草案》第 28 条规定："略诱、和诱、强奸抗属者，依照刑法（指国民政府颁布的刑法——引者注）之规定加重处罚。"④《修正淮海区抗日军人配偶及婚约保障条例》规定："与抗日军人配偶或有婚约之未婚妻通奸，或和诱、略诱其脱离家庭者，各依普通刑法加重处刑。"在程序上，《修正淮海区抗日军人配偶及婚约保障条例》规定，如抗日军人不在家乡，"除抗日军人得委托其亲族代理外，其直系尊亲属或兄弟，或部队政治部派员，或区村优抗委员会，均得代为进行之"。但是"本条例公布以前，如有与抗日军人配偶或其未婚妻非法结婚者，须告诉乃论。其诉讼依本条例减轻处罚"⑤。

新中国成立后很长一段时间都没有颁布刑法，有关破坏军婚罪的内容主要见于一些司法文件。早期的文件对破坏军婚罪的定罪和量刑都比较模糊。如 1951 年 4 月 21 日《最高人民法院关于处理现役革命军人婚姻问题的指示》规定："对破坏革命军人婚姻关系的不法分子，应依法制裁，对于军人配偶以谎骗或要挟法院作不正确判决者，也应给以批评教育。"⑥ 直到 1963 年 10 月 12 日《最高人民法院党组关于处理破坏军人婚姻案件的意见的报告》（同年 11 月 29 日经中央批准），才对有关问题作了比较明确的规定。这也是新中国成立之后最为重要的一个文件，甚至对 1979 年刑法颁布之后的司法实践还有指导作用。

---

① 参见韩延龙、常兆儒主编：《中国新民主主义革命时期根据地法制文献选编》，第 4 卷，873 页，北京，中国社会科学出版社，1984。

② 韩延龙、常兆儒主编：《中国新民主主义革命时期根据地法制文献选编》，第 4 卷，807 页，中国社会科学出版社，1984。

③ 韩延龙、常兆儒主编：《中国新民主主义革命时期根据地法制文献选编》，第 4 卷，873 页，中国社会科学出版社，1984。

④ 韩延龙、常兆儒主编：《中国新民主主义革命时期根据地法制文献选编》，第 4 卷，807 页，北京，中国社会科学出版社，1984。

⑤ 韩延龙、常兆儒主编：《中国新民主主义革命时期根据地法制文献选编》，第 4 卷，873 页，北京，中国社会科学出版社，1984。

⑥ 中国法律法规检索系统，http://law.npc.gov.cn:87/home/begin1.cbs。

该报告坚持了一贯的保护军婚的基本精神，强调对于破坏军婚的处理，首要原则是要"尽各种可能依法保护军人的婚姻"。具体要求有三：一是在法律上，应当按照《婚姻法》第 19 条"现役革命军人与家庭有通讯关系的，其配偶提出离婚，须得革命军人的同意"的规定办理。二是对于情节恶劣的破坏军人婚姻的分子，应当进行严肃的处理。三是对于可能和解的，应当劝军人配偶改正错误，夫妻和好。并指出："处理的方式，应尽可能采用个别谈话方式，不要乱传播，不要无事生非。"

在如何严肃处理破坏军婚分子上，该报告区分了各种实际情形，规定了相应的政策，表现出共产党实事求是的工作方法：（1）对于只是一般的挑拨革命军人婚姻关系，没有发生通奸行为，或虽有通奸行为但已悔改的，或者军人不愿追究的，可以免予刑事处分，采取批评教育、训诫等办法处理。（2）对于与军属通奸屡教不改，影响恶劣的，或利用职权威胁利诱成奸的，或者明知为军人未婚妻而与之结婚姘居的，都应予以刑事处分。① （3）对于霸占军人妻子的，与军人妻子通奸而唆使女方离婚的，以及引起其他严重后果的，或者利用军属困难，迫使军人妻子外流与人重婚姘居从中牟利的，都应从重惩处。（4）对于强奸军人妻子的，因奸杀伤军人或军人亲属的，以强奸罪、杀人罪、伤害罪和破坏军婚合并论处。（5）地富反坏分子、流氓分子和蜕化变质的坏干部，犯破坏军婚罪的，应当严厉惩办。该报告还特别指出，"上述要法办的，一般不要判处缓刑，更不应判处罚金"，而且，"对破坏残废军人婚姻的案件应该比一般的破坏婚姻家庭案件，从重处理"②。

这一报告成为此后处理破坏军婚罪的基本文件。但该报告也受到了很多批评。主要有两点：（1）报告根据阶级分析的观点，对于地富反坏分子、流氓分子和蜕化变质的坏干部破坏军婚罪的加重处理。这违反了法律面前人人平等的原则。随着 1978 年改革开放政策的实施，这一倾向得到了有力的纠正。（2）该报告没有及时修正战争时期的破坏军婚罪范围，继续把与军人的妻子或未婚妻（有的是恋爱对象）通奸、姘居和挑拨军人婚姻关系的行为，一律作为破坏军婚罪看待。这种定罪从严、打击面过宽的情况，遭到

---

① 对于与军人家属通奸的，只对与军人配偶通奸的一方判罪，而不对军人的配偶判罪。当时曾有人提出异议。最高人民法院的解释是："与军人配偶通奸，是按照破坏军人婚姻、家庭罪判处的。破坏军人婚姻家庭问题是与一般通奸问题有原则区别的，所以对军人配偶一般不予论罪。"（《最高人民法院关于与军人配偶通奸的案件为什么只对与军人配偶通奸的一方判罪问题的复函》（1958 年 3 月 21 日），载中国法律法规检索系统，http：//law. npc. gov. cn：87/home/begin1. cbs。）

② 但如果不是现役军人的妻子，则按照一般犯罪处理。《最高人民法院关于处理破坏正在服刑的军人的婚姻家庭问题的批复》（1978 年 1 月 13 日）规定："按照 1963 年 11 月 29 日中共中央批转最高人民法院党组《关于处理破坏军人婚姻案件的意见的报告》中关于军人婚姻应当是指现役军人的婚姻的规定，赖北元因犯奸淫幼女罪被判处有期徒刑二年，虽然保留军籍，但在服刑期间，实质上他已不是现役军人。在此期间，其妻被人奸污，可按一般破坏婚姻家庭处理。"载中国法律法规检索系统，http：//law. npc. gov. cn：87/home/begin1. cbs。

了不少学者的批评。① 直到 1977 年，最高人民法院明确不再把军人未婚妻（或恋爱对象）作为军人婚姻关系加以保护。② 1979 年，我国颁布了第一部刑法典，第一次明确规定了"破坏军人婚姻罪"："明知是现役军人的配偶而与之同居或者结婚的，处三年以下有期徒刑。"根据这一规定，与军人配偶通奸的行为不再视为破坏军婚罪。

但 1979 刑法的这一规定很快遭到了批评并被司法解释修正。因为当时破坏军婚罪的主要情节就是通奸。随着 1979 年刑法的颁布，全国各地人民法院审理破坏军婚罪的刑事案件骤减，有的甚至出现空白。据 1985 年的调查，福建、四川、江苏三省的各县一级人民法院"最近三年多来，他们都未判过一起破坏军婚的案件"。参与调查的学者因此认为："不充分考虑与军人配偶通奸的情节轻重、危害大小，在定性处理上畸重畸轻的做法都是不足取的。"建议"对与现役军人配偶通奸，情节恶劣，后果严重的行为人，要追究破坏军婚罪的刑事责任"③。

为此，最高人民法院于 1985 年 7 月 18 日下发了《印发〈关于破坏军人婚姻罪的四个案例〉的通知》（从四个案例的具体情节看，除了第一个属于刑法上规定的同居之外，其他三个都属于长期通奸行为）。最高人民法院在通知中明确指出，长期与现役军人配偶通奸且严重破坏军人婚姻关系的行为，均应以刑罚第 118 条破坏军人婚姻罪论处。④ 虽然当时就有刑法学者认为这个通知"实际上把同居理解为长期通奸"，不但有超出司法解释权限之嫌，而且是否符合立法本意也是值得考虑的。⑤ 但这一做法在司法实践中仍旧得到了执行。⑥

与此形成对照的是，从战争时期就坚持的也是争议较少的对于侵害军人配偶人身权利犯罪加重处罚的条文则被 1979 年刑法取消。1997 年刑法在照搬了 1979 年刑法的规定（"明知是现役军人的配偶而与之同居或者结婚的，处三年以下有期徒刑或者拘役。"）之外，增加了一个条款，规定"利用职权、从属关系，以胁迫手段奸淫现役军人的妻子的，依照本法第二百三十六条的规定定罪处罚。"即此类犯罪按照普通强奸罪处理。这实际是坚持了 1979 年刑法将侵害军人或其家属人身权利犯罪按照普通犯罪对待的精神。

---

① 参见金桦楚、张建田：《论破坏军婚罪条文修改的必要性》，载《法学》，1985（2），36 页。

② 最高人民法院在 1977 年曾明确指出："恋爱和订婚是有区别的，不能同等看待。对于订有婚约的军人未婚妻，应视为军婚加以保护。对于仅有恋爱关系的，不应视为军人未婚妻。"（《最高人民法院关于处理破坏军婚案件中几个问题的批复》 （77 法办研字第 4 号） （1977 年 6 月 13 日），载中国法律法规检索系统，http: // law. npc. gov. cn: 87/home/begin1. cbs。）

③ 金桦楚、张建田：《论破坏军婚罪条文修改的必要性》，载《法学》，1985（2），36 页。

④ 载中国法律法规检索系统，http: //law. npc. gov. cn: 87/home/begin1. cbs。

⑤ 参见赵秉志主编：《刑法争议问题研究》，下卷，599 页，郑州，河南人民出版社，1996。

⑥ 在 1994 年的时候，有军队人大代表提出将《刑法》第 181 条修改为："明知是现役军人的配偶，而与之发生性关系的，处半年有期徒刑或拘役。"遭到学者的强烈反对。参见张建田：《军魂保护咏叹调》（上），载《国防》，1994（6）。

但就立法技术来说，似有画蛇添足之嫌。

四、结 束 语

关于军婚立法的历史和内容已如前述，最后简单讨论一下如何评价近代军婚立法以及是否和如何改造现行制度的问题。

笔者认为，首先在战争爆发、国家安全受到严重威胁的情况下，以民事方式甚至刑罚手段保护军婚是十分必要的。在视兵士为工具、"好儿不当兵"传统下的我国，这一举措更有必要，体现了对军人尊严和价值的尊重。从近代史上来看，共产党政府将此事提到了政治的高度，并在一定程度上纳入武装斗争的范畴（如拥军优属政策）。这对共产党革命的胜利起到了重要的作用。①

其次，我们还应注意到这一制度在当时历史条件下对于保护妇女权益的积极作用。在中国历史上，每逢战乱，首遭劫难的都是妇女（且不论妇女地位的低下）。这不仅指那些直接遭到战争侵害的女性群体，还包括所有军人的家属。对于留守后方的她们来说，除了承受所有女性共有的战争威胁和劫难以外，还要时刻担心前方的家人是否平安，应对个人和家庭可能遭遇的危险和灾难。她们是最为需要也最应该得到政府和国民帮助的群体。战争时期的军婚法令对于军人家属来说，在权利上确有所限制（如限制离婚），但这一制度（包括有关政策）所给予妇女权益的保护也是极为有力和全面的（如拥军优属的政策）。这对最大限度的团结民众参加革命、鼓舞军队士气发挥了极其重要的作用。回顾共产党革命胜利的历史可以明白这一点。

再次，我们还要考虑的是抗战以来中国军人的壮烈业绩与坎坷命运。为争取民族独立和解放，当时相当一部分壮年男子都参加了武装斗争。为争取民族独立和解放，当时相当一部分壮年男子都参加了武装斗争。且不论为国捐躯的众多英魂，有幸活命者也大多跛足眇目或残肢断腿，还有众多受历史之手摆布先参加国民党军，内战时被俘加入解放军，到抗美援朝时又被俘这样境遇凄惨者。而在他们背后是成千上万个家庭与妇孺。② 如何解决这一部分中国人的婚姻家庭问题进而建设一个稳定的国家是当时政府的一项历史任务。因此，在新中国成立后的一个很长时期（1949 年到 20 世纪 60 年代）里，保证军婚的稳定始终是执政党、军队、政府和法院的一项重要工作。在 1963 年 11

---

① 1951 年 4 月 21 日《最高人民法院关于处理现役革命军人婚姻问题的指示》曾指出，保护革命军人婚姻关系"就是保护革命战争利益，就是与巩固革命军人的战斗意志、捍卫祖国保护人民的伟大爱国主义事业，有着直接的重大的关联"（《中华人民共和国民法资料汇编》，第 2 册，366 页，中国人民大学 1954 年编印）。

② 按中学历史教科书上的说法，1945 年抗战胜利的时候，国民党军队 420 万，共产党军队 130 万，这还不包括共产党 220 万民兵武装和国民党的非正规军。而当时的全国人口是大家习惯所说的"四万万五千万"。

月 29 日中共中央批转最高人民法院党组的《关于处理破坏军人婚姻案件的意见的报告》中说，该年上半年处理的破坏军婚分子达 7 590 名。其数额之庞大可以想见。仅此而言，当时所制定的军婚法令是有其合理性的。

正是从上述历史背景出发，笔者认为军婚制度有其历史的合理性和正当性，而不赞成有些学者单纯从人权、女权或性权利的立场和观点一票否定军婚制度，更不赞成将军婚制度看作某个党派或利益团体为了达到自己的政治目的而忽视甚至侵犯妇女权益的制度的观点。①

但笔者也认为，最近二十多年来，国家基本上处于和平年代，如何保证军人拥有幸福的婚姻生活，似乎应该多多考虑限制离婚特别是刑罚之外的因素和方法。这一点，前引的许多论文也都提到。如对于上述条文，是否可以考虑将其设计为战时条款，由全国人大常委会根据国家的具体情形决定是否启用，或者仿照我国台湾地区作一些更严格的限制。制定专门的军人婚姻条例也是值得考虑的方案。有学者认为，最重要的是取消现行的军人和妻子两地分居的制度。② 如此似乎更合乎世界法制发展和人权保障的潮流，而又可以更有力地保障和促进军人的婚姻幸福。当然，在这个过程中，多方听取利害群体特别是军人及其配偶的意见是至关重要的。

事实上，2005 年 9 月，我国台湾地区"立法院"以现在情势军人婚姻生活与安全保障没有必然关系为由，决定废除"军人婚姻条例"，现役军人婚姻事项回归"民法"规范，未来军人结婚不需要事先报备。其后又以"总统令"的形式公布了这一决定。③ 祖国大陆和台湾地区有很大差别，制度建设上不可能也不应该照搬照抄。但历史给予我们教训的同时，也给了我们解决问题的智慧。对于未来的出路，我们自然应该有一些超过前人而又适应现实的考虑。

（作者单位：中国社会科学院研究生院）

---

① 如有学者从性权利的角度批评"保护军婚"是"举世罕见"，是"新中国成立之初那不多的、极现实的政治需要"（潘绥铭：《性文化，我们继承了什么样的遗产》，载《东方》，1995（4））。又如朱晓东：《通过婚姻的治理——1930 年—1950 年共产党的婚姻和妇女解放法令中的策略与身体》，载《北大法律评论》，第 4 卷第 2 辑，北京，法律出版社，2002。
② 在 1994 年就有人提出了这样的看法。参见张建田：《军魂保护咏叹调》（上），载《国防》，1994（6）。
③ 参见我国台湾地区"立法院"网站，www.ly.gov.tw。

法律文化研究　第三辑（2007）

法史资料发掘与研究

中国人民大学法律文化研究中心
曾宪义法学教育与法律文化基金会

于翠平　于青明

《龙岗秦简禁苑律》研究

一、前　言

　　1989 年，湖北省文物考古研究所和孝感地区博物馆、云梦县博物馆在云梦城郊龙岗发掘出土了一批简牍，这批简牍后来被称为《龙岗秦简》。1997 年，科学出版社出版了由刘信芳、梁柱编著的《云梦龙岗秦简》一书，对《龙岗秦简》进行了全面的考释和研究。《龙岗秦简》内容为秦朝的法律，竹简当为管理者所摘抄（或记录）的秦朝所颁有关禁苑的律令。后经胡平生、李学勤、黄盛璋、刘国胜等专家学者深入研究、考释，这批竹简的内容已经再次公开发表，即中华书局于 2001 年出版的《龙岗秦简》。学如积薪，后来居上，《龙岗秦简》一书后出转精，在释文和考释上比以前有了很大的改进和提高，充分显示了整理者的学识和水平。此书出版后，引起了专家们的广泛关注，已发表了相关的论文二十余篇，绝大多数属于历史学、文献学、文字学的研究成果。

　　这些文章的发表极大地提高了对龙岗秦简的研究水平，成果和价值是不言而喻的。

然而迄今为止，尚缺少一篇从法学角度对《龙岗秦简》进行全面研究的文章，这无疑是对《龙岗秦简》研究的莫大缺失。通过《龙岗秦简》与《睡虎地秦简》的比较研究，可以探寻秦律在统一前后的发展与演变过程，《龙岗秦简》中的法律按照处罚的轻重不同，又可分为刑事法规、行政法规和经济法规，本文就按照这一思路试对《龙岗秦简》作一番法律上的诠释。

二、《龙岗秦简》中的刑事法规

从《龙岗秦简》中看出，秦法繁网密，它在立法上不是采取概括的方法，而是采取一事一立具体规定的方法，对危害皇权危害社会的各种行为，都具体地分别规定在各种法律当中。只要主观上被认为是危害的行为，也就是法律所禁止的行为，也说明了秦的立法达到了相当发达和完善的程度。

（一）禁苑的出入有严格的规定

禁，是古代帝王居住之处。《正字通·示部》曰："禁，天子所居曰禁。"《史记·秦始皇本纪》："二世常居禁中，与高决诸事。"禁还指圈养禽兽之处的意思。《周礼·地官·囿人》："掌囿游之兽禁。"禁苑中"禁"字的意思二者兼有。禁苑是统治者经常去游玩或者居住的地方，为了警卫禁苑和皇帝的人身安全，禁苑出入的规定极其严格。"天子官门曰司马，阑入者为城旦，殿门阑入者弃市。"① 《龙岗秦简》这方面的法律规定很多，《龙岗秦简》[简15] 载："从皇帝而行及舍禁苑中者皆（?）□□□□□/"。

1. 出入禁苑必须有"出入证"

《龙岗秦简》[简11] 载："/于禁苑中者，吏与参辨券/"。

有事要到禁苑中去，先从禁苑吏的办公室领取出入证明，分作三券，苑吏、出入者、禁苑守门者各执一券。这是自《商君书·定分》"即以左券予吏之问法吏者"以来的又一重大进步。年代稍前的睡虎地秦墓竹简中还有"亡券而害"的罪名，凡丢失了作为凭证用的右券即构成了犯罪。

而《张家山汉简·户律》中："自五大夫以下，比地为伍，以辨口为信，居处相察，出入相同。"（简305）张简整理小组认为："辨，分。古时有可分为两半的符信，分为三份的玺印或券。"《龙岗秦简》与《张家山汉简》中此条可以相互佐证。

如《张家山汉简》第334简：

民欲先令相分田宅、奴婢、财物，乡部啬夫身听其令，皆以叁辨券书之，辄上

----

① 程树德：《九朝律考》，119页，北京，中华书局，2001。

如户籍。有争者，以券书从事。毋券书，勿听。

《张家山汉简》整理小组指出："叁辨券，可分成叁份得木券。"相同的有《睡虎地秦简·金布律》：

> 县、都官坐效，计以负赏（偿）者，已论，啬夫即以其（值）钱，颁其官长及冗吏，而人与叁辨券，人之。其责（债）毋放逾岁，逾岁而弗如及不如令者，皆以秦律论之。

《睡虎地秦简》的整理小组认为："辨，分。叁辨券，可以分成三份的，推测当由啬夫，少内和赔偿的人各执一份，作为缴纳赔款的凭证。"

[简2]又称："窦出入及毋符传而阑入门者，斩其男子/"。

"窦出入"是指凿孔穴出入，"符传"类似于今天的公函凭证。据陈直先生考证，汉代的通行证有四种：一曰"符"，二曰"传"，三曰"过所"，四曰"濡"。四种之中"传"与"符"为一类。其区别在于"符"有齿，而"传"无齿，符分左右而无数量。今据秦简有"符""传"之名，而无"过所"及"濡"之名称，可见后二者是汉代所增。[①]《法律答问》云："诸符传于吏，谓布吏。"说明秦时"符传"已经连称，而且包含证明文件之意。又《法律答问》中还有，"符券"且与"文书""公玺"并列，可见"符券"已有契约之意。又有"符玺"一词，可能是加盖了官印的"符"。还有"亡校券右为害"一语，这种"校券"有左右之分，可能与汉代"符"分左右相同。至于"传"，《仓律》规定，"有事军及下县者赍食，毋以传贷县"，意即不能凭"传"向县借贷。这些都是出入的凭证。

[简14]："六寸符皆传□□□/"。

由于此简文字残缺，确实的意思已经不得而知。大概是对于丢失、损坏、或私自借予他人的出入禁苑的"符""券"等的处罚。《居延汉简》：

> 始皇称帝，改历朔，上黑色'数以六为纪，符、法冠皆六寸，而与六尺，六尺为步，乘六马'。

而汉代也有：

> 金关为出入六寸符。始元七年闰月甲辰，居延与金关为出入六寸符，齿百，从一至千，左居关，右移金关，符合以从事。[②]

六寸符秦汉已经通用。

2. 出入禁苑的法律程序

《龙岗秦简》[简7]记载："诸有事禁苑中者，□□传书县、道官，□乡（？）/"；

---

① 参见陈直：《汉书新证》，349～350页，天津，天津人民出版社，1979。

② 转引自谢桂华、李均明、朱国炤：《居延汉简释文合校》，118页，北京，文物出版社，1987。

［简 9］记载："县、道官，其传□/"；［简 10］记载："取传书乡部稗官。∠其【田】（?）及□【作】务□/"；［简 5］记载："关。关合符，及以传书阅入之，及佩入司马门久（?）/"。

这些简记载的是如何取得进入禁苑的程序：司马门是设有卫成人员的宫门禁，要把进入禁苑的申请传给主管的县、道官等，然后由他们复核，看是否符合律令的规定。如符合，则把书传送给乡的稗官，取得出入证件后要交与守门人对照，对照符合后才能进入禁苑。

［简 3］："传入门者，必行其所当行之道，□□【不】行其所当行/"。

进入禁苑，需要遵守道路行走的规定。"当行"是指符合法律规定可以行走。秦律中的"当"与"不当"是指按照法律规定可以做或者不可以做。《睡虎地秦墓竹简·法律答问》有："甲小未盈六尺，有马一匹自牧之，今马为人败，食人稼一石，问当论不当？不当论及偿稼。"秦律中已经体现了现代法律中的权利规则、义务规则和复合规则，规定人们可以通过法律来维护自己的法律地位，和强制规定人民必须为或者不为一定的法律行为，体现了"令行禁止"。令，是要求必须为一定的行为；禁，是要求不得为一定行为。由于残缺，本条的处罚性部分佚失。参照《唐律疏议·卫禁律》：

> 若於官殿中行御道者，徒一年；官门外者，笞五十。误者各减二等。疏议曰：官殿中当正门为'御道'，人臣不得行走。其在官殿中及官城中而行御道者，各徒一年。

依照秦律遵循"重刑主义"的理念，处罚肯定重于唐律。

3. 违反禁苑出入法令所受到的处罚

违法进入禁苑，受到的处罚是非常严厉的。无符传或者钻孔进入，罪名如［简 2］记载："窦出入及毋符传而阑入门者，斩其男子左趾，□女【子】/。"［简 12］又云："有不当入而阑入……"此处出现了"阑入"一词，上文有"阑入门"罪名。《汉书·汲黯传》："无符传出入为阑。""诈伪假人符传及让（攘）人符传者皆与阑入门同罪。""阑入门"罪名是针对没有凭证而擅自闯入行为而设的，指擅自闯入禁苑。对于凿孔穴出入者和无公函凭证而闯入禁苑门者处以斩刑，可见刑罚是相当严厉的。汉代有阑入宫殿门罪。《汉书·功臣表》称曹宗"阑入宫掖门，如财赎完为城旦"。《新书·等齐》言，阑入天子宫门者处以城旦刑，阑入殿门者处以弃市，看来汉代的阑入宫殿门罪渊源于秦代的"阑入门"罪。如"候当坐與奴阑入上林苑"[①]，阑入门受到的处罚，男子要受到斩左足的刑罚，由于简的残缺，女子该受到的处罚没有明确表明，估计处罚也不轻。以欺骗的方式得到符传或伪造符传，向别人借用符传，以及把自己的符传借给别人，其所受

［①］《史记》，275 页，北京，中华书局，1985。

到的惩罚与擅自闯入门者同罪。如〔简4〕："詐（诈）伪、假人符傳及讓人符傳者，皆与闌入門同罪。""詐（诈）"是以欺骗的方式得到符传，"偽"是伪造符传，"假人符傳"是向人借用符传，"讓人符傳"是把自己的符传借给别人，是四种不合法的情况。"诈伪、假人符传及让人符传者，皆与闌入门同罪。"对照上面无符传或者钻孔进入苑囿的处罚，诈伪、假人符传及让人符传者，同罪。对那些敢于铤而走险、擅闯禁苑的人给以严惩，这样可以保护苑囿中的财产和维护内部的安全；对敢于用伪造、欺骗的手段取得进出禁苑的信物或者禁苑管理者的知法犯法的行为给予严惩。

（二）对在禁苑中的人员的限制

禁苑进行日常的维护，以及皇帝来禁苑游玩，禁苑中肯定有大量官吏及役徒进行工作。尽管法律规定的非常严酷，但还是有盗、亡人等非法进入禁苑，这里进行了法律的区分。

1. 禁苑中的非法停留人员

〔简13〕："盗入禁苑□/"。盗入禁苑与闌入禁苑法律上的处分不同，结合〔简20〕记载："/□不出者，以盗入禁。"与其相连的〔简21〕："苑律论之；伍人弗与言者，与同法。/"。对偷盗进入禁苑，从违法的性质与动机上来看，"盗入门"应该比"闌入门"受到的处罚更为严厉。

〔简17〕："亡人挟弓、弩、矢居禁中者，弃市。/"。

逃亡的人携带弓、弩等武器停留在禁苑中，被处于弃市的重刑。这是禁苑律文中很重要的一条，也是龙岗秦简表现秦律"重刑主义"的有力证据。

重罚预备犯与未遂犯，是秦律的特点，是商鞅强调"罚将过"的重要表现。《商君书·开塞》篇说："刑加于罪所终，则奸不去。"又说："王者用刑于将过，则大邪不生。"商鞅认为最好在预备犯罪阶段，至少在犯罪完成以前的各个阶段上，制止犯罪行为的发展，并将犯人惩处。"亡人挟弓、弩、矢居禁中者"只是具有犯罪的动机，甚至没有动机，携带弓、弩只是为了防止野兽，性质上最多就是属于预备犯罪，在处罚预备犯罪上应该轻于既遂犯罪。但事实上秦律已经把预备犯罪和既遂犯罪等同起来，给了同样的最重的惩处"弃市"。这与现代的刑法理论是背道而驰的。自《公羊传》提出了"君亲无将，将而必诛"的原则，历代刑法都以这原则作为立法取向。一切危损君主权威的行为，都是刑罚打击的重点，历代统治者将它奉为圭臬，成为了刑事法的灵魂。[①]

2. 禁苑中合法停留人员

禁苑中有大量的留守人员，如皇帝的随从，服役的刑徒，以及不少合法进入禁苑劳

---

① 参见范忠信：《中国法律传统的基本精神》，101 页，济南，山东人民出版社，2001。

役的平民，对这些人在禁苑中的活动，也要限制。

［简 15］："从皇帝而行及舍禁苑中者皆（?）□□□/"。

从前后的法条连贯的意思来看，这里应该是授予允许进入禁苑的凭证。禁苑与宫殿一样，除了警卫与特许者以外，不得住宿，特许的住宿者应该有凭证。

［简 16］："皇帝过，将者令徒□/"。

皇帝通过时，应该对附近服徭役者（或刑徒）加以法律上管理约束。即使能在禁苑中合法停留的人员，其人身行为也要受到诸多限制。

［简 18］："城旦舂其追盗贼、亡人，追盗贼、亡人出入禁苑臾（?）者得□/"。

城旦舂，刑徒名，男子为城旦，女子为舂。《汉旧仪》："城旦者，治城也；女为舂，舂者，治米也，皆作五岁。完，四岁。"对城旦舂因追捕盗贼和逃亡者而进入禁苑给予特殊的许可，对有立功表现的人给予奖励。

［简 19］："□追捕之，追事己，其在（?）禁（?）□□当出（?）者（?）将（?）出（?）之（?）/"。［简 68］记载："吏具，必亟入；事已，出/"。

［简 20］记载："/□不出者，以盗入禁。"［简 21］"苑律论之，伍人弗言□与同〔罪〕…"这条简是限制平民百姓的，官吏虽然也居住于平民当中，但不编入"士伍"。《法律答问》中有："吏从事于官府，当坐伍人不当? 不当。"各级官吏比平民享有特权，但追捕盗贼的公事结束后，应当立即离开禁苑，如果不及时离开，以盗入禁苑的有关法律论处。"王者之急，莫如盗寇"，秦律规定有秩吏均有拘捕逃犯的职责和义务。《法律答问》有："有秩吏捕阑亡者，以畀乙，令诣，约分购，问吏及乙论何也? 当赀各二甲，勿购。"[1] 这说明秦的一切有秩吏均有缉拿和追捕逃犯的义务。《内史杂》规定："候、司寇及群下吏毋敢为官府佐、史及禁苑宪盗。"[2] 还说明禁苑中设有"宪盗"，负责预防和制止侵犯禁苑的犯罪行为。但《龙岗秦简》中没有出现"宪盗"这个词。《法律答问》中有奖励百姓缉拿和追捕逃犯"捕亡完城旦，购几何? 当购二两"。[3] 在这里"城旦舂"是被捕捉的罪犯，而在《龙岗秦简》中"城旦舂"成为捕捉更重要罪犯的工具。这是秦律不同于其他法律的重要特点，也是"重刑主义"的表现，即法律的适用范围扩大，以至专职追捕人员的缺乏，不得不依靠轻刑犯来追拿重刑犯。"行罚重其轻者，轻者不至，重者不来，此谓以刑去刑。"[4]

3. 禁苑中的刑徒

（1）城旦舂

---

① 《睡虎地秦墓竹简》，210 页，北京，文物出版社，1978。
② 《睡虎地秦墓竹简》，176 页，北京，文物出版社，1978。
③ 《睡虎地秦墓竹简》，195 页，北京，文物出版社，1978。
④ 《商君书·靳令》。

禁苑中的主要刑徒，大多是被判为"城旦舂"的罪犯，实际从事的劳役并不限于筑城舂米。[简18]："城旦舂其追盗贼、亡人，追盗贼、亡人出入禁苑奥（？）者得□/"。"城旦舂"还可以抓捕比他犯罪行为更严重的罪犯，以期望获得减刑。"城旦舂"还必须戴刑具，"髡钳为城旦舂"。这在［简42］可见："故罪当完城旦舂以上者，驾（加）其□；男子□□□/"。残缺的部分应该是刑具。最后的木牍："鞫之：辟死，论不当为城旦……"龙岗六号墓的主人也是受"城旦舂"之刑的罪犯，但是没有活到被免为庶人。

（2）被适用肉刑的刑徒

禁苑中还有大量被施加肉刑的刑徒。[简43]："耐者假将司之，令终身毋得见□□□□□□/"。"令终身毋得"是法律用语。《封诊式·迁子》："谒鋈亲子同里士五丙足，迁蜀边县，令终身毋得去迁所，敢告。""将司"是带领、监管的意思。秦律用罪刑轻的耐刑犯来看管罪刑重的肉刑犯，耐刑本质上也是一种肉刑。[①] 耐刑一般与劳役刑并科，如耐为鬼薪、耐为隶臣、耐为司寇、耐为候等。

从对禁苑中的"城旦舂"和其他施以肉刑的刑徒的解释看出，禁苑也是体现秦朝"重刑主义"的地方，禁苑的功能，不仅是皇帝游玩的地方，还是一个刑徒服役的监狱。秦始皇减少了奴隶制时期的野蛮的肉刑，做到"刑人不亏体"，大量的身体健康的平民变成刑徒，为秦王朝创造了大量的财富。

三、《龙岗秦简》中的行政法规和行政管理

禁苑虽然是山林川泽的一个缩影，但自从成为皇家园林以后，制定法律，加强苑囿的管理后，禁苑也就组成了相应的行政机构。《龙岗秦简》中有对这一行政机构的构成、任务、职权范围及活动的基本原则、办事规程以及管吏的选择、任免和奖惩办法。

（一）行政机构和官职及职能

秦朝实行专制主义，君主决不允许各级官僚机构和各级官吏按照他们自己的意志各自为政的行使统治权，只能借助一套完整的成文法制来监督每一个官吏都按照君主的意志来实现这种统治。

1. 行政机构和官职

禁苑应该是县一级的行政机构，《内史杂》："苑啬夫不存，县为置守，如厩律。"既然县这一级行政机构能代替置守，苑肯定是县一级的行政机关。这些苑囿由国家直接派

---

① 参见粟劲：《秦律通论》，250页，济南，山东人民出版社，1985。

官吏管理，云梦秦简记载有"苑啬夫"之类的官员前去管理，甚至还有比附的法律规定。云梦秦简中的《徭律》：

> 县葆禁苑，公马牛苑，兴徒以斩垣离散及补缮之，辄以效苑吏，苑吏循之，县所葆禁苑之傅山远山，其土恶不能（耐）雨，夏有坏者，勿稍补缮，至秋毋（无）雨时，而以徭为之。

法律规定县这一级政权，有维护禁苑设施的职责。因为当时所有官吏平时都要熟悉法律，许多律文就是他们的当官"手册"，需要随时参照，所以在墓中出现这些法律文书非常正常。秦要求官员都要通晓法律："敢忘行主法令之所谓之名，各以其所忘之法令名罪之。"① 区分"良吏"与"恶吏"的标准之一，就是是否明了法律。《睡虎地秦墓竹简·语书》上也说："凡良吏明法令"而"恶吏不明法令"。秦《尉杂律》中有两条：

> 一、"岁雠辟律于御史"

> 二、"□其官之吏 □□□□□□□□□□□□□法律程籍，勿敢行，行者有罪。"

前一条的意思是官吏每年要到御史那核对刑律。第二条脱字过多，无法准确译出，大概是基于某些原因，限制某些法律程籍在特定条件下的实行，如果官吏不按照最有权威的法律程籍行事，就要被处罪。

［简 39］："禁苑啬夫、吏数循行，垣有坏决兽道出，及见兽出在外，亟告县。"

禁苑的主管官吏是禁苑啬夫，辅助官吏是苑吏，还有苑人作为工作人员。日常职能巡视禁苑墙垣，看管禁苑中的野兽，县属官员协助禁苑官员工作。日常工作还有传递往来的书信，通行往来人员。如［简 6］："禁苑吏、苑人及黔首有事禁中，或取其□□□/"。［简 7］："诸有事禁苑中者，□□传书县、道官，□乡（?）/"。［简 8］记载："制，所致县、道官，必复请之，不从律者，令、丞/"。

简文意为"所致县、道官，必复请之"是制度规定。语译为"法律规定，县、道官府接收到送达或转来的文书，必须再次请示复查"。这是禁苑律文传送的严格的程序规定。

2. 行政职能

从法律规范的确定程度上看，在秦的行政法规中，绝大多数的法律规范都是确定性的规范，为各级行政机构、行政官吏的行政行为直接明确地规定了规则的内容和制裁尺度。从《龙岗秦简》来看，禁苑官吏有履行职务的义务和执行法律的权力。

（1）管理禁苑，收取租税

禁苑中的官员有维护禁苑的日常秩序，并且收取租税，故意或过失减少应收取田租

---

① 《商君书·定分》。

的数量，要承担罪责。

[简129] 记载："人及虚租希程者，耐城旦舂；□□□/"。

收取田租有虚数、故意降低应缴纳田租的指标的，耐为城旦舂。

[简134]："希（稀）其程率；或稼/"。

故意降低国家规定的应缴纳田租数量的标准，有罪。

[简136]："租不能实□，□轻重于程，町失三分/"。

收田租不能如实，或少于规定或多于规定，都有罪。

（2）没收

[简26]："没入其贩假也，钱财它物于县、道官。"禁苑官吏将违法伪造官府的东西所获得的钱财，交于县、道官府。

[简54] — [简58]："敢行驰道中者，皆迁之。其骑及以乘车轺车□挽车行之，有没入其车马牛县道〔官〕，县道〔官〕/"。

[简102]："没入私马、牛、〔羊〕、〔驹〕、犊、羔县道官/"。

没收在驰道上行走、乘车用的马匹等用于给皇帝驾车。[简59]："骑作乘舆御……"

（3）一般的社会职能

1）禁苑官吏有诵读和巡行、巡逻的职能，将禁苑的有关法令、规定向役徒公布。[简66]："令吏徒读，徼行，□/"。

2）民政职能。如 [简196] - [简197]："黔首□□不幸死，未葬/者棺葬具，吏及徒去辨/"。百姓不幸死亡，没有埋葬，官府供给棺材及安葬的物品，官吏与服役人拿掉移交遗物的叁辨券的一券。

（4）管理驰道

1）秦国的驰道。

驰道的管理也是龙岗的重要内容，这类简虽然数量不多，但也应属于官吏禁卫类的律文。驰道是供皇帝车马行走的宽广的大路，是皇帝的御道。道路宽大、稳固并建有防尘树木是驰道的特征。秦治驰道于天下，"道宽五十步，三丈而树，厚筑其外，隐以金椎，树以青松"①。当时的驰道类型除普通道路外，还有立体交叉的复道、两侧筑壁以保证通行安全的甬道、以阁梁方式跨越险阻的栈道等。②驰道管理制度的核心内容是禁止皇帝之外的其他人穿越驰道和在驰道上行走，违规者将被"没入车马被具"，即被没收交通工具的处罚。经特许行于驰道，也只能"行旁道，无得行中央三丈"。

---

① 《汉书·贾山传》。
② 转引自彭卫、杨振红：《中国风俗通史·秦汉卷》，260页，上海，上海文艺出版社，2002。

2) 驰道管理的法规。《龙岗秦简》[简 54]："敢行驰道中者，皆迁之，其骑及以乘车、轺车/"。

敢于在驰道道中行走，将被叛处流放，迁徙之刑。从《睡虎地秦墓竹简》中可以看出，迁刑是秦代刑法中的本刑，有量刑标准，可以赎当，适用于很多犯罪。《龙岗秦简》[简 59] 还有："骑作乘舆御，骑马於它驰道，若吏【徒】/"。[简 61]："徼弩道，其故舆徼（?），□□（弩）道行之，不徙（?）□/"。在驰道上骑马，那么马就会充公给皇帝驾车。皇帝经过时要清除与驰道交叉的弩道上的行人，故意在清场之后仍然在弩道上行走的人，不服从命令要被处罚。

[简 31]："诸弋射甬道、禁苑外卅（?）里（?）繫，去甬道、禁苑/"。

甬道：两边筑墙的驰道。繫：拘禁、关押。凡在甬道和禁苑外三十里内进行弋射的，立即拘留。

[简 63] — [简 65]："/有行驰□/，/道中而弗得，赀官啬□/（夫）二甲，或入。"有违法在驰道中行走者，官吏未能察觉处置，罚相关机构的啬夫二甲。

（二）官吏的责任

龙岗秦简中的禁苑官吏负有行政责任。行政法规所规定的法律制裁，一般是经济制裁、行政强制和行政处罚，但处置都比较重，有些行政处罚与刑罚无异，甚至处以"成旦舂"的重刑，充分反映了秦行政法规的残酷性的特点。

1. 官吏故意犯罪的行政处罚

主要是官吏利用职务之便，从事违法活动所承担的责任。

[简 33] 记载："鹿一、麑一、麕一、狐二，当（?）完为城旦舂，不□□□"。官吏偷猎禁苑中上述任何一头动物，都要负"城旦舂"的刑事责任。

[简 40]："二百廿钱到百一十钱，耐为隶臣妾；□/"。

官吏如果贪污财物，赃值符合上面的数额，会被处以"耐"刑，并且附加"隶臣妾"的劳役刑。

[简 45]："吏弗劾论，皆与同罪。"

"劾"与"论"在这里都是法律名词，"劾"是追究罪刑，调查罪状。"论"是依法断狱定罪判刑。

[简 129]："人及虚租希（稀）程者，耐成旦舂。"[简 201]："言吏入者，坐赃与盗同法。"

虚，不实。收取田租有虚数，故意降低应该缴纳田租的标准的，耐为城旦舂。

对于罪犯，如果官吏不追究，应判与罪犯同罪。如果错判，也要承担刑事责任。

木牍："鞫之：辟死，论不当为城旦。吏论：失者，已坐以论。"这是说错判辟死为城旦的官吏已经被论罪判刑。

[简133]："程田以为赃，奥同法。田一町，尽□盈□希/"。

程田，为田地计算并规定缴纳田租的标准。官吏在为人田地确定缴纳田租标准时收受贿赂，按照相同的法律处理。但如果误差在一定的范围内，如"一町"内，可以免受惩罚。

[简136]—[简137]："租不能实□，□轻重于程，町失三分，□分以上，直（值）其所失赃及其所受赃，皆与盗同/"。

官吏不能如实的收取田租，少于规定或多于规定在三成以上，或在数分以上者，因为违法所损失的财物及非法所获得的财物的价值，都以盗窃等值的财物论罪。

2. 官吏渎职的行政处罚

渎职犯罪所受到的处罚较轻，只处以"赀甲"和"谇"的处罚。

渎职的责任：

[简53]："令、丞弗得，赀各二甲。关外及县、道官为/"。

[简138]："有犯令者而（?）弗得，赀官（?）啬（?）夫/"。

弗得，没有觉察。《语书》："独多犯令而令、丞弗得，以令、丞闻。"发生了犯罪行为，令、丞没有觉察，各罚二甲的钱。

[简72]—[简73]："匿盗，匿贼迹，赀二甲；其罪匿之□/"。役中任"重刑主义"刑罚用罪刑轻的耐刑犯来看管罪刑重的肉刑犯。

"匿盗贼迹"的处罚为赀二甲，可知还不是最严重的罪，推测前面残缺的简文可能有限制词，如不是故意等等。如果是故意隐匿盗贼处罚不可能仅仅是罚金了。能区分故意与过失，是秦律立法技术高超的表现之一。《法律答问》有一条包庇罪的处罚："甲盗不盈一钱，行乙室，乙弗觉，问乙论何也？勿论。其见知而弗补，当赀一盾。"甲盗窃虽不足一钱，但已经构成了犯罪。前往乙家，乙不知道情况，虽然没有协助捕获或告发，但因为不知道情况，主观上是没有包庇甲的故意，所以构不成犯罪，因而也就不追究他包庇甲的刑事责任。如果当时他知道甲是盗窃犯，不告发也不逮捕他，就有了包庇甲的故意，就构成了包庇盗窃犯的犯罪，应处"赀一盾"的刑罚。

[简101]："马、牛杀之及亡之，当偿而谇□□□□□/"。

偿，赔偿。谇，训斥，诘问，有追究之意。负责管理的马牛被杀，或者逃逸，官员应当照价赔偿，加以训斥，并追究其责任。《秦律十八种·效律》：

> 仓漏朽禾粟，及积禾粟而败之，其不可食者不盈百石以下，谇官啬夫……令官啬夫、冗吏共偿败禾粟。

管理粮仓的官吏失职致使粮食朽烂，官吏应该赔偿和被训斥，还要被追究责任。

秦统治者对法官或法吏的要求很高，这些人必须精通法律。"敢忘行主法令之所谓之名，各以其所忘之法令名罪之。"所谓"忘行"就是违背。就是说，各个主管法令的人，如果胆敢违背执行法令条文的某项规定，就各按照他们所违背的法令条文的某项规定，来处他们的罪。这样的要求非常严格，极大地降低了官吏利用职权故意犯罪与渎职犯罪的数量。

四、《龙岗秦简》中的经济法规与经济管理

《龙岗秦简》中的经济法规，实际上是行政法规的组成部分，很难说是一个独立的法律部门，仅仅出于研究的方便，本文把这一部分划分出来，单独地加以讨论。因为秦朝基本上是用行政手段来管理封建经济的。

（一）《龙岗秦简》经济法规的本质

《龙岗秦简》中涉及许多经济法规，很多内容与在其之前发掘的《睡虎地秦简》内容上相互重复，甚至还会前后矛盾。例如与《公车司马猎律》、《田律》、《效律》、《内史杂》、《厩苑律》等在田猎、假借、赔偿等方面，有许多条文相互重复。这反映了封建社会自然经济的特点，各经济部门，很少联系，仅有上下行政隶属关系。《龙岗秦简》中的经济法规最大的特点就是维护皇权的经济利益。从理论上说，山林川泽均属国家的资产，百姓进行捕捞、采集要课以赋税，对此有"颛川泽之利，管山林之饶"的描写。秦国在经济法规中坚持国家利益至上的原则，在处理国家与个人得失的关系时，绝对不能使国家利益受到损害。

第一是划分国家利益区域与个人利益区域的范围，国家垄断优质的资产，与民争利，不允许平民介入争夺。突出表现设置禁苑，苑中一切田地、飞禽、走兽、作物都是皇帝所有，平民禁止获取，违者就要被处罚。甚至禁苑以外若干里的区域，也设定为"奥"，这个区域也是皇帝的经济特区。"诸禁苑为埂，去苑里，禁毋敢取埂中兽，取者其罪与盗禁苑中【同】/"。皇帝对财富的掠夺到了赤裸裸的程度。

第二是国家的利益受到损失，除了处罚当事人以外，接下来的一步总是要赔偿，损失多少，就要赔偿多少。"马、牛、羊杀而亡之，当偿而诤。""皆以匿租者，诈毋多少，各以/"（价值赔偿）。

第三是一切应归国家收入的财物，一定要上缴，一张狗皮、一条牛筋也不例外。"河禁所杀犬，皆完入公。""亡马、牛、驹、犊、〔羔〕，马、牛、驹、犊、〔羔〕皮及□皆入禁（官）。"国家的财物一点也不能落入百姓的手中。

（二）经济管理的法规

从龙岗秦简上看，秦依法对构成当时国民经济的各个部门进行了经济管理和经济干预，包括对田猎、农业、畜牧业和物资进行了经济管理，对秦朝社会的经济发展起到了促进作用，值得批判和继承。

1. 田猎的法规

秦朝的兴盛与射猎有着密切的关系。但是田猎不是滥猎，要遵循田猎的制度。

（1）禁苑中田猎要遵守法令

［简116］记载："廿四年正月甲寅以来，吏行田赢律（？），诈/"。

［简117］："田，不从令者，论之如律/"。

行田，就是打猎。赢律，就是打猎超过法律的规定限度。《秦律杂抄·除弟子律》载有："使其弟子赢律，及治（笞）之，赀一甲。"此简是对官吏打猎超过一定限度和规模进行惩处的律令。

田猎还要遵循节令和方式，否则要处以"赀"刑和"连坐"。

［简118］："一盾，非田时殹（也），及田不□□坐/"。

（2）平民的田猎不能损害国家的利益

禁苑是皇家财产所有权的范围，平民田猎不能侵害君主的利益。

［简27］："诸禁苑为壖，去苑里，禁毋敢取壖中兽，取者其罪与盗禁苑中【同】/"。

禁苑外围的壖也是禁地，如果在壖地内猎取野兽，与在禁苑中盗猎是同罪的。

［简33］记载："鹿一、麂一、麋一、狐二，当（？）完为城旦舂，不□□□"。

猎取禁苑中的一头普通的野兽，要受到四年刑罚的处置，这种处罚是相当严重的。在禁苑的外围还修有"壖"，胡平生先生认为"壖"是"在禁苑的墙垣之外，还有一条'隔离地带'"[①]。

对于维护皇帝的利益或不损害皇帝利益的行为，法律不禁止。

［简30］："时来鸟，黔首其欲弋射奊兽者勿禁。坐/"。

［简32］："诸取禁中豺狼者，毋（无）罪。"

［简34］："然。∠取其豹、狼、獭、狐、狸、□、雉、兔者，无罪。"

（3）法律禁止用非法的手段捕猎

田猎时禁止用毒药去毒杀动物，《周礼·地官·迹人》曰："迹人掌邦田之地政，为

① 胡平生：《云梦龙岗秦简"禁苑律"中的"奊"（壖）字及相关制度》，171页，载中国文物研究所、湖北省文物考古研究所编：《龙岗秦简》，北京，中华书局，2001。

之厉禁而守之。凡田猎者受令焉，禁麛卵者，与其毒矢射者。"①《礼记·月令》说：

> 田猎、罝罦、罗网、毕翳、餧兽之药毋出九门。"注曰："凡诸罟及毒药，禁其出九门，明其常有，时不得用耳。②

禁止使用毒药的目的是防止将动物赶尽杀绝，要让其能够不断的繁衍生息，也是下一次有猎可打的需要。《龙岗秦简》的［简 28］："诸禁苑有墙者，□去墙廿里毋敢每（谋）杀□……敢每（谋）杀……"参考诸多文字考释，简文中的"每"字从上下文连接的意思看应为"毒"，所谓"每杀"应该是"毒杀"，是指禁止用投毒方法捕杀野兽。

不厌其烦的列举每一项法令禁止的事项是秦律的特点之一，但是由于法自身的缺陷，还是有许多应该禁止的方式未被列出，如此规定，挂一漏万，既不周密严谨，文字且嫌芜杂。汉代《四时月令五十条》的发现使我们了解到在制定法令方面，汉代也承袭秦制，以注解的方式界说法律名词、术语的含义。③《五十条》则规定，季春月令："毋弹射蜚鸟及张罗为它巧以捕逐之"，将《月令》以上所列举的诸多捕捉鸟兽的方法，概括为"它巧"，甚是简洁明了，表明由秦至汉立法技术取得了进步。

2. 农业生产管理法规

农业是秦封建经济赖以存在的基础，秦统治者主张依法治国，也主张依法管理农业，显示了对农业的发展兴趣和管理生产的能力。从《龙岗秦简》来看，关于农业管理的法规，除了缴纳租税维护封建国家的利益，其他大部分法令都体现了对农民权益的保护，对发展农业生产的促进。

（1）禁苑公田假与制度

《龙岗秦简》［简 1］记载："诸叚（假）两云梦、池鱼（禦）及有到云梦禁中者，得取灌（?）□□/"。

封建统治者为了促进农业生产，时常把生产资料借给农民使用。如《厩苑律》："假（借）铁器，销敝不胜而毁者，为用书，受勿责。"

《汉书·高帝纪》记载，高祖二年（公元前 201 年）曾令："故秦苑囿园池，令民得田之。"这是公田的来源之一。秦时是否实行像汉代一样的"假税"制度，从现存的史料及云梦出土的秦简中，都找不到确凿的证据。秦简中虽有以公田出租于民的简文，但地租的征收情况不明，而且也没有"假税"的名目。我们只能从汉代实行假税制度上来推测秦朝也实行这种制度。

假税是汉代有的一种赋税，其实就是公田的田租。垣外空地，也每辟为公田，即令

---

① 《周礼注疏》，卷 16，《十三经注疏》，748 页，北京，中华书局，1980。
② 《睡虎地秦墓竹简》，20 页，北京，文物出版社，1990。
③ 参见中国文物研究所、甘肃省文物考古研究所编：《敦煌景泉月令诏条》，北京，中华书局，2001。

离宫卒耕种。如武帝末赵过为代田法，即曾"试以离宫卒田其宫壖地，课得谷皆多其旁田亩一斛以上。令命家田三辅公田、又教边郡及居延"①，这些空地的开辟，当然都是公田；课而得谷，也当然就是假税。

《龙岗秦简》中的［简155］："黔首钱假其田已（？）□□□者，或者□/"。

这条简中的"假"是贫民租借富人的田地，与"假借公田"不同，这里是平民假借官府的土地。封建政府经常在灾年将土地租给平民，以利生产，渐成制度。

（2）农田的田界管理制度

［简121］："盗徙封，侵食冢庐，赎耐；□□宗庙奭（墙）/"。

"封"是土地界限的标志。封内土地作为受限制的区域，以及封作为划分土地的标志，在秦之前就有。《管子·地数》：

> 山上有赭者，其下有铁……苟山之见荣者，谨封而为禁，有功封山者，罪死不赦。

《周礼·大司徒之职》：

> 而辨其邦国都鄙之数，制其畿疆而沟封之，设其社稷之而树之田主，各以其野之所宜木，遂以名其社与其野。

《周礼·封人》注："畿上有封，若今时界矣。"而商朝出土的一件供器上也记录了"封"。"乃成夆（封）三（四）夆（封），颜小子具惟夆（封）"②，意思是：就是在林地的四周堆土成封作田界，颜小子具办理封土事宜。

《睡虎地秦墓竹简·法律答问》：

> 盗徙封，赎耐。可（何）如为封？封即田千（阡）佰（陌）。顷半（畔）封殹（也），且非是？而盗徙之，赎耐，可（何）重也？是，不重。

这则问答本身是对"封"的解释，是"田阡陌顷畔的封"。

封是指田界的标志，从整则答问看，"盗徙封，赎耐"应是引用秦律的文本。它的完整的意思是：私自迁移田界，判处"赎耐"的刑罚。地界有不同的标识物，所以有人问："何如为封？"答："'封'即田千陌（阡陌）。"明确指出"封"是指起田界作用的田间道路。犯了盗徙封的罪名得到的处罚是"耐"刑，这与睡虎地竹简中的处罚方式相同。

［简120］："侵食道、千（仟）、陌，及斩人畤企（畦），赀一甲。"

《龙岗秦简》中还对农田道路以及田间地拢加以保护。侵食道路，田间阡陌，以及掘坏他人的田界、田垄，罚一甲，充分体现了对农田这种最重要的生产资料的保护。

---

① 《汉书·食货志上》。
② 选自《九年卫鼎》，现收藏于陕西岐山县博物馆（共王时器）。

（3）田租的管理制度

田租是整个封建统治得以维系的基础，所以秦政府对田租的管理最为详细、严密。禁苑的官吏要熟悉土地管理、征收租税等相关法律，这是禁苑管理的重要事务之一。

1）严禁各种形式的偷逃租税行为。

个人故意偷逃田租的行为及处罚：

［简125］载："不遗程、败程租者，□；不以败程租上/"。

程，课率。此处的程租，是国家规定的每个单位面积应当缴纳的田租的定量。遗程租，指逃漏田租。

［简126］载："盗田二町，当遗三程者，□□□□□□□/"。

申报田地面积少于实际拥有的田地面积，等于是盗田，偷漏田租。

［简142］："皆以匿租者，诈毋多少，各以其/"。

［简143］："□□不到所租直（值），虚租而失之如/"。

缴纳的田租如不到所租田地应缴纳之值，虚报田租数额而设法逃漏，匿租及诈骗，无论数量多少，都要惩处。

［简147］："坐其所匿税赃，与法没入其匿田之稼。/"。

坐，以……定罪，承担罪责，按其所隐瞒的租税定罪，并依法没收其隐瞒田地上的庄稼。

官吏故意不实收取租税的行为及处罚：

［简129］载："人及虚租希程者，耐城旦舂；□□□/"。

（官吏）收取田租有虚数，故意降低应缴纳田租的指标的，耐为城旦舂。

［简134］："希（稀）其程率；或稼/"。

故意降低国家规定的应缴纳田租数量的标准，有罪。

［简136］："租不能实□，□轻重于程，町失三分/"。

收田租不能如实，少于规定或多于规定，有罪。

2）收取田租的量器、衡器经常检验。

［简141］："上，然租不平而劾者，□□□□租（?）之（?）□/"。

田租上有量器不平的问题，应该加以查核。简文"租不平而劾者"应该是指田租的称量或称量的器具而言。"劾"字应为"刻"字，有"减损"的意思。《荀子·礼论》："刻死而附生谓之墨，刻生而附死谓之惑。"杨倞注："刻，损减。"如此则简文"租不平而刻者"，即是"田租称量不标准而加以减损"。

［简140］载："租笄索不平一尺以上，赀一甲；不盈一尺到……"也是田租称量或衡量器具的事，"平"是指公平、合乎标准，"不平"即"不公平"、"不标准"。

3）保护土地私有权。

［简 151］："田及为诈为田籍，皆坐臧（赃），与盗□/"。

诈伪写田籍，欺骗或假造田地文书的人，与盗窃同罪。

［简 150］："租者且出以律，告典、田典，典、田典令黔首皆智（知）之，及/"。

租田者出示所依据的法律，告诉里正和农官田典，里正和田典须使百姓们都知道。

通过《龙岗秦简》对土地的管理看出当时的土地私有权已经被确认。

第一，《龙岗秦简》命令占有土地的自耕农向政府呈报自己占有土地的数量。

第二，按照土地的肥沃程度，确定缴税比例。

第三，按亩缴纳租税，以获得田籍，使政府确认这种土地私有权并加以保护。

3. 畜牧业的管理的法规

(1) 保护官私马牛

秦时的马牛是除了土地之外的最重要的生产资料，农耕、运输、战备都离不开马牛。《厩苑律》中载有放牧官有马牛的律文，禁苑中饲养着官有牛马。《龙岗秦简》［简98］："廿五年四月乙亥以来，□□马牛羊□□□/"。

该简为秦王政二十五年颁发的有关马、牛、羊方面的法律条文，简残而未详律名。《秦律杂抄》引有'牛羊课'与此简及以下诸简内容相近，可见当时政府对马、牛、羊管理的一贯重视。

［简 23］："驱入禁苑中，勿敢擅杀。擅杀者/"。

官私马牛之类的牲畜，被驱赶进入禁苑之中，不得擅自杀死。擅杀者，有罪。

［简 103］："诸马、牛到所，毋敢穿穽及置它机，敢穿穽及置它（机）能害□/人马牛者/"。

这可能是严禁在马牛出现的地方设置陷阱等捕兽机关，违者严惩的律条。

［简 77］载："黔首犬入禁苑中而不追兽及捕/"［简 78］记载："/者勿□/"根据整理者认为，这两简是可以缀合的，应该是共为一简。

而［简 79］～［简 83］记载："/杀；其追兽//及捕//兽者，/杀之；河禁所杀犬，皆完入公；其//及它禁苑，食其肉而入其皮/"。

将这些竹简的内容连起来看，大意与《田律》一样，是合理的保护平民的私有牲畜财产。

［简 99］载："马、牛、羊、食人□之□□□□□/"。

马牛羊食人禾稼，要进行折算赔偿。

［简 101］："马、牛杀之及亡之，当偿而谇□□□□□/"。

(2) 无主的马牛等遗失财产的所有权

［简 112］："亡马、牛、驹、犊、〔羔〕，马、牛、驹、犊、〔羔〕皮及□皆入禁（官）□/"。及［简 83］："河禁所杀犬，皆完入公。"

从《龙岗秦简》可以看出秦统治者改变了自周以来的"大者公有，小者私有"的遗失物所有归属的规定，丢失的马、牛、驹、羔、犊和它们的皮都要上缴给禁苑官，所有权属于政府。

五、结 语

（一）秦朝应该存在禁苑律

胡平生先生在《龙岗秦简》的补论中说："'禁苑律'是暂拟的律名。《唐律疏议》中关于皇家宫殿、宗庙、陵园、禁苑的防卫，有《卫禁律》。《疏议》曰：'《卫禁律》者，秦汉及魏末有此篇，晋太守贾充等酌汉魏之律，随事增删，创制此篇，名为'卫宫律'。自宋泊于后周，此名并无所改。至于北齐，将关禁附之，更名《禁卫律》。隋开皇改为《卫禁律》。'唐律规定：'阑入禁苑者，徒一年。'睡虎地秦简中有关禁苑的内容属《田律》，张家山汉简中也有与《田律》相似的内容，但似乎未见有报道有《禁苑律》之名。今冠以'禁苑律'之题，是为了叙述的方便。'发掘'简报中亦用'禁苑律'之名。"①

《龙岗秦简》中理应存在《苑律》或《禁苑律》的理由。

第一是《龙岗秦简》本身提到"禁"和"苑律"。

［简 20］："/□不出者，以盗入禁。"

［简 21］："苑律论之，伍人弗言者，与同法/"。

因为可能二者相连，则会有"禁苑律"这样的律名产生。如果参照［简 13］"盗入禁苑□/"就是一条惩处盗入禁苑的律文，简［20］、［21］则是比照适用，很可能就是律篇名。

第二是既然厩律存在，苑律亦当成立。

大庭修先生认为最起码秦朝存在苑律的观点还是存在的："'苑啬夫不存，县为置守。如厩律。'此厩律究竟是厩苑律的略称呢，还是在厩苑律之外，另有厩律和苑律呢？我认为存在苑律。"②

第三是秦朝的立法习惯。

秦朝立法讲究一事一立，没有统一的大纲，法律上相互重复，相互矛盾的情况俯首可得。秦律存在《厩苑律》，但就禁苑的性质、作用、重要性而言，应该存在一部类似

① 胡平生：《云梦龙岗秦简〈禁苑律〉中的'奭'（墙）字及相关制度》，载《江汉考古》，1991（2）。
② ［日］大庭修：《云梦出土竹书秦律的研究》，载《关西大学文学论文集》，第27卷第1号，1977。

的《禁苑律》。

（二）秦朝的禁苑律只是相关法律条文的编纂

《龙岗秦简》中抄有制、法、律、令等多种规范。

制

[简 8]："制，所制县、道官，必复请之，不从律者，令、丞□/"。

制，应该是皇帝命令的一种，"命为制，令为诏"，皇帝的命令编成制书，具有至高无上的权威。

法

[简 44]："盗同灋（法），有（又）驾（加）其罪，如守县□金钱/"。

[简 147]："坐其所匿税臧（赃），奥灋（法）没入其匿田之稼/"。

[简 148]："其所受臧（赃），亦奥盗同灋（法）；遗者罪减焉/"。

这是所说的法与刑同义。

令

[简 98]："廿五年四月乙亥以来□□马牛羊□□□/"。

这是一条带时间限制的令，从内容上来看应该是对前面某些部分的法律内容的补充。

[简 117]："田不从令者，论之如律/"。

[简 138]："有犯令者（？）弗得，赀官（？）啬（？）夫/"。

令，在《龙岗秦简》中只是单行的法规，具有优先执行的权力，并非皇帝的诏令，假如是对皇帝的诏令的违犯就不会仅仅处以"赀"这样罚款的小刑罚了。秦汉两代就同一制度，律令并用，往往难以区分，如秦有《田律》也有《田令》，汉有《金布律》也有《金布令》。[①] 律应该是诸法合体，好比网纲，令应该是网上的线。哪里的律有疏漏，就用令这条线补上一条。

在秦时，已经有了正式名称的那些律，对它们加以补充的"令"或"王命"可能没有独立的名称，而是直接归类至相应的律名之下，但从法律的制定程序或所起的作用不同来看，这些"令"或"王命"仍然具有自身单列的性格，并不和律混同。[②]

苑囿法律的出现再次验证了秦汉律令法并称，表示了律令法之间的紧密联系，法在这里是律和令的总称。龙岗秦墓出土的秦简因为是个人抄录保存的，哪些是律，哪些是

---

① 《金布律》秦汉出土的资料很多，如睡虎地秦墓的《金布律》，尹湾汉简《金布律》；《汉书》（卷十八，《萧望之传》）："故《金布令甲》曰……"颜师古注："《金布》者，令篇名也，其上府库金钱布帛之事，因以篇名。令甲者，其篇甲乙之次。"

② 参见张建国：《帝国时代的中国法》，32 页，北京，法律出版社，1999。

令，抄录者本人是比较清楚的，特别是当初各条竹简的编排上的次序，对区分各类法律规范有了相当大作用，可惜原简因为年久绳朽等原因已经散乱，这更增加了分类上的困难。

律作为国家颁布的正式法律，律文为民众设定行为规范，也规定违法的处罚标准。秦令的法律地位比律要高，律以国家的名义颁布，令以君主或皇帝的命令颁布。《龙岗秦简》中"田不从令者，论之如律"令只规定不服从令，要按照有关规定处理。因为律文中有关违令的处罚规定，实质上相当于法典中的空白罪状，违令的内容，在相关法律中、法令中查找，违令如何处理，要在律文中查找。如《张家山汉简〈奏谳书〉》第18条：

> 令，所取荆新地，多群盗，吏所兴与群盗遇，去北，以儋乏不斗论。律：儋乏不斗，斩。

研究苑囿法律可放大秦汉时的法律，律是一种为了配合中央集权体制以及行政体系的发达而制定的一种比较稳定的国家大法。它通过各级官僚无条件的执行发挥其法律效力，包括已经很成熟的刑事法律。令也不是只代表君主所下达的指令，也包括便于律的实施所制定的某些细则和政府首脑征得君主的同意而下达的一些政令。从《龙岗秦简》中，律、令、制、法各种形式都存在来看，这更像一部相同法律内容的编纂。

"商鞅改法为律，律的功能是'律以正罪名'，罪呼刑应。"[①]

而《龙岗秦简》中除了有"正罪名"的刑事规范外，还有大量的适用于各种行政事务的制度，从而再次证明《龙岗秦简》中的法律只是相关类似法律的编纂。这种编纂的意义不是只冠以一个律名所能涵盖的，编纂的目的是建立一个可以通过它而实行法治的体系，做到"治道运行，诸产得宜，皆有法式"，和"事皆决于法"。将各种社会关系纳入"公权统御"的范围，增强中央集权与国家法律对社会生活的全面控制。

《龙岗秦简》中的秦律的优点之一是明白易知，语言上的尽量口语化以及内容与禁苑的日常生活息息相关。《龙岗秦简》中除了因年代久远字迹污损不清者之外，基本上没有晦涩难懂的文字。优点之二是公开颁行。禁苑官吏本身通晓法律，还要"令吏徒读，徼行……"有责任让辖区内的平民、刑徒都知晓法律。

《龙岗秦简》中的秦律的以上两个优点是秦朝法律完备的一个缩影。《龙岗秦简》的法律不仅规范类型较为完全，结构较为严密，而且确定性程度非常高，为禁苑的官吏、平民、服役者明确指出了应该做什么、允许做什么、禁止做什么、要求做什么；并且对违反规范的后果作出了详尽法律制裁的规定。

《龙岗秦简》中的秦律的一个宗旨就是义务本位。虽然也规定了平民可以从事生产、

---

① 程天权：《论商鞅改法为律》，载《复旦学报》，1983 (1)。

畜牧等权利，但比其义务来讲是微不足道的，法律从产生之日起就被视为禁民为非，设民为君的工具，所谓"强由民力，财由民出"①。《龙岗秦简》的律文，大部分与禁苑的管理有关，本质上应该是属于一部行政法规，但管理手段上却充斥大量的"弃市"、"斩趾"等野蛮的刑罚处罚，"城旦舂"等数年徒刑等更是动辄判之，残酷性也处处可见。

既然《龙岗秦简》在刑罚上存在野蛮性与残酷性，它在当时到底算不算一部先进的法律呢？我们认为衡量一部法律的进步与否，主要不是看它的刑罚是残酷还是宽平，而是看它是否反映的是进步的生产力和生产关系的要求。马克思主义认为，法律是物质关系的产物，而立法只不过"是表明和记载经济关系的要求而已"②。

《龙岗秦简》所涉及的秦律，其中所规定的刑罚虽然是那样的野蛮和残酷，大部分的篇幅都是在维护皇权、帝制，但也有很多条令是调控社会，维护农民的利益。《禁苑律》作为上层建筑促进了当时的生产力的发展，对封建经济的发展提供了有力的支持，它在当时是一部先进的进步的法律。

《龙岗秦简》只是一部完整成熟的法律体系的前奏曲，各种构建的因素已经具备，只是强大的秦朝已经土崩瓦解，随着这种瓦解，一部成熟完整的法律终究没有形成。

（作者单位：于翠平，山东经济学院公共管理学院；于青明，上海师范大学）

---

① 《三国志·吴书·陆逊传》。
② 《马克思恩格斯全集》，第 4 卷，122 页，北京，人民出版社，1985。

尤陈俊

明清日用类书中的律学知识及其变迁

一、官私并举、流派纷呈的明清律学

　　明清时期常常被视为中国古代法学发展的衰落阶段，其理由之一是相对于唐宋时期的法学发展而言，这一时期已经缺乏创新，无本质的飞跃自不待言。[①] 但是，如果我们转换一个角度来看，将会发现在此一"衰落阶段"，同时也呈现出另一种形式的繁荣景象，那就是在明清时期，律学昌盛，尤其是私家注律，更是异常活跃，仅"终清一代，私家注释《大清律例》的释本有百余家，一百三十多种"[②]。尽管我们不一定同意"律学实质上就是中国古代法学"的看法[③]，但明清律学的昌盛，的确是中国法学史上值得

---

① 参见何勤华：《中国法学史》，第 2 卷，169～174 页，北京，法律出版社，2000。

② 何敏：《清代私家释律及其方法》，载何勤华编：《律学考》，493 页，北京，商务印书馆，2004。

③ 参见怀效锋：《中国传统律学述要》，载《华东政法学院学报》，1998（1），4 页。但亦有很多学者并不赞同此一观点，例如何勤华认为律学是中国古代法学的一个重要组成部分，两者并不是一回事。参见何勤华：《秦汉律学考》，载《法学研究》，1999（5），125 页。

深入探讨的独特现象，尤其是对于研究 14 世纪以降法律知识的民间传播来说，更是一个无法绕过的主题。

中国古代的律学，诞生于秦汉时期，但对律学研究活动明确作出记述以及"律学"一词的使用，则是魏晋以后的事情。① 延至唐代，《永徽律疏》的问世，标志着律学步入一个新的高峰，但惜乎好景不长，由宋至元，律学传统逐渐衰微。而到了明清时期，律学重新兴盛，臻至鼎盛，无论从律学著作的数量、种类，还是从律学研究的技术层面来说，前代诸朝俱不能望其项背。依据学者的初步统计，明清时期出版的律学著作，共达 260 余部之多，其中出版于明代的有 101 部，出版于清代的则为 160 余种。② 尽管在这众多律学著作之中，多系私家注律之作品③，但这并不意味着它们就不为官方所重视。事实是："有些律学著作或由长官作序，或荐至官方书局刊印，有的甚至冠之以'御制'。如康熙时沈之奇所著《大清律辑注》便特定为御训之书。"④

明清时期出版的律学著作，按其性质与内容不同，大体上可以分为以下五类，即：(1) 辑注本类。以康熙五十四年（公元 1725 年）沈之奇撰《大清律辑注》与乾隆三十一年（公元 1766 年）万维翰著《大清律例集注》为典型代表；(2) 考证本类，以乾隆四十年（公元 1775 年）刑部侍郎吴坛《大清律例通考》和光绪三十一年（公元 1905 年）刑部尚书薛允升《读例存疑》为代表；(3) 司法应用本类，其中包括康熙十三年（公元 1674 年）出版的《读律佩觿》、道光二十五年（公元 1845 年）版的《明刑管见录》等，最著名者当属祝庆祺纂、鲍书云订的《刑案汇览》；(4) 图表本类，以乾隆五年（公元 1740 年）纂辑的《名法指掌》与乾隆十五年（公元 1750 年）纂辑的《律例图说》为代表；(5) 歌诀本类，其中著名者如同治十二年（公元 1873 年）的《大清律例歌括》和光绪十六年（公元 1890 年）的《读律一得歌》。⑤ 五类之中，又以有关司法应用的著作为数最多，其次则为有关律例考证和历史研究的著作。⑥

---

① 参见何勤华：《秦汉律学考》，载《法学研究》，1999 (5)，123 页。

② 参见何勤华：《中国法学史》，第 2 卷，198～208 页，北京，法律出版社，2000。

③ 关于明清私家注律的专题研究，详见 Fu-mei Chang Chen（陈张富美），Private Code Commentaries in Development of Ch'ing Law（1644—1911）[清代法律发展中的私家注律（1644—1911）]，哈佛大学历史与东亚语言研究所博士学位论文，1970；何敏：《清代的私家注律》，中国政法大学博士学位论文，1994。

④ 张晋藩：《清代律学及其转型》，载《中国法学》，1995 (3)，92 页。

⑤ 参见张晋藩：《清代私家注律的解析》，164～188 页，载张晋藩：《清律研究》，北京，法律出版社，1992。也有其他学者做出不同的分类概括，如何勤华将之分成八类，即 (1) 辑注类释本；(2) 考证类类释本；(3) 司法指导类类释本；(4) 便览类释本；(5) 图表类释本；(6) 歌诀类释本；(7) 比较历史上不同的法律体系和法律制度，从中总结若干法制建设的历史经验与教训，以为现实的立法服务的注释作品；(8) 专著性释本。参见何勤华：《中国法学史》，第 2 卷，209～210 页，北京，法律出版社，2000。吴建璠则将之分为律例注释、律例图表、律例歌诀、案例和案例资料、律例考证、律例比较研究、古律的辑佚和考证等七类，参见吴建璠：《清代律学及其终结》，载何勤华编：《律学考》，411 页，北京，商务印书馆，2004。上述划分均大同小异。

⑥ 参见吴建璠：《清代律学及其终结》，载何勤华编：《律学考》，405 页，北京，商务印书馆，2004。

二、明清日用类书中的律例内容

明清时期流行于俗世民间的各种日用类书，其内容均系摘抄汇编而成，几乎无所不包，天文地理，琴棋书画，婚丧礼仪……甚至连青楼风月亦有专文。[①] 律例内容也常常厕身于这些包罗万象的内容之中，尤其是在清代中期之前，不同版本的日用类书通常都会设一门类刊载律例内容，其名目虽间有差异，但一般称为"律例门"或"律法门"，其中所载律例内容有详有略，各因种类不同而异。日本汲古书院近年来影印出版的六种明代日用类书中，仅《新刻搜罗五车合并万宝全书》一种未载律例内容，其余五种均有所载（其中有四种专设一门的篇幅刊载此类文字，《新刻天下四民便览三台万用正宗》则将此内容与撰写词状所需的讼学知识合为一门）。依据各书总目所载，其中详载的内容如下表所示：

表一 明代五种日用类书之"律例门"（"律法门"）详录

书　名	刊　本		相关门类详目
《新锲全补天下四民利用便观五车拔锦》	明万历二十五年（1597）刊本	卷六律例门（上下层）	上层：律令行移（内纳赎则例、比附律条俱全） 下层：法家要览（内金科赋并为政规模俱全）

---

① 由于此类鄙俗读物有着"民间日用大全"的特色，故而日本学者仁井田陞将之称为"日用百科全书"，而后为酒井忠夫改以"日用类书"之名，并为学界沿用至今。参见〔日〕仁井田陞：《元明时代の村规约と小作证书など—日用百科全书の类二十种の中から—》，载〔日〕仁井田陞：《中国法制史研究　奴隶农奴法·家族村落法》，741～789页，东京，东京大学出版会，1962；〔日〕仁井田陞：《元明时代の村规约と小作证书など（二）—新たに调查した日用百科全书の类二十余种によって—》，790～829页，载〔日〕仁井田陞：《中国法制史研究　奴隶农奴法·家族村落法》，东京，东京大学出版会，1962；〔日〕酒井忠夫：《元明时代の日用类书とその教育史的意义》，载《日本の教育史学》，第1号，67～94页，1958；〔日〕酒井忠夫：《明代の日用类书と庶民教育》，载林友春编：《近世中国教育史研究》，62～74页，东京都，国土社，1958。部分学者所称的"万宝全书"，亦是指此类鄙俗史料。

汉语学界关于明清日用类书的介绍与研究，可参见吴蕙芳：《万宝全书：明清时期的民间生活实录》，台北，政治大学历史学系，2001；刘天振：《明代通俗类书研究》，济南，齐鲁书社，2006；尤陈俊：《明清法律知识的另类空间：透过日用类书的展示》，载中国法律史学会编：《法史学刊》，北京，社会科学文献出版社，2007；尤陈俊：《明清日用类书中的法律知识变迁》，载苏力主编：《法律和社会科学》，第2卷，北京，法律出版社，2007；尤陈俊：《明清日常生活中的讼学传播：以讼师秘本与日用类书为中心的考察》，载《法学》，2007（3）。

唯需强调的是，本文研究的乃是综合性的刊本日用类书，而暂不涉及其他种类。按照复旦大学王振忠的研究，明清以来的民间日用类书可以分为三大类，其中包括：（1）综合性日用类书（如《万宝全书》系列，主要是刊本）；（2）商业性日用类书（如各种路程和反映商业规范、商业道德及从商经验的专科性类书，其中既有刊本，又有抄本）；（3）村落日用类书（以具体的村落为中心编纂或抄录的日用类书，这些都是遗存民间的稿本或抄本）。参见王振忠：《清代前期徽州民间的日常生活——以婺源民间日用类书〈目录十六条〉为例》，载陈锋主编：《明清以来长江流域社会发展史论》，676页，武汉，武汉大学出版社，2006。

续前表

书　名	刊　本		相关门类详目
《新刻天下四民便览三台万用正宗》	明万历二十七年（1599）刊本	卷八律法门	招拟指南；鸣情均化录论；串招活套。
《新刻全补士民备览便用文林汇锦万书渊海》	明万历三十八年（1610）刊本	卷六律例门（上下层）	上层：律例行移；西江月调；律卷总目；律例条歌； 下层：律令总览；金科针赋；为政规模；律例拾遗。
《鼎锲崇文阁汇纂士民万用正宗不求人全编》	明万历三十七年（1609）刊本	卷十二律令门	上层：律令行移俱全 下层：法家要览俱全
《新板全补天下便用文林妙锦万宝全书》	明万历四十年（1612年）刊本	卷六律法门（上下层）	上层：律令行移；西江月调；律卷总目；律例条歌； 下层：法家总览；金科一诚赋；为政规模；律例拾遗。

　　仅观上述详目，已可依稀辨出明清日用类书之"律例门"（"律法门"）所载内容究竟关涉哪些方面，而更深入的了解，则有待对其正文所载文字的直接阅读。试举明万历三十八年（公元1585年）刊本《新刻全补士民备览便用文林汇锦万书渊海》为例。①

　　《新刻全补士民备览便用文林汇锦万书渊海》卷六为"律例门"，其正文上层为"律条行移"，下又细分"例分八字西江月"、"律卷总条钦名歌"、"问拟总类歌"、"监守自盗赃"、"窃盗赃不枉法赃"、"坐赃"、"收赎歌"、"妇人纳钞歌"、"纳米歌"、"迁徙歌"、"诬告折杖歌"、"五刑条例"、"在外纳赎则例"、"刺字不刺字"、"纳纸不纳纸"、"比附律条"、"警劝律例歌"和"徼劝西江月"，其中尤以"比附律条"所占篇幅最巨，"警劝律例歌"次之。

　　"比附律条"所载，为法无明文规定时，如何依循比附之法决罚的详细内容，系采具体罗列各事之法，故而条目众多。现仅列四则为例：

　　　　一发卖猪羊肉灌水，及米麦等插和沙土货卖者，比依客商将盐插和沙土货卖者，杖八十。

　　　　一扯破宝钞，比依弃毁制书，律斩。

　　　　一奸义女，比依奸妻前夫之女，律杖一百，徒三年。

<hr>

　　① 参见《新刻全补士民备览便用文林汇锦万书渊海》，37卷6册，明万历三十八年（1610）徐企龙编辑、积善堂杨钦斋梓行，现藏日本前田育德会尊经阁文库，分别收入［日］酒井忠夫监修，坂出祥伸、小川阳一编：《中国日用类书集成》，第6卷，东京都，汲古书院，2001；《中国日用类书集成》，第7卷，东京都，汲古书院，2001。

一奸亲女，比依奸子孙之妇，又比依兄弟之女者，律斩决不待时。律无该载，合依比附律条斩。

······　　······

有意思的是，大凡有载此项内容的明清日用类书，其文字往往完全相同。若将《新刻全补士民备览便用文林汇锦万书渊海》"律例门"所载 86 则"比附律条"全文与《新板全补天下便用文林妙锦万宝全书》卷六"律法门"① 相比照，即可发现两者几近丝毫无差。由此可见，显系从同一文本抄袭所致。②

值得注意的是，《新刻全补士民备览便用文林汇锦万书渊海》"律例门"所载的内容，多被概括成歌诀，甚至是以词赋的形式予以表现。例如，总目提及的上层中所载之"西江月赋"，并非是寻常词赋，而是以"西江月"词牌为名来表现律令内容。在"例分八字西江月"的名下写道：

以纪文身合死，准言例免难诛。皆无首从罪非殊，各有彼此同狱。其者变于先意，及为连事后随。即如耻讼判其真伪，若有余情依律。

而大明律的卷目亦同样被以歌诀的形式予以释示（见"律卷总目钦名歌"）：

名例职制兼公式，户役田宅与婚姻。仓库课程接钱积，市廛祭祀仪制明。官衔军政关津密，既收邮驼盗贼宁。人命斗殴连驾置，诉讼受赃诈伪倾。犯奸杂犯捕亡获，断狱营造河防成。

附随其后的文字，则对此十句歌诀之内容稍为解释：

十句总言三十卷，条有四百六十名。此歌总言三十卷，条有四百六十名，乃大明律条钦名目也，但律例广多，兹卷难以备载，学者见大明律。

此处虽称"律例广多，兹卷难以备载"，但实际上，大明律的很多内容在《新刻全补士民备览便用文林汇锦万书渊海》"律例门"中均有记载，例如其中的"五刑条例"即为解释大明律卷一《名例律》中之相应内容：

凡五刑，笞刑有五，自一十至五十，每一十下为一等，加减轻重用之。杖刑有五，自六十至一百，亦每十为一等加减。徒刑有五，允犯罪稍重要者拘收在官，煎盐炒铁，一切用力辛苦之事，自一年至三年，每杖一十及半年为一等加减。流刑三，人犯重罪，不忍刑杀，流去远方，不得回乡，自二千里至三千里，每五百里为一等加减。死刑二，曰绞则全其肢体，曰斩则身首异处。

---

① 《新板全补天下便用文林妙锦万宝全书》，38 卷 10 册，明万历四十年（1612 年）建邑双松刘子明编辑、书林刘氏安正堂绣梓，日本建仁寺两足院藏本，分别收入〔日〕酒井忠夫监修、坂出祥伸、小川阳一编：《中国日用类书集成》，第 12 卷，东京都，汲古书院，2003；《中国日用类书集成》，第 13 卷，东京都，汲古书院，2003。

② 这些"比附律条"的内容，在《大清律例》中亦有部分收录，参见《大清律例》，卷四十七"总例·比引律条"，田涛、郑秦点校，908～910 页，北京，法律出版社，1999。

除此之外，尚有"问拟总类歌"、"监守自盗赃"、"窃盗赃不枉法赃"、"坐赃"、"收赎歌"、"妇人纳钞歌"、"纳米歌"、"迁徙歌"、"诬告折杖歌"、"在外纳赎则例"、"刺字不刺字"、"纳纸不纳纸"均属此类。"问拟总类歌"全文为：

> 六赃者，监守自盗赃、常人盗赃、枉法赃、不枉法赃、窃盗赃、坐赃。监守自盗罪须知，一贯以下八十推，二贯五上加一等，四十满贯斩无移。常人盗赃官微轻，一贯以下七十征，五贯以上加一等，八十满贯绞相应。官吏受赃名须多，枉法各主通算科，论拟罪同常人盗，无禄之人减等科。枉法八十科绞罪，无禄一百二十歌。不枉法中又有例，各主通算折半罪。一贯以下六十刑，每逢十贯加一倍。一百二十流二千，窃盗之赃同相配。坐赃致罪容易省，各主通算折半整。一主还从一并科，出钱之人减五等。一贯以下启二十，十贯以上加一等。一百贯满一百加，五百罪止徒三整。

至于"监守自盗赃"、"窃盗赃不枉法赃"与"坐赃"等，则系在此基础上再予补充，例如"监守自盗赃"载：

> 一贯以下杖八十，贯上二贯加五等。二十五贯止三流，四十满头罪当省。

"收赎歌"系总述以何种额度的钱物来赎罪，其歌诀曰：

> 笞刑每十六百等，算至杖满该六贯。初入流徒六贯加，以后每等均折半。四十二贯死刑终，包徒包杖推不乱。

"妇人纳钞歌"与"纳米歌"则系对此的补充，其中"妇人纳钞歌"曰：

> 笞自一百五十贯，次加一百后百半。钱折七十银一钱，照等递加容易算。

"纳米歌"则云：

> 每米（应为"笞"字误刻）米五斗，每杖米一石，徒流及死刑，加五减十算。二死三流同一加，赎罪之法更无差。

"诬告折杖歌"也系以歌诀之形式概括大明律中之相应内容：

> 诬告折杖有两岐，轻实重虚之以杖。配徒加倍念除宝，坐虚宜三流通计。二百四余非赎应，知近流诬远本通。此计半年二十施。

"在外纳赎则例"则显系从大明律中的"纳赎例图"变化而来①：

无力	有力	稍有力	稍次有力
笞一十	米五斗	三钱	乙钱

---

① 值得注意的是，《新刻全补士民备览便用文林汇锦万书渊海》此段"在外纳赎则例"，相比之下，与我所见的明代《问刑条例》之"纳赎例图"稍有差异，反而与大清律例所载更为相似。详参怀效锋点校：《大明律》，468～469 页，北京，法律出版社，1998；田涛、郑秦点校：《大明律》，47～52 页，北京，法律出版社，1999。我猜测可能是因为明万历三十八年（1610）刊本《新刻全补士民备览便用文林汇锦万书渊海》参考的底本与我所见有异所致，存疑。

笞二十	米一石	四钱五分	二钱

······ ······

杖九十	米九石	一两六钱	九钱

······ ······

徒三年	米三十五石	十两八钱	三两六钱

······ ······

收赎律钞	收赎例钞		钱钞兼收
笞三十	折银二分三厘半	折银三钱	钱乙百五十

钞二百二十五

······ ······

杂犯五年	诬至死未决流

三千里不折杖

······ ······

以上笞杖无力者，俱依律决徒流。无力者，俱摆站五年军职立功。

过杀，依律收赎，钞四十二头，内钞八分该三十三头六百文铜钱，二分该八千四百文，纳付其家。

而"刺字不刺字"与"纳纸不纳纸"则相对简短，其文分别如下：

妇人、军匠、厨子、力士、勇士犯罪，俱不刺字，余人皆刺字。

强盗、窃盗、逃军、逃民、逃匠，真犯死罪，俱不纳纸，余人皆纳纸。

《新刻全补士民备览便用文林汇锦万书渊海》"律例门"下层为"律令总览"，其下又再分为"为政规模节要论"、"金科一诚赋"与"附律例拾遗"。"为政规模节要论"颇似律学风格，所论甚详，系以大字夹注小字的格式撰写，其大字部分全文如下：

尝谓经者，圣贤道统之传，律者，治世安民之要。盖律以明经，则所以验其学者益广，经以通律，则所以资其仕者益深。嗟夫！凡观政事，务在评论。律例有限，事变无穷。准者与真犯有间，以者与真犯相同。监临势要，借贷为准，虚出硃钞，同于监临。各者彼此同科，皆者不分首从。借者与者，各得其罪。监守自盗，职役同情。其者变于先意，即者意尽而复明。其犯十恶，不在奏请。事违在逃，即同狱成。及者事情连后，若者文殊上同。减降从轻，遇赦连后。以药迷人图财罪同。律设大法，理顺人情。事无冤抑，律已可平。罪无出入，五刑详明。在官举奏，立案施行。干讼讦告，取责定罪。机密重情，先拿后行。力不加众，暗行奏闻。婚姻田地，研审媒邻。人命详于欧图，窃盗分于亲疏。妾与奴婢，加至他刑。重则监候待报，轻者即便决刑。同谋欧人，下手为重。同谋杀人，造意首论。互相欧打，论伤轻重，后下手理直，减罪二等。杀死军人，处死，家下抵数充军，抵数人人身死，被杀之家勾丁。雇人代替出征，替身收籍充军。雇人代替守御，其罪减二科惩。问赃须要追究赃杖，检尸要见致死根由。问奸审问买奸之物，强奸随其来历之分。先奸后娶，罪同买休之故。纵容抑勒，断离外家之亲。男女妄冒见伊，原定即妄冒之人。有事以财请求，难同事后受财。贪赃卖放，须要过钱之人。监临相盗，须要盘点见数。无故脱放，即有枉法相因。欺诈询其情由，威逼论其轻重。叔兄欧死弟侄，罪至论于徒刑。侄不识叔相欧，律科止论凡人。监守盗财未获，合依擅开官封窃盗。弃财逃走，止笞五十，拒捕，加罪二等，合得七十之惩。文官出将入相，一体封侯谥公。武职不次擢用，盖因建立事功。女子姨夫无服，舅妻无服有亲。异姓不许收养，立嫡须要同宗。表节年过五十，三十夫亡难旌。无子当重妾，无后为大匪轻。尊卑为婚离异，以妾为妻子改正。因其奸盗致死，不分下手不下手，一体偿命。雇人疗畜，无制畜之法，被畜杀伤，勿论。杀死三人，凌迟处死，止流妻子。造畜杀人，该听全家流刑。为人后代所养，父母斩衰，过房与人，所生父母发冢见尸者绞，前子盗勿应。欧师加二等，仍依条例加刑。释道之师，同于伯叔，工之师，即同凡人。奴婢放火烧主房屋，合依骂家长律论。畜肉灌水货卖，比盐插沙之刑。弃毁号令首级，罪比弃毁榜文。立约相打致死，当论戏杀以闻。诈称平浅死伤，亦以斗杀伤论。监守押解，盘点又盗，原收例比常人。父有义绝于母子，官得与同封。母有失节于父子，当服于期年。庶子官封，先封嫡母，嫡母亡故，生母同封，生母未封，官妻不敢先封。期斩衰杀伤期亲者，为子讦告，不在干名。杀伤斩衰，为子私和，理当容忍。婚姻田土，许于拦当。人命诈伪，不许和平。详首准告，论于可否。休妻成亲，因为不应。强盗窃盗，并准出首。私渡越渡，岂可准行。同母异父姊妹，不许婚配。后妻带来之女，婚娶勿论。夷狄之人，不许本类嫁娶。中原之地，安敢同姓为婚。罢闲官吏，干领官司，追银给告，书写过名。暗邀人心，处死，同于左使杀人。强盗势要，就便处治。土豪群党，申上奏闻。三犯窃盗，合死十恶，押解赴京。法司许拿职官，亦当论职崇卑，京官未敢擅便，武职亦当论功。一人犯罪，从迭首赃不尽，致死减等。逃妇被尊改嫁，得免绞罪之刑。贪赃枉法，遇赦免死，亦当除名。私盐赌博，止理见获之者。藏匿引送，追究展转之人。验伤定其辜限，毁物估价定刑。称谋二人以上持刃，则同二人犯罪。律无该载，可以比附定刑。若有明条，不许繁引。律该同罪，至死减等。律该罪同，彼此皆刑。闻奏分于宽缓，奏闻严重之名。工乐杂户，不属州县贯籍。厨校军丁，徒流俱得赎罪。妇人犯罪，分于夫男男夫。夫男，二人之号，男夫，一人之称。寺院违犯，分于僧尼尼僧。僧尼，二人之号，尼僧，一人之称。印信漏使，重于私用之罪。军器私藏，轻于私卖之罪。迎神赛会，里长知而不首，各笞四十，通乎假降和神。放犬杀伤他人畜产，各笞四十，在乎杀伤之分。纵放牲畜，冲突仪杖，罪坐守御，在乎不谨。守边将帅，使军外境掳掠财物，罢职充军。诬告迁徒，比流减半，准徒二年，加诬三等，过枉一贯，无禄减二等，答五十之刑。枉过一贯，有禄减等，合杖六十之惩。今告涉虚，或答五十而杖六十，该二千之程，以比之故，并入答杖通论。诬告死罪未决，加投，而有不加之名。全诬告人，理合鼠徒，就彼二年之辛，所告数事轻实重虚，故无加役之情。定罪要识招眼，行移各有统论。五府照会六部，六部与府咨呈。府帖州，州帖县，县申府，循序而行。同品衙门，则典平关，岂可躐等。布政札付各府，府与之申文。按察故牒各府，府与之牒呈。知县关出县丞主簿，县丞关出典史呈文。凡申签名不书，牒呈昼字签名。咨呈签书不书，执结翻书签名。立案书判，各有所因。凡合相犯，一一理论，先取年甲、籍贯、供词，来历分明，赃证明白，取招不必再三研审。倘有遗失之赃，亦当询其根由。强口能词，必须察言观色，泼皮奸诈，须要智策取问。如果皂白难辨，昼夜暗行察情。取责招伏，令其书字，事无反异。答杖之决，论于大头小头。决妇之罪，单衣，奸妇去衣受刑。从流死罪，取其伏辨。强盗十恶，不待时而决刑。其余真犯，秋后处决。杂犯死罪，照例施行。呜呼！设官以敦教化，置学以明人伦。愚生浅学，大略敷陈。

大字中间夹杂多列小字，均系逐条注释，字数众多，甚是繁密，例如"监守自盗，职役同情"之下，夹注小字详曰：

　　此二句引律内一皆字，以证皆者不分首从之意。如监自盗，或职官或吏、库子、斗级等役，虽为首为从不同，科罪则不分首从，同一样罪名。

其余小字皆属此类逐条予以注释的风格，颇得律学之风。除"为政规模节要论"之外，"金科一诚赋"与"附律例拾遗"亦系以醒目大字予以提示，再于其下（即"办疑云"部分）附以小字给以详细解说。以下文字为"金科一诚赋"的开篇四段：

　　金科慎一诚　办疑云：以金者，刑也，曹也，科者，条也，断也。谓刑曹之官，推断刑狱之际，当慎其厥心之诚。否则至罪出入，可不慎与？

　　玉律贵原情　办疑云：玉者，国之信宝，律者，国之定法。与民视法，盖人君以信为宝，故云玉。参之历代得中之五刑，斟酌轻重以为罪名，颁示天下，各守律已，期于无刑，但人心隐显，万端贵在执法之官。究察其原，庶几无狱也。

　　夫奸妻有罪　办疑云：以婚不以礼。曰奸，谓居父母丧服内，与妻有孕，则是忘亲贪淫，故所得孕，合坐杖六十，徒一年之罪。

　　子杀父无刑　办疑云：以子杀父母，孙杀祖父母，凌迟处死，出五刑之外，故曰无刑。又曰翁若黉夜奸男亲妇，而子男得知，及涂抹面目，遇晚行盗于子家，子不见闻，几由此而杀之，并合无罪。又云父子各事一国，子杀其父乃尽忠之仑。

《新板全补天下便用文林妙锦万宝全书》卷六"律法门"、《鼎锲崇文阁汇纂士民万用正宗不求人全编》卷十二"律法门"及《新锲全补天下四民利用便观五车拔锦》卷六"律例门"所载①，均与《新刻全补士民备览便用文林汇锦万书渊海》几近雷同，不同者仅是顺序差异而已。唯《新刻天下四民便览三台万用正宗》② 卷八"律例门"别具一格，与上述四种皆有不同，其上层为"招拟指南"与"串招活套语类"，其中"招拟指南"主要介绍撰写公文之一定格式（问得、议得、照出三部分），而"串招活套语类"则系提供针对不同身份的各类人等、供行文之时遣词造句所用之活套。从此点上看，《新刻天下四民便览三台万用正宗》该处所载，更像是一纸官箴。

三、辗转而至的律学衍影

明清日用类书号称供四民便用，内容涵盖范围极广，如上所示，通常被认为是上层人士专精之学的律例内容，竟也厕身其列。而日用类书的一个重要特点在于，其中所载内容，均非日用类书编者原创，全系拼凑抄袭而来，那么我们不禁要问，这些颇为专门化的律例知识系从何而来？或者说，它们的原型出自何处？

前已述及，明代五种日用类书"律法（例）门"所载内容之中，与大明律相似者甚多，例如"问拟总类歌"、"五刑条例"、"监守自盗赃"、"窃盗赃不枉法赃"、"坐赃"、"收赎歌"、"妇人纳钞歌"、"纳米歌"、"迁徙歌"、"诬告折杖歌"、"在外纳赎则例"、"刺字不刺字"、"纳纸不纳纸"均属此类，显系从大明律相关内容概括而来。而"金科一诚赋"，更系全文雷同于明嘉靖二十九年（公元 1280 年）所颁之刑律。③ 但值得注意的是，日用类书中的此部分内容，与大明律原文相比较，明显要简要得多，基本上都只是一个骨架而已。若进一步考究，我们可以发现其内容来源主要集中在大明律之《名例律》、《刑律》（主要是《诉讼》与《断监》两篇）两卷之中。而这些内容，正是整部律

① 参见《鼎锲崇文阁汇纂士民万用正宗不求人全编》，35 卷 6 册，明万历三十七年（1609）京南龙阳子精辑、艺林□□□梓行，日本京都阳明文库藏本，分别收入［日］酒井忠夫监修、坂出祥伸、小川阳一编：《中国日用类书集成》，第 10 卷，东京都，汲古书院，2003；《中国日用类书集成》，第 11 卷，东京都，汲古书院，2003；《新锲全补天下四民利用便观五车拔锦》，33 卷 10 册，明万历二十五年（1597）锦城绍锦徐三友校正、闽建云斋郑世魁梓行，宝善堂，现藏日本东京大学东洋文化研究所仁井田文库，分别收入［日］酒井忠夫监修、坂出祥伸、小川阳一编：《中国日用类书集成》，第 1 卷，东京都，汲古书院，1999；《中国日用类书集成》，第 2 卷，东京都，汲古书院，1999。

② 参见《新刻天下四民便览三台万用正宗》，43 卷 10 册，明万历二十七年（1599）三台馆主人仰止余象斗纂、书林双峰堂文台余氏刊，现藏日本东京大学东洋文化研究所仁井田文库，分别收入酒井忠夫监修、坂出祥伸、小川阳一编：《中国日用类书集成》，第 3 卷，东京都，汲古书院，2000；《中国日用类书集成》，第 4 卷，东京都，汲古书院，2000；《中国日用类书集成》，第 5 卷，东京都，汲古书院，2000。

③ 关于"金科一诚赋"的由来，详见［清］王明德：《读律佩觽》，卷四上，何勤华等点校，110 页，北京，法律出版社，2001。

典的核心所在。清代名臣刘衡曾有言：

> 名例律，乃全律之总也，枢纽也。全部律例各条，均不能出其范围。譬如满屋散钱，一条索子穿的（各律各例，散钱也；名例律，则穿钱之索子也），尤宜细心推究。①

> 或问律例浩繁，其要旨安在？有尤要而宜先读者乎？曰有……至诉讼门之十二条，断狱门之二十九条，则其尤要而宜先读者也。②

刘衡此处所说的虽系指大清律例，但其要点同样适用于大明律。更为重要的是，"名例"、"诉讼"、"断狱"三部分内容，恰是明清律学著作着力最多的部分。明清日用类书所收律例内容，集中在此三部分，并非纯属巧合，盖其主要受到律学之辗转影响，而其中的媒介则是讼师秘本。③

明代的讼师秘本，如明万历三十年（1602）序抄本《新刻摘选增补注释法家要览折狱明珠》，其卷一载有"六律总括歌"、"今五刑定例"、"纳纸则例歌括"、"六赃拟罪歌"、"八字须知"等内容，与前述日用类书所载极为相似，例如"六律总括歌"曰：

> 六律枢要首名例，吏律职制公式异。户律有七首户役，田宅婚姻仓库事，课程钱债与市廛。礼律祭祀并仪制。兵律官卫军政随，关津厩牧邮驲继。刑律名条首贼盗，人命斗殴并骂詈，诉讼受赃诈伪来，犯奸杂犯捕亡结，终之断狱凡十一。工律营造河范意。律共四百六十条，学律之人须熟计。④

此段文字与前引《新刻全补士民备览便用文林汇锦万书渊海》所载"律卷总目钦名歌"非常相似。另外，《新刻摘选增补注释法家要览折狱明珠》所载"今五刑定例"，也几可看作是前引《新刻全补士民备览便用文林汇锦万书渊海》所载"在外纳赎则例"的另一版本，"八字须知"之内容，亦与前引"例分八字西江月"甚是接近，而"六赃拟罪歌"之内容，更是与前引"监守自盗赃"、"窃盗赃不枉法赃"及"坐赃"歌诀完全雷同。类似的情形，也出现在明末另一讼师秘本《鼎锲金陵原板按律便民折狱奇编》之中。⑤

由上已大致可知，日用类书所载的律例内容，与讼师秘本所载极其相似，多以歌诀

---

① ［清］刘衡：《律宜全读惟首卷之名例律却宜后读》，《蜀僚问答》，清同治七年江苏书局牧书五种本，载《官箴书集成》，第6册，149~150页，合肥，黄山书社，1997。

② ［清］刘衡：《读律在熟读诉讼断狱两门共四十一条》，《蜀僚问答》，清同治七年江苏书局牧书五种本，载《官箴书集成》，第6册，149页，合肥，黄山书社，1997。

③ 关于明清讼师秘本的内容介绍，参见尤陈俊：《明清日常生活中的讼学传播：以讼师秘本与日用类书为中心的考察》，载《法学》，2007（3）。

④ ［明］清波逸叟编：《新刻摘选增补注释法家要览折狱明珠》，卷一，"六律总括歌"，明万历三十年（1602）序抄本，康熙六十年（1721）重刊本，台湾"中央"研究院历史语言研究所傅斯年图书馆微卷，据日本内阁文库藏本摄影。

⑤ 参见［明］乐天子编次：《鼎锲金陵原板按律便民折狱奇编》，明末翠云轩刊本，美国国立图书馆藏本，台湾"中央"研究院历史语言研究所傅斯年图书馆缩微胶卷。

归纳，虽要旨俱在，但与律学著作相比，则显得颇是粗糙。① 龚汝富的研究曾经指出，"讼师秘本的这些内容很有可能是抄袭律学著作而来"②。而以歌诀表示律例内容，正是明清律学著作的诸多风格之一。这种风格，早在宋人傅霖的《刑统赋解》那里就已经得到运用③，明清以降，更是为一些律学著作所沿袭，其中著名者如黄运昌重校的《大清律例歌括》、程熙春辑的《大清律例七言集成》、程梦元的《大清律例歌诀》，以及宗继增的《读律一得歌》。以歌诀概括律例内容，显得简明扼要，朗朗上口，而这正好适合于以实用为目的的讼师秘本与日用类书，盖因二者皆不像律学那样以学说注释精致为目标，其对象亦非皓首穷经的专研律学人士，而以大致性的掌握为己足。讼师秘本的作者，虽非研究法律的专业人士，但与日用类书的编者相比，其对法律的掌握则要高明得多。他们依据某些律学著作，将其中的部分文字稍加改动，挪移到讼师秘本之中，遂成了我们今天于其中看到的律例歌诀内容。而日用类书的编者，往往并不擅于律例之道，是以他们所做的，只能是从讼师秘本中择要抄录部分歌诀内容，拼凑而成律法一门。正是通过这种辗转的方式，明清律学中以歌诀概括律例内容的此一流派风格，经由讼师秘本，为日用类书所抄袭延用。

明清律学著作的某些言简意赅的内容，尤其是以歌诀出现的部分，正是借助日用类书作者从讼师秘本的摘抄编辑，从而进入日用类书的文字世界，成为号称为四民便用的诸多知识中的一部分。

四、余　论

在对数十种出现于明清不同时期的日用类书版本进行比勘合校之后，我国台湾地区历史学者吴蕙芳曾就其中所录的各门类内容之增删变化做了概括介绍，其中也涉及我们这里讨论的律学知识：

"至于法律知识（指律学内容——引者注）的刊载，仅限于明代版本及清代前期三十二卷本的民间日用类书中，且两者的篇幅差距甚多。明代版本中，不论是详

---

① 例如，无论是前引的"八字须知"还是"例分八字西江月"，如果与歌诀本类的律学著作比较起来，就显得大为简略粗糙。兹举清人宗继增所撰的《读律一得歌》所载"歌释八字之义"中的"以字义"为例，歌诀曰："凡律所称以，罪同实犯看，据事有别矣，准情无异焉，譬如监守者，贸易物在官，论盗无异实，应以枉法研，故以盗论罪，除名刺字兼，即使罪至死，斩绞并科全。"（[清]宗继增：《读律一得歌》，"释字义"，清光绪庚寅正月江苏书局刊本。）

② 龚汝富：《明清讼学研究》，117页，华东政法学院博士学位论文，2005。

③ 参见宋人傅霖撰：《刑统赋解》，以歌、赋的形式将《宋刑统》中的一些重要规定予以通俗的诵唱，全书共有八韵，其结构分为赋、解、歌、增注四个层次，对每一条涉及的一项或数项法律规定作了比较详细、充分的，且通俗易懂、对称押韵、朗朗上口的解说。详见何勤华：《中国法学史》，第2卷，45~48页，北京，法律出版社，2000。

细文字刊载或口诀、歌诀式呈现的法律条文内容、专门法律用字的解释、各种刑罚的说明及替换方式，乃至判文中遣词用字的活套范示，可谓一应俱全。发展至清代前期的三十二卷版本中，内容即大幅缩减到法律条文只有纵容妻妾犯奸、亲属相奸、良贱相奸、官吏宿奸、奴及雇工人奸等部分奸淫条文的保留；刑罚则仅存五刑的简单介绍而已……而到清代后期的二十卷版本中已不见此一门类的刊载。"①

是哪些原因导致律学内容最终在日用类书中难觅踪影？吴蕙芳的研究亦曾予以简要点及，认为"应与律法内容之过于专业、艰深有关，且其变化亦须与诉讼事件之发展情形合并观之，乃可一窥究竟"②。但问题是，背后的原因也许远非如此简单。

在我看来，由明至清，律学内容在日用类书中从有到无的演变过程，固然反映出日用类书朝着下层社会的方向彻底世俗化的转向趋势，但其意义并非仅在于此，如果我们将视界稍作扩张，可以发现这是明清两代法律教育状况不同的历史背景下的一个婉转展示。如同许多研究所展示的，沿至清代，尤其是清代中叶以后，科举考试内容的调整，直接导致了法律教育在学校教育内容中的彻底边缘化。由于科举考试的导向性影响，应试士子这一律学知识的潜在读者群在不断地萎缩，也正因为如此，当追求商业利益的清代日用类书编纂刊印者面对此种情形之时，他们不再沿袭明代日用类书收录律学内容的做法，反而逐渐缩减其内容，乃至最终不复刊载。在这个问题上，科举考试、学校教育与商业逻辑，透过律学内容而紧密联系。而这种微妙的关联，则决定了律学内容后来在日用类书遭到删减的命运。③

（作者单位：北京大学法学院）

---

① 吴蕙芳：《万宝全书：明清时期的民间生活实录》，173~174 页，台北，政治大学历史学系，2001。
② 吴蕙芳：《万宝全书：明清时期的民间生活实录》，174 页，台北，政治大学历史学系，2001。
③ 关于此一问题的详细分析，请参见尤陈俊：《明清日用书中的法律知识变迁》，载苏力主编：《法律和社会科学》，第 2 卷，北京，法律出版社，2007。

法律文化研究 第三辑（2007）

学者访谈

中国人民大学法律文化研究中心
曾宪义法学教育与法律文化基金会

挥手浮云　淡定人生

——蒲坚教授访谈录

蒲坚，字固之，号宜水，北京大学法学院教授，从事法律史研究与教学五十余年。1927 年 3 月 1 日生。河北玉田人。1949 年—1950 年在中国政法大学学习。1950—1954 年在中国人民大学法律系学习。1954 年毕业后到北京大学法律系任教至今。

他曾在校内外开设中国法制史、中国法律思想史、中国法制史史料学、中国行政立法史、中国经济立法史以及唐律研究等多门课程。

他主编过多部《中国法制史》教材。还出版了《中国古代行政立法》，今年又出版了这部书的修订本。还有《中国古代法制丛钞》1～4 卷。去年还主编出版了国土资源部的科研项目《中国历代土地资源法制研究》。此外他还发表了多篇论文。

他是一位在法制史学界受人尊敬的前辈导师。蒲坚老师在法制史这一领域几十年如一日，辛劳工作，在教学和研究方面都取得了令人瞩目的成果。我们有幸采访到了蒲坚老师。在访谈中，蒲老师对法制史的执著和热爱，在学术上严格认真的态度，在生活中平和近人的风范都给我们留下了深刻的印象，使我们深受教益。

一、法史发展　亲身见证

李彤　晁宝栋（以下简称问）：蒲老师，您是 1954 年进入北京大学任教的，那时法制史是一门新生学科，刚刚在北大法律系设立，您能谈谈当时法制史的学科状况是怎样的么？当时法制史学科在发展中是否面临着很多困难？

蒲坚老师（以下简称蒲）：北大原来有法学院，1952 年院系调整撤销了。1954 年又开始重建法律系，学习苏联综合性大学取消学院，一律叫系，系下面是教研室。教研室内按课程分教学小组。重建初期，中国法制史可以说是白手起家，困难很多，学科的名称都是学习苏联的。苏联大学本科有"苏联国家与法的历史"，仿照苏联我们开设了"中国国家与法的历史"课，内容包括国家制度与法律制度两部分。当时的说法是：因为讲法就离不开国家，国家是法律实施的保障。我们写讲稿、讲义都是按照这个体系。每次上课之前都要把讲义发到学生手里。最早是手工刻的蜡纸油印版，后来是打字的蜡纸油印版。开始时讲义是大纲式的，后来讲义和大纲分开，两者都发给同学。大纲要说明课程的目的、要求和内容，要教研室通过后上报到系。起初，中国法制史教学组有萧永清老师、祝总斌老师和我三个人。后来又来了范勖之老师。我们经常在一起讨论课程中的问题，各抒己见。现在回想起来，当时在一起合作非常融洽。我和祝老师从工作开始就在一起，又被分配住在一个宿舍，关系尤为密切。他小我三岁，因为我已有家小，他在各方面都很照顾我。"文化大革命"后期，因为复课闹革命，开始招收工农兵学员，历史系在 1970 年就开始了，而法律系到 1974 年才开始招收，所以他们两位都调到历史系去了。但我们还是经常在一起（范老师前两年已去世）。由我们三个人编写的讲义，到"文化大革命"前已有几十万字了，恢复高考后，给学生上课才正式使用"中国法制史"这个传统名称。1980 年出版了《中国法制史简编》，是我们小组共同的劳动成果。

起初，北大法律系历史与法理在一个教研室，叫"法学理论与法的历史教研室"。教研室有法学理论、中国国家与法的历史、苏联国家与法的历史和国家与法的通史（外国法制史）。后来历史教研室独立出来，开四门课，即中国国家与法的历史，四位老师；国家与法的通史，两位老师；中国政治法律思想史，一位老师；外国政治法律思想史，两位老师。

问：在新中国成立后，法制史的发展已经走过了半个多世纪的历程，您是这一过程的见证人，您能评价一下法制史现在的学科状况么？与初设时相比，现在的学科状况是否有很大的改观呢？

蒲：在这五十多年的发展中，法制史学科的面貌也可以用发生了翻天覆地的变化来形容，与初建时期教材缺少，师资匮乏、教学经验不足等不成熟状况相比，法制史学科的发展获得了质的飞跃。这表现在：

第一，法制史学科的研究领域扩展，研究内容深入而丰富。现在的法制史学者对法史问题的研究很深入，无论是从广度上还是从深度上，都超过了以往。从研究的深度上看，年轻的法史学者的研究能力很强，这些后起之秀钻研问题比较深入，在思想理念上也大大超过前辈，他们对很多问题都有独到见解。从研究的广度上看，现在学者研究的很多问题都是在过去的研究中没有涉及的，他们提出这些较新的问题，并且就此展开专题研究，从而使法制史以往的许多研究空白逐渐得到填补，在这方面青年学者的贡献很大。而研究领域从深度和广度上的扩展也正是中国法制史学科兴旺发达的表现。

第二，法制史学科的教学和科研队伍空前的壮大。现在估计全国从事专门法制史研究的人员有二百人左右。这个队伍是很庞大的。试想如果每人每年在法制史领域出一篇文章，法史论文的数量都是非常可观的。

第三，法制史专业的学生数量也很多。现在的法制史学科经过了多年建设，很多学校已经设立了硕士点、还有一些学校如北京大学、中国人民大学、中国政法大学、中南财经政法大学、西南政法大学等还设有博士点。每年这些学校的硕士点和博士点都会招收很多硕士生、博士生。这些学生是专门从事法史研究的，他们是法制史研究队伍的后备军，是可以期待的加入法制史研究队伍的新鲜血液。

虽然这些学生不一定在毕业后都从事法律史研究，但至少他们在这 2 到 4 年的学习期间会学习法制史，他们的毕业论文也是关于法制史的。所以学生们的研究工作对法制史学科的发展也发挥了积极的推动作用。毕业后，如果这些学生继续从事法制史研究，那么他们会充实法史的教学和研究队伍，更好地为法史学科的发展作出贡献。

此外，考古新发现，为中国法制史研究提供了前人所未曾见到的资料，也为我们拓展了研究的平台。

总之，法制史学科从初建到现今的五十多年间，发展平稳，现在更是进入了一个非常蓬勃的发展状态。法制史学科的研究领域从深度和广度上都得到了扩展，对法制史研究逐渐深入，对很多问题都进行了探讨。另外法史的教学和研究队伍人数众多，使法史研究代代相传，绵延不断。现在正是法制史学科发展的新阶段。

二、学科精神，需要传承

问： 曾有过对法制史的独立地位质疑，有人认为应将法制史并入法理学和其他学科，您认为法制史作为法科中的独立学科，其学科独有的特质在于何处？为了保持法制史的生命力持久不衰，应该注意进行哪些工作？

蒲：中国法制史绝对是一门独立的学科，这一点不能否认也不能动摇。我非常不同意将这一学科与法理学或其他学科合并这一观点。过去有的学者还曾提出应将中国法制史和中国法律思想史合并，我也不能同意。不同意将中国法制史与其他学科合并是有充分理由的：

首先，中国法制史有其他学科不能涵盖的独特的研究对象。每个学科都有自己的研究对象，否则就不能成为独立的学科。

中国法制史的研究对象用一句话概括，是研究中国历史上的法律制度。具体说是研究中国历史上各个时期的法律制度，研究不同时期的法律的本质、内容、体系、沿革、特点和当时的法制在社会生活中的作用，还有演变过程和发展的基本规律。如果将这一学科并入法理学，如何涵盖这一研究对象呢？将这门学科并入中国法律思想史也不合适。中国法律思想史是以思想家的法律思想为研究对象的，而法制史研究的是历代的法律制度的发展历史，法律颁布的情况、目的，两者的研究对象是完全不同的。法制史也涉及一些讲授当时立法的指导思想，但这些指导思想不是某一个人的思想而是国家承认的思想，与思想家的思想不同。比如汉代最为典型，董仲舒的法律思想对汉武帝时期的立法影响很大，考察当时的立法情况必然要涉及董仲舒的法律思想，但不是专门系统、全面地讲述董仲舒的法律思想，而是考察他的法律思想对立法的影响。另外，有些法律思想家对当时的法制建设并没有什么影响，比如朱熹是宋朝的大思想家，理学也盛行于宋代，但法制建设传承"先天垂训，垂德教而轻刑罚"。《宋史·道学传》说"道学（即理学）盛于宋，宋弗究于用，甚至有厉禁焉"。理学是不为立法者作为指导思想的。但是理学家的法律思想是有自己的体系的，是儒家思想发展的新阶段，是思想史重点考察的内容。从法制的角度看，宋代的法制发展变化很大，从形式到内容变化很大，法制与思想有些对不上，更不用说指导作用了。

其次，中国法制史成为独立学科是由来已久的。京师大学堂就有中国法制史的独立课程，民国时期已有中国法制史教科书以及中国法律思想史教科书。新中国成立后中国法制史更是以独立面貌出现。长期以来中国法制史在法学这个学科领域还是占据一定的地位的，也出现了很多研究成果。对中国法制史的研究，在新中国成立以前就已经展开，并取得了大量成果。这门学科长期以来具有独立性，这在学术界是公认的。

所以个人认为，法制史既不能跟法理学并在一块，也不能跟法律思想史并在一块，是一个独立的学科，有独立的研究对象，这一对象与其他学科有本质区别。学术界对此有不同的意见，是见仁见智，这只是我个人的看法，不一定正确。

问：法制史是一门交叉学科，既涉及法学，也涉及史学，既要对法律制度展开分析，也要对历史背景有所了解。请问蒲老师，在您眼中的法制史，应该是偏向史学多一些，还是偏向法学多一些？应该如何处理这两者之间的比例关系才能突出法制史这门学科的精神实质和学科特点？

蒲：在法制史的研究过程中，很多研究资料需要到历代的史书中寻找。就多看史书这一现象进行单纯的理解，似乎这门学科是以历史为研究中心的。

其实不应该这样判断。首先应明确的是这一学科的研究对象是中国历史上的法律制度，既然研究的是历史上的法律制度，所以该门学科的研究是与历史密切相连的，而收集必要的研究史料，必须要看史书。有些资料是集中的法律文本，如唐律疏议，而有些有关法律制度的资料则散见在各类史书中，必须到历史书籍中去找，包括二十四史、经史子集、历代的实录等其中有很多法律史的资料，有很多法律史资源。我们要到历史书籍中去找法律制度，并不是偏重历史。

其次，法制史是一个交叉学科，与当时制定该项法制的历史背景以及当时的各种制度有密切联系。比如要研究汉朝的法律制度，必须对当时的政治、经济、思想文化等各个方面都有了解，才能深入研究这一时期的法律制度。所以对法制史来说，熟悉当时的历史背景是非常必要的。

从研究目的上讲，重要的还是偏重于法律，对历史的考察都是为研究当时的法律制度服务的。我们的目的始终指向历代的法制。为了达成这一目标，我们也应运用唯物史观方法把法律制度放在当时的历史条件下进行研究，才能得出科学的结论。所以说，多看史书是为了从中汲取法律资源，这和偏重历史是两码事。

问：现在的法学界是由实用法学主导的，法制史作为法学的基础学科，受到了很大的挑战，这从课时量的缩减上就可以明显看出这一点，您是如何看待这一现象的呢？您认为法制史在整个大法学中应占据一个怎样的位置？作为一门以研究法律的发展史为主要内容的学科其当代价值在于何处？

蒲：我感觉法制史学科在当代仍有很大价值。研究历史不是为历史而历史，不能割断历史，任务之一是通过对法制史研究为今天的立法提供借鉴，也能使我们品味传统法律文化，激发民族情感。

历代的统治者为了立国安邦，总是为了政治需要来进行各种立法，使法制不断完善。而通过对这些法制史的研究能够很好地达到以史为鉴的目的。这种借鉴当然不是简单地对历史的照搬照抄。历史是一门镜子，从中可以看到过去，也可以照向未来。历史为我们提供的有益经验是不胜枚举的。

比如，古代法律中有很多有益的内容可供现代立法吸纳和参考。这样的例子是很多的，如唐律就有环保法方面的规定，法律规定不能到街上去倒脏水，否则要受到处罚，这就是一个环保意识的体现。唐律中还规定看到失火不去呼救，就要受到刑事惩罚，在这里法律和道德密切结合。在行政用人方面，唐律有贡举非其人的规定，也就是说被推荐做官的人如果犯了罪，推举人也要一并承担刑事责任。在今天的官员阶层中，有些人用人出于个人关系举荐，而被推举者最后贪污腐化或不能胜任，但法律中却没有让推荐人承担责任的规定。这就看出在法律中缺乏问责的内容。借鉴古代的上述做法，完善相应制度，对于抑制任人唯亲的不良作风，加强推举人的监督意识是有积极效用的，这有益于国家机能的正常运转。还有关于精简编制的问题，唐六典中规定每个机构有定员，正式的职官数目是有限的，超过这个编制就属于超编。唐律中规定，凡超编者，主管官员要负刑事责任。另外，对国家需要的人才，有关人员蔽而不举，也要受到处罚等等。这是随便举几个例子，我们可以从中受到启迪。

由此可见，古代立法对现代立法会提供很多启示。所以法制史的学习和研究是联系实际的。我们现在强调中国的法制建设要联系国内的实际情况，要结合本土资源。本土资源是什么？中国法制史就是本土资源，这是只有在中华大地上才能寻找到的本国法制的历史资源。从这一角度看，中国法制史的生命力还是很强的。我不担心这门学科会被取消，这是绝对不会取消的。

我认为有两个原因导致了法制史的学时数量减少这一自然情况的出现：

第一，过去课程门数比较少，所以相对来说，各门学科的课时数都比较多。而今天的情况截然不同，特别是改革开放以后，涌现了很多新的学科。总体来说，大学就四年课程，那么如何安排？课程多了，占用的时间就多了，总的时间不变。学科多，必然要挤掉一些学科的时间，所以中国法制史，被挤掉一些学时是很自然的。

第二，前沿的学科要跟上去，历史要为前沿学科、各类部门法服务。前沿的学科是实用性较强的，对现实能够起到直接作用，是应该多投入些人力，花大气力研究的。

虽然中国法制史的课时减少了，但是它仍然是很重要的。中国法制史不会被取消，我们研究中国法制史是对部门法有帮助的。一个搞法学的，如果不懂得历史，这是一个很大的缺憾。法制史的学习牵扯到的是法学人才的素质问题，不是说学了以后马上就用，是给研究部门法提供历史知识的基础。讲部门法，如果对法制史比较了解，课程就会讲的深入一些；如果从事司法实际工作，就可以促使人们多考虑一些问题。法制史与现行法不同，不能拿来就用。但是这是一个必须要打的基础，所以大学本科一定要学习法制史。对中国法制史学习不要看表面，要看得更远一些，这是关乎提高法学学生的素质的深层问题。

三、教书育人，诲人不倦

问：法制史这门学科自成为大学的法学课程已经走过了半个多世纪的光阴，您在这个过程中诲人不倦，已是桃李满天下。您对学生的认真教导和严格要求是出了名的，您教出了很多优秀的弟子，在法制史的教学方面功不可没，您能谈谈这么多年的教学体会么?

蒲：在我当助教时，学校对老师的教学要求很严格。那时要求比较严格，学校要求每位老师都要认真备课，经过很多的课前准备环节才能正式上讲台授课。首先是写讲稿，当时在上课前必须要写讲稿，没有讲稿是不能上课的，写出讲稿后，经教学小组讨论试讲后，还需要到教研室再试讲一下，教研室会提出改进的意见，就此改进通过后，才能面对学生讲授。

当时对每个人的要求都是这样，讲稿是必须有的，还必须发给学生教学大纲和讲义，当时都是油印的。没有配套的讲稿、讲义、教学大纲，是不能上讲台的。我觉得在教学中这样要求是必要的，老师在课上拿出讲稿后不一定照本宣科，讲课必须有深度，有分析，有系统性。没有讲稿，容易漫天撒网，不利于学生理解课程内容。这是过去北大法律系对青年教师的要求。

在给研究生上课时，我们对学生的要求比较高。老师上课时会规定一些需要看的参考书，每周会规定一些问题要求学生回答。研究生的课堂是更加灵活的，教学互动也更多些，学生在课上可以直接提问。老师如果没有把握回答的话，也会回去查阅资料，留待下堂课解决。研究生和本科生不一样，他们需要更加细致的辅导。老师一般每周辅导一次，通过辅导对学生也可有所了解。有的研究生在科研方面的能力比较弱，就会督促他，研究生的科研能力的提高有赖于经常的联系，比如要求他每周交一篇学习心得帮助他提高写作水平。帮助学生在学习期间打下一个很好的基础，这是老师的责任。

问：法制史研究的不断推进，仰赖于优秀学者的不断涌现，您认为做好法制史研究应该具备怎样的基本素质和知识结构？或者说您在教导学生时，会着重培养学生哪些方面的能力。

蒲：法学专业的本科生在大学期间会接触到各门部门法，也会进行基础学科的学习。如果在这一学习过程中，对法制史这一基础学科产生了兴趣，就有可能会进入到专业领域，成为法制史专业的研究生，在研究生阶段进行初步的研究活动。

对专门学习法制史的研究生和各门法学知识都学习的本科生的要求不同，对后者来说，学习法制史的目的是为各个部门法打下历史基础，而对研究生来说，则要全面深入掌握其内容，并在某一部分有较深的掌握，做到博而精。

法制史是一门交叉学科，涉及法学，也涉及历史，对研究生来说这两方面的素养都是不可缺少的。我通常会根据学生学习背景的不同来帮助他们弥补缺陷，以便达到上述的两方面要求。从现在科研队伍来看，进入法制史研究领域的学生基本上有两个来源，一个是过去学历史的，一个是过去学法律的。这两部分研究生各有优长，学法律的研究中国法制史需要补充历史知识。而学历史的，则需要补充法学方面的知识。法制史不是历史，但却离不开历史。法制史不是单纯的法律，是蕴涵于历史中的法律。所以两者需要相互弥补。

问：法制史这门学科博大精深，我们在学习法制史的过程中常常感到其内容深奥，难以把握，而且由于大家的关注点不同，比如有人对行政法感兴趣，有人对宪法感兴趣，在这两个人之间就存在专项偏好，阅读资料的多少，专业知识的掌握程度都有不同，所以很难形成相互之间的交流互动，您对这个问题是怎样看待的呢？

蒲：对于研究生来说，研究的内容是可以有所偏重的。法制史研究的对象是历史上的法律制度，中国历代的法律都属于法制史的研究范畴，所以从现代的部门法意义上讲，刑法、民法、经济法、婚姻法、诉讼法、行政法包括军事法等各类部门法都是法制史研究的对象，都属于法制史研究的内容。作为一名研究生，对某些部门法有偏好是正常的，人的精力也是有限的，是不可能面面俱到的。但是对研究生来说，其他的部门法也应该了解。这涉及如何处理"博"和"精"这两者的关系。研究生首先要博，然后才精，专攻一门就可以把研究成果搞得更精一些。如果想主要偏重研究民法，那么就在民法史这方面收集资料，进行探讨。如果注重刑法，则在刑法方面进行探讨。研究生应在博的基础上，达到精的目标。每个人都有自己的爱好和精通之处。硕士和博士研究生在选择毕业论文的时候，一定要根据自己掌握的资料，选择自己有把握的领域或问题。了解所要研究的问题，过去是否有人研究？还有哪些需要进一步探讨等等。考虑选题是非常重要的，这样会更好地把握主题思想，成果也会更有学术价值。

所以我认为在法制史领域的研究生偏好于不同的部门法是很自然的，但是也需要照应"博"的要求。在"博"的基础上做到"专"，只有"专"才能做到"精"，对问题的研究才能深。

四、学问之道，用心用情

问：法史是一门艰深的学科，致力于这一领域的研究要付出很多的辛劳和汗水，您在这么多年的研究中，从未想过转行。在您退休之后，您仍继续自己的研究工作，研究工作颇有进展，成果丰厚。您的这种执著的精神和对法制史这门学科的热爱给予后辈学人以很大的鼓舞。您是如何做到这一点的？您对法制史浓厚的热情来何处？

蒲：最初进入这一领域是服从组织分配的。但是从我的个人情况讲，我是非常愿意从事这一领域的工作的，因为我喜欢历史，而且适合我的性格，自己感觉搞历史是最合适的。之所以在这一领域做了这么长时间的研究工作，首先来自于我对这门学科的偏好，回忆五十年代末，学校教师队伍的流动较大，好多同事陆续离开法律系，调到其他单位工作，当时我非常担心把我调走，因为这时我对中国法制史越发感兴趣。其次，在学习和研究的过程中，看到北大图书馆关于法制史方面的藏书很多，在其他历史文献中也保存着大量的法制资料，有看不完的书，总让人感觉有一种强烈的需求感。我经常去图书馆，当时借书很方便，每人可借50本，包括除善本以外的线装书，而且规定用完还回，很照顾科研的需要。我几乎有时间就抄录文献中的法制史料。到六十年代初，先秦诸子的书和汉初个别子书中的法制史料，我都做了摘录。此外，从历代笔记中还抄录了约三十万字的法制史资料，至今还保存着，尚未整理。直到现在我不愿意搬家，就是因为家在北大旁边，离图书馆近，现在我每周至少会去一次图书馆。

做学问，一个是要勤于动脑，另一个是要勤于动手，搞科研的一个特点是手脑并用。我把文献资料分为两大类：一类是零散的。把零散的，我看的时候认为有用的都做摘录，包括历代的笔记，因为大部分是线装书，又没有那么多钱买书，所以过去我将先秦诸子的书籍都做摘录。年轻时做的笔记有些丢失了，但最近找到这样的摘录笔记还有约三十万字。零散的都做摘录。另外非零散的整体资料就不用做摘录了，比如二十四史中的刑法志，内容比较集中，买一套也可以。历代的法典文本，比如《唐律疏议》、《宋刑统》等都不用摘录。我就是这样一点一滴地阅读收集着资料。

我今天回想起来，在那人事经常变动的年代，觉得自己有意想不到的幸运，一直留在法律系，没有离开中国法制史专业，使我能够专心致志地从事中国法制史的教学与研究，使我有机会能够经常翻阅史书。长期以来，感到读书也是一种享受，一种乐趣。有时也想起《四时读书乐》中所说的，"人生唯有读书高"。搞中国法制史的研究靠看书，到历代的史书中寻找资料。有的时候翻了半天也找不到一条资料，这就是常说的"坐冷板凳"，真是犹如大海捞针。但有时看到书中的其他问题，读起来也受到启发，这就叫"开卷有益"，所以也很高兴。中国的史书是汗牛充栋，浩如烟海的，这不是夸大其词的。中国的历史文化没有中断，所以祖先留下的遗产历代相传，很多都保存到现在，这是我们宝贵的财富，这为中法史研究提供了宝贵的资料。

问：我们在法制史研究的过程中，首先应该完成哪些必要的工作才能使研究更好地开展呢？

蒲：作为中国法制史研究生，要有计划，有目的地去看一些书籍。学习期间是很有限的。博士生三年也好，四年也好，期限有限，一定要有目的地去看。看书的过程就是收集材料的过程。最好能早点确定论文选题。选题时，要了解哪些问题尚无人研究，或研究得还不够，而且从学术价值和社会价值来看，又值得研究。应该说，写出一篇具有一定学术水平，体现作者扎实功底的论文，是进行学术研究，并为以后开展这项工作提供了良好的开端。

问：您曾经写过古代行政立法方面的专著，您是怎样选择出这个题目的呢？

蒲：在出版《中国法制史简编》时，关于国家制度的这一部分内容都是我整理的，过去我在这方面看过很多书籍，这一部分资料我比较熟悉。历代的职官志、选举志都是行政法的直接材料，另外还有其他的，比如通典本身就是完整的行政法条文等。在这方面，我比较熟悉，思考的也比较多。所以写起来比较顺手，在这一论题的研究中，我遇到的困难很少。80 年代初，我给研究生讲行政法史课，后来把讲稿加以整理，在这基础上形成一本专著《中国古代行政立法》，1990 年由北大出版社出版。今年又出版了该书的修订本。

问：有人曾认为古代是没有行政立法的，您是怎样看待这一提法的呢？

蒲：没有古代行政立法这一提法我认为是不符合实际情况的。这就涉及什么是行政立法的问题。马克思说：行政是国家的组织活动。说明有了国家就有了用以调整行政组织活动的行政法。行政法的内容主要包括：中央到地方行政管理体制的构建、行政机关的设立、组织、职权以及彼此间的协调与制约等法规；行政官员的任用、品秩、俸禄、考核、奖惩、退休等管理规则。古代没有行政法学科，但是古代行政立法的内容是非常丰富和完备的。这些都属于中国古代行政立法研究的内容。

问：您在 80 年代时，曾写过一篇考证唐律制作年代的文章。当时您在写这篇文章时是怎样考虑的呢？

蒲：过去我在学习过程中，感到不论是中国学者还是日本学者，对《唐律疏议》的制作年代存在不同看法，就唐律疏议是永徽律、开元律还是贞观律意见很不一致，有少数学者，比如程树德认为是贞观律，也有认为是开元律和永徽律的。我觉得确定其制作年代是很有意义的，这对研究当时的法律制度、社会情况有很大的帮助，所以我决定就此问题展开研究，查阅资料，希望把这一问题搞清楚，提出自己的见解。我仔细翻阅唐律，并考察了唐律的残卷。通过对各种资料的分析以及相关制度的对比，我发现唐律不是开元律。我根据自己的研究心得写出了这篇文章，文中不同意有些学者称唐律是开元律的说法。

问：看您的文章，也对我们的研究提供了很多启示，比如您在说明不是开元律而是永徽律时，将法制的内容和社会现实相对应，寻找社会现实与法制规定之间的差异。其实在很多方面都可以用到这样的原理，即要考察法律制度和社会现实之间的关系。我们从中得到的体会是要将思路打开来做法制史的研究。

蒲：是这样的，研究法律必须和当时的各项情况相互配合研究。开元和永徽时期相差一百多年，社会状况有很多变化。当时的法律不会把过时的制度规定进去。所以我觉得这一想法还是有些独特的，和他们不太一样。

另外，还可以从避讳这一特殊的文化现象来考察法律制度。避讳是中国古代的一个很重要的做法，所以从避讳上也可以看出法律的年代。法律中是绝对不能出现当朝皇帝的名字的。但需将这些研究角度同社会制度的考察结合起来才能得到比较完备的答案。

五、海纳百川，信步闲庭

问：您给人的印象始终是那么谦和和亲切，无论外面的世界有多么嘈杂凌乱，您都能保持平和乐观的心态。您这一代知识分子，经历了太多的坎坷和磨难，我常常想，当您在面对巨大困难的时候，是怎样保持良好的心态呢？

蒲：在那段艰苦的岁月，除了上课之外，还要经常下放劳动或参加"四清"，在教学的同时还要劳动锻炼。当时强调知识分子与工农相结合，经常下厂下乡。回来呆上一年，又会再次下放，又是一年半载。在下放的过程中，不能从事研究工作，也不能看专业书，否则就要受到批判。当时对下放的知识分子的要求是：通过劳动，安心改造思想，以便逐步达到又红又专。看专业书影响思想改造，是坚持白专道路，要受到批判。

当时也没有过多的想法，我们这代知识分子就这样过来了。每个时代有每个时代的特点，人们也不能以今天做标准来强求昨天。在那个时代今天上课，明天可能就会去下放劳动，这个事情是很自然的。对这种状况，感觉很坦然。当时要求知识分子与工农结合，我自己也觉得应该与工农结合。我们是社会主义国家，立足点应该考虑工农，因为他们是大多数。工农劳动人民的勤劳、勇敢和艰苦朴实的美德值得学习。这是知识分子的服务对象。所以那阵儿大家找思想差距，同工农相比是一件自然的事情。当时没有考虑个人的问题。我的三个儿子还小，老伴当时也在上班，家里还有老人。有的时候也不愿意去，但是我每次还是服从组织的决定。个人的困难没有服从组织的需要重要。但有时也惦记家里。

我这一生可以告慰的是从没有因为自己而伤害过别人，也唯恐伤害别人。从不与人争名夺利，一切靠自己努力，顺其自然。再就是我愿意帮助别人，凡是有求于我的，我都在力所能及的情况下尽力而为之。我感到帮助别人，看到人家的成功与发展，自己也是一种精神享受，确实是助人为乐。所以到晚年毫无内疚、心地坦然，校内外的同事和师友对我都非常好，我经常为之感动，所以生活得很愉快，有时看点书，上点课，生活也很丰富。

问：您始终是充满活力，精力充沛的，有的时候都让人忘记了您的年龄。我们一直特别想知道您的身体一直这么健康，有什么养生的秘诀么？我们也猜想着您一定有特别的业余爱好？您能给我们讲讲您的业余爱好么？您在清苦的研究生活之外，是用怎样的方式来调节自己的生活节奏的呢？

蒲：我没有养生的秘诀。我平时也不好活动。过去我身体很弱，又患有支气管炎。我现在身体这么好，应该说是多亏老伴对我的照顾，她把我的生活安排得很好。再就是孩子们都知道好好工作和学习，不用我们操心。我对生活要求不高，总感到满足。特别是今天生活在国泰民安的盛世。严格地说，我并没有什么业余爱好。我喜欢访古，有机会就去参观名胜古迹。北京的名胜古迹我几乎都去看过了。每次到外地讲课或开会，我都尽量抽时间去参观。此外，我还喜欢金石书画，有这方面的展览，我也争取去参观。再就是喜欢看京剧。

问：您的人生信条是什么呢？

蒲：我本人受儒家思想的影响比较深重，我觉得首先是要尊敬人，敬人者人恒敬之。我虽然在学习上对学生的要求比较严格，但在生活中，在师生关系上没有什么特别的要求，非常随意。大家可以随便聊，随便谈。我也非常尊重学生，我和学生只是在职位上有差别而已，在日常生活中都是一样的人。

另外，我从不自满。在学术上，我从未觉得自己有什么满足，我觉得自己作为一名普通教师应该搞好分内的工作。我对我的学生说：搞什么学科都可能自满，唯独中国法制史不能自满，因为倾毕生精力，不能看遍史书。历史是不能推理的，未看过书你就无发言权。所以搞中国法制史的本身就不应该自满，也没有自满的条件。我虽然在这一领域从事多年的研究工作，但实际上关于中国法制史的书籍还是看得太少，很多内容都没有接触到。想想看大部头的实录、二十四史中的历代食货志、刑法志、职官志，还有其中的传记呢，书籍是这样多啊，所以我从不敢自满，也觉得自己研究得还非常不够。我说这话是实事求是的。我觉得要踏踏实实，肯于坐冷板凳，才能真正提高，一定不要做虚无缥缈、没有根基的事情。

六、殷殷教诲　寄语后辈

问：您从事中国法制史教学与研究已经五十多年了，我们毕业后也打算从事这方面的教学与研究，请结合您自己的经验谈谈如何做好这门学科的教师？

蒲：我想做好任何一门学科的教师都要打好本门学科的基本功，当然这是一个渐进的过程。中国法制史的博士生根据这门学科的特点，可以说仅仅是刚入门，今后逐渐从博到精。博是指要有驾驭这门学科的能力，精是指在某些方面要深入研究，具备自己的独创见解。同时，作为教师应在思想行为方面给学生好的影响，所谓言传身教。就是平常说的"教书育人"。也就是古人所说的"传道、授业、解惑"。这些说起来容易，做起来很难。为学难，做人难，所以我时常砥砺自己：踏踏实实为学，老老实实做人。今天对你们也讲这些，就希望我们一起共勉吧。

问：您能谈谈对法制史领域的青年一代的希望么？

蒲：青年学者是代表中国法制史学科的未来。我希望年轻一代的学者，不要为现实的经济大潮所诱惑。人，精力就是那么多，时间空间都有限。在这个有限的时间和空间内，想在法制史领域有所建树，一定要甘于清苦，"古来圣贤皆寂寞"。大家要立志献身这一学科，要有历史使命感，中国法制史的发展就是靠年轻的你们。大家要有计划有目的地阅读收集资料，打好治学的功底。同时，掌握信息资源，包括古今中外的研究成果，做到心中有数。此外，我还建议大家学点目录学、版本学、避讳学方面的知识。这些都是搞好中国法制史研究应该注意的。我还要强调一句：中国法制史学科队伍中，青年学者是学科的希望和未来，他们素质的提高，直接关系学科的发展。我作为一名已经退役的老兵，殷切地希望青年朋友们经营好这块园地，不断推出精品力作，为中国法制史学科的发展作出贡献。我拉拉杂杂谈了这些，不一定对，对的供你们参考，不对的地方请大家批评。谢谢！

（作者单位：中国人民大学法学院）

老老实实做人，扎扎实实治学

——张希坡教授访谈录

张希坡，著名法律史学者，中国人民大学法学院教授。1927 年 10 月出生于山东章丘，1953 年自中国人民大学法律系毕业。历任中国人民大学法律系法制史教研室副主任、主任，中国人民大学法律系副主任。同时，先后兼任中国法律史学会副会长、常务理事，中国法学会理事，北京市法学会理事长。现任中国法学会董必武法学思想研究会理事，陕西省陕甘宁边区史研究会特邀研究员。

在半个多世纪的学术生涯中，张老为中国法制史、中国近现代法制史，尤其是革命根据地法制史的发展作出了重要贡献。除为数众多的专著与论文外，让我们感到钦佩的是，为了取得革命根据地的史料，张老曾几经周折与谢觉哉同志取得联系，并手抄两三百万字的珍贵资料；为了确定马锡五同志的生辰，张老曾经多次拜访马锡五的家人，最终修正了《辞海》的错误；为了弄清"刘巧儿"的姓名，张老曾不辞劳苦与其本人联系，并最终被看作"亲戚"。这其中包含了张老怎样的学术理想和治学精神？又蕴涵了怎样的为人之道？我们带着这些问题访问了张希坡老师。

一

"对于革命根据地我是有着深厚感情的，从事这样一种研究是我的感情所系、事业与责任所系"

阎巍、韩涛（以下简称问）：张老师，革命根据地时期在中华民族几千年的历史发展中只占很少的一部分，但是您却在这片领域辛勤耕耘了半个多世纪，能给我们解释一下其中的缘由吗？

张希坡（以下简称张）：原因有两个：首先，应该说是个人感情所系。我出生在山东章丘的农村，祖辈父辈都是铁匠，出于"改换门庭"这样一个在当时老百姓看来再简单不过的原因，很小的时候便送我去邻村小学校上学。1937 年"七七事变"后，日军轰炸了县城，学校停办，我只好回村里跟着私塾先生学。后来随着日军开始大"扫荡"，周围村子也时不时被日军轰炸，连私塾先生也无法正常上课。远在关外的父亲得知消息后非常着急，便把我接到东北，继续读小学和"国高"（即四年制的中学）。东北当时是伪"满洲国"，在那里中国人不准说自己是中国人而要说是"满洲国"人，并强制学日语。当时，我给自己起了个笔名——"鲁柏"，"鲁"代表自己的家乡是中国的山东，"柏"代表家乡原有几百年的一片柏树林，那是儿时嬉戏玩耍的地方，可惜后来被日军毁坏，将木材运回了日本。"鲁柏"其实就是为了提醒自己时刻不忘家乡，不忘祖国。

问：对不起，打断您一下，请问您用"鲁柏"这个笔名发表过作品吗？

张：一般学术著作没用过笔名。唯一用过一次是在 1948 年的《人民音乐》上发表的一首处女作《庆祝建政》。1946 年东北解放后，我参加了革命工作，先在县政府民教科任职。当时在解放区推行区村两级人民代表会议的选举工作，我被派到合江省（佳木斯）主办的选举试点工作。当成立新政府时，在庆祝建政的联欢会上，我即兴演唱名为《庆祝建政》的歌曲，后整理投稿于《人民音乐》发表，歌词为"开荒种地是为了打粮啊，革命斗争是为了把权掌，旧政权，已打垮，翻身的人儿来当家，这真是千载难逢铁树开了花……"这次搬家找出了这本最早的杂志。

问：那您喜欢唱歌了？

张：我没有别的爱好，从小喜欢唱歌。在"合江师范"受训时，曾组织过男声小合唱，每周学习两首歌，还曾到佳木斯广播电台录过音。现在工作之余，仍在听听音乐唱唱歌，参加老教工合唱团，这从心理和生理上对调节人体健康是有好处的。

我接着刚才的话题谈。在成立县人民法院后，我被调到法院任副院长一职。当时，东北根据地的法律条文很少，为了工作需要，不得不想尽办法收集老解放区的各种条例和案例。有一件事我现在还记忆犹新，有一次到省法院开会，有人拿来一份《陕甘宁边区婚姻条例》，大家如获至宝，人人传抄，带回作为审理婚姻案件的法律依据。当时，县秘书陈熙道要调任新区任职，临行之际，看到我十分热衷于搜集根据地的法律资料，便把在延安出版的一套（七张）老解放区的地图送给了我。这套地图十分珍贵，是伴随着他经历了抗日战争，从延安带到东北，现在还存有五张。应该说，从事革命根据地法制史的研究就是从那个时候开始的，至于系统地研究与整理是后来进入人民大学才开始的。

从事根据地法制史研究的另一个原因是出于学术的考虑。自 1840 年鸦片战争后，随着帝国主义的入侵和国内资本主义的缓慢发展，中国社会制度逐渐由封建社会演变为半殖民地半封建社会。固有的以封建法律制度为特征的中华法系，因不能适应社会经济关系的急剧变化，也随之停滞，所以有人认为中华法系就此解体了。我在 2001 年 4 月《法学家》发表题为《中国共产党开创了社会主义中华法系的新纪元》的文章，主张中华法系并没有消亡，它是在新的条件下被赋予新的意义，从而形成了一种全新的中华法系——具有中国特色的社会主义中华法系。这种新型的中华法系开创于革命根据地。时间虽只有二十几年，但它在中国的立法史上却是质的飞跃——人民当家做主。新中国成立以后的许多法律制度和原则都是革命根据地时提出的。如《婚姻法》中的五个原则除计划生育原则之外，其他四项原则"婚姻自由、男女平等、一夫一妻，保护妇女儿童和老人"，都是在革命根据地时就已经实施的。此外，人民调解制度萌发于第一次大革命时期的工农运动中，调解三原则形成于抗日战争时期。

根据地的法律制度和新中国成立后的法律制度是直接接轨的，是基础。形象的说是解放区的法律制度这列火车，在新中国成立后开向了全国各地。我把中国社会主义法制史分为三个阶段：根据地是草创，新中国成立后的 60 年是逐步完善形成体系，江泽民主席在十五大报告中指出"到 2010 年创建具有中国特色社会主义法律体系"以后是进入高度发展的法治国家时期。革命根据地的法制建设正是这一伟大历史进程的开端，它在中华法系的发展进程中既是一个"打破"的过程，也是一个"创新"的过程，既是一个"抛弃"的过程，也是一个"继承"的过程。所以，我认为它在中华法系发展的过程中起到了承上启下的关键性作用，是我们研究今天一切法律制度的本源，从这个意义上讲，希望能有更多的人投入更多的精力来研究它。

问：这正是一个法律史学者所应具有的高度历史责任感，谢谢您！张老师，您刚才提到自五十年代进入人民大学以后，开始了对革命根据地法制史的系统研究。从学科发展史上看，那时正值新中国法制史学科的创建时期，您能为我们介绍一下当时的学科建设情况以及您为建立、发展革命根据地法制史所做的努力吗？

张：我于 1951 年作为"调干生"考入中国人民大学，两周后便由学校抽调作法制史研究生。当时主要由苏联专家来讲授课程，一门课为《国家与法权通史》，另一门课为《苏联国家与法权历史》。中国法制史那时叫作《中国国家与法权历史》，由郝正宇老师以专题方式讲授，如"太平天国"、"辛亥革命"、"根据地"等，所以说郝正宇先生是解放后讲授中国法制史最早的老师之一。1953 年研究生毕业后我留在中国人民大学任教，主要研究近现代中国法制史。鉴于当时还没有系统的中国法制史尤其是近现代、革命根据地法制史教材供教学使用，从那时起我便开始了大量的资料收集工作。资料主要有四个来源，来源一是 1950 年人民大学法制史教研室成立后，首先由资料员常风同志从中国人民大学图书馆和党史系保存的各边区法令汇编中，摘抄了一部分。

来源二是当时司法部组织人员收集根据地的法律文献，经组织决定由我和中国人民大学法律系的毛天祜和梁秀如两位同志参加这项工作。当时住在国务院招待所，白天到有关单位查找抄录资料，晚上回招待所进行加工整理。将新整理的一份上交司法部，底稿保留下来带回学校备用。后来司法部撤销，这些材料交由最高人民法院保存。"文化大革命"结束后，中国社会科学院法学研究所在所长刘海年的主持下，由韩延龙和常兆儒以这批材料为基础，扩充整理出版了《中国新民主主义革命时期根据地法制文献选编》（四卷本）。

来源三是在谢觉哉同志的帮助下得到的。当时我从人大法律系主任何思敬处得知，谢老（觉哉）保存了一部分重要的苏区史料，便请求吴老（玉章）帮助与谢老取得联系。吴老很高兴，嘱咐说："苏联的法律我们要学习，我们自己制定的法律，更应认真收集和研究。"随即让秘书和谢老联系。谢老欣然同意我去查阅抄录，并得到了谢老的亲切教诲，谢老语重心长地说："这批材料是在战争年代极端艰苦的环境中制定的，凝聚着苏区人民和政法工作者的智慧和心血，希望你们认真研究，总结革命根据地法制建设的经验，教育新中国的青年一代，继承发扬革命的优良传统。要以马列主义、毛泽东思想为指导，结合中国的实际情况，创建符合中国国情和历史特点的中国法制史。"谢老的夫人王定国同志也告诉我们："这批材料是谢老从中央苏区带出的，经过长征，携至陕北，后又转到北京，是十分珍贵的历史材料。希望你们认真研究，妥善保存，使之流传于后世。"在谢老的支持下，我用了几天时间将这批法律文献抄录了下来。"文化大革命"之后，为了整理校对这批材料，曾再次拜访过王定国同志，据她说："过去谢老保存的资料，除日记被秘藏得以保存外，其他资料全部被'造反派'销毁，实在可惜！你过去的抄件很可能成为珍品，你要好好保存。"

来源四是以后陆续从中央档案馆和有关单位保存的解放区的各种报刊上一张一页地收集来的。

总之，革命根据地的法制建设，是我党领导的革命建设事业的重要组成部分。作为一个党员有责任将根据地的法制建设的研究工作，作为终生的一项事业，继续研究下去。所以说我对革命根据地法制史的研究工作是我的感情所系，事业与责任所系。

二

"继承发扬老一辈司法工作者'为民、利民、便民'的革命优良传统，培养更多更好的马锡五—宋鱼水式的人民法官"

问：感谢您为革命根据地法制史学研究所作出的贡献，不但如此，您那种认真、负责、不辞劳苦的学术精神更是我们后辈学者的楷模！张老师，我注意到，在革命根据地时期的法制研究当中，您对马锡五和与之相关的事件、人物给予了相当大的关注，不但发表了《马锡五出生年月考证》等论文，还撰写了专著《马锡五审判方式》和《党史人物传——马锡五》，您能为我们详细介绍一下您在这方面所做的工作吗？

张：哦，事情是这样：《辞海》第一次收录"马锡五"词条时把他的生年写成了1889 年。后来我在《社会科学战线》上发表的文章《马锡五同志和他的审判方式》中，指出应该是 1898 年。其根据就是 1962 年《人民日报》在马锡五逝世后介绍他的生平时登载的是 1898 年。之后，我给辞海编辑部去信，告知马锡五的生年应该是 1898 年。辞海编辑部门也非常重视，曾派人来进行核实，我就把有关的报纸、照片一一展示。最后，《辞海》再版时便将其更改为 1898 年。

此后，应胡华教授之邀，我在为《党史人物传》撰写"马锡五"一章时，为了再次核实马锡五的出生日期，又颇下了一番工夫。先是联系到了马锡五的夫人李春霖，她回忆说：到底是公元哪一年，确实不记得了，只记得是属狗，阴历 11 月 27 日出生。本来就此可以作为定论，为了进一步核实，我又委托马锡五之孙马抗战询问马锡五老家（陕西志丹县）的大女儿，来信告知也是农历 11 月 27 日，属狗的。从史源学的角度讲，这还是不够的，这个问题要弄明白不但要有人证，还要有文字资料来证明。于是我又开始到中央档案馆查找文字性资料，但是令人疑惑的是，在中央档案馆见到在马锡五自己亲手填写的六张表上，就有四个不同的出生年代。这种现象并不奇怪。因为，当时人们填表时，是从现有年龄向前推算的，再加上有时按虚岁有时按周岁，出现不同年代应属正常。我将马锡五的干部登记表影印带回给马锡五的夫人看，共同认定在 1950 年与 1952年填的两张表上填写的都是 1898 年 11 月 27 日，这与两个近亲属的口述相吻合。所以最后确认马锡五的出生日期为 1898 年（戊戌年）11 月 27 日无疑，当年闰三月，推算成阳历应为 1899 年元月 8 日。至此，这个长期困扰着近现代史学界的悬而未决的争议画上了圆满的句号。1999 年为了纪念马锡五诞辰 100 周年，我在《法学杂志》发表题为《马锡五生年月日考》，专门论述了马锡五的出生日期的考察过程。得出结论是，如果只算年代，写成"1898—1962"也可以。如果精确到年月日，则是"1899 年 1 月 8日—1962 年 4 月 10 日"。

问：现在有人认为，随着我们国家法治建设的不断发展，"马锡五审判方式"这样一种在战争条件下诞生的审判方式已经过时了，甚至认为，"主动深入群众"在现代法治理念下是一种违背"不告不理"和"法官公正"原则的错误行为，您对此有什么看法吗？

张：有人说马锡五的审判方式已经过时，他只能适用于战争年代，不适应和平建设时期。我不同意这样的说法。当年有当年的历史条件限制，因陋就简的一些做法应当改进。但是尽管时代不同，具体做法不同，马锡五审判方式的精神和深入调查研究，以调解为基础解决社会矛盾的审判方式确是永远不过时的，这也正是中华法系的固有精神之一。古人有厌诉的思想，好多矛盾是通过民间调解制度解决的。当然历史上的调解有它的局限性，如依据的是封建的法典和礼教，依赖的是宗族家长制度下的专制权力。但是，人民调解制度则不同，最早的人民调解制度产生于 1921 年 9 月浙江萧山县的衙前农民协会，章程中规定三名议事委员组成的调解部门，以及 1923 年彭湃在广东海丰农民运动时设立的"裁判部"。抗战时期，调解制度有了很大的发展，后来又根据正反两方面的经验教训，制定了调解三原则：（1）依据政策法规及进步风俗；（2）双方自愿；（3）调解不是诉讼的必经程序。这三项原则为建国后的人民调解法规所确认。

前年在听宋鱼水报告会时，从宋鱼水的身上看到了马锡五审判方式的影子。从马锡五到宋鱼水，他们都深刻地体现出作为一名人民审判员的共同特点——"为民、利民、便民"。为民，就是他们全心全意为人民服务的精神，甘愿做司法战线上的人民公仆；利民，就是在审判工作中，依法维护当事人的正当权利，使各方利益能够得到很好的协调，各种矛盾得到很好的化解；便民，主要体现在诉讼程序上，法院要尽量为当事人提供方便条件，不但不能故意刁难，更不能拖拉或推托了事，而应该能调解则调解，当判决则判决，尽力化解矛盾，止纷息讼，同时做好当事人的思想工作，最后达到赢的输的都不能不服判。我想这也就是马锡五被群众称作"马青天"、宋鱼水被人民称为"人民信任的好法官"的原因吧。人民司法工作者应当远学马锡五，近学宋鱼水。2005 年 5 月到封芝琴家访问时在留言簿上，我写下"继承发扬以马锡五为代表的老一辈司法工作者'为民、便民、利民'的优良革命传统，'刘巧儿告状'指明了依法维护自身合法权益的正确道路"。

三

"学点'史源学'的常识，对法律文献要进行必要的考证，尽可能给后人留下准确可信的史实与史料。"

问：张老师，前不久我在《人大法学》上看到了一篇名为"'到刘巧儿家探亲'侧记"的报道。刘巧儿是马锡五同志审结的一个典型案例，当年新凤霞的名作——电影《刘巧儿》，曾经轰动全国，到了妇孺皆知的地步，那么您与"刘巧儿"原型人物封芝琴又有些什么联系呢？

张：这要从 20 世纪 80 年代初我撰写《马锡五审判方式》时说起。当时关于该案女主人翁的姓名有三种说法，最早是 1944 年 3 月 13 号延安的《解放日报》发表《马锡五同志的审判方式》的评论，称其小名为"封捧儿"；后重庆新华日报李普主编的《我们的民主传统》（介绍解放区的故事）第 47 页有篇题为《一件抢亲案》的文章，将其说成"封棒儿"；另一个说法就是在马锡五的回忆录《新民主主义革命阶段中陕甘宁边区的人民司法工作》中又说成"封胖儿"。由于是马锡五亲自审理过的案件，多认为"封胖儿"

已成为定论。之后的著作也多采用"封胖儿"这个名字。例如，张才千在《留守陇东》一书中就引用为"封胖儿"。这个问题看来似乎不是什么重大问题，但是作为真实人物的姓名应该有个准确可信的说法。有的日本学者就曾提出这一要求。我们有责任把它搞清楚，我考虑"刘巧儿"本人按时间推算还应该在世，听说新凤霞在解放初期演出《刘巧儿》时，曾与"刘巧儿"原型人物有过联系，于是便通过与中国评剧院新凤霞联系，了解到她现在的名字叫封芝琴，住址是甘肃省庆阳专区华池县悦乐公社张湾大队。经通信联系果然找到了本人。1980 年 4 月 12 日我收到她亲笔回信说：她不叫"封棒"，也不叫"封胖"，小名叫"封捧儿"，解放后起的学名叫"封芝琴"。其后 20 多年间，我一直与封芝琴保持着通信联系，多次了解当年案件的情况，并多次收到她寄来的照片及亲手作的剪纸、布鞋等珍贵手工艺品。自她八十寿辰后，也多次邀请我去她家"走亲戚"，见见面。为了完成多年的夙愿，2005 年 5 月中旬，我专程去了封芝琴家，用她自己的话说是"走了趟远亲"。封芝琴再次向我详细讲述了有关该案的一些细节，并从西安和庆阳市得到两份判决书的复印件。近年来当地先后出版了三本书，一是杨正发著的《封芝琴——刘巧儿》，一是夏涵禄写的《刘巧儿》，还有就是庆阳市政协编写组编写的《"刘巧儿"传奇人生》。这几本书对"刘巧儿"一案的许多细节以及当地一些习俗，作了详细描述。但对封芝琴的出生年月却不一致。有的说是"民国十三年（1924 年）农历五月十五日"。有的说是"1924 年农历四月十五日"。我发现这个问题后，随即给封芝琴写信询问，得到答复是："属牛，农历 5 月 15 日。"经推算应该是 1925 年（乙丑年）农历五月十五日出生。

问：通过这两件事我们再次体会到您对学术的认真负责同时，也真正的感受到了什么是"从群众来，到群众中去"的实事求是的学术作风！可是也有很多人认为追究这些细枝末节的东西没有太大意义，您怎么看待呢？

张：我在讲授"史源学"时就指出，现代史的一些问题，涉及人名、年代、数字，还有一些历史文献，或某些史实，存在各种不同的说法。要想辨别孰是孰非，必有可靠的人证物证，即从源头上查到最原始的最有权威的第一手证据，绝不能轻信第二手或第三手的材料。特别是现代史上存在的问题，如果现在搞不清楚，把问题留给后人，让后人去搞，就更麻烦了。除前述的"刘巧儿"一案的人名、年代以外，我再举"史源学"的两个个例子：人民出版社出版的《毛泽东文集》第 1 卷在《乡苏维埃怎么工作》一文中，有一个注，在谢老保存的原件上，本应是"同样适用于'市区'苏维埃"，却被错写为"同样适用于市、区苏维埃"，在市区之间多加一个顿号，意思差别很大。因为"市区苏维埃"和"乡苏维埃"是当时的基层政权，而"市苏维埃"和"区苏维埃"，则是"市区苏维埃"的上一级政权。还有一例，就是辛亥革命时的《中华民国临时约法》。我查阅了全文翻印该约法的共 24 本，在文字上出现各种错误的有 20 本。仅举一例，第 14 条有的印作"有服兵之义务"（共 12 本），有的印作"有服兵役之义务"（共 11 本），只有《孙中山全集》印作"有服兵〈役〉之义务"。据查原始版本《临时政府公报》和《参议院决议汇编》此条皆无"役"字。又据《参议院议事录》记载，此处原文即无"役"字，会上无人提出异议，最后通过"议决原文"。凡带"役"字的都是后人加的。所以说，我们应该学点"史源学"的常识，对法律文献要进行必要的考证，对历史文献不得擅自增删改动，尽可能给后人留下准确可信的史实与史料。

四

"简简单单生活，认认真真做学问！"

问： 张老师，当今社会的繁荣给我们带了太多的诱惑，平实的心境以及艰苦朴素的作风对许多人来说已经是很遥远的事了，但我们却经常看到在学生餐厅您与大家一起用餐，看到衣着朴实的您在校园里漫步，我想知道您是抱着一种什么样的心态在生活？

张： 我的生活很简单，但很充实。原因是现在把自己的主要精力都放在做学问上了。以前当过教研室主任 12 年、副系主任 20 多年，行政事务太多，没有更多的时间钻研学术，实在觉得很遗憾。1986 年辞掉行政职务后，终于可以全身心地投入研究中，把根据地的史料整理出来。目前我出版的专著已经有六七本：《劳动立法史》、《经济立法史》、《刑法史》、《婚姻立法史》等，合著的有《中国革命法制史》、《中华民国开国法制史》、《革命根据地法制史》等。现在正在排版的有中共党史出版社的《人民代表大会制度史》，这是司法部的一个重点课题。还有一本是杨一凡同志特邀的《近代法律史实与文献考证》。再就是国家 985 工程的一个子项目："革命根据地法律文献考订研究"，中国人民大学已经通过立项申请，这是今后若干年要完成的一项重要任务。

五

"对于中国法制史学科的重要地位，还需要不断提高认识，对于科研，希望那些有志于从事根据地法制史研究的学者能够努力的精进自己的学术，接过我们的班，把这门学科发扬光大！"

问： 您觉得做一名法制史研究工作者应当具备哪些基本素质？

张： 研究法制史的学者应该做到"理、实、情"。所谓"理"：加强理论修养，科研讲课都应该有可靠的理论根据，有正确的政治导向，思想论点能够站得住脚，经得起历史的检验。所谓"实"：有两层意思，一是老老实实做人，二是扎扎实实做学问。有疑问，一定要查清楚，腿勤，手勤，口勤，脑勤，要有甘心坐冷板凳的吃苦精神。所谓"情"：教学上增加学生的感情兴趣，使学生在感情上能够取得共鸣。例如日军侵华史一定要给学生讲，土地法也要讲，因为现在的学生不知道什么叫地租高利贷，为什么要土改啊，让他们了解土改前农民的生活状况，他们才能有所体会。

问：我们的这次采访马上就要结束了，最后，我们衷心地希望您能对现在的法制史教学和研究提一些希望，让大家共勉。

张：首先我觉得现在有关领导对法制史学科的重要地位认识不足，突出表现在对讲课时数一压再压。以中国法制史为例，最多时为一百二十学时或九十学时。现在降到二三十学时。上下几千年的历史，时数太少，无法达到预期的效果。往往因时数太少，古代史尚且讲不完，近现代史只能一带而过或干脆不讲。现在法制史的硕士生，因为在本科没有学过革命根据地法制史，对许多常识性的问题，一问三不知。大家知道，法制史是门专业知识和素质教育的基础课。如果基础打不牢，只能搭建草棚，怎能盖起高楼大厦呢？不适当地压缩教学时数，表明有关领导方面对素质教育的重要性，仍然理解不深，决策不当。建议当前中国法制史在本科的教学时数，应当保持 72 学时（4 学分）。前后比例也要均衡。不论时数多少，革命根据地法制史应占 1/5。这是向学生进行爱国主义和革命传统教育的重要阵地。现在中央领导一再号召青少年要重视中国近现代史的学习，新华社每周都要发表几篇《永远的丰碑》、《红色记忆》，其中有许多篇都涉及根据地的政权与法制建设问题。如果中国法制史不讲革命根据地法制史，就是没有全面完成教学计划，没有讲明社会发展规律。等于火车半路停驶，无法与共和国的法制建设接轨。这种不正常现象，应尽快改进。

对于科研，我只有一个希望就是希望那些有志于从事根据地法制史研究的学者能够努力的精进自己的学术，接过我们的班，把这门学科发扬光大！

问：再次向您表示感谢，并对您为新中国法制史尤其是根据地法制史的发展所作的贡献致以崇高的敬意！

张：谢谢！

（作者单位：中国人民大学法学院）

法律文化研究 第三辑（2007）

书评

中国人民大学法律文化研究中心
曾宪义法学教育与法律文化基金会

马小红

中国法律史研究之目的
——读《唐令与中华法系研究》有感

　　一般说来，在社会学科领域中，贴近社会生活的"学科"很容易为社会所接受并受到追捧，比如经济学、传媒学、法学等等。因为这些学科的学术研究之于社会的需要和作用显而易见，而这种显而易见的需要和作用使学科目的的追问成为多余。在中国古代社会中，历史研究显然也属于这种显学，因为中国古代是一个稳定的农业社会，"经验"至关重要，大到帝王将相的"治国平天下"，小到一人一户的"修身齐家"，都离不开历史的经验，所谓"述往事，知来者"。近代以来，商品化背景下的社会变化多端，"经验"，尤其是至少从表象上看与近代社会格格不入的中国古代社会的"经验"，便理所当然地失去了往日权威的地位。在"天下熙熙皆为利趋，天下攘攘皆为利往"的时代，历史研究之目的便不断被社会，甚至被学界的学者们所质疑、拷问。70 余年前的学界硕儒梁启超如此精辟地回答这种质疑和拷问："无论研究何种学问，都要有目的，什么是历史的目的？简单一句话：历史的目的在将过去的真事实予以新意义或新价值，以供现代人活动之资鉴。"（《中国史研究法（补编）》）梁启超对"史的目的"的见解也完全可以用于法律史学科，即法律史研究应该探索以往法律的"真事实"，阐述它的"新意义"或"新价值"，最大限度地追求它对现实社会法律发展的"资鉴"作用。

　　然而，无论是求得"真事实"，还是赋予"新意义"、"新价值"，抑或是供"现代人活动之资鉴"，前提都需要学者们的"研究"。研究，在中国古代是一个很考究的词语，据《辞源》解释，"穷究事理"方可称为"研究"。《辞源》又举例："南朝宋解庄《解光禄集·改定刑狱表》'督邮贱吏，非能异于官长，有案验之名，而无研究之实。'"可见，"穷究事理"并非易事，其必须兼顾到"事"之"真相"与"道理"，必须在案验事物真相（即"其然"）的基础上，阐述事物存在、发展及变化的原因（即"所以然"）。所以，在一本称之为"研究"的著作中，必定少不了作者对真相的陈述与思考。从这个含义上看，李玉生教授所作的《唐令与中华法系研究》（南京师范大学出版社，2005）一书，应该说名副其实。

李玉生教授与我同年考入中国人民大学攻读博士学位，我虚长李教授数岁，故愧为师姐。因为我们都是在从事法律史专业教学和研究工作多年后又回到了学校学习，所以一开始便有较为明确的学位论文选题。我想利用三年的时间，在导师的指导下将多年关于"礼与法"关系的再思考作进一步的史实梳理，尤其是理论分析，而学弟李玉生则选择了对唐令的研究。在我们就论文选题进行切磋时，我曾直言相告，虽然意义重大，但难度与意义也是不相上下、伯仲之间。从史实还原方面说，中日学者经过几代的积累，唐令主体部分的复原已经达到了很高的水平，我们如果尚能"拾遗补缺"，于学术固然是一种进步，但也很难达到"博士学位论文"字数方面的要求，更何况这种拾遗补缺在研究中也是不能刻意所能追求到的。从分析论述方面说，唐代的法律是唐以后古代历朝立法的圭臬，更是近代以来学界研究持久不衰的热点。法理的分析，史学的解释，多少著名学者，甚至大家都曾专注于此，可以说有关唐代法律研究的成果代表了中国法律史研究的水平，若要在此基础上提升研究成果的质量，不言而喻，需要艰难的跋涉。尽管如此，我还是没有反对师弟的选题，如同师弟也支持我的选题一样，因为，研究的难度往往也正是学术研究的魅力之所在。

五年后，当我翻阅完李玉生教授在博士学位论文基础上修改而成的这本研究著作时，首先便想到是 70 余年前梁启超所言的"史的目的"。

首先，关于"真事实"的钩沉和研究，作者下了真功夫。这体现在作者对以往研究成果的评价和史料的再梳理中。作者总结了中国学界自 19 世纪末沈家本就开始了的唐令研究，尤其对近年由于杭州天一阁藏宋《天圣令》的发现而拓展的唐令研究的新局面进行了充分的肯定。对日本学者关于唐令的复原研究，作者给予了较高的评价。作者认为 1933 年出版的仁井田升著作《唐令拾遗》（中文版，长春出版社，1989）是唐令研究中"里程碑式的著作"；又称凝聚了几代日本学者心血的《唐令拾遗补》（东京大学出版社，1997）为"唐令复原史上又一部划时代的成果"。尽管如此，作者仍然卓有建树地指出，唐令的研究远未达到唐律研究的水平——这确实是一个不争的事实。这种与唐律相比较而言的"不足"，源于学界对唐代法律体系整体研究的缺乏。从唐令在唐代法律体系中的地位与作用入手，作者提出了自己的学术新见。这或许可以认为进入到了梁启超所言的"将过去的真事实予以新意义或新价值"的研究阶段。

所谓"新意义"，就是"悬拟一个目的，把种种无意义的事实追求出一个新意义。本来有意义而看错了的，给他改正。本有意义而没察觉的，给他看出来。"（《中国历史研究法（补编）》）。所谓新价值"就是把过去的事实，从新地估价。从前有价值，现在无价值的，不要把他轻轻抹杀了。从前无价值，现在有价值的，不要把他轻轻放过了。"（《中国历史研究法（补编）》）《唐令与中华法系研究》予以唐令什么样的新意义和新价值呢？通过对唐令历史渊源、制定与修改的历史考察，通过对唐令篇章结构、条目的法理解读，通过唐令与唐律、唐格、唐式关系的分析，作者认为：唐代法律体系不同于我们今天所熟悉的法律体系，其可以划分为"惩罚性法律"和"制度性法律"两大类。如果说，律是惩罚性法律的核心，那么令则是制度性法律的基础。从法律体系的构成及其特点来看，唐令是国家制定和颁行的重要的制度性法典，是唐法律体系的重要组成部分。因此，唐令就是唐令，它不再是现今部门法体系对应下的"行政法"、"刑法"或其他，它也不存在现代人强加的所谓"诸法合体"的"特征"。这便是作者通过对唐令的思考，得出的结论，这个结论可以使读者体悟到唐令的新意义在于它的"制度性"，这种"制度性的法律"无法用西方或现代的法律概念僵化地套用；体悟到唐令的新价值，从学术上说，制度性法律与惩罚性法律的分类更能展现唐法律体系的真实，从理论上说不同法律体系或模式间并非只有"不同"，不同法律体系的相通之处，正是传统法律模式可以为现代所"资鉴"的前提。

通过读《唐令与中华法系研究》，明白了唐令之"事"，读出了其"事"背后之理，由此读出历史的新意义和新价值，在如今将"制作"视为"研究"的时代，读到这样一本真正意义上的研究著作，实在是一件幸事。

（作者单位：中国人民大学法学院）

中国宪政建设的域外资源借鉴

——读钱福臣教授《美国宪政生成的深层背景》

随着"依法治国，建设社会主义法治国家"的目标的确立，中国开始了由一个传统人治国家向一个现代法治国家的艰难转变。在这场凤凰涅槃般的制度嬗变中，宪法由于其最高法的特殊性地位而在法治建设中起着越来越大的作用，"依法治国的本质就是依宪治国"的判断已经日益深入人心。伴随着"依法治国"向"依宪治国"的价值转变，我们也同样面临着一个从"法治建设"到"宪政建设"的巨大转变。在这种背景下，如何更加有效地开展我们的宪政建设就成为每个法学家都无法回避的现实问题。对此，不同的学者基于不同的立场给出了不同的解决方式和答案，在这些众多的主张中，钱福臣教授（以下简称著者）的力作《美国宪政生成的深层背景》可谓一部颇具代表性的著作。在本书中，著者十年磨一剑，以其慧眼独具的全球化视野来看待中国的宪政问题，指出了美国宪政生成的种种条件及其对中国宪政生成的借鉴和促进作用，为我们如何建设中国宪政提供了一种全新的思考维度。笔者这里不揣浅陋，对钱教授的著作及主张作一简要的评析，以期能为中国的宪政建设与学术研究有所裨益或启发。

一、美国宪政的生成要素及其评析

谈及宪政建设，首先涉及的一个问题就是"宪政"的概念问题。由于中国法律传统中并无宪政一词，因此，宪政主要是来源于英文"constitutionalism"，对此法学界一般译为"宪政主义"或"立宪主义"。在《美国宪政生成的深层背景》中，著者探幽阐微，从宪政一词的词源上入手，指出应该从形式、内容和基本原则等几个方面来理解和界定美国的宪政概念："从形式上看，美国宪政是指宪法制度，即宪法性法律以及实施和作为其结果的宪法法律关系。从内容上看，美国宪政包含政府形式、个人权利保护和成文宪法三个维度。从基本原则上看，美国宪政包含人民主权、基本人权、分权与制衡和法治等四个基本原则。"① 这样就为我们全面认识宪政的含义奠定了一个良好的基础。与法学界的通说相比，著者对美国宪政的界定更具有个性化的特征。法学界通说一般认为，宪政主义并不单纯是一种价值的汇集，而是四种思潮的融汇：共和主义、自由主义、民主主义和法治主义。其中，共和主义确定政府的形成；民主主义解决了主权的归属及政府的合法性；自由主义指明了政府的目的，要求划分政府权力与个人自由的界限；法治主义主张法律体现个人尊严和自由，并以这样的法律限制政府。② 从二者的内容相比，我们可以明显看出，著者的界定在内容上更宽泛，不仅仅包含了学界通说所强调的价值因素，而且也强调了制度因素方面的内容。

　　基于对宪政的概念的这种复合化界定，著者对美国宪政生成所需要的种种客观条件作了较为深入而细致的分析。在著作中，著者的基本立场可以总结为一句话："美国宪政不是一夜之间被创造出来的，而是在一定的历史条件和社会条件下生成的。"③ 这句话就表明了著者对美国宪政的生成和发展所持有的基本态度，即美国的宪政建设之所以成功开展，不仅仅是当时的法学家和政治家人为构建的结果，也不仅仅是迎合当时的政治经济发展需要而创造出来的结果，而是多种原因、多个要素所综合在一起所形成的结果。按照著者的总结，这些因素主要可以归结为四个方面的内容：第一，思想基础。著者认为，美国宪政赖以生成的思想基础是西方政治理论传统中的人民主权和限权政府原则，在二者的关系上，人民主权是目的，限权政府是实现此目的的手段。第二，历史传统。著者认为，从历史渊源上看，美国宪政是对欧洲民主和法治文明继承和发展的结果，尤其是英国的民主和宪政传统与美国殖民地时期的民主和宪政传统继承和发展的结果。这些历史传统中的积极因素，钱教授将其形象地比喻为美国宪政生成的"宪政基因"。第三，社会需要。著者认为，对美国宪政的生成和性质起决定性作用的深层背景是美国当时的社会需要。对于这种社会性需要，著者颇有创意的将其分为"目的性社会需要"和"手段性社会需要"两种，前者是以财产权为核心的个人权利保护的社会需

---

① 钱福臣：《美国宪政生成的深层背景》，"导言"，2~3页，北京，法律出版社，2005。
② 参见杨君佐：《共和与民主宪政》，载《法律科学》，2000（2）。
③ 钱福臣：《美国宪政生成的深层背景》，"导言"，5页，北京，法律出版社，2005。

要，而后者则是政府权力的强化与控制的社会需要。前者体现的是自由价值，而后者展现的是安全价值。第四，主体因素。著者认为，美国宪政是主体设计的结果，在某种程度上可以说是作为主体的人创造出来的结果。参与美国宪政创造的主体主要包括美国1787年宪法的制宪先驱、为宪法发展作出重大贡献的法官以及遵法、守法的美国民众。①

应当说，著者从以上四个层面将美国宪政生成的种种条件都进行了比较全面的概况总结，为我们全面而真实的认识美国宪政的生成条件提供了最基本也是最权威的资料。在这四个基本要素的关系中，限于篇幅著者并没有对这四个基本要素的关系作出详尽的解释，笔者认为，尽管这四个要素都是美国宪政生成所必不可少的构成因素，但是，相对于美国宪政建设的必要性和紧迫性来说，社会需要因素应该是美国宪政生成的主导性因素。因为宪政作为一种治理方面和价值理念，它必须反映社会实践的客观需要和历史发展的客观进程，只有在社会发展到了一定程度，客观上需要这样一种制度和理念来指导人们的实践行为的时候，作为意识形态意义上的宪政价值才有可能转变为现实的宪政制度为人们所接受和承认。相比较社会需要因素，其他几个因素固然也很重要，但是并不是美国宪政生成的决定性因素。像思想基础因素，实际上，作为一种理论形态，人民主权理论和限权政府理论在启蒙思想家那里就得到了充分的论证，这些理论只是美国宪政生成的一种前提性准备，而不是充要性条件。同样，历史传统固然重要，但是同样具有英国统治传统的印度、澳大利亚等英属殖民地都没有建立起现代意义上的宪政制度，只有美国做到了这一点，因而，历史传统也仅仅是一个辅助性的要素。同样的道理，在主体因素上，英美法系国家历来不缺乏杰出的法学家和法官，但是这些杰出的法学家、法官只有在一个良好的法治传统和制度下才能发挥其应有的作用，否则的话，就会空有一身屠龙之技而英雄无用武之地。因此，是美国的社会需要和宪政制度成全了这些法学家和法官，而不是相反。另外，在相互关系上，这四者之间是一种复杂的相互作用和相互影响的关系，而不是一种独立的存在。在某些特定的条件下，这四者可能呈现出一种你中有我、我中有你的交错关系。著者在著作中将其分别加以阐述，固然有割裂四者的有机联系之嫌，但在某种意义上，是为了将四者之间的各自作用分别强化的结果，这并不意味着著者对这四者秉持的是一种绝对割裂的态度。对此，著者在前言中，已经明确表露出自己的立场："作为现代宪政典范的美国宪政的生成绝非偶然，而是上述四个深层背景作用和互动的结果。"②

---

① 参见钱福臣：《美国宪政生成的深层背景》，"导言"，6～8页，北京，法律出版社，2005。
② 钱福臣：《美国宪政生成的深层背景》，"导言"，6页，北京，法律出版社，2005。

二、美国宪政生成的基本价值取向

分析美国宪政生成的基本要素，其目的并不是仅仅对美国的宪政主义作一个隔岸观火或隔靴搔痒般的介绍，我们介绍、学习美国宪政制度的目的，归根结底还是希望能为中国的宪政建设添砖加瓦，提供一些成功的经验。因为，在中国的法律传统中，历来缺乏宪政的观念，宪政对于我们来说几乎是一个完全陌生的、完全异于我们民族本质的东西。但是，尽管我们缺乏宪政传统，现今的世界上的宪政潮流却要求我们要接受宪政，因为只有这样，我们才能实现国富民强的宏伟蓝图。因此，在一个缺乏宪政传统的国家里要想建立起先进的宪政制度，只能依靠对外国成功经验的吸收和借鉴。不过，学习西方并不意味着要照搬西方，事实上，作为一种文化的凝结，美国的一些成功的宪政制度也是无法照搬的，所以，在学习西方上，单纯的法律移植和一味的本土进化都不是一种理性的态度。在对待美国的宪政上，我们需要做的是，认真分析美国宪政生成的成功经验，并采取一个适当的方法将美国的成功经验引入中国，使之中国化、本土化，最终成为我们民族文化中的有机组成部分。

美国宪政生成的成功经验体现在基本构成要素中，但是并不是所有具备了上述四个基本要素的国家里都能像美国那样形成现代意义上的宪政制度，除了客观性的社会条件、主体条件、历史传统等因素外，美国宪政在生成过程中所体现和坚持的价值取向也应该成为我们宪政建设所必不可少的理论资源。这些价值取向可能并不像宪政生成的基本要素那样表现得那么明显，但是毋庸置疑，这些价值理念的形成对于美国宪政的最终形成有着不可估量的价值引导作用。对于这些基本的价值理念，限于篇幅和文章的结构，著者并没有专门的拿出章节来加以阐述，但是，在著作的各个章节中，无不透露出著者强烈的价值意识与鲜明的价值取向。根据笔者的总结归纳，著者对于美国宪政生成过程中所隐含的价值倾向主要总结为以下几个方面：

第一，宪法形成的"高级法背景"。

宪政，在最简单的意义上可以称为"宪法之政"，即依据宪法所进行的治理。因此，在宪政生成的过程中，宪法的自身价值定位会起着关键性的价值导向作用。在《美国宪政生成的深层背景》中，著者通过对美国宪法背后所潜含的高级法背景的阐述，为我们揭示了美国宪政生成的背后因素。在美国宪法和高级法思想的关系上，著者认为："高级法思想是美国宪法赖以产生的理论依据之一，当然，美国法律也以成文法的形式实践了高级法思想。"[①] 宪法的最高法地位意味着在国家的法律体系中，宪法是至高无

---

① 钱福臣：《美国宪政生成的深层背景》，46 页，北京，法律出版社，2005。

上、毋庸置疑的法。宪法之所以具有如此至高无上的地位，因为宪法的限制权力、保障人权的法。但是，如果对宪法的最高性作一个进一步的追问或者反思的话，就会产生这样的疑问：如果是因为宪法的限制权力、保障人权的功能而使得宪法具有最高法的地位的话，那么如果在某些特定的历史时期宪法的功能发生了转变，它不再以限制权力和保障人权为目的，而是沦为权力的帮凶，在这种情况下，宪法还应当具有最高法的地位吗？这个问题涉及人类法律发展史的根本问题，即宪法的良善性。因而，所谓宪法的"高级法"背景实际上说的是作为最高法的宪法的正当性问题。[1] 对于宪法的正当性来源，夏勇先生曾有过精彩的论述："人本与自由、人民主权……乃根本法之根本，是宪法本身合法化的基本要素。它们既是宪法的根本法地位的凭借和最高法律效力的源泉，又是立宪、修宪、行宪的制约和指导，是宪法之上的法。法律之上若没有法，就像权力之上没有法那样，也是会走向专横和任意的。法律要确实居于权力之上，法律之上还必须有法。"[2] 这和著者的思考维度有异曲同工之妙。除此之外，在宪法和人民主权的关系上，著者还精辟地指出人民主权原理和高级法思想直接的微妙的互动关系："人民主权的思想是高级法思想的一个派生，而反过来又成为从外部限制政府权力的高级法，最后成为美国宪法的合法性与至上性的道义基础和理论依据。"[3] 这样一来，人民主权的正当性和宪法的正当性要求二者就完美地结合在一起了，这就为我们如何更恰当看到人民主权与宪法至上的关系提供了一种新的观察视野。

第二，人权至上的基本理念。

基于宪法的高级法背景和正当化原理，宪政必须也要以尊重人权、保障人权为最基本的价值原则。在论述完美国宪政的高级法背景之后，著者又指出了人权保障的价值正当性对于宪政生成之根本意义。著者对宪政生成中的人权价值的论述主要集中在第一章"思想基础"中。著者指出："美国宪政生成的重要理论基础可以归纳为人民主权和限权政府两方面。人民主权思想奠定了宪法和宪政产生的原因、目的和合法性，而限权政府思想则构造了保障和实现人民主权之目的的手段和模式。"[4] 著者接着指出，西方的人民主权理论可以分为卢梭传统和洛克传统两大类，二者之间有着根本性的区别：洛克的人民主权理论是为了个人权利和民事权利，而卢梭的人民主权理论是为了集体权利和政治权利。在对二者的理论进行比较的基础上，著者颇有远见地指出，卢梭的人民主权理论作为一种政治方案是不适合于现代社会的，而我国的宪政建设所坚持的恰恰是卢梭的人民主权理论，在卢梭的潜移默化的影响之下，我国的人民主权原则"只

① 参见［美］考文：《美国宪法的"高级法"背景》，强世功译，46 页，北京，三联书店，1996。
② 夏勇：《中国宪法改革的几个基本问题》，载《中国社会科学》，2003（2）。
③ 钱福臣：《美国宪政生成的深层背景》，45 页，北京，法律出版社，2005。
④ 钱福臣：《美国宪政生成的深层背景》，7 页，北京，法律出版社，2005。

能作为说明国家权力合法化的一个依据而停留在宪法文本之中，而宪法本书也基本上是一个政治文件，很难成为真正意义上的法律"。在这种形式下，对洛克思想中和美国宪政中的现代意义上的人民主权理论和原则进行认真的研究和借鉴也就显得尤为必要。①洛克思想的重要性主要体现在其自然法理论中，洛克"以自然状态和社会契约为推论基础，将高级法观念与人民主权联系起来，尤其是将高级法完全融入个人的自然权利，也即个人的生命、自由和财产权利之中，使高级法观念和人民主权的观念，尤其是个人权利的观念成为美国产生的重要理论依据和逻辑起点"②。

洛克对个人的权利的高扬意味着人权至上理念在启蒙思想家那里得到了前所未有的重视，在美国的宪政生成中，对人权至上理念的张扬同样成为美国宪政的一个鲜明的价值取向。人权，即人作为人所应当享有的权利，从性质上看，人权是一种应然性的权利或道德性的权利，它是人作为社会主体所必须享有的权利，这种权利不因时间、地点、国家和人种的差别而有所差别。根据古典的社会契约理论，国家的唯一使命就是保障人们的自由和权利，也就是保障人权。基于人权至上的优先地位，宪政建设的第一前提就是人权保障问题。在宪政主义者看来，不论在什么时候，人权永远是宪政的第一要义和最根本的使命。离开了人权，宪政永远是一个空泛的口号。作为一种价值理念，人权必须充溢于宪政建设的方方面面，成为宪政建设的价值灵魂。宪法之所以成为国家的根本大法和"法上之法"，其中一个很重要的原因就在于宪法对于人权的规定。虽然宪法中的基本权利在逻辑上仅仅是人权的一个重要组成部分，但是宪法对人权的规定可以看作是国家承担人权保障义务的一种姿态和承诺。由于人权在性质上属于一种道德权利，无法诉诸直接的国家制度予以保障，必须在国家明文的法律文件中予以明确，将其转化为法定权利，才能实现对其的各种救济。因此，在宪法中规定人权，对于人权保障来说，仍然具有十分重要的意义。没有宪法上的保障，人权最多只是一个口号。所以，著者在著作中对人权价值的高扬，意味着著者对人权之于宪政建设的终极价值意义之认同，这在某种程度上反映了著者深沉的人权意识与强烈的价值观念，这也在某种意义上警醒我们宪政建设如果离开了人权目标，那就会失去最低限度的合法性基础，也就从根源上失去了宪政建设的意义。

第三，个人权利的强烈诉求。

"法学乃权利之学"，宪政建设的目的不过是为人们的权利保护提供一个稳定的制度预期，因而，能否真正做到对人们权利的切实保障，能够真正建立起有效的权利表达和救济机制就成为衡量一个国家是否建成宪政、是否真正达致宪政的一个客观标准。所

---

① 参见钱福臣：《美国宪政生成的深层背景》，64 页，北京，法律出版社，2005。
② 钱福臣：《美国宪政生成的深层背景》，45 页，北京，法律出版社，2005。

以，在著者对美国宪政的生成过程分析中，始终洋溢着一种强烈的个人权利诉求，并将这种个人权利的强烈诉求视为美国宪政生成中不可或缺的"宪政基因"之一，著者强烈的权利意识和人权观念跃然纸上。例如，在著作中，著者反复强调："个人权利诉求是现代宪政生成的目的性基因和社会动力，非但直接导致现代宪政人民主权和基本人权原则的生成，而且也是现代分权与制衡和法治原则的目的和社会动力。"[①]"美国宪法和宪政赖以产生和生成的原始动机和社会动力是以财产权为核心的个人权利保护的适合需要和社会主体强烈的个人权利诉求。""市场经济的基础是承认和保护个人的私利和财产权，而个人的私有财产权又是个人权利诉求宪政基因的基础和核心内容。"[②] 这些颇具穿透力的洞见为我们建设中国自己的宪政提供了一种最基本的价值导向，即不论是在法治建设抑或是在宪政建设中，对公民个人权利的尊重与保护始终是国家不可推卸的根本义务。由国家对公民的权利保护义务我们可以推导而出美国宪政中一个核心的价值原则——权利神圣理念。这种理念认为，权利是人们成为社会主体和国家主人的最根本体现之一。相对于国家权力而言，公民权利具有基础性和根本性的特点。在国家权力和公民权利的关系上，公民权利是根本，国家权力是派生的，国家权力必须要为公民权利服务，其存在目的就是要更好的保障和救济公民权利。如果国家权力在行使过程中发生了异化，蜕变为权利的敌对者的话，权力就失去了存在的目的，而不再具有正当性基础了。因此，宪政建设的一个根本目的就是要控制国家权力，保障公民权利，保障公民权利主要是通过控制国家权力来实现的。也即，对公民权利的保护和救济就成为宪政建设的根本出发点和终极归宿。

社会强烈个人权利诉求不仅仅体现在抽象的制度理念上，而且还必须要落实到具体的司法实践中，因为，"无救济则无权利"。因此，对公民权利的有效救济就成为美国宪政的一个逻辑起点。在权利救济问题上，美国宪政秉持的是一种司法最终主义原则。在现代司法理念中，司法是将文本意义的法律转化为现实判决的过程，是将国家立法与个人权利保护联系起来的中介或桥梁。因此，司法对当事人的权利保护与权利救济而言，具有至关重要的作用。它不仅是当事人权利救济的最基本的方式之一，而且还是当事人的最终的选择。基于司法的特殊地位，人们称司法是权利救济的最后一道防线。正是由于司法机关在权利救济中的保护者地位，所以身为司法者的法官群体在美国有着无以复加的崇高地位，而法官的地位崇高也从另一个方面印证了著者的关于主体因素的论断，即在美国的宪政生成中，作为社会主体的法官为美国宪政的生成、为人们权利的保护作出了卓有成效的贡献。

---

① 钱福臣：《美国宪政生成的深层背景》，129 页，北京，法律出版社，2005。
② 钱福臣：《美国宪政生成的深层背景》，144 页，北京，法律出版社，2005。

在著者那里，美国宪政所体现出来的这三种价值取向是显而易见的，而且这三种理念之间也存在着内在的逻辑关系。首先，宪政生成必须要依据宪法来进行，因而著者首先强调宪法的高级法背景，暗示了宪法作为宪政建设的依据必须要具有正当性基础，否则的话，依据一部限制权利、纵容权力为非的宪法而建立起来的宪政绝不是真正的宪政。在保障宪法的正当性的基础上，就要树立宪政主义所内含的人权保护的价值理念。因而不论是宪政主义和法治主义，对人权的保护始终是其终极性的目的，离开了人权保护，所有的宪政价值都会成为无本之木、无源之水。其次，作为价值理念的人权必须要转化为现实中的权利，这样宪政的价值才能得以充分的彰显，所以对个人权利的强烈诉求就成为著者观察美国宪政生成的一个重要的"宪政基因"。而个人权利诉求只有依据司法上的权利救济程序才能最终得以保障，因而，法官群体作为主体因素的重要组成部分，对美国宪政的形成起着至关重要的作用。

按照笔者的理解，著者之所以在众多的价值取向中，浓墨重彩地对这三个价值取向进行阐释，实际上是著者对中国宪政建设的殷切希望之所在。因为在当前中国的宪政建设中，由于宪政传统的缺乏以及对外来传统的排异心理，中国的宪政建设迟迟未能步入正轨，当务之急，中国的宪政建设要寻找到一个关键性的突破口，而著者这里所重点强调的三个价值取向实际上是在为中国宪政建设确定突破口。因为美国的宪政生成过程表明，宪法的正当性、人权的至上性以及权利的救济性是美国宪政生成中所始终坚持的价值取向，也是美国宪政最终得以形成的关键性因素。中国的宪政建设不妨以美国的成功经验为蓝本，充分借鉴一下美国宪政中所蕴涵的、能够为我们所吸收利用的价值因素，并在结合民族文化进行改造的基础上，将其转化为我们民族文化的一个有机组成部分，最终内化为中国宪政的内在价值。因为，不论是美国宪政还是中国宪政，对宪法正当性的认同、对人权至上性的尊重、对权利的有效救济，在一定程度上，都不约而同地达成了某种价值共识，这种最低限度的价值共识就为我们的宪政建设借鉴美国的成功经验提供了方法论意义上的支持。

三、美国经验与中国宪政发展的阶段性特征

"学术者，天下之公器。"然而学术研究的目的，尤其是法学学术研究的目的并不能仅仅是文人学者之间的孤芳自赏，学术研究的成果要转化为现实法治建设的直接的或间接的理论依据或者其蕴涵的内在价值要为社会各界所认同或接受，只有这样，法学学者才可以自豪地宣称在中国的宪政建设中发挥了其应有的作用。因为，"法学乃实践之学"，离开了实践，法学研究就只能沦为镜中之花、水中之月。纵观《美国宪政生成的深层背景》一书，其自始至终洋溢着一种积极的入世态度和强烈的实践意识。因为著者

意识到，美国宪政再好，毕竟那是别人的东西，没有办法照搬过来自己应用，因而，基于这种意识，尽管著者是在通篇介绍美国宪政生成的经验，但是，在每一章节中总结完美国经验后，著者总会有意识地附加上一个小节"借鉴"，以对中国如何借鉴美国宪政的成功经验提供一些参考。这种实践意识在著者的导言中表现中得尤为明显："由于美国宪政是现代宪政的典范，其生成规律对其他国家宪政的建设和生成具有借鉴意义，因此本书每章后设'借鉴'部分，结合我国的具体情况，对我国宪政生成问题作相应的分析，供读者参考。"① 足见其良苦用心。

在著作中，著者的全部篇幅都用来分析美国宪政生成的四个基本要素，并揭示出了这些基本要素背后的基本价值取向，相应地，我国的宪政建设也要充分参考和借鉴美国的这四个基本要素，从思想基础、历史传统、社会需要和主体因素四个方面来分别考查我们是否已经具备生成宪政的必需条件。如果我们已经具备了这四个因素的话，那我们就要考虑加大我们的宪政建设力度，争取在一个较短的时间内矗立起我们的宪政大厦；如果我们还没有充分具备这四个因素或者其中某一个或某几个要素还有欠缺，那么我们就要有意识地弥补这些欠缺，使之尽可能地与其他因素相适应，最终使得我们的宪政事业得以建成。

除了宪政生成的四个基本要素之外，著者留给我们另外的一个启示就是中国宪政建设的阶段性、综合性和渐进性特征。所谓阶段性特征，是指中国的宪政建设要根据自己的客观条件，分阶段地进行，而不能寄希望于"毕其功于一役"。美国的宪政生成也经历了漫长的过程，从早期的英属殖民地时期的自治，到开国元勋们的制宪努力，再到马歇尔大法官的天才式创造，其中也经历多个阶段的发展过程，因此，中国的宪政建设也要遵循阶段性的特征，一步一步地进行。所谓综合性特征就是中国的宪政建设要充分吸收世界各国包括美国的宪政生成经验，综合衡量比较世界各国的经验和教训，使得我们的宪政建设既具有民族特殊又具有全球视野的综合性特征。作为宪政后发达国家，我们唯一的优势在于我们可以充分比较世界各国的经验教训，从而为我国的宪政建设提供更多的资源借鉴。限于研究领域，著者这里仅仅给我们介绍了美国的成功经验，但是这并不意味着著者仅仅认同了美国经验对中国的启示作用，实际上，美国的经验可供借鉴同样意味着法国、德国、日本等其他国家的经验也具有参考价值。所谓渐进性特征，是指我国的宪政建设要遵循宪政发展的一般规律，逐渐地进行。在对待美国宪政生成的特点上，著者明确指出："美国宪政并不是创造，而是生长，是民族遗产。"② 那么，中国的宪政生成也必须植根于中国土地之上。但是，这种植根于本土的文化生长相比较于移植性的制

度引介具有缓慢而渐进的特征，因而，中国的宪政建设也必须要遵循美国宪政的生长规律，在具备客观条件和基本要素的基础上，使其渐渐地融入本土的民族文化之中，成为我们民族血液中不可或缺的重要组成部分。从整体上来看，美国宪政的生长过程提醒我们宪政建设的阶段性特征，我们一定要遵循宪政生长的阶段性特征而不能幻想一夜之间建成罗马城，否则很可能就会南辕北辙，欲速则不达。

（作者单位：中国人民大学法学院）

法律文化研究　第三辑（2007）

民国法史研究论著整理

中国人民大学法律文化研究中心

曾宪义法学教育与法律文化基金会

居正** 著　郭嘉整理

为什么要重建中国法系*

---

　　* 本书现藏于中国人民大学图书馆。整理者在整理过程中本着尊重原著的精神，尽量将著作的原貌呈现于读者面前，仅就标点符号的使用方面，按照现行的标准进行了相应的修改。另外，为了方便读者阅读，将原著的第二部分中大约六千多字没有分段的部分根据整理者个人的理解进行了分段处理。

　　** 居正（1876—1951），字觉生，别号梅川居士，中国湖北广济人。1876 年出生于中国湖北，少时求学并不顺遂，1905 年于上海工作时，因得友人资助始留学日本。同年，居正经由田梓琴与宋渔父介绍，加入同盟会。1907 年，居正前往新加坡加入同盟会周围组织中兴日报，与保皇党梁启超等人展开笔战。同年，前往缅甸仰光创办《光华日报》。1909 年，居正前往武汉，为武昌起义策动人之一，1911 年 10 月 11 日为中华民国军政府鄂军都督府创办关键人物之一；1912 年，任中华民国临时政府内政部次长并兼所有部务；1916 年，于山东任中华革命军东北总司令。1932 年，居正被任命为司法院长，其任期至 1947 年，任期长达 16 年又 6 个月。1948 年居正与孙科搭档参加第一届"中华民国总统"选举，这次由国民大会代表的间接选举中，另一位总统候选人蒋介石以 2 430 票票数击败居正的 269 票。1949 年，居正逃至台湾，旋即被任为国民党评议员，此职位一直到 1951 年 11 月 23 日去世为止。

一、引　言

或谓我等生斯世也，为斯世也，似应该与世推移，善斯可矣，何必是古非今？效康成人何休之室，操何休之戈，针膏肓，起废疾，以自绝于时髦，而为现实派所訾为落伍呢？子曰：唯唯否否。我们生活在天演时代，个个是要赛跑的，赛跑必须接力以作后盾，必有拉拉队以鼓其气，才可以勇往直前。又自科学发明以后，在在是要斗宝的，斗宝一定要拿出真实宝贝，才可以夺获锦标，争取最后胜利，否则非之无举，刺之无利，同乎流俗，合乎污世，是乡原之自暴自弃，亦终必为奴而已矣。

国父说得好："一面要迎头赶上，一面要从根救起。"诚广其意，迎头赶上，必须从根救起，亦必从根救起，始能迎头赶上。我们生于斯，长于斯，聚国族于斯，数典而忘其祖，怀宝而述其邦，是殆不仁不智之甚，其能免于今之世吗？所以我不自揣，在中华法学会年会当中，要揭橥重建中国法系。既非复古，亦非违时，是要为我中华民国立国于此一世界，本国父遗嘱所说，其目的是在求中国之自由平等，以蕲完成己立立人，己达达人斯已矣。

我们要知道法学者，是一种形而上的学问，包括宇宙间自然科学、社会科学，进而通于宗教哲学。何以故？大凡世界上探究各种学科学问，必须穷原究委，有一定的准绳法则。这一定的准绳法则，是由前人因事推理，准情合数，而逐渐发明。不是一蹴而几，更不是凭空捏造，我国大学有云："物有本末，事有终始。"若不揣其本而齐其末，方寸之木，可使高于岑楼，那有什么理解可说呢？抑知作始也简，将毕也钜，始谋之不臧，始基之不立，而期其有终济美，殆如缘木求鱼，只求收获，不问耕耘，决无是事。因此我们研究法学及探究任何一国法律，可以分作三个步骤，先考虑它"过去如何"、"现在如何"、再进而观察它"应当如何"。明乎此，我们今日要讨论的"为什么要重建中国法系"一问题，就值得先将中国法系发展的过程及现状，约略作一个全盘的剖析，然后进而研讨其未来应当如何，比较容易得到正确结论。

二、殷周及其前期法律萌芽情形的检讨

考我国法律起源悠远，观《易经》所示刑法之象，即其明证。按噬嗑章云："噬（啮也）嗑（合也）亨，利用狱。"程颐解释谓："口中有物，则隔其上下不得嗑，必啮之则得嗑，故为噬嗑，圣人以卦之象，间隔于其间，故天下之事不得合，在天下则为有疆梗或谗邪间隔于其间，故天下之事不得合也，当用刑法，小则惩戒，大则诛戮，以除去之，然后天下之治得成矣。噬嗑者，治天下之大用也，去天下之间在任刑罚。"又谓：

"天下之事所以不得享者，以有间也，噬而嗑之，则亨通矣。利用狱，噬而嗑之之道，宜用刑狱也，天下之间，非刑狱何以去之？不云利用刑，而云利用狱，卦有明照之象，利于察狱也。狱者，所以究治情伪，得其情则知为间之道，然后可以设防而致刑也。"

彖云："颐中有物曰噬嗑，噬嗑而亨，刚柔分动而明，雷电合而章，柔得中而上刑，虽不当位，利用狱也。"程颐解释谓："刚爻柔爻相间，刚柔分而不相杂，为明辨之象，明辨查狱之本也，动而明，下震上离其动而明也。雷电合而章，雷震而电耀，相须并见，合而章也，照与威并行，用狱之道也，能照则无所隐情，有威则莫敢不畏。六五以柔居五为不当，而利于用狱者，治狱之道，全刚则伤于严暴，过柔则失于宽纵，五为用狱之主，以柔处刚则得中，得用狱之宜也。"

象云："雷电噬嗑，先王以明法敕罚。"程颐解释谓："电明而雷威，先王观雷电之象，法其明与威，以明其刑罚，敕其法令，法者明事理，而为之防者也。"

贲之象云："山下有火，君子以明庶政，无敢折狱。"程颐解释谓："君子观山下有火，明照之象，以修明其庶政，成文明之治，而无果敢于折狱。"（无果敢操切之意）

旅之象云："山上有火，君子以明慎用刑而不留狱。"程颐解释谓："火之在高，明无不照，君子观明照之象，则以明慎用刑，明不可恃，故戒于慎，明而止，亦慎象，观火行不处之象，则不留狱，狱者不得已而设，民有罪而入，岂可留滞淹久也。"

中孚之象云："泽上有风，中孚，君子以议狱缓死。"程颐解释谓："水体虚，故风能入之，人心虚，故物能感之，风之动乎泽，犹物之感于中，故为中孚之象。君子观其象，以议狱缓死。君子之于议狱，尽其忠而已，于决死，极其恻而已，故诚意常求于缓，缓，宽也。于天下之事，无所不尽其忠，而议狱缓死最其大者也。"

蒙初六云："发蒙利用刑人，用说桎梏，可往吝。"程颐解释谓："发天下民之蒙，当明刑禁以示之，使之知畏，然而从而教导之。"

坎上六云："系用徽（索三股）缠（索两股），寘于丛棘，三岁不得凶。"程颐解释谓："上六以阴柔而居险之极，其陷之深者也。以其陷之深，取牢狱为喻，如系缚之以徽缠囚示于丛棘之中，阴柔而陷之深，其不能出矣。"

噬嗑初九云："履校、灭趾、无咎。"程颐解释谓："九居初，最在下无位者也，下民之象，为受刑之人，当用刑之始，罪小而刑轻，校，木械也，其过小，故履之于足，以减伤其趾，人有小过，校而减其趾，则当惩惧，不敢进于恶矣。"

上九云："何校灭耳，凶。"程颐解释谓："系辞所谓恶积二不可掩，最大而不可解者也，故何校而减其耳，凶可知矣。何，负也，谓在颈也。"

讼之象曰："讼上刚下险，险而健讼，讼有孚，窒，惕中，吉，刚来而得中也。终凶，讼不可成也，利见大人，尚中正也。"

按八卦相传为伏羲所画，易则为文王所演，就以上所举，可知我国法律萌芽之早，远在数千年以前。**路史后纪云**："太昊伏羲氏龗龙时瑞，因以龙纪官，百师服，皆以龙命六佐职，而天地位，阴阳得，乃明刑政，修兵杖，以威怀。"《通鉴前编外纪》云："太昊时，有龙马负图出于河之瑞，因而名官，始以龙纪号，曰龙师，又命五官，秋官为白龙氏。"由此以观，则在伏羲时刑狱之制，法官之设，俱已有之。

自此以后，黄帝唐虞以及三代，册籍所载，随在多有，关于黄帝者，如《管子·任法编》云："黄帝治天下，民不引而来，不推而往，不使而成，不禁而止，黄帝置法而不变，使民安其法者也。"立政篇："藏于官则为法，施于国则为俗。"《商君书·画策篇》："神农既没，以强胜弱，以众暴寡，故黄帝作为君臣上下之义，父子兄弟之礼，夫妇匹配之合，内行刀锯，外用甲兵。"汉书胡建传，黄帝李法曰："壁垒已定，穿窬不由隧路，是谓奸人，奸人者杀。"苏林注云："李法狱官名也，天文志左角李，右角将。"颜师古注云："李者法官之号也，总主征伐刑戮之事也，故称其书曰李法，苏说近之。"《史记·五帝本纪》云："诸侯咸威轩辕为天子，是为黄帝，官名皆以云命为云师。"关于唐虞者，如《舜典》："象以刑典，流宥五刑，鞭作官刑，扑作教刑，金作赎刑，眚灾肆赦，怙终贼刑，钦哉钦哉，惟刑之恤哉！"是当时的刑名，已经有"象刑"、"五刑"、"五流"、"鞭"、"扑"、"赎刑"、"赦"等分别，而"眚灾肆赦怙终贼刑"，则是后世刑法上所谓"屡犯加重"、"过失减轻"的原则，在当时也已见其端倪了，"钦哉钦哉惟刑之恤哉"两句话，尤见恤刑慎狱，叮咛告诫的深意！（考帝舜即位为西历纪元前二千二百五十年，距今四千两百二十年，罗马《十二铜表法》之公布相传为公元前四百五十二年，欧洲最古之《摩西法典》，其出世约为纪元前一千四百年，吾国在四千二百余年前即有如此详晰的法律概念记载，当然弥足珍视。）

我们再看《大禹谟》："帝曰皋陶，惟兹臣庶，罔或干予正，汝做士，（传：士，理官也。正义云：士即周礼司寇之属。）明于五刑，以弼五教，期于予治，刑期于无刑，民协于中，时乃功懋哉！"皋陶曰："帝德罔愆，临下以简，御众以宽，罚弗及嗣，赏延于世，宥过无大，刑故无小，罪疑惟轻，功疑惟重，与其杀不辜，宁失不经，好生之德，洽于民心，兹用不犯于有司。"帝曰："俾予从欲以治，四方风动，惟乃之休！"这一段君臣相对的谈话，就可知道用刑的旨趣，乃是在"期于无刑"，"而罪疑惟轻，功疑惟重，与其杀不辜，宁失不经"，尤其见刑赏忠厚之至！又《后汉书·张敏传》：建中初上疏曰："孔子垂经典，皋陶造法律，原其本意皆欲禁民为非。"《国语·鲁语》展禽曰："尧能单均刑法以仪民。"（注：单，尽也。均，平也。仪，善也。）《春秋·原命苞》："尧得皋陶。聘为大理，舜时为士师。"《路史·少昊记》："大业取少典氏女曰华，生繇，虞帝求斿以为士师，繇一振褐而不仁者远，乃立犴狱，造科律听狱中为虞之氏，而天下无冤，封之于皋，是曰皋陶。"《竹书纪年》："帝舜三年命皋陶作刑。"

关于夏代者，如《左传·昭十四年》："夏书曰昏墨贼杀，皋陶之刑也。"《尚书大傅》：“夏刑三千条。”隋唐艺文志：“夏代肉刑有五，科条三千。”扬子法言：“夏后世肉辟三千。”《路史后纪》：“夏后世罪疑惟轻，死者千馔，中罪五百，罚有罪而民不轻，罚轻而贫者不至于散，故不杀不刑，罚弗及疆而天下治。”注云：（大傅甫刑传云：禹之君民也，罚不及强而天下治，一馔六两）。《左传·昭六年》：“夏有乱政而作禹刑。”夏时军法，则有甘誓胤征可考；其法官则尚书大傅夏书郑玄注云：“所谓六卿者：稷、司徒、秩宗、司马、作士、共工也。”夏时的刑名，见隋唐艺文志“刑法”，肉刑见扬子法言，又《汉书·刑法志》云：“禹承尧舜之后，自以德衰，始制肉刑。”

以上所引述的，为夏代以前的法制情形，自殷以后，因有殷墟史料可证，国人治史，遂多以殷代为中国史的开始，治法制史者亦然。这种注重证据，信则传信疑则传疑的精神，固然可佩，但因此就否认殷以前的史实，也不能谓无过。

按史载黄帝与蚩尤战于涿鹿之野，那一战是奠定汉族生存的战争，试想：如果没有军法来部勒战士，怎能作那样大规模的战争？由这一战开疆拓土以后，如果没有相当的法律来管理，又如何能够控制那样的广土众民？所以我们如说殷代以前的法律未必如史册所载的那样详尽则可，若果根本否认殷代以前曾有萌芽的法律制度，而认为一切都是自殷代才开始，那么，殷代何以能够凭空进入这一阶段呢？我们岂不是连进化的规则都否认了么？

关于殷代者，《尚书·尹训》曰：“制官箴，儆于有位。”又曰：“臣下不匡，其刑墨。”盘庚曰：“非汝有咎，比于罚。”又曰：“乃有不吉不迪，颠越不恭，暂遇奸宄，我乃劓，殄灭之。”近据殷墟文字汇编考释的，其中如徒刑，身体刑，生命刑等，俱可循译而得。关于周代刑法的内容，有《尚书·吕刑篇》可供研究。其中属于身体刑的，有墨辟，劓辟，剕辟，宫辟；属于死刑的，有大辟。更有关于墨辟劓辟剕辟宫辟大辟疑赦赎罪的规定。此外如康诰酒诰秕诰等，则对于饮酒，不孝不友，及诈欺窃盗罪的规定。处罚，也有所述。按吕刑一篇，今古文尚书均有，自可认为信史。又《周礼》一书，记载有周一代的法制，颇为详尽，如关于法律之公布者，《秋官·小司寇》云：“正岁帅其属过观刑象。”今以木铎曰：“不用法者，国有常刑。”《大司寇》云：“正月之吉，始涸布刑于邦国都鄙，乃悬刑象之法于象魏，使万民观象刑，挟日而敛之。”《秋官·小司寇》云：“正岁帅其属而观刑象，宣布于四方宪刑禁，乃命其属入会乃致事。”《秋官·士师》云：“书而悬于门闾，宪用诸都鄙：正岁帅其属宪禁令于国邦野。”其专司布宪之官吏，则如序官所载云：“布宪中士二人，下士四人，府二人，史二人，胥四人，徒四十人。”此专司布宪之中士下士及府、史、胥、徒其任务则如布宪所云：“布宪掌邦之刑禁，正月之吉，执旌节以宣布于四方而邦宪之刑禁以诘四方邦国，及其都鄙达于四海。”是当时对于法令的公布，有一定的规定，由专司的官吏，其郑重可见一斑。

迨至春秋战国之际，王室寝衰，各国有其自订之刑法，如周景王九年，郑铸刑书，敬王七年，晋铸刑鼎，均见经传。关于用典的轻重，则《秋官·大司寇》有云："大司寇之职，掌建邦之三典，以佐王刑邦国，诘四方，一曰刑新国用轻典，二曰，刑平国用中典，三曰，刑乱国用重典。"

关于刑事责任的减免者，《秋官·司刺》有云："一宥曰不识，再宥曰过失，三宥曰遗忘。一赦曰幼弱，再赦曰老耄，三赦曰人不坐死。"又云："幼弱老耄，若今律令，年未满八岁，八十以上非手杀人，他皆不坐。"此与罗马法上的所谓重过失，轻过失及最轻过失之观念固有类似，即与现代一般法律上的责任之减免亦多吻合之处。

关于正当防卫者，《周礼·秋官·朝士》云："盗贼军乡邑及家人杀之无罪，若今时无故入人室宅庐舍，上人车船，牵引人欲犯法者，其时格杀之无罪。"《左传》于此复纪有一事例："郑游贩夺人之妻，其父攻杀之，而以其妻行，子产复之，令游氏弗怨。"

关于证据法则者，《周礼·地官·小司徒》云："凡民讼以地比正之。"疏云："民讼，六乡之民有争讼之事，是非难辨，故以地之比邻知其是非者，共正断其讼。"又《周礼·秋官·朝士》云："凡属责者，以其地传而听其辞。"李嘉会释云："地传者，当地之人，当时围传别者，若今牙保也，属责于人有地传为之证，则听其辞而理之。"此为人证之例。

关于书证者，如《周礼·地官·小司徒》云："地证以图证之。"注谓："地讼争疆界，图为邦国本图。"疏谓："言地讼争疆界者，谓民于疆之上横相侵削者也。图邦国本图者，凡量地以制邑，初封量之时，即有地图在于官府，于后民有讼者，则以本图证之。"又如《周礼·周官·士师》云："凡以财狱讼者，必以传别约剂正之，小宰八成所谓听称责与买卖者是也。""称责之财，则传之以约束，别而为两，人执其一，买卖之财，则立为限，约而有剂传于身执，故以财致讼者，操此以为决。"前者为调取官署档案为证据之例，后者为以诉讼标的契约为证据之例。

关于审批心理与自由心证者，《吕刑》有云："简孚有众，惟貌有稽。"《周礼·秋官·大司寇》云："以五听听讼求民情，一曰辞听，二曰色听，三曰气听，四曰耳听，五曰目听。"

关于一造审理与两造审理者，《吕刑》有云："明清于单辞。"又云："两造俱备，师听五辞。"

关于诉讼代理，辩护及辅佐人者《周礼·秋官·司寇》云："凡命夫命妇，不躬坐讼狱。"疏云："古者取囚要辞皆对坐，治狱之吏，皆有严威，恐狱吏亵，故不使命夫命妇亲坐，若取辞之时，不得不坐，当使其属或子弟代坐也。"此虽不免含有封建意味，要为诉讼可由他人代理之证。其例如春秋僖公二十八年《左传》载："卫侯与元咺讼，宁武子为辅，针庄子为坐。"疏云："宁武子为夫庄子也，以宁子位高故先言之。"又春秋楚王舆一案，《左传·襄公十年》楚王叔陈生与伯舆争政，王右伯舆，王叔陈生怒而出奔，及河，王复之，杀史后以说为，不入，遂处之。晋侯使士匄平室，王叔与伯舆讼焉。王叔之宰，与伯舆之大夫瑕禽坐狱于庭，士匄听之，王叔之宰曰："筚门闺窦之人，而皆陵其上，其难为上矣！"瑕禽曰："昔平王东迁，吾七姓从王，牲用备具，王赖之，而赐之骍旄之盟，曰：世世无失职，若筚门闺窦，其能来东底乎？且王何赖焉？今自王叔之相也，政以贿成，而刑放于宠，官之师旅，不胜其富，吾能无筚窦乎？唯大国图之，下而无直，则何谓止矣？"其彼此论辩，可谓能尽攻击防御之能事。

关于陪审制度者，周礼司刺其职为："掌三刺宥之法以赞司寇听狱讼。一刺曰讯群臣，再刺曰讯群吏，三刺曰讯万民。"

关于合并论罪者，《吕刑》云："下刑适重，上服。"贾疏云："下刑适重者，谓一人之身轻重二罪并发，则以重罪而从酌，不得雷同加罪。"《吕刑》又曰："狱成而孚，输而孚，其刑上备，有并两刑。"

关于审判上之加减者，《周礼·秋官·小司寇》有云："听民之所刺，以施上服下服之刑。"三刺复有云："以此三法者，求民情，断民中，而施上服下服之罪。"

关于法院编制者，秋官司寇有乡士、遂士、县士、方士、讶士种种，乡士之职掌为："掌国中，各掌其乡之民数而纠戒之，听其狱讼。"郑注谓："其地则距王城百里内也。言掌国中，此主国中狱也，六乡之狱在国中。"遂士之职掌为："掌四郊，各掌其遂之民数而纠其戒令，听其狱讼。"郑注谓："其地距王城百里以外至二百里。言掌四郊者，此主四郊狱也，六遂之在四郊。"县士之职掌为："掌野，各掌其县之民数，纠其戒令而听其狱讼。"郑注谓："距王城二百里以外至三百里曰野，三百里以外四百里曰县，四百里以外至五百里曰都。都县里之地，其邑非王子弟公卿大夫之采地，则公邑也，谓之县，县士掌其狱焉。言掌野者，郊外曰野，大总言之也。"方士之职掌为："掌都家，听其狱讼之辞。"郑注谓："都王邑在稍地。不言掌其民数，民不纯属王。"讶士之职掌为："掌四方之狱讼。"郑注谓："四方诸侯之狱讼，谕罪刑于邦国，凡四方之有治于士者造焉（注谓：讞疑辩士先来诣，乃通之于士也。士，谓士师也，如今郡国亦时遣主意者吏诣廷尉者。），四方有乱狱，则往而成之。"（注云：乱狱谓若君臣宣淫，上下相虐者也。往而成之，犹吕步舒使治淮南狱）条分缕析，显然各有一定管辖。各条之下，复有"司寇听之"或"司寇听其成于朝"之记载，又《周礼·王制》云："成狱辞，史以狱成告于正，正听之；正以于狱成告于大司寇，大司寇听之棘木之下；大司寇以狱之成告于王，王命三公参听之；三公以狱之成告于王，王又三，然后制行刑。"审级制度，亦可略见。

关于越级上诉者，《周礼·秋官·大司寇》有言："以肺石达狱穷民，凡远近茕独老幼之欲有复于上，而其长弗达者，立于肺石。三日，士听其辞，以告于上而罪其长。"

关于监狱者，《周礼·秋官·大司寇》云："以圜土聚教罢民（注云：圜土，狱城也，聚罢民其中，困苦以教之为善也，民不愍作劳，有似于罢），凡害人者，石实之圜土而施职事焉。"又云："以嘉石平罢民（注云：嘉石，文石也，树之外朝门左。平，成也，成之使善。凡万民之有罪而为丽于法而害于周里者，桎梏而坐之嘉石，役诸司空。重罪……七月役，其次……五月役，下罪……三月役）。"既谓役诸司空，则所役者为何事？按司空掌邦事，为冬官。其所督导者，为百工之事。《周礼·冬考工记》云："凡功木之工七，功金之工六，功皮之工五，设色之工五，刮摩之工五，搏埴之工二，工木之工：轮，舆，弓，庐，匠，车，梓。功金之工：筑，冶，凫，栗、段、桃。攻皮之工：函、鲍、yun、韦、裘。设色之工：画、缋、钟、筐、慌。刮摩之工：玉、栉、雕、矢、磬。搏埴之工：陶、瓬。"又云"轮人为轮"，"轮人为盖"，"舆人为车"，"辀人为辀"，"冶氏为杀矢"，"桃氏为剑"，"凫氏为钟"，"栗氏为量"，"函人为甲"，"韩人为皋陶"，"慌氏冻丝"，"玉人之事镇圭……命圭……桓圭……信圭……"，"磬氏为磬"，"矢人为矢"，"陶人为甗"，"瓬人为簋"，"梓人为笋虡"，"梓人为饮器"，"梓人为侯"，"庐人为庐器"，"匠人为沟洫"，"车人为耒"，"弓人为弓"，是则木工、金工、皮工、染工、陶工、玉工，无一不备，所造之器物，则舟车兵器之属以至宗庙祭司及一般用具，均应有尽有。斯其惩役作业范围之广，殆非今日之监狱作业所可比拟。而感化政策，亦被采取。其后秦汉时代之城旦，鬼薪，白粲，亦均为惩役劳作，即刑余之人，亦俱有一定劳作。如《周礼·秋官·掌戮》云："墨者使守门，劓者使守关，宫者使守内，髡者使守积。"

关于监狱之给养，《周礼·秋官·司圜》有云："凡圜土之刑人也不亏体。"又礼记月令："挺重囚，益其食。"是对于监狱的给养卫生，亦未尝不加注意。唯以上所引述，非谓现代之一切制度，在我国古代均已无所不备，但可证明在当时已有相当的概念和类似的创制，亦可见吾国法律方面发达的悠远了。

又当时关于法官的选择及责任亦已非常重视，如《尚书·立政篇》周公垂戒成王云："庶狱庶慎，惟有司之牧夫，是训用违，庶狱庶慎，文王罔敢知于兹。"《吕刑》一篇对于法官人选再三致意，一则曰："非尔惟天作牧，今尔何监？"再则曰："天齐于民，俾我一日。"又谓："尔尚敬逆大命，以奉我一人！"又谓："无简不听，具严天威。"又谓："在今尔安百姓，何择非人？何敬非刑？何度非及？"孙星衍疏云："在今而安百姓，女何择？言人何敬不刑？何度不及？能择人而敬为刑，尧舜禹汤文武之道可及也。"又《潜夫论·本政篇》引此经而说之云："将致太平者，先调阴阳，调阴阳者，先顺天心，顺天心者，先安其人，安其人者，先审择其人，故国家存亡之本，治乱之机，在明选而已矣。"至选择法官之标准如何？则曰："哲人惟刑。"又曰："非佞折狱，惟良折狱。"盖唯哲人乃能"哀敬折狱"，乃能"如得其情，则哀矜而无喜"，若夫佞人则虽有辩给之口才，而不能期其公正不偏。其训勉法官须操持廉正，则曰："五过之疵，惟官（谓挟威势），惟反（谓报恩怨），惟内（谓从中制），惟货（谓行贿赂），惟来（谓谒请）（马融来作求，有求请，赎也，惟作来亦通）。"且明白昭示五刑之疑有赦，五罚之疑有赦，而对于五过之疑则独无赦。（郑康成曰："不言五过之嫌疑有赦者，过不赦也。"）《礼记》曰："凡执敬以齐众者，不赦过。"（此与现行刑法之用意，正属相同。）又曰："典狱非讫于威，惟讫于当。"又曰："无或私家于狱之两辞，狱货非宝，惟府辜功，以报庶狱。"均见垂戒之深。又以司法乃公道得源泉，法官的内心生活，必须随时随事能守"敬"执"中"，故又反覆叮咛，申述其意。其言"敬"则曰："惟敬五刑，以成三德。"又曰："何敬非刑！"又曰："哀敬折狱。"又曰"朕敬于狱，有德惟刑。"而言"中"则曰："士制百姓于刑之中。"又曰："故乃明于刑之中，率义于民棬彝。"又曰："罔择吉人观于五刑之中。"又曰："惟良折狱，罔非在中。"又曰："明启刑书胥占，咸中有庆。"据此可知其对于法官之选择的训勉，其郑重为何如？于此，复有须特别补充之点，即我国法律固在早期即已发达，但其发展却比较的偏于刑法方面，非如罗马法之在民法方面有其特别发达。此其故一则由于地理的关系，中华民族过去与其他族少所接触，一切思想生活行为，完全为一单一的整体的发展，个人主义向不发达，非若欧洲之种族繁多，彼此接触频繁，权利观念自始即甚着重。因之民事法律之发展乃比较黯淡。再则因受过去政治制度的影响，国家对于个人行为不免常采干涉主义，刑法范畴，因此遂致扩大，此为研究吾国过去法律随时所能发现者。

三、法律思想蓬勃的一个时期

我国过去法律思想最蓬勃的时期，当然要数到战国的一个阶段。其实时"法治"不但见之于理想，而且先后施之于实际，管仲在春秋的时候，以之治齐而齐治，商鞅在战国的时候，以之治秦而秦强，其后秦之所以能够并吞六国，浑一寰宇，也就是由于商鞅秉政的二十年中，为秦国奠下了富强的基础。他的功绩，是不可磨灭的，但是在战国以前的春秋时代，如子产的治郑，也早已转向于法治，按《左传·昭六年三月》，郑铸刑书，晋叔向因为与子产相契，当时就殆书与子产，表示反对，谓："……民知争端矣，将弃礼而征于书，锥刀之末，将竞争之……"子产很斩截地答复说："侨不才，不能及子孙，吾以救世也。"到了定公九年，传称："驷颛杀邓析，而用其竹刑。"（注：邓析造刑法书于竹简。）这时距子产铸刑鼎不过三十余年，即已由笨重的刑鼎而演为可以传写流通的刑书，不能不说是很快的进步。其后襄定九年冬，晋赵鞅荀寅赋国一鼓铁以铸刑鼎，遂著范宣子所为刑书焉。可见事实需迫，法律更完全开化了。这些刑鼎刑书，现在都无可考，因之学者间多认战国时替魏国著《法经》的李悝为我国成文法典的创始者，他这部法经的内容，据《唐律疏义·卷一》云："魏文侯师李悝（一作师于李悝），集诸国刑典，造法经六篇：一、盗法，二、贼法，三、囚法，四、捕法，五、杂法，

六、具法。”《晋书·刑法志》《唐六典》（卷六）《通典》（百六十三）所言大略同。这书久已遗佚，黄奭《汉学堂丛书》辑得佚文六篇，孙星衍《李子法经·序》云：李悝法经六篇，存唐律中，即《汉书·艺文志》之李子三十二篇，在法家者，后人援其书入律令，故隋以后志经籍诸家不载……按悝书以盗法在前者，罪举其重；以具法在末者，古人撰述，率皆以序录本书后，是其例……法家之学自周穆王作吕刑后，有春秋时刑书竹刑，及诸国刑典，未见传书，唯此经为最古……虽此六篇内“有天尊”、“佛像”、“道士”、“女冠”、“僧尼”诸文为后世加增，如《神农本经》之有郡县名，其篇数经累代分合，亦不能复循汉志三十二篇之旧，然信三代古书，未火于秦，足资经证，不可诬也……，一般所以认李悝为我国成文法典的创始者，便是因为有这法经可据，按这部法经的真实性，仍不无疑问，我国成文法的创始，实际当更在李悝《法经》之前，唯史称这部法经，商鞅受之以相秦，萧何更据以扩充之而为汉律九章，它与秦汉以后的法律，颇有相当的渊源和关系。

在这一个时期，法律思想也是特别发达，例如《管子·禁藏篇》：“夫不法，法则治，法者，天下之义也，所以决疑而明是非也，百姓之所悬命也。”七法篇：“不明与法而欲治民一众，犹左书而右息之。”法法篇：“虽有巧木利手，不如拙规矩之正方圆也，故巧者能生规矩，不能发规矩而正方圆，虽圣人能生法，不能舍法而治国。”这是发挥法治的必要的。《管子·七臣七主》篇：“明王见必然之政，立必胜之罚，故民之所必就，而之所必去，推则往，召则来，如坠重于高，如渎水于地，故法不烦而吏不劳，民无犯禁，故百姓无怨于上。”禁藏篇：“以有刑至无刑者其法易而民全；以无刑至有刑者，其刑烦而多奸。夫先易者后难，先难者后易，万物尽然。明主知其然，故必诛而不赦，必赏而不迁者，非喜予而乐其杀也，所以为人致利除害也。”这是主张实行法治是要法立令行，不愆赏功，不乱赦罪的。《商君·定分》篇：“诸官吏及民间有问‘法令之所谓也’于主法之吏，皆各以其‘故所欲问之法令’明告之……故天下之吏民无不知法者，吏明知民知法令也，故吏不敢以非法遇民。”《韩非·定法》篇：“法者，宪令著于官府，刑罚必于民心，赏存乎慎罚，而罚加乎奸令者也。”又曰：“法者，编著之图籍，设之官府而存之于百姓者也。”这是阐发法律必须公开，不可任令法吏操纵把持，因缘为非的。《尹文子·大道篇》：“法行于世，则贫贱者不敢怨富贵，富贵者不敢怨贫贱，愚弱者不敢冀智勇，智勇者不敢鄙愚弱。”《商君·刑赏篇》：“所谓壹刑者，刑无等级，自卿相将军以至大夫庶人，有不从王令，犯国禁，乱上制者，罪死不赦。”《韩非子·有度篇》：“法不阿贵，绳不绕曲，法之所加，智者弗能辞，勇者弗能争。”这是说法律应该不分贵贱，一律平等的。《尸子》：“天下之可治，分成也，是非之可辨，名定也。明王之治民也……言寡而令行，正名也。君人者苟能证明，愚智无情，执一以静，令名自正，赏罚随名，民莫不敬。”《韩非子·主道篇》：“言者，百事之枕也。圣王正言于朝，而四方治矣。是故曰：正名去伪，事成若化，以实核名，百事皆成……正名核实，不罚而威。审一之经，百事乃成。审一之纪，百事乃理。名实判为两，分为一。是非随名实，赏罚随是非。"这是说法律必须综合名实，才能够收为治的效验。慎子君人篇："有权衡者不可欺以轻重，有尺度者不可差以长短，有法度者不可巧以诈伪。"《商君·壹言篇》："不法古，不修今，因世而为之治，度俗而为之法，故法不察其民之情而立之则不成，治宜于时而行之则不干。"《韩非子·用人篇》："释法术而心治，尧不能正一国，去规矩而妄意度，奚仲不能成一轮。"这是说立法行法，都是要以客观为标准，而不能闭门造车，率情直行的。《管子·任法篇》："圣君任法而不任智，故身佚而天下治。"《明法篇》："使法择人，不自举也；使法量功，不自度也。"《慎子·君人篇》："大君任法而弗躬，则事断于法。"这是说一切为断于法，便可无为而治的。《商君·更法篇》："……法者，所以爱民也；礼者，所以便事也。是以圣人苟可以强国，不法其故；苟可以利民，不循其礼……三代不同礼而王，五霸不同法而霸，故智者作法而愚者制焉；贤者更礼而不肖者拘焉。""前世不同教，何古之法？帝王不相符，何礼之循？……治世不一道，便国不必法古，汤武之王也，不修古而兴；殷夏之灭也，不易礼而亡。然则反古者未必可非，循礼者未足多也。"开塞篇："圣人不法古，不修今，法古则后于时，修今则塞于势。周不法商，夏不法虞，三代异势，而皆可以王。"《韩非子·心度篇》："法兴时转则治，治兴世宜则有功。"《八说篇》："处多事之时，用寡事之器，非智者之备也。当大争之世，而循揖让之轨，非圣人之治也。"这是说法律应有进化性，不可与时代背道而驰的。

上面所略举的，不过是当时法家中比较重要的一些法律思想，像这一类诠释法理，昌言法治的议论，就与欧美第一流的法学家言，对照参详，也可相互发明，并提媲美，何况这是两千多年以前的学说，我们很可引以为自豪，难道说不应该发扬光大吗？

四、儒家学说对于历代法律的影响

春秋战国之际，本来是儒墨道法诸家并峙的时代，那一个时代，思想言论，特别活泼。孔子孟子虽先后都曾周游列国，和当时各国的君主贵族讨论过有关政治和社会的问题，但都没有得着行道的机会，较后的荀子，亦复如此，那时候各国的政治当局，往往以他们主张为过于迂远，不切实际，同时各家的学说好像博古证今，泛应曲当，所以各国的政治，并没有完全为儒家思想所支配。有的国家且推行和儒家理想根本相反的法治。像管子的治齐和商君治秦，是显著的例子。到了西汉，高祖初入关时，以民间苦秦苛法已久，仅约法三章："杀人者死，伤人及盗抵罪。"其后以三章之法不足御奸，乃由萧何据摭秦法，作律九章。萧何原是一个有心人，按《前汉书·萧何传》云："沛公至咸阳，诸将皆争走金帛财物之府，分之，何独先入，收秦丞相御史律令图书藏之。"所以由他来"据摭秦法"，取其宜于时的，制为法律，这对于他是很适宜的任务。但汉初如文帝、窦太后等，颇倾向于黄老的无为之治。（汉文帝在立法方面有一值得注意的措施，即肉刑的废除，肉刑本起源于苗族之劓，刵，椓，黥，加杀刑合为五刑。夏改刖为膑，周时复改为刖。汉文帝十三年，依太仓令淳于公之少女缇萦之哀求，乃废肉刑，嗣又依丞相张苍等之奏议，修正刑制，改为髡钳城旦舂，改劓为笞三百，改斩左趾为为笞五百，斩右趾为死刑。至景帝时，复有所减损，仅余宫刑，至隋始全行废除。肉刑经汉文帝废除以后，其后赞成回复及反对论者均各有其人。如后汉献帝时，崔实郑康成陈纪等均主张复肉刑，孔融反对之，卒未改；魏武又欲复肉刑，陈群等深陈其便，钟繇亦赞成之，王循不同其意，遂未行；齐王芳正始中，李胜主复肉刑，夏侯太初反对之，丁谧亦持反对之论；晋武帝廷尉刘颂又倡复肉刑之议，又东晋元帝廷卫展复上言复肉刑，尚书刁协等赞之，尚书令周顗等非之，王敦亦非之，安帝时，桓元又议复之，蔡廓赞之，孔琳反对之。故肉刑自汉文帝废除后，虽多由于回复其制者，均因有反对论者，卒未果复。唯后世鞭杖笞之属则直至清末变法，始行废除。）直到武帝，乃定儒学为国教，罢黜百家，表章六经，据《前汉书·董仲舒传》："自武帝初立，魏其武安候为相，而隆儒矣，及仲舒对策，推明孔氏，抑黜百家……"武帝纪："建元元年冬月，诏丞相御史列侯中二千石一千石诸侯相，举贤良方正直言极谏之士，丞相卫绾奏：所举贤良，或治申商韩非苏秦张仪之言，乱国政，请皆奏罢，可。"从此思想定于一尊，学者都专门以研究诗书礼乐易春秋为唯一重要的大事，于是两千年来中国的法律思想，完全是儒家的法律思想。

儒家的政治理想，是以德治礼治人治为主，而以法治为辅的。如《论语·为政篇》："为政以德，譬如北辰，居其所而众星拱之。""道之所政，齐之以刑，民免而无耻；道之以德，齐之以礼，有耻且格。"里仁篇："能以礼让为国乎何有？不能以礼让为国，如礼何？"子路篇："……礼乐不兴，则刑罚不中，刑罚不中，则民无所措手足……""听讼吾由人也，必也使无讼乎。"《中庸》："文武之政，布在方策，其人存，则其政举；其人亡，则其政息。人道敏政，地道敏树，夫政也者，蒲卢也。故为政在人……"《礼记·礼连篇》："礼义以为纪……示民又常。"《孝经》："安上治民，莫善于礼。"可见孔子理想的极致，乃是要远到德治礼治的最高境地，到了那一个境地，法律的作用简直无足重轻了。孟子以性善说为出发点，其言曰："以德行仁者王……以德服人者，中心悦而诚服也。人皆有不忍人之心。先王有不忍人之心，斯有不忍人之政矣。以不忍人之心，行不忍人之政，治天下可连诸掌上。"又曰："徒善不足以为政，徒法不能以自行……是以惟仁者宜在高位，不仁而在高位，是播其恶于众也……"又曰："……无恒产而有恒心者，惟士为能，若民则无恒产，因无恒心，放辟邪侈，无不为已，及陷于罪，然后从而刑之，是亡民也。焉有仁人在位，罔民而可为也？"荀子以性恶说为出发点，其言曰："礼起于何也？人生而有欲，欲而不得，则不能无求，求而无度量分界，则不能无争；争则乱，乱则穷，先王恶其乱也，故制礼义以分之，以养人之欲，给人之求。"又曰："圣人化性而起伪，伪起于性，而生礼义，礼义生而制法度，然则礼义法度者，圣人之所生也。"又君道篇："有治人，无治法……法不能独立……得其人则存，失其人则亡……君子者，法之原也；故有君子，则法虽省足以编矣。无君子，则法离具，失先后之施，不能应世之变，足以乱矣。"

孔孟等这种推崇德治礼治而以法治居于辅助地位的主张，当时虽然曾经大声疾呼，并没有发生什么影响，到了汉代，贾谊在高帝时，就有重德轻刑的建议，贾谊董仲舒路温舒等和其后的一般儒者又继续主张鼓吹不遗余力，贾谊的《陈政事疏》，董仲舒的《贤良对策》，路温舒的《尚德缓刑书》，都是极力阐扬任德而不任刑，重礼而轻刑的理论。他们的主张，则在政治方面有过实际的影响。我们但看两汉有好些诏令，都是宣扬德治，便可知道。又如桓宽盐铁论·刑德篇后刑篇疾贪篇申韩篇周秦篇大论篇盛德篇刘向说苑政理篇，班固的白虎通德论，荀悦所著申鉴汉纪崇德正论，仲长统昌言等书，大都不外以德治礼治为主，而以法治为辅。《汉书·酷吏传·赞序》也说："法令者，治之具，而非制治清浊之源也。"刑法志也极力阐扬感化主义的刑罚，这些都是德主刑辅说得势的有力佐证。董仲舒是汉朝的一代大儒，他首先以阴阳五行，天人交感，及禁忌等说数，阐释法理。他的《贤良对策》及《春秋繁露》一书，很多这一类的议论，桓宽的《盐铁论》也有相似的论调。自此以后，阴阳五行之说，简直成了社会上普遍流行的思想，几乎任何事物，都可附会为与五行有关，《古今图书集成·五行类》："……子复雠何法？土胜水，水胜火也。子顺父，臣顺君，妻顺夫，何法？法地顺天也。男不离父母何法？火不离木也。女离母何法？水流去金也。娶妻亲迎何法？法日入阳下阴也……"这样的说法，真有些想入非非。其实，像董仲舒这类儒者，原意不一定出于迷信，大概是要王者法天，法自然，以主德行仁而慎刑罚，也就是节制"君权滥用"的意思，不期末流所至，阴阳五行禁忌之说，竟深入人心，而成为社会上牢不可破的一种流行见解。嗣后这一类理论渐渐纳入了法律的领域。又因为《礼记·月令篇》说："仲春之月，安萌芽，养幼少，存诸孤，命有四省囹圄，去桎梏，毋肆掠，止狱讼。"所以认为阳和之时，是应该轻念愍恤，施行仁政的："孟夏之月，断薄刑，决小罪，出轻系。"后世的"热审"，就是以此为发凡："仲夏之月，挺重囚，益其食。是月也，百官静事无刑，以定晏阴之所成。"在这时候，刑罚之事，是应该静止不行的："孟秋之月，命有司修法制，缮囹圄，具桎梏，禁止奸，惧罪邪，务搏执，命理（治狱之官）瞻伤（损皮肤）察创（与疮同）视折（损筋骨）审断（骨肉皆绝）决狱讼，必端平，戮有罪，严断刑，天地始肃，不可以赢（赢有宽缓之意）。""仲秋之月，乃命有司申严百刑，斩杀必当，毋或枉挠。枉挠必当，反受其殃，季秋之月，乃趣狱刑，毋留有罪。孟冬之月，是察阿党，无所掩蔽。"这又是后世"秋审"和"秋冬始能行刑"的根据。

董仲舒对于法律还有一件是我们值得注意的事，便是他的引经折狱。史称他的援附经谶折狱至二百三十二事之多，这事对于后世也很有影响，虽律无正条者，亦尽可以春秋之例，断狱治罪，当时传为美谈，厥后牵强附会，深文周纳，流弊甚大。要之从汉时起，儒家的法律思想已经在政治上社会上占有绝对的优势，几乎法律内容的全体都受其支配，经过了两汉三四百年的时间，就愈加根深蒂固了，非其他的势力所能动摇。继起的儒者，对于德礼和刑罚的见解，也大都大同小异，所以不但历三国魏晋南北朝历代，虽各有法律的制定，而没有什么根本的变更，就是由隋唐五代以至宋元明清，也始终是一脉相承，保持这一个传统的精神。我们现在无须更繁征博引，只要举几个重要的关键就够了。按《隋书·刑法志》谓："记曰教之以德……而始乎劝善，终于禁暴，以此志人，必兼刑罚。"《酷吏传·赞序》谓："御之良者不在于烦策，政之善者无取于严刑。"有史称唐时天下初定，太宗尝与群臣语及教化，帝曰："今承大乱之后，恐斯民未易化也？"魏徵对曰："不然，久安之民骄佚，骄佚则难教，经乱之民愁苦，愁苦则易化，譬由饥者易为食，渴者易为饮也。"当时封德彝颇有相反的见解，但帝卒从徵议。又如长孙无忌等《唐律疏义》谓："夫三才肇位，万众斯分，禀气含灵，人为称首；莫不凭黎元而树司宰，因政教而施刑法……德礼为政教之本，刑罚为政教之用，犹昏晓阳秋，相须而成者也。"

唐律的内容很多沿袭汉律的地方，沈家本《汉律摭遗》曾经列举其条文作为比较的研究，其《汉律摭遗·自序》有云："历代之律存于今者，唯唐律；而古今律之得其中者亦为唐律，谓其尚得三代先王之遗意也，唐律之承用汉律者，不可枚举；有轻重略相等者，有轻重不尽同者；试取相较而得失之数可以证厥是非，是则求唐律之根源，更不可不研究夫汉律矣。"至于唐律对于后世的影响，则南丰刘孚京的《沈刻唐律义疏叙》曾说："……下及宋元，承用不发，明太祖始更为明律，而本于唐律者甚多……故唐之有律，岂惟当时之制而已哉？三代之后，管理之法式未有逾此者也。吏不欲明法则已，将欲精习律令，通知作法之意，以廷决庶狱，无使差舛，惟唐律为易明……盖余自释褐备官刑部，寻绎律意，四十年于兹，至于意有所不惬，文有所不明，考之群书，遍及故牍，犹未晓彻，及求诸唐律，而后因革之迹，变通之意，昭昭明矣。大抵明以来所变革，虽因世为轻重，要其经常壹当以唐律为。"就沈、刘两氏所说以观，唐律的渊源所自，和其对于后代的影响可以大概了然。若就唐律各卷内容稍加检阅，即可发现所有规定大都与"礼"有关，就是纯粹的民事关系，违礼者也各有罚，可以说是"一准于礼以为出入"，和"出乎礼者入乎刑"了。唐时除律而外，还有令、格、式三种，律从汉代以后，历代多有编纂，其有所违，及人之为恶而入罪戾者，皆断以律，盖即规定犯罪者所科刑罚之法典。

令亦自汉代以后为历朝所有，为关于尊卑贵贱之等数及国家之制度，盖即各种行法令的法典。格始东魏之麟趾格，为关于百官有司有所常行之事，盖採就官司所执行之惯行法的法典，式则前后或称故事或称科，自汉之品式以降，西魏有大统式，隋有大业式皆是，乃关于所常守之法以补缺拾遗为主，盖即规定官司所守式法的法典。这些工具，同样的是推行礼治。再者历代的所谓律，我们不可误认其范围为如现之刑法，例如唐律卷一名例，不仅为关于刑法之总则，同时亦为关于一般法律的适用法；卫禁、职制、厩库、擅兴，则属于行政法规；户婚属于民事法规；贼盗、斗讼、诈伪、杂律，乃可谓实质刑法；捕亡、断狱，则属于讼诉法规，监狱法规，即关于法官违法失职之惩戒法规，又如杂律之中，有属于行政性质者，如关于河防的规定是；有属于民事性质者，如关于钱债的规定是；有属于商事性质者，如关于市廛的规定是。可见所谓律者，乃包罗甚备之一种成文法典；而公私行为之有悖于律者，又均各附有刑罚的制裁。

宋刑统完全是沿袭唐律而定的，除了令格式以外，往后又有数编敕，条例、法、法度、断例、条贯、仪式、条约、条式、德音等名目，种类虽多，为治之道，仍然一贯是礼治化。元朝代宋而兴，法律仍受儒家思想的支配，字术鲁翀《大元通制·序》："惟圣人之治天下，其为道也，动与天准；其为法也，粲若列星，使民畏罪迁善，而吏不敢舞智御人，鞭笞斧铖礼乐教化相为表里。及其主也，民协与中，刑措不用，二帝三王之盛，尽于此矣。虽刑罚世轻世重，而士制百姓于之中，以教只德，古之制也。"

明代洪武三十年更定的《大明律》，形式体裁，颇有进步，那一部更定的大明律，一共有三十卷，《明史·刑法志》载称："呈觉的时候，太孙请更定五条以上，太祖觉而善之，太孙又请曰：'明刑所弼教，凡与五伦相涉者，宜皆屈法以伸情'。乃命改定七十三条……"入清以后，清乾隆时所编的《大清律例》，也大体是模仿明律而定的，所以说从两汉起一直到满清末年为止，中国法律的内容，完全受儒家思想所支配，这是确切有据的。

中国的法律，不但在时间上绵延了两三千年，都有他一贯的体系，同时在空间上也有巨大的影响，日本学者任井田陞著《唐令拾遗》一书序说中谓："中国法律之影响，东至日本朝鲜，南至安南，西至西域，北至契丹蒙古。"桑原骘藏在其所讲中国之古代法律演讲词内亦谓："自奈良朝至平安朝，吾国王朝时代之法律，无论在形式上与精神上，皆根据唐律。"鸠山和夫、阪本三郎合撰的日本法制一斑文内，分日本法律发达的阶段为四个时代，第二期就是"模仿唐时代，一或谓大宝律令宣行的时代"，包括自日本文武天皇至后堀河天皇，西历七百一年（唐睿宗景云元年）至一千二百三十一年（宋仁宗嘉定十四年）。原文有谓："第四十二世文武天皇制定《大宝律令》，是为日本制法之始，《大宝律令》关于刑罚者曰'律'，其关于制度者曰'令'，大宝令多准于唐之永徽令。"富井政章《法制史略》谓："自神武纪元一千二百年代之末，至明治维新之时，凡一千二百五十年，为继受支那法之时代，其间所有成文法，多折中于支那之法制而编成。"又谓："神武纪元一千二百六十四年，（西历六百四年唐太宗贞观十四年）厩户皇子取儒佛二教之旨，斟酌隋朝之法制，定宪章十七条，此为成文法之滥觞。当时支那文化之发畅已显著，故日本上流之士竞研究大陆之学，而图国家制度之改良，既知儒佛二教绍受隋唐之法制，自是历世渐改旧时之不文法，而编定公私诸法。第三十六世孝德天皇之《延喜格式》，其间以第十二世文武天皇之朝所撰定《大宝律令》之法律为最整备，后世守之。"由于以上的引述，中国法律对于东亚诸国的影响，也就可以概见了。

五、重建中国法系的趣向

我国法律的"过去如何"？大致已如上述。原有应该补充说明的，就是满清末年以至国民政府奠都南京以前这一个时期中法律递嬗的情形。本来，从清代中叶起，中国法系就已呈现动摇倾覆的预兆，这是因为我们与现代的列强相遇，通商范围日渐扩大，我国人民与各国人民间的来往周旋既多，纠纷当然也随之而起，又因为彼此法律内容的各异，就引起不少龃龉，于是各国多不愿其在华的侨民受到中国法律之支配。那时满清政府也有一种"以夷治夷"的谬见，一八五八年缔结之中英天津条约，便有英国人民有犯事者皆由英国惩办之规定。自是各国相率在我国内取得领事裁判权，迨义和团事件以后，清廷乃有改革法律的动机，光绪二十八年派沈家本伍廷芳为修订法律大臣，至三十四年告竣，是为《大清现行刑律》。这一部刑律虽有不鲜的改革，但大体仍系沿袭大清律，又经冈田朝太郎所起草之新刑律，松冈义正等所起草之民律第一次草案，及入民国后之第一次刑法修正案，第二次刑法修正案，民律亲属编第二次草案，第三次草案，总则编第二次草案，债编第二次草案，物权编第二次草案，继承编第二次草案，暨其他民刑特别法草案，或则仍旧因袭前此的礼治，或则完全继受他国的法律，东抄西袭，缺乏中心思想，这与当时北京政府的政治情形和统治者本身，当然很有关系。

现在我们可进而讨论中国法系重新建立的趣向——也就是中国法系今后"应当如何"的问题了？但是重建中国法系这一工作，并不是说从今以后才应开始，实际早已开始在十余年前了。自从国民政府奠都南京，立法院成立，经胡孙两院长的领导和先后立法委员的努力，在十余年的短期间内，已经完成了许多重要的法典；而且这些法典的内容，既不是因袭古代陈规，亦非继承外国法系，而是秉承国父遗教，苦心经营创造的。即偶有撷取各国之长，亦必详为折中，其余尽善。这与以前好些草案盲目的继受外国法系，截然不同。现在又因为我们在总裁领导之下，抗战了八年有余，把日人侵略我国的迷梦，完全击碎。我民族站在打倒侵略的最前线上，始终不屈不挠，使百余万日军陷于中国境内不克自拔，因而我同盟国家能腾出力量和时间，从容协力打倒东西两帝国主义者。我们的国际地位，因此增高，百年来的不平等条约，仍能一旦废除，司法方面引为奇耻大辱的领事裁判权，也随之废弃。在抗战期中，我们为适应事实的需要，曾制定若干特别法规，三十四年的开始，我们知道胜利行将来临，对于复原及战后法规之修订，不能不预作打算，司法院当经呈准设立一讨论战后法规委员会，与司法院及所属最高法院、行政法院、中央公务员惩戒委员会并由司法行政部指派高级职员若干人为委员组成之，就民刑法规作一通盘检讨。历时一年，先后完成《复员时期民事诉讼补充条例》、《刑事诉讼补充条例》及《办理台湾民刑诉讼补充条例》各草案，又民法总则、债编、物权、亲属、继承，刑法总分则及民刑诉讼法亦草成修正案，送由立法机关制定公布。关于民刑程序法的修正案，主旨在简化手续，便利人民，关于民刑实体法的修正案，主旨则在斟酌删补，使之更为合理化，完整化。其最主要的用意，仍在归纳司法方面运用法律的经验，以供立法机关的参考。

至于论其重建中国法系的伟业，却不仅是从事立法或司法工作的一部分人的任务，而是全国学者，公教人员，甚至全国国民，都应该共同不断的努力的。何以言之呢？因为立法者固然要向着重建中国法系一个理想鹄的来从事立法，司法人员无论在解释法律，制作判例，运用法律，或执行法律的时候，也应该时刻不忘这一个鹄的，才能无忝于其职责；但是，法律是经纬万端，现在的社会，人和事又是非常繁赜，关于宪法、行政法、民刑法和民刑特别法，及财政经济、会计、审计、教育、劳工等等各种立法，全国的学人，就不应该贡献其才智以助成这一个鹄的么？又全国各部门及各级公务员，以及市县办理自治的基层人员，又那一个不是要遵照法律来执行公务和自治事务呢？就是全体国民，又谁不是生息于法律规范之内，而需受到法律的保护和约束呢？这样切身的问题，我们当容漠不关心？

复次须要郑重声明的"重建中国法系"一语的含义，绝不可误会为"提倡复古"，而正是要以革命的立法，进去创造，为中国法系争取一个新的生命，开辟一个新的纪元。过去一般人每每认为法律是有守旧性的，应该跟着社会已经发生和存在的事实，亦不亦趋，不应该站在社会和时代的前面去，使法律与事实相去太远。这种说法，当然含有一部分真理，但是不免过中历史法学派学说之弊，非所以语于我们这一个革命建国的时代。因为，法律也是应该有进化性的，不宜使之停滞不前，而不寻求光明的途径，致使人民整个的社会生活也因之而受到不良的影响。美国法律学者霍金氏，在他所著的《法律哲学现状》一书序文里曾说："……尤其是在现实的极速的社会进步中，法律除了顾到历史和先例，更须顾到'现实的'，更须顾到'可能的'和'正当的'。"霍金又说："我们不能不顾历史，但也不能完全靠历史。"德国法律学者斯丹姆勒也说："法律实质是为社会生活的法律规范，和适合人类社会的需要，及发挥人类的本能，不啻是社会革

命的方法。"柯勒也认为在变易中的任何已开化民族所有生活的每一时期，都具有它的
"理想倾向"。我们现在是在革命建国过程中，我们对于未来的法律的"应当如何"？当
然也有我们的"理想倾向"。我们的"理想倾向"是什么？提供四端如下：

一是由过去的礼治进入现代的法治。

二是由农业社会国家进而为农工业社会国家。

三是由家族生活本位进而为民族生活本位。

四是以三民主义为最高指导原则。

（一）由礼治进入法治

过去我国法律中礼治的成分，几乎占百分之百，而且所谓礼治的内涵，又非常广
泛，几乎全部的道德观念，都可纳诸其中。所以说"出礼则入刑"。结果所生，公法和
私法的界限，完全混淆不清。这样的情形，继续了两千年之久，朝代虽有更换，而只一
个根本主义却没有什么变动，直到清末欧美法系侵入之后，才渐渐有所改变，礼治束缚
过甚，这是中国法系近数十年最受人攻击的地方。从民国十七年以后，新法典陆续公
布，人民的生活，才算能摆脱与时代相违的种种束缚，转向一个新的途径方面发展。国
内有些知识分子，痛定思痛，憎恶过去的礼治，通常猛烈地抨击。以为是不开化的象
征，更有荡检偷闲的分子，以为吃人礼教，非绝对打倒不可。这些偏激的言论，我们不
去理他，平心静气，切实体察，对于过去的礼治作一客观的、公道的、研究和评判。

我们须知礼治在过去曾经完成它在历史上的使命，我们不能够凭二十世纪的眼光来
抨击它的不合理，但是如果到现在还以为礼治与法治应该合而为一，甚至以法律为表示
礼治之用，那却断断不可。何以言之？因为我们论断一件事情或是用现代一个制度，不
能过重主观，而完全忘却它的时代性和空间性。我们要是纯粹用现在眼光来看那么无论
哪一个国家过去的政治法律社会和其他一切制度，都有不少不合理的成分，而且有很多
难于索解的地方。单以法律而论，世界上所谓五大法系，印度法系和回回法系，就含有
很浓厚的宗教色彩，前者还有极严厉的阶级制度；罗马法系，是大家所认为最能分别权
利义务的观念的，但罗马法上关于人的规定，却有自由人和奴隶之分，奴隶在法律上的
地位非常不堪，奴隶无家属，无财产，无个别之姓名，不能与自由人同样之衣冠，不得
为诉讼行为，可以说是等同于自由人的"物"或"财产"；英美法系至于今仍以判例法
为基础，许多问题没有整齐划一的法典可据，而需求之于判例，至有"法院造法"之
称，这一般人看来，又何尝不是一大的缺点呢？我们中国法系的成文法典的成立，远在
罗马《十二铜表法》公布之前，身份的规定，虽然也有过差别，但从没有像印度法系和
罗马法系那样的严重，至于宗教的色彩，更可说是绝无。虽有许多禁制的规定，都是出于
礼的观点，这是因为儒家思想，一向认为"天道远，人道迩"。全部的哲理，都是人生哲

理和政治哲理。我们中华民族过去受这一法系的陶镕涵泳，绵延数千年而成为一个四万万五千万人口之众的民族，到今天还能够自力更生，创造新的生命，足见过去以礼治为内涵的中华法系，并没有辜负我们，虽然现在看去有很多不合理的地方，但一如柯勒所见：历史并不是一种逻辑过程，它正还有很多的不合理和过失之处，无理和野蛮，永远伴着智慧和驯良。因一个时代，有一个时代所认为的义气与合理，我们现在所认为的"义"或"合理"的，在以前的时代看来，也许正是"违反正义"或"不合理"，例如清末的新刑律，以我们现在的的眼光观察，还不能算是很彻底的改革，但在当时已引起张之洞、劳乃宣等一班人猛烈攻击，结果礼教论者终于获胜，原案不能不重加修正。过去那样的维护"礼治"，当然也有它的正当的估价。所以说"礼治"曾经完成了他的历史使命，就是这个道理。

我们早已步入了革命建国的新时代，当然要以革命的立法，克服历史中的不合理部分，建立一个法治国家；但是我们对于所谓"礼"者，是否必须排除于社会规范之列呢？这一问题，便又很有讨论的余地。从前有好多读书人，一提到"礼"，便联想到礼记，仪礼，及群经中之所谓"礼"。试稍一想，群经中所涉及关于"礼"的问题，何止千百条？不但在现在的社会不能适用，就是在过去又何尝一一见之实行？现在有很多人，又持一种恰恰相反的态度，一说到"礼"便觉得迂阔，甚至以为这是封建和专制时代的遗迹，根本与现在的时代相反。殊不思所谓"礼"，并不是中国社会所独有，各个国家都各有其固有之"礼"，不过我国的所谓"礼"的范围，特别广泛，过去又将礼治纳入法律的领域，这是和其他世界各国所不同的，现在既实行法治，自然与以前异趣，所以私人间的行为，凡是与善良风俗公共秩序想背的，只发生法律上"无效"和"撤销"的效力，而不是一一都受到法律的制裁了。按民法上所谓"善良风俗公共秩序"，若以从前的字样来诠释，也就恰等于"礼"，所以"礼"就在现在也仍不失为社会规范之一，不过不一定附有法律的强制力罢了。

社会规范除了具有强制力的法律以外，还有道德、宗教、习惯和传统德生活方式等等。任何国家，决不能够单靠法律来治理，欧美各国的科学发达到现在的地步，他们对于宗教，仍旧异常珍视。美国这次宣战之初，故罗斯福总统曾经一再宣称是为维护正义和平，民主制度，宗教自由和他所谓"吾人"之生活方式，英国政治当局，也有过同样的表示。或者有人要问何以维护宗教也是他们宣战主旨之一呢？我们要晓得，宗教在过去，对于人类的智力发展，文明进步，固然有过许多阻碍，同时也有过很大的成绩。欧洲在中世纪黑暗时期，暴君贵族，及教会支配了一切，到了文艺复兴以降，渐渐地改良进步。欧美人士，差不多个个人都受过宗教地洗礼，从宗教教义里面，养成了忠勇、诚实、博爱、服务等等许多良好信条，再配合上公民教育方面地一些训条，这两部分信条，就成为法律以外地社会之一部，这对于欧美人的社会生活，确实上有很大的帮助的，所以科学尽管发达，宗教仍旧不废。我们中国一向没有特别有势力像欧美天主教基督教那样的宗教，可是宗教自由，释道并存，而儒家学说巍然为人民生活思想之中心，彼此不相妨斗，甚至相容相成，这又是欧美人士所难以想象的。至于我们人民生活的信条，最大部分都是从儒家学说而来的。"礼"之一字，广义言之，可概括很多的生活信条，狭义言之，则合"义""廉""耻"三群经之中者，而总谓之四维。还有许多社会生活的信条，散见于群经之中，国父曾经归纳为忠孝仁爱信义和平八德。这四维八德，经过无数先圣先贤德阐扬，对于数千年来中国民族生活上所发生的影响与力量，无可比拟。有许多讲说，直到现在还与时代毫不相背，例如"孝"之一字，《礼记·祭义编》云："……居处不庄，非孝也；战陈无勇，非孝也……"除了忠君一项，应该易为忠于国家，忠于民族，忠于职守而外，那一项到现在不适用的？过去八年多的抗战以至现在继续建国，我们不是要求全国从事公教各职的人员，文武将士，及全国国民，为国家尽全忠，为民族尽大孝麼？我们的《战时军律》、《陆海空军刑法》、《非常时期惩治贪污暂行条例》、《刑法渎职罪章》、《公务员服务法》，以及其他惩戒法规的制定，其目的何一非蕲求各级文武人员忠于职守，所作所为，都能合于礼义廉耻呢？其余如仁爱信义和平，又何一不是我民族固有的美德？

国父在民族主义第六讲里面昭示我们说："大凡一个国家所以能够强盛的缘故，起初的时候，都是由于武力征服，继之以种种文化的发扬，便能成功。但是要维持民族和国家的长久的地位，还有道德问题。有了很好的道德，国家才能长治久安……我们现在要恢复民族的地位，除了大家联合起来，有了固有的道德，然后固有的民族地位才可以图恢复。讲到中国固有的道德，中国人至今不能忘记的，首是忠孝，次是仁爱，其次信义，其次是和平。这些旧道德，中国人至今还是常讲的，但是现在受外来民族的压迫，侵入了新文化，那些新文化的势力，此刻横行中国，一般醉心新文化的人便排斥旧道德，以为有了新文化，便可以不要旧道德；不知道我们固有的东西，如果是好的当然要保存，不好的才可以放弃。"

总统在《中国之命运》一书第一章，也指示我们说："中国国民道德的教条，是忠孝仁爱信义和平，而中国立国的纲维，为礼义廉耻。在这八德和四维熏陶之下，中华民族，立己则尽分而不渝，爱人则推己而不争。义之所在，则当仁不让；利之所在，纤芥无私。不畏强梁，不欺弱小。积五千年的治乱兴亡，以成就我民族明廉知耻，忍辱负重的德行。惟其明廉，故能循分。惟其知耻，故能自强……"

我们现在实行法治，但是这些为我们民族生活信条的四维八德，我们不唯应该保持，还要发扬广大，所以这四维八德，当然为我们社会规范之一部，不过凡是不为法律所禁止的行为，虽然不尽受到法律的制裁，却须受到良心和社会舆论的制裁；同时如果各人能够确守这些纲维，那么，人我分际之间，以及接物处事，违反法律的事实，自然也就很少了。这样相互为用，才能弼成郅治。

于此，吾人还有一个希望，就"礼"之一字，不易乎像从前那样的广泛无垠，无所不包，而应该确定它的新的内容，再则从前在专制政体时期，每更换一个朝代，常常要制礼作乐，我们现在实行民主政治，也应该有合乎这一时代性和社会性的典礼习俗，国府奠都南京以来，历十余年，内忧外患，相继而来，这一项要政，至今没有多大的成就。总裁业已注意及此，并经谕令主管机关，着手筹备。这一项工作，当然非常艰巨，匆遽之间，不一定能臻于完善，不过我们很希望在相当的时间内，能够逐步实现，俾全体国民，有所遵守。

（二）由农业社会国家进于农工业社会国家

我国农业萌芽很早，《周易·系辞下》传第二章载称："包牺氏没，神农氏作，斫木为耜，揉木为耒，耒耨之利，以教天下。"还有一篇击壤歌，相传是唐尧时代的，不唯证明那时已有农耕的事实，还表现出一个自由的农业社会；《尚书·禹贡篇》更将荆梁雍豫徐青扬兖冀九州的土质，田的等级，和贡篚的种类，记载得非常详细；《诗经》上也有好些歌谣，涉及当时农业社会的情形和农产物品名。因为数千年来都是以农立国，所以经济的演变，与法制的维系，不离乎农业范围。洪范所谓农用八政，即谓一曰食，二曰货；《论语》孔子与子贡论证，食为先，并且很早就注意到生产的增加和分配问题，"生财有大道，生之者众，食之者寡，为之者疾，用之者舒矣"。《论语·季氏篇》："不患寡而患不均。"以后历代对于农业都非常注重，表示与行政法令方面的，随在可见。一向虽偏于农业经济生活，大体颇为安定，直到近百年来，海禁大开，各国挟其工商业势力，先后侵入，借着不平等条约的护符，实施政治的及经济的压迫，国民经济乃发生了剧烈的变动，驯至次殖民地地位，现在不平等条约已获撤废，今后国民经济生活发展的取向，自非农业与工业同时并进不可。国父手定的国民政府建国大纲第二条明白规定："建国之首要在民生。对于人民之衣食住行四大需要，政府当与人民协力共谋农业之发展，以足民食；共谋织造之发展，以裕民衣；建筑大计划之各种房舍，以乐民居；修制道路运河，以利民行。"同时，遗留给我们一个有系统的实业计划。这一个伟大的物质建设计划，无所不包，我们只要遵照着去做，自然可以造成一个富强康乐的国家。

但是国父所昭示的，只是一个远大的理想和计划纲要，如何使这理想和计划成为事实，就有待于我们持续不断的努力。说到发展农业经济，便有一个平均地权的问题要解决；说到发展近代工业，便以有一个节制资本的先决问题。这两个问题，我们姑且暂时不谈，留到下面再讨论。现就次要的事项说起：发展农业经济，就得着手整理耕地，促进农民合作事业，以次调剂农村金融，及粮食产销，振兴水利，改良种子，垦荒造林等种种要政，都须举办。原有如何设法救济荒灾及防止荒灾之发生？如何增进农民知识技能及精神上之修养？诸如此类的问题不胜枚举。论到发展工业和工业经济，也同样有许多特殊问题，而非仅有详密的工业计划或原则所可收效，例如一切企业，何者应归国营，何者应留民营，国营者如何使之发展，民营者如何加以扶助，以及一般技工及专门技术人才，如何使之人尽其才，才尽其用，用尽其长，乃至一切生产分配，如何使之臻于合理化，如何能使彼此分工合作，地尽其利，货畅其流。这些问题，表面看来，似甚平凡，实际解决，却不简单。

再则时代是前进的，且不许我们有落后的趋势，就这里可以看出几点：第一，从前政府对于人民的经济生活，大都采取消极的放任态度，不加干涉；现在我们国民政府，既是"管理众人之事"的一个总机构，就必须积极的培养与扶助人民的经济生活，使之获得充分发展。第二，从前关于农工福利问题，各国政府大都漠视，自从社会主义发生以后，乃开始改弦更张，我们是实行三民主义的国家，当然对于农工的福利特别注意。第三，从前一般认为纯粹属于司法的事件，现在要使之与公共利益相合，例如：财产权以前被认为绝对权，现在则因直接或间接为公共役使而加于财产上的限制，已经变革其性质，并严限其绝对性，以便于公益，于是财产权利渐成为公法上的制度，不单是私法上的制度了。第四，从前法律大都偏重私人的利益，而忽略了团体的利益和社会的利益，现在则认为团体的利益，无论何处，应在私人利益之上，因此，我们的农业立法与工业立法，都必须特别置重于农业工业的公共利益。

我们早已制定了一部土地法，不过关于推行地政，尚在着手准备的阶段，我们的《工厂法》、《劳资争议处理法》、《团体协约法》，也已先后公布，但为谋农业与工业之真正的发展，绝不能以此为已足，仍需迈步向前，期其贯彻。再者关于促进农工业经济的发展，就算已有了完备的法令，倘然没有忠心努力，廉洁诚实的多数干部，来肩起责任，切实推行，还是不能希望有很好的成绩，因为凡是有关经济事业的法令，人皆视为利薮，推行的时候，最易发生弊端，所以也最难收效。宋代变法失败的往事，便是一个很好的证明。王安石也算是一个卓越的政治家兼法律家，他所创的青苗保甲保马均输水利免役市易等新法，把农业商业治安国防等都联系起来，非不法良意美，只为当时一般保守派人士都不和他合作，于是引用吕惠卿章惇等一般小人，最后的结果，就不免于失败。我们现在要发展农工业经济，规模之大，远非昔比，条理繁复，千头万绪，就是一个基层人员，也须有丰富的常识和服务热忱，才能胜任愉快。由此也可见建立一个崭新的"中国法系"，绝不只是一部分立法者的责任。

（三）由家族生活本位进入民族生活本位

我国社会组织，一向轻个人而重家族。《易·家人系辞》："正家而天下定。"《大学》："欲治其国者，先齐其家。"《孟子》："天下之本在国，国之本在家。"家之所以占社会组织中之重要地位，一是渊源于古代的宗法，一是由于从来都是以农业经济立国。家族本位既为我国社会特色之一，因之表现于法律者随在可见，属于民事方面的：如婚姻制度，丧服制度，媵妾制度，宗祧制度及连带债务责任，禁止别籍异财等制度。属于刑事方面的：如复仇行为制度，亲属相容隐制度，族诛连坐制度，违反伦常加重处刑及因亲老废疾须负抚养义务而得减免刑之执行等制度。属于行政法方面的：如《周礼》所云之五家为比，五比为邻的乡遂制度；《管子》所云之五家为轨，十家为伍的徵兵制度；《荀子》所云之五甲首而隶五家的纠发制度；《周礼·小司徒》根据土田分配，而分家为上中下三等的制度，他如后世的户口、保甲、赋役等制度，往往以家为本位。以上所举种种制度，若以现代眼观来观察，合理的固然不能说绝对没有，而不合理的就太多了。例如媵妾制度，有背男女平等的原则，族诛连坐制度，因一家之内有一个人有罪，而连累很多的无辜，也太严苛。其余问题，无待深论。而且因为家族观念过重，所以只知有"家"，不知有"国"，只知有"家族"，不知有"民族"。流弊所及，社会国家反蒙其害。

欧美各国的法律，恰恰与此相反，极端注重个人主义，予个人以最大最可能的自由。《拿破仑法典》，是集十八世纪个人自由思想的一个结晶品。这一个法典，迅速地影响到各国的法律，流风所播，仿佛个人乃是最终的目的，社会简直是为个人而存在，只知道有个人的利益，而不知道有社会的利益。这种偏重个人主义的弊害，近年来也为大家所注意，而有了改革的趋势。例如契约自由，从前认为是一个无上信念，现在为谋劳动者与资本主义间的真正平等计，便代之以团体协约；财产权从前被认为具有绝对性质，现在则认为应使之社会化了。

由于上述的我国法系历代家族本位主义，与欧美法系个人本位主义的相互对照，我们可以得着一个认识，就是我国今后的法律，既不能够再因袭过去的家族本位，也绝不可再去摹仿欧美的个人本位，而应该别谋所以创造中国法系之新生命。我个人觉得，就是欧美法律学者近年所创导的社会本位，都还似乎不很适宜，因为所谓"社会本位"范围究竟如何确定？如果指一省一市或一县而言，仍不免囿于一域，而且我们一向是一个统一的国家，凡是重要的法律，绝不容许像美国那样的联邦国家一样，州与州之间，彼此有所奇异。再者依照建国大纲所定：一完全自治之县，虽有直接创制法律及复决法律之权，但其着眼之点决不能以一其本县的利益为依归。甚至属于地方性质的法规，亦决不可为本县的利益而妨碍邻县或他县的利益。另一方面，我们如果以"社会本位"为指全世界而言，那么，我们现在又远没有进入世界大同的境地，即如关于经济的立法，我们是一个产业落后的国家，便须酌量采取保护政策，而不能侈言自由贸易，因此，以所谓"社会本位"为扩充到全世界，衡之事理，也无所当。然则应如何呢？我以为应该遵照遗教，创建民族生活本位的法律。赞言之：即是一切法律，应以促进民族公共利益，发展民族生活为依归。

国父在民族主义第一讲里诏示我们说："我们鉴于古今民族生存的道理，要救中国，想中国民族永远存在，必要提倡民族主义……但是中国的人，只有家族和宗族的团体，没有民族的精神，所以虽有四万万人结合成一个中国，实在是一片散沙，弄到今日是世界上最贫弱的国家，处国际中最低下的地位，'人为刀俎，我为鱼肉'，我国的地位此时最为危险，如果再不留心提倡民族主义，结合四万万人成一个坚固的民族，中国便有亡国灭种之忧。我们要挽救这种危亡，便要提倡民族主义，用民族精神来救国。"民族主义第三讲又说："民族主义这个东西，是国家图发达和种族图生存的宝贝。"民权主义第二讲又说："个人不可太过自由，国家要完全自由。"

国父的诏示，非常剀切明了。就是说：我们一方面不能像一盘散沙地自由，另一方面也不可以只知有家族而不知有国族。可是一直到现在，还有不少的人憧憬着欧美的"个人自由"。殊不思就在欧美各国，都已转变了方向，难道我们还去蹈人覆辙？总裁在中国之命运第六章内对此也有很精详的指示："更就个人与个人的关系说，自由与法治是不可分的。我们中国是四万万五千万国民共同组织的国家。我们的国家要求四万万五千万个国民之中，每一个国民都有'自由'，所以必须规定每一个人'自由'的界限，不许他为了他一个人的'自由'，而去侵犯别人的'自由'。这种自由，才是真正的自由。这种自由观念，我们建国时代，必须积极的养成，才可使我们每一个国民，都能享受他自由的权利。所以'自由'必须在法定的界限之内，方是自由。若出了法定界限之外，便是放纵恣肆。人人如可以放纵恣肆，必于强凌弱，众暴寡，人人谨守法定的界限，始可以达到人人都有自由的境域。要人人都有自由的国家，才可以说是法治的国家。"又说："不以个人的利益，妨害国家的公益；不以个人的自由，侵犯别人的自由。"

我们如果人人了解了这个"自由"的真谛，当然不会只知有自私自利，明白了家族团体只是国族团体中的一个小团体，当然也不会只知道家族而不知道有国族，或为家族的利益而牺牲国族的利益了。另一方面，家族在法律上还有他的地位，例如：我们民法亲属编关于"家"和"亲属会议"，均各设有专章，不过不像从前那样采取家族本位罢了。

关于个人自由问题，我们还得加以申说的：我们虽然摒弃了欧美的极端个人自由，但是在不违背民族公共自由和民族公共利益原则之下，每一个人，法律上还是容许其有较大的自由，并使之获得较大的发展。举一个譬论来说，这好像奏乐一样，各种乐器的声音，翕然并作，高下抑扬，动中音律，相和而不相犯，相协而不相乱，个人在社会上的活动，也是如此。只要在法律范畴之内，每一个人都能够发展其独善的自我而无碍于社会的和谐协调，不特如此，而且会因为无数小我个别的独善发展，乃能完成理想的至善的大我。同时，法律的制定，则以民族公共自由和民族全体利益为其准则。必须做到这样，法律才算尽到了它应尽的职能。

说到这里，因此我们联想到国父的两个遗训：一是要我们"恢复固有的智能"，一是"人生应以服务为目的"，"要立志做大事，不要做大官"。我们同胞的资质聪明，绝不亚于各国人民，只是因为科学本来不发达，过去百年来，又丧失了民族自信力，所以智能便渐渐地衰减，尤其在自然科学方面，比起欧美各国来，简直是望尘莫及，我们现在要建设一个新国家，必须恢复固有的智能，并且人人都要能贡献其能力于国家。但说初步实行实业计划，《中国之命运》一书，就经指出需要专门人才二百四十余万人，这只是就物质建设一部分打算，其他公私事业所需要的人才，一时还无法估计。从前我们读书的人，都只有向"仕途"方面发展，否则便感有才无用处。就是圣贤，也是如此。孔子栖栖遑遑，始终没有得着"行道"的机会，孟子也说："穷则独善其身，达则兼善天下。"可见得不"达"就无法拯救斯民。范文正说："不为良相，便为良医。"算是另外看出一济世途径。我们生于现在这一个时代，知识的领域，比从前不知扩大了多少倍，我们现在又是一个三民主义的民主国家，法律给予我们以种种自由，从前专制时代所有的种种桎梏束缚，都完全解除了。只要能立志做大事，无往而没有不可以发展的康庄坦途，无往而没有为国家民族服务的机会。或者不向"仕途"方面发展，成就还可以更大，比如牛顿，瓦特，巴斯德，爱迪生，这一些大发明家所给予人类的幸福，何等伟大？若以之与称霸一时的拿破仑相比，这些人都是建设的英雄，像这次欲奴役人类，发动侵略战争并已自取灭亡的希特勒东条之流，那就简直是人类的蟊贼了！所以我们国人应该遵照国父遗教："人人应该以服务为目的，不当以夺取为目的，聪明人才越大的人，当尽其能力而服千万人之务……至于全无聪明才力之人，也应该尽一己之能力，以服一人之务，造一人之福。"我们以民族生活为本位的法律，就必须针对着这一个大前提去做。一方面须培养扶助全体国民智能的发展，另一方面，须启导国民为社会服务之精神，并给予其机会。

（四）以三民主义为最高指导原则

前次世界大战时候的美国总统威尔逊氏，在他的名著《国家论》里面曾说："凡法律非能通万民而使同一，各国皆有其固有的法律，与其国民大性质同时发达，而反映一国人民生存状态，并包孕人民政治的和社会的判断。"这一段话，有好几层意思：第一，一个国家有它的特有的历史风俗，法律必须与之吻合；第二，一国的法律，必为其人民生活状态的反映；第三，一国的法律，必蕴合其人民对于政治的和社会的判断。足见一国的法律，绝不能以模仿他国为能事，何况我们现在要重建中国法系呢？

我们是一个三民主义的民主国，三民主义，是集古今中外的学说之大成，并就古今中外的政治法律制度而发明的一个伟大崇高的主义。继往开来，承先启后。继的方面，继承尧舜禹汤文武以来先圣先贤一脉相传的道统；横的方面，博采世界群哲的学说，更从中折中斟酌之，例如民主制度，更可溯源于我们尧舜时代的公天下，孟子是一个热烈的民权论者，在他那一个时候，便发出"民为贵，社稷次之，君为轻"的呼声。民族主义，是从我们历代的王道主义寻绎而出。民生更是人类历史的重心，不过从来没有为人所发现，国父天纵英哲，困心衡虑，归纳为完备的有系统之三民主义。三民主义，是我们中华民族今后建国的大宝典。我们重建中国法系，必须奉为最高指导原则。

关于民族主义，在进入民族生活本位一节里，已经有所论及，现在只就民权主义，民生主义两部分，略加申说。

讲到民权主义，大家都记得国父所昭示的一个重要原则："权和能要分开。"政府要有"能"，人民要有"权"。因此，中央政府的组织，是要五权分立。但是国父在那时候曾经和一个中国在美国留学的法学博士，及另外一个日本法律博士，谈到五权宪法，他们竟都不懂。国父曾经感慨地说："现在虽然没有人懂得，年深月久，数百年或数千年以后，将来总有实行的时候。"现在我们经遵照遗教，实行五权分治。监察考试两权，是国父所新创而为我国民政府所特有的，成立十余年来，已有不少的成就。关于监察权行使方面，早已制定了《弹劾法》，后来又厘订了《非常时期监察权行使暂行办法》，前者注重弹劾，后者注重纠举，各监察区也先后成立了，还有监察权重要部门审计制度，也已完全确立。考试院今年推行考铨制度，不遗余力，关于考试和铨述法规，陆续公布的很多，过去举行过若干次各种性质各种种类的考试，甄拔人才，已有相当的数额。到了实施宪政，考试的范围，将及于一般的公民，这两个制度明试以功，可以说是确立了。这两个制度的试验成功，也可以说是五权宪法已经事实上屹立于世界各国的三权宪法之中。（因为实际上我们现在尚在实行训政时期约法，宪法尚未公布。）

关于人民方面的选举、罢免、创制、复决四权，约法虽已有相当规定，但尚未开始实行。推行这四个权，不知道还需要厘订多少法规和详细办法，而且也不是单有法规和办法纠就够了的，必须人民能够充分运用和行使这四个权，然后民主制度才算确立。我国教育尚未普及，智识显有差等，真正行使四权，是一件很不容易的事情。因此，我们很希望凡是研究法律，懂得法律，或是担任各个公职，推行法令的人，以及全国知识分子，都应该自动地肩荷起对于民众的法律教育的责任。因为人民的知识程度既有不足，遇到行使选举权罢免权的时候，固然很容易被人操纵利用；而创制复决两权之行使，则尤成问题。须知创制权是人民要做一种事业，要有公意可以创订一种法律，或者是立法院立了一种法律，人民觉得不方便，也要有公意可以废除；复决权是立法院若是立了好的法律，在立法院中通不过，人民可以用公意赞成来通过。试问这样创法废法得大权都交给了人民，人民如果没有相当的法律知识，也不了解三民主义的真谛，对于社会的静和动现象，也没有相当的认识和远见，如何能够运用和行使创法废法这样的大权呢？所以说重建中国法系，决不是少数人的责任，而是我民族共同的责任。

其次，我们要就民主之一方面的平均地权、节制资本两大方案，稍一申述。这两个方案是民主主义中的骨干，民主主义又是三民主义整个体系中的骨干。过去因为内忧外患，接踵而至，我们未及实施这两个重要方案，以至抗战期间，粮价及一般物价相继上涨形成战时经济上巨大的波动，影响人民生活至巨，甚至抗战胜利后的今天，情形依然如故。欲谋根本解决，必须切实实行遗教，着手于平均地权及节制资本两大政策实施。以言平均地权，自是一个极端重要的问题，也是我们三千年来欲解决而未能解决的问题。井田制度，早已没有详细的考证，土地私有，豪强兼并，地主坐享其成，真正的农民，终岁劳动，不得温饱，汉代董仲舒便有"限民名田"之议，王莽也曾试行"王田"之法，西晋曾有"占田"之制，北魏、北齐、北周、及隋唐，又因袭之而有"均田""私田""班田"等制度，结果都没有什么成绩。宋代以后，认为井田制度卒不可复，限制政策，遂根本放弃了。像宋时的"方田"制，金元的"区田"制，及历代的官田制度，那更是实行公开侵占，绝非谋地权之平均和农民生活的解决。平均地权既是历来没有解决的一个重要问题，国父所昭示的平均地权的具体方案，又是历来从未考虑到的完善办法，我们以实行三民主义为职志的革命政府必须尽速厘订法律，切实推行，无论遭遇到何种的困难和障碍，都要毅然予以排除，以期贯彻。至于节制资本，那就没有像平均地权这样的困难了。因为我国本来就没有大富阶级，只有大贫与小贫之分，但这一政策的实行，仍不容稍缓解，因为又不少奸商利用过去抗战机会，囤积物资，操纵金融，已经渐渐的拥有较多的资本，一跃而为富翁。至今掌握游资，到处作祟。现在战争既已结束，今后各种产业的发展，自是必然的趋势。若是事先不谋所以节制之法，等到资本制度形成了，再来节制，就不免事倍功半。再者，节制资本，并不止于抑制个人资本的过渡发展，同时还须发展国家资本；发展国家资本就须由兴办国营事业及公营事业入手，我们现在国营及公营事业的范围，规模还不很大，但就一般情形观察，每每不能获得预期的成效。其所以致此，或者是由于法令尚有欠周密，或者是执行的干部还有欠健全。我们要遵行遗教，大规模地兴办公营和国营事业，以发展国家的资本，一方面展开对于人民福利的工作，如建国大纲第十一条所定："土地之岁收，地价之增益，公地之生产，山林川泽之息，矿产水力之利，皆为地方政府之所有，而用于经营地方人民之事业，及育幼、养老、济贫、救灾、医病、与夫种种公共之需。"及第十二条所定："各县之天然富源，以及大规模之工商事业，本县之资力不能发而所展与兴办，而须外资乃能经营者，当由中央政府为之协助，或之纯利，中央与地方政府各占其半。"关于这类的事业，真不知道需要若干的努力，来缜密地厘定法规，来分门别类执行这些计划和法令。

六、结　论

　　总之我们前提要重建中国法系，今后一切法制，法规，法令，法例，凡可以形成法律者，无论在创法方面，或执法方面，或读法方面，或解释法方面，不仅以贯彻三民主义为要旨，且必须以三民主义为最高指导原则。所以者何？三民主义为国父所首创，是本诸我国先圣先贤传授心法，种族哲学，政治哲学，经济哲学，融贯而成的法律哲学。考诸三王而不缪，亘诸天地而不悖，质诸鬼神而无疑，百世以俟圣人而不惑。推而放之东海而准，推而放之西海而准，推而放之南海而准，推而放之北海而准，此非吾辈私言，天下自有公论在。试观最近事实，二次大战以后，世界有识之士，深慨夫世界之国与国之冲突日烈，几无些许安全可言。推厥症结所在，由于资本主义与共产主义，无产阶级专政与虚君议会民主两大壁垒对立。一欲扩张安全圈，一欲控制根据地，长此以往，积不相能，三次大战恐慌，日益加甚。因此感觉欲求根本协调，非本诸温和的三民主义不为功。于是研究者有人，呼吁者有人，企求急起直追者更大有其人。反观吾国叫嚣臙突的一群，也拿三民主义，蒙马以虎皮，企图夺取民众，颠覆政府，作伪心劳，姑不具论。只此可见三民主义，如日月经天，江河纬地，其精深博大，自由如遗训所昭示"三民主义，吾党所宗，以建民国，以进大同"之实现日期在。

　　记曰："作者之谓圣，述者之谓明。"我们要重建中国法系，亦述而不作之意。愿我国法界有志之士，共同奋斗，继续努力，使中国法系弘扬于世界，中华民国永蒙无疆之休。

（整理者单位：中国人民大学法学院）

程树德 ** 著　辛坤艳整理

宪法历史及比较研究 *（节选）

目　录

---

* 《宪法历史及比较研究》于中华民国二十二年九月初版，由朝阳学院出版部发行，现藏于中国人民大学图书馆。全书共三编，本文仅节选其第一编的第一章和第二章进行整理勘校，仅对原文作技术性校对工作，不作任何有损于原意的改动。为便于现代人阅读，原书为竖排者一律改为横排，原文"如左"、"如右"之类的用语，相应改为"如下"、"如上"等；原书繁体字一律改为简体；原书部分地方无标点符号或者标点符号不符合现在习惯的，一律代之以新式标点符号；原书部分地方无段落的，根据句意适当分段；原书个别地方有舛错的，酌加改正。其他一律尊重著者意思，不加删改。

** 程树德（1876—1944），中国近代著名法律史学家。字郁庭，福建闽侯（今福州市）人。日本法政大学毕业，归国后历任北洋政府参政院参政，国务院法制局参事、帮办，北京大学、北平大学法学院、清华大学政治系讲师、教授等职。著有《中国法制史》、《九朝律考》和《汉律考》等书，后二书在整理古代法律资料方面有所贡献。其中《九朝律考》是 20 世纪中国法律史学的经典作品之一，自 30 年代面世以来，一直被不断再版，在学术界享有盛誉。

第一编　宪法总论

第一章　宪法之研究法

研究宪法之方法计分四种：

第一，成文的研究方法。此派之研究，以解释本国条文为主，而以惯习及判例附之。于他国之制度，及学理之争论，则不之及。英美法系属之。

第二，理论的研究法。此派之研究，专注重学理，如国家发生原因，及存在理由、统治权原理等皆其主要部分。至条文之解释，则不重视，甚有全不涉及者。德国法系属之。

第三，历史的研究法。此派之研究，专注重宪法之历史，每条必讨论其沿革。谓之沿革法学派，亦盛行于德国。盖历史派本哲学中之一派，其后应用于法学，于法律之进化，有极缜密之研究云。

第四，比较的研究法。此派之研究，以本国条文为主，比较各国现行制度而论其得失，以促宪法之改良。法国法系属之。

比较法学，为法学中之一派，盛行于法国法系诸国。法国有比较法学会，其研究不特宪法而已，即民刑商法，亦以比较方法研究之。比国有比较法制杂志，所有各国之立法例，无不搜罗殆尽云。

本书以历史及比较方法研究宪法，故颜曰宪法历史及比较研究云。

第二章　宪法过去之历史变化及今后趋势

第一节　宪法过去之历史

立宪制度之发源，自英国始。自诺曼王朝来征以后（1066 年），输入大陆之封建制度，诸侯服从王权之下者，殆及百年。及 12 世纪之中叶，国王遇有重要之法令，必集诸侯及高僧议之，得其同意之后，始行颁布，积久遂成惯例。第三回十字军之起也，沥国民膏血，以为捕虏赏金，厚税重敛，无所不至。贵族僧侣，固久已怨之矣。及英王约翰立，与僧侣时生争论。法皇遂利用此机会，下令废英王为平民，使法国率兵讨之。王惧以，1213 年 5 月降于法皇。约年献千马克偿金，法兵始退。贵族僧侣引为大辱。约翰之立也，贵族以除先王之苛政为约，既而皆背之。法兵既至，贵族等抗不奉命，与僧侣及各地方代表 5 人密开会议，图谋不轨。于 1225 年 1 月 6 日，以兵临王，伦敦市民开门迎之。王不得已，乃承认大宪章。国民逆料王必反汗，乃有贵族选择 25 名委员，为大宪章之执行者，并以其宣誓，附于大宪章末尾。是为欧洲有宪法之始。

大宪章发布后，未几查里斯一世立，1624 年、1626 年两次解散国会。王又与法国有隙，不得已于 1628 年开第三次国会，急使之议军费。下院以军费供给为弊害矫正之交换条件，而有大请愿之举，即所谓权利请愿之是也。英国旧例，凡裁可请愿之上谕，必有从汝所望以为法律之语句，及对于权利请愿之答词，则故冗长其文句。下院大不平之。未几突命停会，并下解散之令。自是不召集国会者 11 年。苏格兰叛，王又欲征之而无军费，于 1640 年 4 月再召集国会，使议船舶税。下院不顾，于是再被解散。自开会至解散，仅三日，世称短期国会。征苏之师，既败而归，英之北部，全委于敌，王不知所措，姑与苏军约休战。再召集国会，世称长期国会。王仓皇投于苏军。自 1649 年至 1660 年之间，英国一时立于共和政治之下。至 1688 年国会迫詹姆斯退位，迎威廉为王。国会起草权利宣言，王裁可之，遂与大宪章、权利请愿同为英国之三大法典。（注一）

（注一）英国宪法，世谓之不成文宪法。其特点有三：第一，成文部分少于不成文部分。如国会制定之法律、法院判例习惯等皆可为宪法之一部；第二，即成文部分，如立法司法行政之组织权限，并未完全列入。他国中无此先例；第三，他国宪法多由宪法会议或国会制定，而英国则逐渐演进者。

英国立宪后，受其影响最速者即其殖民地，今之美国是也。当时英人待殖民地政策极不平等，如无承诺租税之权也，置驻防军以威吓也，不许陪审裁判也，屡搜索人民家屋也，皆美人所借口者。1776 年 13 州之殖民地遂脱离英国属地关系，宣告独立，舍英国不成文法主义而取成文法主义，以宪法为一国最高之法律，一切法律不得与之抵触，其变更废止不可不经国民总投票。1787 年，各州委员组织宪法会议，举华盛顿为议长，使起草宪法。是为世界有成文宪法之始。（注二）

（注二）附美国立宪政治发展史（详见日本国家学会杂志）

美国本英之殖民地，当 18 世纪中叶，英国对各殖民地发布兵役法律，并课征印花税及其他种种租税。各殖民地咸以为大宪章发布以后，非经纳税人同意不得赋课租税，已为宪法大原则。殖民地人民既未选出代表于本国之国会，自不负纳税义务，于是群起反抗。1765 年，各殖民地始派委员开联合会议于纽约，议决英国对于殖民地之课税应归无效，提出抗议。1774 复于费府开联合会议，到者十有二州。1775 年，13 州委员乃全行到会。1776 年 7 月 4 日，13 州联合会议遂发布独立宣言，声明与本国分离。翌年缔结联合同盟规约。1781 年条约始由各州批准，13 州联合，遂于是时成立。

1783 年英国始承认美国 13 州之独立。联合会议感于权利之薄弱，不足以收统一之效。于是，乃以修改联合同盟规约为目的，由各州选出代表以 1787 年开特别会议于费府，即所谓宪法会议是也。此会议各州选派之委员，共 65 人，其中 10 人未经与会，实以 55 人组成之。所组织者，大都当时第一流之政治家云。宪法会议自集会以来，历 4 月之久。至是年 9 月，宪法草案全部告成。委员中署名者凡 39 人。会议保守秘密，盖恐反对者之阻挠，不得不如是也。其草案末条明言本法应付诸各州特别组织之临时国民会议，若有 9 州之同意，即为有效成立。至 1790 年止，13 州先后予以同意，宪法全体告成。计全部凡 7 条，其中第一条至第四条及第六条，均各分为数项。每条之文字，颇形冗长，殆与他国宪法之一章无异。国民会议对于采用统一主义与分离主义问题，颇有争论。然因对外及经济上之关系，卒以统一主义占胜利云。

此宪法自制定以来，近今约百四十年，所修正或追加之条文，凡十余条。盖因修正程序，颇为繁重故也。第一次之修正，即最初追加之十条，关于人民权利之规定，于 1789 年通过联邦议会，1791 年各州之同意者乃达四分之三。第二次之修正，即追加之第十一条，于 1794 年通过联邦议会，1798 年始得各州同意。其内容为规定合众国之裁判权。第三次之修正，即追加之第十二条，于 1803 年通过联邦议会，1804 年得各州之同意。其内容为大总统及副总统选举方法之修正。盖依宪法规定，大总统及副总统之选举，用连记投票法，每票各书被选举人二名，以得投票最多者为大总统，次多者为副总统。此追加案则修正为分别选举。第四次之修正，乃因南北战争之结果，归于北部之胜利，因欲贯彻北部之主张，即追加之第十三条至第十五条是也。其内容为奴隶禁止、公民定义、公民选举权等。于1780年全部成立。第五次之修正，即追加之第十六条，确定联邦议会有赋课所得税之立法权，于1909年通过联邦议会，至1913年始得各州同意。第六次之修正即追加之第十七条，为关于元老院议员选举之规定。盖宪法于元老院之组织，采用间接选举法，以各州立法部为选举机关。近年各州，往往采人民预选投票方法者，名为间接，实与直接无异。修正案特欲名副其实耳，以1912年通过联邦议会，1913年得各州之同意。第七次之修正，关于女子参政权，以1919年通过联邦议会，1920年得各州之同意。此美国修正宪法次第之大概也。

美国宪法之特质，即联邦主义、民主主义、三权分立主义是也。兹分别说明之：

第一，联邦主义。美国成立之初，仅13州，后渐增至48州。由国家之联合，一变其性质而为联邦。此种组织可谓历史上创例。自美国成立后，各国中渐有仿效之者。首为瑞士，次为德意志，此外为墨西哥、巴西、委内瑞拉、阿根廷等共和国亦属之。又如英国殖民地中1901年成立之澳洲联邦，1867年成立之加拿大联邦，1910年成立之南阿非利加联邦，虽非独立国，然其组织则皆具有联邦之性质者也。

此联邦之各国，其间统治权限，必须有适宜之分配。美国凡属合众国权限之事项，以合众国宪法所列举者为限，此外则概属于各州。此主义夙为宪法制定当时所采用，最初宪法，虽无明确规定，至追加第十条，载明依此宪法，并未委任于合众国，亦未对于各州加以禁止者。其权限概行留保于各州，或各州之国民云云，其义始显。此主义不特美国如是也。瑞士、德国、澳洲联邦亦然。唯加拿大及南阿非利加联邦则反是，即关于各州权限，一一列于宪法，凡不在列举之内，均属联邦国权限云。

合众国宪法所列举之权限如下：

（甲）外交权。例如宣战权，与外国通商之权，定处罚海贼及违反国际法犯罪者法律之权，缔结条约及接受外国使节之权。

（乙）陆海军编制及统率之权。例如议会得定陆海军编制法，大总统为陆海军大元帅诸规定是也。美国之海军，唯合众国得而有之，各州不得各别设置军舰。至陆军则宪法许各州招集义勇兵，惟其编制训练服装，须依合众国议会之所定而已。

（丙）关于交通通商之权。例如联邦政权，定货币制度及铸造货币之权，发明意匠之保护及著作权保护之权，海军裁判权等。此外合众国议会，有规律外国通商及各州相互间通商之权。

（丁）课税权。关税之征收权专属于合众国。至内国税则合众国与各州共同有课征之权。唯合众国对于各州所课之直接税，须比例各州之人口，一人不得逾美金十元。

（戊）人权保护之权。宪法追加第十条、第十三条至第十五条皆规定之。

（己）司法权。合众国裁判权之范围，列举于其宪法第三条第二节，即：第一，合众国宪法法律条约之适用；第二，驻外外交官领事事件；第三，海上事件；第四，以合众国为诉讼当事人之事件；第五，二以上州相互间之诉讼；第六，一州与他州人民间之诉讼；第七，同一州人民相互间之诉讼，其诉讼事件关于土地所有权，且以此所有权系有他州所赋予为理由者；第八，一州或其州人民与外国人间之诉讼。其后追加宪法第十一条，而第七第八事件，遂不属于合众国裁判权之范围矣。

以上为合众国之权限。至各州之权限，除各州法律不得与合众国法律相抵触外，其范围至为广泛。瑞士、德国，凡司法法规，联邦国皆有立法权，制定全国共通法律。美则除破产法、工业所有权法、著作权法外，私法之全部，皆属于各州之立法权，刑法诉讼法亦然。至关于内部事项，除各州间通商，须由合众国议会定外，其属于各州之权限。更不论矣。

第二，民主主义。美国民主思想之渊源，本于清教徒之移住，盖宗教革命时代，盛唱反对法王僧侣之权力，以圣书之自由解释为主义，已含有民主倾向。清教徒者，以自由信仰为目的，而组织共同国体之教会也。英国对于一般之清教徒，加以压迫之手段，于是渐次遁入他邦。其逃入美洲殖民地者，约二百余人，途中作成正式契书，互相约定组织政治国体。所谓殖民地契约，即美国民主思想之渊源也。及 13 州独立，次第制定宪法，故其宪法变化之次序，约可分为四期。

第一期（1776 年至 1800 年）此期间之倾向，在加大行政部权限，使之有节制议会之实力。如总统之选举，不属之国会而由人民选举，其任期又较长于下院，议会决议之事件，大总统有交付议之权。官吏也多由大总统任命，而非尽出于议会之选举。宪法之修正，议会虽有提案权，而无议决权。议会决议之法律，如违反宪法，裁判所得判决其无效。各州之宪法，如总督之否认权，其始仅一二州有之。至 18 世纪，次第修正其宪法均承认总督有此权。总督之选举也改由人民选举，而不由议会。至裁判所对于违反宪法之法律，得宣告无效。各州亦承认之。

第二期（1801 年至 1860 年）此期间民主的精神，愈行发达，以各州宪法之变迁言之。第一，为选举权之扩张。次第废止财产制限，采用普通选举。第二，官吏直接由人民选举。自总督以下重要行政司法官，均由人民选举。立法部之任免权，全行废止。第三，议会之全能，国民所委任者为限。凡特别重大事件，均由国民直接决定。例如宪法修正，须国民投票是也。且宪法之内容，渐次增多，即向以普通法律规定之事项，至是亦载之宪法。立法部之权限乃愈形缩小。

第三期（1861 年至 1885 年）此期间南北战争时代。其宪法上变化最显著者，莫如禁止奴隶，及会为奴隶之黑人，一律予以选举权诸事。

第四期（1886 年至今）此期间人民直接参与政治之倾向益著。选举权日以扩张，多数之州，不仅限于成年男子，并及于成年之女子，宪法之规定愈详。立法部之权限愈狭，至有主张议会系无用之长物者。

各国宪法，人民权利之保障，大都对于行政权而设，未有对于立法部而加以限制者。美国之宪法则否。人民可诉讼于裁判所，宣告其法律为无效。盖美国之权利保障，其根本思想与英国不同，英国以为人民之权利，在法律支配之下，必依法律始得承认之。美国之权利思想则反是，谓人自有生以来，有天赋之权利，故权利在法律以上，虽法律亦不得削夺之，各州宪法大都有此规定云。

美国民主政治之特色，在于立法议会之权限，非常狭小，名为代意政治，实则民主直接政治。兹分为二论之：

（甲）关于宪法及法律者。宪法之制定权，置诸议会议决权以外，为美国一般之原则。以现今各州宪法改正之程序言之，全部改正，必由特别宪法会议议决之，多数之州皆于宪法中明定之。至宪法会议应否召集之问题，有由普通立法议会决者，有由人民直接投票决定者，以后者占多数。各州宪法中，有规定宪法制定或修正后，每隔一定年限，必须应否召集宪法会议，取决于人民投票者，有经通常立法议会议决后，再付人民投票，若赞成票居多数，始行召集宪法会议者，宪法会议之组织，亦有定于宪法以外法律规定之二种。然欲使其成为有效之宪法，须更付诸人民投票，得其多数，始为最后决定，则无论宪法有无明文，各州之大多数，大都采用之。至一部修正，则不必特设宪法会议，其程序各州虽有不同，要以经立法议会决议后，付人民投票为通例。凡人民投票，仅记入可或否之字样。质言之，即无修正权，仅有可否权是也。

宪法改正之发案权，各州以之多，提案人数，以总选举人为比例，各州互殊。大约为 5% 乃至 25%。发案方法，有直接发案与间接发案之二种。由前之说，发案者得一定人数后，拟具请愿书，提出于国务部，由国务部审查署名之真实后，付诸人民总投票而得多数，该修正案即为成立。依此方法，始终与议会全无关系也。由后之说，宪法改正案之请愿书，由一定之发案人署名后，提出于议会，议会得就该案议决其同意与否，然后付人民投票。若议会对于该修正案，有所修正，得以原提出案，及议会修正案，一并付诸人民投票，通例直接发案之法定人数，必须多于间接发案云。

美国各州凡属于普通法律事项，皆列入宪法。故内容益形冗长，至有达于四五万言之多者，往往包含行政法、刑法、诉讼法、法院编制法、民法商法等。尤其繁多者如教育、铁道、公司、劳动租税、公债、地方自治、风俗、警察及贿赂防止等，皆列入之。

宪法以外之法律，亦多以人民投票决定之。例如银行之许可，州公债之制定，新课租税，增加租税，迁都等事项，均须取决于人民之投票。多数之州，尚有以法律任诸地方选择之制，即一种法律，各地方施行与否，须由该地方人民以投票决其从违是也。晚近以来，各州中微特关于特别事项立法已也，即一般之立法，亦承认国民投票及国民之发案权。此亦始于 1902 年，初仅一二州行之，今则相继采用，达二十州之多。凡议会决议之法律，除特别紧急者外，其施行期日，恒在 80 日或 90 日之后。此期间内，若一定人数之选举人，对于此法律，提出抗议时，得延长其施行期限，以待人民之投票。至特别紧急之法律，虽立即施行，然人民仍可提出抗议，投票之结果，如系否决，当然废止。且有一定人数之选举人，皆得为法律之制定修正废止。此项提案，亦有间接直接之别，与宪法之发案同。无论何种法律，经议会议决，皆可付之人民投票。

（乙）关于选举权及罢免权者。选举权之资格要件，其详当于议会章说明之，兹不具述。兹所欲论者，则预选候补当选人之最近立法是也。凡选举必于各政党所指定候补当选人中为之选择，唯从来政党指定何人，不外政党领袖之意思。近年以来，因欲防此弊，各州中莫不依立法之手段，使各政党之指定之候补当选人，亦由人民直接投票而定。即所谓直接预选是也。此制度始行于 1903 年，至今日采用此制者已有 37 州。兹略举其方法之大要言之。凡各州政党选定候补当选人，应预使一定之人数选举人（总选举人之 2% 乃至 10%）共同署名，而提出其所推举之候补当选人，然后更于其中分别政党，而使一般选举人投票，以得票过半数或比较多数者，为该政党之指定候补当选人。此外亦有于同日同时，举行各政党之预选者。即各选举人依一定之时日，各赴投票所，申明一已所属之政党，由管理人发给该政党之候补当选人预选用纸，选举人得任意选择自己所欲选之人而投票。此种方法，质言之，即以政党之会议事项，移属于一州公共管理之下是也。此外尚有大总统候补者预选委员之直接选定法，盖各政党之大总统候补者向由该政党之全国预选会选定。此项预选会，由各州各出若干预选委员以组织之。预选委员，本系由各州或各选举区之政党会议选出，自 1906 年，始有改依由人民直接投票者。今之大多数，莫不采用此制矣。

所谓罢免权者，谓州之选举人中一部分（约选举人 25%）共同署名，得对于特定官吏之罢免，请愿于国务部，国务部因欲决定该官吏应否罢免，付诸人民投票是也。此法律始于 1908 年，各州虽有仿效之者，然迄未实行。

第三，三权分立主义。欧洲诸国，所谓三权分立主义，大都为形式上之分立，而非实质上之分立。如君主得解散议会，及议院内阁制度，皆其例也。美国则否，议会与政府，殆处于不相干涉地位。试以合众国立法部行政部之关系证之。

（甲）多数国家，政府对于议会，皆有提出法律案之权。美国则提案以议院之议员为限，而政府不与为。大总统对于议院，仅得以文书陈述意见，或报告行政上状况，或说明关于法律及预算之希望而已。此种文书，通常谓之教书。议会对于教书，既无答复之义务，亦不生拘束力。故实际上政府唯一之手段，不外授意于政府党之议员，嘱其提案。且美国议员提案，非如他国须有定额之联署，可由一人之意思提出之，每一会期，往往提案达二万以上。所提之案，以关于一个人或一团体之法律为多，常不适于行政上之实况。此则过于恪守三权分立之一大弊害也。

（乙）他国之内阁员，多同时为议员，且得出席议会发言。美国则无政务官事务官之区别。官吏与议员兼职，皆绝对禁止，行政官吏亦无出席议会及发言之权。为避此隔阂，其救济方法，则全赖于议会之委员会。法律案经第一议会后，则不过形式上之通过而已，亦无甚大不便也。

（丙）法国总统得解散下院，美国则否。即停会闭会，大总统亦无命令之权。

（丁）他国政府皆有发布法规命令之权。美国则紧急命令，独立命令。既为宪法所不忍，且立法权亦以不能委任他机关原则，即委任命令，亦为法律上所不许。大总统之命令权，仅执行命令一种而已。

（戊）他国议会，皆有质问权，不信任投票权。而美国无之。

美国三权分立之特质，则认法院之优越权是也。他国法院对于立法权，与行政部相同，处于绝对服从之地位。继命议会所定法律，顾系违宪，法院亦不得以此为理由，而拒绝适用。英国宪法与法律，形式上既无区别。概依新法优于旧法之原则，法律违宪之观念，无自而生。若英国以外之立宪国，宪法与通常法律之间，既有严重之界限，则违宪之法律，自不能保其必无。唯此种解释，多属之立法部，法律一旦成立，即无所谓违宪。然美合众国及各州之法院，均有以违宪为理由宣告法律无效之职权及义务。此其最特殊之点也。

美国各州亦采用三权分立主义，立法机关，皆采二院制。多数之州，元老院四年，代议院 2 年，间有两院任期皆 1 年者。通常会均 2 年一次，执行机关为州长，亦曰总督，始由议会选举，今则均改为国民直接选举，任期有 4 年、2 年、1 年三种。州长之外，有副州长。除元老议院长外，无他职权。州长职权虽与大总统相类，而权限尤狭，自各部总长以下，一切重要官吏，胥由人民选举，任官权非常狭小。司法机关，其裁判官任用方法，有人民选举、州长任命、议会选举之三种，以第一种较多。任期短者 6 年，至长亦仅 21 年，无以之为终身官者。

其立法部与行政部之关系，及法院之优越权，与合众国同。

立宪制度之发达，非仅原因于英国之立法也。盖 18 世纪之哲学，与有力焉。当时自然法派诸巨子，以契约说提倡一世，孟德斯鸠复着法律精神论，鼓吹三权分立主义。而主权在民说，天赋人权说，又起而乘之，其理想传播全欧。时值大陆诸国，困于苛政，群起而和之，法国首蒙其祸。夫契约说之巨谬，三权分立说之戾于法理，近世学者，略无异词。而当时人民利用其说，以要求国会之成立。法国遂于 1791 年，颁布宪法，是为大陆诸国有成文宪法之始。（注二）

（注二）附法国百年宪法变迁略史

今日法国宪法，非仍 1791 年之旧，盖已变更十一次矣。各国中改革之惨，未有如法国者也。兹述法国百年以来之变迁，以为吾国殷鉴焉。

第一，人权宣言及第一次宪法。法国当 16 世纪之末，仍为完全之君主专制。当时制限主权之机关有二：一曰等族会议，一曰最高裁判所之巴理门。Parle meut 租税非有等族会议之承诺，不得征收。法律则非有巴理门登录，不生执行力。然等族会议，自 1614 年以后，即永不召集。巴理门虽有拒止登录之举，而国王得亲临法庭，强制其登录。巴理门之法官，尚敢抵抗国王者，得逮捕之。革命之前二年，即 1789 年 11 月 9 日，国王路易十六世临巴理门宣言曰：凡一切主权，存于国王，国王有最高权力，止对于神任其责而已。时法国租税极重，王室奢华，罗掘一空，不得已于 1789 年 5 月 1 日，再召集二百年未召集之等族会议，其目的在废止贵族僧侣及第三阶级组成之，其会议各别议决。平民代表，大都属第三阶级，人数较多，不欲各别决议，欲应人数定其可否。国王不之许，第三阶级遂自称国民会。于 1789 年 8 月 26 日，为《人权及公民权宣言》。贵族僧侣知其不可抗，遂亦依附之，而制成 9 月 3 日之第一次宪法。此宪法之内容：其一，立法权属之一院制之民选议会。当时宪法制定会，本欲采英制，及讨论十日，以 490 票之大多数，定为一院制（赞成二院制者止 89 票）。举方法，用间接选举，以财产资格为要件。议员任期两年。其二，执行权属之国王。但国王不有提案权，不有裁可权。官吏之大部分，由国会公选，不立于国王权力之下。此宪法实际上已为民主国，然表面上仍为君主国。故未期年而废除。

附人权宣言十七条

第一条　人生而有自由平等之权利。

社会之平等，除为公共利益之外，不许为之。

第二条　凡政治结合之目的，在保持人之天赋且不可让之权利。

自由，所有权安全，及对于压制之反抗，皆为应保持之权利。

第三条　凡主权之渊源，必存于国民。

无论如何团体，如何个人，不得行使不由国民而出之权利。

第四条　不害他人之所为，谓之自由。人类自然的权利之行使，于使社会他之各个人，享有同一权利外，不有限制。此种制限，非依法律，不得定之。

第五条　法律于有害社会行为之外，不有禁止之权力。法律所不禁止之行为，不得妨害之。法律所不命之行为，无论何人，不得强制之。

第六条　法律为总意之代表。凡公民，有依自己或代表人，参与法律制定之权利。法律对于一切公民，既为均等。故公民除应其能力，依自己价值及技能之外，不立区别，均有任尊号，公地位及职务之权利。

第七条　无论何人，凡法律有规定者，非依法律所定之形式，不被公诉，逮捕，拘留。请愿专恣之命令，及发此命令，执行之，又使执行者，均罚之。然各公民，凡基于法律被召唤或逮捕时，即当遵守，抵抗者为有罪。

第八条 法律于绝对必要之外，不得滥定刑罚。无论何人，非依犯罪前所制定公布及适法适用之法律，不被处罚。

第九条 人在宣告其有罪以前，当推测无罪。故虽有逮捕之必要时，凡为拘束其身体不必要之一切暴力，当以法律严禁之。

第十条 无论何人，其意见之发表，于法律所定不害公共秩序之范围内，其意见不被妨害。宗教上之意见亦同。

第十一条 思想及意见之自由交换，为人类最贵重权利之一。故各公民于法律所定对于此自由之滥用负责任之外，得自由论，著作，出版。

第十二条 人及公民权利之保障，必须公之权力。此权力为一切之利益而存在，非为受委任其权力者之特别利益而存在。

第十三条 为维持公权力及行政之费用所生公共之课税，不可避之。此课税在一切公民之间，从其能力，以平等分配之。

第十四条 凡公民有依自己或代表，认定课税之必要，并检其用途，定其性质，与征收纳付继续期间之权利。

第十五条 社会对于行政之代理人，有问其责任之权利。

第十六条 权利保障不安固，权力分立不确定之社会，非宪法所应有。

第十七条 所有权为不可侵且神圣之权利。故非依法律，于公之必要，明认定其要求，且在预定支出正当赔偿条件之下，不得夺其所有权。

第二，耶孔宾宪法（Constitution jacobine）。依第一次宪法所产出之立法议会，遂于1792年8月10日，停止王之职权，幽闭国王，召集新国民会。此国民会用普通选举，于1792年9月21日开会，是日宣告法国为共和国，永久废止王政。翌年正月十七日，卒处路易十六世以死刑。先是国民会当宣告此后宪法，必不可不付国民总投票，是谓国民决议主义。1793年6月24日，国民会以新宪法草案，付国民总投票。以百八十余万之大多数（反对者止一万一千票）通过，称为耶孔宾宪法。以此宪法，乃耶孔宾派所起草者也。此宪法之内容，与第一次宪法相反，采直接民权主义。立法议会，止有议决法律案之权，不有确定权，任国民有反抗权。其议会仍取一院制，用直接普通选举法，议员任期一年。执行机关，则以24人组织之参议会充之，其人由议会于各县选举候补者名簿中选举之。

此宪法以1793年8月9日公布。公布后两个月，以法律延期施行，自是法国无政府者几二年。

第三，迭克推多宪法（Constitution direotariale）。1795年8月20日，国民会始决议新宪法案，付于国民总投票，得百余万之大多数（反对者5万票）遂于1795年10月

[88,112,292,138]518 | 法律文化研究

27 日施行，通常谓之共和三年之宪法。内容比之耶孔宾宪法，较为温和。凡 377 条，虽仍列记人权及公民权，然不认国民之反抗权，且于权利之下，列记国民之义务：其一，立法机关，始采用二院制，以下院为元老院，以上院为五百院。二院共享间接选举，以同一之选举机关选举之。唯被选举资格，两院共异耳。两院同为任期 3 年，每年改选三分之一。唯权限互异，其有提案权者止五百院，元老院仅有可否权，无修正权。其二，执行机关，谓之迭克推多。译为执政府。以五人组成之。由议会选举，每年改选五分之一。国务员单立于执政府指挥之下，别不立内阁之制。

第四，孔沙宪法（Constitution consulaire）。共和三年之宪法，极为和平。似可圆满进行，而不知事有大谬不然者。自 1796 年至 1799 年，执政府与议会之间，时有违言，及 1799 年 11 月 9 日，遂全破弃宪法，组织假政府，谓之孔沙会，以三人组织之，而拿破仑为之首长，以 12 月 13 日公布。世谓之共和八年宪法云。

此宪法表面上为共和政治，实则完全之帝政主义。盖拿氏之威名，有以致之也。全文凡 95 条，其内容：其一，保守元老院。以 80 人组织之，年龄至少要 40 岁以上，任期终身。由孔沙选任其职务在选举立法部及讬力披那（tribunate）之议员及孔沙而已。其二，立法权以 300 人组织之立法议会行之。此立法议会，不有提案权，不有讨议权。盖他案专属政府，至讨议则由讬力披那议员中选三人，与政府代表之国务参事会三人，合同于立法议会场行之。立法议会止有对于其全部，以无记名可否之权。（讬力披那议员凡百人。凡政府提出于议会之议案，使预为审议，又有派代表在议会讨议之义务。）其三，政府以三人之孔沙组成之。其任期十年，得为再选。最初之孔沙，由宪法指定。第二、第三之孔沙，止有辅弼第一孔沙之权，第一孔沙，与君主权力相等。孔沙有选任国务参事会员之权。其四，孔沙立法议会议员讬力披那议员之选举，属于元老院之之权。议会及讬力披那议员，任期皆为 5 年。每年改选五分之一。其选举由一定之候补者名簿中为之，至候补者选出之方法，用三重选举。先由各町村年龄满 21 岁以上，于町村有住所之男子中，互选十分之一为町村名簿。次由县内各町村簿所载者中互选十分之一为县名簿。然后由县名簿中，以同一之方法，作国候补者名簿。此名簿有永久效力。有缺员时，每三年补足。此宪法付诸国民总投票，全国一致。以 1800 年 2 月 7 日布告实行。

第五，第一帝政宪法。拿破仑势力，日益强大，以 1802 年 8 月 3 日，依国民决议承认拿破仑为终身之第一孔沙。及 1804 年 11 月 6 日，遂宣言变共和政为世袭帝政，议决拿破仑及其子孙，永久为法国皇帝，其议决由元老院令规定，而国民投票承认之。是为第一帝政之宪法。

第六，路易十八世之钦定宪法。第一帝政宪法，凡行之十年，及 1814 年，拿破仑既为联合军所破。4 月 1 日，元老院组织假政府，3 日，废拿破仑并停止其子孙之世袭

权，迎路易十八世为王，是谓王政复古时代。路易十八世之立也，元老院自以其所作之宪法，呈之新王。路易十八世以其仍以国民主权为基础，乃弃而不用，而自起草，以1814年6月4日公布，是为钦定宪法。此宪法专以君主主权为基础，即所谓特许宪法是也。其后欧洲君主国之宪法，殆无不模仿此制者，此宪法专模范英国。立法议会分为贵族院及参议院之二院，法律必经议会议决，由君主裁可之。发案权限于君主，贵族院以世袭及君主任命之终身议员组成之，参议院以财产资格用直接选举，由各县选出之议员组成之，不禁国务员为议会议员。又认为国王有解散下院之权。此宪法除1815年，拿破仑再兴，史谓之"百日时代"，一时中绝之外。凡16年间，继续其效力。

第七，1830年之宪法。路易十八世殂，其弟查尔十世即位，滥用政府之权力。于是再有颠覆之举。先是政府欲改正选举法，以维持下院政府党之多数。事不奏效。1830年之选举，自由党大占胜利，政府不俟其开会，直解散之，且以敕令停止出版自由。卒召大乱。查尔十世，以1834年8月2日退位。议会自集会，议决宪法之改正，且宣告路易腓力为法国国王。是谓1830年8月7日之宪法。

此宪法再弃君主主权而用国民主权主义，其余与1814年宪法无大差异，然亦不能继续。议院欲采用普通选举，及代财产资格以能力资格。内阁拒之，国内再乱。路易腓力亦于1848年2月24日退位。

第八，1848年之宪法。路易·腓力退位后，巴黎遂组假政府，宣告废王政为共和政，而召集普通选举选出之国民会。1848年之宪法，即由此国民会之所议定者也。此宪法与最初革命时代之宪法极相类。议会为一院制，每3年选一次。常时不绝开会。唯执政机关，鉴于合议政府之弊，遂改为单独制，而以大总统当之。大总统由国民中，以普通直接选举之，对于国民任其责。任期四年，不许再选。

是年12月10日，路易·拿破仑为第一次大总统，未几大总统与议会冲突，大总统遂于1851年12月2日，破弃宪法，解散立法议会。

第九，1852年之宪法。1851年12月20日，依国民议决，以744万票之大多数（反对者止64万票），委任路易·拿破仑以制定宪法之权，遂于1852年正月十四日，公布新宪法。

此宪法与孔沙宪法极相类。大总统任期为十年，但满期以前，有对于国民，指名后任者之权利。议会虽用普通选举，然法律提案权，专属于大总统。复置国务参事，由大总统任命之。议会限于先提议参事会，得其同意者，始有修改法律之权。议会之外，别无置元老院，其议员除高等官吏当然为之之外，悉由大总统任命。大臣不许亲临议会。弹劾大臣之权，止属元老院，议会不得质问，又无建议之权。

第十，第二帝政宪法。1852年11月21日，依国民决议，改任期十年之大总统为世袭皇帝，是谓第二帝政政府。自是法国遂立于专制政府之下。1860年以后，拿破仑三世之外交，渐次失败。国民之反抗日强，帝内不自安，欲改革以孚民望。于是 1860 年，始认议会之上奏权。1866 年扩张议会之修正权，1867 年认质问权，1869 年认发案权，1870 年全部改正，认大臣对于议会之责任。凡 45 条，是谓第二帝政宪法。

第十一，1875 年之宪法。第二帝政宪法成立后，未几战争失利，拿破仑三世为虏。师丹败报之至也，巴黎即宣告共和政，组织假政府（1870 年 9 月 4 日），与普国结休战条约，并召集国民会。以 1871 年 2 月 13 日，选铁秋儿为执行权首长。Chef du pomnoirene'cutif 当时议员之多数为王党。然党派颇不一致，故不能再树立王政。卒以是年八月三十一日加铁氏大总统称号。1873 年 5 月铁氏因国民会不信任投票退职，举麦马韩为大总统，定任期为七年。国民会选 30 人起草宪法，及 1857 年正月成立。即今日所行之宪法是也。1876 年新宪法实施，再召集议会。当时下院，仍以共和党占多数，麦氏不得已，以下院某议员为内阁总理。元老院大不平，麦氏遂利用此机会，先命下院停会，未几又以解散下院要求元老院同意。盖麦氏久蓄恢复帝制之决心，下院多共和党，从中阻格。故欲借此解散之也。不意元老院中之阿利安派，大声疾呼，以麦氏一旦称帝，元老院亦在取消之列。此举卒至否决，麦氏大为懊丧。然以下院任期将满，隙忍以待改选。及次年选举结果，共和党仍占多数，麦氏知帝制绝望，遂并大总统一并辞退。

1875 年之宪法，系包含三个法典：其一，国权组织法（是年二月二十五日公布）；其二，元老院组织法（是年二月二十四日公布）；其三，国权相互关系法（是年七月十六日公布）。所以如此破碎者，盖当时议员，多数为王党，起草员亦多帝制派，其宪法纯以君主国宪法为模型。如责任内阁制下院解散制之类，纯采英制。执笔者以为不久帝制即将实现，故潦草塞责，宪法中应有之规定，如人民权利、司法制度，均付缺如。且故意拖延时日，以待时机，不料正统派与阿利安派，始终因皇统争执，不能妥协，卒不能再树立王政。此宪法至今尚发生效力，则起草员所梦想不到者也。其与国体太相抵触故也。盖法国宪法，零星破碎，当时几无人信其能久。而其运命在法国诸宪法中，却为最永。天下事固有不可解如是者。

自法国指定宪法后，他国次第仿效之（注三）。其影响渐及于东亚。日本维新之初，关于民选议会问题，颇有争执。及伊藤博文至自欧洲，国是始定（注四）。其宪法初采比利时，后则专准据普鲁士，是为东亚立宪之始。

（注三）步趋法国宪法者，可分为两种：一为模仿 1791 年宪法者，如 1812 年之西班牙，1822 年之葡萄牙，1814 年之挪威，1831 年之比利时，皆以此为模范者；一为模仿路易十八世钦定宪法者，如 1814 年至 1848 年德意志诸国宪法，1815 年之荷兰，1854 年之西班牙，1861 年之澳大利亚，皆以此为模范者。

（注四）日本初为封建制度，自庆应三年，德川加庆喜奉还大政。明治元年，国王睦仁以诏书五条誓天，中有万机决于公论及求知识于世界等语，是为变法之嚆矢。四年，派右大臣岩仓具视为大使，巡游欧美各国。七年，副岛种臣等八人，建议设立民选议院，加藤宏之等大反对之，以为集愚人议国事，毫无实益。然民权说既与，势不可挡。政府不得已，于八年四月下立宪之诏，十四年，下预定二十三年开国会之诏。先是元老院种，别置宪法取调局，调查各国宪法，以伊藤博文主其事，十五年，派伊藤于欧洲，一年始归。二十二年二月，颁布宪法，二十三年十一月，召集第一次国会。

第二节 欧战后宪法之变化

…………

第三节 宪法今后之趋势

自英国革命，而后有君主立宪。自美国独立，而后有民主立宪，此一变也；自法国革命而后，学者竞以主权在民说相号召。虽君主实毫无实权，与共和国殆毫无所择。如比利时，君主国体，易为共和。此又一变也。甚而君主并不能维持其虚荣，人民群起革命，以颠覆王室。最初为葡萄牙，次则德奥，最近如希腊、西班牙。肯以君主国体，易为共和。此又一变也。盖自有立宪制度以来，迄今已三百余年。人民不惜牺牲流血，以谋群己自由平等之幸福，然究其实际，如英者君主立宪其名，政党专制其实也。如日本者，君主立宪其名，军阀专制其实也。若夫共和国，宜稍有间矣，而抑不然也。如法如美国，则民主其名，政党专制其实也。如秘鲁墨西哥，则民主其名，军阀专制其实也。然则所谓推倒专制者，其效果果安在耶。以故近数十年来，学者及政治家，对于代议政治及民主政治，皆深抱怀疑，且有任意攻击者。推其原因，有下之四种：

第一，代议制度之衰颓。

代议制度，本因人民不能直接选举参与政治，故举代表以行使其统治权。法至善也，然积久弊生。为代议士者，无不口衔天宪，剥削平民，举世侧目。兹举其害之大者如下：

（甲）代议士产生之来源，非金钱运动，即政党鹰犬，从未闻有因人民良心投票而当选者。故无由得人民之信仰。

（乙）当选之后，必与选民以报酬。金钱酒食，其小焉者也，甚且引进郎署。荐膺民社，此辈恃有奥援，作奸犯科，无所不至。利入囊橐，怨归朝廷。此几为有议会国家之通病。

（丙）欧美劳工资本，久成仇敌。代议士从中取利，或敲诈资本家，以压迫劳动者，或教唆劳动者，以推倒资本家。此弊以美之州会为尤甚。近年各州宪法，将州议会权限，剥夺几尽，此其主因。

因以上原因，晚近学者，攻击代议制之著书，几如春笋怒发，不可复遏。兹举其最著者言之。德国学者伊耶陵，对于代议制为根本上之攻击（伊氏著《宪法变化论》1900年出版），其书曰：代议制缺点凡三：其一，不适于立法。何者，欲求议员之有法律知识，必不可不求之学者。而学者恒拙于运动，常不能当选；其二，不适于监督政府。何者，多数国家，常行议院内阁制，内阁员即以议员充之。合政府议会以共同行使其政权，尚何监督之有；其三，不适于监督财政。何者，自有代议制以来，国民负担日增，未闻因有议会而人民得轻减其负担者。故现时之趋势，立法权弱，而行政权渐逞其势力。请以英国征之。英国昔最专横者，莫若下院。今其权渐移于内阁，一切法律，悉由内阁专断。下院特抄录内阁命令之机关而已。昔所谓阁员因下院不信任而辞职者，今其权已移于选举人。当选举结果发现后，苟政府党已失多数，实时辞职。自1862年已开此例。故今日学者谓英国乃两头政治，又曰二重政治，即君主与内阁是也。美国亦然，下院之势力，今日已全移于委员会，而尤以财政委员会、预算委员会为尤占势力（注一），故学者谓美国非立宪制度，乃六人之专制政治，即一，大总统；二，国务卿；三，财政总长；四，元老院长，合以二委员会长是也。盖立宪最早之国，其变迁亦较速，恐不数十年，皆将脱离代议政治，而代以他种政治。最近二十年，各国报纸，非常发达，国民直接势力，日益膨胀。社会上种种团体日增，如商会是也，工会是也，学会是也，以此等团体，举代表以与政府交涉，必优于代议政治。可断言也，盖国家之自然势力，不外政府与人民之二者，以政府与人民直接对峙，恐为将来必至之趋势也。

（注一）美国预算，向由国会编制。故委员会长拥有实权。自1921年公布新会计法后，改归预算司编制，直隶大总统。伊氏所言，已成过去，则美国有实权者止四人耳。

英国蒲徕士子爵（Bryve）著《现代民主政治》（1921年出版）。其第三编第一章，即首论议会之衰颓。大旨谓议员不为世人所尊重。欧美间殆小异而大同。凡才干之士，皆不愿侧身其间。姑以英国言之。报纸所登新闻，记载议员劣迹甚多，议员威严，因而锐减。人民不重议员，议员亦不自重。议员畏报纸，而报纸不畏议员，其状如此。其第二章，论议会之弊害。大旨谓议会之病，与年俱增。其著者有五：一为妨碍议事之害。内部肆行捣乱，因之议案堆积如山。英美尚不免此，而大陆无论矣。二为党派渐多之害。往者国会常止两党，如英昔止二大政党，今则尚有二三小党。德国有五六政党，法国有十一二政党。昔止政党，因人种宗教而分，今则因经济主义而分矣。三为选举人籍选举以图利之害。选举竞争激烈之际，选举人知候补者之情已急，于是常以允许私利为交换条件。如英国邮政电报书记，曾以将来增俸，为投票之条件，其一例也。四为议员专供政党驱使之害。故凡洁身自好之士，多不愿为议员。五为多数决之害。议会非讨论国事之所，实一秘密专制之票决机关。与代表民意，殆全为两事，不过一多数党之傀儡而已。然实则并此多数二字，亦不正确。例如，有一议会，其人数共210名，有一党占

110 名，当然可为多数党，遇一问题，此多数党在党中，先行票决，结果 60 人赞成，50 人反对，于是此案定为多数决，遂过于议会。实际考之，此案有多数党之 50 人反对，益以反对党之 100 人，统计反对此案者有 150 人，赞成者仅 60 人，乃竟以多数通过，岂非怪现象耶。昔人有言，英国苟非为国会所灭，断不自灭。夫蒲徕士，英国人也，而其言之沉重如此，读者所宜深长思也。

俄宗教家某氏，曾着一书，名曰《虚伪》。大旨谓事之作伪者，绝无永久存在之可能性。宇宙间之作伪，殆无如代议制之甚者。名为代表民意，实则金钱魔力，政党傀儡。吾老且不及见其颠覆，吾子孙必有能见之者。吾为此预言，后世必有信吾言之不谬者（日本内务省有译本）。

然以上犹学者之见解也。至政治家则更进一步，而为有效之主张矣。意首相墨索里尼，谓议会乃好空谈无实用之物，止可作为玩具，为陈列品。其 1928 年所定之下院选举法，凡候补当选人，必须交法西斯帝党拣择。又下院之议案，须先经首相许可，是皆可证明其以议会为傀儡之主旨者也。至社会主义之政治家，如列宁之类，直以议会为资产阶级欺骗民众之一种机关，认为保障资本之产物。马克思亦云：一切立法，皆阶级的立法，故欲推倒资本，必先推倒国会。

欧战以还，议会声价，一落千丈。其一，德、美、瑞士、西班牙等国宪法，关于普通立法，均承认国民之发案权及制定权，是不必有议会，亦能制定法律也。其二，美各州宪法，将应以普通法律规定之事项，次第加载宪法，是本属议会职权之事，亦禁其容喙也。其三，美洲各共和国，其议会均无制定宪法之权，是国家根本法之起草及修正。悉置诸议会职权以外也。其四，美各州凡议会制定之法律，其施行日期，恒在八九十日后。此期间内人民有一定人数，即得提出抗议，由国民投票决定之。是明认国民对于议会所定之法律，有反抗权也。其五，德新宪法，总统不同意于议会所定之法律，亦得于一个月内，交付国民总投票，是并总统亦有反抗权也。其六，从前共和国，除法国外，总统皆无解散议会之权。自德新宪首破此例，其后捷克芬兰宪法效之。近则 1929 年奥国修正之宪法，1931 年西班牙新宪法，无不予总统以此特权者。是议会已失其最高机关之地位也。其七，普鲁士新宪法，明认人民得以解散议会，请愿于政府。且有一定人数，得要求罢免议员，是议员已与官吏立于同等地位，非神圣不可侵犯者也。其八，西班牙里维拉政府时代，意大利墨索里尼时代，皆曾一度明目张胆取消议会，现虽恢复而意首相之演说，已明言其为玩具。虽利用之，而终痛诟之矣。现在世界仍有无议会之国家，如苏联，如土耳其，如党国，且不乏其例也。

综上所论，社会主义之学者与非社会主义之学者，对于代议制之非难，其立论虽不同，而其认为不良之制度，则完全一致。其将来之必归废弃，盖必然者。吾国学者中首发明此理者，章氏炳麟，其所著之《国会论》（见章氏丛书），谓天殆将以是亡中国也。

时值清廷立宪，人民要求开国会，而章氏能为此言，不愧先知之哲。次则章氏行严，于甲寅周刊当论及之。亦读西籍中之佼佼者。

第二，选举之腐败。

世固有观其甚美，而实则万恶者，选举是也。凡选举必资于运动，未有不求而获者，固其中少端人正士焉。其获隽者，非蝇营狗苟之人，即欺世盗名之杰也。凡选举必需于材货，未有不假金钱之力，而能得者，是使一国政权。悉操于资本家之手，而寒畯弗与焉，名为平等，而实则造成贫富阶级也（注二），是为选举制度之根本上之二大弊。

（注二）例如 1925 年法国选举，议员 610[①] 名中，律师 164 人，地主 108 人，厂主 62 人，新闻记者 39 人，医生 38 人，大商 26 人，学生 30 人，高等官吏 26 人，小官吏 15 人，军官工程师银行家共 91 人，工人 21 人。1928 年瑞士选举，议会中四分之一为律师，百分之二十为官吏。

复次，凡竞选者无不媚其选民，恣其酒食，诱以娼妓，穷形尽相，罄竹难书。固每选举一次，而风俗之浇漓，人心之堕落，必为之激增也。选举人挟此一票，抱无穷之希望，终身衣食赖之。获选者既贵之后，亦无不汲引其选民，小而郎署，大而民社，非如是则任满后谁肯再选者。此辈来自田间，未谙政治，唯利是图，且恃有护符，莫敢谁何。固行选举之国，其吏治无不窳败者。（注三）

（注三）《欧洲大陆政府及政党》（此书日本早稻田大学有译本）云：法国议员既获选后，必将选民荐充本县各种职员。固县知事畏议员如虎，稍失其欢心，即地位不保因之知事多不久于任。又云：议员为谋第二次当选，买欢于选举人，既得候补者资格后，第一须作宣言书，第二则新闻揄扬，第三则倩人演说，往往诡谀不堪，行路掩耳。固第一流人物，无愿为议员者。法谚有云：选举人迫议员，议员迫内阁。又云：代护士眼中，不见有人民，止知有选己之选民。数年前有某议员初到巴黎，友人设酒洗尘。席未半，得信数十封，亲友毕贺，交游之广也，启之皆求荐事及请托者，有托购物者，甚有托雇产婆者，皆选民也。

选举费用，与年俱进。虽极贫之国也，犹需巨万，个人财力，万万不及，不能不需党之补助。苟非投身政党，供其驱使，虽才智之士，无以自拔。（注四）

（注四）美 1911 年法律，限定选举费用之最高额，代议院为五千陶拉（陶拉即美元，下同——整理者注），元老院为一万陶拉，并须将其支出，一一列记用途，公表于世，各州中亦有颁此律者。然法定费用之额，与事实相距甚远，且列记公表，置议员颜面于何地，固迄未实行。

选举之术，积久弥工。凡选举之年，必有无数大慈善家出现，救灾恤贫，挥金如

---

① 此处 610 有误，按照其后列举的人数加总，应该为 620。——整理者注释

土，则所谓慈善费也。朝行善举，夕登报端，则所谓演说费也。高筑演坛，聚众游说，则所谓演说费也。选期既近，然后党中职员，分头接洽，按籍纳赂，挟之上车，使之投票，固未开票而已如操左券（注五）。以故农工商贾与夫洁身自好之士，恒视选举为畏途。百人中弃权常至六十，其甚者不满百分之二十。政府严定强制选举之法，科以罚金，夺其公权，而民之不愿投票如故也。是固所谓人人有参政权者，所谓代表民意者，乌知其腐败乃一至于是哉（注六）。

（注五）详见《美国选举运动》一书，国风报尝节译之。

（注六）不肯投票，几为各国一般之通病，在弃权最多之国，百人中有至九十者。固不得已而出于强迫之举法，元老院之选举凡市参事会员，缺席于选举会者，科以五十佛郎之罚金，已开强制选举之先例。比利时自1893年以后，初犯，则科以一佛郎罚金；再犯，则以犯人之名揭于市村公署一月；三犯，则停止选举权，及升任官吏与荣典之权。此外墨西哥自1917年后，捷克自1920年后，荷兰自1925年后，皆实行强制之制。其制裁不外罚金拘役，甚者夺其选举权，与比利时大同小异。然而，此种立法，果能有效与否，殊为疑问。欲研究之不可不知弃权者之性质，盖弃权之种类，不外三种：其一冷漠于政治者；其二为政府之反对党；其三为废票。夫冷淡政治之人，苟夺其选举权，是适合其意愿，不得谓之制裁。至反政府之人，而强迫其投票，则必选出反政府之人物，较之任其弃权，其害犹巨。若夫废票则在采秘密选举之国，固无法以预防之也。况乎罚金之制，必限于无故不来投票之人，其因疾病及有事故者，必不能加以处罚。此等事项断非法律所能列举，不外一任官府之认定而已。固强制选举，虽各国次第实行，而效力固甚微弱也。

选举之弊，今与昔异。其一，昔唯下院用民选，上院多为钦派之贵族，今则两院同用民选。昔之选举，其弊在政府之干涉，今之选举，其弊在政党之把持。

其二，昔之有选举权者常限于资产阶级，今则概用普通选举。固昔之投票者，尚不无稍顾廉耻之人，当选者亦不乏知名之士，今则工人仆役，俱列公民。

其三，昔常为政党所垄断然无所属者，尚有当选之可能，今则多改为比例代表，以各党之候补氏名，印刷于投票纸上，则无党籍者直无参政之机会矣。夫选举之本意，在人民之自由公选，今则未经投票，而票上已有姓名，与昔日立法真意，相去何啻倍徙。况一国人民有党籍者终居少数，余者皆终身废弃，唯有辍耕太息，希冀社会革命而已。如此而欲国之长治久安，其可得乎。然自欧战后，各国相继采之者，则以不如是，各党当选人数，时有出入，常生争执，无以持之平故也。

第三，多数决主义之动摇。

立宪制度，以少数服从多数，为不易原则，列为信条，久无异议。自德人伊耶凌着《少数者权利》一书（注七），痛诉多数决之不当，力为少数人张目，欧洲思想界政治界，大受打击。日人穗积陈重复从而和之（详见《国家学会杂志》），核其论据，约有四端：

（甲）今试问一国之中，贤智者多数乎，抑庸愚者多数乎？必应之曰：庸愚者多数也。无论其国至何文明程度，不敢谓其贤者之数，超过愚者之数。故少数代表贤者，多数代表愚者。

（乙）今试问世界进步，至于今日，少数人之力乎，多数人之力乎？必答曰：少数人之力也。古者茹毛饮血，衣其羽毛，有圣人者作，教之烹饪，而后人知火食，制为衣服。其发明者不过一二等人，而多数人蒙其幸福也。推之火车电报飞艇，皆少数科学家之发明，绝非多数人所能议决也。苟事事取决多数则世界进化，因之终止。

（丙）多数制于伦理上不能成立。如父母为少数，子孙为多数，而谓父母当服从子孙可乎？主人为少数，仆隶为多数，而谓主人当服从仆隶可乎？非特此也，耶教为多数，回教为少数，而谓回教当弃其所崇拜而服从耶教可乎？黄种白种为多数，黑种棕色种为少数，而谓黑种棕色种当弃其风俗习惯而服从黄白种可乎？此不待智者而知其无是理也。

（丁）果欲用多数决，必人类知识平等而后可，否则名为多数，实则少数。例如甲乙丙丁四人，共议一事。甲为哲学家，乙丙丁均不识字者，甲反对而乙丙丁赞成之，甲诚少数矣，而不知乙丙丁之知识，尚不足以挡甲之毫毛，而谓之多数可乎？

（注七）《伊氏原书》考多数决沿革最详。其言曰：古代日耳曼民族，常谓一人之勇者，于战场战胜五人，无使其服从此五人之理，其思想与此矛盾。中世等族会议，有二格言：一曰，宜决于长者，不宜决于多数者。又曰，投票可量之，不可数之。所谓不可数之者，为不行投票计算之制。日耳曼人种，凡决议须全体一致，以喝彩决之。虽其间非无少数之反对，然因多数喝彩，不闻其音，故仍为全体一致。今日英美尚守此制。英庶民院选举法，由州县推荐代议士二人，苟无倡异议者，即作为全体一致，若有多数候补者，始以投票决之，固纯粹之多数决。英国法所不忍也。最初采多数制者，为教会法皇之选举，其始由僧侣团推举，仍用喝彩之法，后乃改为三分之二之多数，而僧正之推举，纯用多数。次则中古德意志皇帝之选举，亦以选举侯之单纯多数为准。故中古判决例中，遂有少数服从多数之语云。

伊士此论，影响欧洲政治颇大，兹略举之：

其一，从前选举均采用连记投票法，谓之多数代表。自伊氏唱此说后，遂渐次改为减记投票或重记投票，谓之少数代表。然当选人数，仍不能与党之人数相当，时有小党的多数议员，大党反出少数议员者。近则法美德奥诸国，无不改为比例代表。

其二，从前议会审查报告，多以多数之意见为主，即根据少数服从多数之原理。近则凡审查之案，虽系少数意见，苟有三分之一，仍须报告。

其三，伊氏德国人也，故德国社会，受此教训最深。其新宪法，凡过半数决议之案，苟有三分之一反对，得延期公布，以待国民之投票，是明认少数得推翻多数也。他国尚未见有采此制者。

第四，共和政治之危机。

自法国革命，本于自由平等博爱之宗旨，建设共和政治。其《人权宣言》，首标一切主权，存于国民，是谓民主主权说。嗣后民国宪法，例有此条，甚而主权在民之君主国宪法亦有之。然细考之，世界无论何种国体，断无全体国民，握有主权者，必有一种机关以代之，而后国民之意思，可以表现，其方法不外二种。

（甲）直接民主政治。在地域狭小之国，如瑞士二三小州，以国民大会，为表现国民意思之机关。若人口繁殖之国，如美德奥，则以国民总投票之意思，为国家之意思。

（乙）间接民主政治。此种国家，由国民举代表，组织国会，而以国会之意思，为全体国民之意思。

第二种制度，所谓议会代表国民全体说，已为一般学者所唾弃，姑置不论。即第一种制度，现今除瑞士人口稀少，人民不受党派驱使，稍能代表民意外，其他诸国，大抵不过供政党之傀儡，其与代议制度，亦所谓以五十步笑百步也。况以历史征之，法之大革命也，以国民总投票，定为共和国体，及拿破仑一世，拿破仑三世，两次改易帝制，均依总投票行之。故法国人民对于此制之信仰，久已失堕。社会主义学者，谓民意最易改造，洵至言也。

反对主权在民者计分两派。

（一）社会主义派

社会主义学者，以为主权所在，不应求之拥有虚名主权（例如英之国王），及法律上握有主权（即宪法上所谓最高机关，如法之国会。），而当求之握有经济实权者，其言曰："黄金为万能的。黄金能使奴隶变为贵族，贵族变为奴隶，能使弱者强，强者弱。无论何人，不能不拜倒于黄金之下。换言之，谁有钱，谁就诚实可靠，穷人因没有钱，故不得他人之信任。"归纳言之，所谓主权在民者，毋宁谓之主权在资本家之为愈。握有经济实权之所在，即主权之所在。至名义上法律上之如何，不必问也。嬉笑怒骂，与《庄子·胠箧篇》相似。其言虽近刻薄露骨，然颇足以供人玩味。

（二）法西斯帝派

墨索里尼尝云，国民主权说，根本错误，何者？人民不能自己集成共同意思，不外少数人为其己身利益，以领导群众。是谓社会摹仿律。无论何种社会，逃不出此种公例。故所谓主权在民者，结果不过多数人供少数人之运用。故主张以国家主权说，代替国民主权说。何者，国民主权为虚伪的欺骗的，不如国家主权之较为实在。故主张以贤人政治，代替民主政治（注八）。

（注八）国家主权说，已有定于宪法者，如智利宪法第二条云：主权属于国家。即采此说也。

共和政治之特征，即在以选举之总统，代替世袭君主。总统之制，出于华盛顿一人之理想。鉴于君主以国家为私有之非，其意固至善也。华氏时代，尚有良心投票，故能三次当选，其后凡获选者必须巨额之运动，而其数目亦与年俱增。1860 年，美总统选举费，不过十万陶拉，遂年逐增。至 1896 年，已增至七百万陶拉。今又三十余年，价固当倍之矣。此项巨款之来源，出于公司银行及富人之寄附。凡总统选举之年，欲投资者，率以款寄附于政党。如赌博然，败则相率停闭，胜则称其资之多寡，以官职酬之（注九）。故美易总统，上而郎暑，下逮厮养，为之一空。他国皆有文官考试，独美国无之。职是故也（注十）。

（注九）从前总统选举，现任官吏，皆须负担费用，依薪俸多寡定之。近年始行禁止。

（注十）美尚有少数之州，曾公布文官考试法，然均未实行。详见蒲徕士所著《现代民主政治》。

总统当选，必需运动费。匪独美国如是也，凡共和国皆然。其采国会选举制，则运动限于议员，如法德葡等是也。然运动限于经济，不涉及武力，犹不愧文明先进也。若中美南美诸共和国，则竞争剧烈，凡选举总统之年，例有战争，非武力解决，不能取得总统之地位。故非武力不能任总统，抑其下也（注十一）。

（注十一）蒲徕士所著《现代民主政治》，述美洲共和国状况极详，其略曰，西半球除美国外，尚有 20 共和国。南部唯海地用法语，巴西用葡语，余皆用西班牙语。建国最古者，亦不过 130 年。欧人多不明其真相，有轩利梅者，于 1885 年，著《人民政治论》，曾掇拾彼土事实，以为攻击民主政治资料，始有人知其内容。盖此种共和国，纯属武人专制政治，其大总统概由军人出身，表面上号称共和，亦有与美国类似之宪法，实际言之，其总统即专制君主，其议会承总统之命而行，其法官皆总统爪牙。人民对于政治，极为冷淡，多从事工商两业。其间内乱侵夺，国力疲敝。如 1865 年、1870 年，巴拉圭与邻邦国苦争，至全国成丁男子，悉数战死，其一例业。此 20 年共和国中，除智利，阿根廷，乌拉乖，巴西四国，略有共和雏形外，余皆不甚轩轾。此诸国有一共同恶习，已所行者，武人政治也，见他国之为君主国，则群嗤之。若忘其为专制也者，亦一至可笑之现象也。康南海不忍杂志，有专号述之亦详，与蒲氏所言相类。

蒲徕士又著《平民政治》一书，论总统制度之缺点凡四，兹节译之：

（甲）君主国以君主为世袭，故人民所希望者，至宰相为止。共和国总统，虽不及君主之尊崇，而既为一国首领，又放任人民自由竞争。因而政治家无不怀抱帝王思想者，不惜用不正手段，以求达其目的。

（乙）每数年必选总统一次。此数月间，举国若狂，各政党不惜投莫大之资本，以决一日之胜负。故遇选举之年，全国骚扰。美俗谓之征战，即谓此也（注十二）。

（注十二）此弊唯采美制，及用直接选举者有之。若由国会选举，如法国者，则无此弊。然受制议会。毫无实权，法人至称之为宝塔中木偶，囹圄中囚犯。弊又出于美制之上。

（丙）因总统屡选之故，国是亦数年一变。虽新总统与旧总统同为一党，犹不免改造内阁，更易官吏。其非同党者，更无论矣。甚有新旧之间，为极端之被持者。

（丁）事实上总统不易再当选，然为总统者，无不希望连任。当任期将满时，身家之念重，国事之念轻。美国惯例，总统任满前四个月，诸般政务，无不停滞。

以上四者，为总统制之通病。而美则尚有特殊之弊害，即人才决不能当选为总统是也。盖美俗第一流人物，多不愿投身政界，故豪商大贾之中有才，而政界无才，其原因一也；政党欲利用庸才，供其驱使，其原因二也；美人最忠于党。党魁指定之人，虽人人知其无能，然到期无不投票者，其原因三也。自开国以来，总统之有名者，除华盛顿外，林肯门罗等三数人而止，余皆碌碌无所表现。卢斯福百万运动，党中仅以副者予之，乃未一年总统病故，卢氏卒代理总统。党人大悔，自是并副总统，亦必以庸才入选矣。法国则异是。膺斯选者，必为全国属望之政治人物。唯既以人才充选，又不以实权与之，使之投间置散，等于守府。诚不解其立法之理由，果安在也。

因以上之原因，对于现行制度，由主张改革者，其趋势可分二派。

（一）社会主义

社会主义，认为民主政治，系少数人之有产阶级。为保持其己身利益，以压迫无产阶级之一种组织，此为历史上必经之段落。至资本主义灭亡，则资本主义之民主政治，亦必灭亡，必须资本主义消灭，而后乃有真正之民主政治。但欲求真正民主政治，并非一跃可几，必须经过一种过渡时代，即必须经过无产阶级专政，将资本家逐渐消灭，而为着手之第一步。如苏联宪法，即建筑于此理论之上者。

（二）法西斯帝主义

法西斯帝主义，以为民主政治，其立脚点在尊重多数人意见，公共利益，即为个人利益。此二者根本误谬。何者，多数人意见未必是，而少数人意见未必非也。公共利益，往往与个人利益相反。其立脚点既已误谬，自无存在余地，且代以制度，筑室道谋，不能应付时变，其最大弊害，则为内阁时生动摇。例如意大利自1901年6月，至1914年3月，十四年间，变更内阁十次。自1914年3月，至1922年10月，八年间变更内阁八次。是不特意大利如是也，法国亦然。自1876年至1917年，凡变更五十六次内阁。墨索里尼在法西斯帝七周年祝贺会上演说，诸君如欲继续生存，则不可不废止代议制度，以实权交于政府。故此派之主张：第一，取消议会；第二，以贤人政治，代替民主政治。而其最主要之原因，则为对付赤色恐怖，彼以为社会主义如果蔓延，势必破坏现代之一切文化制度。此断非民主政治所能抵抗。故必以武力及独裁政治，与之决斗，而后乃可获最终之顺利。

（注十三）对于代议民主政治之非难，19世纪与20世纪稍异。欧战以前，其非难民主者，不过制度上之缺点，获设法改良。今则谓非根本改造不可，无存在余地，其异一也。在十九世纪，尚不过学者之意见，与学理上之讨论。今则着手实行，尔不尚空论，其异二也。

（注十四）参照《新俄回想录》与《俄革命情形》，记载最详。

（注十五）德国自1930年至1931年，一年中法西斯帝党员，被共产党杀害者，79人，受伤者5500人。共产工人，被法西斯帝党杀害者，103人，受伤者9500人。1933年，希特勒内阁，取缔犹太人，焚毁其书籍。官吏教员，凡犹太籍者，一律罢职，以共产党多犹太人也。此外，如匈牙利，波兰，捷克，均有类似之情形。此两党之争，已非徒为国与国之争，而为人与人之争矣。

（整理者单位：中国人民大学法学院）

丁元普**著　王丹整理

中国法制史*（节选）

绪　言

一、法制史之意义

凡一国政法之制度，其发源虽同，然往往因其固有之国情与其历史所沿袭而变其

---

* 本书共九章，本次整理选录其中五章。本文是对民国时期出版著作的整理，在整理过中，对原作不作任何有损原意的改动。原书为竖排版者，一律改为横排；原文"如左"、"如右"之类的用语，相应改为"如下"、"如上"等。原书所用繁体字、异体字，现全部改为简体字、正体字；个别若作改动会有损原意者，现予以保留，另加注说明；原书无标点符号或标点符号使用不规范者，现一律代之以现在规范通行之标点符号；原书无段落划分者，点校、勘校时作适当之段落划分；原书所用译名有新译者，改为新译，但外国人译名均未改，原因在于原书涉及的外国人名一般均未附外语原文，无法重译。

** 丁元普，中国著名法制史学家。

质。故研究法制尤当明其统系之源，察其递嬗之迹，循演释之道，自约而博，以一定之标准，博征事例。举吾国古今之法制，考之历史证之，各国使其绪之不紊，进而为种种之搜集，自博而约，举内外之制度，典宪证之以应古不易之原则，供学子研究之资料，而予以归纳之道。庶乎明其源流而考其得失焉。此法制史之所由作也。世界法系有五：如印度法系、回回法系，罗马法系、英吉利法系而中国法系居其一，印度、回回两法系皆出于典，与其宗教有关。西洋诸国，大率出于罗马法系，英吉利系次之。至中国法系最古，日本当明治维新以前，其制度典章率皆采自中国。即其刑法又本乎唐律及明律，逮变法以后，乃大革从前之法制。几——以欧陆为模范。近年法制逐渐改良，乃更倡独立之论调。独立云者，非必截然不同。盖必有其特质以自异也。由此观之，一国之法制固各有其历史特殊者在也。

吾国号称五千年文明之古国，典章制度粲然可观。古昔圣王设官守法。（《周礼》所设六官各有专司）以法为制度之统称，《周礼》言"悬法"，《论语》言"审法度"，皆制度也。若夫《管子》之言"布宪"。《国语》之言"施宪"，诗云"率由旧章"，书云"有典有则"亦即制度之谓也。是法字之义，所该甚广，非仅刑法一端已也。不独法与刑殊亦且刑与罚殊。（《吕刑》言五刑更言五罚。）特刑统于法，罚统于刑，以之为访民之用耳。春秋以降法学分歧或言观赏而畏刑，或言察情而议制。《汉书·艺文志》云："法家者，流出于理官，信赏必罚以辅礼制。"而理字引申其义，则为事理物理之称，盖事物之理，必因分析而后明。而国家立法亦必析及毫芒，辨别枉直。故法官亦号理官（有虞氏曰士师、夏曰大理，周曰司寇）。唯儒家道家者流，则重道德而轻法律。孟子曰"徒法不能以自行"。荀子曰"有治人无治法"。老子曰"法令滋章盗贼多有"。故申韩李斯商鞅之徒，为后世所轻视。而典章宪令弃若弁髦矣。此吾国自汉唐以迄明清绝少成文之法典。而马氏《通考》、杜氏《通典》、郑氏《通志》为吾国考证历代制度之书，而刑制一门要不足概括法制也。

二、法制与礼制之区分

为人类行为之规范者，有宗教，有道德，有习惯，有舆论，有法令，种类之繁，不可枚举。然在文化较低之社会，其规范至为普通，且有继续之性，则莫不徒存形式而为具体的。故原始社会，举凡宗教道德习惯法律，悉包罗于礼仪之中，而规范之外貌反重于实质。人之种种行为但期合于形式而止。而心术则非所问，故原始社会可谓之礼治社会。

礼者，为人类最先之统制力，宗教、道德、法律未非之时，已表示社会力于形式之上而为行为之规范。故无论何等社会礼治之存莫不先于法治。在中国历史最为显著，唐虞三代之治,仅足开法治之端范。周时礼治极盛,强秦同意,欲依法治之制,卒至蹉跌。至汉而法制大备,约法三章,作律九篇,唐代礼法分化,尤为著名。法制之进步至有"律、令、格、式"之别。凡典章礼制,以公法加制裁者,多入律令。

格式之中,宋代法制改为"敕令格式"(禁于未然之谓敕,禁于已然之谓令,设于此以待彼之至谓之格,设于此以彼效之谓之式),宋神宗以律不足以周尽事情,凡邦国沿革之政,与人之为恶,入于罪而律所不裁者,一断以敕。故更其目曰:敕令格式,而律存乎敕之外矣。自兹以后,治国虽实以法治。而学者犹以礼为本,法为末。管子之言法治曰:"民知德矣,而未知义,然后明刑以导之义;民知义矣,而未知礼,然后饰八经而导之礼;民知礼矣,而未知务,然后布法以任力。"是于中国礼法分化之途径可谓言之适切者矣。马伦法典《马那巴达麦隆斯德拉》(Manava-Dharmasarstra)者,为印度法系之基本法典,最重要者为哥而巴斯德拉(Kalpa sutra),即印度之礼典分为祭牺经(sr=anta)、清净经(Saniskaras)、律法经(Samagakarika)三部,其第三部实为法典之所自出。故马伦法典盖由礼典分化,古代希腊经马其法之由礼分化可由古代法制中求之。如婚姻依婚礼、养子依收养礼、相续依丧礼。凡百制度无不与宗教相关联,即索伦法典,亦为一种礼典。凡遗存于罗马最古法令莱斯莱极中者,皆为宗教的礼典。

由是观之,今之法制存乎古礼制之中。人文发达社会之统制力亦发于是,礼制与法制遂然各为区别焉。

三、法制史研究之纲要及其次序

自来研究历史者,必于纵横两方而加以注意。于纵的方面,当知我国历代法制因革损益之方。于横的方面,当知世界各国法制变化错综之迹。故史之观念,首当了然于主客之界,反而索之我国,以明其要。广而征之万国以求其同,综述法制之兴废变迁者,是之谓法制史。

法制史为专史,非普通国史也。中国普通国史之范围颇广于法制,则记载又甚狭。学者欲识法制实际上之得失,而以其方法为将来改良之工具。悉唯研究法制史是赖其研究之法有三:第一,依年代说明法制发达之次序,第二,就历代法制分列而条晰之,第三,区别各法学之变迁,以明法制之所以发达。庶乎法制上因革损益之方变化错综之迹得以有所标准焉。

目　录

第一章　法律之起源及其沿革

第一章　法律之起源及其沿革

第一节　上古至周秦间之法律

　　上古律无专书，《风俗通》云："皋陶谟虞造律"；《易》云："师出以律"；《左传》云："百官戒罹，不敢易纪律。"可知上古军政官制，皆有法律，特是三代以前，法律与道德合为一体。试观六经为载道之书，而法律即寓乎其中，如易之讼与噬嗑、书之皋谟吕刑、诗之鼠牙雀角、周礼之秋官司寇、春秋之晋鼎郑书，皆后世言法律者之鼻祖也。

　　迨及战国，道德衰微，而法律乃为专门之学。当时法家之书，李悝三十二篇，商君二十九篇，申不害六篇，处子九篇，慎到四十二篇，韩非五十五篇，游棣子一篇，各立门户，专务深文（以上篇名据《汉书·艺文志》）。自此法律与道德，分为两途。言道德者，以法律为苛刻；言法律者，亦以道德为迂阔，后世儒者，薄刑名而不为，皆自战国诸子始。

第二节　汉晋至隋唐之法律

　　汉兴，除秦苛政，约法三章。萧何取李悝法经六篇（盗法、贼法、囚法、捕法、杂法、具法），增益三篇（事律、擅兴、厩户），名曰九章律，叔孙通益旁律十八篇。元帝除收奴诽谤律及肉刑，故史迁有斩雕为朴纲漏吞舟之喻。武帝诏定律令张汤益越宫律二十七篇，赵禹益朝律六篇，合旧律六十篇，三百五十九章，渐涉繁密。宣帝时，路温舒请删除不果。成帝诏删律为二百章，和帝命陈宠钩校律令，从事删减，其后又除蚕室之刑，而马融郑玄诸儒，为之章句。从此律学昌明，士遂不敢鄙刑名为小道矣。

　　魏太和时，命陈群、刘邵等修新律十八篇。晋武帝时，复命贾充、羊祜、杜预等十四人，就汉九章增十一篇，遂定新律二十篇。齐武帝命王植集合晋律为一书，复定律二十卷。梁武帝命蔡法度、沈约、范云等损益旧律为三十篇，又修令三十卷、科三十卷。陈时复命范泉、徐陵等定律为二十卷、令三十卷、科三十卷，法纲复繁密矣。北齐删除重刑，造齐律十二卷、新令四十卷。北周定律二十五卷。隋文帝命高颖、杨素定律十二卷，嗣复除死罪八十一条，约为十二篇。炀帝又更为十八篇，故律书至隋已可谓简要得中矣。

唐高祖命裴寂等定罪五十七卷。太宗命房玄龄等益为九十一卷，大致一依隋律，而改绞罪为断趾，后更除，除断趾为流刑，又改大辟为流者九十余条。高宗又命长孙无忌等定律为三十卷，共五百条，并撰制为疏，即今流传之《唐律疏议》是也。其后迭有增删，要以永徽之疏议三十卷最善，论者谓《唐律疏议》，集汉魏六朝之大成，而为宋金元明之矩矱，诚确论也。

第三节　宋元明清之法律

五代承用唐律，周世宗改名"刑统"。宋显德时，定刑统二十卷。开宝时益为三十卷，此外又有编勅十五卷，其后迭加删修。元初循用金律，世祖简除烦苛，始定新律，名曰"至元新格"。仁宗又集格例成书，名曰"风宪宏纲"。英宗复大加损益，名曰"大元通制"，其刑较唐宋尤为轻恕，然其失在于缓弛。明太祖矫元之弊，初作大诰，颇流严苛，后命李善长等总修律令为律二百八十五条，令一百四十五条。洪武六年，又审定明律，续律一百二十八条，旧令改律三十六条，因事制律三十一条，掇唐律以补遗一百二十三条，合旧律共为六百六条，分为三十卷，九年又厘正十三条。然当时止有律令，尚无条例，十六年，取历年所增条例，以类附入。三十年又取大诰条目撮要附于律后，从此律令以外又有条例之名矣。弘治十年增历年条例经久可行者，二百九十七条。嘉靖三十年，复加修续。万历十三年，重定为三百八十二条，此有明一代律例之大凡也。清初详译明律，参以清制，名曰"大清律集解"，附例十卷其后将所有条例，应去应存，详加酌定。乾隆元年逐条考证，分律为四百三十六门，四十七卷，定例一千四百零九条，此后定为十年大修，五年小修。嘉庆、道光、咸丰年间，迭次增修。至同治九年纂修以后，例文增至一千九百九十二条。其后律外又增章程百余条，不免渐涉纷繁矣。清季大加修订，删繁就简，较前切当。光绪三十一年，已经删除三百四十四条。至清末，遂改定名曰"现行刑律"，删去二十二余门，共存律文四百十四条，复经参照中外法律，锐意司法改良，制定新刑律、民律、民事诉讼律、刑事诉讼律各种草案，实为民国法律之所本。

总之，与时为变通，开创之初，法纲疏阔，叔季之朝科条繁重，其大较也。若专论一代之法，汉律始宽终严，明律始严终宽，秦法始终严酷，元法始终宽纵，得宽严之中者，其在唐宋二代乎？清代虽沿用明律，而修订之本，仍根源于唐律也。

第二章 古代宪政之创始

第一节 国会制度

　　古昔尧舜时代，大事询之四岳，地方事询之十二牧，无普通人民出席之国会也。《商书·盘庚篇》云："王命众悉至于庭。"而《周礼·小司寇》之云，掌外朝之政，以至万民而询焉，是周代已俨具国会规模矣。致万民而询者，即召集议会之意，唯古代之开会，无定时而有定所。当时王有三朝，分为燕朝、治朝、外朝。燕朝者（即内朝），王视政讫而退处之所；治朝者（即正朝），王每日视政之处；外朝者，是询于众庶之朝，即普通人民出席之议场也。周时议会之组织（外朝）列图表示与下：

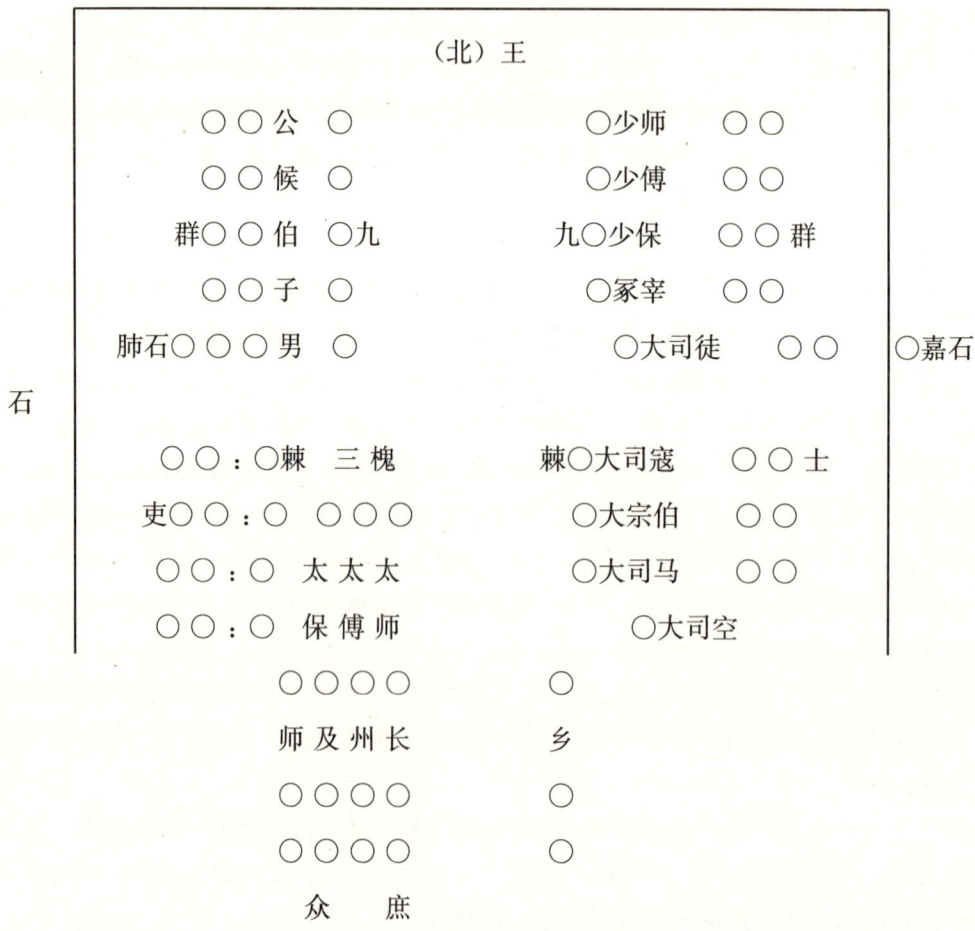

```
                        （北）王

          ○○公 ○              ○少师   ○○
          ○○候 ○              ○少傅   ○○
      群○○伯 ○九          九○少保   ○○ 群
          ○○子 ○              ○冢宰   ○○
  肺石○○○男 ○                  ○大司徒   ○○        ○嘉石
石
          ○○：○棘 三 槐      棘○大司寇   ○○ 士
      吏○○：○ ○○○          ○大宗伯   ○○
          ○○：○ 太 太 太      ○大司马   ○○
          ○○：○ 保 傅 师          ○大司空
              ○○○○              ○
              师 及 州 长          乡
              ○○○○              ○
              ○○○○              ○
                  众 庶
```

《周礼·朝士职》曰：左九棘，孤卿大夫位焉；右九棘，侯伯子男位焉；而群士群吏各在后面。三槐，三公位焉，州长众庶在其后，左嘉石，平罢民；右肺石，达穷民。

外朝之位置，王南向。自三公及州长众庶，北面。群臣西面；群吏东面（群臣为卿大夫士，群吏者府吏也）。群臣群吏，即为今之上议院；众庶即为今之下议院也。所以询众庶者有三：一曰询国危（国危者，国家有兵寇灾害之谓）；二曰询国迁（国迁者，徙都改邑之谓）；三曰询立君（立君者，无冢适选庶之谓）。所谓"国危"、"国迁"、"立君"三者，国家之大事也。故决于万民召集于外朝而询之，且议场之法律极严整，列席发言，皆有规则。

《尚书》大诰、多士、多方诸篇，皆以谋及庶人。布告于众，为必要，盖当时唯恐士庶不达之隐。春秋列国之君，亦有集民使言者。陈怀公谋从楚从吴，则召国而问；卫灵公谋叛晋，则召国人而询，皆为召集民众以议国家大事之明证。

自秦用李斯之言，悉罢诸生之议，偶语者弃市，遂以庶人议政为大禁矣。汉末士大夫评论时政，遂招党锢之祸；宋时太学生上书言事，致被解散之禁；明初许布衣言事，其后卒成东林复社之诛。至清初而悬为厉禁，及其末季，始有筹备国会之动机。由此观之，国会制度自秦汉以来，宜其不见于历史也。

第二节　立法制度

《墨子·法仪篇》谓："立法之初，当以多数之人所定者为法，不当以少数之人所定者为法。"《尚同下篇》，亦言："为人君者，当依照人民多数之意，以兴利除弊。"《孟子》曰："国人皆曰贤，然后用之；国人皆曰可杀，然后杀之。"《礼记·王制篇》云："爵人于朝，与众共之；刑人于市，与众弃之。"此可见庶政公诸舆论，凡国有大事必博访群情。周谘有众，即为民操立法权之证。

至于国之财用，皆有定制。周官太宰九式，为岁出之大端，曰均节财用。均节者以年之上下，计国用之隆杀，使无羡不足，即"王制"所言一岁之国用，量入为出也。每岁之终，太宰与司会、太府、司书、会计一岁赋入之大较，而预计明年用出之数，即预算决算之意。预算，即周礼职内所掌赋入之制；决算，即周礼职岁所掌赋出之制，以财用之数公之民，即许人民以监督财政之权矣。又古代君主之财与国家之财分异，故周礼庖人、太府、太宰之职掌王之膳服，取给予关市之赋，其他则加以限制。西汉之制，大农掌国用，少府掌君主私财，可知国家之公财与君主之私财，固绝对不容混淆也。

第三节 行政与立法

中古时，立法之权不在民而在官，然犹与行政权分立。秦汉以还，虽行中央集权之制，然东汉政归尚书。魏晋政归中书。后魏政归门下，是即内阁制度也。两汉时有大事，廷臣会议丞相府，君主亲临决焉。而议郎博士，以末秩微员，亦得与议。犹可见古者询及群臣、询及群吏之意。唐初立法，区省为三：中书主出令；门下主封驳；尚书主奉行。厥后设政事堂，合门下中书为一省。中书门下者，立法权所在也；尚书省者，行政权所在也。虽难立法之权不操于民，然立法行政区划分明，未尝以一人之命令为法律。自汉设给事中，为给事殿中之职。至唐设四员，隶门下，权足以与朝廷埒，甚至宰相亦视为进退，可知立法与行政隐然成对峙之势。明代给事中分设六部，其权始轻，立法行政两权咸集于中央矣。

议官之制亦甚古。周有议官，秦置谏议大夫，掌论议，无常员，多至数十人。西汉置谏大夫。东汉置谏议大夫及议郎。凡国有大政大狱，必下博士议郎会议。魏晋以降，皆有谏议大夫。唐至德元年制曰：谏议大夫论事，自今以后不须令宰相先知。干元二年，令两省谏官十日上一封事，直论得失，后又置补阙拾遗等官，以掌谏议。此外，地方议政，汉制凡郡县各地，皆有议民，以与贱民区别。而守令以下，复有议史、议曹诸官，以分理地方之庶务。由此观之，自周秦以迄汉唐，其议官之制，虽与现代议员之制性质各有不同，然立法权与行政权固显然区分也。

第四节 弹劾及考试制度

《尚书·舜典》称：舜命龙作纳言，即为纠察之官。《甘誓篇》云官师相规，工执艺事以谏，盖自公卿至于百工，均各以其职谏，则言路甚广，不仅限于谏官也。秦汉之制，御史大夫与丞相太尉并列上卿。汉御史大夫有两丞：一为御史丞，一为中丞。中丞外督部刺使，内领侍御史，受公卿奏事举劾案章，盖居殿中以察举非法也。后汉时，中丞与尚书令、司隶校尉，朝会皆专席而坐。晋因汉制，以中丞为台主，与司隶分相百僚，自皇子以下无所不纠。后魏为御史中尉，王公百僚皆出其下。唐代设御史一台，与尚书、中书、门下三省并列，而独立于五监九寺六部之上。凡明刑宪典章，纠察弹劾皆使掌之。宋代因之。元之御史与中书省、枢密院鼎立，而以御史台为掌默步之所，其长即为御史大夫。

明代改为都察院，以左右都御史为长，纠劾百官，辨明冤狱。其下置左右副都御史、左右佥都御史，后更增为十三道监察御史，以纠察内外百司之官邪，并以外官之总督巡抚提督等，兼任都御史或副佥都御史，以治其隶属之官吏。清代之制与明略同，唯都察院左都御史，则置于中央，而右都御史及右副都御史，则由外省之总督巡抚兼任。都察院中分为二十一局，由六科给事中（六科即依吏户礼兵刑工六部，分科以监察之）及十五道监察御史（明为十三道，清增至十五道，分京畿、河南、江南、浙江、山西、山东、陕西、湖广、江西、福建、四川、广东、广西、云南、贵州等）分任之，从其区分。弹劾其官吏之违法，并奏陈政务，故综御史之职权，约分数项：

（一）检阅行政事务　　　（二）调查会计　　　（三）弹劾官吏
（四）伸直冤抑　　　　　（五）封驳章奏　　　（六）给发敕书
（七）考核官吏　　　　　（八）干预终审裁判　（九）纠正朝仪

总而言之，都察院之职权为：监察行政之得失、辨官吏之邪正、伸人民之冤抑、兼得干预终审裁判。在自昔专制时代，得是以纠正立法、行政、司法之非，其制固未尝不善。唯司法独立终审裁判，应属于最高司法机关，而第二项之调查会计，应属于国会及审计院。

考试制度，当尧舜时代业已实行。《舜典》云："敷奏以言明试以功。"又云"三载考绩黜陟幽明"，可知古代用人，必先考以言，继试以事。如尧以治水试鲧，"九载绩用弗成"。始改用禹，乃告成功。又尧欲让位于舜，试舜以"慎徽五典，纳于百揆，宾于四门，纳于大麓"，而舜能令"五典克从，百揆时叙，四门穆穆，烈风雷雨弗迷"，乃禅位于舜。所谓询事考言，乃底可绩也。周代用选举之制，而学校之制亦渐备。凡乡大夫举乡之俊秀于司徒，曰选士；司徒又举选士之俊秀于学，曰俊士；俊士既举于学，曰造士；大乐正又举造士之俊秀于司马，司马论其才授以官，然后赐爵与禄。

秦时无选举之法，至汉世始稍备。其取士共分三种，贤良方正、孝廉、博士弟子是也。其考试，儒者以经学考试，文吏以章奏。后汉以简试为常法，颇称得人。及魏之时，置州郡中正官，选举人才，以学行之差，别为九等，各授以官，称为"九品官人法"。东晋初，举孝廉秀才，先试以策论，后复试以经义。北周则郡举孝廉一人，州举秀才一人，其明经修行者为孝廉，高才博学者则为秀才。自魏晋至六朝，其制大略相似。隋时，始设进士科，至唐取士之法益密，京师分设诸学馆，州县则设诸学校。凡已卒业者，送之尚书省受试，谓之生徒；若不列学馆者，先由州县受试，既中选者，送之京师，亦至尚书省受试，谓之贡举。此外，待天下非常之士则君主亲策之，谓之制举。凡生徒及贡举有秀才、进士、明经诸目。此外，考试官吏分为身、言、书、判。身，须体貌丰伟；言，须言辞辨正；书，须楷法遒美；判，须文理优长，此较古代询事考言之制而加密矣。

自宋元以迄明清，其制大略相同。除普通考试外，如宋代之词学兼茂科，清之博学宏词科，一时人称盛焉。要之考试权独立，与任用官吏分为两种机关，以考试定其资格，更以资格决其任用。庶几行政、司法机关长官，得凭是以为标准，而政治界乃有澄清之望也。

按中山先生所规定之五权宪法，除立法行政司法三权外，加入考试弹劾二权。主张此五权应当各各独立，以为考试为中国最良好制度，而弹劾制尤为可采之法制。中国自昔专制政体，得此以调和人民与政府之隔阂，盖中山先生体察中国国情，由经验而发明者也。

第五节　司法独立制度

《尚书·立政篇》云："庶言、庶狱、庶慎，文王罔敢知。"所以明君主不能干涉司法权也。孟子言皋陶执瞽瞍，由于法有所受，所以明法为一国所遵守，君主亦不能以私违之，即法院独立之意也。汉张释之有言："廷尉天下之平也。"魏高柔有言："岂得以自尊喜怒毁法。"足证司法之权不操于君主而操于法院。宋太祖建隆定制，凡诸州罪案，皆由刑部主持。明清定制，各行省中有布政使以理财牧民，有按察使以理刑狱，此即司法与行政分治之确证。至《周礼》六官，司马司寇，各司其职。《左传》称赵宣子为法受恶，法不为权相屈，此亦司法独立之已事也。

（1）法官之选仕

《尚书》之言刑法者，有康诰、吕刑。康诰者，成王康叔为司寇之词；吕刑者，穆王命吕侯为司寇之词。可知古代任命法官，皆郑重出之重。法官正所以重民命也，且康诰所载成王之封康叔封曰："非汝封刑人杀人，无或刑人杀人；非汝封劓刵人，无或劓刵人。"足证古代法官权力之尊矣。非特此也。古代法官大都为终身官。虞舜摄政之初，即命皋陶作士，至大禹时仍命皋陶作士。"明于五刑以弼五教"，其时已阅数十年，而皋陶之任士师如故也。周时苏忿生世为周司寇，至东周末替，则法官不独终身已也，且从而世袭矣。

（2）陪审制

陪审官之制，所以辅法官之不逮。此例始于英而盛行与欧美各国，即《周礼》之三讯公定刑宥之意。周之小司寇以三刺断庶民狱讼，"一曰讯群臣，二曰讯群吏，三曰讯万民"。群臣群吏万民，即寓陪审之意。其他商人之诉讼，有司市听大治大讼，胥师贾师听小治小讼。此即审判商人用陪审官之证。有周礼大司徒，凡民讼以地比正之，汉志啬夫听狱讼，是乡官亦有听讼告之权，此即本土人民之充陪审官者也。

第三章　地方自治制度

中国古昔所行之自治制度，有二大系统：一为社团的自治制度，一为地域的自治制度也，即一行于以人所组织之团体，一行于土地区域上之团体。而此二者又各备二种之形态，为社团的自治者，有会社、有公益机关；为地域的自治者（即地方自治），有保甲、有乡村是也。会社及公益机关之组织，兹不具论，兹就地方自治制度而论之。

地方自治，由来甚远，古今东西各国，无地不有此制度。近世国家所谓自治者，乃某团体为国法所认固有之生存目的，而处理其团体公共事务之谓也。故国家欲补行政机关之不备，使人民编成某制度，而国家亦因此达其生产之目的。如日本旧时五人组制度，中国古代之五家为比，及宋明清之保甲制度，皆属此类。

第一节 周秦至汉唐之地方自治

《周礼·地官·大司徒》曰："令五家为比，使之相保；五比为闾，使之相受；四闾为族，使之相葬；五族为党，使之相救；五党为州，使之乡赒；五州为乡，使之相宾。"由是观之，周代五家之组，合称为比，二十五家为闾，百家为族，二千五百家为州，一万二千五百家为乡，而所谓相比、相受、相葬、相救、相赒、相宾者，即合作互助之精神也。至司徒教官之职："乡有乡大夫，州有州长，党有党正，族有族师，闾有闾胥，比有比长，各司其部下之制。"又《周礼·遂人职》曰："五家为乡，五邻为里，四里为郡，五家为鄙，五鄙为县，五县为遂。"此皆古昔周时社会之组织也。

管子之治齐也，作内政而寄军令。其制国以"五家为轨，轨为之长，十轨为里，四里有司，四里为连，连为之长，十连为乡，乡有良人焉，以为军令"，即古代征兵之制，皆由地方自治以为之基。"五家为轨，故五人为伍，轨长帅之；十轨为里，故五十人为小戎，里有司帅之；四里为连，故二百人为卒，连长帅之；十连为乡，故二千人为旅，乡良人帅之；五乡一帅，故万人为一军，五乡之帅帅之。"又《管子·立政篇》云："分国以为五乡，乡为之帅；分乡以为五州，州为之长；分州以为十里，里为之尉；分里以为十游，游为之宗；十家为伍，什伍皆有长"焉。《尉缭子》曰："军中之制，五人为伍，伍相保也；十人为什，什相保也；五十人为属，属相保也；百人为闾，闾相保也。"

由以上观之，管子之治齐，关于内政，有轨、里、连、乡之组合，关于军令有伍、戎、卒、旅之编制。而村邑制亦曰伍，与军制之所谓伍，其间有互相密接之关系存焉。

《史记》商君传曰，秦以卫鞅为左庶长，卒定变法之令，令民为什伍，而相收司（谓相纠发）连坐。不告奸者腰斩，告奸者与斩敌首者同赏，匿奸者与降敌同罚。《荀子·议兵者篇》曰："秦人其生民也狭隘，其使民也酷烈。劫之以势，隐之以厄，忸之以庆赏鳝（凭借之意）之以刑罚。使天下之民，所以要利于上者。非门无由也。厄而用之，得而后功之，功赏相长也，五甲首而隶五家。"然则在秦亦有五家、十家之组合，组合之内，若有犯罪者，互相纠发，此与欧洲古制无异。

自秦汉至魏晋南北朝，皆有乡党版籍之职役，至隋唐其制益备。依唐令诸户百户为里，五里为乡，四家为邻，三家为保。每里设里正一人，掌按比户口，课植农桑，稽察奸宄，催课赋役。又在邑居者为坊，坊置坊正一人，在田野者为村，村置村长一人（参照《文献通考》）。而里正坊正等，皆非官吏。又其职务最重警察收税二事，遂为宋以后保甲制度之滥觞（日本中古时代，模仿唐制坊里之制，无异中土。又后世五人组制度起源于是）。

第二节　宋代之地方自治

宋神宗用王安石变法，其实行地方自治，即为保甲制度。按其性质，虽渊源于周官之遗制，然周代之州长党正，其职务极为复杂，与保正甲长之制仅为警察之补助，究属不同。至近世国家之自治，实根基于共同自营之必要，自地方人民思想而发生不假官吏之全力。而宋之保甲制度则反是，当其初亦颇纲纪井然，其后政府颓废，命令不行，保甲制度亦从而败坏，盖一为自动的自治，一为他动的自治也。

宋代保甲，其法十家为一保，五十家为一大保，十大保为一都保。每保置保长一人，每大保置大保长一人，每都保置都保正一人，副一人，皆由众所选举。每户有两丁以上者，选一人为保丁，每一大保，夜轮五人，任捕盗之责。凡在同保中，"出入相友守望相助"，此皆地方自治之基础，亦即警察补助之机关也。不特此也，安石之意，实欲变募兵为征兵，而借保甲为之造端。宋时所谓义勇，数多而无用。安石盖欲用其形式而变其精神，此立保甲之本意也。唯其后元佑推翻新政，而保甲制度亦因之颓废矣。

第三节　明代之地方自治

中国历史上自治之发达以明为最。唐宋时代之自治制，已述于前，更追溯唐虞三代之制，虽莫可详究。而周代之自治制，则备载于《周礼》。自汉至唐，虽亦采取自治，然未尝完全实施，至于唐或废而不行，宋尝行之而未普及，迨至有明，其治甚整，故自治制之完备，以明为最。

明之自治制，以十家之组合为单位，名之曰甲。甲有首，百十户为里，其中十户为长，长以丁粮之多者当之，十年为一周。里中设有乡约亭、里社坛、社仓、社学。乡约亭为揭示一里规约之处，里社坛以祀五谷之神而祈禳丰饶者也，社仓以储粟米而备凶年者也，社学则由公共延聘教师以教育里中子弟者也。以乡约决词讼，以里社举祭礼，以社学施教育，以社仓主救恤，诉讼、警察、祭祀、教育、救恤诸务，悉为此组合内处理之事。

乡约虽按里规定，不拘于一，要皆期一里之亲睦，各慎其身。不染邪僻、不匿盗贼为宗旨。每月定日，集于会所，里长、甲长等与甲中之父老共讲法令，以晓谕群众。故乡约之规定，盖一摈邪僻、防盗贼以计一里之亲睦。一则详订户籍、编查人口，而知其增减与生死也。当时所讲之乡约，有明太祖所钦定之训谕，其主要者有六："孝顺父母，尊敬长上，和睦乡里，教训子弟，各安生理，勿作非为。"

最后勿作非为一言，即令人民不可作非法之行为，而当集会之日，立太祖训谕于正中，南面向前置案一。乡之长者与年之长者及约长、约副等，列于左右，其后则为里中一般人民，其下方置有讲案，以讲乡约及保甲之规约。其集合则择以合宜之寺观社庙，约以定日，除有不得已事故外，不得不到。

又为明了里中之户籍计，造一牌式，由保正约长，限一日顺次转于各户，将其户内之人口、年龄、职业及系自宅或借宅及身体如何，一一载之。

里、社每社立坛一所，以祭五谷之神而祈丰熟。春秋二社为大祭，祭用牲牢酒礼，祭毕则一里之人，相与设宴而饮。会中一人起立，朗诵抑强扶弱之誓，其词曰："凡我同里之人，各守礼法，勿以势力而凌羸弱，远者先治之，然后经官。贫者无所依者，则周其家三年。有婚姻丧葬，则量力相助。违抗众议及为各种非为者，不准入会。"其会中之次序，皆以长幼为别。

古代乡饮酒礼之制度，每三年集一乡之人而为酒宴。其时乡大夫为主人，乡之父老为宾客，而推父老中宿老一人习知礼仪者，为正宾，其余为众宾，乡党尚齿，故以年之少长定坐次。酒宴之时，乐人歌诗奏乐，而始终揖让进退之仪式。颇繁碎，盖此礼者明长幼之节，习宾主之仪所必用者也。

社仓自其里中各户之收入，提取几分储积，专为备荒之用，盖社仓之制，由来已久。周礼有委积之法。汉以后隋唐之际，有常平仓、义仓、社仓。明因宋之社仓法，每里置之，因贫富而定纳谷之多少。

社学于明洪武八年，诏立社学。十六年以后各地尽行设立，皆延师儒而教民家之子弟。关于社学事务，地方官吏不许干涉。其教科则选鄙近而多供实用者，专以道德普及为目的。故御制大诰（明太祖制定教民之书），为必读之书。其奖励之策，工读大诰者，赴京师由礼部考试，按其所诵之多寡为赏赐。大诰之外，如律令等，亦须常习。而如社学与否则听各人之自由，国家及保正约长，不能强迫之也。

明末改里甲之名为保甲，其性质实同，而其名稍异耳。而保甲在当时着有成绩者，如王守仁之与江西、周孔教之于江苏，皆其著名者也。周孔教之法，以城内治所为重要，每保统十甲，置保正副，每甲十户，设甲长一人，以东西南北区分之，有东一保东二保东三保之名，西南北亦如之。其在外之保正副，以城内之保正副统辖之。例如城内之东一保统乡间（即城外）之东一保，东二保统乡间之东二保，其监督之方法，不加以国家之干涉。

以上组合之法，水上亦行之。严州有地曰七里泷者，以舟相组合如户里。当时七里泷地方，有渔舟数百，不时出现掠夺财物，遂令每十艘编为甲，自掌警察事务。若过犯者，十甲悉负其责任，此与各国自治制度相似，不得谓非吾国开化之早也。

第四节　清代之地方自治

第一款　保甲之组织及其沿革

清初，令各州县行保甲之制。凡各州县所属之乡村，十家置一保长，百家置一总甲。若有盗贼逃人奸宄等事，自邻佑报知甲长，甲长报知总甲，总甲申告于州县衙门，州县衙门审查事实。若一家有隐匿盗贼及其他之犯罪者，而邻佑之九家甲长总甲不为其报告，俱以罪论。是为为清代采用保甲制度之权舆。

唯地方之情状，全国虽期同一，故或设里社之处（顺治十七年设），则有里长社长之名；或设图及保之处，则有图长保长之名。满人则别置领催，不置里长等。乾隆以后，改称甲长为牌头，以甲长置于牌头之上。保长称为保正，保甲之制，至是而大备（详见《乾隆会典》）。凡保甲直省府县自城市达于村，居民十户立牌头，十牌立甲长，十甲立保正。正给印纸，登记姓名及职业，悬于门楔，以稽出入往来，诘奸禁宄。有藏匿盗匪及干犯禁令者，甲内互相觉举。如官吏奉行不善及牌头、甲长、保正，瞻徇容隐，或致需索扰累者，皆论罪，此乾隆之制。所谓十家设牌头，十牌（即百家）设甲长，十甲（即千家）设保正，与顺治之制十家置一甲长、百家置一总甲，其大体虽无变更，而编制稍形差异矣。

当时政府务求此制度之普及。北京附近屯村之小作人、江海之渔民、广西云南贵州等熟苗熟獐之间，亦属行之。嘉庆重修会典，以此制移于户部之职制中而规定之，其编制则与《嘉庆会典》之所定同。又定当施行此制常之区域凡城市、乡屯、灶（各盐场之灶户）、厂（矿厂之丁户）、寺观（寺院之僧侣道士）、店埠（商民在本籍地之外为贸易产业者）、棚（各省山居之棚民）、寮（浙江福建广东沿海附近之砲台塘汛各岛之寮民）、边徼（边外蒙古地方之住民）皆编之。凡海船亦令编甲焉，是其施行全国，其意甚明，然其后奉行不力，渐次归于废弛矣。

清末保甲编制，依乾隆以来之所定，无所变更。十家为牌，牌有牌头；十牌为甲，甲有甲长；十甲为保，保有保正。凡编保甲，每户给以门牌，书其家长之名与其男丁之数，而岁更之，稽犯令作慝者而报焉。保正、甲长及牌头，人民公选之，经该地方官厅之认可，就其职，限年更代之。其被选资格，以诚实识字且有身家者（许见《嘉庆会典》），而因统墨守成规保甲之职务，设特别之机关。例如于北京城内，有步军统领、兵马指挥使等。于各省有保甲总局及分局，其长官以道尹及府县官之资格充任之。在一般州县，则县知事直接统辖之。保正以下，承其指挥监督而执行职务。

第二款　保甲之职务

保甲之职务，得分为警察、户籍、税收三者，而其中以警察为最重。各户籍不过因警察及收税之必要而行之者，盖户籍编查严密，便于纠察盗贼奸宄之窜匿，并得按户催科，无遗漏税收。然自康雍朝将丁口税并于地税以来，编查户籍之事因而废弛。即至征收地税，亦多为州县胥役直接所管理，不过一保甲内有滞纳者，则保甲负共同之责任而已。至嘉庆朝而又有变更。其时因福建省之牌甲保长，大都为避招怨而不愿承充，其后遂将缉拿人犯、催征钱粮二事不派牌甲保长，专责成以编查户口、稽察匪类。凡有匪徒藏匿，令其密禀地方官，作为访问。据《嘉庆会典》所载，以"保正以下之职务，仅稽其犯令作奸而报焉"，其用意以为保甲之设，除莠安良、稽查奸宄、肃清盗源，实为整顿地方良法。由此观之，保甲制度之所重者，在于警察一事，不亦明显耶。

兹关于保甲之事务，不可不一言者，即共同担保及共同责任之制是也。顺治元年之编制，据《皇朝掌故汇编》有云："若一家隐匿，其邻九家甲长总长不行首告，俱治以罪。"又《乾隆会典》亦云："有藏匿盗匪之干犯禁令者，甲内互相觉察。如官吏奉行不善及牌头甲长、保正瞻徇容陷，或致需索扰累者，皆论。"盖于此种之团体，设共同担保及共同责任之制。东西诸国其揆一也，即谓保甲之真髓在兹，亦无不可。顺治初制之精神，所以能传至数百年者此也。

第三款　乡老之任务

周代有三老啬夫之制。至汉高三年，令民年五十以上，有修行能率众者为善，置以为三老。择乡三老一人，为县三老。元时于村邑之间，则有农社，择高年晓农事为之，长负督教之责。凡疾病、凶丧、农桑、旱潦，均由社中人自相营救。明初最重耆老，令州县设立"老人"——亦称"里老"，选年高有德、众所信服者，使劝民为善。并由其乡之词讼、户婚、田土、门殴等事件，许会同里胥而决之，至宣德年间而废除。

清初亦有耆老，其制与明略同。虽其职务不过宣谕王化，无地方之责，非州县之乡约可比。而就地方自治之本质考之，则乡老之制，殆为相近。英人斯密氏述我国村政之梗概（Arthur H. Smith, Village life in China），其言曰："中国之村政，委于村民之自治。然其实能任事务者，非村民之全体，仅二三人而已。故推测其自治，谓纯依民政主义，则不免误解。而村者虽各呈一小王国之状态，但基于地形及其他之事由，合数村处理其事务者，亦不少也。"担当一村之事务者，其役名及职务各地不同，唯概定之。则村者有一人为之长，此称为乡老或云都长，或又云守事人（亦有称为村正村副等名者），其就任依村民之公选，经知县认可，与保甲之长同。又其选任之资格，别无规定，因此不必村内之年长者，且不必资本家及智识阶级。唯大抵以有身家兼有德望者，不用选举，自然为村民所推戴者而任之也。

关于乡老职务之事项，虽有种种，得分为县署之委任事务、村之公共事务以及仲裁事务：

（一）县署之委任事务

此种事务中，最为重要者，征收地税也。其税质及收税方法各地不同。此外运输县署需要物品，供给修缮堤防材料或管理道路等，皆属于此种事务。

又我国有称地保及地防者，土著之警察吏也，为乡长与知县之中介。至乡长与保甲长及地保与保甲长之职务关系，俱无成文法之规定，大抵依习惯法执行之。

（二）村之公共事务

此种之事务，最著者为圩堡之筑造修缮、市场之开设并管理、庙宇道路桥渠之修筑等。虽依各地之情形而不一定。凡一村之共同事业者，皆为乡长之职务，而当执行者也。而因此等之事务，村民每月朔望，集于镇中之庙舍开会议。以乡长为议长，依其议决而执行，是为常例。

（三）仲裁事务

关于家族间之纷争，又村民相互之纠葛等，乡老当仲裁之任。

综以上所述，与近世国家之自治制度似有相合。然地方行政尚未整备，实为他动的自治，不得谓自动的自治。盖欧洲诸国所谓自治者，基于共同自营之必要，自地方人民而发生，不假官之权力而为之者也。

清季之地方自治制，渐臻进步。当光绪末年颁行《城镇乡自治章程》，规定凡“府州县城厢地方为城，其余镇、村庄、屯集等人口满五万以上者为镇，不及五万者为乡”。此种章程列举各地方之职权：

（一）本城镇乡之学务。（二）本城镇乡之卫生。（三）本城镇乡之道路工程。（四）本城镇乡之农工商务。（五）本城镇乡之善举。（六）本城镇乡之公共营业。（七）因办理自治事务筹集款项等事。（八）其他因地方习惯向归绅董办理，素无弊端之事。至其组织，城镇设议事会，以为议决之机关，设董事会以为执行机关。乡则设议事会，以为议决机关，设乡董以为执行机关。议事会议员均由选民选举，而城镇董事会之总董（一名）、董事（一名至三名）以及乡董（一名）则由议事会就本区内选民中选出，并呈请该管地方官遴选或核准用之。又城镇乡自治职各以该管地方官监督之，此最初之编制也。

宣统元年，第二次复颁行《府厅州县地方自治章程》及《京师地方自治章程》，其职权均系列举。京师与各府厅州县之规定者相同，即其一，地方公益事务，关于府厅州县全体或为城镇乡所不能担任者。其二，国家行政或地方行政事务，以法律命令委任自治职办理者。至其组织亦皆有议事会及董事会。京师则分二级，及区议事会、区董事会与总议事会、总董事会，其议决执行机关，即分属之。若各府厅州县以议事会董事会为议决机关，以府厅州县长官兼为执行机关又自治监督，在京师则以内外城之巡警、各区区长为监督，巡警总厅厅长为总监督，均受成与民政部。在府厅州县，则由本省督抚监督之，亦受成与民政部及相关各部。

要之清代地方自治，系以城镇乡为下级，府州厅县为中级，当时规定此种章程，以城镇乡自治机关，限于宣统元年成立；府州厅县自治机关，限于宣统二年成立，但未及实行而清社已屋矣。

第五节　乡官

《周礼·太宰职》之言曰："吏以治得民。"而《管子·修权篇》亦曰："乡与朝分沿"，又曰有乡不治，奚待于国，是古代地方之分权几与中央之权相埒。而乡官地官之职，自州长以下，有党正、族师、闾胥、比长诸职，自县正以下，有鄙师、邻长、里宰诸官。又《汉书·百官表》所言，亦谓县令长皆秦官，掌治其县。万户以上为令，减万户为长，皆有丞尉，是为长吏（县令长、丞尉皆政府所命之官，如日本所谓市町村各长），百石以下有斗食佐史之杂，是为少吏（少吏诸官，大抵皆众民推举，即欧美各地方参事会之意）。北魏孝文时，设邻长、里长、乡长之职。至隋文帝即位，乃尽罢乡官，试即乡官之义务考之。《汉书·百官志》云，三老掌教化，乡师执长掌军旅，闾师里宰征赋税，遂人稽民教，啬夫听狱讼，游徼亭长禁盗贼，此皆古代乡官之职权也。又其时选举之权，亦属于乡官。考之周制，乡大夫三年则大比，考其德行道艺而贤能者，乡老及乡大夫帅其吏，与其众寡，以礼宾之，乃献贤能之书于王，王再拜受之，登于天府。此所谓"使民兴贤出，使长之；使民兴能入，使治之"者也，又州长三年，大比则大考州里以赞乡大夫，党正正岁属民读法，而书其德行道艺。族师月吉则属民读邦法，书其孝弟睦婣有学者；闾胥既比则读法，书其敬敏任恤者；司谏以时，书其德行道艺辨其能而可任国事者，遂大夫三岁大比，则帅其吏而兴甿（兴甿谓举民贤者能者），明其有功者，属其有地治者，足证当时人人有被乡人选举之权，亦人人有选举乡人之权矣。

第四章　家族社会制度

我国法制存于古代之中，故法制实为礼制之进化，而礼制之最重要者，则冠、婚、丧、祭是也。就中除冠礼自周以后其制殆已迁失，祭礼则有宗教之仪式外，而婚礼与丧礼与现代之民法刑法息息相关。盖上古由图腾社会而进于宗法社会，于是族制政体乃告成立，吾人研究法制之由来，不可不首先注意之也。

第一节　婚姻仪式

上古男女杂居，无婚姻之式，夫妇之别，至伏羲氏始作嫁娶，实为人伦之肇始，自是男女有别，夫妇有序。至夏、商、周三代而益大进化，凡娶女必求异姓，故民族虽别，但同姓则不通婚姻，此即现代民法中规定同宗及亲属不得为婚姻之制也。其婚嫁之年龄，规定男子三十而娶，女子二十而嫁，是为常例，此即限制早婚之遗意也。其婚娶之仪，有纳彩、问名、纳吉、纳征、请期、亲迎六礼，此礼至今犹存。兹分述之：第一，凡娶女以雁为贽，先由媒氏通告其父母，是曰纳彩。第二，女父母许之，再问女名，是曰问名。第三，媒氏归婿家卜吉凶，若吉则遣使往告之，是曰纳吉。第四，然后用玄纁帛十、皮二，以成婚礼，是曰纳征。此即现代民法中规定以纳聘财及婚书为婚约成立之要件也。第五，请成婚之期，是曰请期，婚之曰壻衣礼衣，乘黑车至女家亲迎之，是曰亲迎。当时自王侯至士庶人皆行此六礼。

春秋时，诸侯嫁女于列国，必使侄娣从其姑姊同嫁，名为从媵，若夫人死则以侄娣代之。故诸侯一娶九女，天子于后之外，有夫人、嫔御、世妇等，即庶人亦许娶妾。虽有因继嗣为此者，实则一夫数妻之遗习也。

按我国现代法制本无关于妾之规定，前大理院解释亦会认妾为无夫之妇，当然无名义之可言。秦汉以后，婚姻之仪式大略从上古之礼，唯其时长安闾里之民于各嫁娶之先，有论财货多少者，殆类于买卖婚之制，至门阀之制（寒门不得与世族结婚），以两晋为最甚。早婚之弊以后魏为最多（后魏之帝王及贵族，年仅十三四者多已成婚），此则其例外也。

第二节　丧葬制

古代丧服之制，所以寓报本返始之意，亦即示亲属之等差也。礼仪定制，子为父母服斩衰三年（古时为母服齐），自天子至于庶人皆同，故孔子告宰我，以"三年之丧为天下之通丧"。孟子告然友，以"三年之丧自天子达于庶人，三代共之"。其他祖父母、伯叔父母、兄弟之丧期服大功九月。从伯叔父母及再从兄弟、外祖父母之丧期，限小功五月。族伯叔父母及族兄弟丧期服缌麻三月。历代以来，遂垂为定制。（其详可参考服制图。）故旧律亲属范围，即以服制为根据。而刑罚之轻重亦以服制之远近为比例。

汉文帝遗诏短丧，遂以日易月，定三十六日为三年之丧期，后以丧期太短，有违古法，因而中止。《元史》载诸职官父母亡，匿丧纵宴乐。遇国哀，私家设宴乐，并罢官不叙，是元人之于丧礼，又未为不慎也。（清代刑律所载"匿父母丧"及"居丧嫁娶"，皆处以罪刑，亦本此意。）

古者人死，必于正寝。既死而复，呼其魂也。于是有沐浴含饭之制。小殓大殓之礼。各以贵贱而区等级。至于衣衾棺椁，务尽其美，棺厚七寸，椁称之。自天子达于庶人。一也，大殓既终则殡，天子七月而葬，诸侯五月而葬，大夫三月而葬，士庶逾月而葬。太古之民，不知葬亲，委之于壑，厥后厚衣以薪。葬之中野，不封不树。黄帝易以棺椁，夏殷又为之加厚。至周而其制更备。至合葬归葬之制，周时已皆有之。至魏晋之世，盛行相墓之术，察土地之美恶，卜埋葬之吉凶，遂为后世风水之说所肇始。故清代刑律所载"凡有丧之家必须依礼安葬，若惑于风水及托故停柩不葬者"处罚，所以正风俗也。

第六章　法典之编纂及刑法之变迁

第一节　上古至三代之刑法

上古自唐虞时代始定五刑之制（墨劓剕宫辟），其时尚未有成文之法典也。而《舜典》所谓"象以典刑，流宥五刑，鞭作官刑，扑作教刑，金作赎刑，眚灾肆赦，怙终贼刑"，亦只简单之记载而已。至战国时李悝始造法经六篇（盗法、贼法、囚法、捕法、杂法、具法），是为我国有法典之始。然其起源，盖集郑之刑书（郑子产所作）、晋之刑鼎（晋范宣子所作以刑名铸于金属，犹罗马之十二铜表法）而成者也。至其六篇之命意，杜氏《通典》之言曰："魏文侯师李悝，选次诸国法，著法经，以为王者执政，莫急于盗贼，故其律始于盗贼，须劾捕，故着囚捕二篇。其轻狡、不廉、淫侈、逾制等，以为杂律一篇。又以其律具其加减，是故所著六篇而已。"

按其所编法经，不外罪名之制。盖世界各国之法制，大率以刑法发达为最早法典之编纂，即根据刑法而成，我国之法制亦不能外此例也。

"象以典刑"之解释约分三说：

（甲说）谓"象刑"者，系书衣冠与章服以为戮，慎子所谓"布衣无领当大辟幪巾当墨……"之类。

（乙说）象者，法也；典者，常也。象以典刑者，依法律执行常刑之意也，此说孔安国倡之。

（丙说）描写用刑之物象，而明示于民，使其愧畏也。此说宋儒程大昌倡之。

按周之司寇，于正月垂刑象之法于象魏（周之阙名，取巍巍然之意），使万民观刑象，即其遗意。唐虞时代之刑制，以五刑为主刑，鞭扑为从刑，鞭扑皆为刑具，鞭系治官事之刑，扑则专用于教育之刑，即后世笞杖之刑所由昉也。

自唐虞创为五刑，三代遂沿用之。所谓墨、劓、剕、宫、辟，以为刑之主体，而流、鞭、扑、赎等法，则间用之者也。兹将古代之刑制，分别说明之：

（一）墨刑，一称黥刑，刺伤其面部，以墨注之也。

（二）劓刑者，割鼻之刑罚也。

（三）刖刑者，断足之刑罚也。一称荆，周之时或称膑。〕身体刑

（四）宫刑者，断其生殖之刑罚也。一称腐刑。

（五）辟刑者，即斩首之刑罚也。……死刑。——（生命刑）

此外鞭扑等刑，亦属身体刑之一种。

又流刑亦起于舜时，盖视五刑之可宥者，以流刑代之，分为流放窜三种，视路之远近而异其名称，类似自由刑。

舜典所谓"流共工于幽州，放驩于崇山，窜三苗于三危，殛鲧于羽山"。流放窜皆为流刑，而殛则驱之远方而诛之也。

赎刑即易科罚金——财产刑（蔡九峰以为《舜典》所谓赎刑者，官府学校鞭扑之刑耳。）。

周之时虽沿用五刑之制，但皆可许其罚锾以为赎罪。观《吕刑》所云："墨辟疑赦，其罚六百锾，阅实其罪；劓辟疑赦，其罚惟倍，阅实其罪；刖辟疑赦，其罚倍差，阅实其罪；宫辟疑赦，其罚六百锾，阅实其罪；大辟疑赦，其罪千锾，阅实其罪。"即虞书所谓"罪疑惟轻"是也。

盖穆王之时，法律繁重"五刑之属至于三千"。若一按之律，尽从而刑之，则何莫非投机触罟者。是以穆王哀之，而五刑之疑，各以赎论。所谓其情可矜，其罚可议，不必尽处以罪刑也。

论者谓"劓刵椓黥，蚩尤之刑也"，其法殊伤残肢体，大背人道，非文明国家所宜有。然唐虞三代，独尊奉之何也？然考东西洋各国，其在上古之世，若罗马、若日耳曼、若日本其施于身体之刑，有断舌、撕唇、抉目、剥皮等制，其酷虐较我国古代且犹过之，故不能独为华夏病也。

按苗民所作五虐之刑，见于吕刑者，除死刑外，椓即宫刑（椓按吕刑作劓），黥即墨刑，唯少荆刑而多刵刑，一说刵即刖之误。

又三代之诉讼法，虽属于刑事者多，亦有一部属于民事者，兹分选于下：

（甲）刑事。

刑事之讼，先讯于群臣吏民，然后断定（即现代之陪审制）。若决死刑时，士师受其宣告书，择日而行刑，即近世之宣告执行是也。此外有特别之例：（1）王族即有爵者，不施刑于市。（2）妇人不施死刑于朝市。（3）老耄者、幼弱者、愚蠢者，虽犯罪不罚，所谓"三赦"也。（4）不知而犯罪者、过失而犯罪者、遗忘而犯罪者，皆依宥减之例，所谓"三宥"也。（5）命夫命妇，不躬坐狱，刑不上大夫，此即议亲议贵之义也。

（乙）民事。

民事之讼，关于人事者，以其讼者之邻人为证人。关于土地者，以邦国之本图为标准。贷借之讼本证券，买卖之讼据约剂，以判决之。听讼之日，有史官记原被之问答，如书记然。

听犯罪之讼，有使先入券书与钧金之例。听货财之讼，有使入束矢之例。三十斤为钧，十挺为束。又出诉之期限，不论民事刑事，随地而有一定之法。若过其期限，官不受理（券书、钧金、束矢皆现代预纳诉讼费用之制）。

又听诉讼之法，载于《周官·小司寇》。一曰辞听（闻其出言）；二曰色听（观其颜色）；三曰气听（视其气息）；四曰耳听（观其聆听）；五曰目听（观其眸子）。此所谓"以五声听讼求民情"也。

岁终，则集一年间之狱讼，称为法例，藏于天府。盖犹今之判决例，留供他日之参考者也。

至于监狱之制，当上古时代，尚未完备，以害人者置之于圜土而施职事（即画地为牢之意），欲其困而悔，悔而改也。其能改者，置之乡里，三年不许列于平民。又上罪三年而舍，中罪二年而舍，下罪一年而舍。其不能改而先行逃亡者，则杀之。

若五刑之外，汤制官刑以儆有位所谓"三风十愆"者，似专为官吏之制裁。及其末季，纣为无道，罪人以族，焚炙忠良，刳剔孕妇，为炮烙之刑，创醢脯之法，乃专制君主逞其残暴而已，不能认为刑罚之制度也。

按"三风十愆"（见《商书盘百篇》），敢有恒舞于宫、酗歌于室，时谓巫风；敢有殉于货色，恒于游牧，时谓淫风；敢有侮圣言、逆忠直、远耆德、比顽童，时谓乱风。

周官大司寇掌建邦之三典，以佐王刑邦国。一曰刑新国用轻典；二曰刑平国用中典；三曰刑乱国用重典。此亦因时制宜，以定刑之作用，非刑制也。

周官小司寇以八辟丽邦法，附刑罚。一曰议亲；二曰议故；三曰议贤；四曰议能；五曰议功；六曰议贵；七曰议勤；八曰议宾。此种犯罪者得先付评议，可宥则宥之也。

第二节　秦汉之刑法

秦用商鞅以变法，鞅盖本李悝之法而变本加厉者也，始皇既并六国，专任刑罚，其于身体刑、生命刑、自由刑，多务为残酷。兹列举于下：

（甲）身体刑：黥、劓、刖刑。（仍古制度）又增搒、掠刑，蒺藜刑（其脊蒺藜）。

（乙）生命刑（死刑）：弃市、枭首（悬首于木上）、车裂（以车裂其身体）、煮（入于鼎煮杀之）、囊扑（入于囊扑杀之）。

（丙）自由刑：黥其城旦（黥其面使守城门）、鬼薪（使其取薪给宗庙为鬼薪）、籍门（籍没其一门皆为徒隶），三种皆徒刑。

又古代有胁从罔治，罪人不孥之制。秦则有夷三族（一人犯罪诛及三族——三族者为父族、母族、妻族也）。重者则灭其宗，其他则有相连坐之例（一家犯罪九家中不告发者则连坐）。此盖于诸种酷刑之外，而又牵连及于无辜者也。然夷族之制，传至汉初，尚沿用之。

汉高入秦，召诸父老豪杰曰："父老苦秦苛法久矣，诽谤者族，偶语者弃市，吾与诸侯约，先入关者王之。吾当王关中，与父老约法三章耳（"约"取约束之义，《汉书·刑法志》解作节约之义），杀人者死、伤人及盗抵罪，余悉除去秦法。"是开创之初，颇知法存宽大。其后乃以三章之法不足以治天下，乃令萧何摭拾旧律，取李悝之法经六篇（详见上），增加三篇（户法、擅兴法、厩法），是为九章律，继之者为张苍、叔孙通、晁错等更定法令。至武帝而张汤赵禹辈，又迭加增益。当时律令凡三百五十九章，大辟四百九条，虽法典之编纂颇称完密，然律令之繁杂，已远过汉初矣。至其所用刑制，大抵沿用秦旧，初未见其若何改革也，兹分述之。

按刑法二字解释，考之说文"刑"刭也，以刲颈为训。"灋"从水，平之如水也，从廌去，所以触不直者去之。其后因李悝之六法而改为律，商鞅倡之，萧何复增为九章律，律之名义原于音乐之六律，所以定其规律而为犯罪之标准也。又古代竹器皆名为律，古之刑书，亦书于竹简也，自是厥后，法律二字，遂为后世通用之名词。

1. 夷三族：汉高时犹存此制，吕后时始废之。

2. 死刑：分为腰斩、磔、绞之三种。

若身体刑之制，汉时最为复杂，列表于下以明之：

3. 身体刑（肉刑）：

（1）黥、劓、刖之三种，文帝诏废肉刑时皆除之。

（2）断舌刑，高祖时凡诽诱诅咒者，先断其舌。

（3）髡钳，又称完刑，文帝时所作，以代黥刑（髡者，剪其毛发，完其身体也。钳，以铁为之，束其颈，钳凡重三百斤）。

（4）笞刑，凡三百，以代劓刑，凡笞五百，代可刖左趾者（可刖右趾者弃市），皆为文帝时所作。至景帝时减为二百三百，其后又递减为一百、二百。

（5）宫刑，一种腐刑，文帝时诏废除之。但其后至武、景朝，尚未禁绝，唯不常用。

笞长五尺，以竹为之，薄半寸，皆平其节，当笞者笞臀，勿得更人。

按《汉书》称文帝诏除肉刑，以为美德。然观于髡、钳、笞诸刑，皆文帝时所作，可知其未尽废除，至腐刑之制，废而仍用。至景武时代，又以腐刑代死刑矣。迨隋文时始除腐刑，然宫禁犹用宦官也。

4. 自由刑：城旦、鬼薪之制，仍沿秦旧。至后汉而又有禁锢终身之制（即无期徒刑）。

5. 财产刑：汉惠时，令民有罪，得买爵十级（凡六万钱）以免死。文帝募民入粟塞下，得以免罪。武帝更令，死罪入赎钱五十万，减死一等，是即易科罚金之制。然罚金得免死罪，是使富者得生贫者独死，殊失用刑之本意矣。

汉代之牢狱，有廷尉狱、中都官狱、掖廷秘狱等。初高祖时，狱有疑者，久留不决，囚犯苦之。景帝颇注意监狱之改良，凡八十岁以上，八岁以下，又孕妇及瞽者，得宽其桎梏。宣帝时，亦全年八十以上者，除诬告人及杀伤人外，不坐罪。成帝时，年不满七岁者，贼斗杀人及犯罪者，得上请减死之事。

宣帝知犯罪者与刑法，往往有不相侔之弊，乃置廷尉，平使掌囚狱。故其后狱疑者，讞有司，有司不能决者，移廷尉。廷尉者，即中央之最高法院也；有司者，为郡国守相及州之刺史，即地方法院也。州刺史之职掌有周行郡国，断治冤狱之事，隐寓所巡回裁判之意焉。此外乡村间，则有啬夫听狱讼，以处理裁判之事务。不决者，则由县令裁决之，即人民法院也。游徼循禁贼盗，掌司法警察事务，亦即治安审判之制也。故汉时司法与行政未分，然其制度固已略具审级之规模矣。列简表如下：

皇帝 — 廷尉 { 郡守 / 国相 } 县令……乡（刑事）

皇帝 — 刺史 { 郡守 / 国相 } 县令……乡（民事）

第三节 魏晋南北朝之刑法

自汉萧何作九章律，降及魏晋，虽半仍秦汉之旧。然其间亦有多少之变迁，即法律之增加与酷刑之减除是也。

（一）法律之增加

魏明帝作新律十八篇。因汉之九章而更加以九篇（劫掠、诈伪、毁亡、告劾、系讯、断狱、请赇、惊事、偿赃），复将《具律》改为《刑名》，冠于法律之首。晋武帝命贾充等定法令，更因汉之九章增十一篇共二十篇，《具律》改为《刑名》，同于魏律。更增《法例》，亦冠于律首。此外，如户律、厩牧兴律、盗律、贼律、杂律、捕律则仍汉之旧。诈伪、毁亡、告劾、系讯、断狱、请赇则仍魏之旧。而宫卫、违制、水火、诸侯、关市则其新增者也。自是而后，南北朝之法律，皆出入无几。（参照下表）

（二）酷刑之减除

魏晋之际，就刑法上屡起议论者，肉刑是也。盖自前汉时，除肉刑。其后有复之者，后汉之末、西晋之初及东晋之终，颇主张其说，然卒免除之。迨南朝宋之世，复有黥、刖之制（重罪遇赦时，黥两颊，去两脚筋）。足征其时尚存肉刑之制度，惟其后无有言复肉刑者，是亦于刑法上一大进步也。其代肉刑而科罚者，则有鞭刑、杖刑等类。

（甲）鞭刑：类于汉之笞刑，大抵鞭用生熟皮革为之，笞则以竹为之。魏明帝定鞭督之令，南朝梁宋之际，鞭刑分为二百、一百及五十、四十、三十、二十、一十之等差，各以其罪定之。而鞭有三种：制鞭、法鞭、常鞭也。至北齐北周，则为徒刑之附加刑（详见下表）。及隋唐，乃废鞭刑而复改为笞刑矣。

（乙）杖刑：杖用生荆为之。梁之时有大杖、法杖、小杖之别。北齐北周则有杖一十、二十、三十至五十之等差。

要之，此等刑罚，虽亦身体刑之一种，但较诸墨劓等刑之残剥皮肤肉体之事，则固已改良矣。

死刑则秦汉以来之族诛、连坐等制。至晋及梁时，亦大为削减。

北朝之法制稍有所异于南朝。后魏之初，作新律（二十卷内门房之诛四，大辟百四十）。颇多苛酷之刑。例如（1）腰斩，（2）腐刑，（3）轘，（4）负羊抱狗而沈诸泉，（5）焚家，（6）烧炭于山，（7）役圊溷，（8）入舂藁，（9）守苑囿，（10）裸形、伏质诸目，唯孕妇经产后百日而刑。又如年十四以下者，减其刑，稍有宽厚之意。厥后盗贼三四，处以死刑。更设酒禁，饮酒者皆处斩，亦皆极端苛虐。至孝文帝时，大改刑制，首除酒禁，又除大逆谋叛之外，止罪其身，罢门房之诛，自是刑罚稍宽。迨北齐北周之刑，名则定为杖鞭徒流死等五刑，盖参用南朝之制，而稍整理之者，遂为隋唐以后所效法。列表如下：

北齐之刑名	杖刑	十　二十　三十
	鞭刑	四十　五十　六十　八十　一百
	耐刑	（即徒刑）　一岁　二岁　三岁　四岁　五岁
	流刑	不定道里
	死刑	斩　绞　枭　轘

北周之刑名	杖刑	十　二十　三十　四十　五十
	鞭刑	六十　七十　八十　九十　一百
	徒刑	一年　二年　三年　四年　五年（各附加鞭刑）
	流刑	卫服（二千五百里）　要服（三千里） 荒服（三千五百里）　镇服（四千里） 藩服　（四千五百里）
	死刑	磬　绞　斩　枭　裂

笞者，耻也，凡过之小者捶挞以耻之。

杖者，持也，可持以击也。

徒者，奴也，盖奴辱之于罪隶，任之以事，置之圜土而教之。

流者，留也，谓不忍刑杀宥之于远也。

死者，即古之大辟之刑也。

自战国、汉、魏、南北朝及隋唐，其间法典之变迁，颇有系统之可供研究。要之李悝立法经，为创作时期，汉魏及南北朝，为因革时期，而隋唐则成立时期也。兹列法典篇目表以资比较。

法经	汉九章	曹魏	晋廿篇	宋廿篇	齐廿篇	梁廿篇	后魏廿篇	北齐十二篇	北周廿五篇	隋唐
6 具法	具律	刑名	1 刑名	刑名	刑名	1 刑名	刑名	1 名例	1 刑名	1 名例
			2 法例	法例	法例	2 法例	法例	2 禁术	2 法例	2 禁卫律
			12 宫卫	宫卫	宫卫	15 宫卫	宫卫	5 违制	9 宫卫	3 职制律
			13 违制	违制	违制	20 违制	违制	3 户婚	15 违制	4 户婚律
			14 户律	户律	户律	12 户律	户律	11 厩牧	5 婚姻	5 厩库律
			17 厩牧	厩牧	厩牧	18 厩牧	牧产	4 擅兴	6 户禁	6 擅兴律
			15 兴律	兴律	兴律	13 擅兴	擅兴		18 厩牧	
			3 盗律	盗律	盗律	3 贼律	盗劫	8 贼盗	8 兴缮	7 贼盗律
			4 贼律	贼律	贼律	4 贼犯	贼犯		12 刊盗	
						斗律	7 斗讼	13 贼犯	8 斗讼律	
			5 诈伪	诈伪	诈伪	5 诈伪	诈伪	6 诈伪	11 斗竞	9 诈伪律
			11 杂律	杂律	杂律	11 杂律	杂律	12 杂律	20 诈伪	10 杂律
			8 捕律	捕律	捕律	8 讨捕		9 捕断	19 杂犯	11 捕亡律
									23 逃捕	
			10 断狱	断狱	断狱	10 断狱	断狱		25 断狱	12 断狱律
			19 毁亡	毁亡	毁亡	14 毁亡	毁亡	10 毁损	14 毁亡	
			7 告劾							
告劾	告劾	7 告劾	告劾		22 告劾					
			9 系讯	系讯	系讯	9 系讯	系讯		24 系讯	
			6 请赇	请赇	请赇	6 请赇	请赇		21 请赇	
				水火	水火	16 水火	水火		7 水火	
			20 诸侯	诸侯	诸侯		诸侯		17 诸侯	
			18 关市	关市	关市	19 关市	关市		10 市廛	
						17 仓库			16 津关	
									3 祀享	
									4 朝会	

第四节 唐代之民刑法及诉讼法

第一款 唐之法典

我国古代之法律，至唐而大备。唐以后，宋元明清之法系，皆承其流者也，实为中国法制史上之新纪元焉。匪特此也，即日本相传之《大宝律》。对于唐律之多少类似，犹可得见（日本律疏颇同于《唐律疏议》）。其完全模拟中国，要为显著之事实，唐律流传之广远，其效力可谓伟大（我国今日民法之一部，犹适用之，刑律则清律之大部，皆不外是）。迨清季改订新刑律，转取资于日本。呜呼，是盖礼失面求诸野也。

唐之法典，所谓律令格式之四种，律分十二篇（已详上表）。唐初所定之律，以隋开皇律为根据。太宗贞观十一年，长孙无忌、房玄龄等撰律令格式，当时所成之律，实为十篇。至高宗永徽二年，加入捕亡断狱二篇，故贞观律与永徽律合成为十二篇，凡五百条。至其他之令格式三种，大率关于行政制度为多。其时所撰之令凡二十七篇，格二十四篇，式三十三篇。

按马氏《通考》曰："唐之刑书有四，曰律令格式。令者，尊卑贵贱之等数，国家之制度也。格者，百官有司所常行事也。式者，其所常守之法也。凡邦国之政，必从事于此三者。其有所远，及人之为恶，而入于暴戾者，一断以律……"

然唐代法典之传于今日者，仅《唐律疏议》与唐之六典（理典、教典、礼典、政典、刑典、事典（清代则合称会典）），其他令及格式之三种，今俱不传，故其真相终不可得。虽流传于日本者，其残编断简往往散见于东籍，然亦仅存其篇目而已（令有古令、新令、大业令、永徽令等，格有贞观初格、永徽格、开元格等，式有永徽式、开元式等）。

唐律中可注意者，即恢复"十恶"之目是也。"十恶"之名称，起于北齐，所以揭示重罪者。凡十条，一谋反，二谋大逆，三谋叛，四恶逆，五曰不道，六大不敬，七不孝，八不睦，九不义，十内乱是也（其解释详于下节）。犯十恶者，虽当八议，不宥其罪（八议系因周制详见上）。此等十恶之条，当隋炀帝时，曾赦除之。至唐而复设之，由是后世刑法诸书，必列十恶之名，传至清季而未废。

第二款 司法制度

我国司法事务，自秦汉以迄明清，皆以行政官兼理之。而行政行为与裁判，常各无独立之机关。唐代司法亦由地方行政官执掌，且无民事刑事之区别。故其法院之编制形式上分为地方与中央之二种。地方法院，以县令为最下级，而州之刺史及都督都护等府之法曹，为上级，皆受中央之监察御史之监督。中央法院，以大理寺直接刑狱诸事务，御史台掌行政诉讼之事，刑部则仅分掌律法及复核司法事务而已。列表以明之：

```
                  ┌ 刑  部 ┌ 尚书——掌律令刑法徒隶囚禁之政
                  │        └ 郎中——掌律法覆按大理寺及天下奏狱
                  │        ┌ 卿——掌折狱群刑之事
                  │        │ 正——修正议议科条之事
中央司法机关 ┤ 大理寺 ┤ 丞——分判寺事正轻重之事
                  │        └ 司直——掌出使推按
                  │        ┌ 监察御史——掌分察百僚巡按州县之事讼狱、
                  │        │              军戎、祭祀、营作、太府出纳皆隶之
                  └ 御史台 └ 侍御史——掌纠具百僚推鞫狱讼之事

                  ┌ （州刺史）——司法参考军事——掌律令格式，及鞫狱定刑、
                  │                              督捕盗贼、纠察奸非之事
                  │ （都督）——法曹参军事——职掌同上
地方司法机关 ┤ （府牧）——法曹参军事——职掌同上
                  │ （都护）——法曹参军事——同上
                  └ （县令）——司法佐——掌审查冤屈、判断讼狱之事
```

县为地方司法下级之机关。至于县之下，则有里正坊正村正（即唐代之乡官），为自治团体中精明强干者充之。大抵民事诉讼，归其裁判。不决者，乃始由县令再审之。刑事诉讼，则直接由县决罚者也。

不经县而直诉州府者，谓之越诉。越诉者及受理者，各有罪，所以定审级之管辖也。凡罪犯，例由其所发生之县推断之。而在京师，则杖刑以下，委京师法曹参军事推断。徒刑以上，送至大理寺。凡鞫大狱时，刑部尚书、御史中丞、大理寺卿，共参同焉。

第三款 唐之刑名

唐代刑名，规定《唐律疏议》，名例律中谓之五刑，即笞、杖、徒、流、死是也，大致因乎隋制。隋以前北齐、北周，虽亦分为五刑，然身体刑之鞭刑，或有致死者。故唐太宗诏废除之（唐太宗尝览明堂针灸图，见人五脏皆近背，针灸失所，则其害致死。叹曰：夫笞者，五刑之轻；死者，人之所重。安得犯至轻之刑而或致死？乃诏罪人无鞭背），由是鞭刑改为杖刑，杖刑则改为笞刑焉。

马氏《通考》曰："按鞭扑在唐虞为至轻之刑，在五刑之下。至汉文除肉刑，始以

笞代斩趾（刖刑）而笞数既多，反以杀人。其后以为笞者多死，罪不至死者，遂不复笞，而止于流徒。自魏晋以下，笞数皆重。至唐虞当绞者，皆先决杖，或百或六十，则与秦之具五刑何异？建元时，始定重杖为死刑。贞元时，始令死刑不先决杖，盖革累朝之弊法云。"

唐以前，死刑除诸种酷刑外，至北齐北周五刑中，尚有盘、绞、斩、枭、裂之五种。至唐之死刑，仅存斩绞二种。不可谓非刑律之改良，故其刑律，历宋元明清而不废。列表于下：

> 笞刑有五　一十　二十　三十　四十　五十
> 杖刑有五　六十　七十　八十　九十　一百
> 徒刑有五　一年　年半　二年　二年半　三年
> 流刑有三　二千里　二千五百里　三千里
> 死刑有二　斩　绞

此外流刑之中，有"加役流"。盖流而不反，即死刑也。武德年间，改为断趾刑。贞观六年，又改加役流役，三年常流役一年，以为区别。

第四款　刑法之加减及轻重

唐之刑法，最可注意者，为因人而异，故刑之适用。例如夫之于妻，长之于幼，贵之于贱，主之于从，皆设为种种之区别。因此等区别，施刑遂有加减之分。按诸科刑平等主义，未免相反。设有甲乙同犯一罪，而甲者比较的轻，乙者比较的重，是等实例，各见于《唐律疏议》条下。今揭殴伤罪，以示一例。

殴人者笞四十，夫殴伤妻，减凡人二等。妻殴伤妾，亦如之。妾殴妻子，以凡人论。妻殴妾子减二等。殴官吏五品以上者徒三年。奴婢殴主者绞。殴主之期亲及外祖父母者绞。殴旧主者，流二千里。妻殴夫徒一年，殴夫之祖父母、父母，绞。夫之弟妹加凡人一等。

殴祖父母、父母，斩。殴兄姊，徒二年半。殴伯叔父母、姑父母、外祖父母，各加一等。

罪之最重者，为十恶。犯十恶者，无论如何恩典，不在赦免之列。

第一，谋反，谋危社稷之谓。

第二，谋大逆，谋毁宗庙、山陵及宫阙之谓。

第三，谋叛，谋背本国，潜从他国之谓。

第四，恶逆，殴及谋杀祖父母、父母、夫之祖父母、父母，与杀伯叔父母、姑、兄、姊、外祖父母及夫之谓。

第五，不道，杀一家非死罪三人，及支解人，若探生折割、造畜蛊毒魇魅之谓。

第六，大不敬，盗大祀神御之物，乘舆务御之物，盗及伪造御宝。合和御药，误不依本方。及封题错误，若造御膳误犯食禁，御幸舟船误不坚固之谓。

第七，不孝，诅骂祖父母、父母、夫之祖父母、父母，及祖父母父母在，别籍异财。若奉养有缺，居父母丧，身自嫁娶。若作乐、释服、从吉。闻祖父母丧，匿不举哀，或诈称祖父母、父母死亡之谓。

第八，不睦，杀及谋卖缌麻以上之亲，殴詈夫及大功以上尊长、小功尊属之谓。

第九，不义，部民杀本属之府主、刺史、县令。军士杀本管官，吏卒杀本部五品以上长官，学徒杀见受业师。及妻闻夫丧，匿不举哀。若作乐、释服、从吉，及改嫁之谓。

第十，内乱，奸小功以上之亲、父祖之妾，及与和之谓。

刑之加重者，有三犯加重之例。例如茶法，私鬻者杖，三犯则加重。又诸盗皆徒，三犯者流二千里，三次犯流者处绞，皆其例也。

刑之减轻者，亦有种种可述。由贵贱、亲等、上下、男女、僧侣、主从、良贱、长幼、官吏而各异。至特别减轻，而其亲属亦可邀宥减者，即所谓八议是也。

第一，议亲：皇帝祖免以上之亲，及太皇太后、皇太后缌麻以上之亲，皇后小功以上之亲，皇太子妃大功以上之亲之谓。

第二，议故：皇室故旧之人之谓。

第三，议贵：有大德行之谓。

第四，议能：有大才业之谓。

第五，议功：有大功勋之谓。

第六，议贵：战事官三品以上、散官二品以上及爵一品者之谓。

第七，议勤：有大勤劳之谓。

第八，议宾：承先代之后，为国宾者之谓。

凡八议若犯死罪，皆条录所犯。而于其亲、故、功、贵、勤、劳之有何相当，得上奏裁可。若犯流罪以下者，当减一等，但犯十恶者不在此限。至七品以上之官及请得官爵者之祖父母、父母、兄弟姐妹、妻、子、孙，若犯流罪以下，亦得各减一等。

第二种之减轻例，即"官当"是也。所谓"官当"者，以官当罪得使减轻之法也。例如，犯诸私罪之官，当徒者五品以上，一官当徒二年，九品以一官当徒一年。若犯公罪则各加一年之当。以官当流者，三流皆同。若徒四年而有二官，先以高者当之，次以勋官当，仍各解见任。若有余罪时，得以历任之官当之。但以官当徒者，罪轻而不尽其官时，收赎。若官不尽其罪时，赎余罪。如有一人犯徒二年，五品以上，则解官不科刑。若不解官，使出赎金，至于犯徒一年半者，若九品之人，以一官当徒一年，所余之半年，使收赎金之例是也。

按八议之制，已失科刑平等之道。而当时官吏犯罪者，得以官当罪，尤非持平之法也。各种刑罚之赎金如下：

笞刑（一十）赎铜一斤（二十）赎铜二斤（三十至四十五十）各以次递加

杖刑（六十）赎铜六斤（七十）赎铜七斤（八十至九十一百）各以次递加

徒刑（一年）赎铜二十斤（一年半）赎铜三十斤（二年）赎铜四十斤（二年半）赎铜六十斤（三年）赎铜七十斤

流刑（两千里）赎铜八十斤（两千五百里）赎铜九十斤（三千里）赎铜一百斤

死刑（绞斩）共赎铜一百二十斤

第三种之减轻例，即自首是也，所关之法规约有数端。列举于下：

其一，犯罪未发觉而自首者，原其罪。其轻罪，虽发因自首重罪，免其重罪。

其二，遣人代首，或于法相容隐者（即亲属），为之代首，均与自首同。

其三，自首不实及不尽者，以不实不尽之罪罪之，至死者减一等。

其四，知人欲告发及亡叛而自首者，减罪二等，其亡叛者，虽不自首而还归本所者，亦同。

其五，盗诈取人之财物，首露于财主者，与自首同。

其六，犯罪共逃，轻罪能捕，重罪自首者，免其罪。

自首减轻之制，与现代刑法之旨相吻合。而所谓与法相容隐者，即法律上许其容隐之谓。在汉时，如子匿父母、妻匿夫、孙匿大父母皆勿坐。又与清律所定亲属得相容隐之制相符。

至于刑之免除及加减，凡老者（九十以上）、幼者（七岁以下）犯死罪者不论，与现代刑法上责任年龄之旨，大致相同。又若共犯以造意为首，随从者为从，从者减一等，则与现代刑事注重犯意，而从犯视正犯之刑减轻，亦不谋而合。又再犯则加重，即与累犯加重之制相侔。而其加减例如二死（绞斩）、三流（三千里、二千五百里、二千里）各为一等，从以下各为一等，凡加重不得加至死刑。凡此者，皆深合乎刑罚之原理，亦足见唐代立法之精神矣。

凡数罪俱发者，但科以重罪之刑，即后世之从重处断之意也，罪相等者从一而断。若一罪先发已经论决，而余罪后发时，其较轻或相等者不论，重者更论之，通计前罪以当后数。则又与现代之并合论罪，及更定其刑之制相合。

第五款　刑之执行及刑之消减

唐代刑之执行，在大理寺之大理狱。而讯问罪人，凡遇疑狱，必经详谳而始定。如大理寺不能决，尚书省众议之，录可为法者，送秘书省奏报。诸疑狱法官执见不同者，得为共议，不得过三，此皆慎刑之意也。唯讯问之方法，不专探证据而重口供，遂以刑讯临之。每讯杖数以二百为限，二十日一讯，三讯而止，据供词以为定谳（按此制至清代未改）。囚人皆施销扭钳，身体亦受其拘束，至用刑讯能得其情与否，则非所问，不可谓非立法之弊也。

死刑执行于市（即古代刑人于市之遗制），但定其执行亦昭慎重。在京师复奏五次，京外复奏三次，而后执行。若五品以上之官吏，当死者，除恶逆外，许其自杀于家，七品以上及皇族或妇人，刑不当斩者，则绞之于隐所。行刑期多在秋冬至立春以后，秋分以前，则停止执行。

其他徒刑之执行，如男子则使之供蔬圃，女子则供厨膳，即服劳役之意也。流则配置于当流之地，唯犯人在道疾病及遭祖父母、父母之丧，皆准给假。

刑之消减有二：如执行完毕及犯罪者死亡，则为当然消减，此与现代立法之旨相合。至犯罪除十恶外，遇特赦、大赦宥免其罪，所谓特别消减是也。当唐太宗时，亲纵囚徒，放死罪三百九十人，归于家，令明年秋来就刑。其后应期至者，诏悉赦之，欧阳氏尝著论讥其处置失当。

按周官司刺，有三宥、三赦之法。一宥曰不识，二宥曰过失，三宥曰遗忘。一赦曰幼弱，再赦曰老旄，三赦曰蠢愚，即现行法制减轻或免除其刑之意。可知古今立法，凡关于罪之可赦宥者，皆规定于刑法之中，初不必有特别之规定。管仲曰："赦者先易而后难，久而不胜其祸；法者先难而后易，久而不胜其福。故惠者，民之仇雠也；法者，民之父母也。凡赦者，小利而大害者也；无赦者，小害而大利者也。"后世大赦之法，凡国有庆典，皆行之，盖帝王持为刑赏之大权，其流弊是使作奸犯科得邀幸免，抑且违反司法独立之制矣。

第五节　宋代之法典

第一款　法典编纂制度

宋代之法典，较前古为多。唯中经变乱，遗书散失，故篇目虽多，而书籍无征，约而举之，其法典内容，不过因前代之旧制，加以损益而已。

其编纂之时代，大率每遇新君即位或改元，则必编修一次或数次。自开国以迄末祀，几于无岁不从事于编纂，然其制度未见有特殊之创造。至其法典之种类有四，即敕、令、格、式是也。与唐代之律、令、格、式小异而大同（神宗时以律不足以周事情，凡律所不载者，一断以敕），唯律则存乎敕之外矣。所谓"敕"者，凡笞、杖、徒、流、死自名例以下，至断狱，十有二门。丽刑名轻重者，皆属之。"令"者，约束禁止之谓。"格"者别等级之高下。"式"者，即表奏帐籍关牒符檄，有关体制楷模者也。

第二款　刑法之刑执行

宋之刑名，大抵仍唐之旧，分为五种，即笞、杖、徒、流、死是也。但其中亦多沿革之点，列表于下：

笞刑：　凡五等——笞十（臀杖七）、二十（上同）、三十（八同）、四十（上同）、五十（十同）

杖刑：　凡五等——杖六十（臀杖十三）、七十（同十五）、八十（同十七）、九十（同十八）、一百（同二十）

徒刑：　凡五等——徒一年（臀杖十三）、一年半（同十五）、二年（同十七）、二年半（同十八）、三年（同二十）

流刑：　凡三等——流二千里（背杖十七，配役一年）、二千五百里（同十八，一年）、三千里（同二十，三年）

死刑：　凡三等——绞、斩（凌迟）——此制不著于刑名。

观上表所列，是笞杖徒刑皆各有其附加刑，唯于死刑，则于加杖外，复加以配役，是以一人当流徒杖三刑矣。且南宋时，于五刑之外，有"刺配"之法（刺配者，于犯人配役时，以文字刺其额上或两颊，即古代之黥刑）。凡强窃盗罪，于配役之时，与杖并科之。已非唐代之旧制，而凌迟之刑，虽不着于刑名，其法尤为残酷。先断其体，后绝其吭，则与秦代车裂之刑无异，此制传至明清而未废，迨清季更定现行刑律，始废除之。

执行刑罚之官吏，属于御史台，设狱以羁囚犯。盖大理寺在宋初其职全废，至元丰而始复旧制也。迨淳化初，置提点刑狱司，令管内州府，十日报囚犯一次，有疑狱时，则走视之。州县稽留不决，按谳不实者，则劾奏之。

凡徒流之执行，初则发配西北边疆，后改配于南方之沙门岛，最后改为广南远恶之地。

第三款　刑之加减及其消减

宋代关于刑之加减例，其处罪之重轻与唐殆无稍异，即所谓"十恶八议"之制，亦仍唐代，其不同之点，即赎刑是也。盖唐之赎刑适用于一切，宋则加以限制。除八议外，如官荫减赎之条，则废而不用。凡职官犯公罪，则许赎，若私罪，则不在此列。

刑之消减，如因犯人死亡或遇赦、释免等制，皆与唐相同。唯宋时大赦之事，几于无岁无之，甚至一年两赦或三赦者。其名义除大赦外，有"郊赦"、"曲赦"、"常赦"数种，其刑赏等于滥设，殊非立法之道。神宗熙宁七年，已两赦矣，复因旱灾欲降赦，王安石以为"一岁三赦是政不节，非所以弥灾也"，乃止。洪容齐曰："安石平生持论，此为至公……"

第六节 明代之法典

第一款 法典编纂制度

明太祖当开国之处，鉴于唐宋皆以成律断狱，唯元则不仿古制，专重条格，往往胥吏易为奸弊，且条格繁冗（杀人罪，如谋杀、故杀、斗殴杀皆处死），其害不可胜言。故欲矫其旧弊，归于简严，命李善长等二十人详定之。嗣复经太祖阅视，去烦就简，减重就轻，分为"律令"各六部，以吏、户、礼、兵、刑、工六种，分别制定律令。"律"凡二百八十五条，"令"一百四十五条。洪武六年，又命刘惟谦审定明律，续律一百二十八条，旧令改律三十六条，掇唐律以补遗一百二十三条。

其后恐人民不能尽晓，乃更作《律令直解》一书，颁行郡县，俾家喻户晓焉，所以使人不犯法也。更辑过犯条为"大诰"，刊布中外，以儆戒之（大诰中所载诸峻令并不轻用）。

洪武时代所制定之大明律，经几次编纂，共为三十卷，六百六条。其后又厘正十一条，泰半以唐律为标准，其篇目列举如下：

名例（卷一）——吏律（卷二）——职制公式 户律（卷七）——户役、田宅、婚姻、仓库、课程、钱债、市廛

礼律（卷二）——祭祀仪制兵律（卷五）——宫卫、军政、关津、厩牧、陲役

刑律（卷十一）——贼盗、人命、斗杀、骂詈、诉讼、受赃、诈伪、犯奸、杂犯、捕亡、断狱

工律（卷二）——营造河防

其他则附以五刑图及丧服图，较唐律为详。

当洪武十六年以前，止有律令，尚无条例。厥后取历年所增条例，以类附入。三十年又命刑官取大诰条目附于律后，从此，律令之外又有条例之名。

按律为一代之典章，例为因时之断制，而例外又有案，皆所以补律之不及也。

至孝宗弘治时，复编纂《大明会典》。及武宗正德时，重行校刊。其编制内容以六典之官职为纲，以各部分属之法规集载之，凡百八十卷，蔚为大观，此有明一代之成文法典也。

第二款 刑法及刑之适用

明之刑名分为五，与唐宋大率相同，即笞（五等）、杖（五等）、徒（五等）、流

（三等）、死（二等），凡为五类二十等。唯笞杖二刑，已较宋代为轻，并无所谓附加刑，而于徒流二刑之加杖，则较宋代为重。徒刑之附加刑，一年则杖至六十，以次递加，至三年则杖一百。而流刑之附加刑，均为杖一百，且亦如宋代之配役，谓之"加役流"。至死刑虽仅绞斩二种，但此外尚有磔刑（即宋之凌迟），亦恒用之。殊属伤残人道，唯磔刑加以限制，仅用于大逆之罪而已。若科盗罪，则加刺抢夺或窃盗之文字于左右小臂膊之上，即宋时刺配之法。

其他若"十恶"、"八议"之类，皆无异于前代，即因人施刑之制，亦与唐相同。其不同者，则轻重之差耳。兹举刑律中斗殴门之处罪区别，以示一斑：

斗殴人者，笞二十。唐笞四十。

奴婢与主斗者斩。　　　　　唐绞（此系阶级制度，科刑殊失其平）。

妻殴夫者杖一百。　　　　　唐徒一年。

殴夫之祖父母父母者斩。　　唐同。

殴祖父母父母者斩。　　　　唐同。

三犯加重之例，如盗贼犯徒刑三次者，唐流三千里，明则加重为绞。八议减轻之制，虽与唐同，唯加以限制。如五品以上官吏之父母妻子，得邀此特典，而六品以下则否。是轻重限制之间，亦自有其区别也。

第三款　刑之执行及其消减

明时司刑狱之官，京师有刑部、都察院、大理寺，是称三法司。每岁秋审，公卿会议将死刑监候人犯（有斩监候、绞监候），核其情节，分为"情实""缓决""可矜"三种，仍由皇帝判断。如御笔勾决，即令行刑，其免勾者，至来秋再核，亦有监禁终身或减等发落者。此种制度，虽以司法行政最高机关（如刑部）及监察最高机关（如都察院）之会议，最后取决于一国之元首，不免干涉司法独立之权限。然死刑之执行，既区分为"情实""缓决""可矜"之三种，分别处理之。往往有因是而得平反者，亦未始非慎重处刑之道也。

徒刑之属于湖广（即今湖南湖北）、江西等省者，多发于兴国黄梅新喻进贤等处。充铁炉之役，属浙江、江淮（即今江苏）等省者，多发于两浙两淮之盐场。

流刑则皆发于两广（即今广东广西）、福建等省烟瘴之地，以为安置。如在上列烟瘴地犯罪，而处流刑者，则改送于迤北边塞之地。

凡死刑应减等，而流刑不足以蔽其辜，则以"发遣"、"充军"处之。

按此种刑制，为特别之规定，不在五刑之列。

发遣多在边疆之地，而军罪则分为五：曰附近、曰近边、曰近远、曰极边、曰烟瘴，至二千至四千里不等。发遣及充军之附加刑，并杖一百。

至于刑之消减，凡人死亡或刑之执行完毕及恩赦皆属之。此制与唐宋时代相同，唯稍加以限制，如诸奸邪、进谗言及教唆杀人者，不在大赦之列，又强盗及谋故杀亦然。

第七节　清代之法典

第一款　法典编纂制度

清初命刑部尚书吴达海、侍郎党崇雅等详译明律，参以国制。书成，命范文成、洪承畴等审定，名曰《大清律集解》（以律文有难明之义，未足之语，增入小注），其律文一承明律而损益之。大抵因者而革者少，更仿明制于律文之外，附例十卷。康熙时，复行校正，并将所有条例，酌定其应去应存。雍正时，命朱轼等详加分析而后颁行。乾隆元年，总修律例，逐条考正，分律为四百三十六门，四十七卷，定例一千四百九条，遂名为《大清律例》。分为十年大修，五年小修，历嘉庆、道光、咸丰年间，迭次增修。至同治纂修以后，例文增至一千九百九十二条。此外又增章程百有余条，不免涉于繁苛矣。

清季因条例纷繁，迨光绪三十一年，经刑部奏请，删除三百四十四条，并经修律大臣奏准，删除数十条。其后大加修订，删繁就简，较前代已觉进步矣。

宣统元年，采辑新法，兼用旧典，经修订后，定名曰《现行刑律》。计删去二十余门，共存律文四百十四条，又经宪政编查馆核定，更去数条，缮写黄册，颁行京外，则与旧律大有不同矣。

所谓大清现行刑律，其总目如下：

（一）名例（分上、下二卷），（二）职制，（三）公式，（四）户役，（五）田宅，（六）婚姻，（七）仓库（分上、下二卷），（八）课程，（九）钱债，（十）市廛，（十一）祭祀，（十二）礼制，（十三）宫卫，（十四）军政，（十五）关津，（十六）厩牧，（十七）邮驿，（十八）贼盗（分上、中、下三卷），（十九）人命，（二十）斗殴（分上、下二卷），（二十一）诉讼，（二十二）受赃，（二十三）诈伪，（二十四）犯奸，（二十五）杂犯，（二十六）捕亡，（二十七）断狱，（二十八）营造，（二十九）河防

就中如名例，即刑法之总则也。如职制、公式、仓库、课程、祭祀、礼制、宫闱、军政、厩牧、邮驿、营造、河防等等，皆属于行政法规。如户役、田宅、婚姻、钱债、市廛则属于民法及商法。诉讼、断狱、捕亡则又属于诉讼法。唯贼盗、人命、斗殴、受赃、诈伪、犯奸及杂犯始属于刑法耳。观其编制，殊不免有混合之嫌，然清代之法制，原本于唐宋明三代之旧律，其立法之用意，凡以法律制裁者，皆包括于刑律之中。虽其分析不若现代之谨严，然不可谓非一代法典之所在也。

第二款　刑名

清代之刑名，其初分笞、杖、徒、流、死五刑，皆与明代相同，无庸复述。至清季则大加改革，废除身体刑（即笞杖），而代以罚金，即徒流二罪所附杖刑（按此制，宋明二代及清初皆用之），亦一概删除。而明代于流刑外，所谓发遣充军诸制（不在五刑之列），并有发遣为奴之称，皆废置之，改为遣刑（列入五刑），并改为安置及当差等名目。至死刑只存绞斩二种，凡宋代之凌迟、明代之磔刑、清代之戮尸剉尸等残酷诸刑，一律废除。虽未臻于完善，然实为近代刑法改良之一大动机矣。列举如下：

（一）罚金刑（分为十等）

一等罚——银五钱（收赎折半下同），二等罚——银一两，三等罚——银一两五钱，四等罚——银二两，五等罚——银二两五钱，六等罚——银五两，七等罚——银七两五钱，八等罚——银十两，九等罚——银十二两五钱，十等罚——银十五两

按罚金之等第，凡分为十，旧律笞一十至笞五十，改为一等罚至五等罚。旧律杖六十至杖一百，改为六等罚至十等罚，一至五以五钱为一等，五钱起，二两五钱止，六至十以二两五钱为一等，自五两起至十五两止。凡无力出银者，以银五钱折工作二日。唯十恶奸盗等项，不准罚金，从重实行工作。

（二）徒刑（分为五等）

一年 依限工作（收赎银十两）；一年半 依限工作（收赎银十二两五钱）；

二年 依限工作（收赎银十五两）；二年半 依限工作（收赎银十七两五钱）；

三年 依限工作（收赎银二十两）

按徒刑五等，其年限虽均照旧制，其不同之点，则均改在本地收所工作，限满释放，并不若宋明之发配远方也。

又收赎之法，即汉唐时赎刑之遗制。凡老幼、废疾及过失杀，伤情可矜悯者，均准收赎。

按清初有纳赎、捐赠各项图说，至清季一概废除。唯捐赎之法附载于例文外，其注明于律文者，只留收赎之名。

其为律不应收赎者，无论徒、流、遣刑均不准赎。妇女有犯仍照旧罚金，亦不准收赎。

（三）流刑（分为三等）

二千里 工作六年（收赎银二十五两）；二千五百里 工作八年（收赎银三十两）；三千百里 工作十年（收赎银三十五两）

按流刑三等，均仍其旧，唯分别情节轻重，其赦款所不原者，照旧发配。若非赦款所不原者，免其发配，均收入本地习艺所，按年工作。其情重发配者，均在配所，照上

年限工作。

（四）遣刑（分二等）

极边足四千里及烟瘴地方安置，俱工作十二年（收赎银三十五两）。新疆当差，工作年限同上（收赎银数亦同）。

按明代及清初之旧律，有五军之名（军罪分附近、近边、边远、极边、烟瘴五种）。至宣统时，已一律改易，附近充军，改为流二千里。近边军改为流二千五百里。边远军改为流三千里。旧律极边四千里充军，改为极边四千里安置。烟瘴充军，亦改为烟瘴安置。而发遣为奴之名，俱改为当差，此亦一大改革也。至极边、烟瘴两项，谓之"内遣"；新疆当差（律文为酌拨种地当差），谓之"外遣"，合为三遣以为满流加等之用。内外遣之到配工作年限，虽各相同，唯外遣人犯，限满不准释罔，即在配所安置，实含有移民实边之政策。

（五）死刑（分二等）

按死刑分斩绞二项。凡清初沿袭宋明时代之凌迟、枭示以及雍乾两朝之戮尸剉尸诸种酷刑，已一概废除矣。又死刑之执行，旧有"斩立决、绞立决"及"斩监候、绞监候"之区别。自此次改革，如旧律凌迟枭示之罪，均改为斩立决；旧律斩立决均改为绞立决；旧律绞立决均改为绞监候；旧律斩监候均改为绞监候（所谓"立决"者，即立时处决之意；"监候"者，即付诸监所侯秋审朝审，分别情实缓决矜疑等类，奏请定夺）。至旧律内所有戮尸、剉尸、缘坐、枷号、夹棍、铁杆、石墩、迁徙、鞭责各名色，一扫无遗。自秦汉以逮宋明，伤残人道诸刑罚，可谓一大改良矣。

第三款　刑之轻重及加减

名例所规定之"十恶""八议"一从唐制。如犯十恶等罪，为常赦所不原，若奉恩旨，得减等。而八议者，犯罪须先奏闻，奉旨推问，然后将应议之状，再行奏请，并取自上裁，即应议者之父祖亦同。而文武官有犯公罪及私罪之区分，则本于明律，犯公罪者较犯私罪为轻，犯公罪仅罚俸降级而止，若犯私罪，则罚俸降级外，并由革职离任之规定。

犯罪之应减者，若为从减（即从犯）、自首减、故失减、公罪递减之类，并得累减。凡徒流遣人又犯罪者，如已发而为论决，则从重科断；已决而又犯罪，重于本罪者，亦同。其重犯（即再犯）徒流遣各罪，俱分别加役五年、三年、一年。

按此种加减例，明清二朝皆用之。若一人犯数罪，其情节俱轻，按之各律，均在可以减等之列者，准其以次适减，盖加罪有限制，而减罪无限制。寻常加罪，止准加二等，即各律有递加专条者，亦只加至满流而止，不能加入于死。若减则不然，如果情有可原，由一等可减至五等，且有减至七等、九等者。更有减尽不科者，再加罪则斩绞为两项。三流分三层，逐层递加，共作五层。减罪则二死为一减，均减为流；三流为一减，均减为徒，此皆杜深刻罗织之渐而处以宽厚之意也。

各刑名之下，皆附收赎银数，与现代易科罚金之制略同，唯立法之用意则异。如凡犯死罪非常赦所不原，而祖父母（高曾同）父母年龄七十以上及有笃废疾，而其家又无以次成丁之人，照律收赎，俾其存留养亲。犯徒流者亦同。

又凡年七十以上、十五以下及废疾犯流罪以下，收赎。八十以上、十岁及废疾犯杀人应死者，议拟奏闻取自上裁。盗及伤人者，亦收赎，余皆勿论。九十以上、七岁以下，虽有死罪不加刑。又规定，犯罪时虽未老疾，而事发时老疾者，依老疾论。若在徒年项内，老疾亦如之（谓如徒役三年限未满，年已七十，或限尚未满而成废疾，其残余之刑，准其折算收赎）。犯罪时幼小，事发时长大，依幼小论。凡此皆寓有矜恤之意也。

第四款　刑之执行

司刑之官，京师有三法司（即刑部、都检院、大理寺），与明代相同。地方审刑拟罪之权，概属于州县，由州县而府、直隶州，而道，而按察使，而督抚层层复审。如供词不符，即发回再审，由督抚达于刑部、大理寺，无异议而狱始具焉。凡绞斩诸刑，除即时执行外，必须入于秋审情实，而始定其执行，其他则分为缓决及可矜二种，至来秋再核，或从轻发落。若可矜则有准其收赎者，即老幼废疾之类是也。

凡犯人不服其地方官之处断者，得以控诉于府道、抗告于按察使等，又不服亦得上告于京师都察院。用意颇密，与现代所行之"四级三审"制大致相符。又有廷讯之例，天子亲自临鞫（即御前会审制），则非常之狱也。

第五款　刑之消灭

凡行刑权之消灭，如犯人死亡及执行完毕等皆是，与宋明之制相同。而赦免其罪，则有常赦、恩赦二种。为常赦所不原者（如十恶等），若奉减等恩旨，则减死从流，流从徒，徒从罚金，亦准此查办。其间颇示以限制，并不若宋明之滥。兹列举其条款大概如下：

其一，恩赦不准援免各犯罪名（如谋反及大逆、谋杀祖父母、父母等罪）。共五十一条。

其二，恩赦不准援免酌入缓决各犯罪名（如谋杀、故杀等罪）。共四十九条。

其三，恩赦不准援免仍准减等各犯罪名（如窃盗三犯及诱拐等罪）。共九条。

其四，恩赦准予援免各犯罪名（如诬告及阄殴杀人等罪）。共三十三条。

按常赦从严，恩赦从宽，盖常赦为恒有之事，过宽则人思徼幸。恩赦为非常之典，过严则恩难普及，其用意固截然不同。至清季则以恩赦之条款作为常赦款目，大失定例之本意矣。

清自末季为取消领事裁判权计，锐意改良司法制度，组织法院及指定各项法律，由宪政编查馆核定，呈准颁行（其中有未及公布，入民国后采用之者）。殊有足供之记述，列举如下：

(1)《法院编制法》　　　凡一百六十四条（宣统元年公布）。
(2)《公司条例》　　　　凡一百三十一条（光绪二十九年公布）。
(3)《商人通例》　　　　凡九条（同上）。
(4)《著作权律》　　　　凡五十条（光绪二十四年公布）。
(5)《违警律》　　　　　凡四十五条（同上）。
(6)《暂行新刑律》　　　分二编共四百十一条。
(7)《刑事诉讼律（草案）》　分六编共五百十五条。
(8)《民事诉讼律（草案）》　分四编共八百条。
(9)《民律（草案）》　　　分五编（总则、债、物权、亲属、继承），共一千五百六十九条。

（整理者单位：中国人民大学法学院）

中国御史制度的沿革*

再 版 自 序

这本小书是我在民国十四年夏天养病的时候写成的。这时正是段祺瑞的执政政府

---

* 本书现藏于中国人民大学图书馆旧平装书室，索书号为：17.8/53/5/25。本文仅对原文作技术性校对工作，不作任何有损于原意的改动。为便于现代人阅读，原书为竖排者一律改为横排，原文"如左"、"如右"之类的用语，相应改为"如下"、"如上"等；原书繁体字一律改为简体；原书部分地方无标点符号或者标点符号不符合现在习惯的，一律代之以新式标点符号；原书部分地方无段落的，根据句意适当分段；原书个别地方有舛错的，酌加改正。其他一律尊重著者原意，不加删改。

** 高一涵（1885—1968），原名梦弼。安徽六安人。系六安一中最早前身——六安州中学堂的首批学生和首届毕业生。因其天资聪颖，才华出众，勤奋好学，成绩优异，遂于 1909 年被保送入"安徽高等学堂"，深造于安庆。1912 年东渡日本留学，1916 年毕业于东京明治大学政法系。先生学识渊博，著述颇丰。在大学工作期间，著有《政治学纲要》、《欧洲政治思想史》等。在近二十年的监察官任内，也致力于学术研究和文学创作。研究中国御史制度，写成《中国言官制度变迁史》。

中，一两个无聊的政客，高唱恢复科道制的时代，恐怕他们把这个制度白白地糟蹋了，所以我那时不得不表示反对。这是过去的事，用不着再提，现在所要讨论的是"五权宪法"中监察权如何实现的问题。

现在一般人对于监察权似乎有点误解，就是只把监察权当作弹劾权。其实明清以来的都察院的权力绝不以这一种弹劾权为限，此外还包括许多重要的权力在内。中国的御史制度的特点就在于行使弹劾权外，还享有监督行政、考察官吏、检查会计和注销案卷种种特权。因为都察院有监督行政权，所以"不管是中央官厅，或是地方官厅，凡他们所管事务的施行和成绩，皆向都察院或各科、各道报告；各科道得由这一类的报告中，兼察视政治的状况。如有违反法令、妨碍公益，以及紊乱官纪的事情，都可由各科道奏请纠正"。因为都察院有考察管理权，所以凡"京察"、"大计"，"有鉴衡不公、黜陟失当、徇情滥保、姑容不职者，皆可由科道纠参"。因为都察院有检查会计权，所以"无论中央或地方官厅，凡经费出纳，皆受都察院的检查；各官厅所作的会计报告，皆付都察院检查"。如"有浮冒舛错蒙混的，皆得指出参劾"。因为都察院有注销案卷权，所以对于一切定有期限或没有限期的案件，均得不时稽查，"如有迁延迟误事件，即行奏参"。由此看来，弹劾权只能算是监察权的结果，必须先有上述的几种特权——监督行政、考察官吏、检查会计、注销案件等权——然后弹劾权才不致成为虚设。监察院如果没有这几种特权，就是叫他告发，他也是无从着手。故监察院如果要想实行它的监察权，一定要在弹劾权之外，同时再享有这四种权力，然后弹劾权才有着落。

这是我现在对于监察权的一点意见。

高一涵　序于上海 十八年七月六日

第一章　绪　　论

本书所说的御史，乃是包括清代都察院中的科道而言。所谓科，就是六科给事中，所谓道，就是十五道监察御史；此外还有总理台政的左都御史，助赞左都御史的左副都御史；以及其他由科道中派遣的巡仓、巡漕、巡察、巡城等御史或给事中，都一律包括在内。

考唐宋以前的制度，言官与察官本是分立的。谏官司言，御史司察；谏官掌规谏讽论，献可替否，御史掌纠察官邪，肃正纪纲；谏官监督政府，御史监督官吏。到了宋真宗天禧年间，虽然设言事御史，神宗熙宁、元丰年间，虽然以言事官为殿中侍御史，或诏使监察御史兼言事，但却不想使谏官兼行纠弹的职务。故宋孝宗淳熙十五年虽依唐朝制度，置拾遗补阙，但却专掌谏诤，不许纠弹。大概唐朝重谏官、轻御史，而宋代的御史则多由言官兼权。故从前谏诤之官或缺人不补，而居言官地位者，又往往分行御史的职务，至于箴规缺失，不曾多见。所以孝宗时，兵部侍郎林栗有"言官不许纠弹"的建议。自此而后，君主多恨言官足以妨害自己的专断，虽阳存其名，却阴使行御史的职权，故言官反不见重要了。

金元以前的制度，御史属于御史台，给事中则或属于集书省（如宋、齐、梁、北齐等朝是）或属于门下省（如隋、唐、宋等朝是）。到了金元以后，虽废门下省，而元、明两代虽不设或裁废其他谏官，但仍留给事中一职。明初使给事中属于通政司，后乃独立自为一曹，称为六科给事中，凡章疏案牍，皆同部院衙门平行。只因科道并立，各树党援，互相攻击。御史还要听都察院堂官的考察，独给事中无所隶属，故往往放纵自恣。清初尚沿用明制，六科独立，自为一曹，直到雍正元年，才使六科隶属于都察院，听受都御史的考核。科道既然合并，实际上的职权亦因而变异。从法律上说，给事中虽然还有封驳诏令的大权，但是从事实上说，诏令多由军机处密行，不从给事中手中经过，故给事中实际上亦变成御史了。我们若就御史的纠察权说，实在可算是世界上他国从古未有的特殊制度，因此便不能不引起一般研究中国政治制度的学者的特别注意。现在为说明科道的职权起见，故先分述御史制度和给事中制度在历史上沿革的大概。

第二章　御史制度的沿革

第一节　自三代到后汉

秦代以前，虽然有御史的名称，但多掌记事的职务，和后来的御史职权迥然不同。在战国时代，文献多曰："献书于大王御史。"秦、赵会于渑池，也命御史书事。淳于髡亦说："御史在后，执法在旁。"由此可见，这时的御史多掌记事的职务。但是《周礼》如果可靠，那么《周礼》上所说的御史职掌倒很有一点像是后代御史的渊源。且看《周礼·天官》说："小宰之职，掌建邦之宫刑，以治王宫之政令，凡官之纠禁。"（郑康成注"若今御史中丞"。）再看《周礼·春官》："御史……掌邦国都鄙及万民之治令，以赞冢宰，凡治者受法令焉，掌赞书，凡数从政者。"故《历代职官表》以此为根据，便说："汉御史中丞执法殿中，与周官小宰掌宫刑以宪禁于王宫者相近，故郑氏援以为比。"又说："周官御史次于内史、外史之后，盖本史官之属，故杜佑以为非今御史之任。然考其所掌，如赞冢宰以出治令，则凡政令之偏私缺失，皆得而补察之。故内外百官悉当受成法于御史，实后世司宪之职所由出。"（《历代职官表》，卷十八）由此看来，《周礼》上所说的御史，职务固然和后代的御史不同，但是小宰掌王宫的纠禁，与汉代御史中丞居殿中兰台察举非法，似同为宫掖的近臣。而御史虽属小臣（因皆以中下士为之），但是因为他们掌治令、授成法，也的确可算是司宪的官了。

秦代以后，御史始掌纠察的职任。不过秦制太简略，不能推想出来御史的详细的职权，姑且把那可靠的记载列举于下：

"御史大夫秦官，侍御史之率，故称大夫。"（杜佑《通典》）

"秦置御史大夫，以贰于相。"（章俊卿《山堂考索》）

"御史中丞本秦官也。"（《晋书·百官志》）

"秦时为御史，主柱下方书。"（《史记·张苍列传》）

"侍御史于周为柱下史，老聃书为之。秦时张苍为御史，主柱下方书，亦其任也。又云：'仓为柱下御史，明习天下图书计籍。'（见《史记》，如淳曰：'方板也，谓事在板上也。秦以上置柱下史，仓为御史，主柱下事。'或曰：'主四方文书也。'又《职官录》曰：'秦改御史为柱下史。'）一名柱后史，谓以铁为柱，言其审故不挠也。亦为侍御史。"（杜佑《通典》）

"监御史秦官，掌监郡。"（《汉书·百官公卿表》）

把以上所引的各条总集起来，可以知道秦时已经有御史大夫、御史中丞、侍御史或柱下御史、监察史等官。御史大夫在秦为丞相的辅助，秦以太尉掌武事，以丞相承天子，助理万机，故贰于丞相的御史大夫其实就是副相，凡丞相出缺，即以御史大夫升迁。杜佑因此便说："此皆为三公，非今御史大夫也。"（《通典》卷二十四）《历代职官表》亦说："秦汉御史大夫史称其掌副丞相，故汉时名为两府。（原注《薛宣传》：'简在两府。'师古曰：'丞相御史府是也。'）凡丞相有缺，则御史大夫以次序迁。乃三公之任，与今都御史之职不同。"至于御史中丞在秦时所掌何职，虽然无书可考，但是汉朝的御史中丞想必是因袭秦制，或者职在"居殿中察举非法"亦未可知。此外柱下御史显然是掌古今图书计薄的了。故《历代职官表》说："如淳注，以方书为四方文书，然考《汉书·叙传》称'北平志古，司秦柱下。'"（原注：'张苍封北平侯，故称北平。'）颜师古曰：'志，记也；谓多记古事也。司主也。'是可知柱下实掌古籍，不独天下图书计薄也。秦虽焚灭诗书，而博士所存故在，则禁中亦必有藏书之所，故以张苍主之欤？"（《历代职官表》，卷二十五）应劭《汉官仪》说："侍御史即柱下史。"《通典》也是这样说，或者秦代的柱下御史并有汉代侍御史的察举非法的职任，也未可知。此外最可注意的就是监察史。因为秦代罢侯置守，并把古代的什么方伯连帅等官一起废掉，单用御史去监理诸郡，所监何事，虽然无书可考，但是后代御史奉命出外巡察，或者即由此而起。明代的巡按御史，的确是仿效秦代的监郡，再一变便成为清代兼右都御史和右副都御史衔的督抚。

汉朝的御史制度，典籍上所载，比较秦代稍觉得完备，职权大都有书可考。现在且依各书所载，条举如下：

"御史大夫位上卿，掌副丞相。有两丞，秩千石。一曰中丞，在殿中兰台，掌

图籍秘书,外督部御史,内领侍御史十五人,受公卿奏事,举劾案章。"(《汉书·百官公卿表》)

汉代的御史大夫和秦代相同,仍为三公之一,并不是后代的御史大夫。汉代的三公,一曰太尉(汉武帝元狩四年改名大司马);一曰丞相(汉哀帝元寿二年罢丞相置大司徒);一曰御史大夫(汉成帝绥和元年改名大司空)。故汉代的御史大夫"为三公,职副丞相,丞相缺则大夫迁"(李华《御史大夫厅壁记》)。

但汉代的御史大夫虽然不能算清代的都御史,可是他这个官却是御史的长官。而且照《薛宣传》说:"御史大夫内承本朝之风化,外佐丞相统理天下。"《朱博传》也说:"御史大夫典正法度,总领百官,上下相监临。"照这样看来,御史大夫虽然不是后代的都御史,但他的职掌在承风化、典法度,执法以监临百官,的确可算是兼执宪之官了。

汉代的御史制度一个大变迁,就在汉成帝绥和元年。这一年御史大夫何武建言:设三公官,分职授政。故把御史大夫改作大司空,分行丞相的职务。自此而后,中丞便变为御史台的长官,很同清代都察院的都御史相似。故《通典》说:"初汉御史大夫有两丞:一曰御史丞;一曰中丞。亦谓中丞为御史中执法。中丞居殿中……察举非法。及御史大夫转为大司空,而中丞出外为御史台率,即之御史大夫任也。"(《通典》,卷二十四)大概从前的御史中丞虽然也掌纠察的职务,但他住在殿中兰台,不过宫廷中的近臣,和后代的副都御史职任各有不同。自成帝时这样一变,中丞出居外台,他的职务便是清代的都察院堂官的职务了。故《历代职官表》说:"自东汉省御史大夫,而以中丞为台率,始专纠察之任。其后历代或复置大夫,或但设中丞,规制各殊,要皆中丞之互名,盖即今都察院堂官之职矣。"(《历代职官表》,卷十六)《通典·御史大夫》注中亦说:"今御史大夫即汉以来御史中丞是也。后代或置大夫,皆中丞之互名,非汉旧大夫之任。"故从御史制度说,这一次变迁,不能不算是重要了。

前汉的御史,照《西汉会要》所载,除御史大夫及中丞外,尚有侍御史、治书御史、符玺御史、御史中丞从事、监军御史、御史大夫掾、西曹掾、主簿、少史、御史属、柱下令等官,现在且分别叙述如下:

《汉旧仪》曰:"汉御史员四十五人,皆六百石;其十五人给事殿中,为侍御史,宿庐在石渠门外;二人尚玺,四人治书给事,二人侍前,中丞一人,领录二十人,留寺理百官事。"(《通典·侍御史》注)

如淳曰:"《汉仪》注:御史大夫史员四十五人,皆六百石;其十五人给事殿中,其余三十人留寺治百官事;皆冠法冠。"(《汉书·萧望之传》注)

"御史中丞,旧治书侍御史也。"(应劭《风俗通》)

"初汉宣帝元凤中,感路温舒尚德缓刑之言,季秋后,请谳时,帝幸宣室,斋居而决事,令侍御史二人治书,治书御史起于此也。后因别置,冠法冠,有印绶,

与符节郎共平廷尉奏罪，当其轻重。"（《册府元龟》）

"侍御史有绣衣直指（服虔曰：'指事而行，无阿私也。'师古曰：'衣以绣者尊宠之也。'），出讨奸猾，治大狱。武帝所制，不常置。"（《汉书·百官公卿表》）

"绣衣御史暴胜之使持斧逐捕盗贼。"（《汉书·王䜣列传》）

"王贺为武帝绣衣御史，逐捕魏郡群盗。"（《汉书·元后列传》）

"江充拜直指绣衣使，督三辅盗贼，禁察逾侈。时近臣多奢僭，充皆举劾，请没人车马，令身侍北军击匈奴，奏可。贵戚皇恐，见上叩头，愿得入钱赎罪。又王贺字翁孺，武帝时为绣衣御史，逐捕群盗，皆纵而不诛。暴胜之亦为之。"（《通典·侍御史》注）

"惠帝初遣御史监三辅郡，其后又置监御史。"（《汉官仪》曰："侍御史出督州郡盗贼，运漕军粮，言督军粮侍御史。"）（《通典》）

从以上各条看来，侍御史职任既多且重。至于治书侍御史，"掌以法律当天下奏谳，定其是非，参主台事，犹其初之两丞，则亦当如今副都御史之职也。"（《历代职官表》，卷十八）各种御史都归大夫及中丞管辖，不管他们是在殿中或在寺中。如中丞奉诏治狱，那么侍御史就负有逮捕犯人的责任。故侍御史虽居殿中，却常听中丞的差委。

至于侍御史的绣衣御史，职任逐捕盗贼，虽然和清代五城御史缉捕奸盗的职任不尽相同，但他出监三辅，督运军粮，却是清代巡漕、巡察等御史的来源。大概西汉而后，御史出差的事日见其多。故《历代职官表》说："御史出使，至西汉而渐多，如绣衣直指监郡督运监军（监军御史见《汉书·胡建列传》）之类，皆以事专行，正如今巡漕、巡察诸差之比。其他随时奉遣者，尚屡见于史。如《食货志》载'分遣御史即治郡国缗钱'，《宣帝纪》载'黄龙元年，诏御史察计簿'，《霍光传》载'侍御史无人持节护丧事，皆非常例。而收缚罪人，亦多以侍御史为之'（《刘辅传》上使侍御史收击辅，《谷永传》上使侍御史收永，《朱云传》上将云下殿。）。盖因亦给事殿中，职居亲近，故事之重且急者，往往使之衔命耳。"（《历代职官表》，卷十八）由此可见侍御史的地位和职任。

此外如《叔孙通传》载，长乐宫"置法酒，御史执法，举不如仪者辄引去……竟朝置酒，无敢喧哗失礼者"。后代御史纠察朝仪的职务，大概即由此而来。在上述的各御史之外，还有御史主簿（《通典》，卷二十四）、御史属（见《汉书·武帝本纪》）、御史掾（见《汉书·严廷年列传》），当与清代都察院中"掌董察吏胥或缮为章疏"的经历都事相同；如少史（见《汉书·萧望之列传》）当与清代都察院中"掌章奏文籍"笔贴式相同。

到了后汉，废掉御史大夫，或虽复设御史大夫，却不率领中丞。故此后中丞为一切御史的长官，权势日益尊重，可"与司隶校尉尚书令会同，并专席而坐，故京师号曰'三独坐'"（《后汉书·宣秉列传》）。现在为表明御史台各御史的职权起见，且照《后汉书·百官志》所载，列表如下：

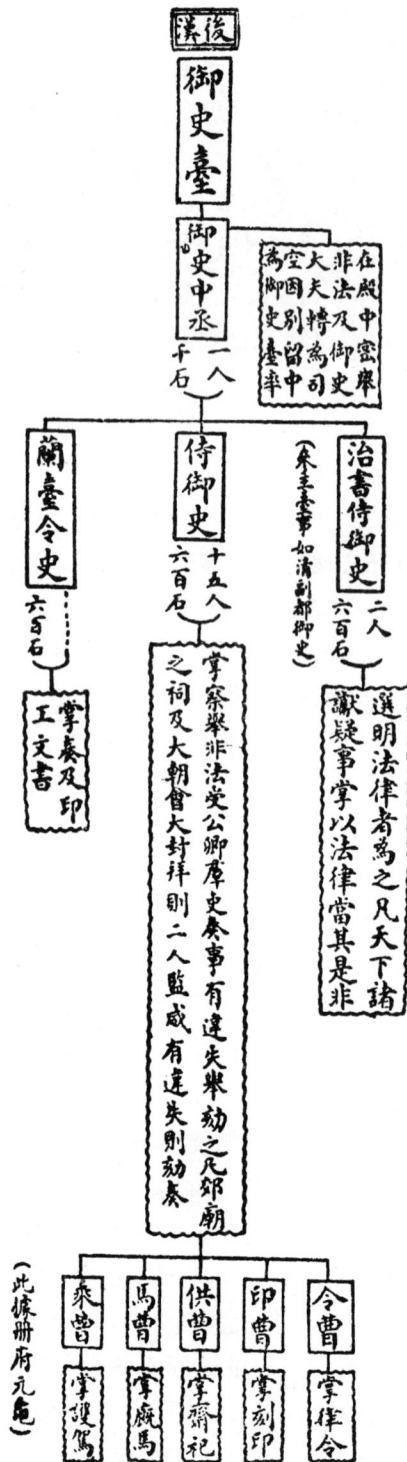

後漢

御史臺

御史中丞（一人）
千石

在殿中蘭舉
非法及御史
大夫轉為司
空因別留臺中
為御史臺率

蘭臺令史
六百石

掌奏及印

侍御史（十五人）
六百石

掌察舉非法受公卿奏事有違失舉劾之凡郊廟
之祠及大朝會大封拜則二人監威有違失則劾奏

（朱主臺事如漢副都御史）

治書侍御史（二人）
六百石

選明法律者為之凡天下諸
讞疑事掌以法律當其是非

令曹　掌律令

印曹　掌刻印

供曹　掌齋祀

馬曹　掌廄馬

乘曹　掌護駕

工文書

（此據冊府元龜）

后汉的御史，在上列的正职之外，还有其他的职务。例如中丞督兵讨捕盗贼（如范史所载，冯绲以御史中丞将兵督扬州、九江诸郡军事；盛修以御史中丞募兵讨长沙、零陵贼之类皆是。）即后世督抚兼都御史的来源。此外侍御史的职务如《历代职官表》所举：有出使安集州县者（例如杜诗传为侍御史安集洛阳）；有主从驾行幸平治道路者（例如《章帝纪》："帝东巡狩，敕侍御史方春毋得有所伐杀。虞延传经封丘城门，门小不容羽盖，帝怒，使拽侍御史（此即所谓乘曹之职）。"）；有出督军旅者（例如《高彪传·第五》："永为督军御史督幽州。"《桓典传》："典为侍御史奉使督军破贼。"）；有慰抚属国者（例如《李恂传》："拜侍御史持节使幽州宣布恩泽，慰抚北狄。"）；有监护东宫者（例如《种嵩传》："顺帝时，为侍御史，监护太子。"）；有使典丧事者（例如《杨赐传》："赐卒，使侍御史持节送丧，兰台令史十人，发羽林骑轻车介士。"）

我们如果根据上述各项，来定秦汉御史的职务，至少有下列几种：察举非法；受公卿奏事，举劾过失；典法度、掌律令；理大狱、治疑案；监理诸郡；督察部刺史；监察三辅郡；监督军旅；督运军粮；讨捕盗贼；禁察逾侈；纠察朝仪祭礼；安抚属国州县；护从巡幸；监护东宫。

第二节　自三国到北齐

照上边说的，可见得御史制度到两汉已经演进成为一种很完全的纠察制度。自三国到后周，这三百六十年中，官制上也有种种变革。要想研究隋唐的御史制度，必先要知道这三百多年中的变迁沿革。现在且把从三国到后周的御史制度，作个简单的说明。

"魏文帝黄初二年，又以御史大夫为司空，改中丞为官正，后皆复旧名。侍御史八人。又置治书执法，掌奏劾，治书侍御史但掌律令。"（《册府元龟》）

"魏置御史八人，有治书曹，掌度支运；课第曹，掌考课；不知其余曹也。"（《宋书·百官志》）

"魏置御史八人，当大会殿中，御史簪白笔，侧陛而坐。帝问左右，此何官？何主？辛毗曰：'此谓御史。'旧时簪笔以奏不法何当，如今者直备位，但毛笔耳。"（《通典》）

"魏兰台遣二御史居殿中，察非法，即殿中侍御史之始也。"（《通典》）

"文帝践阼，袭为督军粮御史，更为督军粮执法。"（《三国志·魏志·杨袭列传》）

"黄初七年，遣治书侍御史荀禹慰劳边方；景初元年，冀、兖、徐、豫四州遇水，侍御史循行没溺，开仓赈救之。"（《三国志·魏志·明帝本纪》）

现在把魏代的御史制度列表如下：

魏

御史大夫 或 司空 — 中丞 或 宫正

治书执法 — 掌奏劾

治书侍御史 — 侍御史

掌律令

御史各差 — 督军粮御史 ／ 督军粮执法

治书曹 掌度支运

课第曹 掌考课

案魏治书执法及治书侍御史署如清代的左副都御史

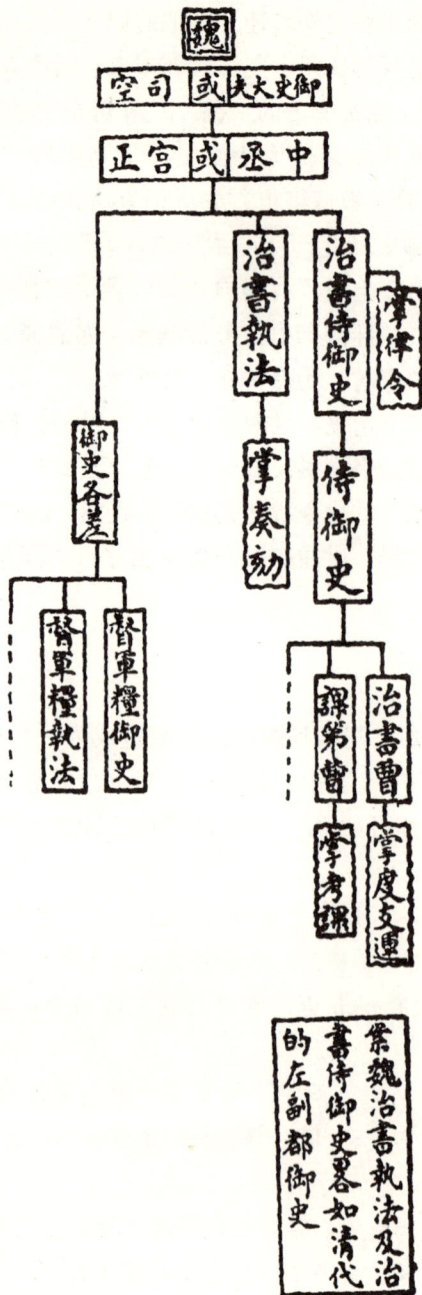

由此看来，魏代御史的职任如掌奏劾、掌律令、察非法、掌度支运、掌考课、督军粮以及安抚赈济等事，大致和两汉相等。唯治书侍御史，从应劭《风俗通》上看来，已

经比作御史中丞，到了魏代以后，便分统侍御史，沈约说它好像尚书的二丞，可见它的职位渐渐尊重了。大概治书侍御史职在掌法令、治疑狱，故后汉以来，选用深明法律之人，并"选御史高第者补之"（蔡实《汉仪》），可见它地位的重要。"自汉桓帝之后，无所平理，充位而已"（《通典》），又可见它由重官而降为备员。到了魏代，又复后汉以前的旧制，而分统侍御史，地位且较汉代更为崇高了。这乃是三国时御史制度变迁的重要之点。至蜀吴官制，史志不大详载，但是《蜀志·向朗列传》有"朗子条景耀中为御史中丞"的话，《册府元龟》中有"吴亦有御史大夫，后又置左右御史大夫"的话，此外还有"中执法"、"左执法"、"监农御史"等官见于《三国志·吴志》的各列传。《历代职官表》说："吴之中执法、左执法，其职较崇，当亦即中丞之改名也。"（《历代职官表》，卷十）从这句话上看来，稍稍可以知道三国时御史制度的变迁。

晋代的御史制度多因袭汉朝制度，但亦略有变更，现在且略举史志上的话来说明如下：

"晋初罢大夫，因汉制，以中丞为台主。"（《册府元龟》）

"晋亦因汉，以中丞为台主，与司马隶分督百僚。自皇太子以下，无所不纠；初不得纠尚书，后亦纠之。中丞专纠行马内，司隶专纠行马外；虽制如是，然亦更奏众官，实无其限。"（《通典》）

"晋置治书侍御史四人，泰始（武帝年号）四年，又置黄沙狱治书侍御史一人，秩与中丞同，掌诏狱，及廷尉不当者皆治之。后并江南，遂省黄沙治书侍御史，及泰康（武帝年号）中，又省治书侍御史二员。侍御史员九人，品同治书。而有十三曹：吏曹、课第曹、直事曹、印曹、中都督曹、外都督曹、媒曹、符节曹、水曹、中垒曹、营军曹、法曹、算曹。江左置二人。又案魏晋官品令又有禁防御史，第七品。孝武太元中有检校御史吴琨，则此二职亦兰台之职也。"（《晋书·职官志》）

此外叶梦得《石林燕语》中有监搜御史（说："自晋魏以来，凡入殿奏事，官以御史一人，管殿门外搜索，而后许入，谓之'间搜'。于是立药树下，至唐犹然，太和中始罢之。"）

《武帝本纪》中有督运御史官，皆晋代御史的差委。现代且把晋代御史各官列表如下。（见下页）

表中所列是晋代御史各官。据李华说："晋宋元魏以还，无御史大夫，由是中丞威望愈尊，礼有加等。"（《御史中丞应壁记》）又通典说："魏晋以来，治书侍御史分掌侍御史所掌诸曹，若尚书二丞。"大概晋代的特色就在于不设御史大夫，因而抬高中丞的地位，即以中丞任御史大夫的实职；同时又沿魏制，抬高治书侍御史的地位，即以治书侍御史任中丞的实职。从此演进，便渐渐变成隋代的制度。

宋、齐、梁、陈几朝，大概多因袭魏晋制度，没有多大的变更。不过治书侍御史一

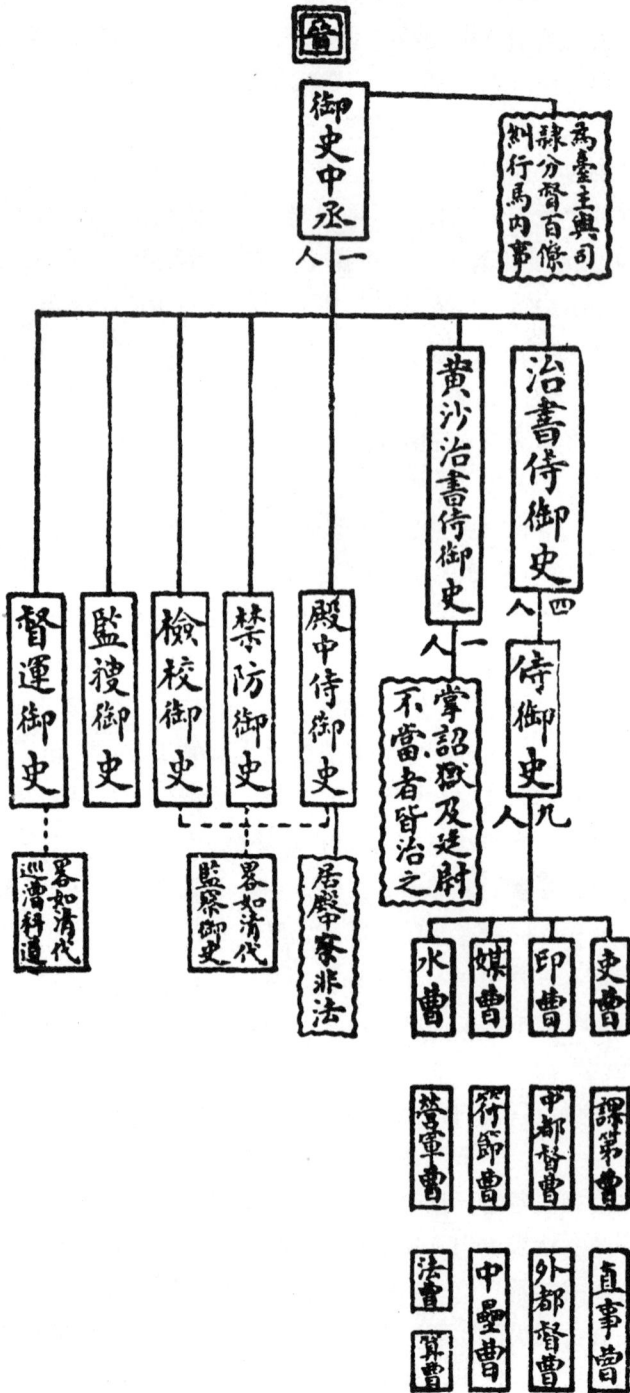

职，在宋、齐两朝职任稍轻，"故自郎官任治书者谓之南奔。梁谢畿卿自尚书三公侍郎为治书侍御史，颇失志，多陈疾，台事略不复理，是也。"（《通典》）至梁朝继又看作重要，选任亦比较慎重。至于中丞一官，在这个时代，掌奏劾不法、督司百僚，论劾的责任集于一身，故百官中有犯罪而被发觉者，便坐中丞以失察之罪，因而免职者颇多。故《刘休传》说："建元（齐高帝年号）初，为御史中丞，顷之，启言宋世载祀六十，历斯任者五十有三，校其年月，不过盈岁。于臣叨滥，宜请骸骨。"可见这时中丞职任的重要。现在把宋、齐、梁、陈各代御史各官之见于史志的，附录于下：

（宋）"御史中丞掌奏劾不法，秩千石。治书侍御史掌举劾，官品第六已上，分掌侍御史所掌诸曹，若尚书二丞。侍御史掌察举非法，受公卿奏事，有过失者举劾之。"（《宋书·百官志》）

（齐）"御史中丞一人，治书侍御史二人，侍御史十人。"（《南齐书·百官志》）

（梁）"御史台梁国初建，置大夫，天监（武帝年号）元年复曰中丞，置一人，掌督司百官僚。治书御史御史二人，分统侍御史。侍御史九人，居曹，掌知其事，纠举不法。殿中御史四人，掌殿中禁卫。"（《隋书·百官志》）

（陈）"陈承梁，皆循其制官。"（《隋书·百官志》）

北魏的御史制度也有两点可以使人注意：就是第一，改中丞为中尉，盛张中尉的威仪；第二，慎重御史的选任。北魏的"中尉，督司百僚，其出入千步清道，与皇太子分路，王公百辟咸使逊避，其余百僚下马，驰车止路旁，其违缓者以棒棒之"（《通典》）。大概从后汉以来，中丞的地位日高，故威仪也日盛。专制政体的精神在恐怖，故君主使臣下畏服的唯一方法，就在盛张那耳目之官的威仪。使百僚个个惧怕。唐韦仁约说："御史衔命出使，不能动摇山岳、震慑州县，诚旷职耳。"就是这个用意。故自晋以后，中丞出外皆"专道而行，驹辐禁呵，加以声色。"倘若有人触犯他，便可用鞭杖殴打。这种仪制到北齐益盛，《通典》说："武成以其子琅琊王俨兼为御史中丞，欲雄宠之，复兴旧制。俨出北宫，凡京畿之步骑，领军之官属，中丞之威仪，司徒之卤薄，莫不必备。"（时俨总领四职）此等风气，到周隋渐渐革除了。故盛张中丞的威仪，虽然不自北魏起，但北魏和北齐总算是中丞威仪达到极点的时代。至于重视御史及御史的选任方法，北魏时也有可以令人注意的事实。例如治书侍御史，自"梁天监初始重其选……后魏掌纠禁内朝会失时，服章违错，享宴会见，悉所监之"（《通典》）。他的职任仅在中尉之次，那时中尉李彪犯罪，郦道元就以治书侍御史的资格作御史台官长，去讯问他。这是力反宋齐以来轻视治书侍御史的旧习，在历史上也可算是治书侍御史地位的一个小小变迁。至于侍御史亦是这样，《通典》说："后魏御史甚重，必以对策高策者补之。"这样的慎重选任，大致和后汉治书侍御史"选御史高第者补之"及侍御史"以公府掾属高第者补之；或以故牧守议郎、郎中为之"（皆见《通典》）相同。此较"前汉御史多以刀笔吏积劳得之"(《历代职官表》，卷十八）者大不一样了。故就北魏的御史选任说，也是研究御史制度的人应当注意的一点。

北魏的御史各官大致和前代相似，有御史中丞（第三品上）、治书侍御史（第五品上）、侍御史、殿中侍御史（从五品中）；更有检棱御史、监军御史；此外如奉命出使征兵，典治丧事、巡察州郡等职，大概多和前代的制度相同。

北齐的"御史台掌纠察弹劾，中丞一人，治书侍御史二人，侍御史八人，殿中侍御史、检棱御史各十二人，录事四人"（《隋书·百官志》）。后周的御史制度只有名称上的变迁，至于职权上的变迁，却不甚可考。据《册府元龟》说："后周六官之建，改中丞为司宪中大夫，御史台为司宪，属秋官府。司宪上士二人，中士（人数缺），旅下士八人。""司宪中大夫二人，掌司寇之法，辨国之五禁"（《通典》），职任和中丞相同。司宪上士，职任略同治书侍御史；司宪中士，职任略同侍御史；司宪旅下士，职任略同监察御史。

第三节　自隋到唐

以上所说的历代御史制度，虽然没有重大的变革，但是有许多重要的倾向，便是演成隋唐两代制度的基础。隋代御史台的变迁特点有二：第一，废中丞一官，抬高治书侍御史的品位，来代替中丞的职任；第二，自炀帝废御史直宿禁中的旧制，于是御史便专属外台。现在把隋代的御史制度条举如下：

"高祖受命，置御史台大夫二人，治书侍御史二人，侍御史八人，殿内侍御史监察史各十二人，录事二人。御史始自吏部选用，仍依旧入直禁中。炀帝即位，多所改革，御史台增治书侍御史为正五品，省殿内侍御史员，增监察御史员十六人，加阶为从七品。开皇中，御史直宿禁中，至是罢其制。又置主簿录事员各二人。侍御史唯掌侍从纠察，其台中簿领皆治书侍御史主之。"（《隋书·百官志》）

"隋以国讳改中丞为大夫……隋置侍御史八人，自开皇之前，犹重后魏革选，自开皇之后，始自吏部选用，不由台主。仍按旧入直禁中。大业中，始罢御史直宿。台内文簿，皆治书主之，侍御史但侍从纠察而已。由是资位少减焉。……隋开皇二年，改检棱御史为监察御史，凡十二人，炀帝增置十六员，掌出使检棱。"（《通典》）

"隋室讳中，省中丞，增置治书御史之品以代之。"（《涂坚初学记》）

由上述的各条中看出隋代废中丞，抬高治书御史的地位来代替它，只因偶然的故事，并非有意改之。故官名虽变，而官职实则丝毫没有变更。故《历代职官表》说："隋以中丞为大夫，而治书侍御史专主簿领以为之贰，至唐复改治书为中丞，自是而后，大夫即汉魏中丞之职，中丞即汉魏治书侍御史之职，名虽迁易，而实则无殊也。"（卷十八）所以隋代御史台的治书御史便直居中丞的地位，试列表如下：

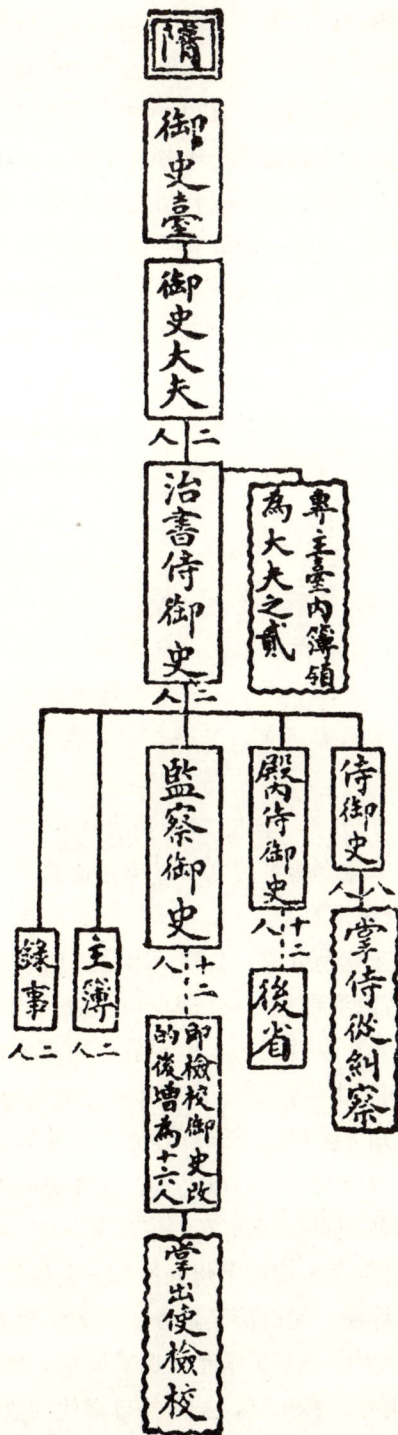

隋

御史臺

御史大夫 二人

治書侍御史 二人

專主臺內簿領 為大夫之貳

監察御史 十二人 即檢校御史改的後增為十六人

殿內侍御史 十二人 後省

侍御史 八人 掌侍從紏察

錄事 二人

主簿 二人

掌出使檢校

至于侍御史的选任，后魏以前，本“不随台主简代。延昌中，王显有宠于宣武，为御史中尉，始请革选。此后踵其事，每一中尉则更简代御史。”（《通典》）隋自开皇之始，才废后魏革选的旧制，由吏部选用，不由台主。这也是侍御史选任的方式一大变迁。至于侍御史与殿中侍御史，在后魏“书则外台受事，夜则番直内台。”（《通典》）这种制度成立很久，汉以前姑且不说，就是汉代御史也常给事禁中，号称亲近的职任。故《后汉书·郅寿传》说：“侍御史何敞上疏，有‘臣谬预机密’的话”，可见在两汉时代，御史乃是参与机密的近臣了。后世虽然常有变更，可是兰台却始终属内省，御史常在禁中治事。自炀帝废入直禁中的旧制，御史渐渐离开宫禁，专隶属于外台了。这也是隋朝制度的一个重要的变迁。

唐代的御史制度发达更为完全，贞观初，“以法理天下，犹重宪官，故御史复为雄要”（《通典》）。至于十道分巡，六部分察，更为后代制度的章本。现在且略引史志来说明唐代的制度的大概。

“御史大夫一人，从三品上；中丞二人，正五品掌邦国刑宪典章之政令，以肃正朝列。侍御史四人，从六品下；令史十五人，书令史二十五人掌纠察百僚，推鞫狱讼。主簿一人，从七品下；录事二人，从九品下；掌印及受事发辰，勾检稽失。殿中侍御史六人，从七品上；令史十人，掌殿廷供奉之仪式。监察御史十人，正八品上，令史三十四人，掌分察百僚，巡按郡县，纠视刑狱，肃整朝仪。”（《唐六典》）

“御史台三院：一曰台院，其僚曰侍御史……二曰殿院，其僚曰殿中侍御史……三曰察院，其僚曰监察御史。”（《赵璘因话录》）

现在且把他列表如下。（见下页）

唐代御史制度的重要变迁就是分巡、分察两事。武后时改御史台为肃政台，设左右肃政两台，“左以察朝廷，右以澄郡县”（《通典》）。故《唐会要》说：“光宅（武后年号）二年改为左肃政台，专管在京百司，及监军旅。更置右肃政台，其职员一准左台，令按察京城外文武百僚。”到了中宗以后，又改为左右御史台。“武后天授二年废十道存抚使，以右肃政台御史中丞知大夫事，李嗣真等为之。时分巡天下者，皆左右台官。神龙（中宗年号）二年，敕左右台内外五品以上官，识理通明无屈挠者二十人，分为十道巡察使，二周年一替，以廉按州郡。景龙（中宗年号）二年，置十道按察使，分察天下。”（《通考》卷六十一）且看李峤请每十州分置御史巡按疏上说：“陛下（武后）创置右台，分巡天下，自非分州统理，无由济其繁务。请大小相兼率，置御史一人，以周年为限。使其亲至属县，或入闾里，督察奸讹，观采风俗，然后可以求其实效，课其成功。”由此看来，唐以御史出外巡察州县，虽然仿自秦代的监察史，但他所行使的职务，只是御史的职务，绝不是如清代的巡按的职务。故唐代的十道巡按御史确是明代的各省

唐

御史臺

御史大夫一人 中丞二人

掌邦國刑憲典章之政令以肅正朝列

貳大夫掌糾正百官之罪惡

察院　殿院　臺院

監察御史十五人

殿中侍御史六人　掌殿廷供奉之儀式

侍御史四人　品帶字有四

掌分察百僚巡按州縣刑獄軍戎祭祀營作太府出納皆蒞焉

（十道分巡事繁則設支使）

支使

推事——推鞫
公廨——彈舉
彈劾——知公廨事
雜事——臺事惡總判之

其一察官人善惡

其二察戶口流散籍帳隱沒不均

其三察農桑不勤倉庫減耗

其四察妖猾盜賊不事生業為私蠹害

其五察德行孝悌茂材異等藏器晦迹應時用者

其六察點吏豪宗兼并縱暴貧弱冤苦不能自申者

巡按御史及清代的巡察御史的渊源；此外若安抚、存抚、宣抚等使，方才是明清两代巡抚的渊源。至于按察使在先本为观察的十道巡察使，实在是御史制度上一个重要的新发展。

分察各部院衙门，是清代十五道监察御史的重要职权，而这种制度实在是从唐代分察制度渐渐演进而来的。唐代的分察制度虽未十分发达，但是总可算是已经有个样子了。且看王应麟、王海说："监察御史分察尚书省六司，由下第一人为始，出使亦然。兴元（德宗年号）元年，以第一人察吏部、礼部，兼监察史；第二人察兵部、工部，兼馆驿使；第三人察户部、刑部。岁终议殿最。元和（宪宗年号）中，以新人不出使，无以观能否，乃命专察尚书省，号六察官。开元（玄宗年号）十九年，以监察御史二人莅太仓左藏库，其后以殿中侍御史上一人为监太仓使，第二人为监左藏库使。"从这一段记载上看来，唐代的分察，很像清代十五道监察御史分察部院衙门。而且监太仓使就是清代巡仓御史的渊源，馆驿使就是清代巡察御史兼查驿站的渊源。故唐代的分察制度发生，在御史制度的历史上的确有很可注意的价值。

再唐代京外各官多兼大夫中丞的称号，或并以中丞兼任。例如：

"开元二十二年，置京畿采访处置使，以中丞为之。"（《唐会要》）

"今之制度，受命临戎，无所统属者，谓之使。开元以来，其制愈重，故取御史之名而加焉。至于今若干年，其兼中丞者若干人，皆得以壮其威，张其声，其用远矣。"（柳宗元《河东集》）

大概唐代自从开元时候用中丞做采访使后，所有节度使、观察使、刺使……，多加御史大夫或御史中丞衔。如节镇入京为本官，便叫作"知台事"（如《代宗纪》以浙西观察使、苏州刺史、御史大夫李涵知台事是）；如在外的各使而兼大夫中丞官衔者，他的幕僚参佐属员，皆用御史为之，叫作"外台"。元代的行御史台的制度，是从唐代的外台制度发源而来的；而明代的总督巡抚的制度，又是从元代的行御史台的制度发源而来的（见《通考·行御史台门》）。这又是唐代的御史制度在历史上的很可以令人注意的一点。

又唐代的旧制，御史可以闻风弹事，这种制度究竟是从何时而起，没有方法详考。但据洪迈《容斋随笔》说："御史许风闻论事，相承有此言，而不究所从来。以予考之，盖自晋宋以下，如北齐沈约为御史中丞，奏弹王源曰：'风闻东海王源……'《苏冕会要》云：'故事，御史台无受词讼之例，有词状在门，御史采状有可弹者，即略其姓名，皆云风闻访知。其后疾恶公方者少，递相推倚，通状任壅滞。开元十四年，始定受事御史人知一日，劾状遂题告事人名，乖自古风闻之义。'"从这一点上看来，御史风闻奏事，与近代检察官因直接闻见得以实行侦查处分，大致相似。但御史的风闻，范围更大，无论有无实据，或与事实相符与否，皆不深究。故这种风闻奏事的成例，实在是历代保障御史奏弹的重要方法。

此外还有一点，算是御史制度中最完善的成例：就是御史台虽然由长官总管，可是执行奏劾的职务，却是各自独立，不受长官的指挥命令。且看刘肃的《大唐新语》说："李承嘉为御史大夫，谓诸御史曰：'公等奏事须报承嘉，不然毋妄闻也。'诸御史悉不禀之。承嘉厉而复言，监察萧至忠徐进曰：'御史人君耳目，俱握雄权，岂有奏事先咨大夫？台无此例。设弹中丞大夫，岂得奉谘耶？'承嘉无以对。"大概凡是御史，都是人君耳目，就职务说，各有专责，故萧至忠说："故事，台官无长官。御史人君耳目，比肩事主，得自弹事。"盖唐朝的故事，侍御史以下，可与大夫抗礼，后来虽有大夫坐而受拜的事，但往往因人而起，人去便废。又《通典》说："故事，大夫与监察竞为官政，略无承禀。"这乃是专制君主操纵臣下的巧妙法术。虽美其名曰"水火相济，盐梅相成"，考其实，则不过相使人人互相纠举，不叫一个人逃出纠察权的管束之外罢了。但单就御史制度本身说，这种各自独立行使纠察权的御史，很有点像近代各自独立行使审判权的法官，也可算是御史制度的一种特色。

然唐代御史台的故事，不但有各御史不受长官支配的成例，并且有大夫、中丞不受君主随便调遣的成例。如果君主任意调遣，便可以拒绝不受。且看《大唐新语》上说："宋璟则天朝以频论得失，内不能容，而惮其正，乃敕璟往扬州推按。奏曰：'臣以不才，叨居宪府，按州县乃监察御史事耳，今非意差臣，不识其所由。请不奉制。'无何复令按幽州都督屈突仲翔，璟复奏曰：'御史中丞非军国大事不当出使，且仲翔所犯贼污耳。今高品有侍御史，卑品有监察御史。今敕臣，恐非陛下意，当有危臣者。请不奉制。'月余又诏，令副李峤使蜀，峤喜召璟曰：'叨奉渥恩，与公同谢。'璟曰：'恩制示礼不以礼遣璟，璟不当行，谨不谢。'乃上言曰：'臣以宪司，位居独坐（后汉中丞与尚书令司隶校尉朝会皆专席而坐，京师号为"三独坐"，言其重也。），今陇蜀不测，圣意令臣副峤何也？恐乖朝廷故事，请不奉制。'"

中国一切官吏，没有一个可以不听君主随便迁调，御史各官也和其他官吏一样，他的升降也并没有法律上的特别保障。但历代君主多慕不杀言官的美名，甚至很怕惹起杀戮言官的清议，御史和谏官，全靠这种习惯做保障，效力自然是非常的薄弱。然如果和其他官吏相比较，这种习惯却可算是无保障中的一点保障了。宋璟三次"不奉制"，武后也无可如何，便是这种习惯保障的效果。若以御史在唐代可以拒绝君主非法的迁调，更可以算做御史制度中的一个特色。

第四节 自五代到宋

御史各官在五代时并没有什么重大的变迁，如御史大夫、御史中丞、侍御史、殿中侍御史、监察御史、主簿……，仍依唐朝的旧制。就是三院制也承继唐代旧制，没有变更。到了宋代，御史制度的变迁，最重要的约有三点：第一，御史大夫无正员，只为兼官；第二，御史中丞除正员外，多以他官兼权，而三院出外任风宪之职，常用他官兼领；第三，尤其重要的是以御史兼言事，开"台谏合一"的先例。

宋代的御史制度常有变更，今据《宋史·官职志》所载如下：

> 御史台掌纠察官邪，肃正纲纪，大事则廷辨，小事则奏弹，中丞一人，为台长；侍御史一人，掌贰台政；殿中侍御史二人，掌以依法纠百官之失；监察御史六人，掌分察六曹及百官之事，检法一人，掌详法律；主簿一人，掌受事发辰，勾稽薄书。

再《文献通考》说：宋承唐制，有三院。（附注，宋代三院以侍御史的班位为最高，监察御史为最卑，故御史的迁升常由监察升殿中，再由殿中升侍御史。）现在根据这条列表如下：

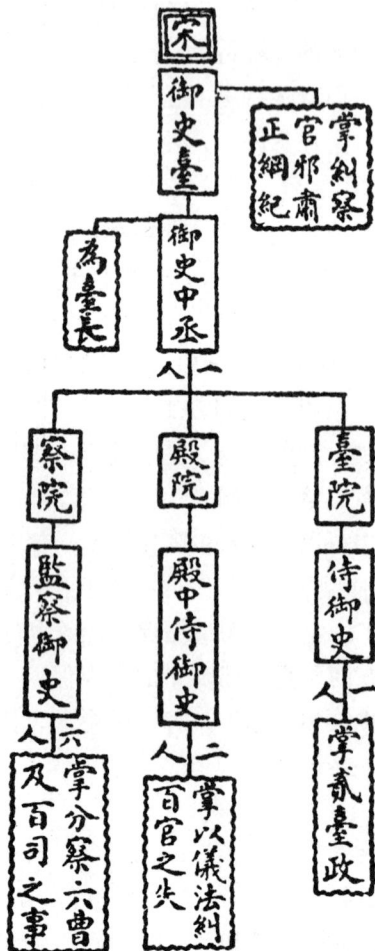

宋
御史台　掌纠察官邪肃正纲纪
御史中丞一人　为台长
察院——殿院——台院
察院：监察御史六人　掌分察六曹及百司之事
殿院：殿中侍御史二人　掌以仪法纠百官之失
台院：侍御史一人　掌贰台政

宋朝不除御史大夫，"自国初至元丰（神宗年号）中，检棱官多带宪衔，有检棱御史大夫者，官制行，并院去。"（《通考》）元丰年间，变更官制，本有可以除御史大夫的机会，神宗并且想用司马光任这个官职，只因宰相蔡确、王珪反对，所以终未除人。至于不想除人的原因，照叶梦得说："元丰既新官制，四十年间，职事官未有不经除者，唯御史大夫、左右散骑常侍至今未尝除人。盖两官为台谏之长，非宰执所利，故无有启之者。崇宁（徽宗年号）中，朱圣予为中丞，尝请除二官，竟不行。"（《石林燕语》）大概御史大夫位高望重，不除大夫，只用中丞做台长，已经于无形之中，使御史台的地位低减。但是以中丞代行大夫的职任，位虽较卑，却仍可以行使纠察的大权，于宰相仍属不便。故在神宗以前，往往连中丞缺人也不愿即补，再使那品职更卑的知杂御史独掌台务。且看李焘说："御史台自薛奎后，中丞缺人不补，侍御史知难事韩忆独掌台务者逾年。天圣（仁宗年号）四年，始命王臻权御史中丞。"（《续资治通鉴长编》）

大概"唐世台官，虽职任抨弹，然进退从远，皆出宰相，不若今之雄紧"（《容斋随笔》）。宋朝在未改官制之先，任监察满四年而转殿中，又四年转侍御史，四年解台职，始转司封员外郎。由此可见宋代御史迁叙都有常规，不由宰相随便任免，因此，便不能不用久不除人的一法来抵制他。这是宰执官深恨御史制度的一种表现。

宋代各官多用他官兼领，御史中丞及三院御史也都是这样。故《文献通考》说："宋中丞除正员外，或带他官者：尚书则曰某官兼御史中丞，丞郎则曰御史中丞兼某官，给事中谏议则曰某官权御史中丞事……三院多出外任风宪之职，用他官领之。"又说："宋承唐制，无大夫，以中丞为台长，无正员，以两省给谏权……凡除中丞而官未至者，自正言而上，皆除右谏议大夫权。熙宁（神宗年号）初，言者以为躐等，乃诏以本官职兼权。熙宁五年，以知杂侍御史邓绾为中丞，初除谏议大夫，王安石言：'疑近制除侍制或可'，乃以绾为龙图阁侍制，权御史中丞。中丞不迁谏议大夫，自绾始。九年，邓润甫自正言知制诰，为中丞，以宰相属官，不可长宪府，于是复迁谏议大夫权。元丰五年，以承议郎徐禧为知制诰，权中丞，禧言：'中丞纠弹之官，赴慢人院行词，疑若未安。'会官制行，罢知制诰，禧乃以本官试中丞。"

由此看来，宋代的御史中丞，不但多用言官兼权，并且多用宰相的属官兼权。这样一来，便不啻于无形之中，把御史的纠弹权取消了。因为使属官去纠弹长官，势必不能做到，故以宰相的属官兼中丞，中丞的进退从违，自然都逃不出宰相的权力之外。换句话说，就是在表面上虽然仍保存中丞的名称，在实际上却不啻把中丞的纠察权根本取消了。这又是宰执官操纵御史的又一种表现。

唐代的御史和谏官本是分立的，御史不得言事，谏官也不得纠弹。就在宋初，御史和谏官也是各有职司，不相闻问的。就在真宗天禧初年，也曾下诏明定御史和谏官的权限。且看《文献通考》说："天禧中，两省置谏官六员，御史台中丞知杂推直外，置御史六员，并不兼领职务……其或诏令乖当，官曹涉私，措置失宜，刑赏逾制，赋敛繁暴，狱犴稽留，并令谏官奏论，宪臣弹举。每月须一员奏事，或有急务亦许非时人人对。"（《文献通考·谏议大夫门》）

由此可见就在天禧初年，御史和谏官的职务仍是分开的，各司各事，不能侵越权限。可是同时又置言事御史，且看玉海说："天禧元年二月八日丁丑，始置言事御史……庆历（仁宗年号）五年正月乙亥，以殿中梅挚、监察李京并为言事御史。今中丞应之南，有谏官御史应，盖御史得兼谏职也……元丰二年十一月六日，诏御史六员：三分察，三言事……八年十月丁丑，诏监察兼言事，殿中兼察事，用吕公著刘挚之言也。"

大概宋制虽然许御史兼谏官职，却不使谏官兼御史职。故神宗时，以谏议大夫赵彦若侵御史论事左转秘书监。《容斋随笔》说："盖许其议论，而责其弹击为非也。元祐初，孙觉为谏议大夫，是时谏官御史论事有限，毋得越职。觉请申《唐六典》及天禧诏书，凡发令造事之未便，皆得奏陈。"又孝宗淳熙十五年，依唐制，置拾遗补阙，专掌谏净，不许纠弹。由此可见宋制使御史兼言事，虽然开台谏合一之端，可是却不许谏官行使御史的纠弹权。而且谏官仍属门下省，不属御史台，比较清代使给事中隶属都察院，将台谏两官完全混合起来，却不大相同了。但是宋代的台谏虽然没有完全合一，可是御史得在纠察非违的职权之外，还有论列时政得失的职权，也可算是御史职权的一大扩张。故宋制虽然不能算是台谏合一的制度，但至少总可算是开台谏合一之端。

此外还有一点可以使我们注意的就是六察的制度。照谢维新《合璧事类》说："唐台案有六监司，元丰二年，李定请复六察，于是御史专领六察。元丰三年御史台言：'请以吏部及审官东西院、三班院，隶吏察；户部三司，及司农寺，隶户察；刑部、大理寺、审刑院，隶刑察；兵部、武学，隶兵察；礼祠部、太常寺，隶礼察；少府将作等，隶工察。'从之。其后大正官名……以六察官为监察御史。"

这种分察制度，本发源于唐代，到了清代，御史得稽查各衙门，大概就是监察御史的旧职。故特在此处叙述一下，表明后代御史分察制的渊源。

第五节　自元到明

元朝起自北方，所有的制度，都和辽、金有密切的关系。故在未述元代御史制度之先，不能不略述辽、金两代的御史制度。辽南面官有御史台，有御史大夫、御史中丞和侍御史。但除侍御史外，并没有殿院的殿中侍御史和察院的监察御史；只把三院的职事合并起来。这也是御史制度中的一大变革。至金代，御史制度大概和唐、宋两代略同。且看《金史·百官志》说：

御史台，御史大夫从二品，掌纠察朝仪，弹劾官邪，勘鞫官府公事。御史中丞从三品，贰于大夫。侍御史二员，从五品，掌奏事，判台事。治书侍御史二员，从六品，掌同侍御史。殿中侍御史二员，正七品，每遇朝对，立于龙墀之下，劾朝者仪矩。监察御史十二员，正七品，掌纠察内外非违，刷磨诸司，察帐，并监礼及出使之事。典事二员，从七品，架阁库管勾一员，检法四员，从八品。

金代的御史制度不但恢复唐宋的旧制，并且它的具体的法规非常的发达，可以挽回宋代御史渐渐衰颓的趋势。金代对于御史，只有积极的强制他行使职权的法令，却没有像宋代消极的阻止他们行使职权的习惯。例如金世宗大定中间，制："纠弹之官，知有犯法而不举者，减犯人一等科之。关亲者许回避。"又令"监察职事修举者，与迁擢；不称者，大则降罚，小则决责。仍不许去官"。宣宗贞佑年间，定《监察御史黜陟格》，"以所察大事至五，小事至十，为称职；数不及，且无切务者，为庸常；数内有二事不实者，为不称职"（王圻《续通考》）。兴定年间，又定《监察御史失察法》和《监察御史违犯的决法》。此类以升迁为奖励御史的方法，以不许去官为保障御史的方法，以不得与人相见为免除御史夤缘贿赂的方法，以各种法令为敦促御史尽职的方法……揭示积极地激励御史行使职权的表现。

元承金制，御史台中各官也很完备，且看《元史·百官志》说：

御史台大夫二员，从一品；中丞二员，正二品；侍御史二员，从二品；治书侍御史二员，从二品；掌纠察百官善恶，政治得失。殿中司殿中侍御史二员，正四品。凡大朝会，百官班序，其失宜失列，则纠罚之。察院秩正七品，监察御史三十二员，司耳目之寄，任刺举之事。

元代御史制度的特点就在于抬高御史的品位。唐代御史大夫只从三品，中丞只正五品，侍御史只从六品下。金代御史大夫只从二品，中丞只从三品，侍御史只从五品。到了元代，御史大夫升到从一品，中丞升到正二品，侍御史和治书侍御史升到从二品。即就侍御史说，唐代的侍御史虽然在殿中监察之上，宋代的侍御史虽然佐中丞，管台政，金代的侍御史虽然与治书侍御史同判台事，但是品位皆在从五品以下。到了元代，侍御史已经增秩到了二品，从此便成为堂上官了。三院仅存殿中察院，而殿中又只有两人，故明初便废去殿中侍御史，将纠仪的职务，归并到察院里边去，故三院制便从此告终了。这是元代御史制度的变迁的重要几点。

元代虽然仍别设谏官，但是御史却承宋制，得兼言职。故《元史·张雄飞传》说："雄飞言于世祖曰：'古有御史台，为天子耳目。凡政事得失，民间疾苦，皆得言；百官奸邪不职者，即听纠劾。如此则纪纲举，天下治矣。'帝善之。"又《元史·廉希宪传》说："立台察古制，内则弹劾奸邪，外则察视非常，访求民瘼，裨益国政，事无大于比者。"由此看来，元代的御史一方面可以建言，讨论时政得失；一方面可以纠察、弹击百司邪恶。这样的职权，完全是承继宋制的。

此外元代还有一种特殊的制度，就是行御史台。行御史台分道设立，"统制各道宪司，而总诸内台"。元代这个制度，就是明代的督抚制度的渊源；故《续通考》说："若明之总督巡抚，即行御史台之职。"（《续通考·行御史台门》）因为他的职务专在统制各道宪司，究竟和内台有大差别，故《历代职官表》但把他列入督抚表内，并不列入都察院表内。

到了明代，御史台便改称都察院，御史大夫便改称都御史，中丞便改称副都御史；又佥都御史略当从前侍御史、治书御史的职位。明初也曾仿效唐、宋、辽、金、元各代，置御史台，设御史大夫（从一品）、御史中丞（正二品）、侍御史（从二品）、治书侍御史（正三品）、殿中侍御史（正五品）、察院监察御史（正七品）等官。后来废治书及殿中等官，罢御史台，置都察院。照《明史·百官志》说：

> 洪武十六年，升都察院为正三品；设左右都御史各一人，正三品；左右副都御史各一人，正四品；左右佥都御史各二人，正五品；经历一人，正七品；知事一人，正八品。十七年，升都察院正二品，副都御史正三品，佥都御史正四品，十二道监察御史正七品。建文元年，改设都御史一人，革佥都御史……宣德十年，始定为十三道……十三道监察御史一百十人。浙江、江西、河南、山东各十人，福建、广东、广西、四川、贵州各七人，陕西、湖广、山西各八人，云南十一人。其在外加都御史或副佥都御史衔者，有总督，有提督，有巡抚，有总督兼巡抚，提督兼巡抚，及经略总理赞理巡视抚治等员。

《续文献通考》说：

> 都御史职专纠劾百司，辨明冤枉，提督各道，为天子耳目风纪之司。凡大臣奸邪，小人构党、作威福、乱政者劾；凡百官猥茸、贪冒、坏官纪者，劾。凡学术不正，上书陈言变乱成宪，希进用者，劾。遇朝觐、考察，同吏部司贤否陟黜。大狱重囚会鞫于外朝，偕刑部、大理谳平之。

> 十三道监察御史主察纠内外百司之官邪，或露章面劾，或封章奏劾。凡差，在内：两京刷卷，监临乡会试及武举，巡视光禄京营仓场内库皇城五城，轮值登闻鼓（后改科员）；在外：巡按，清军，提督学校，巡盐茶马，巡漕，巡关，攒运印马，屯田，师行则监军纪。各以其事专监察。而巡按则代天子巡狩，所按藩府大臣府州县官主考察，举劾尤专。大事奏裁，小事立断。按临所至，必先审录罪囚，吊刷卷案，有与事实出入者，理辩之。诸祭祀坛场省察其墙宇、祭器。存恤孤老，巡视仓库，查算钱粮，勉励学校，表扬善类，剪除豪蠹，以正风俗，振纲纪。凡朝会纠仪，祭祀监礼。凡政事得失，军民利病，皆得直言无避。有大政集阙廷预议焉。（《续文献通考》）

由此可见御史的职权到明代已经发达到极点。大概自元代以来，中央政府也有他的三权分立制，例如元"世祖立中书省以总庶务，立枢密院以掌兵要，立御史台以纠弹百司。尝言：'中书是朕左手，枢密朕右手，御史台是朕医两手的。'历世遵其道不废。"（叶士奇《草木子》）明初也用这种样式的三权分立制，故"太祖赐御史大夫汤和等曰：'国家立三大府：中书总政事，都督掌军旅，御史掌纠察；朝廷纪纲尽蘘于此，而台察之任犹清要。'"（《明史·职官志》）。由此看来，御史的地位到元、明两代，增加到了极高的限度，仿佛恢复了汉代的太尉、丞相、御史大夫的旧制。御史得到一、二品的地位，总算是元、明二代御史制度的特色。

到明代以后，监察御史简直得到独立的地位，不受御史大夫以下的节制。元、明两代的监察御史署衔皆不用御史台或都察院三字。故陶宗仪《辍耕录》说："监察御史署衔无御史台三字，以为天子耳目之官，非御史大夫以下可制也。行台则不然。"邱叡《大学衍仪补》亦说："今六部官属皆书其部，如吏部属，则曰：吏部文选清吏司，兵部属则曰：兵部武选清吏司之类是也。唯监察御史则书其道，而不蘘于都察院焉。"大概到了明代，因为废去侍御史、殿中侍御史等各衔，把那纠劾巡按、照刷问疑的责任，一概委给监察御史，故监察御史职权大大的扩张。由此可见监察御史的职权扩张，乃是明代和清代御史制度的一种特色。

至于御史的选任，在明代也很设下许多限制。大概重经验、重才能，并禁止任用新进之士。"洪熙年间，论：'御史耳目之官，唯老成识治体者可任。'又曰：'都御史十三道之表，如廉清公正御史虽间有不才，亦当畏惮；今之不才者无畏惮矣。其咨访可任都御史者。'"（《春明梦余录》）再看马文升说："御史为朝廷耳目之官，自洪武、永乐、宣德年间，不分进士、知县、教官皆得除授，但选之甚精，而授之不苟。至正统年间，朝廷颁降宪纲，新进士初仕，不许除授御史。至正统八年，进士复得除之。成化六年，仍遵宪纲，凡遇御史有缺，止于进士出身知县并行人内行取。中间多有不分贤否，但资格相应，皆得授任者，所以未尽得人。乞敕吏部行移各处抚按等官，各于所属进士、举人除授到任六年以上知县内，从公推访廉慎公勤政绩昭著者，明白具奏。遇有御史员缺，吏部据此，并于考满行人博士内行取。如果六年以上知县员少，于办事二年以上进士中选取，仍照例会同本院官考选具奏除授。若所举不实，事发连坐以罪。如此则御史得人，而风纪振肃。"（《明臣奏议》）

由此可见明代人希望选任御史的慎重。大概新进之人，多好纠弹要声誉，明代御史结党营私、颠倒是非，纷纷攻讦者，不可胜数。甚至引用私人，做他自己的爪牙，渐渐发生朋党的弊病。这种重经验、重才能的选任，也许是为事实所逼迫的。

再明代的都御史出使，就是清代的督抚兼都御史的渊源。且看《续通志》上说：

明永乐十九年，遣尚书蹇义诸人送人巡行天下，安抚军民，名曰巡抚，事毕停遣，后定为都御史出使之职。兼军务者，加提督；有总兵者，加赞理；事重者加总督。又有经略总理整饬抚治巡治诸衔，然必以都御史任之，以便行事也。盖仿秦监御史，唐巡按州县御史之制，而其秩较尊，大略元之行御史台同。

明代在巡抚之外，有巡按御史，与巡抚不同统属。又兼多用新进好事之人，往往倚势作威，受贿不法，或干涉州县之事，任意举措。清代裁去这个官职，事权才能统一。故御史出使一制，也是明代御史制度上很重要的一点。自秦代监郡，唐代巡按，元代行御史台，经过明代巡抚，而变成清代的督抚兼都御史制，这也是研究御史制度的人所应当注意的。

第三章　给事中官职的沿革

第一节　自秦到隋

给事中一官，在清代以前，或属于集书省，或属于门下省，或独立自为一曹，皆和御史台或都察院不生关系。到了清代雍正元年，才使六科改隶都察院，把台谏两官完全合并起来。故在清代以前，给事中制度的变迁沿革，不能不和御史制度的变迁沿革分别叙述。

给事中一官，在六朝以前，大概多以名儒、贵戚充任，除侍从左右，备君主顾问外，似还有"封驳"的职掌。封驳之事究竟始于何代，很难考定。照顾炎武《日知录》说："汉哀帝封董卓，而丞相王嘉驳封还诏书。后汉钟离意为尚书仆射，数封还诏书。自是封驳之事多见于史，而未以为专职也。"由此看来，王嘉封还诏书，可算是后世给事中封驳的渊源了。考给事中设为官名，大概是从秦代开始的。故《晋书·百官志》说："给事中秦官也。"但是秦汉时代虽然都有给事中的官名，可是只是加官，并非正员。给事中设为专官，大概是起于晋代。不过汉代的给事中虽然没有正员，可是他的职掌已经有做后代给事中职掌渊源的资格了。现在姑且抄出几条关于给事中的记载为证：

　　"给事中亦加官，所加或大夫、博士、议郎，掌顾问应对，位次中常侍。"（《汉书·百官公卿表》）

　　"《汉仪注》曰：'诸给事中日上朝谒，平尚书奏事，分为左、右曹，以有事殿中，故曰给事中。多名儒国亲为之，掌左右顾问，位次中常侍。'"（《册府元龟》）

照这样说来，给事中不过是君主的趋从左右以备顾问的近臣，和侍中、给事黄门侍郎等官之侍从左右，出入禁中者，地位都很相近。汉武帝用儒者孔安国做侍中，掌唾壶，当时多以为是儒者之荣，正因为他能够陪侍左右。至于给事中也是这样。照《汉书》所载，那时曾做过给事中的，如韦贤、匡衡是经学家，刘向是宗室，金敞、金钦是功戚，可见若不是名流贵戚，便很难侥幸得到这样的荣任。他们所以能够"平尚书奏事"，"掌顾问应对"，正因为他们都是君主尊宠之人，和清代所谓"内廷行走"大致相似。后来这个官职，所以得到专掌封驳的职任，就是因此而起。故《历代职官表》说："所掌在平尚书奏事，则后来封驳之任，亦已权兴于此矣。"（《历代职官表》卷十九）

后汉到了章帝以后，把给事中废掉，到曹魏又置给事中，但仍同汉制一样，只为加官。（《通典》说"'或为正员'不确似以后"。《历代职官表》为是）到了晋代，据《晋书·百官志》说："给事中魏世后置，至晋不改，在散骑常侍下，给事黄门侍郎上。无员。"又据《唐六典》说："晋代无加官，亦无常员。隶散骑省，位次散骑常侍。《晋令》云：'品第五，武冠，绛朝服。'"这样看来，晋代的给事中已经无加官，而且品位已经定为第五，一定是设下正员了。故《历代职官表》说："晋给事中设有定品，《册府元龟》载武帝授张建陈劭二诏，俱不言以某官给事中，可知并非加官。是给事中之为正员，始自晋始也。"（《历代职官表》，卷十九）不过晋代就官制说，自加官变成正员，可算是进步；就用人说，自名儒勋戚转移到"帝室茂亲，或贵游子弟"，又可算是退步。

到了六朝，给事中的品秩和职掌更比较从前确定了。照《唐六典》说："给事中宋、齐隶集书省，位次诸散骑下，奉朝请上。梁、陈秩六百石，品第七。"又《通典》说："宋、齐给事中隶集书省，梁、陈亦掌献纳，省诸闻奏。"又《隋书·百官志》说："梁集书省有给事中，掌侍从左右，献纳得失，省诸奏闻。文书意异者，随事为驳。陈承梁，皆循其制官。"

从以上的各条看来，给事中一职，在梁时已经有"随事为驳"的职掌，可见给事中的"封驳"的职任，实在是从梁代起的。（《通典》说"今之给事中盖因古之名用隋之职"。）可惜到南齐以来，给事中的人数既多且滥，因而不能得人，比较汉代，确是大大的退化了。

北魏有中给事中（从第五品）、给事中给事（从第三品上）及北部给事中、南部给事中、主客给事中等名称，但是史书上都没有详载他们的职掌。到了北齐，给事中不但有明定的职掌，并且有明定的员额。且看《通典》说："北齐给事中亦隶集书省，凡六十人。"又《唐六典》说："北齐集书省署给事中六十员，从第六品上。"《隋书·百官志》并详载北齐给事中的职掌，说："后齐集书省掌讽议左右，从容献纳，给事中六人（当是'六十人'之误）。"由此看来，北齐的给事中已经定下额数，设为定缺，可算是给事中制度上的又一进步。

后周把给事中改为给事中士（六十人）属天官府，"掌理六经，及诸文志，给事于帝左右。其后六官之外，又别置给事中四人"（《唐六典》）。到了隋代，给事中又改名给事或给事郎，员额虽然大大地减少，可是职掌却由此渐渐的确定。且看《隋书·百官志》说："高祖受命，置门下省，有给事二十人，掌部从朝直。开皇六年，吏部又别置给事郎，散官番直，常出使监检。炀帝即位，移吏部给事郎为门下之职，位次黄门下，置员四人，从五品，案读奏案。"

隋制有可以令人注意的两点：第一，从前的给事中属集书省，到隋代属门下省，后世便因袭不改。第二，隋以前给事中或专事侍从，或聊备顾问，或掌理经籍，自隋承宋、齐、梁、陈的旧制专掌"省读奏案"便为后代抄发本章的渊源。故《历代职官表》说："今……六科职掌所沿，亦本于隋代，"就是此意。把以上各代的给事中的职掌总括起来，计有五项：第一，侍从左右，备顾问；第二，献纳得失；第三，省读奏案；第四，驳正违失；第五，掌理六经文志。

第二节　自唐到宋

给事中一职，到唐、宋、梁代，在法令上所载的职权，可算是发达到了极点。尤其是唐代重谏官，薄御史，故谏议大夫和给事中可称为侍臣，而御史却只能称为法吏。给事中在封驳外还有他种的大权，直到唐代才在法律上有确实的根据。且看《旧唐书·职官志》说：

> 给事中四人，掌陪侍左右，分判省事。凡百司奏抄，侍中审定，则先读而署之，以驳正违失。凡制敕宣行，大事则称扬德泽，褒美功业，覆奏而请施行；小事则署而颁之。凡国之大狱，三司详决，若刑名不当，轻重或失，则援法例退而裁之。凡发驿遣使，则审其事宜，与黄门侍郎给之；其缓者给传，即不应给，罢之。凡文武六品已下授职官，所司奏拟，则校其仕历浅深，功状殿最，访其德行，量其才艺；若官非其人，理失其事，则白侍中而退量焉。若弘文馆图书之缮写、仇校，亦课而察之。凡天下冤滞未申及官吏刻害者，必听其讼，与御史、中书舍人同计其事宜，而申理之。录事四人（从七品上），主事四人（从八品下），令史十一人，书令史二十二人，甲库令史七人，传制八人，亭长六人，掌固十人，修补制敕匠五人。

再看白居易《长亭集》说：

> 给事中之职，有制敕不便于时者，得封奏之；刑狱有未合于理者，得驳正之；天下冤滞无告者，得与御史纠理之；有司选补不当，得与侍中裁退之。率是而行，号为称职。

《新唐书·百官志》说：

> 凡百司奏钞，侍中既审，则给事中驳正违失。诏敕不便者，涂窜而奏还，谓之涂归。

锡田《论军国机要朝廷大体疏》说：

> 臣又读《唐书》，见给事中得以封驳诏书，封谓封还诏书而不行，驳谓驳正诏

书之所失。

由此看来，唐代的给事中职权扩张很大，可以封驳诏敕，可以驳正刑狱，可以纠理冤滞无告，可以裁退选补不当。门下省事可以由他分判；若侍中、侍郎并缺，可以由他兼封题给驿卷。故从职权上说，给事中一职，到唐代真可算是权力大到极点了。不过在六朝以前的给事中，天天追随左右，掌故问应对，故常常能在诏书未曾起草之前，就可以献纳得失，驳正违误；到了隋唐时代，"给事中……皆以外廷之臣谓之，并不预宫中之事"（《文献通考》自序）。故只能涂窜于诏书已下之后，不能陈说于诏书未制之前。这可算是给事中这一官，由宫内移到宫外及由事先谏止变成事后谏止的一大变革。但是唐制虽有这种变革，可是凡诏旨和百司的奏疏由中书宣出者，皆必先经给事中书读，然后才交到外面实行。比较清代凡重要或秘密的诏旨皆由军机处密行，不由给事中手中经过，却大不相同了。

五代的时候，给事中大概皆兼他官，不能专司封驳之任。故给事中的固有职权在五代时几乎停止，因此，这个制度便没有什么进步可说。到了宋代，给事中在制度上有两个重要的变迁：一是给事中分治六房，一是给事中升为门下后省的长官。现在且先举史志为证：

> "给事中四人，分治六房，掌读中外出纳，及判后省之事。若政令有失当，除授非其人，则论奏而驳正之。凡章奏，日录目以进，考其稽违而纠治之。故事，诏旨皆付银台司封驳。官制行，给事中始正其职，而封驳司归门下。"（《宋史·职官表》）

> "元丰五年四月，知谏院舒亶试给事中，自是给事始除为职事官。"（《文献通考》）

> "元丰官制：门下增设后省，以左散骑常侍、左谏议大夫、左司谏、左正言、给事中为门下后省，设案六。建炎（高宗年号）三年，诏谏院别置局，不隶两省。又因旧制，置门下后省，以给事中为长官，四员而额，掌封驳书读，设案四。"（王应麟、玉海）

从这几条上看来，宋初给事中几乎和五代一样，多用他官兼任，直到元丰官制施行时，给事中才有专任的官员。明代给事中分为六科治事，乃是承继宋代给事中分治六房的旧制，故这一类的变迁，在给事中制度的沿革上，含有很重要的意味。到南宋后，又设门下后省，用给事中为后省的长官，自此而后，给事中已经渐渐的进步，封成独立的一曹。后来金代废门下省，仍留给事中一官，和宋代的给事中自为后省的长官，大有因果相聊的关系。故宋代给事中制度变迁的这两点，是很值得我们注意的。

宋代的谏官与台官例不相见，天禧之后，虽然设言事御史，可是谏官仍是谏官，故真宗时有令谏官奏论宪臣弹举的诏书。大概台谏两官在宋仍然分立，故谏官、御史可以互相纠驳。至于给事中虽同谏议大夫、拾遗、补阙、司谏、正言等同属门下省，但他的主要职务在主封驳书读，当然和谏官不大相同。自宋代起，渐渐有嫌恶谏官的倾向，所以谏官往往不常除人。到了后来三省的制度一废，凡谏议、司谏、正言等官在门下省者，也因之而废。虽有谏院，也不常除官。到了明代，只存给事中一职，因把前代谏议、拾遗、补阙等职务，一并兼而有之。这是宋以后给事中制度和职权变迁的大概，推求原因，实在是宋代给事中独立自为一曹的事实上发生出来的。故我们关于这一点，不能不特别的注意。

第三节　自辽金到明

到了辽、金而后，谏官一职，不是名存实亡，便是名实皆废。至于给事中虽名衔未改，可是职权却常有变更。"辽南面门下省有给事中，次于散骑常侍。"（王圻《续文献通考》）金代没有门下省，因而没有主封驳的机关，故特设审官院来掌封驳。至于给事中名目虽存，实则不掌封驳的职务，不过附属于管朝会宴享的宣政院，作为内侍转官罢了，故我们所应该注意的，只在金代废掉门下省而仍留给事中一官的一点，至于给事中的职权却是名存实亡了。

元代的给事中据《元史·百官志》说：

> 给事中秩正四品。至元六年，始置起居注、左右补阙，掌随朝、省、台、院诸司。凡奏闻之事，悉记录之，如古左右史。十五年，改升给事中兼修起居注，左右补阙改为左右侍仪奉御，兼修起居注。皇庆元年，升正三品。延祐七年，仍正四品。后定置给事中兼修起居注二员，右侍仪奉御同修起居注一员，左侍仪奉御同修起居注一员。

由此看来，给事中的职掌，到元代又发生一大变迁。在唐、宋两代，给事中与起居郎虽同为门下省的属官，但给事中掌封驳，起居郎掌记注，职事本是不一样的。到了金代，特别设一记注院，专掌修起居注事；而给事中虽然不掌封驳，却也不掌记注。一到元代，给事中便变成兼修起居注的官吏。名衔虽然与唐宋一样，而职掌却和唐宋大异。故就给事中本职说，也可算是名存实亡了。

但是元代的给事中虽然变成记注的官吏，可是这种职掌却也有个渊源。考宋代给事中曾掌五案："曰上案，主实礼及朝会所行事；曰下案，主受发文书；曰封驳案，主封驳及试吏棱其功过；曰谏官案，主关报文书；曰记注案，主录起居注。"（《宋史·职官志》）由此看来，给事中主录起居注事，实在是自宋代起首的，元代不过因袭宋制罢了。但是在宋代，修起居注事不过是给事中许多职掌中的一种，在元代，则给事中乃以记注为专职，故名虽为因，而实则却是变革了。

到了明代，给事中的职掌，不但恢复唐宋的旧制，并且比较唐、宋两代给事中的职掌兼要扩张。因为自明革中书省后，并把一切谏官裁去，只留给事中一官，故给事中兼掌谏议、补阙、拾遗的责任。这就是明代给事中职掌扩张的唯一原因。不过唐宋的给事中属于门下省，明代的给事中却独立自为一曹（洪武中虽暂属承敕监或通政司，但皆是暂时的）。这又是明代的给事中渊源于宋，而和唐代不同的地方。

《明史·职官志》载给事中的官职很详，说：

> 吏、户、礼、兵、刑、工六科给事中一人（正七品），左右给事中各一人（从七品）。给事中吏科四人，户科八人，礼科六人，兵科十人，刑科八人，工科四人（并从七品）。掌侍从规谏，补阙拾遗，稽察六部百司之事。凡制敕宣行，大事覆奏，小事署而班之。有失，对还执奏。凡内外所上章疏下，分类抄出，参署付部，驳正其违误。吏科：凡吏部引选，则掌科同至御前请旨；外官领文凭，皆先赴科书字；内外官考察自陈后，则与各科具奏拾遗纠其不职者。户科，监光禄寺岁入金谷，甲字等十库钱钞杂物，与各科兼莅之，皆三月而代。内外有陈乞田土、隐占侵夺者，纠之。礼科，监订礼部仪制，凡大臣曾经纠劾削夺、有玷士论者纪录之，以核赠谥之典。兵科，凡武臣贴黄诰敕，本科一人监视。其引选画凭之制，如吏科。刑科，每岁二月下旬，上前一年南北罪囚之数，岁终类上一岁蔽狱之数，阅十日一上实在罪囚之数，皆凭法司移报而奏御焉。工科，阅试军器局，同御史巡视节慎库，与各科稽查宝源局。而主德缺违，朝政失得，百官贤佞，各科或单疏专达，或公疏联署奏闻。（虽分隶六科，其事属重大者，各科皆得通奏，但事属某科则列某为首。）凡日朝，六科轮一人立殿左右，珥笔记旨。凡题奏日附科籍，五日一送内阁，备编纂。其诸司奉旨处分事目，五日一注销，核稽缓。内官传旨必覆奏，复得旨而后行。乡试充考试官，会试充同考官，殿试充受卷官。册封宗室、诸蕃或告谕外国，充正、副使。朝参门籍，六科流掌之。登闻鼓楼，日一人，皆锦衣卫官监莅。洪武元年，以监察御史一人监登闻鼓，后令六科与锦衣卫轮直。受牒，则具题本封上。遇决囚，有投牒讼冤者，则判停刑请旨。凡大事廷议，大臣廷推，大狱廷鞫，六掌科皆预焉。

从这一段话看来，明代的六科制度，在历史上可算是没有先例的特别制度。明制本多因袭元制，但是给事中在元代却不分科；宋代的给事中分治六房，虽然可算是明代六科的渊源，但是究竟是否如明代分职的详尽，史志上无从稽考。而且唐宋的给事中虽然和别的谏官同属一省，但是给事中只掌封驳，不掌其他的谏诤，职权究竟大有不同。到了明代，给事中官与职都大大的增加，给事中之上，有都给事中，有左右给事中；而都给事中为六科领袖，格外慎重选任，又可见他的职掌的尊重。至于职务的扩张，是把从前所有的谏官职掌，兼而有之，专司封驳的官吏，一变成为奏论朝政得失、百官贤佞的官吏。而且六科都给事中凡章疏案牍得与部院各衙门平列，官虽很卑，职权却很重要。

明代的纪纲，多靠六科维持；明代各部，又多怕"科参"的厉害。且看顾炎武说："明代虽罢门下省长官，而独存六科给事中，以掌封驳之任。旨必下科，其有不便，给事中驳正到部，谓之科参。六部之官无敢抗科而自行者，故给事中之品卑而权特重。万历之时，九重渊默；泰昌以后，国论纷纭，而维持禁止往往赖抄参者力，今人所不知矣。"（《日知录》）

在顾氏看来，明代的六科在历史上是很有价值的制度。不过明代的六科独立，无所统属，故往往放纵自恣，干预分外的事务。例如"赵兴邦在兵科，至以红旗督战，敢干预兵事机宜，侵挠国政"（《历代职官表》）。反不若御史尚受堂官的考察。而且科道两方，互相对峙，党同伐异，叠相攻击，竟没有方法去调和他们。这也是六科独立的一大弊病。清代把六科归并到都察院，大概是以明制为殷鉴了。

第四章　清代科道制的概略

把台谏完全合并起来，在六科之外，不设别种谏官，这样的制度是从清朝起首的。清初还因袭明制，六科独立，自为一署，直到雍正元年，才把六科归并到都察院，造成台谏完全合一的制度。清代都察院的职掌如下：

"都察院专掌风宪，以整纲饬纪为职。凡政事得失，官方邪正，有关于国计民生之大利害者，皆得言之。大狱重囚，偕刑部、大理寺谳平之。左都御史，满、汉各一人（从一品），左副都御史，满、汉各二人（从三品）。右都御史，右副都御史，俱外省督抚加衔，无专职。"（《皇朝文献通考》，卷八十二）

"吏科、户科、礼科、兵科、刑科、工科掌稽察六部百司之事，凡制敕宣行，大事覆奏，小事署而颁之。如有失，封还执奏。内外章疏，分类抄集，参署付部，驳正其违误焉。"（《续皇朝文献通考》，卷八十二）

"监察御史掌纠察内外百司之官邪，在内：刷卷、巡视京营，监文武乡、会试，稽察部院诸司；在外：巡监、巡漕、巡仓等，及提督学政。各以其事专纠察。朝会纠仪，祭祀监礼，有大事集阙廷预议焉。"（《皇朝文献通考》，卷八十二）

"分道十又五：曰京畿，曰河南，曰江南，曰山西，曰山东，曰陕西，曰湖广，曰江西，曰福建，曰四川，曰广东，曰广西，曰云南，曰贵州。"（《皇朝文献通考》，卷八十二）

以上为都察院及科道等的职掌。此外还有科道的各差，如巡视仓库、监课、漕运，满洲台湾五城的各科道，又各有专掌。现在列表如下。（见下页）

清代都察院六科十五道的职掌，大致已经在前面叙述过了，现在且把他们的职权综合起来如下：

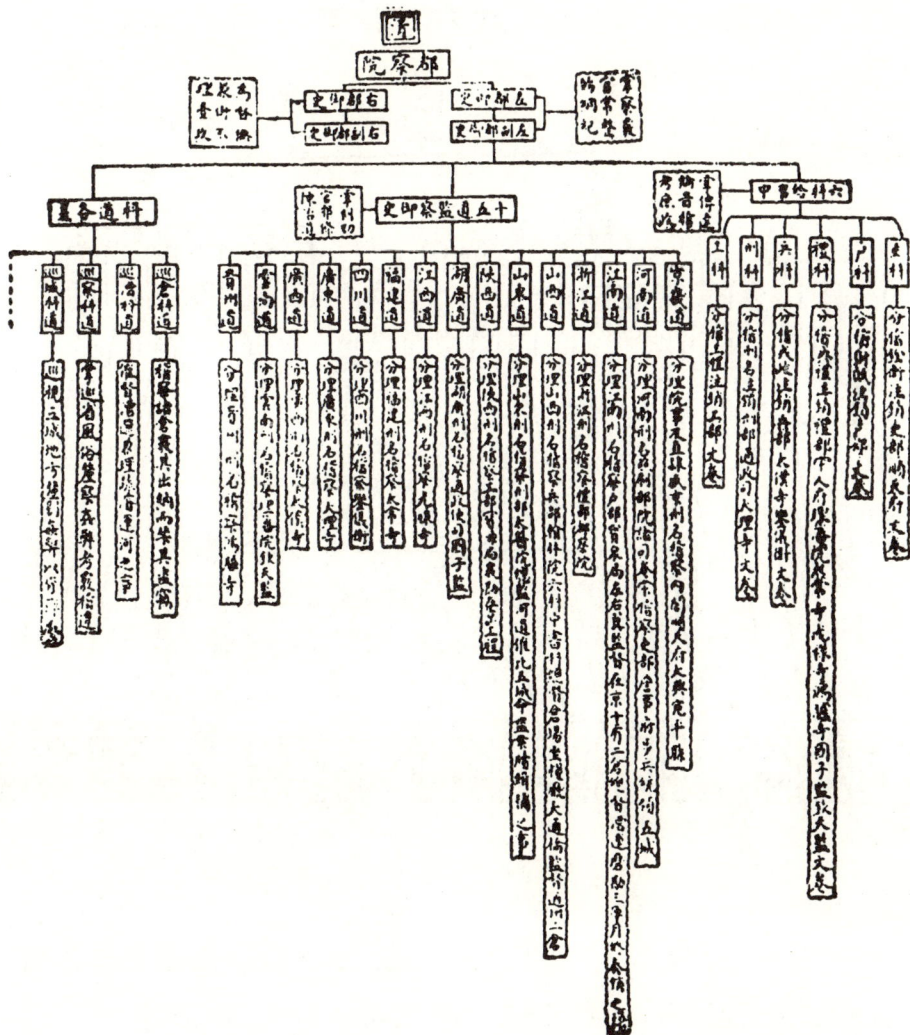

第一，谏议政事权。清代承继唐宋旧制，凡左都御史、左副都御史、给事中、监察御史都许风闻奏事。旧有轮班条奏之例，凡政事得失、民生疾苦、制度利弊、风俗善恶，皆能以耳目官的资格，尽量陈奏。故顺治十年上谕："凡事关政治得失、民生休戚、大利大害、应兴应革、切实可行者，言官悉心条奏，直言无隐。"平时的条奏，随人各抒意见，如果遇到政事上有大缺失，便可由各道全体列名，共同封进。清初设有建白簿，由各道轮流司管，遇有可言的事件，即由有司建白者具稿，会同各道御史署名奏陈。

第二，监察行政权。不管是中央官厅，或是地方官厅，凡他们所管事务的施和成绩，皆当向都察院或各科、各道报告，各科道得检查，这一类的报告，兼察视政治的状

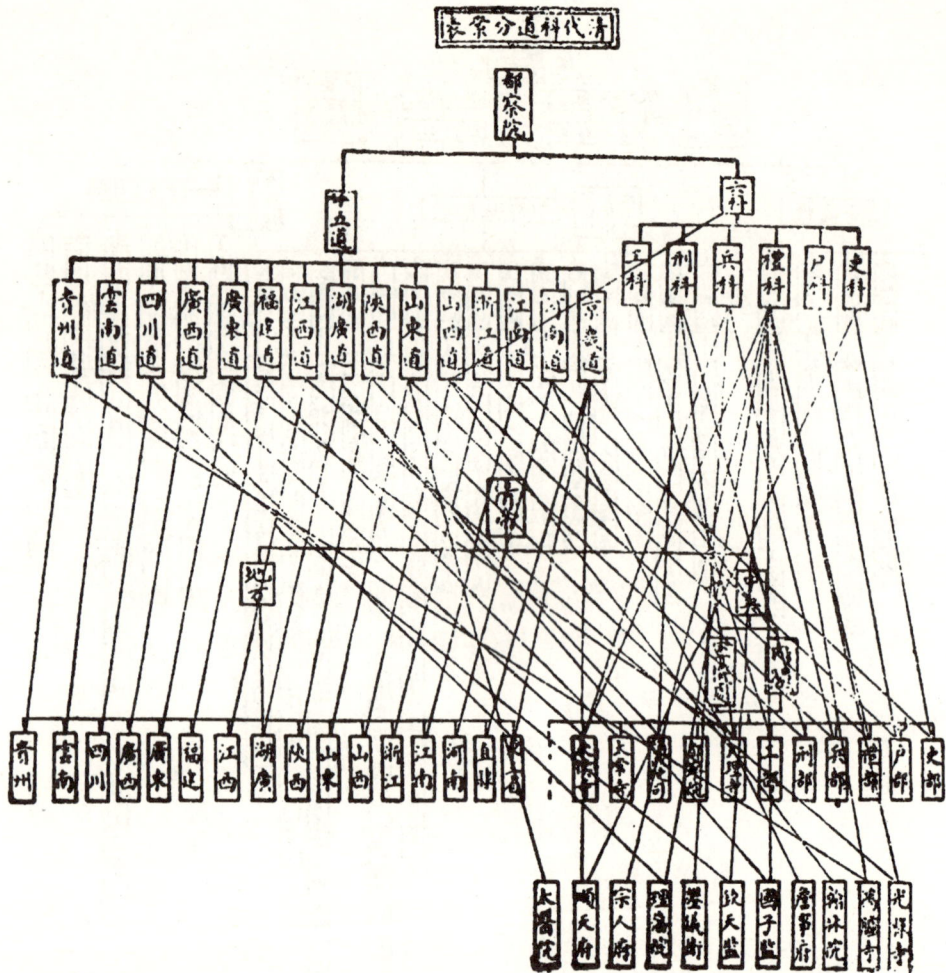

况。如有违反法令，妨碍公益，以及紊乱官纪的事情，都可由各科道奏请纠正。

第三，考察官吏权。凡"京察"由本衙门考核，填注考语事迹，造册密送吏部、都察院、吏科、京畿会考。至于外官"大计"，由各省督抚核实官评，分别具题吏部会同都察院、吏科、京畿道详加考察，分别奏请。如果有鉴衡不公、黜陟失当、徇情滥保、姑容不职者，皆可由科道纠参。此外如吏、兵等部及宗人府等衙门的议处人员，如降级、罚俸等惩戒处分，亦由都察院堂官察核例案，定议具奏。

第四，弹劾官吏权。都察院虽然有监察行政、考察官吏的权，但却没有指挥命令官吏的权，并且没有直接的惩罚官吏的权。故都察院监察权的行使，全靠这弹劾官吏权来做保障。弹劾不用都察院的名称，只用御史的名字，各御史皆有独立的弹劾权。因为都察院有整饬风纪的责任，故在法律问题之外，还可以管道德问题。因此不独对于百官违反法令及妨害公益的行为，可以弹劾；就是对于官吏个人的私德、私行，也可以弹劾。

不但对于败坏风纪已成事实的行为可以弹劾；就是对于风闻传说，未明真相的行为，也可以弹劾。不独对于普通官吏可以弹劾，就是对于王公、贝勒、大臣也可以弹劾。天聪十年，上谕："凡有政事背谬，及贝勒、大臣有骄侵慢上，贪酷不法，无礼妄行者，许都察院直言无隐。即所奏设虚，亦不坐罪。"（《钦定台规》，卷二）这种风闻弹劾的旧例，的确是御史的唯一保障。

第五，会谳重案权。凡犯罪至死的重狱，必定要下刑部、都察院、大理寺三法司会同复核。这就是近代司法制度中的终审权。古代御史职在执法，故常常被称为法吏。清代也承认"御史理刑，其职掌"，故"凡交三法司核疑事情，御史会同大理寺官而审同议"（《钦定台规》，卷一）。至于"各省刑名事件，分道御史与掌道御史一同稽核"（《钦定台规》，卷一）。"若意见不符，或有两议者，应于五日内缮稿送部，一并具题。至外省会稿事件，有另议，亦于五日内缮稿送部。"（《钦定台规》，卷一）由此可见都察院随同刑部、大理寺核审，虽然没有独立的审判权，可是却能以独立的意见拟定判决书上陈君王。故都察院至少也可算是构成终审裁判机关的一个重要组成部分。

第六，辨明冤枉权。清代的上告，到都察院及通政使司衙门具本奏闻为止。顺治八年的上谕："自今以后，凡有奏告之人，在外者：应先于各该管司、道、府、州、县衙门控诉；若司、道、府、州、县官不予审理，应于该管总督、巡抚、巡按衙门控诉；若总督、巡抚、巡按不准，或审断冤枉，再赴都察院衙门击鼓鸣冤；都察院问如果冤枉应奏闻者，不与奏闻，准赴通政使司衙门具本奏闻。在京有冤枉者，应于五城御史及顺天府苑大二县告理；若御史府县接状不准，或审断不公，再赴都察院衙门、通政使司衙门具奏申告。"（《钦定台规》，卷十一）又十八年都察院题奏："官民有冤枉许赴院辨明，除大事奏闻外，小事立予裁断；或令行该督抚，复审昭雪。"（《钦定台规》，卷十一）由此看来，都察院乃是清代救济冤枉的上告机关，都察院处理上告案的方法有三：一是具本奏闻，二是咨回各该省督抚复审，三是径行驳斥。不过据嘉庆四年的上谕："遇有控告该省督抚贪渎不职，及关涉权要等事，或瞻徇情面，压搁不办，恐启随嘱消弭之渐，所关非小。"（《钦定台规》，卷十一）故关于这一类的上告案，一概不许"擅自驳斥"。由此可见都察院在事实上一半是救济冤狱的裁判机关，一半是行使行政裁判权的行政裁判机关。

第七，检查会计权。无论中央或地方官厅，凡经费的出纳，皆受都察院的监察，各官厅所作的会计报告，皆付都察院检查。例如户科，凡京内各衙门支领财物的册簿及捐项，皆得随时考查；京外各省的钱粮、杂税、漕粮、监课、关税等事，有浮冒舛错蒙混的，皆得指出参劾。故都察院对于会计的审查，似乎比近代审计院的权限还大。

第八，封驳诏书权。六科对于本章诏旨的封还驳正权，早定于顺治初年。就是"凡部院督抚本章已经奉旨，如确有未便施行之处，许该科封还执奏；如内阁票笺批本错误，及部院督抚本内事理未协，并听驳正"（《钦定台规》，卷十二）。这就是自梁、陈以来，历代给事中所有的驳正违失权。清代凡中央或地方官厅的本章，先经内阁阅看，附以意见，送到军机处，军机大臣在御前会议，决定后乃下上谕。上谕下即由给事中赴内阁领，分发各科。如果科员确实认定该上谕未便施行，即可说明理由，封还军机处。这就叫作封驳。唐代的给事中可以涂审诏敕，或就敕尾批却之，封还与驳正并用。到了清代，对于上谕只能封还，唯对于本章才可以驳正。故就法令说，六科对于君主的诏书，严格说来，只有对而无驳了。

第九，注销案卷权。顺治十八年的上谕："各部事务虽巨细不同，于国政民情均有关系，理宜速结。今各部一切奉旨事件，及科抄，俱定有期限，六科按月查核注销。其余不系奉旨事件及无科抄者，不专令稽察，必致稽迟。除刑部已差科员稽察外，吏、户、礼、兵、工五部亦应照刑部例，各差科臣一员，不时稽察。如有迁沿迟误事件，即行参奏。"（《钦定台规》，卷十二）此外如顺天府、宗人府、理藩院等等各衙门的文卷，也一律分科稽核，依限注销。如有逾限不结的事件，听各科指参。这种注销权后来虽然变成虚应故事，但是对于执行的监督，总算以这个方法为最周密了。

第十，监察礼仪权。自汉代用御史纠仪而后，历唐宋到明清，监察朝仪的职掌或归殿中侍御史，或归监察御史。清代的朝会，必由御史稽察朝仪，遇有紊越班行，言语喧哗，威仪不肃者，皆可弹劾。至举行祭祀临雍各种典礼，也由御史稽察违失，肃正礼仪。这也是在专制时代，维持君主尊敬的一种重要的方法。

从上边所述的各种职权看来，科道乃是专制君主的耳目喉舌，他的职掌是非常的重要。大概专制的朝廷，政治组织的根本原理，就在以上制下，以内制外。御史制度不但是以上制下，以内制外的最好的方法。并且是政权出自一人的专制制度的最真实的表现。

第五章　结　论

大概只要是专制政治，万权总是自上而下的，绝不许有自下而上的监督权发生。凡是民治的国家，总由人民去监督政府和官吏，故治事之官多，治官之官少。凡是君治的国家，总只许君主一人有监督内外百官的大权，故治事之官少，治官之官多。中国的政论家，大概都承认州县知事是亲民之官，换句话说，就是治事之官。可是从州县知事朝上数，知府和直隶州知州是监督官，道台是监督官，藩臬是监督官，督抚是监督官；而督抚之上，除君主外，还有许多互相牵制、互相纠察的官吏。简单一句话，自直隶州知州和知府而上，一直数到君主，大都是治官之官，而都察院尤其是专以治官做职掌的。故民治的国家，虽然明明白白的知道代议制的坏处，可是总没有完善的方法用来代替代议制，反过来说，如中国从前那样的专制国家，也无论怎样发现出来的科道制的弊害，但总没有别的完善的方法，可以用来代替科道制。我们现在可以武断地说一句话：就是代议制是目前民治国家的唯一制度，科道制是从前专制国家的唯一制度。

科道在清代以前，不但机关分立，并且职权也绝不一样。就法令说，给事中掌宣行制敕，故居于内；御史掌纠弹百官，故居于外。给事中所以监督朝廷；御史所以监督官吏。一是纠正于法令未布之先；一是纠正于败坏已成之后。就在清代，科道虽然合一，但是六科分察京内各部院的文书；十五道除稽察京内各部院事务外，还分理京外各省的刑名。一是偏重在纠正君主的违失，一是偏重在纠正百官的违失。故科道的职权，在法令上仍然是分立的。不过自唐代重谏官之后，到了宋元各代，或谏官多不除人，或并谏官一概裁去。虽然仍慕盛代多设谏官的美名，勉强把给事中一官留下，可是却不想给给事中以谏诤的职权。明代所谓科参，乃是参六部，并不是驳君主。到了清代，六科既已附属于都察院之后，事实上便成察言官，就是名义上有言责，也不能实行。故清代的实例，往往科中只留一人，虚应抄发本章的故事，其余的科员多同御史一并出差。例如城仓、漕、监等差，科道一并充任，出差人多，留科人少，乃是数见不鲜的故事。最大的原因，就因为在君主专制的朝廷，只愿科道察臣下，绝不愿科道察君主自身。自雍正以后，上谕或由军机处密下，或由内阁直达各部。故名义上虽有给事中一职，而事实上给事中谏止无事可做；他们既然无事可做，便不得不借口科道核疑，以言官去做察官的事了。

清代自科道合一而后，六科几乎等于裁撤，且看乾隆十一年曹一士《请复六科旧制疏》说："《会典》开载：凡内阁交出秘本，由各该科挂号，即将原封送各该部，取职名附簿备查。是从前秘本未有从内阁径下者，即前代中书、门下省更互棱验之意也。今臣到任以来，所发见各科本章，只有红本，而秘本并未一见。至皇上论旨径由内阁发部者，臣等迟至浃旬，始得从邸抄一读。如此则虽欲有所论列，或已无及于事，似非设立科臣之初旨也。"（《皇朝掌故汇编内编》，卷一）

再看光绪年间，蔡镇藩《请审官定职疏》说："今事或由廷寄，或由阁抄，其下科者皆系循例奏报，所无用其参驳。虽察六部，只按月由部赴科注销而已。"（《皇朝掌故汇编内编》，卷一）

这就是清代的六科失掉封驳的职掌，至于无事可办，不得不和御史做同样事务的明证。历代的君主，大多数嫌恶言官，对于谏官或缺出而不除人，或并谏官而不设，或勉强在名义上设几个谏官，在事实上却不愿他们尽职。自宋以后，虽也许御史兼言事，但是如果直言君主自身的缺失，总是无效的多，有效的少。故近代的台谏实际上都变成察官之官，这就是台谏不得不合一的原因。

在现在的民治国家中，代议制虽然可以任人尽量的反对，可是民治的原理——就是由人民管理政府、监督官吏的原理，总是反对不掉的。如果民治的原理无法可以根本推翻，那么自上而下的监察制度便根本上没有可以存在的余地。再在现在的分权国家中，联邦制虽然也尽可以仍人反对，可是政治分工的原理——就是地方自治、行业自治的原理，总是反对不掉的。如果政治分工的原理无法可以根本推翻，那么，由内制外的监察制也根本上没有存在的可能。我们也承认现在无论哪一国都没有把科道的职权完全废掉，可是我们同时又承认无论哪一国总不能把科道的职权统统集中在某一个由政府任命的机关。

中国人现在，可以说有大多数人痛心疾首的咒骂代议制，但是平心而论，民国十四年来可有一件事是因为实行代议制而失败的？我敢断言：中国代议制的失败，只是没有真正实行代议制的结果，并不是真正实行代议制的结果。换句话说，正因为代议士受政府威迫利诱而失败，并不是因为代议士受人民支配操纵而失败。现在想废掉那受政府威迫利诱的代议制，而代以仍然免不掉受政府威迫利诱的科道制，可不是以害易害吗？大家因为深恨议员万能的弊害，便忘却了御史万能的弊害；因为深恨议员结党营私、依附权势的弊害，便忘却了御史结党营私、依附权势的弊害。可是议员的行动或多是党派的行动，一个人往往未必能任意的为非作恶；至于御史的行动多是个人的行动，故一个人往往可以任意的横行无忌。故国会固然一方面可以牵制住少数的好人，使他们不能发挥个性，可是同时又可以牵制住少数的坏人，使他们不能自由作恶。反过来说，御史制度固然可以使一个好人独立的行使监察权；可是同时又何尝不能使一个坏人独立的妄用监察权呢？

中国的政治紊乱，并不是因为各种监察权没有机关行使，只因为各机关法律上有监察权，事实上不能行使监察权。照上边所列举的科道职权，除掉极少数的职权没有行使的必要外，其余的职权大概都分散在各种不同的机关。例如建议政事、监察行政、弹劾官吏各权，都分配在国会。官吏的考绩权，如京察、大计等，都分配在各种监察官厅；关于铨选、叙任的考核权，都分配在铨叙局；官吏的惩戒处分确定权，都分配在惩戒委员会。关于刑事案件的终审权分配在大理院；检举权分配在检察厅；判断违法不公的救济权又分配在各级审判厅。检查会计乃是审计院的专责，封驳诏书很有些像国务员的拒绝附署，又是阁员的责任。至于辨明冤枉权中，有一部分是关于行政处分的违法或不公的救济，现在的平政院专管行政裁判，就是属于这一类。文卷的注销权虽然没有专管的官厅，但是上级官厅的核销，与六科但在文书上查核，相去也不甚远。民治的国家，不尚严肃繁重的典礼，故纠仪、监礼等权，早已根本上不能存在，就是现在要想恢复科道制，也当然没有恢复这种职权的余地了。故为目前的中国计，关于这一点，只需提高改善行使监察权的地位和组织，似不必另起炉灶的重新创造新机关。

（整理者单位：中国人民大学法学院）

朱章宝**编　游传满整理

法律现象变迁史*

第一章　宇宙现象及其法则

《淮南子》说："四方上下谓之宇，往古来今谓之宙。"宇就是空间，宙就是时间。

---

* 本书现藏于中国人民大学图书馆旧平装书室，图书检索号 J 340.9/828.3。在本书整理过程中，对原作不作任何有损原意的改动。原书为竖排版，现改为横排。原文"如左"、"如右"之类用语，相应改为"如下"、"如上"等；原书所用繁体字、异体字，现全部改为简体字、正体字。个别若作改动会有损原意者，则予以保留，另加注说明；原书标点使用不规范者，现在一律代之以现在规范通行之标点符号；原书所用译名，若有现行通用译法，则按现在译法。

** 朱章宝（1888—1968），男，义乌陇头朱田里村人。两度留学日本，1916 年获东京帝国大学法学博士学位，曾任教于上海法学院、暨南大学、大夏大学等。代表作：《行政法总论》，《法律现象变迁史》等。

我们往往用"宇宙"二字来表示极大的空间和极长的时间；我们所称"宇宙现象"是指极大的空间和极长的时间内所包含的一切现象而言。宇宙是无穷尽的，我们在宇宙间所能认识的现象，究竟有几何？我们把所知的的和未知的相比较，相差几何？可分别空间和时间来研究一下。

从空间方面说，所谓"宇"，就是各行星所运动的太空，太空有几何大？天文学家虽还没有精确的计算，但是我们可以看那太空中的各行星，都各有其轨道绕着太阳而运行，八大行星中，海王星距离太阳最远，约有二十八万万英里，可见太空的广袤是在五十六万万英里以上；地球的体积，在八大行星中居第五位，他的直径不过八千英里，而太阳的体积大于地球一百二十五万倍。我们从这些观念来推想，便可知地球在太空中真不啻"沧海一粟"。再说地球的面积，约一万九千七百万方英里，其中海面占有一万四千五百万方英里，陆地占有五千二百万方英里，可见我们所居的大地不过全地球面积四分之一；人类能驾飞机而航空，高可升至五英里，纵使再有进步，而地球表面上的空气最高度亦不过二十英里；这样说来，人类在空间全体中所活动的境域，又不过"沧海一粟"中的几分之一罢了。

从时间方面说，所谓"宙"，是包含往古来今说的，来今的时间，无法预测；单就往古的时间说，地球生成以前，又是不可考究了；姑且说地球的年龄，学者所说亦颇不一，奥兹本（Osborn）则估计为一万万年，赫胥黎（Huxloy）则估计为四万万年，也有估计为十六万万年的，可见地球生成以来的年代是很久远了；至于地球上发生人类以来，多数学者都说有五十万年了，而人类有史以来，则不过六千余年，若把他和地球年龄比较，真不啻"万世一瞬"。

宇宙既是无穷尽的，绝不是人类的能力所能观察其究竟，有如牛顿（Newton）所说："吾人所得的知识，犹之孩童在海滨拾取砂粒，所知者不过已得的一小粒，而未知者还有如眼前的茫茫大海。"这个譬喻，真是确切。人类的能力固然是日有进步的，从伽利略（Galilei，1564—1642）发明望远镜以后，人类便能逐渐发见（现）了许多很远的东西；从雷汶胡克（Leewenhoek，1632—1723）创造显微镜以后，人类便能逐渐发见了许多极微的东西。但是，即以人类能力所应该观察得到的现象，往往又为机会或其他的条件所限制，未必都能观察得到，所以当我们研究某一种现象的时候，每不能尽量的搜集一切材料；现代科学上所采用的，大都是"不完全的归纳推理"（imperfect induction），故研究所得的结果，亦不过是一个"尽然"（probability）的关系。由此可见，我们所能认识的宇宙现象真是有限得很了。

我们姑且把所能认识的宇宙现象分为"自然现象"和"社会现象"两种来说：自然现象是指太空中的一切星球的状态和运动，以及地球上山岳、河海、气候、潮汐、金石、木、鸟、兽、人类等的存在和变化。凡本乎自然的演化而生成流动的一切现象而言；社会现象，是指人类社会生活中，由人力去变更自然的形式所产生的一切物质文明，以及人类相互间的各种关系，如风俗、习惯、政治、经济、宗教、道德、艺术等的发生和变迁，凡非自然的产物而由人类的意志行为所演进的一切现象而言。

人类原是自然现象界的一分子，关于人类的生长老死，人身的新陈代谢，及其他一切自然的活动，本来属于自然现象；但是人类的生长老死大半已失却自然的本相，而如思想、言语、行动等都是由人类社会中的交互刺激和递嬗递变的结果，则又是属于社会现象了。

宇宙间一切现象的生成流动，都有"因果关系"，就叫作"法则"。自然现象界，有"自然的法则"，据天文学家所研究，天体的最初，是一团星气（nebula），能自由旋转运动而凝集为各星球，不外乎"力"和"质"交互推移的作用；进化论中，有"翕以聚质"，"辟以散力"，"质不灭"，"力常存"等根本的法则；大而至于天体界各星球的构成运动，小而至于无生物界的砂粒和有生物界的草芥虫虱，他们的变化生灭，都含有上面所述那几个根本的法则。社会现象界，亦有"社会的法则"，人类的相互接触，由交互的"刺激"和"反应"的作用，社会关系于是乎密切，个人人格于是乎完成；人类为满足一切欲望，则有"支配自然"（control of nature）的种种方法；人类为营共同生活，则有"分工"和"合作"方法；人类团体生活的运动，则有"互助"和"斗争"两个相反而又相成的方式；这些都是人类社会生活所由形成而变迁的根本法则。

自然法则，是由自然自身所造成，而由人类发见出来的；社会法则，是由人类所造成，并由人类发见出来的。宇宙间一切现象是很繁杂的，人类却有一种"繁中求简"的努力；一切现象又是玄晦的，人类却有一种"晦中求明"的努力；一切现象又是很纷变的，人类却要从变中求其不变，就是要"异中求同"。这个"简"，"明"，且"同"的是甚（什）么？就是一切现象间的"因果关系"。宇宙间各种特殊现象的形态都是不相同的，然而其中发表若干共同的；每次所发生的现象也都是不相同的，然而其中必定有若干相同的原因。人类只靠他这一点有限能力，偏能控御那无穷尽的现象；换句话说，人类根据他从经验得来的"已知"，却能推求到那经验所不及的"未知"。因为人类能分析一切现象的，又能发见一切现象的因果关系，科学的系统于是乎完成。凡研究一切自然法则的，叫作自然科学，研究一切社会法则的，叫作社会科学。

自然现象是没有意识，没有目的的，一切的生成流动，都是无所为而为，不期然而然，故自然法则都有"必然"的关系，在空间和时间上的妥当性比较的大。社会现象是有意识、有目的的，就是人类为谋自己的生存和进化所试验选择而演成的，故社会法则一方面是含有必然的关系，他方面又含有"当然"的关系，就是人类要强制自己应该如此做，也可以叫作规范的关系，而这"应该"的标准，又常常跟着环境和时代而变迁，所以它在空间和时间上的妥当性比较的小。

我们所谓一切现象，都是依据我们的认识得来的，故一切科学都是建立在认识之上，而我们的认识又常常随着我们的需要和注意而不断的扩大；所以由认识而获得的一切法则，也不断地有改订或增补。那么，无论自然法则或社会法则，都没有超越时空而绝对的妥当性，不过自然法则比社会法则所适用的空间较广，所适用的时间较久。故自然科学的研究，是较为安定而易有进步；而社会科学的研究，则更觉渺茫而难得进步。

第二章　社会生活的分析

社会现象是甚么？前章曾有概括的叙述，我们再进一步来分析社会现象，研究人类社会各种特殊的现象是怎样发生？有甚么作用？不得不把人类的社会生活先来解剖一下；而人类的生活又是依照生物的法则而演进的，故又须先从一般生物的生活研究起。

一般生物都有"自己保存"（self-preservation）和"自己繁殖"（self-production）两种作用。如植物一类的生物，它时常要从外界吸收营养的物质，起新陈代谢的作用把它体内无用的成分排泄到外界去，这样循环不息，以维持他的生命，且促进它的生长；植物也能繁殖他的各族，或是无性生殖，或是有性生殖，或是雌雄同体，或是雌雄异体，总能使它的子孙代代相传，绵延它的种族。至于动物，则此种作用更为复杂，它们的自己保存作用，可分为"营谋食物"和"抵抗仇敌"两方面；而它的繁殖作用，亦可分离为"生殖"和"养育"两方面；此外又因内部机能发达的关系，而有游戏和工作等活动；因为达以上几种的目的，它们又时常会结合同类，共同觅食，共同御敌，并且需要家族生活，以完成产育子女的任务。在高等动物中，已发现有分工合作的生活，如蚂蚁之类，有专门产卵的，有专门做工的，有专门打仗的，且有做奴隶，而它们很能够和衷共济，联成一个大团体的共同生活。双如鸟类，或家畜动物如猫狗之类，它们的动作会能互相影响，互相变化，一个动物的动作当能作别个动物的刺激，而引起它的反应。例如甲狗向乙狗挑战，乙狗便起而应战或退避；一犬吠影，百犬吠声；母鸟教飞，小鸟学飞；猫来捕小鸡，则母鸡挺身奋斗以保护它的儿子等类。这些动作都已形成社会生活的基础，所以有许多学者说：社会生活不是人类所专有的，许多的动物都已有了。

人类的生活，是不能脱离生物法则的支配，故人生的基本目的，也就是生命保存和种族繁殖，而其实现目的的方法，仍不外乎上面所述的，营谋食物，抵抗仇敌，生殖，养育的四种作用。不过人类生活的各种作用，比较一般的动物更为复杂，我们可以把人类的生活分为五类来说明如下：

第一类的人类生活，是由一般动物营谋食物的作用演化而成的。人类由渔猎生活进而为畜牧生活，再进而为耕种生活，再进而为工商业生活；当初只晓得谋食，后来渐渐晓得谋衣，谋住，谋行；最初是只能采取天然产物，后来能够用人工去改变物质的形式以增加他的效用，又能转换产物的地位以调剂其有余和不足，于是往来交通的水陆道路便一天发达一天了。在这个进化历程中，早已能制造工具，使用工具，学者称为"制造并使用工具的动物"，这也是人类高出于动物的一个特征。且人类的"欲望"是无限制的，而自然界可以供人类生活资料的"货物"也是无穷的；由人类的欲望支配货物，用货物来满足欲望；前者叫作生产，后者叫作消费。生产消费交互演进，于是人类的谋衣，谋食，谋住，谋行，以至于其他一切谋生的活动，愈趋愈繁，所谓物质文明的进步，便没有底止。这样的生活，我们不能单称它为觅食生活，而应该称它为"经济生活"。

第二类的人类生活，是由一般动物抵抗仇敌的作用演化而成的。人类的敌是有许多种：有天灾的敌，有猛兽的敌，有同类中的异群（10 页）的敌，有阶级的敌。故人类有抗天，抗兽，抗人的种种斗争，没有一种不是为着保护自己而争的。他的斗争方法，更是变化多端：有积极的斗争，就是用武器替代爪牙，去征服猛兽和敌人；有消极的方法斗争，就是有防御工作，以防天灾，防兽患，防敌人的侵袭；又有和平的争，也可说礼让的争，就是设立种种规约和信条，使同类之间不至发生互相侵夺的行为，以消弭斗争于未然。以上种种方法，除抗天抗兽的几种特别设备外，若专从人与人争的一方面而说，则古来有进攻退守的军备；有反抗，屈服，联合，分离等权力关系的运动：这些都称为人类的"政治生活"。当斗争停止而相安一时的时候，则必有一种规约，订定相互的关系，限制个人自由，维持公共秩序，而增进其组织的机能：这是称为"法律生活"。更从人类的内心方面求改善，不需强制而能以礼让相等，有同情的结合，有共同的信条：这是称为"道德生活"。

第三类的人类生活，是由一般动物生殖的作用演化而成的。卵生动物一次可生数千百个卵，胎生动物一胎不过生数子，至人类则一胎双生的尤为罕见，故人的生殖比一般动物较为艰难。但是人类的性行为却比一般动物无限制，而性交又不像动物那样专靠一时的冲动，常带些情操的作用，故人类的性交则比一般动物较为发达。一般动物的两性感诱，只靠他天然的声音、香气和色彩，或偶然的一些求配偶的动作。至人类则能用人工的装饰，和音乐芬芳刺激，且有言语文字及其他动作的表情，以互相感诱。故人类的两性结合，比一般动物更为深厚，而性的选择和竞争，亦比一般动物尤为剧烈。人类一方为谋生殖的繁衍，他方又须防遏性交的竞争，于是创立配偶的制度，以恋爱的关系为基础，而以道德法律为制裁：这是称为"两性生活"和"婚姻生活"。

第四类的人类生活，是由一般动物养育的作用演化而成的。人类的成熟期（period of maturity）比较一般动物最为长久，所以生出后必须依靠父母有长时间的鞠养。在蚂蚁蜜蜂等动物，雌的专门产卵，雄的专门觅食做工，家族形式已见萌芽。又如双栖的鸟类，雌鸟在巢孵卵的时候，雄鸟出外觅啄食物，回到巢中供给雌鸟。至于胎生动物，则母体更有哺乳的任务，养育的作用已很显明，不过动物的成熟期较短，他们分工养育的家族生活是暂时的。若人类的养育期间则至少亦有四五年，这四五年当中，母为养育子女不能出外工作，则父为扶助其妻子的生活，有长期间同住的必要；相处日久，夫妻的感情渐加深厚，亲子的关系渐加密切，家族的基础于是乎牢固；子女依靠父母鞠养的期间既长，则因其生理机能的发展，对于父母平日行为的刺激，能逐渐发生反应，家族中暗示，模仿，同情等作用日渐发达，人类在社会上的"可塑性"（plasticity）由此养成，教育作用于是乎能奏厥功。以上所述，可称为人类的"家族生活"和"教育生活"。

第五类的人类生活是甚么呢？在一般动物，只有上面所述的四类生活，高等动物虽也有游戏娱乐等的活动，不过是由于生理机能发达的结果，并没有推理的作用。至于人类，则于物质生活的满足而外，更有精神愉快的要求，如游戏的运动，以及音乐书画雕刻等美术的活动，都是由想像（象）思考的作用而发明出来的。加以人类的欲望是无限制的，对于其目前所处的环境常有不满足的感念，然其改造环境以适应新要求的能力，则又往往不能如其欲望的发过以措施一切而毫无遗憾；理想和现实渐相悬殊，则人生的烦恼悲哀常伴着物质文明齐驱并时进，于是人类不得不于上面所述四类生活以外，更有一种超脱现实世界的理想生活，这种理想生活，是可以由人类的意识自由营求的，而有超越环境的能力；当烦恼临头，悲哀填膺的时候，只有退而自求主观的解脱，心灵的安慰。这时候所谓精神的愉快，既缺乏经济能力而不能获得上面所述的美术生活，并且非那些具体的怡目悦耳的生活所能解除其烦闷，于是更进一步而有诗歌文学等的要求；还有其他足以指示人们超越利害关系，解脱凡俗桎梏，而寄托其心灵于理想的极乐世界的各种宗教作用，也乘机而想。宗教作用虽未必能援引人们立时脱离苦海，跻登乐土，然最小限度亦能使人们抛却现世所趋崇的一切偶像，而获得一时的精神自由。以上几种求精神自由的作用，并非一味消极的，实能使人类的生活提高改善，而影响到现实社会的改造，也有很大的效力。这样的生活，可以称为"艺术生活"和"宗教生活"。

以上所述，都是人类生活进化的历程，把他再列举的说，就是：经济生活，政治生活，法律生活，道德生活，两性生活，婚姻生活，家族生活，教育生活，艺术生活，宗教生活等十种。这十种生活，无一不有社会的关系，因为个人不能离社会而生存，人和人的接触，有心理的交互作用，有言语文字以互相交通，有分工合作的一切营求，故凡是个人的思想感情，以至人类全体的文化，无一种不是社会的产物，所以我们要总称上述十种生活为"人类的社会生活"。德国社会学家茂拉莱尔（Mal-ler-Lyer）把人类文明分为二大纲、九条目：第一，物质的社会生活要素（文明的基础），共分为三种：经济（食、住、衣、武器、工具等），生殖（性的关系、婚姻、家族等），社会组织（团体生活、政治的职能等）；第二，精神的生活要素（文明的构造），共分为六种：言语，科学，宗教和哲学，道德，法律，美术（见陶译《社会进化史》四一页—四三页）。他这个分类法，和我上面所讲的，大致相同，因为都是根据人类进化的事实归纳出来的。

人类的社会生活，又可分为"经纬"两面来观察。《易系·辞传》说："天地之大德曰生。"《礼记·礼运》篇说："饮食男女，人之大欲存焉。"人类本乎自然生生不已的原则，不但为自己谋生存，且为种族谋生存，前者的根本行为就是"饮食"，后者的根本行为就是"男女"。我国儒家经典所诏示，尚且不外乎此，可见人类生活的重心当然在自己保存和自己繁殖两种作用。那末，人类的社会生活，当以经济生活和两性生活二种为其"经"。人类既用其全力以从事于经济生活和两性生活，则个人的努力终不免有过度或不及，而人群的冲突亦往往由此而起，反足以阻碍人类本来的目的，于是防闲和辅导的方法，却为人类生活中不可少的手段；凡政治法律道德教育等，都含有消极的防闲和积极的辅导两种作用，而究其目的则不外乎求人类的生存和幸福，谋种族的绵延和进化而已。那末人类的社会生活，又当以政治生活，法律生活，道德生活，教育生活四种为其"纬"。至于婚姻生活不过为调剂性交的一种手段；家族生活，不过为完成生殖的一种工具；也可以看作人类社会生活的"纬"。还有艺术生活和宗教生活两种，乃是调剂人类一切生活的矛盾，并使脱免晦涩而进于潮的一个枢机，犹如织绸，经纬相连之后，再加以花纹，染以色彩，则丝缕的痕迹都弥密帖伏，焕然成为一片的锦缎了。

人类的种种生活，从人类的主观方面看来，不过是各个人有目的意识的行为历程，例如经济生活，两性生活等，在主观方面说，就是人类的经济行为，性的行为。但是若从客观方面看来，则人类种种生活，又是满布在时间和空间的种种现象，故如人类的经济生活亦可叫作"经济现象"，人类的两性生活亦可叫作"性的现象"。其余的各种生活，也照样的都可以称为某某现象。综合人类的一切社会生活，就是叫作"社会现象"。

以社会各种现象为对象，而研究其生成流动的一切法则的，叫作"社会科学"。依上述十种生活来说，则有十种现象，研究这十种现象的，则有经济学，政治学，法律学，道德学（或伦理学），两性论，婚姻论，家庭论，教育学，艺术论（美学及文学），宗教学等十种的社会科学。此外还有研究社会整个现象的，则为社会学；研究过去的社会，就是社会进化历程的，则有历史学；研究人类进化历程的，则有人类学；研究人类生理的心理的遗传并其改善方法的，则有优生学；研究人类言语的起源及其进化的，则有言语学。这六种都是研究社会现象一般的关系，且为各种社会生活所由形成或变迁的源泉和纽带，故亦属于社会科学的范围。

社会现象中某一部分若失其调和，或和其他的部分不能互相适应的时候，便引起社会的纠纷，发生某种"社会问题"。对于部分的或一时的现象，施用一种改善或促进的手段，而有具体的方案来实行的，叫作"社会政策"；对于整个的社会，根据某一时代或某一阶级的思潮，完全以人类的主观的观念，谋社会根本改造，而以有系统的理论和实现方法进行的，叫作"社会主义"，社会主义和社会科学的区别：前者为主观的，后者为客观的；前者为感情的，后者为理智的；前者为济世救人的，后者则纯为探求真理。

第三章　法律现象和社会生活的关系

前章曾说，经济生活和两性生活，是人类的基本生活，也就是其他一切社会生活的基础，换句话说，这个就是社会组织的基础。而法律现象又是由社会组织的事实产生出来，故经济生活和两性生活也就是法律现象的基础。

我们试看原始社会时代的法律现象，如关于实业的分工合作，财产的私有或共有；及关于男女的配合，氏族家族的组织等项，都是他们当时的主要问题。再看历来的民法和刑法，也都是为保护私有财产和维持婚姻制度及亲族关系而设的；又看各国的犯罪统计，其犯罪原因大多数是财产的纠葛和性交的冲突。

最近一百五十年来，政治法律的改造运动，频繁而且激烈，然其结果，不过关于国家组织的制度上起了若干次的纷更，而关于私产制度，婚姻制度及亲族制度的规定，竟没有甚么变动；社会革命的主要任务，即在于这两种制度的改造，无非为适应人类的根本要求，但是现在远得不到一个彻底的解决；这是很值得我们注意的。孟伽（Anton Monger）说："人类的基本目的：第一，是维持自己的生存；第二，是繁殖自己的种族。欲达第一个目的，则有财产制度；欲达第二个目的，则有家族制度。今日的私法，就是为这两个制度所引导而成，且以这两个制度为其趋向的归宿。"（《新国家论》，第二编第一章）于此可见法律现象的发生及其变迁，都是由于人类基本生活的要求，换句话说，人类欲实现其基本目的，必定要以法律生活为其手段。

人类为实现其生存和繁殖两个基本目的，不得不在各种社会生活上同时努力，而人类的努力，常向着有利一切社会生活的条件上进行的。人类的生活条件，大抵是相同，故人类便有共同利益的要求。

孟伽说："人类的公共福利，就是维持生存和繁殖。"这样的解释工作岗位福利，我以为是最彻头彻尾的一句话了。因为各个人既有同样的目的，便有共同的利益，自然要有共同的努力和共同的方法来实现的。

庞德（Roscoe Pound）把个人的利益分为六种：（1）关于身体和生命的；（2）关于家庭的；（3）关于财产的；（4）关于名誉的；（5）关于自由意志的；（6）关于精神生活的。他以为法律的现象应该以"利益的理论"（the theory of interest）为其主要思想，法律就是实现这些利益的工具（见《法学肄言》，三三页—三五页）。他所举的这六种利益，也都是由于人类的自己保存和自己繁殖的两大目的而生，我前章所说的各种社会生活，也都可以归纳到这六种利益上来。人类为调剂各种社会生活，实现各种利益，所以必须有法律的工具。

法律又怎样能够实现人类的利益呢？我再按前章所述的人类营谋食物，抵抗仇敌，生殖，养育四大作用，考察其遂行这些作用的方法，则不外乎"自谋"和"自卫"。人类的自谋是各个人都要实现自己的利益，同时也要使别人都能实现他的利益；人类的自卫，就是各个人都不许别人来妨害自己的利益，同时自己也不可去妨害别人的利益；这样双方相互的作用，便会使各个人的自谋自卫，联合成一群人的自谋自卫。我们可以引用狄骥（Duguit）所倡的"社会连带关系"说（参看本书第八章）来说明，人类一方面是有其共同的需要，和相同的性能，大家利用他们相同的性能，同来做一件事，以满足他们共同的需要，于是有合作；人类他方面又各有特殊的需要，各有特殊的性能，各个人利用自己的特殊性能，各自去做一件事，来交互的满足各个人的特殊需要，于是有分工（参看本书第五章柏拉图的分工说）。狄氏以为人类这种分工合作的事实，便产生出社会的连带关系，而这个社会连带关系，就是一切法律的基础。

人类为自谋实现彼此的利益，不得不有分工合作，既有分工合作，便要发生种种相互间的关系，欲使这些关系确定而持久，自然要有一定的"组织"。人类又要自卫其应有和既有的利益，就是不许彼此互相妨害其利益；对于利益所有者方面说，便要有"保护"；对于妨害者方面说，便要有"制裁"。这种组织，保护，制裁等作用，都是社会生活上自然发生的事实，我们称他为"法律的作用"，其实在最初的时候，人类只有这些习惯，并无所谓法律。例如原始社会的民族团体，有男女的分工，有共产制，有群婚制，这些就是原始时代的组织；有结群的住宿，有集团的斗争，有对于自然物的崇拜和祈祷，这些都是他的保护任用；有宗教式的禁律，有神意的判罪，有复仇，有赔偿，这些都是他们的制裁任用（参看本书第四章）。

法律是由习惯而来的，社会生活先有组织，保护，制裁等的事实，这些事实反复发生到若干次以后，便成立一定的关系和步骤，个个人都以为照这样做是最有利益，于是成为习惯；大家必须遵守这种习惯来做事，倘有人不能遵守，便有一种力量来强制他，这时候习惯便成为法律。穗积陈重所著的《法律进化论》中，分法律为"潜势法"和"现势法"两种，潜势法是指潜伏于社会生活里面，未具形体，未成法规的那些习惯和信仰说的；现势法是指现化为法规的那些未具形的记忆法，和既具形的成文法规说的。穗积氏以为法律就是一种"社会力"，他说："这种社会力，在法规未出，法形未成以前，早已存在；法律具有实质和形态二要素。故以文书记载出来，便成为法规；以论理的系统排列其法规条文，而汇类编纂起来，便成为法典。"（《法律进化论》，第一册第一编第一章）大抵初期社会只有无形的法律，后来渐渐发生有形的法律，而仍以无形的法律为其基础。习惯若具有一种强制力（穗积氏所谓社会力）时，便和法律有同等的作用，故习惯也就是无形的法律。

从前那些关于组织，保护，制裁等习惯，后来渐渐表现为各种法律，如关于国家的组织，则有宪法；关于地方自治团体的组织，则有自治法；关于公法或私法上各种社团法人的组织，则有商会法，工会法，及公司法等；关于人民的生命权，身体权，名誉权，自由权，财产权，亲族权等的保护，则有民法内各种特殊法典；关于犯罪行为的制裁，则有刑法上的生命刑，自由刑，名誉刑，财产刑等刑罚的规定。而这些法律的目的，都在实现人类的共同利益，分开来说，某种法律是为实现某种利益，其方法有积极的保护，有消极的制裁，而其目的也不外乎庞德所分类的各种利益。

社会各种生活是随着人类的欲望而不断的变迁，故一切习惯也不断的改造或增进，则无论有形的法律或无形的法律，都具有"变动性"；社会上既发生一种新生活，人和人间便发生一种新关系，于是便需要一种规定或维持那些新关系，故学者有"活的法律"（living law）的称呼。

自从有形的法律（成文法）发达以后，法律偏重"维持社会秩序"的任用，一种法律制定之后，往往要把社会看作一个不变动的东西，尽量来延长他适用的时期，以为法律应该富有"固定性"，于是法律便不能适应社会的新要求。加以统治者的权力日见扩大，他们要利用法律来维持自己的特殊的地位；并且倚恃法律的威权来发展他们特殊的利益。这时候的法律，已有公法和私法的区别；所谓公法，名为维持国家秩序，其实是统治阶级用来压迫并榨取被统治阶级的一种工具；所谓私法，名为保护个人的利益，其实所保护的也不过特殊阶级的利益。从此大多数人的生命，自由，财产等权利，都失了法律的保护，甚且反被法律所剥削。所以孟伽的学说，要把今日所谓私法改作公法，而取消今日所谓公法，便他再不得有公私两法的对峙（见《新国家论》，第二编第一章）。

原来法律是"维持社会秩序"，"实现人类利益"这两句话，根本上并不相抵触，只因为后来所谓秩序，乃是阶级分立的秩序，是权力服从的秩序。故维持这些秩序的结果，社会便陷于不平等的状态；而其原有的组织和制度，都不能和实际社会生活上各种新关系相适合。这时候的法律已成为阻碍社会进化，摧残公众利益的不祥物，于是革命的风潮便乘机而起，势非推翻旧法律破坏旧组织而另图新的建设不可，因为人类没有一个不为自己的生存和福利而要拼命奋斗的，奋斗改造的结果，法律还是要来适应社会的新生活和新关系，以实现人类公共的利益。

历来社会各种生活中，变迁最激烈的，莫过于经济生活。人类支配自然的能力增进无穷，故社会组织的经济关系嬗变不息；而人类中性能不齐一，发展机会不均等，时时要使社会分裂为几层的阶级，压迫和反抗，更替而起，演成一部人类斗争的历史。然其间每次的纷扰，都要使法律现象发生重大的变更，于此已可见经济生活和法律现象的关系尤为密切了。

综合以上撰述，我们可以把人类的活动，归纳出两个原则：第一是"互助"；第二是"斗争"。关于经济生活的互助，就是实业上的分工合作；关于两性生活的互助，就是男女生理上心理上和家庭生活上的分工合作；关于经济生活的斗争，就是财产所有权的攘夺，以及阶级间的压迫和反抗；关于两性生活的斗争，就是性交的冲突，以及种族间的生存竞争。总之，人类为求自己生存和种族繁殖，必须有互助和斗争两种尘埃方式。而互助和斗争的活动，又时时要以法律来做他们的工具。

还有一点要注意的，就是社会各种现象虽是变迁不息，却有一定的进化程序，前一个现象和后一个现象，其间必含有因果的关系。换句话说，变的现象中，必有其不变的要素存在。那末，历来法律现象的变迁，也必定可以从中找出一个前后关联的线索出来。

第四章　原始社会时代的法律现象

我们所说的法律现象，是包括原始社会那些很暧昧的未成法形的法律现象，以及将来社会进化到特别一种状态时所产生的法律现象而言的。有些学者说："原始社会是没有法律的。"他们所说的法律是甚么意义？我所主张的法律定义是怎样？本书最后有一章专来讨论这个问题，这里姑且不提及。纵使说原始社会没有法律，但是当时确已有社会生活，有他的组织，有他的制裁，有他的共同信仰。这些社会现象，究竟应该称为什么现象？依照我前两章所说，当然要称它为法律现象。

人类在原始社会，逐水草而居，或采拾野生果实，或猎取鸟兽，或捉捕鱼类，以充食料：这是所谓渔猎时代。或在泽地草原，利用天然植物，驯养兽类，以供衣食：这是所谓游牧时代。或在土地肥沃的场所，用人力耕种，而收获五谷：这是所谓耕种时代。在这几个时代，他们已逐渐能制成各种工具和武器，以为渔猎耕种及斗争之用；他们既能使用工具以从事生产，则依其劳动的性质，已有老幼男女的分工；他们感着采取食物，抵御仇敌的困难，已能结群合作而营共同生活。

我现在先来叙述这个时代的团体制度，经济组织，和两性关系。然后再叙述当时的习惯，禁律，及其他一切的制裁。

（一）集团制度

这时候的结群，以血统为纽带，他们自己相信为同一血统的人群，结合起来，成一个集团；他们一切生活，都是以集团为本位，行集团的生产，行集团的斗争，以集团占领土地。他们因畏惧自然，而崇拜自然，向自然祈祷幸福，所以选择一种动物或植物，做他们崇拜的偶像；并且认一种动物当作集团的祖先，把这种动物作他们的标识，以为集团的徽号，这种动物的标识叫作"图腾"（totem），所以后来的人便称他们那种社会为图腾社会。

集团是以血统为纽带的，这种有血统关系的亲属系统，叫作氏族。氏族就是一个血统的集团，从亲属的关系方面说，他是未分化为家族本位的一个混合亲属团体；从各分子的关系方面说，他是未发见有个人自私自利而融化各个体为一体的一个庞大人格。

（二）经济组织

原始社会是行氏族的共产，他们的不动产都为氏族全体所共有，如狩猎的猎场，畜牧的牧场，耕种的土地：都属于全族共有，不得为个人所私有。至于动产，如游牧时代的畜群，渔猎耕种的工具及武器，则为个人所私有。未垦的荒地为氏族公有，但已垦的地，则分配于各人耕种，定期归还，个人不得有土地的所有权，而只有使用权。这时候因生产工具的发达，身体强弱的不同，已有老幼男女的分工，但是，大抵为氏族的集团而劳动，劳动所得的结果，凡属于生活资料的生产物，都是供全族中各个人的消费。

当初一个氏族内的生产物，不和他族交易，后来因生产物的过剩，及生活资料的需要增进，各氏族间开始交易，于是氏族的共产制也渐渐崩坏了。

（三）两性关系

这时候的男女，在一个氏族集团以内，是可以自由结合，但也不是乱婚制，因为集团内有世代的划分，世代不同的男女不能结婚而一夫多妻制或一妻多夫制是同时并行，且有易妻而宿的习惯，故有人称为群婚制。至于氏族和氏族之间，因为不肯混乱他们的血统，而禁止通婚，故又可称为内婚制。

男女分工的结果，生产的劳动，氏族间的战争，都为男子所担任，故男子处于优越的地位，女子便成为男子的附属品，因此有一夫多妻制。后来有些地方的生活资料不容易获得，男子常要奔走到远处去谋生，而家庭的生产劳动渐移入妇女之手，能力薄弱的男子，不但不能养活多数女子，并且不能养活一个女子，于是又变为一妻多夫制的，便成了父系的亲属；行一妻多夫制的，便成了母系的亲属。

原始社会的组织已如上述，至于当时各种组织所由成立及赖以维持的力量是什么呢？当时有一种传统的习惯和禁律，就是叫作"答布"（taboo）。

答布是人类社会最初期的一种生活规范，弗洛伊德（Freud）说："答布不是宗教上的戒律；不是首先上的训规；也不是法律上的禁令。"因为当时还没有宗教，道德，法律等的观念，但是却已有混合这三种观念而未分化的一种传统的信条，这个就是答布。穗积陈重称答布为"法律前之公的规范"，也就是"法律的前身"。

答布的性质究竟是怎样呢？学者关于答布的学说很多，穗积陈重的遗著《法律进化论》第三册，可称为答布论的大集成。他说文化低级的民族间，对于神圣或污秽事物有一种禁忌，若触犯禁忌，便要蒙灾害，由这种信念所成的习俗，叫作答布。这种信念是怎样发生的呢？从一般生物自己保存法则上说，凡生物团体都有一种"隔离"的自卫作用，兔能疾走，龟有坚甲，软甲动物能放恶臭或毒液：都无非要避开他们的仇敌，以保持他们自己的生命安全。原始人类的生活状态，也是以"隔离"为保全生命的唯一作用，人类对于猛兽的敌，或同类的敌，以及其他一切污秽有害的动物，都有一种隔离的方法，即对于不可思议自然力，也认为很容易赐给他们一种灾难的，人类为免灾而求福，不得不祈祷自然，畏敬自然，而认自然力为一个神怪不可侵犯的东西，《论语·雍也》篇说"敬鬼神而远之"，可见古时的畏敬自然，既是敬他，还要远他，便是要隔离他的意思。（参看《法律进化论》，第三册，四八页—五七页）

穗积氏又以为人类由畏敬自然的感念，渐渐发生信仰的中心，而成为共同生活团体的基础，后来便形成国家的组织，实现法律的生活。他说一个团体的成立，必定有"服从"和"协和"两个要件，犹如物体之有求心力和凝集力一样，在同一地域内生活的多数人，往往对于同一目的的发生亲爱或恐怖等感念，这种感念继续增进，便对于同一目的发生共同服从性，使他们的生活状态联合统一，而形成一个永续的团体。如对于同一父母的亲爱服从，便有家族团体；对于同一祖先的敬爱服从，便有氏族团体；对于同一神灵的崇拜服从，全有信仰团体。凡群众的感念归向到同一的中心点时，便能成立一个共同生活的团体，这个就是人群求心力的作用。答布是人类本于生物自己保全的作用而对于自然力的畏敬或恐怖感念所形成的生活规范，后来保持答布者大抵是社会上最有权力的人，或为乐人，或为祝师，或为豫（预）言者，或为智勇超绝者，必定为群众所畏敬而服从的，故对于群众自有一种统制力，于是渐成立以权力统治的国家生活。照穗积氏这样说来，答布便是形成一切共同生活团体的基础，而为法律生活的源泉，故称答布是"法律前之公的规范"。

穗积氏又说答布是社会生活之消极的规范，他以为共同生活团体的第二个要件就是"协和"，而协和的反面就是"不侵"。一个团体的各分子，积极的要互相亲爱而协力；同时消极的也要各守本分而不相侵害。但是这两种作用中，是先有不相侵害的消极的规范，然后再发生互相扶助的积极的规范。原始社会的答布，是起于排除危害的作用，先由畏敬自然的感念，形成信仰团体；再由畏敬祖先的感念，形成氏族团体；后来由服从权力统治者的感念，形成国家的组织：而各种团体生活中最初的规范，都是在制止互相侵害，以保障个人的生命身体有财产的安全，维持社会的秩序，于是有神意或统治权力的种种制裁。这样说来，答布，就是当初制止互相侵害的规范，后来渐渐演化为法律生活上各种消极的制裁，故称答布是"法律的前身"（《法律进化论》，第三册，八一页—

九一页）。

以上所述原始社会的答布，确是一种传统的习惯和禁律，是社会生活的公的规范，也是个人行为的消极制裁。如当时的图腾制度，就是他们崇拜动植物以结合团体的答布；氏族组织，就是他们重视血统以巩固其亲属关系的答布；群婚制或内婚制，就是他们限制男女关系的答布；共产制，就是他们规定生产消费关系的答布。总之，答布是他们社会生活各种规范的总名称；凡触犯答布者要受一定的制裁，答布又是包括各种制裁方法的一个总名称。我们所谓原始社会时代法律现象，是可以用这个答布来代表他。

再说原始社会的制裁方法：有假托神意的；有以武力或经济条件解决的。前者就是"神判"；后者就是"复仇"和"赔偿"。

（一）神判

亦称祷审，英语叫作 Ordeal，法语叫作 Ordalie，德语叫作 Ordei。都由拉丁语 ordalium 转变而来的，可以译作神判，亦可以译作祷审。对于有犯罪嫌疑者，不能决其果有罪与否，请于神明，依其所显示的奇迹，以为判罪的标准，叫作神判；审理的时候，使争讼者以生命身体试探各种危险，由僧侣诵祷语，本其"入水不溺，入火不爇，食毒不死，遇刀不伤"的信念，验其受害与否，以判其罪之有无，理之曲直，叫做祷审。祷审的习惯，在东西洋古代各民族中，都有盛行。其祷审方法，最普通的为水审和火审，以为水火所以养人，亦足以害人，而善人为神所庇护，故必不至为水火所害。其他祷审方法颇多（参看穗积陈重：《法律进化论》，第一册，二四页—六零页），不胜列举，兹仅撮要说明如下：

（1）水审

有冷水审，是投被判者于水中，依其浮沉以判罪，有以沉者为无罪，以浮者为有罪；亦有以沉者为有罪，浮者为无罪。有热汤审，是合水火二元素的审法，使被判者以手探热汤中，验其伤否，以定罪之有无。

（2）火审

有燃审，使被判者探手于燃火或使跣足步行于炭火之上，验其伤否，以决其罪之有无。有铁火审，使被判者手捧赤热，或使足蹈热铁板，或使舌舐热铁片，验其伤否，以决其罪之有无。

（3）食审

以面包一片，供之于神前，由僧侣做祈祷后，使被判者咽面包，用种种手段引起被判者的恐怖心，若咽下时手足发颤，面青而喉塞，则为有罪。又有米审，圣水审，圣餐审等法，亦都是食审之一。

（4）毒审

以毒物使被判者食下，若吐出而无恙，为无罪；若中毒则为有罪。

（5）触审

使被判者接触某物，察其变化，以决其罪之有无。触审中最普通的为触尸审，古代斯拉夫人和条顿人，有"触尸出血"的信念，就是杀害者若接触被害者尸体时，其尸体必出血，这种信念满布于全民族间，故即以此为判罪之法。欧洲各国，在十七八世纪时，还有行这种祷审法的，因其方法并不惨酷，教会不加非难，故触审能遗留到久远。

吾国古代亦有触审法，《说文》中关于灋字的解释："灋，刑也。平之如水，从水；廌所以触不直者去之，从廌去。"按廌是山牛之类，有一角，性忠直。《说文》中又有"古者决讼，令触不直"的解释，可见古代有以一种动物来试验被判者，该动物所触的人，就判他为有罪。

（6）誓审

使被判者在神前，如刑事诉讼，被告对神宣誓自己无罪，原先宣誓被告有罪；民事诉讼，原被告各宣誓其所请求者为真实。誓审和祷审同以神意为基础，但其不同之点：一则依据奇迹的显示，一则依据人意的表示；一则即时受罚，一则违背誓言后冥冥中受罚。

（二）复仇

神判是依靠神力的制裁，复仇是依靠自力（腕力）的制裁。原始社会的犯罪，取血族连带责任的制度，故有血族复仇的习惯，被害者的血族对于加害者的血族，举行血斗，就是他们的复仇方法。原始社会又有斗审法，就是以腕力决斗为曲直的裁判，祷审制度衰废之后，斗审制度远是盛行，这也是自力制裁的习惯，与复仇有相同的性质。

（三）赔偿

原始社会的人类渐觉复仇血斗的弊害，乃发生赔偿制度，当初赔偿是用货物，后来改用金钱，在欧洲北部有"赎罪金"的名称，赎罪金又分为身位金（wergeld）和治安金（fred）两种。前者是对于一般被害者的赔偿；后者是侵犯首领或全族时所科的罚金。身位金的等级依被害者的身分（份），或其伤害轻重而定。当时的裁判上，关于各种犯罪的赔偿额，有一定的标准，成为记忆法，一般人民都能记诵。

上面所述的各种制度，习惯，禁律，制裁，统称为原始社会时代的法律现象。这个时代的法律现象，都未具有法律的形式，或是由于传统的习惯；或是由于酋长僧侣的经验；或是由于一个氏族的共同信仰；或是托于神明的威力：这些法律现象的表现，当初只存在于人人的脑中，后来渐成为口口相传的词句，它的最高程度，也不过是一种"记忆法"，而远没有成文法的发现。

第五章　原始国家时代的法律现象

从氏族社会进到村落社会，渐渐发生国家的体制，我们称这个时代为原始国家时代。这个时代的社会生活，有几个特征如下：

1. 从氏族本位变为家族本位

工具的进步，生产技术的专门化，促成男子间的分工。茂拉莱尔（Muller-Lyer）在他所著的《社会进化史》里面，把分工的发达分为三期：（1）性别的分工，是指原始社会时代的男女分工说的；（2）男子的分工，是指原始国家时代以及资本主义时代民族间的职业分工说的；（3）女子的分工，是指现代的妇女运动以及将来社会新组织的妇女劳动说的（参看《社会进化史》，陶译，二零七页—二四四页）。茂拉莱尔又说："文明虽然有了大进步，而家庭生活仍然是工作组织上最要的成分。"（同上书，一六八页）

分工发达的结果，氏族的团体破裂了，生产者都以家庭为其工作的场所，又靠男女的分工以维持他们的生活。于是家庭已成为经济的单位，而家族的组织因此稳固。

2. 从血统纽带变为地域纽带

由工具的进步和实业分工的发达，从前依靠氏族的集团以为生活的，现在都要分散到各处而各自谋生；或寻觅土地肥沃的场所，去从事耕种，因其收获丰裕，便在该处安居乐业了；或寻觅交通便利的场所，做他们交换生产品的市场，专靠贩卖营利的商业生活，便逐渐繁盛，而他们的生活遂以市场为中心。于是从前重视血统关系而群集在一处的人民，到这个时候都不得不随家商业的发展，而以地域的关系营其共同生活了。

3. 从共产制变为私有制

由劳动的分工，实业的发达，各人劳动所得的生产物都要归各人自己占有；处于优越地位的人，还要掠取他人劳动的结果以为己有；从前供狩猎或牧畜所用的土地，都属于氏族团体的共有，而现在供耕种所用的土地，则依各人努力的结果，渐归于耕种者私有了。这时代的经济权，虽大半操在家长或特殊阶级的手里，但是财产私有的制度确已打定它的基础了。

4. 社会的阶级分裂

从前氏族团体间战争的结果，被征服者做了征服者的奴隶，征服者自为主人，随时使役奴隶，替他们劳动，奴隶不但不能分得他自己劳动所得的生产物，并且连他的身体也为主人所有，如同货物一样。一方面在原始社会时代专在神前做巫觋的人，已取得有优越地位，可以任意指使一般人民，这些人便成社会的寄生虫。后来产业逐渐发达，财产变为私有，上述二种人便形成了贵族和僧侣的特权阶级，操有政治上的和经济上的特权。此外还有一种自由民，同时被治于贵族和僧侣阶级之下，不过他们是有独立的人格，在奴隶阶级之上，而自成一个阶级。

5. 权力统治的勃兴

从前原始社会只有崇拜动植物的宗教观念，后来人类对自己种族的认识渐渐明了，记忆他们过去的家长或族长的伟大事业，便要追念他，祭祀他，于是一变而为崇拜着的。当时体力智力特别发达的人，他能做寻常人所不能做的事，而一般的人往往要依靠他的势力来维持生活，权力的统治于是乎发生，国家的组织于是乎萌芽。这时代站在统治阶级的人大都是贵族和僧侣，他们有时虽仍要借托神意以增加威信，故意说他们的法律是神授的，但是政治的组织和法律的制裁实在已成为统治的唯一要素。

原始国家时代的社会生活既如上述，为维持上述的各种生活，不得不有一种明显的宣示的法律。这时代的法律现象，已不像原始社会时代那样暧昧隐伏，必定有一种形式的表现。所以有许多学者以为法律是始于国家生活，没有发生国家以前，无所谓法律。其实他们只承认有形的法律为法律，而不承认无形的法律也是法律，所以有这样的错误。

但是，原始国家时代的法律现象，也还有许多未成法形的习惯或信条，未必都有成文法来表现。所以我下面叙述各国的法律现象时，是把当时的各种习惯及各派的法律思想，都包罗在内的。

一、埃及的法律现象

埃及古代：传说有美纳斯法典（Code of menes），为赫尔墨斯神所授，亦称为赫尔墨斯圣典（Hermetie Books），可惜散佚不传，后世无从稽考。

但是，埃及法的精神，实为希腊罗马诸法的源泉，颇富有宗教和伦理观念，纪元前三千年前，埃及有僧侣、武士、平民三阶级。僧侣的地位最高，辅佐国王掌握政教大权，僧侣和武士，占有全国土地三分之一，而且免税。平民的人数最多，只占有全国土地三分之一，其余的土地都归国王享有。平民中又分农民，牧者，猎者等阶级，牧者以下，实等于奴隶。自纪元前三千年左右，平民和奴隶起了革命运动之后，王权稍为衰减，但是政权还依旧在官僚和僧侣之手。不过他的法律已渐见伦理化，如妇女地位的提高；子女须尽孝养双亲和尊崇祖先的义务；债务者的保护；高利贷的限制等；都是埃及法的优点。

埃及的政治，很注重农业，故关于耕地和水利的法律，最先发达。后来商业繁盛，社会的中间阶级，大都为工商业者，故自由订立契约的权亦逐渐膨胀。

二、巴比伦的法律现象

和埃及法相对的古法，为巴比伦的古法。一九零一年二月法国考古家德摩根（Morgan）等在波斯旧都苏萨（Susa）地方的废墟内，掘出汉谟拉比法典（Code of Hammurabi），上面雕刻着太阳神授法典于汉穆拉比王的像，表示这个法典是神授的，下面刻有法典十六栏，后面又刻有法典二十八栏，综计三千六百行，二百八十二条，是用楔形文字刻的，这古物是一个圆形的石柱，故称为"石柱法"。

汉穆（谟）拉比法典是纪元前二千二百五十年，巴比伦的国王汉谟拉比所制定的一部成文法典。法典中关于刑法方面，很注重寺庙物品的窃盗，诅咒杀人，畜产的窃盗，逃亡奴隶的收留，以及通衢上的强盗等罪犯；关于民法方面，则有官吏禄田不得出场，私人土地得以买卖或租佃，土地得为债权的抵押等规定。

在埃及，买卖须即时交付众多，而在巴比伦，则买主是于契约成立后，再付众多。这种关于商品交易契约的发达，可见当时巴比伦的商业是很繁盛的。

巴比伦的家族制度，是很重父系的家长权，以家族为其基本的劳动组织。婚姻是依契约而成立，没有契约的，不能作为正妻。随妻出嫁的侍女，夫得收之为妾；妻不穗子，夫可以娶妾；妾若无子，妻可以把妾卖掉他。家长有替儿子订婚，及授给女儿以妆奁的权。你的遗产，应由兄弟平分；女出嫁时，你若没有给过妆奁，则父死时，可与兄弟同分其父的遗产。遗产于法定继承以外，被继承人得以遗嘱定其财产的处分。

巴比伦亦有奴隶制度，奴隶的地位很低，但是经商致富的奴隶，则可解放为自由民。妇女虽可以买卖，但是妇女却有营业自由的权，可见巴比伦的很重生产事业的。

三、犹太的法律现象

犹太的法律，以宗教思想为基础，《旧约全书》中，记摩西（Moses，公元前1571—前1451）带领以色列人，脱离埃及，到西奈旷野，上帝传授以十诫，后人称为摩西的立法，这虽然是教会人所伪托的。其实摩西的法律，多半是继受汉穆拉比法典，再参以犹太人宗教观念而成的。

犹太以农立国，故其法律以农业生产为中心。他们的农业法，用抽签的法，把地主的土地分配于以色列人，但五十年须归还地主，这就是禁止土地买卖，防制大地主兼并土地的法律。其他如农田耕种了六年之后，第七年须停种一年，以休养地力；入物必须纯净；畜牧不得配合异种；商品必须诚实；金钱或食品的借贷不得以利息为目的等；都是助长农业，保护平民的法律。

犹太也免不了有奴隶制度，奴隶可以买卖，妇女也可以买卖，这是犹太宗教观念上，轻视妇女人格，承认人类有不平等阶级的一个明证。

四、印度的法律现象

雅利安人种的游牧民族侵入印度之后，建立宗教国，依农业的发达，以村落社会为基础，他的民族分裂为贵族，僧侣（婆罗门），庶民，贱民四个阶级。前三个阶级，是属于征服民族的雅利安人；贱民属于被征服的民族。贵族和僧侣，专从事政治及宗教，寄生于第三第四两阶级之上；庶民则经营工商业；贱民则专服农业的劳动。

纪元前五百年（一说二百年），有称为印度圣人的摩奴（Manu），制定各种法律，就叫作摩奴法典（Manava Dharmasastra）。当时婆罗门教徒的势力很盛，他们奉摩奴法典为统治的工具，严守四姓的阶级，不许贱民参与司法，但是国王也有遵守法律的义务。

摩奴法典中，关于行政法，民法，刑法，以及交通，铁业，水利等，都有说明的规定。又因商业的发达，契约法中极重契约自由。但是对于债务人则很苛刻，债权人得以自力扣押债务人的财产，国王不得干涉。不过利率却有限制，利息的总数不得超过原本。

刑罚依身分高下，以定轻重。下级身分对于上级身分的侵犯，处刑极重，而最大的犯罪是杀害婆罗门教徒。奸淫的刑罚亦颇严，因为奸淫可以混乱四姓阶级的血统。

家族制度，是以父权为中心，重祖先崇拜的观念。但是，家族却是一个共产制的团体。

五、希腊的法律现象

希腊是一个文化最发达的古国，后人称他为法律和哲学的摇篮地。希腊本一个小国，还要分成几个小邦，各小邦的法律都不一致。如在克拉底岛（Crete），则有米诺斯（Minos）王所编订的米诺斯法；在斯巴达（Sparta）则有莱克格斯（Lycugus）王所编订的莱克格斯法；在雅典（Athen）则有德拉古（Draco）所编订的德拉古法及梭伦（Solon）所编订的梭伦法。其中以梭伦的立法，最为著名，这是因为雅典的文化影响到后代较为显著的缘故。德拉古的立法，失于太严酷，偷一二个园果或懒惰不做事，便要处以死刑。后来有人说他的法律，不是墨写的，是血写的，故有"血法"的称号。斯巴达的法律，很注重尚武教育，在教育史上，颇有名声。

希腊是一个都市国家，以商业资本为实业的基础。如雅典，在纪元前七百年前，商业资本已经把从前的民主制度打破了。雅典的商业虽日见发达，但是流动财富集中于少数人之手，而多数市民都是寄生的贫民。他们很鄙视劳动，以为劳动是奴隶的专职，所以自安于淫逸的生活，毕竟免不了自然淘汰。

原来希腊是一个奴隶最多的国家，据纪元前三百零九年的调查，在科林脱（Corinth）有四十六万，在雅典有四十七万，在伊齐那（Egina）有四十万，平均奴隶的数，约占总人口十分之七八。劳动为奴隶的专业，自由市民是专从事于学问，故希腊的文化，是贵族本位的；国家的组织，法律的规定，亦都着重于贵族的权利。

希腊的贫富不均，阶级悬殊的现象既如此，所以梭伦立法（在纪元前五九四年）的目的，在调剂贫富，解放奴隶，建设平等的社会。可惜他没有彻底的主张，他的法律仍是"贫者富者一体保护"；参政权以财产多寡为标准，终免不掉以富人为政治中心的弊病。

后来柏拉图（Plato，公元前427—前347）倡"理想国"的学说，想来矫正希腊的积弊，他以为国家是适应人类的需要而生的。人类的需要：第一是食，第二是住，第三是衣，都市国家便是供给这三种需要的社会。他祖述苏格拉底（Socrates，公元前469—前399）的国家定义："国家是应人类需要而生的；人类有许多需要，无论何人都不能自己供给自己的；我们既有许多需要，并要许多人家供给这些需要，这个人为这个目的要得别人帮助，那个人为那个目的也要得别人的帮助；这些互相帮助的人合住在一块的时候，这个合住的团体便叫作国家。"柏氏根据这个国家起源说，更说人类在社会上有分工的必要，看他的共和国（The Republic）中所说："我们不是生来就是彼此一样的；天性各有不同，有的长于做这件事，有的长于做那件事……如果一个人在适当的时间，做他天性相近的事，把别的事让给别人去做，那末做出的数量必更加多，方法更巧妙，品质必更优良。"柏氏又根据人类天性的不同，分为三个阶级：第一，是哲人阶级；第二，是武人阶级；第三，是农工商阶级。哲人阶级治国；武人阶级护国；农工商阶级富国；这样的分工合作，自然能实现他所说的理想国家。

柏氏又主张共产共妻共子的主义，不过他的基础是完全建立在伦理的观念上，和近世的共产主义把基础建立在经济的观念上，完全不同。

柏氏当初是主张哲人治国，就是"人治"，而不重"法治"，所以看轻法律，而把政治和法律分开。因为他所观察的法律来源，不是民意，而是君主的命令。所以他主张治国的要道在"道"，不在"法"；在"正己以正人"，不在"执法以强人"。但是他到晚年的时候，对于法律的观念又改变了，他感着哲人政治和共产主义是行不通的，于是不得不降低他的理想，来讲次一等的善政，而要编订一种确定社会生活的法典，拿来支配实际政治。如从前是主张废止家庭和婚姻制度，现在却承认有家庭生活和结婚生活的必要了；从前是把法律放在执政者的下面，现在却把法律放在执政者的上面了。以为法律的效用，不但是消极的事后制裁，而且是积极的事前辅导。并且要法律的内容包括道德的全体，他在法律（The Laws）中说："立法者当制法的时候，不能以一部分道德为目的，应该以全体道德为目的。"总之，柏氏的政治法律的思想，处处离不掉道德观念，他始终以道德为国家生活最高的目的。

柏氏最得意的弟子就是亚里士多德（Aristotle，公元前384—前322），但是亚氏的政治思想比柏氏实在得多，他以为政治必定要适合于社会特殊的情形，人类实际生活，不得专凭一己的理想。他说："人类是政治的动物。"人类要得着安宁幸福，必须有国家生活。人类为谋生殖，故有男女的结合；人类的劳心和劳力的分工，故有主人和奴隶的结合。有了男女主仆的关系，自然发生家庭制度，家庭连合而成村落，村落联合而成国家。所以他说："国家是自然发生的，不是由人意创造的"。人类不但谋社会生活，并且要求一个至善的社会生活，至善的社会生活就是国家，国家不在乎能满足人类的经济的需要，而在乎能够满足道德生活或精神生活的要求。所以国家中的法律，不但是彼此权利的保障，并且是国民善良公正等道德的模型。

亚氏以为组织国家的分子就是市民，市民是有参与司法和做官的权利。那些不能做政治活动的人，就是奴隶，不能认为市民。因为奴隶是生产的要素，就是一种工具，他只有体力，没有智力，所以只配做奴隶。他说："一切生物都是由精神和身体，一个是天然的治者，一个是天然的被治者。"亚氏是把道德生活放在第一位，把经济生活放在第二位；做经济活动的人，大半没有道德思想，所以不配参与政治。这种看不起经济的心理，及人类有天然阶级的观念，是希腊人的特性，亚氏也还免不掉这个成见。

亚氏既以政治为贤人的专业，所以一切法律也都应该由贤人制定，不必问愚民的意思如何。这个见解是和柏氏相同，不过柏氏是承认主观的法律，而亚氏是主张客观的法律，客观法律的标准就是"理智"，他说："人类有欲望，有感情，如果得到了最高政权，虽是善人也要被情欲所骗使，不免要做出坏事来。所以真正的法律，只是这个排除情欲的理智。"亚氏也是承认"法律自然说"的，不过他以为自然虽是普遍的原理，若没有经过人工的采用和编制，也不能成为法律，这是亚氏对于自然法和人定法的区别，也就是法律和自然的天理之区别。

自马其顿（Macedon）王菲利浦（Philip，公元前382—前336）及其子亚历山大（Alexander The Great，公元前356—前323）征服希腊各邦之后，希腊人的政治思想为之一变。他们感着都市国家的组织不坚固，势力太薄弱，不如离开国家而自谋生活，于是发生一种"个人主义"；感着从前自然的道德的国家太理想了，又发生一种"功利主义"。在另一方面，他们又觉得国家不是自然生成的，要靠人类的理性和爱情来结合的；而人类的理性就是宇宙真理的一部分，人同此心，心同此理，异族的人未必都不及我希腊人的文明，我们不应该再存种族阶级畛域等区别的观念，以自取覆灭，于是就发生一种民胞物兴的"世界主义"。

代表个人主义和功利主义的思想的，就是伊壁鸠鲁派（Epicurean）。这派的始祖就是伊壁鸠鲁（Epicurus，公元前342—前270），他的思想是渊源于德谟克里特（Democritus，公元前460—前362）的原子说（Atomist），以为宇宙是无数原子结合而成，是无意识的，无目的的；人类也是物质的微尘偶然凑合成功的。我们既觉得人生是暂时的，便应该自求快乐，不应该自寻烦恼。世界上一切快乐都是善，一切痛苦都是恶；凡是能帮助我们得快乐的都是善，凡使我们发生痛苦的是恶。这种思想，就是近世"功利主义"的发端。

伊壁鸠鲁又回想到近百年来希腊内部的战争，又目观菲利浦的雄兵征服希腊，亚历山大的武力统一欧亚；曾几何时，亚历山大死了，他的部下又分城掠地，互相残杀起来。当此干戈扰攘，人人自危的时候，谁还能信服国家的组织是可靠，政治武力是能保障人民的生命财产于永久呢？伊氏以为人类最紧急的问题，就是"怎样以自己的能力救济自己？"

伊氏再把他的"快乐""幸福"的观念，和这个"自救"、"自利"的观念联合起来，他以为凡是快乐，总是有利于己的，因为有利于己，所以叫作善；凡是痛苦，总是有害于自己的，因为有害于己，所以叫作恶。他所以把道德，哲学，政治，法律等，都看作自身没有价值的东西，他的价值全在能为人类谋利益，得快乐。

国家社会若是建设在个人利益之上的，我们可以承认他，否则便要否论他。人类服从国家，只因为国家能够替各个人谋利益；服从法律，只因为法律能够保障个人自己的利益。以个人自己利益为目的，来组织国家，拟订法律，这就是后世"民约论"的先声。

至于快乐是以甚么为标准呢？伊氏乃提出"正义"两个字，而正义的出发点便是"友爱"，所谓友爱，就是彼此不相侵害，要相辅助。人类有这种"不相侵害而相辅助"的契约，然后有正义与非正义的分别。人的行为合乎正义，便生快乐；反乎正义，便生苦痛。可见伊氏所主张的快乐，是精神上的快乐，就是"从心所欲"的快乐。

法律就是"不相侵害而相辅助"的契约，所以法律和正义是一致的，他的目的是说是在友爱，其实归结在利己，伊氏说："除了为自己的利益之外，再没有人去亲爱别人。"这可称为极端利己主义了。

和伊壁鸠鲁派相反，而代表当时世界主义思想的，就是斯多噶学派（Stoics）。这派的倡立者是哲侬（Zenon，公元前 336—前 164），而哲侬的思想是继承犬儒学派（Cynics）。犬儒学派的始祖是安体斯庭（Antisthemes，公元前 444—前 365），他是苏格拉底的学生。苏氏以为犬儒学派"道德即知识"，"政治即艺术"，他是政治和道德并重，不过以政治为方法，道德为目的。而犬儒学派却抛弃政治，而专讲道德。所以苏氏先国家而后个人，犬儒学派却偏重个人而鄙弃国家。犬儒学派不便要废弃国家和政治，并且要废弃一切经济生活和人为的道德。他们不要家庭和国家等社会生活；他们以为人类生活中不应该有货财，名誉，权力等条件。这派的愤世嫉俗，可说有达于极点，当时的人说他们这样咒骂现实社会，有如"猛犬猖猖吠人"，故称他为"犬儒学派"。

但是犬儒学派并不是厌世派，他们要推倒一切人为的文明，离开人为的国家，回复到自然世界。这个自然世界是"无为而治"的，没有一切声色货利的诱惑，有一种最高尚的自然道德。

斯多噶学派继承着犬儒学派的学说，恰当亚历山大破坏了希腊的民治政体之后，于是想打破目前国家的现象，另外来组织一个理想的国家。他们以为宇宙有普遍的真理；人类有共同的的理性，且就是宇宙真理的一部分，人类行为的规范，要适合宇宙的自然法则，因为宇宙是最有秩序的，最和谐的；人类的最高理想，就是适合自然法则的生活；实现了这个适合自然的生活，便是理想的国家。这个国家当中，所有的法律，都是"自然法"；所有的权利，都是"自然权利"。人类同是"大自然"入情入理的娇儿，同具有一样的理性，同有一样的权利，所以要结合一个全人类共同生活的国家，就是"世界国家"（world-state），这个国家里面的人民，叫作"世界的市民"；国家之内的法律，叫作"世界的法律"。

自然法（jus naturale）的观念，在斯多噶学派以前，已经发达了。我在前面是没有把各家对于自然法的学说明白叙述，现在再来补述一下。

苏格拉底说："大地之上，人性各不相同，又东西南北互相隔绝，怎样能够互相知道呢？但是各人皆希望有同一的真理，这就是人类中自然法所以存在的原因。"

柏拉图说："共和政府的主要目的，在确实承认自然法可以存在，人定法恰同那不完全的影子一样，故顺从自然的权利而谋生活，乃是贤哲的计划。"

亚里斯（士）多德说："人类本是社会的动物，法律实在是完成这种性质的东西，故必定要适合自然法的总是真正的法律。"

到了斯多噶学派时代，希腊的都市国家已经完全打破，文化不同，种族不同的人类都混合在一处，希腊人又想运用他们政治法律的天才，鼓吹一种学说来支配万民，所以自然法的观念便更加风行一时了。

后来罗马的法学家采用斯多噶学派的学说，居然实现起来；近世的自然法学派在法学界中占了重要地位，追宗述祖，大家都推崇斯多噶学派。

以上所述希腊时代各派学者的政治法律思想，都是当时社会现象的背景，而为后世各国一切法律制度和法律学说的根据。这些材料虽是属于思想史的范围，但是我以为凡学者的思想，绝不是靠着他主观的理性凭空捏造出来的，而都是当时社会生活的一种产物，或者是过去社会生活的一种反响，也就是将来社会生活的一种新要求。从希腊时代进到罗马时代初期，这一百多年间的社会生活，是古代欧洲中土变化最繁剧的一个时代，也是人类生活的新要求最激烈的一个时代；这个时代的社会思潮，实成为近世纪"文艺复兴"运动的源泉，也就是从十九世纪到二十世纪这几十年间社会改造运动的先声。我们试看苏格拉底所说"国家是应人类需要而产生的"，柏拉图所说的"分工合作"，亚里斯多德所说"政治要适合社会生活的特殊情形"等原则，恰和本书第三章内论法律现象发生的原因时所引述各种学说若合符节。我们再看伊壁鸠鲁所主张的"国家社会应该建立在个人利益之上"，"法律是不相侵害而相辅助的一种契约"等说，恰和本书第三章内引述现代法学家庞德（Pound）所主张的"利益的理论"及第四章内引述现代法学家穗积陈重所说共同生活团体的二大要件"协和"与"不侵"，又是相吻合的。至于斯多噶学派所抱的"要结合一个全人类共同生活的国家"那一种理想，尤和现代社会主义派所希望实现的"大同世界"是不约而同。

总之，社会生活的事实，古今虽异其形态，而社会生活的根本原则，是古今同出一辙的，我们研究各个时代的法律现象，不可不明了当时社会现象的背景——关于政治法律的各种思想，因为这个既是未来的法律现象所由发生的因，同时也是过去的法律现象所结成的果。我在前面曾经说过，本书的任务虽是叙述法律现象的变迁，但是我所谓法律现象，并不是专指法律制度而言，而在社会生活上发生拘束力的各种习惯，以及各派学者关于法律的思想，都是包罗在内的；不但本章的取材如此，后面几章的态度也都是如此。

六、罗马的法律现象

罗马从纪元前七百五十三年建国以来，到纪元前四百五十止，都是适用习惯法，还没有成文法，学者称他为习惯法时代。

在纪元前四百五十四年，罗马政府派遣专员到希腊各地，考察法制。纪元前四百五十一年，更选任编纂委员，帮同考察专员，把考察所得资料，制定十二个表的法律条文，刻在铜板上，宣布于众，这是叫作《十二表法》（Law of Twelve），罗马的成文法从此起。其后的一百五十年间，适用《十二表法》，没有甚么修改，学者称这个期间为成文法起源时代。

从纪元前三百年以后，罗马的司法官和法律学者，对于现行法律，多有批评及修正。纪元后二百年左右，罗马政府先后选任了五个法律学者，专任修改编纂法律的职务。这五个学者，就是伯比尼安（Papinianus）、乌尔比安（Ulpianus）、盖尤斯（Gaius）、保罗（Paulus）、莫蒂斯蒂努斯（Modestinus），世称为罗马五大法学家。从纪元前三百年起，一直到罗马法典完成为止，学者称为成文法发达时代，或称为法典编纂时代。

到了查士丁尼（Justinianus，527—565）大帝时代，把五大法学家所编的各种法典，并搜集纪元前一世纪以来三十九个法学家的学说，制成一部《罗马法典》（Corpus juris Civilis），他的内容如下：

1. 学说汇编（Digesta），是采集三十九家学说编成的。

2. 法令类编（Codex），是搜录历代帝王的敕令编成的。

3. 法律教典（Institutions），是把法典的内容分为人的法，财产法，诉讼法等若干部分，撮要编辑，颁作全国法律学校教本的。

4. 新法典（Novellae constitutions）是查士丁尼大帝于五三五至五五六年间，把历次修改旧法的敕令编纂而成的。

以上第一部至第三部，是查士丁尼大帝在五三三年至第二年两年间所制成公布的，故亦称为查士丁尼法典。合查士法典和新法典，综称为罗马法典。四部合计，凡二千卷，三百万行。学者称查士丁尼大帝时代，为法典完成时代。

罗马本来是一个农业国，而奴隶制度早已存在；奴隶之上还有佃奴，就是半自由的奴隶；佃奴之上为平民，平民只享有一部分的市民权；市民之中，有贵族，有地主，操一切的政权。贵族和地主使奴隶替他们种田做工，管束极严，毫没有自由。当时的市民权，分公权私权两种，这些权利，只有市民可以享受。规定这些权利的"市民法"（Jus Civile）市民权的限制极为严格，故学者称他为"严格法"。罗马社会的单位就是家庭，一个家庭可以有几十百个奴隶；家长就是贵族，或地主，是私法上及公法上的主体，一家之内只有家长有行为能力，凡交易权，财产权，婚姻权等，都在家长一人，子女须绝对服从其支配，奴隶更不消说了。财产权是绝对的，财产权的行使，不受法律的限制；债权也是绝对的，债务人如不能履行债务时，则其生命自由完全受债权人的支配。契约法则取干涉主义，契约有一定的方式，有一定的各类，凡法律所不许或不合方式的契约一概无效。

这种严格的市民法，到后来因时势的变迁，渐渐失了他的威严，而起了两种改革运动：第一，就是平民和奴隶受不起这样的压迫，屡次起来反抗，当时平民和奴隶的人类是很多，而且生产劳动者都是属于平民，佃奴，奴隶等阶级；贵族和地主都寄生在这些阶级之上，究竟挡不了下层阶级猛力反抗。于是不得不把市民法开放了，使平民和半自由民也渐渐得享受市民法的权利，如《十二表法》的公布，就是打破阶级差别的新纪元。

第二，就是罗马人以外的民族，来到罗马都市通商的人一天多一天，市民法既不许异族适用，且亦合宜于商业上的行为，于是管辖异族的司法官，感着市民法的狭隘，便逐渐以命令修改了，扩充其适用范围，而产生一种"万民法"（Jus Gentium），这就是打破种族界限的新纪元。

这时候的罗马，已渐渐由农业国进为商业国了。当纪元前一世纪的时候，有一位法学家西塞罗（Cicero，公元前 106—前 43）应运而生，他继受希腊柏拉图和亚里士多德的政治思想，且完全祖述斯多噶学派的自然法观念，主张国家权力的基础完全放在全体人民的"同意"上，人民是天然平等的，应该人人都有参与政治的职分。他又主张罗马应该组织一个能够包容许多文化种族不同的国家而联合成一气的世界帝国；并且应该制定一种能够适合许多文化种族不同的民族而以正义相结合世界法。他以为"正义"是自然的原理，是一切法律的渊源，只有这个从自然生出来的法律，才是通行万国万世而不变的法律。从此罗马政府和一般学者，都觉得那种严格的狭隘的市民法是不全时宜，更努力来做改造法律的运动了。

后来五大法学家的编纂法典，亦都以自然法为根据。如盖尤斯是把万民法看作同自然法一样，在他所编的法律教典中有说："大凡一国必定有本国固有的法律，和万国共同的法律。前者是国民制定的，叫作市民法；后者是根据自然的道理而来，叫作万民法，是因为万国都用这种法律；或又居住面积，因为他是根据自然的道理而生的。"盖尤斯又说万民法有两个最重要的意义：第一，万民法是普遍的原理，这种原理是一切人类所公认的；第二，万民法是自然法的真理教导人类的原理。

又有许多学者以为万民法和自然法有区别：前者是人类国家所专有的法律，后者是一切动物所共有的法则；前者是承认人类有贵族阶级之分，后者是承认人类生而自由，毫无差别。他们虽是如此区别，但是，仍旧主张法律应该以自然法为根据，人类中不应有阶级的差别。

罗马的法律中，虽仍不免有市民法和万民法的对立，但是一般学者都以为无论市民法或万世法，总应该以自然法为根据。市民法和万民法都是人定法，这种人定法显然和自然法有些区别，不过人定法也不是立法的人可以任意制定，都应该根据自然和正义的原理来制定。人类制定法律的时候，把自然法中的要素丢掉的越多，他所制定的法律越不普通，若把自然法的要素完全丢掉了，他所制定的法律虽对于很小部分的人也必不能适用。

罗马自建国初至第六世纪上半叶，一千三百年间，由农业国渐渐进到商业国，其间有许多富有法律天才的学者和政治家，为适应各个时代的社会，不断地把法律改订，由市民法渐渐进到万民法，最后成了一部空前的大规模法典。这部法典确能适应后世各国的社会，所以罗马法的势力至今不是存在。德国法学家耶林（Ihering，1818—1892）在他的所著的《罗马法的精神》中说："罗马曾经三次征服全世界，统一各民族；第一次，以民族武力统一罗马国；第二次，教会势力统一中古时代欧洲各国；第三次，以法律精神统一千余年后的世界各国。"

第六章　封建制度时代的法律现象

甚么叫作封建制度（feudal system）？一国的君主以爵位和土地封他的功臣或皇族，所封的土地是叫作封土或采邑（manor of fief），受封的人是叫作诸侯（lord or vassal）。诸侯不但兼有贵族和地主两种资格，并且在他的封土范围内有统治权，俨然成为一小国王。一国的领土分为若干小国，封立若干诸侯，而一国的君主只有指挥诸侯，享受进贡的一种最高统治权。

我们现在所要讲的封建制度，另外还有一种很复杂的意义；他的发生，不是出于君主的命令，也不是出于诸侯的本意，而是由于社会阶级的分化和经济关系的变迁之一种自然的趋势。

当君主的威严减损，中央的权力衰落以后，群雄蜂起，互相侵略，各地的安危，没有人负责。于是全国资产阶级不得不谋自卫，或由大地主分给他的领地于各小领袖，使成为附属（vassal），以作屏藩；或由小地主自纳其土地于有势力的大地主或寺院，自愿做他的附属，以求庇护。当时的大小地主就是大小诸侯，互相吞并，互相依附，其内部分裂的结果，便成了诸侯与附属层层相对的关系。这种关系当中，实行有"臣服的礼制"和"忠顺的誓约"，叫作"封建的约束"（feudal bond），这是形成封建制度的第一个特征。

从原始国家时代以来，奴隶制度极为严苛，奴隶几等于牛马，日间为主人做工，夜间还要受监禁，毫没有身体的自由。后来有一部分被解放的，叫作半自由的奴隶，就是佃奴，他可领地主的土地，每年纳其收入的一部分于地主，地主也要干涉其生活，如婚姻等事，须得地主的许可，才得实行。佃奴的妻子还得要替地主尽种种工作的义务，如纺织、缝纫、烹饪等事，都是完全由佃奴的家庭担任。这时候的奴隶和佃奴实已形成了生产的劳动阶级，而保有土地所有权的贵族和僧侣，都是寄生阶级，他们的生活资料专靠劳动阶级。工具进步，生产技术发达的结果，奴隶和佃奴的生产能力愈加增进，而贵族和僧侣的生产能力完全缺乏，一旦奴隶和佃奴群起反抗，贵族和僧侣便无力抵敌，结果，奴隶和佃奴渐渐解放了而成为一种自由民。自由民可以保有自己劳动所得的财产，有经营农工商业的自由，所以有自由地主，自由商人，自由手工人之分。农业发达的结果，自由民的财产渐渐富裕了，自由民的人数也渐渐增加了，他们便形成了一个资产阶级。这个资产阶级便是当时所发生出来的一个"中间阶级"，他们的下面有奴隶阶级和半自由民阶级，上面有僧侣和贵族的阶级——统治阶级。这个中间阶级，隐然和统治阶级相对抗，可以牵制僧侣和贵族的专横，这是形成封建制度的第二个特征。

生产的程度增高，交易的范围也扩大了，交易是以都市为中心，商人的势力都是集中在都市；同时大商人已得着参政权而加入于统治阶级，小商人是没有参政权，也可以站在中间阶级，隐然的干涉政治，于是政治的势力便渐渐分散到各都市去了。一方面，统治阶级的人数，随着经济的发展而增加，政治的范围也逐渐扩大，势必酿成分裂的状态；况且那时候的王权旁落，地方的大小诸侯可以各自为政，强者吞并弱者，小者归附大者，整个的国家已呈露分崩离析之象。再加以新兴的大小商人群相依辅，这个城市便俨然成了一个独立国，而演出极端的"地方分权"的政治，这是形成封建制度的第三个特征。

自由民的产业发展，固可以提起经济势力，时常和封建诸侯的政治势力对抗。但是市民阶级——中间阶级——终不能脱离隶属的关系；统治阶级的政治权力，对于经济还能发挥着很大作用。加以生产技术还没有达到社会化的程度，而自由民始终要受着工业行会规则，商业行会规则，农商业上各种禁令的限制，仍然不能自由发展。这种"经济的束缚"就是形成封建制度的第四个特征。

农业国家，以土地资本为基础；都市国家，以商业资本为基础。商业资本发达的结果，必定要使土地贵族逐渐崩坏，这是经济进化的必然途径。但是当中古时代的初期，商业资本虽已渐次发达，而土地贵族还是依然存在；商业发达虽可以促成封建制度的勃兴，而封建制度的隶属关系却又足以阻碍商业经济的发展，反使土地贵族得着一个新保障。这样的土地贵族和商人贵族朋比并存，农村势力和都市势力两相对峙，确是社会进化历程中的一种"矛盾的现象"，这便是形成封建制度的第五个特征。

原始国家时代，王权逐渐发达，神意不过为统治者假托以增加威信的一种工具。一到中古时代，都会的组织顿开新面，教会好像是一个国家，可以有领土，可以收租税，有法律，有法庭，并有监狱；教皇统领全国教会，有立法行政及司法的最高权；教皇之下有大主教，大主教之下有主教，都可以管理或干涉各地方的政务。这个时代的国王，内部既受封建诸侯的僭越，外部又受教会的牵制；当时国家的主权究竟是在国家呢？在教会呢？在君主呢？在教皇呢？实在是不明白。这种"政教混合"的现象，就是形成封建制度的第六个特征。

以上几个特征，可以用一句话总括起来说，就是"主从关系"和"矛盾现象"罢了。当时的大小地主各自率领着无数佃奴，佃奴都各为其主，主仆间的关系极为严密，而和外界可以不相往来，故颇重宗族的观念，和地域的观念，这是封建社会第一种要素。统治阶级中有贵族、伴侣，有大地主，有大商人，互相牵制，各不相下；因实业发达，政治势力分散到各都市去，都市生活是重商而轻农；因宗教的专制，政治权力又一半移动教会里去，而教会生活又是重农业而轻商业；资产阶级——市民阶级——的经济势力可以防止统治阶级的专横，而统治阶级的政治势力也可以阻遏商业经济的发展；这些互相束缚的矛盾现象，就是封建社会第二种要素。总之，封建社会是一个不统一的社会，一个不进化的社会。

这种封建社会的法律现象，当然也是纷歧的、复杂的、因袭的、宗教的，不但没有胜过原始国家时代的特色，而且有退到原始社会时代的趋势。要研究封建制度时代的法律精神，可以把日耳曼民族的习惯法拿来做代表。

日耳曼民族的组织，原是氏族制度。征服了罗马以后，继承这个权力统治的国家，当然不能再适用他的氏族组织。但是日耳曼民族的社会中，却有几种要素很能适合封建社会的。

第一，是人和人的隶属关系，就是族长与族人间的忠勤关系。日耳曼人的上级对下级有封建的特权，同时也有保护的义务；下级对上级有服从的义务，同时也有受保护的权利。这种忠勤的观念，恰和臣服忠顺的"封建约束"相吻合。

第二，是土地总有权的制度。就是许多人同有一个土地所有权，以众人的力量在共同的土地上耕种，把土地的全部收获分配于众人，但众人之间不是平均分配，因各人的权利有大小，他们所享受的利益亦有多寡，这种总有权的观念，恰适合于封建制度的大地主，小地主，佃奴，及奴隶等层层差别的待遇。

日耳曼的法律是氏族制度的遗物，族长或家长的权很大，对于族人或家属的主从关系很为严格。土地财产虽似共有，但阶级的差别又很分明；各级的权利有一定限制，而上下级相互间权利义务的关系却是很公允的；彼此以忠勤的观念相结合，不含有压迫强制的性质。他们的法律是重习惯，不重统治权力，所以是种族的、地方的、不统一的。

日耳曼的法律没有裁判的程序，亦不重证据。他们的审判方法：第一，是宣誓法，诉讼人在辩论前先宣誓他所说的话必定是真实的，并请同阶级的人亦来宣誓证明他所说的话是真实的，若宣誓有虚伪，当受神的谴罚。第二，是格斗法，诉讼人双方的本人或请代表，举行格斗，以胜负定曲直，以为直者当蒙受神祐，可操必胜之券。第三，是神判法，使诉讼人的手浸于沸水中，或手提或足蹈赤热的铁块行走若干时，到三日之后，手足若无伤痕者为直，否则为曲。以上各种诉讼法，完全没有脱离原始社会的习惯（参看本书第四章原始社会的法律。）到中古时代，日耳曼民族中还是通行这种法律，凡被日耳曼民族所征服的地方，亦有适用这种法律的。中古时代，在一个封土内居住的人民，都有互相扶助，互相亲爱的。因为他们同在一块田亩之上作（做）工，同属于一个地主，同到一个礼拜堂做祈祷，和外界是不相往来的。一个封土内，大抵都有一个"法院"，佃奴如有争执的事，同到法院中请求裁判，田亩的径界如要重行割分，亦在法院中决定。

当初的地主可以自由传唤市民或佃奴到法院，听凭他裁判一切。后来市民有组织"自治团体"的，商人则有组织"同业公所"（craft guild）的。地主为谋都市的繁盛起见，亦不加以干涉，地主的特权从此便有限制了。

封建社会以上下互相牵制为维持秩序的原则，当时君主的势力要受各地方封建诸侯或各都市团体的限制，上下级间往往结有一种契约来规定权利义务的关系，如英王约翰于一二一五年所颁的大宪章（Magna Charta），就是当时英王和封建诸侯（贵族及僧侣）所结的一种契约，以限制国王权力的，这个就是英国宪法的起源。

都市中亦有一种宪章，就是地主和自治团体或同业公所所订的契约。宪章中有限制地主任意传唤市民到法院处罚的规定，并列举地主可以征收各税的种类，凡从前的税及徭役都逐渐废止或改订了。

当十二世纪时，英法等国的都市中，大都有宪章规定市民的权利，并承认自治团体和同业公所的组织。如法国圣德奥麦（St. Omer）城的宪章中，亦有刑法的规定："凡犯杀人罪者，不得藏匿在城中；如畏罪逃避者，则毁其住宅，并没收其财产；罪人如欲回到城中居住，须先向死者的家族讲和，并须罚金十镑，一半归地主的代表，一半缴纳到城中自治政府作为建筑城市礮台之用；凡在城中殴打人者，则须罚铜币一百枚；凡拔他人之发者，罚铜币四十枚。"

当时的同业公所，一方面固为维护工人的自由和独立，一方面却又足以阻止工商业的进步。凡未加入某种同业公所的人，不得从事于某种职业；凡少年人如欲学习一职业，必须做过数年的徒弟，储存店主家中学习，没有工资，出师后，工资亦有限制；店主收受徒弟极为严格，出师年限，少则三年，多则十年，学成一种职业颇不容易，因为要防止工人的人数增多，所以不得不如此。照这些习惯看来，可见封建社会的法律，处处着重"主从的关系"，并且采取"保护主义"的。

第七章　资本主义时代的法律现象

欧洲近世纪的文明，大概都发源于"文艺复兴"（renaissance）。在这个时期，人人对于从前的宗教权威，封建势力，都感着很深的痛苦，于是想复兴希腊时代的文化，关于宗教，科学，政治，法律等都有一番革新的运动。从十五世纪到十八世纪，三百余年间的新文化运动，可分为下列三点来观察：

一、个人的自觉和自由

在原始社会时代，人类的生活以集团或氏族为单位；在原始国家时代和封建时代，人类的生活以家族团体或隶属关系所组成的主仆团体为单位，各个分子的人格都不能完全独立，没有个人的自由可说。到了近世纪的初期，渐渐脱离团体的自我意义，而发生个人的自我意识。这个时代的自由运动，第一步要解脱隶属的关系，完成独立的人格；第二步要打破历来的传说，实现自由的思想。这个自由思想又要使他合理化，所以这个时代在科学上的发明极为旺盛。先有哥白尼（Copernicus，1473—1543）的地动说，后有伽利略（见前）和凯伯拉（Kepler，1571—1630）等的天体力学和物理学，都是运用他的自由思想而归于合理化的。至于极端主张思想的自由而倡归纳的论理学者则有培根（Francis Bancon，1561—1626），他以为人们要得着真确的知识，应该先破除四种偶像：(1) 剧场的偶像（idols of the theater），就是古代的传说（tradition）；(2) 市场的偶像（idols of the forum），就是人类日常的交通工具（intercourse），如语言文字等；(3) 洞窟的偶像（idols of the cave），就是各个人癖性（peculiarities）；(4) 种族的偶像（idols of the tribe），就是各民族所有的特殊倾向（tendency）。

在这个时期，不但倡经验论的培根如此主张思想的自由，就是倡纯理论的笛卡儿（Descartes，1596—1760）也有关于自我意义的名言，他说："我思故我在。"（I think，therefore，I exist）笛卡儿的哲学以怀疑为出发点，怀疑到我的自身，却不能再怀疑了，而因为怀疑的结果，便认识"自我"的存在。这种对于外物怀疑的精神，对于自我的认识，确是近世纪文化的原动力，后来的自由主义、功利主义、个人主义，支配了欧洲的社会三四百年之久，都是文艺复兴期所种的因。

二、民族统一的国家成立

中世纪教会势力的专横，封建制度的束缚，一到近世纪初期，都已崩坏了；从英法的"百年战争"（The Hundred Years'War），英国的内部的"玫瑰战争"（The Wars of The Roses）以后，两国的封建贵族都被打倒了，而君权便从此一天扩大一天了；从路德（Luther，1484—1546）、司文格里（Zwingli，1484—1531）、加尔文（Calvin，1509—1564）等起宗教改革运动之后，教会的势力便从国家的上面移到国家的下面来了，结果却促进君权的扩张。

这个时期的人民，既解放了封建制度的束缚，又脱离了教会权力的；同时爱"百年战争"的影响，已唤起了英法两国民族的爱国心，他们认为像中世纪那样包容了许多种族言语习惯不相同的人民组织一个世界帝国，是一件不可能的事。所以主张建立一个民族统一的国家，而要拥戴一个强有力的君主，并且提高君主的权力，可以替他们的民族保全利益。

于是，倡统一国家提高君权的学说者，便应运而生。第一个，就是马基雅维利（Machiavelli，1450—1527），马氏感着意大利衰败的原因，在于富商太多，武力缺乏；又看见英法西班牙等国君主都已扑灭封建势力，而拥有强大的权力。当时的内忧外患都逼得马氏不得不崇尚武力，而注重权谋术数。马氏在他所著的霸术（The Prince）中，主张人性是恶的，所以要一个强有力的君主来管束人民，人民要绝对服从君主；治国要道，尚力不尚德，重人治不重法治，而以推行"迪克推多制"（dictatorship）为致国家富强的唯一良策。马氏这种学说，后人称为政治术，而不称为政治学。

第二个，就是布丹（Jean Bodin，1530—1595），布丹不像马其弗利那样专讲功利，轻视道德，而以政治道德为政治的基本。但是布丹很重国家的权力，而不重人民的自由平等；他认定国家的起源是由于家族，社会发达的基础是在人类的社会性：这两点是和亚里斯多德的学说相同。但是布丹以为国家发展的基础，在强力而不在理性，这是和亚氏不同的地方。布丹不承认人民在最高权力支配之下，有绝对的算账；也不承认人民的地位或权力是绝对的平等，他以为男女门第的差别是本来有的，人类的阶级是天然的必要的。布丹在政治学史上最著名的"主权"（the theory of sovereignty），他说主权是有最高的、永久的、唯一的、无限制的四种特性；主权者不受法律的制裁，并且是法律的创造者；人民对于这个主权都一律站在服从的地位，不过这个主权所能发生效力的范围是有一定的，就是在一定地域以内的人民须一律服从其主权，所以主权又有地域性的。布丹的主权论，可以挽救从前罗马帝国以来那种世界国家的散漫情形；可以推翻中世纪教会至尊的旧学说；也可以铲除封建时代君权旁落群雄割据的那些积习。布丹的学说，不但是当时的对症良药，并且成为后来三百多年政治学说的中心思想。后世称布丹的主权论为"一元主权论"（monistic theory of sovereignty）。

继承布丹的主权论者，有格老秀斯（Hugo Grotius，1583—1645）和霍布斯（Hobbes，1588—1679）两个学者。格氏是国际法学的鼻祖，他对于主权论的解释，只偏重在国家对外的关系。霍氏的国家论，在政治学上却占有很重要的地位，他一反从前亚里斯多德派以国家为自然生成的说，而主张国家是由人力造成的；他是根据契约说，以为一群的人订立共同契约，愿意把权利送给一个人，做他们全体的代表，大家愿意一律服从他，于是便建设成一个国家。这个国家的君主便是唯一的主权者，人民服从君主，便是服从自己，因为君主的意志便是人民的意志，君主必须握有最高无上的主权，不但有整个的行政权，并且有最高的立法权。

三、经济势力的发展

从一四九二年意大利人哥伦布（Christopher Columbus，1446—1506）发现美洲以后，欧洲各国人先后在美洲，非洲西岸，加拿大，东印度等处，得了专利的商业，每年都各在他的殖民地内夺取了许多金钱回到本国；一面提倡国内的制造业，尽量输出他的商品，以吸收外国的金钱。这个时代，学者称为"重商主义"（mercantilism）时代。在这个时代，国家的政策都是专在如何发展国内的工业，国外的通商，并殖民地的经营；国内的法律专在取缔国内现金的出口，奖励国外现金的输入。于是不得不扩张海陆军备，以为保护商业之用，而殖民政策和商业的侵略政策便成了帝国主义的基础。

一七六四年，哈格里夫斯（Hargreaves）发明了纺织机，一七六九年亚克赖德（Arkwright）发明了水力纺织机械之后，棉花纺织工业已有长足的进步；瓦特（James Watt，1736—1819）又于一七六八到一七九二年间发明了蒸汽机车，最初试验于矿山，后来应用到纺织工场，于是棉花纺织工业更起了一大变化，这个就是"实业革命"（industrial revolution）的新纪元。后来把这个蒸汽机车再应用到毛织物工业，制造工业，以及轮船铁路的发动机上面，更促进实业的发达．

这个时候又出了一个经济学的鼻祖亚当•斯密（Adam Smith，1723—1790），在一七七六年出版《原富论》（Wealth of Nations）一书。创"分工"（division of labour）的说，于是机械的工场工业愈加发达。当亚当•斯密在格拉斯哥（Glasgow）大学充教授的时候，瓦特就在同校做物理机械的职工，两人的交情颇为亲密，时常研究机械工业的改良，所以彼此都有这样伟大的成绩。亚当•斯密是主张实业自由竞争的一人，他以为个人自由竞争结果，国家的财富就会增进；合计各个人所生产的货物价格，便成为一国之富。他又以为自由竞争若能完全行于社会，则不但国富可以增进，即富的分配也自然得其公平，社会全体人的利益，便都实现了。可惜从亚当•斯密提倡这种学说以后，实业界只做到了"自由"二字，而不能做到"完全"二字，所以国家的富纵能发达，而社会全体人的富却因此而被阻碍，被剥夺了。

综合以上三方面演进的结果，便形成了个人主义，自由主义，国家主义，集权主义，生产手段私有化，劳动商品化等现象，而酿成现代的"资本主义"。

封建时代的社会秩序，全靠主仆间恩惠和忠顺的关系来维持，是一种人身的关系，并不是法律的关系。近世纪的国家基础，却是建立在法律的关系上面；从布丹阐明主权论以后，国家对内的统治权渐渐明显了；从格老秀斯创立国际法以后，国家对外的关系也渐渐有了法律的保障；到了孟德斯鸠（Montesquieu，1689—1755）的《法意》

（L'esprit du loi；the spirit of the laws）于一七四八年出世以后，法律的观念更为明晰。孟氏把法律分为三类：（1）因民族和民族的关系而规定的是国际法；（2）因各国政府和人民的关系而规定的是宪法（或公法）；（3）因各个公民相互间的关系而规定的是民法（或私法）。孟氏对于国家制度上最大的贡献，就是他的"三权分立"（separation of powers）说，他的目的要使行政、立法、司法的三权互相分立，互相牵制，来保障人民的自由。

卢梭（Jean Jaques Rousseau，1712—1778）是一个极端主张自由的人，他认为人类一切生活都应该"返乎自然"，人类是生而自由平等的。他的《社会契约论》（Du cont-rat sociale），是主张以"人民的总意"（general will of people）来缔结一个国家，人民总意表现的时候，当然以"人民的总利益"（general interest of people）为前提。这样的国家，当然是主权在民。这个主权是不可分割，不可让与的，就是人民的总意；这种国家的政体，当然是共和政体；在这个国家内的人民生活，是极自由，极平等的。

孟德斯鸠和卢梭的学说正风行当世的时候，美国的独立（一七七六年）、法国的革命（一七八九年）便起来了。美国独立以后所产生的宪法，是照着孟氏的三权分立说制成的；法国革命的口号，就是"自由"，"平等"，是完全受着卢梭学说的影响。

美国的《独立宣言》中说："我们信为真理的，就是一切人类都是生而平等的；他们有天赋不可转移的权利，这些权利就是生命自由和幸福的图谋。"法国的《人权宣言》中说"人类生而自由，永远自由，权利一律平等。一切政治团体的目的，在保障人类天然的不变的权利，这些权利，就是自由财产和抵抗压迫"。

这些"天赋自由"或"自然权利"的，后来便成为他们宪法上和民法上的立法精神，一八〇四年的《拿破仑法典》也是依照这种精神制成的。所谓"自由"，"平等"，如果使各个人都能完全实现，则近代的资本主义绝不至于发生。可惜法国革命后的政权，只操在中间阶级（资产阶级，或称工商阶级，也称第三阶级）之手。实业发达的结果，经济上的一切权利完全为资产阶级所独享；而近代政治上所谓自由平等的美名，不过是他们用来欺骗人民的工具。

欧美各国的民法，大都是继受《拿破仑法典》而成。各国的民法上，都含有两个通则：（1）财产权的绝对性；（2）契约自由。认个人的财产权是一种绝对权，或称对世权，财产所有者对于他自己所有的一切财物，可以绝对的自由享受，自由处分；他若不愿意自己享受，也可以自由抛弃或埋没了他；也可以自由传给他的子孙；除非得他的同意，任何人不得对于他的所有权稍有侵犯，就是国家也不能任意加以限制，这是叫作财产权的绝对性。任个人的和个人间的一切契约，都可以依照各个人的意思自由订立，契约的内容，也由各个人自由规定；不问订立契约的两方智力势力是否平等，只要出于他们自己的愿意，无论何种契约都可以成立，国家并不加以任何的限制，这就是叫作契约自由。

封建时代的中间阶级，到了近世纪，渐渐抬起头来，代替了贵族僧侣的阶级，而握有统治的实权。但是他们下面的平民阶级，依旧没有脱离封建时代的积习，永久屈服在中间阶级的统治之下；既缺乏参与政治的知识，又没有经营工商业的能力；一切政治上的经济上的特权，只得让中间阶级去独享。所以当时所谓"法律之前，人人平等"，不过是资产阶级中的平等；而无产阶级，当然不能和有产阶级平等；非商人阶级，当然不能和商人阶级平等；女子的人格，当然不能和男子平等；庶子或私生子，当然不能和嫡出子平等。所谓"契约自由"，不过是有特权者的自由；如资本家和劳动者订立契约时，只有资本家的自由，而没有劳动者的自由。所谓"财产权的绝对性"，只对于已取得财产权说的；至于财产如何取得，法律上并没有何种规定。

实业自由竞争的结果，财富渐渐集中到少数人的手上。金钱太多了，要借给没有钱的人用，于是有利息制度；土地大多了，要租给没有土地的人耕种，于是有地租制度；一生的财产使用不尽，要留给子孙享用，于是有遗产制度。法律保护私有财产，原来不是一件绝对的坏事。但是，因保护财产私有权，不得不兼保金钱所生的利息；由土地所生的地租；由祖宗所留下的地产。那末，财产权的保护，只是保护不劳而获的财产；只是保护资本阶级的财产；而一般平民的财产，却因此反被剥夺了。

在资本主义之下，资本家的收入可以分为三种：（1）自己劳动的结果，这是正当的收入；（2）社会自然发达的结果，这是不劳而获的收入；（3）他人劳动的结果，这是侵夺的罪恶的收入。法律对于以上三种收入的财产权，若一律加以保护，则法律不但是奖励人的不劳而获，简直是奖励人去做强盗，犯罪恶了。

同在一社会中的人，假使一切的机会都能均等，贫富的相差绝不会十分悬殊的。但是在资本主义的经济发展以后，富者愈富，贫者愈贫；富者不过是最少数，而贫者却占了大多数。富者已得着经济上的优越地位，因此就可以得着政治上的优越地位；一旦得着政治上的优越地位，更可以行使他压迫榨取的特权。使贫者更得不到他们应得的利益，更失了他们一切的自由。这时候的法律，无论公法或私法，都是专替富而有势力的阶级图便利，也就是处处对于贫而无势力的阶级肆行压迫和榨取的。我们可以把这个时代公法和私法，归纳为下列几点的特色：

（一）公法方面

1. 选举制度

选举权以资产为标准，贫者便没有参与政治的权利。

2. 教育制度

无论公立或私立学校，唯富者的子弟才有读书的能力，贫者使没有获得知识，发展人格的权利。

3. 赋税制度

课税着重于生活必需品，一切田赋及货税，名为地主或商人所负担，而其赋税的"归者"，都是在于多数的贫民。

4. 司法制度

诉讼费的负担太重，便剥夺了贫者的起诉权；刑法上有易科罚金的规定，富者得以金钱赎罪而逍遥自由，贫者则因缺乏金钱而致身体失其自由。

5. 行政制度

警察，卫生，交通，实业，以及一切公共设备的行政法规，处处都是保护富者的权利，奖励富者的活动，增进富者的幸福；贫者便不能享受行政上各项的权利。

（二）私法方面

1. 物权法

依财产权的绝对性，使富者对于他所有的财产，在空间上有绝对的享受及处分权。

2. 继承法

依财产权的绝对性，使富者的家属，对于他们所有的财产，在时间上有永久的享受及处分权。

3. 契约法

依契约的自由，使富者得自由使用贫者的劳力，自由榨取贫者的利益。

4. 商法

奖励并保护商业的结果，利润愈增进，资本愈集中，"托拉斯"的政策愈盛行，则小商人及手工业者的营业便渐渐失败，贫者的生活便日益困难了。

第八章　社会主义时代的法律现象

实业革命以后，当资本主义的经济势力正在猖獗的时代，社会主义的首倡者欧文（Robert Owen，1771—1858），已对资本主义开始攻击了。英国是实业革命发轫的国家，而欧文也是英国人；机械的工场工业是资本主义的根据地，而欧文也就是一个工场主人。可见社会主义的发生，是紧跟着资本主义而来的。在法国方面，和欧文同时的社会主义者则有圣西门（Saint Simon，1760—1825）；其后又有傅立叶（Charles Fourier，1772—1837）。他们所主张的虽各有相异之点，而他们攻击资本主义的经济组织；反对资产阶级的政治特权；主张劳动阶级平均享受生活资料。这几点是相同的。但是，他们也有一个共同的缺点：看轻资本主义的势力；不注意社会变迁的实际情形；以为社会改造运动是可以本着各人的良心来进行，就是资本家一旦有了觉悟，也自然会把他们的特权让出来的。这样偏于理想，所以他们的运动不见成功，后人称这派的社会主义为空想的社会主义。

空想的社会主义之后，则有科学的社会主义，他的首倡者是马克思（Karl Marx, 1818—1883）。马克思是以唯物史观的方法来研究社会的变迁，他以为社会的构成是以经济组织为基础，而社会的经济组织是随着社会的生产力和富的生产方法而变迁的；社会上的一切政治，法律，道德，艺术等现象，都是建立在经济组织的基础上面的东西。那么，法律也不过是一种经济条件的反映，决不是理性的产物。

马克思以后的社会主义分为数派：在法国则有"工团主义"（syndicalism）；在英国则有"基尔特社会主义"（guild socialism）；在德国则有"集产主义"（collectivism）；在俄国则有"布尔希维克主义"（Bolshevism）。我们在这里没有时间把各派的内容详细叙述，只可以综括地说明几句：（1）从实业方面说：工团主义是主张专由生产者来完全管理生产和分配的事务；基尔特社会主义是主张由生产者和消费者（国家就是消费者的代表）共同来管理生产和分配的事务；集产主义是主张专由消费者的代表即国家来管理生产和分配事务；布尔希维克是主张由无产专政的国家管理生产和分配的事务；（2）从政治方面说：各派都认定国家不过是一种工具，而集产主义和布尔希维克主义则主张国家权力特别提高；各派又都是否认现代资本主义的民主政体，不过他们对于改造民主政体的方法各不相同：工团主义只表示消极的态度；基尔特社会主义则主张"机能的民主政体"（functional democracy），就是用职业的代表制度来替代现代的议会政治；集产主义则主张由"政治议会"和"社会议会"合组的政府来分掌国家的事务；布尔希维克主义则主张用革命的手段，夺取政权，组织无产阶级专政的政府。总之，各派的社会主义都是适应各国的社会的特殊情形而产生的；他们的共同目标，是在铲除资本主义的经济组织，消灭人类间一切阶级的特权；不过他们的实现方法，各由其社会的要求，而有缓和的和激烈的不同。

离开社会主义的立场说，从法国革命的《人权宣言》和《拿破仑法典》行世以后，资本主义的法律观念正为当世所尊崇的时候，便有一个社会学大家孔德（Augusto Comte, 1798—1857）出来矫正其说。孔德在他所著的《实证哲学》（Positive Philosophy）里面，阐明个人是社会的产物，国家是社会组织之一，法律是社会现象之一等真谛。他以为权利不过是两主体间的一种关系，一个人若离开了社会，没有和他相对的人，这种关系便不存在，还有什么权利可说？这种关系，与其称为权利，不如称为"责任"。所以孔德说"一个人除了那永远尽责任的权利以外，并没有甚么权利"。孔德的学说，到后来便成为社会法学（sociological jurisprudence）派的始祖，社会法学派是用社会学的方法来研究法律的现象，不像从前人专用抽象的方法去分析法律（法规的法律）的内容，这就是孔德的"实证哲学"之所赐。这派的学说，主张人类有一种"社会职务"（social function）；人类要尽量去发展他身体的、智慧的、道德的个性，无非预备些效率去行他的职务；人类要做一个财产的主人，也无非想应用财产去尽他的职务。这样说来，个人在社会中并没有绝对的自由。

社会法学派的学说，和从前自然法学派所主张的"自然权利"，"天赋自由"说，恰成了针锋相对。自然法学派所主张的自由，权利，都是从"自然"得来的；而社会法学派所说的自由，权利，都是从"社会"得来的。前者是绝对的；而后者是相对的。

孔德以后，在十九世纪初，社会法学派的势力日渐旺盛。如德国的基尔克（Otto Friedrich von Gierke，1841—1921），于一八六八年著有《德意志团体法论》（Deutsche Genossenschaftsrecht）一书，阐明团体人格和团体意识的实在。一八八八年，德国民法第一草案告成的时候，基尔克以为这个草案是采取罗马法的个人主义而成的，不能适合现代社会的团体主义，攻击颇为有力，于是乃有第二草案的改编。

同时在奥国则有孟伽（Anton Menger，1841—1906）于一九〇二年著有《新国家论》（Neue Staatslehre）一书，主张人类的生存权、劳动权及劳动全收益权；并主张民众劳动的国家，就是劳动阶级的国家，而反对现代权力的国家。他是一个社会主义的法学家，主张订立社会主义法典的。当德国民法第一草案发表的时候，他也曾加以批评，而对于雇佣规定的一点，攻击尤为激烈；他和基尔克二人确是有功于德国民法的改造运动，可惜民法第二草案仍旧不能完全脱离罗马法的个人主义。

最近则有法国的狄骥（Leon Duguit，1859—1928），他的著作很多，在一九二一年至一九二五年间所著的《宪法论》（Traite de droit Constitutional）五卷，内容最为丰富。此外论法律变迁的著述还不少，可以称为现代社会法学者的泰斗。他的《权利否定论》，《国家人格否定论》，是他的学说的重心。他倡"社会连带关系"（solidarite sociale）说，以为人类的社会生活，是一种"社会相依"（social interdependence）的生活，个人和社会不是对立的，人类只有在社会相依的条件之下才能够生存发展，所以个人只有"社会职务"，而没有权利；国家和个人一样，须受社会连带关系的拘束，国家只有为社会尽一定的"公职"（public services），并无所谓权利。狄骥以为法律是由社会连带关系的事实而生的必然的法则，这种法律，是客观的，不是主观的，所以叫作"客观化的法律"。国家负有积极的和消极的两种义务：（1）为实现社会连带关系的目的，有在法律范围内积极努力的义务；（2）为励行那由社会连带关系而发生的行为规则，必要时，有使用国家的物质强制力的义务。这个强制力的自身，并没有任何的合法性，只在用这种强制力来维持那由社会连带关系而生的法律，才算合法。国家只能在法律范围内活动，并且对于法律所负的责任比任何人的责任都重；而法律则是独立在国家之外，高出于国家之上，生存于国家之先的（参看高一涵：《政治学纲要》，八〇页—八四页。）

美国的庞德也是现代著名的社会法学者，他于一九一四年在《哈佛法律评论》上刊载《法律的目的是随法治的规范和理论而进化》(The End of Law as Developed in Legal Rules and Doctrines) 一文，分法律进化为五个时期，现代是"法律社会化"(socialization of law) 的时期。他以为社会生活愈复杂，则社会政策的适应愈为必要，以集合主义替代个人主义，以国家干涉主义替代自由放任主义，于是法律成为社会生活规范的真面目乃发现，而个人本位的法律亦一变而为社会本位的法律了。现代法律的新趋势，对于从前法律上大原则的限制和变更，可略举下列几点：(1) 财产权行使的限制，就是禁止权利之反社会的滥用；(2) 契约自由的限制；(3) 处分权利的限制；(4) 债权者或被害人的请求权完全满足的限制；(5) 无过失的损害赔偿责任，就是雇主对于被佣者的责任；(6) 从前所认为共有物或无主物，现在作为公有物；(7) 保护关于一家属所存在的社会利益 (参看 [日] 穗积重远：《法理学大纲》，李译，一三五页)。

综合上述社会主义派和社会法学派的主张，找出他们相同之点，就是否认政治上和经济上的阶级特权，保障无产阶级或社会全体的利益。社会法学者虽不讲社会主义的运动，而专谋法律的改造，但是他们所阐明的社会组织原理和法律的真意义，却可供社会改造的运动成功后的采用；他们的主张若能直接实现，则社会或可依和平的方法而演进，未必一定要经过革命的手段才能使社会进化的。

此外又有英国的马克爱弗 (McIver)，是倡"新国家论"巨子，也可称为"多元的国家论"者泰斗。他于一九一七年著有《基本社会》(Community) 一书，把"团体"(Association) 和"基本社会"分开，凡团体有五个要素：(1) 特殊的共同目的；(2) 一定的职能；(3) 组织；(4) 一定的界限；(5) 构成员的合意。至于基本社会，则没有以上各种要素，而是一群人同住在一个地域之内，由其言语风俗习惯等的统一，人格相互间的影响，自然结合而成的；故没有特殊的目的，没有一定的职能，也不是由于成员的合意而成立的。基本社会是生活，是包含人生目的的全部。为达人生的某种目的，故有某种团体的组织；人类的欲望愈发达，所组织的团体愈繁复；无论体积团体，都是为满足人类的欲望，实现人生的目的，就是为发达这个基本社会而成立的。国家也是一种团体，不是基本社会；故国家也只能实现人生某种特殊的目的，而不能包括人生目的的全部。不过国家于上述一个要素以外，还具有三种特性：(1) 一定的地域，就是领土；(2) 对于所属的个人或团体有一种强制力；(3) 主权，就是自己的固有的组织力和支配力。基本社会是没有这些特性，因为他并没有特殊的职能，便用不着这些手段，可见上述三种特性，只是国家为着实现他的特殊目的所必要的一种手段，决不是他先天存在的要素。国家始终是一种团体，绝不能代表基本社会，所以他的主权和强制力只是在他的权限以内才会发生，绝不能超越到他的权限以外，而有高出于基本社会之上的一种权力 (参看 [日] 中岛重多元：《国家论》，三八页—六二页)。

马氏这种学说，实为现代"多元主权论"(pluralistic theory of sovereignty) 的基

础，和近世纪初期布丹的"一元主权论"，后先辉映。而对于现代的法律改造运动，确有很大贡献。

上面所述各派学者的主张，就是最近百年来欧美各国法律现象的背景。下面再把现代各国法律的新趋势，归纳几点，说明如下：

（一）从个人本位进到社会本位

社会愈发达，交通愈繁盛，则人和人相互间的影响亦愈大。从前说社会的性质是由个人造成的，现在却要说个人的性质是由社会造成的。想发展个人的身体，不得不注意到供给我们生活资料的物质环境；想励行个人的教育，不得不注意到影响于我们心身的社会环境。况且人类的欲望是不断地增进，想满足欲望，不得不行分工合作的方法，分工愈细密，合作愈扩大，则人类的社会生活愈为必要。社会生活中某一部分一旦若有变动，立刻可使个人生活陷于不安的状态。要使社会生活永久稳固，而以能不断的适应各个人的要求，则人类所必需的各种事业，均非有大规模的组织，并且有大力的保障不可。所以现代的各种事业，都有"社会化"的趋势，而法律就是实现社会化的工具。凡土地、资本及生产交通的一切，都归公有、公管；则从前为私人所有的财产权，也都要变成公有；就是教育机关，娱乐设备，以及人类维持生活的一切消极行为，也应该由公家来管理，才不致有独占、独享、偏枯、向隅等流弊。这样一来，国家的职务便无限的增进，而国家的权力自然也要十分的提高起来了。如苏俄宪法第三条中的各项，就是规定土地国有、实业国有、银行国有、教育机关国有的；德意志一九一九年的宪法第七条第五项至二十项，大概都是规定社会公共事业的；第一百十九条到一百二十二条，是规定家庭生活、子女养育、青年保护等项，应由国家负责的；第一百四十二条到一百四十八条，是规定各种教育应由国家负责的。至于第五章是关于"经济生活"的规定；第一百五十一条，规定以公道大原则及人类生存的大目的为经济生活之标准；第一百五十三条及一百五十五条到一百五十六第，是规定财产私有权的限制，国有财产的设立，生产者消费者共同管理的生计团体之组织等项。俄德两国的现行宪法，实为现代"社会本位的法律"之表率，此后各国所产生的新法律，必定会依照这个标准而进，从前个人主义的法律，不久就要消灭他的痕迹了。

（二）从自由本位进到平等本位

十九世纪以前所倡的自由，是个人主义的自由；少数人的自由；特殊阶级的自由；就是不平等的自由。因为从前人注意自由，而不注重平行；要使知识不平行，能力不平行，道德不平行，经济生活不平行的人，来实行自由竞争，结果便使少数人得了自由的胜利，而多数人反陷于更不自由的状态。现代学者所承认的自由，是"平行的自由"，这种平行的自由，有两个解释：（1）不妨害别人的自由，就是自己主张自由，同时不要侵犯别人的自由，所以国家要有法律来保护弱者的不自由，而干涉强者过分的自由；（2）不丧失自己的自由，就是自己不要误用自由而反失了自由。例如身体的自由，不可自由出卖自己的身体；工作的自由。不可去做别人的奴工。如果有这种事，国家必定用法律来制止他，故在法律上有所谓国家承认的自由。国家承认个人自由，是要使个人自由由而进到平等，不是要使个人因自由而陷于不平等。

现代法律关于限制个人自由的，有两个原则：

第一，限制财产自由。从前的财产权是绝对的，享有财产权的人，在积极方面，有使用，享受，处分的自由；同时在消极方面，也有不使用，不享受，不处分的自由。现代法律不但对于积极方面有限制，即对于消极方面也有限制，就是不许他不使用，不享受，不处分。因为财产是社会公共的东西，用以谋社会生活发达的工具；财产权在私人的手中，就是教他运用这个权去尽社会的职务，所以不许他自由抛弃。例如采矿权，是一种物权，取得采矿权之后，若遇了若干时期而不开采，在法律上就要取消他这个权利，因为社会急需这种矿物，不容他占据这个采矿权，使天然富源封闭了而不能享用。又如遗产处分权，国家不愿继承人取得大批不劳而获的财产，使个人流于淫逸，而财产失其效用，故有法律限制其处分，而重征其遗产税。至于一般取得财产的方法，国家亦必加以干涉，凡不劳而获的财产，法律都要限制他。如土地的自然增益，必须归公有；资本家对于劳动者的剥削，则有工场法等的取缔。德国民法（一九〇〇年公布）第二百二十六条，有权利滥用的限制；瑞士民法（一九〇七年公布）第二条，规定凡显明的权利滥用，法律不负保护之责。

第二，限制契约自由。从前个人主义的法律，以为契约的利害只是当事者两方的自身关系，故尊重当事人双方的意志，而予以绝对的自由。殊不知这种契约自由，一方的伶俐，很可以欺压他方的愚昧；即使双方都出于自己情愿，但是那个契约的关系，往往要影响到社会全体。例如有一群贫民愿意卖身做很不卫生的奴工，这种不卫生的生活，势必使他们周围的居民受着很大的影响；并且他们所生的子女也必定有许多病弱的遗传，影响到人种方面还要更大。所以现代法律关于雇佣契约这一点，更有严重的取缔，例如德国民法第一草案经过孟伽的批评后，在第二草案（就是现行民法）上，关于雇佣契约便已有保护的规定；后来在苏俄一九二三年的民法，已将劳动契约法一部分从债权法中分出，独立为一种单行法，他的契约形式，有严格的规定，凡不合式的契约概为无效。

以上两原则，名为限制自由，其实就是实现平等。法国革命以来，所讲的自由，平等，专从政治上着想，而没有注意到经济方面，这也是因为当时资本主义还没有发达，所以大家忽略了。到了十九世纪后半叶，大家才看明了这个道理：得不到经济上的自由，绝没有政治上的自由；得不到经济上的平等，绝没有政治上的平等。但是经济上的自由又都被资产阶级占领了，阶级的悬隔和压迫，使我们永远不得参加于自由竞争之专场，只有常常陷入于不自由的地狱不去。所以要得自由，不得不先主张平等，来打破阶级的特权。

从前讲自由的，还有一个错误的观念，就是以为个人的自由是和国家的权力相对立的，一心想去消减国家权力，来伸张个人自由。殊不知国家权力是寄托于统治阶级的身上，阶级的利害相冲突，他们又怎肯把已经落在自己手足的权力轻意地让出来呢？即使有些特殊情形的国家，国家权力居然减损了，但是当个人自由正是增长的时候，大家又不知道社会生活的真相，毕竟会闹成一盘散沙，一切公共的事业都废弛了，只落得一个互相争攘的状态。现在我们晓得个人自由不是和国家权力相对立，乃是和社会公益相对立的；自从社会的观念明了以后，大家都承认个人是"社会的个人"，愿意限制个人自由，来实现社会公益；并觉得国家是我们用来实现社会公益而限制个人自由的一种工具，这种工具的运用，又必须有法律来规定的，运用的权是操在社会全体。又想到社会公共事业的繁复，个人自由意志的散漫，更不可没有一个强有力的国家来替我们实现公共福利，于是一反从前的观念，而变为要提高国家权力，而限制个人自由。现代法律都注重社会公益，而其着手法，则先铲除社会上一切不平等的制度，使人人得着一切活动的均等机会，以发展个人人格，而各尽其所能以为社会谋公益，这个就是平等本位的观念。例如德国新宪法第一百零九条说："凡德意志人，在法律之前平等。"其第二项说："男女在原则上享有同等之国民权利与义务，因出生或阶级异同而发生之公然的法律特权或劣等待遇，概行撤销。"在一百六十三条，则又说："凡德意志人虽人人享有人身自由，然人人各有道德上之义务，使其精神体力之活动合于公共福利所要求。"他的主张平等，限制自由，注重公共福利的精神，已显然可见了。

（三）从权利本位进到义务本位

从前所主张的权利，是自然的权利；个人的权利；特殊阶级的权利：就是不平等的权利。自社会法学派的"权利否定说"和"社会职务说"盛行以后，旧时法律上所认为权利的，渐渐都变为义务的性质了。例如前面所述的采矿权，与其称为个人的权利，不如称为个人对社会所尽的义务；又如劳动者在工作时所受伤害，依从前的法律，必须雇主有过失时，才负赔偿的责任，这个叫作"过失主义的责任论"，也叫作"主观的责任论"。近来欧美各国的法律或判例，都已改为"结果主义的责任论"，或"客观的责任论"：就是不问雇主有无过失，对于劳动者在工作时所受伤害，必须一律负赔偿的责任。这种客观的责任论，我们可以用"社会职务"的观念来说明：企业者的经营实业，原来替社会尽其运用财产的职务；尤其是对于劳动者因企业的关系而发生的一切危险和困难，都是企业者目前所应该尽先解决的一种职务，又如德国新宪法第一百二十三条末一项的规定："私有财产负有义务；私有财产之使用，不容忘却公共福利"。这就是"财产权义务化"的一例。至于财产权以外的权利，如工作权等，本来当作个人的自由权，而苏俄宪法第二条的第六项，及第十八条，则规定工作或劳动为人人应有的义务。这就是"自由权义务化"的一例。

照这样说来，人类的一切权利都是义务化了，则人生只有义务而无权利，一切生活未免觉得太枯燥；人类道德没有达到很高尚的程度，这种服务观念未必能支持长久，而社会事业终必至于废弛，人类将沦于淘汰灭亡；况且依狄骥和庞德等的学说，人类的社会生活都是本着利己心而演进的，又怎样能教一般人都断绝这种利己的观念呢？我们在这里可以有一个很明了的解答：从来法律上所规定的一切公权和私权，大半都是分生的权利，不是人类的基本权利；尤其如自由权，参政权，请求权等，都是"政治上的基本权利"。这些政治上的基本权利，又都是法国革命以后，中间阶级为谋他们自己的便利而提倡起来的，后来便成为民主政治上的人民公权。其实所谓民主政治，也不过是中间阶级所独霸的一种资本主义的政治，所以一切政治上的权利毕竟是少数人的私物，而非一般人民所得共享的公物。那么，人类的基本权利又是什么呢？我们可以把孟伽所主张的三种权利来回答说：就是生存权，劳动权，全劳动收益权，这三种可以称为"经济上的基本权利"。凡政治上的基本权利，和从前私权上的财产权等，都可以使他义务化；因为那些都是少数人所占据而为野心家所觊觎，成为世界祸乱之源的不祥物，我们不应该把他看作权利，而应该把他看作替社会服务的工具。所以只有这三种经济的基本权利，是人人所必需的，才可以称为权利。

以上所述现代法律的三种趋势，并非说从前的法律，确有个人，自由，权利的三个本位；而现代法律则已进到社会，平等，义务的三个本位；不过为便于说明起见，姑且分别言之而已。其实从前所谓自由，就是个人的自由；所谓权利，也就是个人的权利；自由和权利都是天赋的，而其主体则为个人，从前的法律，可以总名之为"个人本位"。现在所谓义务，就是对社会所尽的职务，所谓平等，就是社会上各个人的人格平等。社会观念发达以后，义务观念才发生；而资本主义时代的平等口号，也不过是出于自然法学派的一种理想，并不是真正了解社会生活的意义以后倡出来的。那么，现代的法律，也不过是一个"社会本位罢了"。唯其是社会本位，所以没有孤立的个人；唯其是社会本位，所以要限制个人的自由；唯其是社会本位，所以政治上和财产上的权利都要义务化。这就是现代法律的趋势。

第九章　以社会生活为根据的法律观

综合第四章至第八章所述，我们已能认识法律是社会的产物，是时代的产物；但是，法律虽为全体人类实现利益的工具，而有时却成为少数人或特殊阶级谋利益的工具，故可以说法律也是某一个阶级的产物。况且无论何种法律，在表面上都是冠冕堂皇不过的，不是说维持社会秩序，便是说保护人民权利；不是说尊重个人自由，便是说发展社会公益。但是在实际上，法律往往成为阻遏社会进步，剥夺人类自由，助长特殊势力，引起社会纠纷的一种不祥物。因此，近来学者对于法律所下的定义，便有相反的二说，甲方说："法律是国家生活的规范，由主权者的意思而制定，依国家的权力而强行。"乙方说："法律是统治阶级的意思所依托，而对于被统治阶级实行其压迫榨取的一个工具。"甲说未免把法律和国家看得太密切了，以为国家是神圣的，故法律也是神圣的；国家既为特殊阶级所有，则法律也为特殊阶级所私有，而人类全体的福利便顾不到了。乙说又未免太厌恶法律，轻视法律，只把法律看作压迫榨取的工具，而忘却了法律乃是实现自己利益的工具。

我们若不把法律的性质认识清楚，便无从判断法律的必要与否及其善与恶。我在第三章曾经说明法律现象发生的原因及其主要的成分，但还不能明了法律本身的真相。我们要认识法律的真相，应该从各方面来观察：第一，要认识需要法律的主体是甚么；第二，要认识法律的目的是甚么；第三，要认识法律是由甚么原动力所产生；第四，要认识法律是靠何种制裁力来维持。我依据上述四点，来下一个法律定义如下：

法律是社会生活的规范，以实现社会全体的利益为目的，由社会的共同信念所产生，靠社会的公权力强制实行的。

依照这个定义，我再把它分析出来，说明如下：

（一）法律是社会的规范

社会生活是甚么？在第二章内曾经有分析的说明。既有社会生活，便有组织；既有组织，便有维持其内部秩序的一种拘束力，关于这些问题，我在第三章内也曾经讨论过。现在我要讨论的，是社会生活的"规范"究竟是甚么性质？依照俄国法学者哥尔古诺夫（Korkunow）的说，社会生活的规范，可以大别为二类：第一，技术的规范（technical norms），这是指示人类实现某种特殊目的之行为方法的法则，如建筑的法则，机织的法则，教育的法则，卫生的法则等是。这类的法则，是由主观的价值判断而选定，依客观的自然法则而进行；凡应用科学的方法，以实现人类的生活之各项目的，都各有其必然的途径和步骤，人类选定了目的之后，必须遵循这些规范去求实现，故可称为任意的规范。第二，伦理的规范（ethical norms），这是指示人类决定各种目的相互关系的规范，用来调和个人的各种目的之冲突，并且调和个人利益和社会利益之冲突；人生的目的很繁复，决不能同时实现其全部目的，故必须明了各种目的相互间的关系，才能决定牺牲某种目的而先选择某种目的；人类生活是成了"社会连带关系"，为实现人类全体的究竟的目的，不得不牺牲个人目前部分的利益。这种调和或限制的标准，必须由客观的价值判断而决定，故可称为纯粹的规范。但是，这类的规范当中，其拘束人类行为的方法及其程度又颇有参差，可以把这类规范再分为（1）道德的规范（moral norms），（2）法律的规范（legal norms）两种，据哥尔古诺夫一派学者的解释，前者是规定人类行为的价值判断之标准，后者是划定各个人实现利益之范围；前者有绝对的义务性质，后者是权利和义务相对待的；前者是关于良心的规定，后者是关于外部行为的规定；前者为个人的法则，后者为社会的法则。照以上所述，法律的规范，和其他社会生活各种规范的区别，是很明显了（参看 General Theory of Law, pp. 41–46, 79–85）。

但是，据穗积重远的批评，社会生活中的各种规范，是有相互的密切关系，先就道德的规范和法律的规范两种来说：道德上的义务未必都是有绝对性的，而法律上的义务也未必都是和权利相对待；道德的规范未必专是良心的规定，也有涉及外部行为的，而法律的规范未必专规定外部行为，也往往有陶冶及良心的；道德的规范并非个人的法则，而和法律的规范一样都属于社会的法则。且法律未必专为各个人间利益相冲突而规定其界限的，人类的利益或目的，固多互相竞争互相冲突之处，然亦有自然同趋一致的事实；故法律的任务，一方是为各个人划定利益的界限，他方也是为群众实现其共同的利益或目的。前者如物权法、债权法等是，后者如公共团体及亲属关系等的法律是。再就伦理的规范和技术的规范来说：这两种的规范亦往往有互相错综的事实，并非有截然的区别；技术的规范遇必要时也得成为法律，如建筑法教育法等，虽为物理的或心理的法则之应用，然有关于人类的公共安宁和幸福时，则此等技术的规范都要变做法律来实行。照这样说来，社会生活的一切规范，没有一种不可以成为法律的规范，当然不能像哥尔古诺夫所说那样明白的把他区别出来的（参看《法理学大纲》，第九章）。

我这里所说"法律是社会生活的规范"，是采用穗积重远的主张来说的，所以不愿说"法律是国家生活的规范"，因为一提到"国家"两字，很容易使法律离开社会生活的全体关系，而变为国家专有的工具；更要使法律随着国家相终始，如有些学者所说，"有国家然后有法律"，换句话来说，若没有国家便没有法律了？我在第三章内曾经说过："法律是和社会相终始的。"我再引用两句拉丁语来说："有社会便有法律；有法律便有社会。"（Ubi societas ibi jus; Ubi jus ibi societas）现代的法学家把这两句话当作说明法律和社会关系的金科玉律。原来国家生活不过是实现人生目的的一种手段；国家生活以外，还有许多的团体生活，也都是实现人生各种目的的手段（参看本书第八章所引马克爱弗的《新国家论》）。从时间上说，国家未发生以前，人类已经有了社会生活；将来国家消灭以后，人类的社会生还必定有一种新的组织产生。从空间上说，现任国家的组织以外，还有国际团体的各种组织；国家以内，也还有社会上各种小团体的组织。凡这些在国家以前，以后，以外，以内的各种社会生活，没有一种不是为实现人生的目的所必需的组织体。既有组织，便都有法律（参看［日］田中耕太郎：《法律学概论》，第一编第一章第一节）。

（二）法律是以实现社会生活全体的利益为目的

我在第三章内已经说过，法律是实现人类一切利益的工具，但是从人类生存竞争的事实上观察，历来的法律却不是替人类全体实现利益，而只是供少数人剥削多数人的利益之用，这绝不是法律本来的目的，也不是法律自身的罪恶，而是法律被少数人所利用了的结果。我们既认定法律不应该拥护少数人或特殊阶级的利益，所以要避免从前人所说"法律是保护个人权利"的那些口吻；我们更要了解法律不是专为各个人"划定利益的界限"，而是为人类全体谋共同利益的实现。"划定利益的界限"这句话是哥尔古诺夫说的，他的本意固然着重在共同利益的实现，要免除私人利益和共同利益的冲突；他是一个否认个人主义的学者，我当然很赞同他的主张。不过我以为若把"划定利益的界限"这句话当作法律的目的，却未免偏于消极的说法。不如用这句话来说明法律的作用，倒觉得妥当，所以我不愿借他这句话用在定义上面。

有人说：社会共同利益是不存在的。以为个人所欲实现的，只有个人的利益或阶级的利益，绝没有社会共同的利益。这是就现在和过去的事实说的，如封建制度时代，国家主义时代，或资本主义时代的个人，都是受各个时代的社会环境所束缚，对于社会生活全体的观念未明了，而社会的经济组织也还没有统一，所以个人所欲实现的利益只限于私利益或一个阶级的利益，而所谓社会共同利益当然是学者的一种空想。但是，我以为社会的经济组织是渐向着统一的方面进展，社会的连带关系日趋于周密而扩大了；此后个人的利益既不能单独存在，而阶级的利益也不是个永久的主张，那么，社会共同利益自然要成为各个人所共同要求的东西。况且法律的目的本应该从社会生活的根本上去寻求，至于法律的步骤则应该循序而进。从前的法律，因为没有把目的完全认清楚，空讲些自由平等，而结果适得其反，所以我要把法律的目的很明显的表示出来。

（三）法律是由社会的共同信念所产生

法律有由一定的立法程序所制定的，也有由社会的风习所演成的，前者称为制定法或成文法，后者称为非制定法或不成文法；法律又有由统治阶级制定的，也有由人民各团体或各阶级制定的，前者称为国定法，后者称为自定法。从前人的法律定义上，有说法律是"国家所制定（enactment）或认定（permission）的"，也有说法律是"国民所认定的"。我现在为说明便利起见，把制定，认定或国定，自定等名目，总称之为产生。我以为所谓"制定"，不过是一种程序，而这种程序的进行，必定有一个原动力。例如罗马《十二表法》的制定，是由于平民要求的原动力；英国《大宪章》的制定，是出于封建诸侯胁迫的原动力。所以我们不必问他的制定是由于甚么机关，只要问他的产生是出于甚么原动力。

从前人有说法律是"由国家产生"，以为制定或认定法律的权只属于国家，这是由于"一元的国家观"或"一元的主权论"而来的。自"多元的国家观"或"多元的主权论"盛行了之后，大家都知道法律是出于国家之上，生于国家之先的。那么，法律的产生必定由于社会生活的基本要求，是毫无疑义的。

所谓社会生活的基本要求是甚么？可以说就是人类求生存和繁殖的两大目的。从历史上考察人类为实现这两大目的，而法律上遂行其要求的方式有两种：（1）是社会的阶级斗争。在原始社会时代，人类便有身分的阶级；财产私有制发达以后，则有经济的阶级；实业革命以后，生产手段归私有，劳动力化为商品，于是政治上和经济上的阶级更明显的分立。中世纪以前的阶级，虽还缺少固定性，可以由个人的努力冲破阶级的层障，但是要谋多数人利益，则非行阶级斗争不可。纪元前三千年埃及的平民革命运动，促进埃及法律的伦理化；纪元前四百六十年左右罗马的平民革命运动，产出《十二表法》；中世纪初期市民阶级的经济斗争和政治斗争，形成了封建制度；一二一五年英国贵州阶级向国王的斗争，创制了《大宪章》；十二世纪左右英法的市民向贵族的斗争，成立了各城市的"自治团体"和"同业公所"；一七八九年的法国革命，孕育出一部《拿破仑法典》，建立了近世法律的基础。由此可见古来法律制度的变迁，绝不是出于统治阶级的自动，而都是被（统）治阶级反动的结果。至于资本主义成立以后的阶级，已有了固定性，个人无论如何努力很不容易冲破阶级的层障，于是整个阶级的斗争更为必要，他的斗争方法虽有缓和和激烈之分，但是不斗争绝不能实现本阶级的利益，而促成法律制度的改造，这是已成为现代改造运动的铁则。（2）是社会内各分子的互助。社会生活的真相，一方面因是个人利益或阶级利益的相冲突，他方面又是各个人共同利益的相调和。人类生活有分工合作的必要，故发生"社会连带关系"，而自然产生法律的现象（参看第三章及第八章所引狄骥的学说）。这个社会连带关系，是随着社会生产力的发达而不断的扩充，于是法律现象也不断的随着变迁，除非到了社会生产力的发达遇着阻碍，旧的制度法律不能适应社会新要求的时候，绝不会发生革命运动，所以阶级斗争不过是社会进化的一种方式，并不是唯一的方式。人类的目的只在实现利益，各个人或各阶级的利益相冲突时，则取"斗争"的方式以求实现；各个人的利益若能互相调和，由取"互助"的方式以求实现。用这两种方式以达实现利益的目的，故"实现利益"也就是社会生活的基本要求。而应如何去实现利益？则社会生活中必定有一种共同信念。当发生阶级斗争的时候，在阶级内都必定先有了一个共同的信念，斗争成功之后，便由这个共同信念形成了一种新制度和新法律；在社会连带关系中过生活的时候，为实现分工合作，亦必定先有一个共同信念，以作一切个人行为和相互关系的规范，初时先成习惯，后来逐渐成为法律或制度。前者，例如由阶级斗争而成立的"革命宪法"是；后者，例如由民族自决而成立的"协定宪法"是。

（四）法律是靠社会的公权力来强制实行

上面说的三种意义，只是社会生活一般的规范所共有的性质，还不能看做法律专有的特征，不过也是法律的要件罢了。至于法律所以和其他社会生活规范不同的要点究竟是甚么？我可以简单的回答说：只在"强制实行"（enforce）。凡社会生活的一切规范，一经强制实行，便成为法律。如技术的规范或道德的规范之类，只因其没有强制实行的条件，故和法律有区别，如果必要时而须强制实行，则这些规范都可以变为法律。例如"清洁"是一种卫生技术的规范，若加以自治公约或卫生行政上的强制实行，则清洁便成为一种法律；"扶养双亲"是一种道德上的规范，若对于不负扶养责任者加以处罚，则扶养双亲便成为一种法律。那么，我们可以说，法律就是曾经强制实行的社会生活的规范。

本来一切规范都具有制裁力，规范之所以不同于自然法则，就是在此。例如违反卫生方法的人，必定有疾病的痛苦，痛苦就是制裁；不孝养双亲的人，必定受社会的责备而致名誉损失，名誉损失就是制裁。但是不能说这种制裁作用就是强制实行，换句话说，这种制裁可说是自然制裁或社会制裁，并不是法律制裁。自然制裁或社会制裁，只能使违反规范者自受其违反的行为直接所发生的结果，他若愿意受或再受这些结果，便没有别种方法可以遏制他。至于法律制裁，则于直接的结果之外再加以别种处罚，并用有一种力量可以不许他自愿受或再受这些直接的结果，或防止他发生这些直接的结果。因此，我们可以说自然制裁或社会制裁是不彻底的，而法律制裁是彻底的；前者只能发生消极的结果，而后者却能发生积极的结果。所以现在社会生活的一切规范都渐渐法律化了，这就是强制实行的效力。

有些学者以为强制并不是法律的必要属性，若太看重强制性，法律就要变为统治阶级压迫被（统）治阶级的工具。田中耕太郎也在他最近所著《法律学概论》的总论上面说："法的强制问题，并不是法的性质问题，而仅为程度问题。故国际法虽缺乏强制力，但不能说他不是法律，反称他为初评的道德（positive morality）。若把缺乏强制力的都不认为法律，则国家法律当中，也有许多不能认他为法律了。"不过田中氏并不是根本否认法律的强制力，他的立言本旨，是在扩充法律的范围，以为不能因他本身缺乏强制力，便说他不是法律，所以田中氏又说："国际法或国内法虽不自具强制力，但也还有司法裁判制度和其他各种特别强制手段可以补救他的。"（见总论第一章第一节第一款）我们不应该偏重法律的强制力，但却不能抹杀法律的强制性；社会生活中的各种法律，都有连带的关系，某种法律的实行，是靠某种法律为后盾；就是社会的习惯或道德，一旦经法庭所援用之后，也便发生有强制力。我们正不必否认法律的强制性，只应该来讨论强制到如何程度，强制力的源在何处便是了。

谁来强制实行呢？换句话说，法律制裁的力量是甚么呢？这是法律上一个很大的问题，也是法律定义上一个很难解决的问题。从前的学者都说法律是"由国家强制执行"的，以为有国家然后有法律，只有国家能够制定或认定法律，所以亦只国家有强制人民遵守法律的权力。这不过是国家主义时代的法律观念，在这个时代以前或以后，都不能适用这种学说。

原始社会的神权时代法律是出于神意，故靠神力强制实行，不过那时代的法律现象很暧昧，所以强制力亦很不明显；君权时代，法律是出于君主一人的命令，故靠君主的权力来强制实行；特殊阶级的统治时代，法律是统治阶级的产物，故靠统治阶级的特权来强制；若现代苏俄的无产阶级的专政时代，法律是无产阶级的专用工具，故强制权力亦专属于无产阶级。历史上各个时代的社会，都具有统治那个社会的一种权力；权力分析出来，就是组织力和支配力；对法律而说，就是强制力。我们姑且先概括地说，法律是"由权力强制实行的"。

"权力"是什么呢？学者的解释又颇不一，因此，法律的定义也就很分歧了。无论国家主义派或社会主义派都是这样说："用国家权力强制着的规则，才叫作法律"。所以他们以为国家未成立以前，由各种特权所强行着的规则，都不能认为法律。那么，若国家的制度废止了，权力就消灭了，法律也没有了？

陈豹隐在他所著的《新政治学》中说：（1）权力的发生，是由经济剥削的关系；（2）权力关系的成立，是由于被剥削阶级依附剥削阶级而生存，承认剥削阶级所定的有秩序的经济剥削；（3）权力的固定化和制度化，是因为统治阶级和被（统）治阶级的利益都有相当的满足——被（统）治阶级是消极的满足，而社会的生产力却能增进，财富却能蓄积，实力因而集中，文化因而进步；（4）权力的神圣化，是因为产业发达的结果，被（统）治阶级所握着生产上的实力，统治阶级恐怕不能维持原有的权力关系，于是假托神圣权说，说君主是神的代表，法律是神所授意，被（统）治阶级的地位亦是神命所定，政治和宗教便合一起来；（5）权力的人格化，是因为封建制度崩坏了，神权的说不足以服人，于是根据"契约说"的理论，说权力是发生于人民的契约，造成一个名为人民共有实则少数人所占有的抽象的有人格的国家，而建设近世资本主义的民主政治；（6）权力社会化，是因为社会主义潮流的澎湃，在政治上已促进公民团体范围的扩大，代表制度的改良，统治样式的变更，在经济上则产业社会化，资本国有化，企业公有化，乃形成现代无产阶级的民主政治或国家社会主义的政治（见《新政治学》，一四〇页—二〇四页）。

陈氏所说权力的变迁，是从历史的事实上归纳，我觉得非常的确切明了。我以为从历史上研究权力的发生，固然是由于经济剥削的关系。但是再考察权力的变迁，到了权力社会化之后，他的作用是怎样？陈氏以为这个是"事属将来未便悬揣的问题"。可见权力的关系不一定都是经济剥削的关系，社会阶级消灭以后，只要社会的组织依然存在，权力的关系也有存在的必要，不过他的作用却和从前大不相同了。

我所说的"社会的公权力"，和从前人所称的统治权力或公权力，意义完全不同。我说"公权力"是一个社会或一个团体内部自谋统一的力量，也就是穗积陈重所说的社会力（参看本书第三章）。穗积重远亦说过："社会之中常有因其构造分子之各个人有机力之联合而产生一种，以统一其社会。"（《法理学大纲》，李译，一一八页）两位穗积氏所说的社会力，绝不是社会中一阶级的特殊权力。马克爱弗也以为国家是有一种主权，不过这种主权只是在他们权限以内发生的，这种主权，就是他们对于内部的组织力和支配力（参看本书第三章）。我所说的"社会的公权力"和两位穗积氏所说的社会力，或马氏所说的主权，意义相差不多。

我不说"法律是由国家的权力强制实行"，也不说"法律是由权力强制实行"，而要说"法律是靠社会的公权力强制实行"，因为加上"国家"等字样，便容易误解为从前人所说的那种政治权力或统治权力；若单称"权力"，也不知道还是君主权力？或是统治阶级的权力？所以要明白的说"社会的公权力"。我以为一个社会既有组织，便有他内部的公权力，既称为公权力，当然不是属于一人或一阶级，而是属于全体的；不是高出于社会之上，和社会无关系（参看 Engels：《家庭私有财产及国家的起源》，西雅雄译，三〇九页），而是产生于社会之中，为社会所必需的。社会全体的权力如何表现？如何行使？这是关于内部组织的问题，应该属于政治学的范围，在这里没有时间来讨论，不过我们总可以相信今后的社会必能够实现一种比较完善的组织，而能使社会的公权力表现出来。我们认定"阶级分立"确是一种社会病态；"统治阶级"确是社会的恶敌；而"政治权力"恰成为这个恶敌用来剥削被（统）治阶级的工具。但是，我们一方面又相信社会组织的统一是必然的趋势，要统一社会的组织，便有"统治"，有统治便有"权力"。我们所否认的是阶级的统治，政治的权力；而我们所主张的是社会的统治，社会的公权力。况且我们所说的强制实行，并不是专指刑罚上或民事上和行政执行上那些具体的强制手段说的；于那些强制手段以外，还有其他心理的或经济的各种强制手段，如舆论，不合作等类，也都足以拘束个人的自由行动，而强制其遵守法律的。

（整理者单位：中国人民大学法学院）

稿　　约

　　《法律文化研究》作为由曾宪义教授担任首席专家的教育部哲学社会科学研究重大课题攻关项目、国家新闻出版署"国家重大图书出版项目"《中国传统法律文化研究》（十卷）的配套项目，每年出版一辑。《法律文化研究》旨在"繁荣法学的教育和研究，发掘、弘扬传统法文化的优秀精神，为现实中的法治实践提供历史的借鉴和理论的依据"，力求从文化的角度"研究法的本身与产生出不同模式的法的社会环境"，从而"发掘传统，利导传统，从传统中寻找力量"。

　　作为学术年刊，《法律文化研究》常年向学界征稿，每年4月截稿，每年9月由中国人民大学出版社出版发行。欢迎学界同仁鼎力相助，不吝赐稿。

　　本刊2008年卷拟开设的专栏有：

　　"明德法律文化论坛"刊发各位亲临论坛的学者、专家的演讲记录，反映法律文化研究的前沿动态，使各位读者领略名家风范和不同的学术风格。

　　"法律史资料发掘与研究"刊发对研究工作具有重要价值，但因珍稀而不易见到或者借到的原始资料，同时刊发针对法律史研究资料所作的介绍性或者研究性论文，投稿者请务必注明资料的来源、藏所及研究价值。

　　"中国法律史研究专题"刊发中国法制史以及中国法律思想史领域的专业论文，还原法律的历史，评析历史的法律，探索中国传统法律文化的发展模式和特征。

　　"外国法律史研究专题"刊发以外国法制史及西方法律思想史为主题的专业论文，以中国的视角看世界，以世界的视角看中国，展现世界其他法系的特色与魅力。

　　"比较法文化研究专题"刊发不同法律制度与思想的比较研究论文，汇通中西法律，发现不同法律文化的差异与暗合。

　　"学者访谈"刊发对著名学者的访谈文章，介绍为人之道、治学之道，展前辈风采，汲名家精华。

　　"学子园地"将刊发优秀的博士、硕士专业论文，是为初入学术领域的青年学子设立的栏目。

　　本学刊还将灵活设置其他研究专题，刊载属法律文化研究范畴之内的论文，研究专题具体名称依据来稿的内容确定。

　　投稿要求：

　　1. 体例及注释规范。请依据本卷注释体例编排。稿件篇幅以不超过15 000字为宜。

请在文章后注明作者真实姓名、现所在单位以及联系方式。

2. 投稿方式。书面稿件请寄至：北京市海淀区中国人民大学品园 3 号楼 205 室，《法律文化研究》编辑部，邮编：100872；电子稿件请发送至：falvwenhuayanjiu@163.com。

3. 本刊文责自负。《法律文化研究》所刊发文章仅代表作者（译者）个人观点，并不反映本书编委会、编辑部及主办单位的观点。投稿作品不应含有侵犯他人著作权、名誉权、肖像权、姓名权等合法权益及其他导致法律纠纷的情形。如发生此类情形，作者（译者）承担全部责任，并赔偿因此给他人造成的损失。

4. 稿件采用。来稿将由本刊编委会、编辑部组织匿名评审，择优刊发，请勿一稿多投，恕不退稿，请自留底稿。

中国人民大学法律文化研究中心
曾宪义法学教育与法律文化基金会
《法律文化研究》编辑部

《法律文化研究》格式与注释规范

1. 标题、作者之下须列出论文的"目次"，参见《法律史论集·第1卷》（法律出版社，1998），具体格式如：

> 《吕刑》考释
> 马小红
> 目　次
> 一、关于《尚书·吕刑》的史料价值
> 二、《吕刑》试译
> 三、《吕刑》考释

2. 注释采用脚注形式，且须每页重新编号，符号为：①、②、③……

3. 注释部分在引用专著、论文等资料时应采用如下格式：

（1）专著应包括作者、书名、页码、出版地、出版者、出版时间，具体格式如：

臧克和：《说文解字的文化解说》，149页，武汉，湖北人民出版社，1994。

（2）期刊应包括作者、标题、期刊名称、发行时间、期号，具体格式如：

秋浦：《关于法的起源》，载《贵州民族研究》，1992（1）。

（3）报纸应包括作者、标题、报刊名称、发行时间，具体格式如：

胡培兆：《〈原富〉与〈国富论〉》，载《光明日报》，2003-10-14。

（4）文集类应包括所引作者、标题、文集主编、文集名称、出版地、出版者、出版时间，具体格式如：

丁相顺：《法典论争与日本法制近代化》，载韩延龙主编：《法律史论集》，第4卷，北京，法律出版社，2002。

（5）辞书类应包括辞书名、页码、出版地、出版者、出版时间，具体格式如：

《辞海》，123页，上海，上海辞书出版社，1999。

（6）未出版的学位论文应包括作者、标题、页码、授予学位机构名称、论文答辩时间：具体格式如：

周玲：《英国法渊源历史探究》，中国人民大学硕士学位论文，2002，11页。

（7）未能正式出版的信札、访谈、讲演等请注明作者、题目、来源、时间，如：

张少瑜：《从兵家法思想及其研究方法谈治学》，中国人民大学法学院"明德法律论坛"，2005-05-18。

（8）网上资料应包括作者、标题、网址、访问时间，具体格式如：

李红海：《英国法律史研究现状》，载http：//www.chinalawinfo.com/，2003 -03 -12。

（9）翻译作品，应以方括号［ ］为标示加注作者国别，并在书名或标题后列出译者，具体格式如：

［日］滋贺秀三：《中国家族法原理》，张建国、李力译，31 页，北京，法律出版社，2003。

（10）外文类作品请从该文种注释习惯。

（11）作者（译者）为多人的，作者姓名中间以"、"号分隔；也可于第一作者之后加"等"来表示，具体格式如：

［美］哈罗德·J·伯尔曼：《法律与革命》，贺卫方等译，168 页，北京，中国大百科全书出版社，1993。

（12）非引用原文者，注释前加"参见"；引用资料非来自原始出处者，注明"转引自"。

4. 请提供文章题目英文译名。

中国人民大学法律文化研究中心
曾宪义法学教育与法律文化基金会
《法律文化研究》编辑部

图书在版编目（CIP）数据

法律文化研究 第三辑（2007）/曾宪义主编．
北京：中国人民大学出版社，2007
ISBN 978-7-300-08508-1

Ⅰ．法…
Ⅱ．曾…
Ⅲ．法律-文化-中国-文集
Ⅳ．D929-53

中国版本图书馆 CIP 数据核字（2007）第 139672 号

法律文化研究 第三辑（2007）
曾宪义　主编

出版发行	中国人民大学出版社			
社　　址	北京中关村大街 31 号		**邮政编码**	100080
电　　话	010－62511242（总编室）		010－62511239（出版部）	
	010－82501766（邮购部）		010－62514148（门市部）	
	010－62515195（发行公司）		010－62515275（盗版举报）	
网　　址	http://www.crup.com.cn			
	http://www.ttrnet.com（人大教研网）			
经　　销	新华书店			
印　　刷	北京新丰印刷厂			
开　　本	185 mm×240 mm　16 开本		**版　　次**	2007 年 9 月第 1 版
印　　张	42.75 插页 3		**印　　次**	2007 年 9 月第 1 次印刷
字　　数	830 000		**定　　价**	80.00 元